# TOME XIX

DES

## MÉMOIRES DE LA SOCIÉTÉ ARCHÉOLOGIQUE DE TOURAINE

# ARMORIAL GÉNÉRAL DE LA TOURAINE

# ARMORIAL GÉNÉRAL

DE

# LA TOURAINE

PRÉCÉDÉ

D'UNE NOTICE SUR LES ORDONNANCES, ÉDITS, DÉCLARATIONS
ET RÈGLEMENTS RELATIFS AUX ARMOIRIES AVANT 1789

## Par J.-X. CARRÉ DE BUSSEROLLE

Membre de la Société archéologique de Touraine

Publié par la Société archéologique de Touraine

 **TOME XIX.**

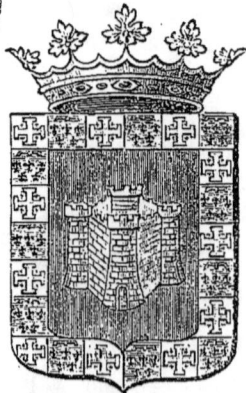

TOURS

IMPRIMERIE LADEVÈZE, RUE ROYALE, 39 BIS

1867

**LIGNAUD DE LUSSAC**, Chev., marquis de Lussac, vicomtes de Comblizy, barons de la Boutelaye et du Riz-Chauveron, Sgrs de Buxeuil (relevant de la Haye), des Courtils, paroisse de Barrou, de la Brosse, de Mareuil, de Flez, de Coulonges, des Forges, de Champeron, de Brigueil, etc... Famille de noblesse ancienne et toute militaire. Elle est originaire du Bas-Berry où se trouve un village de son nom, à peu de distance d'Aigurande.

Cette maison, dont Robert de Villemartin, lieutenant-général de la Basse-Marche, dans ses Mémoires manuscrits conservés à la bibliothèque de Poitiers, fait remonter l'ancienneté au-delà de 1200, a donné un maréchal-de-camp, grand'croix de l'ordre de Saint-Louis, commandant de l'hôtel des Invalides, deux chevaliers de l'ordre du roi, gentilshommes ordinaires de Henri III et de Louis XIII, un chevalier de Malte, un lieutenant des maréchaux de France et un auditeur au conseil d'État, gentilhomme honoraire de la chambre du roi, membre du conseil général d'Indre-et-Loire. Elle a été maintenue dans sa noblesse le 18 septembre 1669 et le 31 décembre 1714, et a été admise, le 16 février 1788, aux honneurs de la cour, d'après ses preuves faites devant Chérin, généalogiste des ordres du roi.

En 1588, elle a comparu à l'Assemblée de la noblesse du bailliage du Dorat, et en 1789, à l'Assemblée électorale de la noblesse du Poitou.

Par lettres d'avril 1785, Jean-Louis de Lignaud, marquis de Lussac, obtint l'incorporation de la châtellenie de Brigueil à ses marquisat et châtellenie de Lussac-les-Eglises, pour ne faire et composer à l'avenir qu'une seule et même justice.

La famille de Lussac s'est alliée aux maisons de Foucaut-Saint-Germain, de Pressac, Couraud, de Couhé, Mauclerc, de Rabaine, d'Abzac, de Barbançois, de Gain, Le Roux d'Acquigny, de Villelume, Fumée, de Montbel, de Verines, de la Bourdonnaye, de Carvoisin, de Barthon de Montbas, du Bois des Cours de Saint-Cosme, de Bridieu, etc...

Alexandre-Louis Lignaud, marquis de Lussac, né le 1er juillet 1780, sous-lieutenant des gardes du corps de Monsieur, gentilhomme honoraire de la chambre du roi, auditeur au conseil d'État, membre du conseil général d'Indre-et-Loire (de 1818 à 1830), a laissé deux enfants de son mariage avec Aglaé-Marie-Félicité du Bois des Cours de Saint-Cosme :

1° Maximilien-Louis-Charles Lignaud, marquis de Lussac, né le 6 février 1810, marié le 7 janvier 1845 à Marie-Amable-Antonie de Saint-Ouen de Bermonville, veuve en premières noces du comte Charles Lepelletier-d'Aunay. De ce mariage sont issus : Antonin-Marie-Maximilien-Auguste-Alexandre, né le 9 octobre 1847; Adrien-Marie-Henri-Joseph, né le 4 mars 1851, mort jeune; et Louis-Marie-Maximilien-Angadrème, né le 20 juillet 1853, décédé ;

2° Aglaé-Marie-Antoinette Lignaud de Lussac, née le 9 novembre 1807, mariée le 22 juin 1829 à François-Henri-Antoine, marquis de Bridieu.

Victorine-Marie Lignaud de Lussac, née à Paris le 3 février 1824, sœur (d'un second lit) d'Alexandre-Louis Lignaud, marquis de Lussac, a épousé, en 1847, Emmanuel Leschassier, marquis de Mery de Montferrand.

D'argent, à trois merlettes de sable. — Couronne de marquis. — Supports : deux lions. — Devise : *Vaincre et surmonter.*

LIGNERIS (de), Chev., marquis de Ligneris, Sgrs d'Azay-sur-Indre, des grand et petit Chevigné (xvie siècle). — Famille originaire de Vermandois, et dont le premier auteur connu est François de Ligneris, qualifié chevalier en 1389.

En 1789, elle comparut à l'Assemblée électorale de la noblesse de l'Orléanais. Elle s'est alliée aux maisons de Prunelé, de Cardonne, de Champroux, de Languedoue, de Feugerest, de Crosnes, de Billy de Courville, de Fromentières, de Courcillon, de Gourgues, de Fresnoy, de Beaudiment, de Balne, etc...

De gueules, fretté d'argent, au franc-canton d'or, au lion de sable, à un lambel de trois pendants d'azur.

LIGOT (de), Chev., Sgrs de la Boulaye, près Amboise. Famille originaire de Touraine et à laquelle appartenait Blaise de Ligot, lieutenant des chasses et des eaux et forêts d'Amboise et de Montrichard (1618).

D'azur, à deux chevrons d'or accompagnés de trois trèfles d'argent.

**Liqueil** (Ville de), en Touraine.

D'azur, à un œil d'argent.

LIMAY (N. de), ingénieur du roi pour les ponts et chaussées, à Tours (1765-78).

D'argent, au chevron d'azur, surmonté d'un croissant de..., et accompagné de 2 coqs de... affrontés, en chef; et d'un lion armé, de... en pointe. — Couronne de comte (d'après M. Lambron de Lignim).

LINGENDES (de), en Touraine et en Anjou (XVIIᵉ siècle).

D'azur, à trois glands d'or.

LINGIER DE SAINT-SULPICE (Léon-Hyacinthe), commandeur du Blizon, de Villejésus (paroisse de Bossay), de Fretay et de la Chastre-aux-Grolles, ordre de Malte (1789), mourut à Haguenau le 3 décembre 1793.

D'argent, à la fasce fuselée de gueules de 5 pièces, accompagnée de 8 mouchetures d'hermines, de sable, 4 rangées en chef et 4 en pointe rangées, de même.

LINIÈRES ou DE LINIERS (Giraud de), trésorier de Saint-Martin de Tours (1113).

D'or, au chef vairé de trois traits d'argent et d'azur, au lion de gueules couronné, d'or, brochant sur le tout.

LINIERS (de), Chev., Seigneurs de Liniers, d'Azay-sur-Indre (1370), de Neuilly-le-Noble, Bergeresse, Marmande, la Mausselière, d'Etableaux, de la Bretinière, du Bridoré, de la Nivardière, de la Ronde (xvᵉ et xviᵉ siècles).

Cette famille, originaire du Poitou, fait remonter sa filiation à 1090. Elle a été maintenue dans sa noblesse le 11 mars 1665, le 22 janvier 1667, le 23 mars 1699; le 26 janvier 1715, etc...

Parmi ses alliances on remarque les maisons d'Argenton, de Chausseroye, Taveau de Morthemer, de Maraffin, d'Appelvoisin, d'Elbène, de Mondion, de Béchillon, d'Aux, de

Montendre, Lange de Ferrières, Fontaine de Mervé, Jarno de Pontjarno, Marsaut de Parsay, de Vandel, Jau de Chantigné, Viault du Breuillac, Garnier de Boisgrollier, Hugueteau de Chaillé, etc...

Une branche s'est fixée en Touraine au xv⁰ siècle.

N. de Liniers fut du nombre des chevaliers qui passèrent en Afrique, en 1390, pour combattre les Infidèles.

Plusieurs membres de cette famille comparurent, en 1789, à l'Assemblée électorale de la noblesse de Saintonge et à celle du Poitou.

D'argent, à une fasce de gueules, à la bordure de sable chargée de 8 besants d'or.

**LIONNE** (Jules-Paul de), abbé de Marmoutier (6 mars 1664), mourut en 1721.

Ecartelé ; aux 1 et 4 de gueules, à la colonne d'argent garnie de sa base et de son chapiteau, d'argent; au chef de gueules chargé d'un lion passant, d'or; aux 2 et 3 d'azur à trois bandes d'or; au chef d'azur chargé d'un lion naissant d'or. — Couronne de marquis, accostée d'une mitre et d'une crosse. — Supports : deux lions de gueules.

**LIONS** (de), Ec., Sgrs des Épaux.

D'azur, à une tête de léopard d'or.

**LIRON** D'AIROLES (de), à Tours (xix⁰ siècle).

De gueules, au lion d'argent; au chef cousu d'azur, chargé de deux étoiles d'or.

**LIVENNE** (de), Chev., comtes de Livenne, Sgrs de Cingé, des Mées, de Fragne, Touchaulard, St-Léofort, la Patrière, la Brosse, Puy-sur-Azay, Pied-Trestot, Flée, la Fertoderie (xviii⁰ siècle). — Famille de très-ancienne noblesse. Elle a fourni un chevalier de Malte, Paul de Livenne (1524).

La branche de Livenne de Verdilles de Grosbois, a été maintenue dans sa noblesse le 17 avril 1699. Maintenue dans la même année, celle des Sgrs du Cluzeau a prouvé sa filiation noble depuis 1481; celles de Laumont et de Rivières, depuis 1457. Cette dernière a été maintenue dans sa noblesse le 15 septembre 1700.

Charles, comte de Livenne, et Louis de Livenne d'Orvilliers

comparurent à l'Assemblé électorale de la noblesse, en 1789, le premier, en la sénéchaussée de Saintes ; le second, en la sénéchaussée de St-Jean-d'Angély.

D'argent, à la fasce d'azur losangée d'argent et accompagnée de trois étoiles de gueules.

### Loches (LA VILLE DE).

D'argent, à 6 loches de sable, 3, 2, 1 ; au chef d'azur chargé de 3 fleurs de lis d'or. — *Alias* : de sinople à cinq loches d'argent (d'après d'Hozier). — *Alias* : D'or, à 7 loches (ou trois) de gueules, 3, 2, 1, posées en fasce ; au chef d'azur chargé de trois fleurs de lis d'or. — Couronne de comte (XVIII⁰ siècle).

### Loches (LES ÉCHEVINS DE).

De sable, à un bâton-main de justice posé en pal et surmonté d'une couronne ducale d'or.

### Loches (CHAPITRE DE L'ÉGLISE COLLÉGIALE DU CHATEAU DE).

D'azur, à une Notre-Dame, d'or, dans une niche à l'antique, de même.

### Loches (COUVENT DES URSULINES DE), fin du XVIIᵉ siècle.

D'azur, à une Ste-Ursule d'or.

### Loches (COMMUNAUTÉ DES CHAPELIERS DE).

D'or, à un chapeau de sable.

### Loches (LES CHIRURGIENS ÉTUVISTES DE).

De gueules, à une perruque d'or.

### Loches (COMMUNAUTÉ DES DRAPIERS DE).

Gironné d'azur, d'argent et de gueules de 8 pièces.

### Loches (OUVRIERS EN BOIS DE).

D'azur, à trois haches d'argent, posées 2 et 1, et une scie de même, posée en cœur et en fasce.

### Loches (LES PROCUREURS DE).

D'argent, au bonnet carré de sable.

**LOGES** (des), Chev., Sgrs de la Charbonnière, en Touraine (XVIᵉ siècle).

Robert des Loges fut sénéchal de Touraine et de Poitou, de 1216 à 1219.

D'azur, à cinq fleurs de lis d'or posées en sautoir.

LOISEAU, Éc., Sgrs d'Auzan, de Paulmy, de Turcie, du Coteau (xviiiᵉ siècle).

Valentin Loiseau, écuyer, juge magistrat honoraire du bailliage et siége présidial de Tours , lieutenant-général de police de la ville et banlieue de Tours (1765), secrétaire du roi, maison, couronne de France et de ses finances, mort à Tours en décembre 1788, avait épousé Marie-Elisabeth Faure.

De ce mariage sont nés : Valentin-Marie Loiseau et Marie Loiseau, mariée, à Vouvray (1784), à Prudent-Jean Bruley, ancien conseiller, avocat du roi au bailliage et siége présidial de Tours, trésorier général au bureau des finances et maire de cette ville (1791).

Valentin-Marie Loiseau, écuyer, seigneur des châtellenies et fiefs d'Auzan, Montfort, du Coteau, Richebourg, Paulmy, Turcie, Crême, fut représenté par Martin Delavau, le 16 mars 1789, à l'Assemblée de la noblesse de Touraine, pour la nomination des députés aux États-Généraux; il épousa, en 1802, Elisabeth-Noël Mercier, dont il eut : Eugène Loiseau d'Entraigues, consul honoraire , chancelier d'ambassade, marié, en 1833, à Marie Godeau d'Entraigues, — et Flavie Loiseau, mariée, en 1837, à Louis-René Auvray , ancien officier d'infanterie, maire de Tours, en 1865.

Valentin-Marie Loiseau mourut en 1827.

D'argent, à la fasce de gueules, accompagnée en chef d'une aigle à deux têtes, éployée, d'azur, et d'un lion armé, aussi d'azur, en pointe.

LOISSON, en Touraine (xvᵉ et xviᵉ siècles).

Jean Loisson était chanoine de Tours et archidiacre d'Outre-Loire en 1418.

D'azur, à deux bandes d'or ; au chef d'or chargé de trois molettes d'éperon de sable.

LOMBARD de BOUVENS (Louis-Charles-Marie de), chanoine de l'Église de Tours, archidiacre d'Outre-Vienne, puis vicaire-général de Tours (1789).

Lombard, Sgrs de la Tour, portent, d'après Dubuisson :

De gueules, à trois carreaux d'argent; au chef de même chargé de trois arbres de sinople posés sur une terrasse de même.

**LOMERON** (de), Éc., Sgrs d'Aulnay, de Maransais, de la Pataudière (paroisse de Champigny-sur-Veude), de Brizay (paroisse de Courcoué), etc...

Cette famille paraît être originaire du Poitou.

N. de Lomeron, Sgr de la Pataudière, conseiller du roi et général de ses finances en Poitou, mourut avant l'an 1584, laissant un fils, René de Lomeron, Éc., Sgr de la Pataudière, qui épousa Anne Dubois, fille de Jean Dubois et de Marguerite d'Enverrai, et eut sept enfants, entre autres, Henry de Lomeron.

Ce dernier épousa, à Loudun, le 10 février 1620, Isabelle de Loire, fille d'Hector de Loire, conseiller du roi, et d'Isabelle Dufour.

Gabriel de Lomeron, Ec., Sgr de Brizay et la Pataudière, un des fils d'Henry, mourut en 1715, laissant de son mariage (contrat du 27 juin 1663) avec Elisabeth de Chergé, fille de Claude de Chergé, Éc., et de Catherine de Gombault, un fils, Louis de Lomeron, Éc., Sgr d'Aulnay et de la Pataudière, marié, le 5 mai 1693, à Marie Sochet, fille de Julien Sochet de Villeboire, Éc., et de Clotilde Acton.

Louis de Lomeron mourut le 22 décembre 1729, et laissa trois fils, dont un, Louis-Marie-Modeste de Lomeron, chevalier, Sgr de la Pataudière et d'Aulnay, épousa, le 23 novembre 1732, Marie-Anne Poulin de Monchy, fille de Claude Poulin de Monchy et de Marie de Beraudin. Un des trois enfants issus de ce mariage, Modeste-Charles de Lomeron, Éc., Sgr de la Pataudière, de Brizay, du Vivier-en-Marne, baptisé dans l'église de Champigny-sur-Veude, le 27 août 1743, épousa, le 30 août 1774, Renée-Françoise d'Aloigny de Rochefort, fille de Guy d'Aloigny de Rochefort et de Julie de Beauregard. Il mourut à la Pataudière en 1815.

Charles-René-Modeste de Lomeron, Éc., fils du précédent, baptisé à Champigny le 26 juillet 1777, maire de Champigny-sur-Veude (de 1820 à 1843), mourut le 23 juin de cette dernière année. En 1801, il avait épousé Marie-Jeanne Haward de Boisclair, fille de Jean Haward de Boisclair et de N. Montault-Duperré. De ce mariage sont issus :

1° Charles-Modeste de Lomeron, décédé, sans s'être marié, le 3 décembre 1856 ;

2° Jean-Gustave de Lomeron, né le 27 décembre 1808 , maire de Champigny-sur-Veude depuis 1843.

D'or, à trois fourmis de sable, 2, 1. — Supports : deux griffons. — Couronne de marquis.

Gabriel de Lomeron, Ec., Sgr de Brizay (vers 1700), portait, d'après l'*Armorial* de d'Hozier :

D'argent, à un chevron brisé, de sable.

LONGUEIL (de), en Touraine. — Famille originaire de Normandie. Elle a tiré son nom de Longueil, petit bourg, près de Dieppe. Sa filiation remonte à Adam de Longueil, vivant en 1066.

D'azur, à trois roses d'argent, 2, 1 ; au chef d'or chargé de trois roses de gueules.

LONGUEIL (Pierre de), administrateur de l'archevêché de Tours, en 1342, portait :

Écartelé; aux 1 et 4 d'or à trois roses de gueules, 2, 1 ; aux 2 et 3 d'azur à trois roses d'argent, 2, 1.

LONGWY (Claude de), trésorier de St-Martin, de Tours, puis évêque de Langres et cardinal, mourut le 9 août 1561.

D'azur, à la bande d'or.

LONGWY (Françoise de), dame de Buzançais et d'Ecueillé (1647), portait comme le précédent :

D'azur, à la bande d'or.

LONJON (de). — Cette famille a été maintenue dans sa noblesse par jugement de l'intendant de la généralité de Guienne, rendu à Montauban, le 10 juin 1667, sur la production de ses titres.

Les guerres et les troubles qui ont agité la Guienne depuis le xive siècle, ayant détruit ou dispersé la plupart des dépôts publics de cette contrée, la famille de Lonjon n'a pu encore faire remonter par des titres authentiques sa filiation au-delà de Samuel de Lonjon, qui vivait, en 1518, à St-Sardos, diocèse de Montauban, et est qualifié de noble, seigneur de Ricaumont et baron de Roquefort. Toutefois, il paraît constant, d'après les documents que possède la famille et notamment par une Histoire du père Dom François Longo de Verdelle, prêtre-capucin au couvent de Saint-Alexandre, à Bergame, en date du commencement de ce siècle, que la maison de Lonjon tire son origine d'Italie et s'établit en France vers la fin du xiiie siècle, en la personne de Jean de Longhi, baron d'Équi, au royaume de Naples, qui accompagna le roi Charles Ier en France. — Jean de Longhi eut deux enfants, dont l'un, Jacques de Longhi, passa en Italie où il recueillit la baronnie d'Equi. L'autre, Guillaume de Longhi, resta en France et devint, à la mort de son père, seigneur et baron de Roccaforte ou de Roquefort.

Alors se trouva divisée en deux branches la famille de Longhi, l'une restée italienne, l'autre devenue française; mais les deux branches n'ont jamais oublié leur commune origine, malgré le temps, la distance et l'altération du nom (le nom s'était francisé et avait pris la terminaison on), et jusque dans ces derniers temps, des relations ont existé entre elles. C'est ainsi qu'en 1846, un M. de Longhi, garde-noble du pape et frère du marquis de Longhi, depuis préfet à Rome, ayant traversé le midi de la France pour aller remplir une mission en Espagne, vint à Tours et tint sur les fonds de baptême un des représentants de la famille, habitant aujourd'hui cette ville, et auquel il voulut donner le nom de Guillaume, en mémoire d'un cardinal de ce nom, leur parent commun, qui vivait en 1294.

La famille de Longhi, descendant des comtes de Longhi, dans le Montferrat, a, d'ailleurs, joué en Italie un rôle assez important. Elle compte parmi ses membres de grands dignitaires et a donné à l'Église des évêques et des cardinaux.

Samuel de Lonjon obtint, à la date du 1er avril 1518, des

lettres patentes où il est qualifié de *baro de Longo* et portant concession d'indulgences et de divers priviléges pour lui et sa famille. Ces lettres furent délivrées par Bermond de Séguier, commissaire du pape Léon X et du roi François Iᵉʳ.

Samuel de Lonjon, marié à Jeanne de Monnier, n'eut qu'un fils, Blaise, qui épousa Isabeau de Varennes. De ce mariage naquirent trois enfants, dont l'un mourut sans postérité. Celle des deux autres s'étant perpétuée, la famille de Lonjon se divisa, vers 1660, en deux branches :

Guillaume de Lonjon devint le chef de la branche aînée et retint le nom DE LA GRANGE, terre que possédait un de ses ancêtres, en 1562 ;

Robert de Lonjon fut le chef de la branche cadette et joignit à son nom celui DE LA PRADE, terre qu'il posséda par suite de son mariage avec Judith de Goulard.

Il existe plusieurs représentants de cette branche cadette, notamment à Bazas (Gironde), où s'est retiré M. de Lonjon, ancien brigadier dans les gardes-du-corps, à Mont-de-Marsan et à Toulouse.

Lors de la révolution de 1789, le chef de la branche aînée était N. de Lonjon de la Grange, marié à Jeanne-Louise Guibal de Cavaillac. En 1793, il servait, ainsi que son fils, dans l'armée de Condé et tous deux furent blessés à l'affaire du 2 décembre, devant Strasbourg. Réfugiés d'abord à Constance, en Souabe, puis en Pologne, ils revinrent en France en 1802. M. de Lonjon mourut à Montpellier en 1811. Son fils, Jean-Alexandre de Lonjon de la Grange, né au Vigan le 15 avril 1777, fut, à son retour de l'émigration, nommé officier dans la légion piémontaise, mais il ne resta pas longtemps au service ; l'administration des contributions indirectes venait d'être créée et il y obtint un emploi. Il est mort directeur de cette administration, à Vendôme, en 1834. Il avait été fait chevalier de Saint-Louis en 1814 et nommé héraut d'armes en 1817.

Marié à Tours, le 3 mars 1813, à Catherine-Hercule de Vauzelles, il eut de cette union trois enfants, dont l'un, Raoul de Lonjon, est mort jeune. Les deux autres sont :

1° Alexandre-Jules de Lonjon de la Grange, né le 10 janvier 1814, docteur en médecine, résidant actuellement à Tours, marié le 17 octobre 1866, à Martine Treilhard du Basty, fille de Jacques Treilhard du Basty, capitaine en retraite, chevalier de St-Louis et de la Légion d'honneur, et de Catherine Duclaud Pellétingeas ;

2° Alexandre-Charles-Albert de Lonjon de la Grange, résidant à Tours. 

D'or, à une bande de gueules, l'écu sommé d'un casque.

**LONLAY** (de), Chev., marquis et comtes de Lonlay, Sgrs de Monnaie, des Belles-Buries, de Madaires, Bois-Rougeolle, Fief-Bouju (fin du xviiie siècle). — Cette famille est originaire d'Irlande. Le premier de Lonlay dont il est fait mention fut un des compagnons d'armes de Guillaume le Conquérant. Il fut enterré près de ce prince dans le chœur de l'église de St-Etienne de Caen. Les deux tombeaux ont été détruits en 1793.

La maison de Lonlay a été maintenue dans sa noblesse le 22 avril 1667. Elle s'est alliée aux familles des Buats, de Serrecourt, du Mesnil, de Clèves, Brossin de St-Didier, Roy de Courpon de la Vernade, des Ligneries, de Falloux, de Cordoue, des Montis, de la Vincendière, de Montfort, de Mailly, de Galz de Malvisade, etc...

Une de ses branches, éteinte en 1855, s'était établie en Touraine en 1771. Antoine-François de Lonlay, chevalier de St-Louis, comparut à l'Assemblée électorale de la noblesse de cette province en 1789.

Il existe aujourd'hui plusieurs branches de la famille de Lonlay ; une est représentée par le comte Eugène de Lonlay ; une autre par le comte Ferdinand de Lonlay.

D'argent, à une fleur de lis de gueules posée en cœur et accompagnée de trois porcelets de sable, 2, 1.

LONNAY (de), en Touraine (xive et xve siècles).

Cette famille a fourni deux abbesses de Beaumont-les-Tours : Marie de Lonnay (1415) et Jeanne de Lonnay (1416).

Parti d'or et de gueules.

LOPIN, Éc., Sgrs de Nitray (xve, xvie et xviie siècles).

Jean Lopin, avocat au bailliage et siége présidial de Tours, fut maire de cette ville en 1475.

Étienne Lopin était chanoine et chantre de l'Église de Tours en 1478.

Jean Lopin est mentionné dans un titre de 1507 avec la qualité de chanoine de St-Martin de Tours.

Emery Lopin fut nommé maire de Tours en 1516.

D'argent, à trois œillets de gueules, 2, 1, tigés et feuillés de sinople.

LOPIN, bourgeois de la ville de Tours (fin du xviie siècle).

D'or, à un loup passant, de gueules.

LOPIN (N.), chanoine de l'Eglise de Tours (fin du xviie siècle).

D'or, à une fasce de sable chargée de trois lapins d'argent.

LOPPÉ (de), en Touraine et dans l'Ile-de-France.

D'azur, au sautoir d'or.

LORÉ (de), Éc., Sgrs de Terrier, paroisse de St-Laurent-de-Lin (xviie siècle).

D'hermines, à trois quintefeuilles de gueules, 2, 1. — *Alias* : D'argent, à trois quintefeuilles percées, de gueules, à neuf hermines posées en fasce au milieu de l'écu, 5 et 4 intervallées.

LORIN DE LA CROIX, Sgrs de Thoré, de Boispateau, de la baronnie de la Croix, de Bray, etc... (xviiie siècle).

Jean Lorin de Blancmaison, nommé conseiller du roi, maire de Bléré en 1702, et décédé en 1744, avait épousé Marguerite Andras, fille de David Andras, Sgr de Vaux et des Chevrolières. N. Lorin de la Croix, issu de ce mariage, hérita, en 1719, de la baronnie de la Croix, de Jacques-Étienne de Guillerault, Sgr de Bléré et de Fossembault, son oncle maternel. Il eut deux enfants : 1° Étienne-Jean-Baptiste Lorin de la Croix, né en 1740, avocat au parlement et au siége présidial de Tours, Sgr de la baronnie de la Croix, marié à Henriette Cormier de la Picardière; 2° Jacques Lorin de Bray, né en 1712 ;

Du mariage d'Étienne-Jean-Baptiste Lorin de la Croix et de Henriette Cormier de la Picardière sont issus : 1° Étienne-Jean-Baptiste, qui suit ; 2° Emilie-Henriette ; 3° une autre fille, mariée à N. Gatian de Clerembault.

Étienne-Jean-Baptiste Lorin de la Croix, Sgr de la baronnie de la Croix et de Bray, né en 1762, mourut en 1817, laissant deux enfants de son mariage avec Adélaïde Sochon de Soustour :

1° Jacques-Étienne Lorin de la Croix, né le 3 mai 1786, lieutenant de la garde impériale (1811), décédé le 21 février 1844. Il avait épousé Clémence Reverdy, née le 4 mai 1796, et qui mourut le 17 novembre 1860. De ce mariage il a eu : 1° Bathilde-Clémence Lorin de la Croix, mariée le 16 juillet 1849 à Adrien-Jean-Louis Nau de Noizay ; 2° Marie-Angélique Lorin de la Croix, née à Tours le 27 décembre 1829, mariée le 11 février 1840 à Claude-Louis-Frédéric Loiseau de Lavesvre, né à Moulins le 31 juillet 1817, fils de François Loiseau de Lavesvre et d'Antoinette Charbon de Valtange. De ce mariage sont issus : 1° Marie-Jeanne, née le 13 août 1854 ; 2° Marie-Thérèse, née le 10 décembre 1856 ; 3° François, né le 8 juillet 1859.

2° Jules-Armand Lorin de la Croix, né en 1794, décédé le 10 août 1840.

De sable, au chef d'argent, chargé de trois merlettes de gueules. — Couronne de marquis.

**LORON de MAZIÈRES**, en Touraine. — Cette famille a donné un échevin à la ville de Tours, André Loron (1698).

D'or, à trois feuilles de laurier, de sinople, en pal.

**LORRAINE** (Jean de), sénéchal de l'Anjou, de la Touraine et du Maine (1470).

D'or, à la bande de gueules chargée de trois alérions d'argent.

**LORRAINE** (Jean, cardinal de), abbé de Marmoutier

(1540), mourut le 10 mai 1550, à St-Germain-en-Laye. Il était né le 9 avril 1498.

DE LORRAINE-GUISE, qui est coupé de huit pièces, 4 en chef et 4 en pointe; au 1 fascé d'argent et de gueules de huit pièces, qui est de Hongrie; au 2 semé de France, au lambel de trois pendants de gueules, qui est d'Anjou-Sicile; au 3 d'argent, à la croix potencée d'or, cantonnée de 4 croisettes de même, qui est de Jérusalem; au 4 d'or, à 4 pals de gueules, qui est d'Aragon; aux 5 et 1 de la pointe, semé de France à la bordure de gueules, qui est d'Anjou; au 6 d'azur, au lion contourné d'or, couronné, armé et lampassé de gueules, qui est de Gueldres; au 7 d'or, au lion de sable, armé et lampassé de gueules, qui est de Flandre; au 8 d'azur semé de trois croix recroisettées, au pied fiché d'or, à deux barbeaux adossés de même, qui est de Bar; et sur le tout, d'or, à la bande de gueules chargée de trois alérions d'argent, qui est de Lorraine.

**LORRAINE** (Charles de), duc de Chevreuse, cardinal, archevêque et duc de Rheims, né le 17 février 1524, abbé de Cormery (1547), de Marmoutier (1550), mourut le 24 décembre 1574.

De Lorraine-Guise (voir l'article précédent), et sur le tout du tout, un lambel de trois pendants, de gueules.

**LORRAINE** (Louis de), cardinal de Guise, abbé de Saint-Pierre de Bourgueil, évêque de Metz et archevêque de Sens, né le 21 octobre 1527, mourut le 29 mai 1578.

*De Lorraine-Guise.* (Mêmes armes que Jean, cardinal de Lorraine, mort le 10 mai 1550.)

**LORRAINE** (Louis de), cardinal de Guise II, archevêque et duc de Reims, pair de France, abbé de St-Julien de Tours, mourut le 24 décembre 1588. Il était troisième fils de François de Lorraine, duc de Guise, et d'Anne d'Est.

De Lorraine-Guise, au lambel de trois pendants de gueules.

**LORRAINE** (René de), marquis d'Elbeuf, Sgr d'Ussé, en Touraine, par suite de son mariage avec Louise de Rieux, mourut en 1566. Il était fils de Claude de Lorraine, duc de Guise, et d'Antoinette de Bourbon.

De Lorraine-Guise qui est : Coupé de 8 pièces, 4 en chef et 4 en pointe; au 1 fascé d'argent et de gueules de huit pièces, qui est de Hongrie; au 2 semé de France, au lambel de trois pendants de gueules, qui est d'Anjou-Sicile; au 3 d'argent, à la croix potencée d'or, cantonnée de 4 croisettes de même, qui est de Jérusalem; au 4 d'or à 4 pals de gueules qui est d'Aragon; aux 5 et 1 de la pointe semé de France à la bordure de gueules, qui est d'Anjou;

au 6 d'azur au lion contourné d'or, couronné, armé et lampassé de gueules, qui est de Gueldres; au 7 d'or, au lion de sable armé et lampassé de gueules, qui est de Flandre; au 8 d'azur semé de croix recroisettées au pied fiché d'or, à deux barbeaux adossés de même, qui est de Bar; et sur le tout, d'or à la bande de gueules chargée de trois alérions d'argent, qui est de Lorraine; — à la bordure de gueules.

**LORRAINE** (Charles de), duc de Mayenne, pair, amiral et grand-chambellan de France, baron du Grand-Pressigny, du chef de sa femme Henriette de Savoie, mourut le 3 octobre 1611. Il était fils de François de Lorraine, duc de Guise, et d'Anne d'Est-Ferrare.

Ecartelé; aux 1 et 4 grands-quartiers de Lorraine-Guise; aux 2 et 3 grands-quartiers; contre-écartelé; aux 1 et 4 petits-quartiers de France à la bordure engrêlée d'or et de gueules; aux 2 et 3 petits-quartiers, parti d'azur, à une aigle d'argent couronnée, becquée et membrée d'or, qui est d'Est-Ferrare.

**LORRAINE** (Louise de), femme de Henri III, dame de Chenonceau, par legs de Catherine de Médicis (1589), morte le 29 février 1601. Elle était fille de Nicolas de Lorraine, duc de Mercœur, et de Marguerite d'Egmont.

Coupé de 8 pièces, 4 en chef et 4 en pointe; au 1 fascé d'argent et de gueules de huit pièces, qui est de Hongrie; au 2 semé de France, au lambel de trois pendants de gueules, qui est d'Anjou-Sicile; au 3 d'argent à la croix potencée d'or, cantonnée de 4 croisettes de même, qui est de Jérusalem; au 4 d'or à quatre pals de gueules, qui est d'Aragon; aux 5 et 1 de la pointe, semé de France, à la bordure de gueules, qui est d'Anjou; au 6 d'azur au lion contourné d'or, couronné, armé et lampassé de gueules, qui est de Gueldres; au 7 d'or, au lion de sable, armé et lampassé de gueules, qui est de Flandre; au 8 d'azur semé de croix recroisettées au pied fiché d'or, à deux barbeaux adossés de même, qui est de Bar; et sur le tout, d'or à la bande de gueules chargée de trois alérions d'argent, qui est de Lorraine; au lambel de trois pendants d'azur, sur le tout, mis en chef.

**LORRAINE** (Henri de), comte d'Harcourt, d'Armagnac et de Brionne, vicomte de Marsan, grand-écuyer de France, sénéchal de Bourgogne, gouverneur-lieutenant-général de Touraine (par lettres du 15 décembre 1637), mourut le 25 juillet 1666. Né le 20 mars 1601, il était fils de Charles de Lorraine, duc d'Elbeuf, et de Marguerite Chabot de Pagny.

De Lorraine-Guise, à la bordure de gueules chargée de 8 besants d'or (Pour Lorraine-Guise, voir l'article de René de Lorraine, marquis d'Elbeuf).

**LORRAINE** (Henri de), duc de Guise et de Chevreuse, prince de Joinville, Sgr de Chinon (1584-1616), pair et grand

maître de France, mourut le 23 décembre 1588. Il était né le
31 décembre 1550. Son fils, Henri II de Lorraine, fut après lui
seigneur de Chinon. En 1616, il vendit cette terre à Louis III,
duc de Bourbon.

De Lorraine-Guise; au lambel de trois pendants de gueules, sur le tout,
en chef.

LORRAINE (Louise-Marguerite de), princesse de Conti,
dame engagiste de Chinon, vendit ce domaine le 20 février
1631 à Guillaume Millet, prête-nom du cardinal de Richelieu. Elle épousa, le 24 juillet 1605, François de Bourbon,
prince de Conti, souverain de Châteauregnault, Sgr de Lucé,
et mourut le 3 avril 1631.

De Lorraine-Guise, au lambel de trois pendants de gueules, sur le tout,
mis en chef.

LORRAINE (Marie de), duchesse de Guise et de Joyeuse,
princesse de Joinville, dame de Montrésor et de Loché (1687),
née le 15 août 1615, mourut le 3 mars 1688. Elle était fille de
Charles de Lorraine, duc de Guise et de Joyeuse, et de Henriette-Catherine, duchesse de Joyeuse.

De Lorraine-Guise (voir l'article de René de Lorraine, marquis d'Elbeuf).

LORRAINE (Charles de), duc de Guise et de Joyeuse,
prince de Joinville, fut seigneur de Montrésor, du chef de
sa femme Henriette-Catherine de Joyeuse, veuve de Henri
de Bourbon-Montpensier, prince de Dombes. En 1621, il
vendit Montrésor à Henri de Bourdeille.

Ecartelé; au 1 et 4 d'or à la bande de gueules chargée de trois alérions
d'argent; aux 2 et 3 de Guise.

LORRAINE (Charles de), prince d'Anet, duc d'Aumale,
Sgr d'Ussé (1584), né le 25 janvier 1555, mourut en 1631. Il
était fils de Claude de Lorraine, duc d'Aumale, et de Louise
de Brezé.

Ecartelé; aux 1 et 4 de Lorraine-Guise; aux 2 et 3 de Bourbon.

LORRAINE (Charles de), duc d'Elbeuf, comte d'Harcourt
et de Buzançais, Sgr des Bordes, paroisse du Petit-Pressigny

(xvii<sup>e</sup> siècle). Il vendit les terres de Buzançais et des Bordes à Léon de Bouthillier, Sgr de Chavigny.

De Lorraine-Guise, à la bordure de gueules.

**LORRAINE III** (Charles de), duc d'Elbeuf, comte de Buzançais (par héritage de Marguerite Chabot, son aïeule maternelle, vers 1688), mourut le 4 mai 1692.

De Lorraine-Guise, à la bordure de gueules.

**LORRAINE** (Marguerite de), veuve de René, duc d'Alençon, dame de Semblançay et des Ponts de Tours (1492).

Ecartelé; aux 1 et 4 d'or à la bande de gueules chargée de trois alérions d'argent; au 2 d'Alençon, qui est de France, à la bordure de gueules chargée de 8 besants d'argent; au 3 de gueules à deux fasces d'or, qui est d'Harcourt.

**LOSSE** (de), Éc., Sgrs de Mombuer (xvii<sup>e</sup> siècle) et du Chenevoie, paroisse de Grazay (xviii<sup>e</sup> siècle).

D'azur, à trois os d'argent formant un triangle et accompagnés de trois têtes de mort, de sable.

**LOSSENDIÈRE** (de), Sgrs de la Gaudière, paroisse de Marsay (xviii<sup>e</sup> siècle).

En 1735, N. de Lossendière était prieur de l'abbaye de Preuilly.

François-Maurice de Lossendière, maréchal-de-camp, comparut, par fondé de pouvoir, en 1789, à l'Assemblée électorale de la noblesse de l'Orléanais.

D'azur, à un arbre d'or posé sur une terrasse de même.

**LOTHIER**, Chev., Sgr d'Orfons, près Loches (commencement du xviii<sup>e</sup> siècle).

De gueules, à la fasce d'argent.

**LOUBES** (de), Éc., Sgrs de la Mothe-Sonzay (1507), de Fontaine, de Verneuil, de la Gastevine (xv<sup>e</sup> et xvi<sup>e</sup> siècles). — Famille originaire du Berry. — Sa filiation remonte à 1285.

Madeleine-Marguerite de Loubes comparut, par fondé de pouvoir, à l'Assemblée électorale de la noblesse du Maine en 1789.

Losangé d'or et d'azur.

### LOUBES (de), à Tours.

Ecartelé; aux 1 et 4 losangé d'or et d'azur, aux 2 et 3 d'argent, à une bande fuselée de gueules accompagnée de 6 fleurs de lis d'azur posées en orle.

### Loudun, ville du Poitou.

De gueules, à une tour carrée, crénelée, d'argent; au chef d'azur chargé de trois fleurs de lis d'or. — *Alias* : De sable, au loup passant d'or, d'après Bellanger.

Sous le premier Empire la ville de Loudun reçut pour armes :

De gueules, à la tour d'argent crénelée, de cinq pièces, ouverte, ajourée et maçonnée de sable; franc-quartier de ville du second ordre.

### Loudun (LES ÉCHEVINS DE).

Pallé d'or et de sinople ; au chef d'azur chargé d'un soleil d'or.

### Loudun (LES HUISSIERS DE).

D'azur, à deux bâtons de justice en sautoir surmontés chacun d'une fleur de lis, d'or.

### Loudun (LES CORDONNIERS ET SAVETIERS DE).

D'azur, à deux souliers, d'or, posés en fasce.

### LOUDUN (Geoffroy de), trésorier de l'Église de Tours (1254-56).

De gueules, à la bande d'or.

### LOUET (Georges), grand archidiacre de l'Église de Tours (1591).

D'azur, à trois coquilles d'or, 2, 1.

### LOUET (de), en Touraine (XVIII⁰ siècle).

Pallé d'azur et de gueules, semé de roses d'or, à un écusson en cœur, d'argent, chargé d'un noyer de sinople.

### LOULET, Éc., Sgrs des Roches (XVII⁰ siècle).

Jacques Loulet, conseiller du roi, maire perpétuel de la ville de Loches, vivait en 1696.

De gueules, à une fasce d'argent, chargée de trois barres d'azur et accompagnée de trois trèfles d'or.

### LOUP (le), en Touraine et en Berry (XV⁰ et XVI⁰ siècles).

Nicolas Le Loup fut doyen de l'Église de Tours de 1478 à 1493.

D'azur, au lion passant d'or.

**LOUP** (Le), en Touraine et en Bretagne.

De gueules, à deux fasces d'argent chargées de 5 étoiles de sable, 3, 2.

**LOUREUX** (Le), Éc., Sgrs des Essarts (fin du XVIIᵉ siècle).

Un des représentants de cette famille, Charles-Louis Le Loureux des Essarts, résidait à Chinon en 1764.

De gueules, à trois losanges d'argent.

**LOURNÉ** (de), en Touraine (XVIIᵉ siècle).

D'argent, à la croix pattée, de sable.

**LOUVAIN** (de).

De gueules, à la fasce d'argent.

**LOUVEL**, Éc., Sgrs de la Chauvelière, en Touraine.

D'argent, à un chevron brisé, denché par le bas, de sable, accompagné de trois têtes de loup de même arrachées et lampassées de gueules, 2 en chef, 1 en pointe.

**LOYER** (Le), en Touraine (XVIIᵉ siècle).

François Le Loyer était chanoine prébendé de St-Martin, de Tours, en 1696.

D'azur, à une palme d'or, en pal, accostée de deux étoiles de même.

**LOYZEAU, LOYSEAU, LOISEAU ou LOIZEAU.** — Ces différentes formes du nom se rencontrent dans les titres originaux.

On trouve, dès le commencement du XVIᵉ siècle, cette famille établie en Poitou, dans la sénéchaussée de Civray, où elle a rempli diverses charges locales et constamment possédé plusieurs fiefs et domaines ; elle s'y est alliée aux familles de Robert de Champgaillard, Doridan de la Bertaudière, du Verrier de Boulzat, Bourdier du Cluzeau, Guyot de Ferrodière, Corderoy du Tiers, de Pont, etc.

Un acte de partage de l'année 1771, montre la composition de la famille à cette époque. Le chef était alors François Loyzeau de La Loge; il avait des enfants de deux lits : ceux du premier, qui sont entièrement éteints, portant comme lui le nom de Loyzeau de La Loge, et ceux du second ayant celui de Loyzeau de Grandmaison. C'est de l'aîné de ces derniers, Jean Loyzeau de Grandmaison, que descend en ligne directe, au troisième degré, Pierre-Charles-Armand, aujourd'hui chef de la branche aînée de cette famille. Ancien élève de l'École Impériale des Chartes, archiviste du département d'Indre-et-Loire, et vice-président de la Société archéologique de Touraine, il réside à Tours, où il a épousé, le 14 avril 1863, Marie-Aurélie Thiou ; de ce mariage sont issus :

1° Louis-Joseph-Armand, né le 18 août 1864 ;

2° Pierre-Léon-André, né le 1er août 1866.

La branche cadette a pour chef François-Philippe Loyzeau de Grandmaison, avocat au Mans ; il a épousé Marthe Ravot, dont il a plusieurs fils et filles. D'autres rameaux subsistent encore dans les arrondissements de Civray et de Confolens.

De sable, à un oiseau d'or, sur un écot de même, et une étoile d'argent en chef.

### LOYNES (de).

Coupé ; de gueules, à une fasce d'or et d'azur, appointée de six pièces, accostée de deux vivres d'argent, en fasce ; et d'azur à 7 besants d'or, 4, 3.

### LUCAS, Éc., Sgrs du Plessis, des Perriers, Bois-Boutet (xvie et xviie siècles).

René Lucas du Plessis fut maire de Tours en 1551-52.

Jean Lucas des Perriers, conseiller du roi, receveur des aides et tailles, à Tours, fut aussi maire de cette ville en 1585.

De gueules, au lion d'or.

Quelques membres de la famille portaient :

De sinople, au lion d'or, armé de gueules.

### LUCE DE TRÉMONT. — Cette famille a occupé des charges importantes dans l'administration des finances. Un de ses membres a été conseiller correcteur des comptes (xviiie siècle) ; un autre, Parfait-Prudent Luce, receveur des finances (1785), maire de Tours en 1796-97 ; un troisième, Parfait-Victor-Lucien Luce, receveur général du département d'Indre-et-Loire.

Jules Luce de Trémont, né à Tours le 29 brumaire an VI,

a épousé Louise-Florine-Félicité-Bathilde Foisy de Trémont
De ce mariage sont issus trois enfants :

1° Jules-Octave Luce de Trémont, né le 25 avril 1825,
marié à Elizabeth-Mélanie Fournier de Boisayrault d'Oyron,
dont il a eu : Marie-Noémi-Louise ; Georges-Amédée-Jules ;
Marie-Clémentine ; Jules-Amédée-Auguste ; Pierre-René-Félix,
et Octave-Jules Luce de Trémont.

Jules-Octave Luce de Trémont est décédé, à St-Senoch, le
12 décembre 1865.

2° Bathilde-Adrienne-Isabelle Luce de Trémont, mariée, le
22 avril 1849, à Marc-Henry, vicomte de Croy-Chanel, né
le 1er janvier 1827, fils d'André-Raoul-Claude-François-Siméon,
comte de Croy-Chanel de Hongrie, chevalier héréditaire de
l'Ordre de Malte, membre du Conseil général d'Indre-et-
Loire, et de Victorine de Voyer-d'Argenson ;

3° Henry-Félix Luce de Trémont.

La famille Luce porte, d'après le *Dictionnaire héraldique*
de Jacques Chevillard fils, et l'*Armorial* de Dubuisson.

D'argent, au chevron de gueules, accompagné en chef de deux trèfles de
sinople, et en pointe d'une montagne de même.

**LUDEAU (Paul), chanoine de Saint-Martin de Tours**
**(1655-96).**

Echiqueté d'argent et de sable.

**LUEZ ou LUZ (de), Éc., Sgrs de la Grange et de Cigogne,**
**en Touraine (xviie siècle).**

En 1600, Charles de Luez, Éc., Sgr de Cigogne, remplissait à Tours les fonctions de contrôleur général des domaines
et finances.

Louis de Luez, trésorier de France au bureau des finances
de la généralité de Tours, conseiller du roi (1634), mourut le
21 avril 1676. — Son frère, N. de Luez fut nommé lieutenant-
général à Tours vers 1640.

D'azur, à une bande d'or chargée de trois roses de gueules.

Quelques membres de la famille portaient :

D'argent, à la bande d'azur chargée de trois trèfles de ......

LUGOLY (de).

Écartelé; aux 1 et 4 d'azur, à trois étoiles d'or; aux 2 et 3 d'or, à trois chevrons de gueules.

LUGRÉ (de), Sgrs de la Pannetrie, de la Duranderie, la Goupillière, la Mothe-Sauvage, la Davière, la Fresnaye et la Brillardrie. — Famille ancienne, originaire de Langeais. Elle s'est alliée aux maisons d'Archambault de Beaune, Desvaux de Blanches-Fontaines, de la Ruë de Can, Guillemot de la Villebiot, de Rougemont, Alexandre, vicomtes d'Hanache, Chicoyneau de Lavalette, Gaultier, etc...

René de Lugré, Sgr de la Brillardrie, avocat au Parlement, remplissait les fonctions de juge ordinaire civil, criminel et de police des châtellenies des Ecluses, Crassay, Langeais, l'Ile à Mazières, en 1742.

Louis de Lugré, prêtre, chanoine du chapitre de Notre-Dame et St-Florentin d'Amboise, mourut le 1er décembre 1774.

Louis de Lugré, veuf, sans enfants, de Jeanne Archambault de Beaune, fils de Louis de Lugré, conseiller du roi, élu en l'élection de Baugé, épousa, à Tours, le 7 août 1781, Thérèse-Geneviève-Françoise Gaultier, fille d'Urbain-Adam Gaultier, ancien avocat du roi aux bailliage et siége royal de Tours, puis conseiller honoraire au même siége, et de Marie-Françoise Mariage. De cette alliance sont issus : 1º Louis de Lugré, marié en 1813 à Charlotte-Emmanuelle de la Ruë du Can, décédé, à Luynes, en janvier 1840, 2º Armand de Lugré, capitaine retraité, chevalier de St-Louis et de la Légion d'honneur, décédé en 1852.

Du mariage de Louis de Lugré avec Charlotte-Emmanuelle de la Ruë du Can sont issus :

1º Louis de Lugré, marié, le 4 mai 1846, à Ernestine Guillemot de la Villebiot, dont il a eu Armand et Ludovic de Lugré;

2º Caroline de Lugré, mariée, en 1834, à Charles-Alexandre, vicomte d'Hanaches;

3° Anuette de Lugré, mariée, en 1841, à Charles-Emile Chicoyneau de Lavalette.

D'argent, à un ormeau de sinople posé sur une terrasse entourée d'un lierre, et accosté de deux lions de gueules affrontés et appuyés contre le fût de l'arbre. — Devise : *Je meurs ou je m'attache.*

**LUSIGNAN** (de), Chev., comtes de la Marche et d'Angoulême, Sgrs de Langeais, en Touraine (xiii° siècle).

Cette illustre maison, originaire du Poitou, a fourni dix chevaliers croisés : Hugues VI, mort en 1102; Hugues VII (1147); Hugues VIII, Geoffroy, Amaury (1150) ; Guy, devenu roi de Jérusalem et de Chypre (1185); Hugues IX (1190-1206); Hugues X (1226-1248); Hugues XI, tué à la bataille de la Massoure en 1250; Henri de Lusignan (1248).

Deux membres de cette famille, Geoffroy et Hugues de Lusignan, étaient chevaliers-bannerets de Touraine en 1213.

La branche de Lusignan (comtes de la Marche et d'Angoulème), qui a possédé la terre de Langeais, s'est éteinte en 1303, en la personne de Hugues XIII de Lusignan.

Celle des Lusignan de Vouvant s'est éteinte vers la même époque en la personne d'Elise de Lusignan, fille de Guillaume, mariée à Barthélemy de la Haye, Chev., Sgr de la Haye et de Passavant.

Burelé d'argent et d'azur de 10 pièces, au lion de gueules, armé, lampassé et couronné d'or, brochant sur le tout. — Cimier : une Mélusine.

**LUSIGNAN DE LEZAY** ou de **LEZAY-LEZIGNEM** (de), Chev., marquis de Lezay-Lezignem, Sgrs de Ris, près Bossay (xvi° siècle), de Fontenay, du Fau (Reignac), Armençay, du Breuil (1789) par héritage de Paul-Yves-Thibault, comte de la Rivière.

En 1768, Henri-Renault-Nicolas de Lusignan de Lezay, lieutenant-colonel du régiment de la reine, possédait les fiefs de la Marchère, de Chemillé, d'Epeigné, de Vouvray et de la Corbinière.

D'après Duchesne, La Roque, Besly et autres auteurs, les seigneurs de Lusignan de Lezay seraient issus de la maison de Lusignan, par Simon, sire de Lezay, fils de Hugues VII, Sgr de Lusignan (1144).

Hugues-Thibault-Henri-Jacques de Lusignan, colonel du régiment de Flandre, infanterie, comparut, en 1789, à l'Assemblée électorale de la noblesse de Touraine.

Burelé d'argent et d'azur, à l'orle de huit merlettes de gueules; au franc-quartier de même.

LUSSAC (de), Voyez LIGNAUD DE LUSSAC.

LUTHIER, Éc., Sgrs d'Abin, d'Armançay, du Châtelet, Biardeau, St-Martin, de la Richerie, du Plessis-St-Martin, en Touraine (xvie et xviie siècles).

Cette famille a pour auteur Daniel Luthier, lieutenant en l'élection de Loches, maître des requêtes ordinaire de la reine, conseiller du roi, anobli par lettres du 9 novembre 1623, et décédé en 1630.

En 1606, Claude Luthier remplissait à Loches les fonctions de lieutenant général.

La famille Luthier a été maintenue dans sa noblesse les 10 novembre 1671, 8 octobre 1699 et 13 août 1715.

D'argent, à un lion de sable portant dans sa gueule un serpent de sinople, en fasce, langué de gueules.

LUXEMBOURG (Louis de), baron de Preuilly, comte de Roucy, vicomte de Machaut et Sgr de Warneston, mourut le 11 mai 1571.

Ecartelé; aux 1 et 4 d'argent, au lion de gueules, la queue nouée, fourchée et passée en sautoir, armé et couronné d'or, lampassé d'azur; au lambel d'azur de trois pendants, qui est de Luxembourg; aux 2 et 3 de gueules à une comète à 16 rais d'argent, qui est de Baux.

**Luynes** (VILLE DE), au xviie siècle.

D'or, à deux louves rampantes et affrontées, d'azur.

**Luynes** (PRIEURÉ DE ST-VENANT DE), 1698.

D'argent, à un bâton prieural, de sable, posé en pal, accosté des deux lettres S et V, de même.

**Luynes** (LES RELIGIEUSES CHANOINESSES DU ST-SÉPULCRE DE)

D'azur, au nom de Jésus en croix patriarcale, d'or, enfermée dans une couronne d'épines aussi d'or.

LUZERNE (César-Guillaume de la), né le 7 juillet 1738, fut évêque de Langres (1770) et abbé de Bourgueil (4 août 1782). Il était fils de César-Antoine de la Luzerne, comte de Beuzeville, maréchal-de-camp, et de Marie-Élizabeth de Lamoignon.

D'azur, à la croix ancrée, d'or, chargée de cinq coquilles de gueules.

MAAN. — Famille originaire du Maine et établie en Touraine au XVII<sup>e</sup> siècle. Elle fut anoblie par lettres de mars 1585, en la personne de Roland Maan. De cette maison était Jean Maan, curé de St-Paterne, chanoine et chantre en dignité de l'Église de Tours, puis archiprêtre de la même église, mort le 30 octobre 1672.

D'argent, à un rosier arraché, tigé, feuillé, de sinople, chargé de 5 roses de gueules, 1, 2, 2, et surmontant un croissant de même.

MABILLE (Guillaume), conseiller du roi, receveur du tabac à Tours (1696).

D'or, à trois trèfles de sinople, 2, 1.

MACÉ DE GASTINES. — Famille originaire de Chinon et qui est allée s'établir en Normandie dans le milieu du XVI<sup>e</sup> siècle. En 1514 elle possédait la terre de Gastines, près Chinon.

Sa filiation remonte (d'après d'Hozier) à Simon Macé, vivant en 1453, et dont le fils, Antoine, fut fiancé le 11 février 1514 à Marie Fils-de-Femme.

Francois Macé de Gastines fut chevalier de Malte, commandeur de Baugis et de Corval. Il mourut le 23 décembre 1696.

La famille Macé de Gastines a été maintenue dans sa noblesse le 5 avril 1724, par les commissaires généraux députés par le roi. Elle s'est alliée aux maisons de Rez, d'Armand du Pont, Brichard de la Tirelière, Le Noir, Darnois, du Moulinet, Morel de la Carbonnière, Plastrier, etc.

D'argent, au chevron d'azur, accompagné en chef de trois roses du même, et en pointe d'un lion de gueules rampant.

MACHAULT (Charles de), commandeur d'Amboise, ordre de Malte (1678), lieutenant du grand-prieur de France, mourut le 28 février 1681. Il était fils de Charles de Machault, seigneur d'Arnouville, intendant des armées en Normandie, Languedoc, Bourgogne et Dauphiné, conseiller d'Etat, et de Françoise Le Fevre de Mormant.

D'argent, à trois têtes de corbeaux, de sable, arrachées de gueules.

MACHEFER (de), en Touraine (xviie et xviiie siècles).

D'azur, à deux épées d'argent passées en sautoir, la pointe en haut, accompagnées d'une hure de sanglier de même en pointe; parti d'azur, à un lion contourné, d'or, armé et lampassé de gueules; contre-parti d'or, à un lion de sable, couronné, armé et lampassé de gueules.

MACICAULT, en Touraine (xvie et xviie siècles).

Etienne Macicault, chanoine de l'Église de Tours, archidiacre d'outre-Loire (1602), mourut le 24 avril 1618.

D'or, au chevron de gueules, accompagné de trois coqs de sable.

MACICAULT, Sgrs du Tronçay (fin du xviie siècle).

D'argent, à une aigle de sable.

MACZON (Le), Ec., Sgrs de Trèves, Huillé, Fouletourte, en Touraine et au Maine.

D'azur, à une fasce d'or accompagnée de trois besants d'argent, 2, 1. — *Alias* : d'azur, à la fasce endentée, d'or, accompagnée de trois limaçons d'argent ombrés et embellis d'or.

Une autre famille Le Maczon (Bretagne) portait :

D'argent, à trois feuilles de houx, de sinople.

MADAILLAN (de), Chev., comtes de Cully et de Chauvigny, marquis de Lassay, Sgrs des Ajoncs, paroisse de Balesmes (xviie siècle), de l'Isle, de Montaire (xviiie siècle). — Famille originaire de l'Agénois.

Sa filiation suivie commence par Guillaume de Madaillan, sire de Lesparre, qui fit hommage de ses terres au roi Philippe-Auguste, en 1202.

La terre de Lassay fut érigée en marquisat, en août 1647, en faveur de Louis de Madaillan, maréchal-de-camp.

Geoffroy et Arnold de Madaillan ont été évêques de Maillezais (xvie siècle).

Cette famille s'est alliée à celles de Rochechouart, de Durfort, d'Armagnac, de la Beraudière, de Lambertye, de Warignies, de Vipart, de Rabutin, Le Veneur, de Bourbon-Condé, de Coligny, etc...

D'azur, à un lion d'or; écartelé de gueules, à deux girons d'or. — *Alias* : d'azur, au lion d'or, armé, lampassé de gueules; écartelé de tranché d'or et de gueules.

**MADRID** DE **MONTAIGLE** (de), comtes de Madrid de Montaigle, propriétaires des Touches et de Boisrenault, en Touraine (XIXᵉ siècle). — Famille originaire de Castille où elle est connue dès le XIIIᵉ siècle.

De gueules, au château d'or, sommé de trois tours crénelées de trois pièces, de même, maçonné de sable et fermé d'azur, qui est de Madrid, et surmonté d'une aigle naissante de sable qui est de Montaigle. — Cimier : une aigle naissante de sable. — Supports : deux lions couronnés, d'or.

**MAGNY** (Antoine-Simon de), doyen de St-Martin, de Tours (1697), puis évêque d'Oléron, mourut le 26 février 1705.

D'or, à la bande d'azur chargée de 5 étoiles d'argent et accompagnée en chef, à sénestre, d'une tête de maure tortillée d'argent, et en pointe, à dextre, d'une tête de lion au naturel, lampassée et arrachée de gueules.

D'Hozier a attribué au même personnage les armes suivantes :

De sable, au lion d'argent, lampassé et armé, de gueules.

**MAGNY** (Raoul de), dit Raoul le Grand, bailli de Touraine (1256-64).

D'or, à l'aigle éployée, de gueules.

**MAGOULET** DE **MAISONCELLES** (Marthe-Elizabeth), dame de St-Ouen, en Touraine, veuve de Jean-Joseph Bertrand, écuyer, comparut par fondé de pouvoir, en 1789, à l'Assemblée électorale de la noblesse de Touraine.

D'argent, au chevron d'azur accompagné en chef de deux étoiles de..., et en pointe, d'une marguerite tigée, feuillée de... (d'après M. Lambron de Lignim).

**MAHÉ** (Jean), chanoine de Tours, archidiacre d'outre-Loire (1266), puis évêque de Dol.

D'argent, à deux haches d'armes, de gueules, surmontées d'un croissant de même.

**MAHIET DE LA CHESNERAYE, MAHIET DE BRETÈCHE.**
— Famille originaire de Normandie. Elle s'est fixée en Touraine à l'époque du mariage de Louis Mahiet avec N. Bretonneau, arrière petite-fille de Pierre Bretonneau, médecin ordinaire du Dauphin, fils de Charles VII.

Pierre-François-Félix Mahiet de la Chesneraye, chevalier de la Légion d'honneur, officier de l'instruction publique, officier de l'Ordre du Mérite de Venezuela, chevalier des Ordres des SS. Maurice et Lazare, d'Italie, chevalier de St-Jean d'Acre et de Jérusalem, etc... aujourd'hui seul représentant de la famille, réside au château de Beauchêne, en Touraine.

D'argent, à deux haches adossées, de gueules.

**MAHY DE FAVRAS (de)**, en Touraine, dans l'Ile de France et dans l'Orléanais (xviiie siècle).

Thomas de Mahy, marquis de Favras, colonel, chevalier de St-Louis, comparut, en 1789, à l'Assemblée électorale de la noblesse de la vicomté de Paris. La famille fut aussi représentée à l'Assemblée de la noblesse de l'Orléanais.

D'argent, à l'aigle éployée, de gueules; au chef d'azur chargé de trois molettes d'éperon d'or.

**MAIGNAN (Le)**, Ec., Sgrs de Chezelles.
Cette famille résidait, au xviie siècle, dans la paroisse de Civray-sur-Esves.

De gueules, à trois croissants renversés, d'argent.

**MAIGNAN (Le)**, Ec., Sgrs du Marais et de la Roche-Brochard (xviie siècle).

De gueules, à la bande d'argent chargée de trois coquilles de sable.

**MAIGNELAIS (Antoinette de)**, vicomtesse de la Guerche, dame de Montrésor et d'Etableaux, femme d'André de Villequier (xve siècle).

D'argent, à trois lions de sable, armés, lampassés et couronnés d'or; et en cœur un écusson d'azur chargé d'une fasce d'or, accompagnée de 6 billettes de même.

**MAIGRET DE VILLIERS**, Ec., Sgrs de Razines (xviiie siècle).

Antoine **Maigret**, Sgr de Villiers, et sa sœur; Pierre **Maigret**, Sgr de Froidfond; Michel **Maigret**, Sgr de Fonlebond; Jean **Maigret**, Sgr de Fontjasme; Nicolas **Maigret**, Sgr de Chassingou, et Philippe **Maigret**, Sgr de Champdoleut, furent maintenus dans leur noblesse par sentence du 9 septembre 1667.

En 1789, Pierre **Maigret** de Villiers comparut à l'Assemblée électorale de la noblesse du Poitou.

D'azur, au bâton péri en bande, accompagné de trois fleurs de lis d'argent.

**MAILLARD.** — Ancienne famille de Tours.

D'argent, à la pomme de pin, de sable, la queue en bas; au chef de sinople chargé d'une étoile d'argent.

**MAILLÉ** (de), Chev., vicomtes de Tours, barons de Maillé, Sgrs de la Roche-Bourdeuil, de Benais, de Cravant, de Chezelles, de la Guerche, de Négron, de Milly, de la Clarté, de l'Islette, de Faye-la-Vineuse, de Villeromain, de Rochecorbon, de Montils-les-Tours, de Beauçay, de la Haye (baronnie) de Rillé, de Champchévrier, d'Hommes, de Latan, du Breuil, de Narsay, de la Guéritaude, de la Jonchère, du Puy-de-Montbazon, de St-Georges-du-Bois, de Bretignolles, de Chahaignes, de la Fresnaye, du Plessis-Rafré, des Cartes, de Chançay, de la Jaille, de la Chétardière, près Cléré, de Benehard (du xiᵉ au xviiiᵉ siècle).

Cette famille, qui compte parmi les plus anciennes et les plus illustres maisons de Touraine, a fourni cinq chevaliers-croisés : Foulques et Hardouin I (1ʳᵉ croisade); Hardouin II (2ᵉ croisade); Hardouin III (5ᵉ croisade); et Hardouin V (7ᵉ croisade).

Elle a donné à la Touraine les dignitaires ecclésiastiques et les fonctionnaires dont les noms suivent :

Gilbert de **Maillé**, archevêque de Tours, mort en 1128;

Jean de **Maillé**, Sgr de Chançay, bailli de Touraine (1351-53), capitaine du château de Rochecorbon (1368) ;

Jehanne de **Maillé**, abbesse de Beaumont-lès-Tours (1371-90);

Eustache de Maillé, abbé de Seuilly (1426), puis de Bourgueil (1437), mort en 1439 ;

Simon de Maillé, archevêque de Tours (1553-97), Sgr
châtelain d'Artannes, de Vernou et de Candes ;

René, comte de Maillé-Brezé, lieutenant du roi au château
d'Amboise (vers 1700) ;

Cunégonde de Maillé de Carman, abbesse de Moncé (1721),
décédée le 7 décembre 1727 ;

Charles de Maillé, chanoine de l'Église de Tours (1736) ;

Jean de Maillé de la Tour-Landry, commandeur d'Amboise
(Ordre de Malte), en 1760.

La terre de Maillé, première baronnie de Touraine, fut
érigée en duché-pairie en faveur du connétable de Luynes,
sous le nom de Maillé-Luynes, par lettres du mois d'août
1619.

D'autres lettres de 1626 érigèrent en comté, sous le nom de
Maillé, la terre de Seixploé, en Basse-Bretagne.

D'or, à trois fasces nébulées (ou ondées) de gueules.

Simon de Maillé, archevêque de Tours, portait :

Fascé, enté, ondé d'or et de gueules.

La branche aînée des Maillé a ajouté à son nom celui de la
Tour-Landry, à cause de l'héritière de cette ancienne maison,
fondue dans cette branche par le mariage de Françoise de la
Tour avec Hardouin de Maillé X, à la charge de porter le
nom et les armes, sous peine de 50,000 écus. Plus tard elle
fut affranchie de cette obligation par François I⁰ʳ qui lui
permit de reprendre le nom et les armes de Maillé, en y
ajoutant celui de la Tour-Landry.

MAILLE, Ec., Sgrs de Champgrand et de Valesnes.

Au XVIIᵉ siècle cette famille résidait à Bléré.

François Maille, conseiller du roi, fut maire de Tours en
1592.

D'argent, au chevron de gueules accompagné en chef, à dextre, d'un arbre de
sinople traversé d'un bâton péri en barre, d'azur, et à sénestre d'un épervier de
sable posé sur le chevron, et en pointe d'une fleur de lis de même.

**MAILLY** (de), — Chev., Sgrs de Faye-la-Vineuse. — Famille originaire de Picardie.

D'or, à trois maillets de sinople.

**MAILLY** (André de), Sgr du Breuil, secrétaire du roi, receveur général des finances de la généralité de Tours (1712).

D'azur, à trois maillets d'or, 2, 1.

**MAILLY** D'HAUCOURT (Jeanne-Marie-Constance de) marquise de Voyer, comtesse d'Argenson et vicomtesse de la Guerche, femme de Marc-René de Voyer de Paulmy (1744), était fille de Joseph-Augustin, comte de Mailly, marquis de Haucourt, et de Constance Colbert de Torcy.

D'or, à trois maillets de gueules, 2, 1. — Devise : *Hogne qui vonra*.

**MAINGOT** DE SURGÈRES, Voyez DE SURGÈRES.

**MAISONNEUVE** (de), en Touraine et au Maine. — Cette famille a été autorisée, le 30 août 1820, à supprimer le nom de Louvel, sous lequel elle avait été connue jusqu'alors, pour s'appeler seulement de Maisonneuve. Elle est originaire de Bretagne où elle a occupé des charges importantes. Un Louvel de Bretagne est mentionné dans la charte de Damiette (1248). Toutefois, nous ne pouvons rattacher régulièrement le nom de ce croisé à la famille dont nous nous occupons. Jean-Baptiste Louvel, sieur de la Chauvelière, connétable de Rennes, mourut dans cette ville en 1643. François-Thomas Louvel, écuyer, sieur de Maisonneuve, conseiller du roi, greffier en chef des Tournelles du parlement de Bretagne, fils de Gilles-Mathurin Louvel, sieur de la Maisonneuve, et de Perrine Renouard, né à Rennes, le 20 décembre 1744, épousa, le 31 octobre 1775, Marie du Rocher de la Périgne, dont il eut :

1° Charles-Pierre, né en 1776, mort sans postérité ;

2° François-Armand, né en 1779.

De ce dernier sont issus :

1° Armand - Alexis de Maisonneuve, né en 1819, mort sans postérité ;

2° Edouard-Charles de Maisonneuve, né en 1831.

D'argent, au chevron brisé, de sable, accompagné de trois têtes de loup, arrachées et lampassées, de gueules. — Couronne de marquis.

**MAISONTIERS** (de). — Voyez TUSSEAU DE MAISON-TIERS.

**MALDANT**, Ec., Sgrs du Mortier et de Poncher (xvi<sup>e</sup> et xvii<sup>e</sup> siècles).

Michel Maldant fut nommé maire de Tours en 1607.

D'azur, à un chevron d'or accompagné de deux étoiles en chef et d'un trèfle de même en pointe; au croissant renversé et endenté, d'argent, surmonté d'une hure de sanglier d'or.

Alexandre Maldant, fourrier des écuries de Monsieur, portait:

D'azur, à une tête de cheval coupée, d'argent, accompagnée de trois lambels de même.

**MALESSET DE CHATELUS** (Madeleine de), marquise du Coudray-Montpensier, veuve de Henri d'Escoubleau, fit son testament, en 1696, par devant Jacques Lecourt, notaire à Chinon. Elle portait :

D'or, au lion rampant, de gueules; au chef d'azur chargé de trois étoiles d'or.

**MALESTROIT** (de) (ou **MALÉTROIT**), Chev., Sgrs de la Guerche (en partie), Malestroit, Courbourg (xv<sup>e</sup> siècle). — Famille originaire de Bretagne. Elle compte parmi ses membres des grands maréchaux, des grands chanceliers et connétables d'Angleterre et de Bretagne, des lieutenants-généraux des armées, etc...

De gueules, à neuf besants d'or, 3, 3, 3.

**MALET DE GRAVILLE**, en Touraine et en Normandie. — Maison illustre qui, dès le commencement du xiii<sup>e</sup> siècle, pos_sédait le comté d'Alençon, qu'elle vendit en 1220 à Philippe-Auguste. Elle commence sa filiation par Ernest Malet, seigneur de Graville, marié, selon quelques historiens, à Adèle de Glocestre. Parmi ses membres elle compte plusieurs grands officiers de la couronne.

De gueules, à trois fermaux d'or.

**MALHERBE DE POILLÉ** (de). — Famille noble, originaire de Normandie. Une branche s'est établie en Touraine dans le commencement du xvᵉ siècle. Elle a possédé les terres de Poillé, Marçon, la Trochardière, la Bobannière, la Malvoyère, la Roche-le-Marçon, Véron, Bois-Maron, Rolleau, St-Lezin, Petit-Gatineau, la Gaudière, Petit-Loirey, Saullay, Villeneuve, etc. (du xvᵉ au xviiiᵉ siècle).

Guillaume de Malherbe commanda le ban et l'arrière-ban du duché de Touraine en 1491.

Adam-François Bonaventure de Malherbe de Poillé, chevalier de St-Louis, comparut, en 1789, à l'Assemblée de la noblesse de Touraine, réunie pour l'élection des députés aux États-généraux.

La maison de Malherbe a été maintenue dans sa noblesse le 29 mars 1667 et le 7 décembre 1715.

D'or, à deux jumelles de gueules, sommées de deux lionceaux affrontés, du même.

**MALICORNE** (de), Ec., Sgrs du Plessis-aux-Aguillons, paroisse de St-Martin-le-Beau (1386).

D'argent, à la burelle de cinq pièces, de gueules.

**MALINAU** ou **MALINEAU**, Ec., Sgrs de la Guitardière, paroisse de Verneuil, de la Canterie, élection de Loches, (du xivᵉ au xviiᵉ siècle).

Cette famille a possédé un fief de son nom dans la paroisse de Villentrois.

D'argent, au lion de sable, la queue fourchée, armé, lampassé et couronné d'or.

**MALLEMOUCHE** ou **MALMOUCHE** (de), Chev., Sgrs de Rouvray, paroisse de Chambon (xivᵉ et xvᵉ siècles), de la Martinière, élection de Richelieu (xviiᵉ siècle).

N. de Malmouche prit part à la première croisade, en 1096.

D'argent, à cinq fusées de sable, en fasce.

**MALLET DU BOURG.**

Coupé ; au 1 d'azur, au soleil d'or en chef, accompagné de deux épées d'argent passées en sautoir ; au 2 d'or, au chevron de gueules.

39

MALLEVAUD (de), Chev., Sgrs d'Anché, de la Varenne, de la Marche, de la Couture, de Marigny (paroisse d'Yzeures), de Puyrenaud, de la Mangotière, de Launay-sur-Fourche, de la Drageonnière, de la Vidonnière, de la Blonière, paroisse de Bossay, etc... — Famille dont l'origine remonte au XIVᵉ siècle. Elle a donné des officiers de marine, un évêque d'Olonne, *in partibus infidelium*, Jean de Mallevaut (1648); deux lieutenants-généraux de la sénéchaussée de la Marche; un lieutenant des maréchaux de France au bailliage de Loches, François de Mallevaud, etc.

On trouve en 1370, Marguerite de Mallevaud qui épousa Mouton de Cluys, écuyer, seigneur de Briantes et d'Issoudun-sur-Creuse, dont la fille, Alix de Cluys, fut mariée, en 1408, à Jean de Voyer, seigneur de Paulmy.

Montain de Mallevaud, écuyer, Sgr de la Mangottière, eut un fils, Madelon de Mallevaud, marié à Marie de Mathefelon, dame de la Varenne. De ce mariage sont issus : 1º Baptiste de Mallevaud, écuyer, Sgr de la Varenne, qui épousa, le 29 janvier 1546, Renée de la Faye ; 2º Jean de Mallevaud de la Mangottière, reçu chevalier de Malte, au grand-prieuré d'Aquitaine, en 1546.

Claude de Mallevaud, écuyer, Sgr de la Varenne, fut maintenu dans sa noblesse en 1666 et 1697, par MM. de Barentin et de Maupeou, commissaires du roi. Une sentence de l'intendant de Poitiers, des 11 mars et 14 juillet 1715, confirma ces ordonnances de maintenue.

Un arrêt du parlement de Paris, du 3 février 1787, un autre, rendu par le roi le 5 avril 1788, et un troisième rendu par le conseil du roi et de ses finances, les 3 et 19 avril de la même année, maintinrent la branche cadette de cette famille dans sa noblesse d'extraction.

La branche des seigneurs de Marigny et de Puyrenaud, a pour auteur Etienne de Mallevaud, deuxième fils de Baptiste de Mallevaud et de Renée de la Faye.

Etienne de Mallevaud eut deux enfants : 1° François qui suit ; 2° Jean, évêque d'Olonne.

François de Mallevaud, écuyer, épousa, en janvier 1635, Jeanne de la Coudre, dont il eut Etienne de Mallevaud, marié, le 24 février 1664, à Charlotte Tardy. De ce mariage est issu : François de Mallevaud, écuyer, Sgr de Marigny, près Yzeures, président, lieutenant-général de la sénéchaussée de la Marche, marié le 7 mars 1696 à Marie-Rose Le Large. Deux enfants sont nés de ce mariage :

1° Etienne de Mallevaud, écuyer, Sgr de Marigny, lieutenant-général de la Basse-Marche, marié, le 28 octobre 1729, à N. Cothereau de Grandchamp, fille de N. Cothereau de Grandchamp, maréchal des-logis-des mousquetaires du roi. Il laissa deux fils :

A. — François-Antoine de Mallevaud, Chev., Sgr de Marigny, lieutenant-général du Dorat et de la sénéchaussée de la Basse-Marche, qui épousa Charlotte-Marguerite du Peyron, dont il eut : 1° François-Henri-Charles de Mallevaud, Sgr de Marigny, né le 17 février 1771, chevalier de St-Louis, officier des chasseurs de Hainault, décédé sans alliance ; 2° N., mort en émigration ; 3°, 4° et 5° trois filles, l'une mariée à N. du Peyron de St-Hilaire, l'autre à N. Baret de Rouvray, la troisième à N. Desmier, marquis de Chenon.

B. — François-Henri de Mallevaud, Chev., Sgr de Marigny, chevalier de St-Louis, capitaine au régiment royal-infanterie, commissaire ordonnateur, à Tours, gouverneur du Dorat. En 1789, il comparut à l'Assemblée électorale de la noblesse de Touraine. Le 29 avril 1771, il avait épousé N. de Riancourt, dont il eut une fille, mariée au marquis de Bridieu.

2° François de Mallevaud, écuyer, Sgr de Puy-Renaud, lieutenant des maréchaux de France au bailliage de Loches (par brevet du 15 juin 1767), marié en 1745, à N. Aubry, nièce de N. Guimier, président, lieutenant-général à Loches. De ce mariage sont issus : 1° François-Henri, qui suit ; 2° N. officier du génie ; 3° N. officier au régiment de Languedoc.

François-Henri de Mallevaud, chevalier, Sgr de Puy-Renaud, ancien conseiller au Châtelet d'Orléans, assista à l'Assemblée électorale de la noblesse de Touraine en 1789. Le 4 avril 1784, il épousa N. Nolleau de Beauregard, dont il eut :

1° François de Mallevaud de Puyrenaud, marié le 22 février 1816, à Françoise Hocquart, fille de Toussaint-Thérèse Hocquart, chef d'escadron, chevalier de St-Louis, et de Madeleine Le Prince ;

2° Etienne de Mallevaud ;

3° Pauline de Mallevaud, mariée à N. de la Motte de Logny, officier au régiment de la reine.

D'argent, à trois vires d'azur, au bâton de même péri en pal au centre de l'écu. — Couronne de marquis. — Tenants : deux sauvages.

**MALLIER DU HOUSSAY**, Sgrs de Semblançay (XVIIᵉ siècle). — Cette famille a successivement habité l'Orléanais, l'Isle-de-France, le Poitou, la Touraine et la Bretagne. Dans cette dernière province, elle a été admise dans l'ordre de la noblesse aux États, par arrêt du parlement de Rennes, rendu le 14 juillet 1770, sur requête du 13 juin de la même année, et sur les titres et pièces justificatifs. Elle commence sa filiation par Jean de Mallier, conseiller à Orléans, vivant en 1380. Elle a fourni un conseiller du roi, trésorier général de France en la généralité d'Orléans, — un contrôleur général des finances, conseiller d'Etat, — un évêque de Troyes, — un évêque de Tarbes, — un ambassadeur à Venise, conseiller d'Etat, etc.... Parmi ses alliances, on remarque les familles de Melisan, de Bailleul, de Brichanteau, de Houdetot, de Maillé, des Moulins, de Robinault, de Cornullier, le Petit de Verno, de la Rocq, de Glimes de Brabant, de Volvire de Ruffec, etc...

D'argent, à la fasce de gueules, accompagnée de trois roses de même, 2 en chef et 1 en pointe.

**MALON DE BERCY**, Chev., marquis de Bercy, Sgrs de Bléré, de Baudrys et de la Bedouère, en Touraine (XVIIIᵉ siècle). — Famille originaire du Vendômois. Elle commence sa filiation par Gervais Malon, seigneur d'Osmoys, de Crevecé et de Chassay, qui épousa Agnès Le Copelet, et mourut avant 1364.

Jean Malon, petit-fils de Gervais, fut convoqué au ban des nobles du Vendômois en 1467.

Une branche, éteinte avant 1789, et qui avait pour auteur Guillaume Malon, a donné deux chevaliers de Malte (1598-1606).

Anne-Louis-Jules de Malon (filleul de la reine Anne et de Louis XIV, représenté par le cardinal Mazarin), maître des requêtes, intendant en Auvergne, mourut le 5 octobre 1706.

Nicolas-Charles de Malon, président au Grand-Conseil, épousa, le 28 octobre 1734, Marie-Angélique-Françoise Taschereau de Baudrys (d'une ancienne famille de Touraine), fille de Gabriel, conseiller d'Etat et intendant des finances, et de Philippe Taboureau des Réaux.

Charles-Jean-François de Malon de Bercy, et sa sœur, Alexandrine-Charlotte de Bercy, comparurent, en 1789, par fondé de pouvoir, à l'Assemblée de la noblesse de Touraine, convoquée pour l'élection des députés aux Etats-généraux.

D'azur, à trois merlettes d'or, 2, 1.

**MALRAN** DE **VILLEVAUT** (N.), femme de Guillaume Marques (des Seigneurs de Chenonceau) décédée en 1427, portait, d'après une pierre tombale de Marmoutier, dessinée dans la collection Gaignières, *Tombeaux et épitaphes de France*, t. I, f° 85, à la Bibliothèque Bodleienne d'Oxford :

Parti; au 1 de... à une demi-aigle à deux têtes de...; au 2 coupé, au 1 de... à trois macles de..., 2, 1 ; au 2, de même.

**MALVAULT** (de), Éc., Sgrs de la Motte, de Beauregard, paroisse de St-Quentin, — de la Grande-Couture, paroisse de Courçay (xviii° siècle).

D'argent, au chevron de sable accompagné de trois roses de gueules, tigées de sinople.

**MANDAT**, Éc., Sgrs de la Jonchère, en Touraine (xvi° et xvii° siècles). — Famille originaire du Limousin. Sa filiation suivie remonte à Galiot Mandat, Sgr d'Aigrefoin et de la Jonchère, échevin de la ville de Tours en 1559.

En 1599, Georges Mandat remplissait les fonctions de conseiller du roi, lieutenant-criminel au siége présidial de Tours. Il épousa Françoise d'Argouges.

D'azur, au lion d'or; au chef d'argent chargé d'une hure de sanglier de sable, défendue d'argent, accostée de deux roses de gueules. — Supports : deux lions.

**MANDROUX**, marchand-bourgeois de Tours (fin du xvii<sup>e</sup> siècle).

D'or, à un lion d'azur.

**MANDROUX DE LAUNAY**, en Touraine.

D'azur, à un serpent d'or, en fasce, dardé de gueules et accompagné de deux étoiles d'or; à une bande de gueules brochant sur le tout.

**MANGEANT**, marchand, à Tours (fin du xvii<sup>e</sup> siècle).

D'argent, à un chevron d'azur.

**MANGIN**, Chev., Sgrs d'Ouince, de Beauvais, près Bossay, de Volpendière, de la Ripaudière, du Breuil (xviii<sup>e</sup> siècle).

Cette famille est originaire de la Lorraine. Elle a été maintenue dans sa noblesse le 6 août 1678 et le 6 juin 1715. En 1789, elle a comparu aux Assemblées électorales de la noblesse du Poitou et du Berry.

Jean-Baptiste Mangin d'Ouince, né au Blanc, le 18 octobre 1746, maréchal-de-camp honoraire (1815), fut créé baron sous l'Empire.

D'azur, à deux croissants d'argent posés en fasce.

**MANGIN DE CHIZÉ** (Pierre), sénéchal du Bouchet, en Loudunois (1628).

Coupé; au 1 d'azur à deux croissants rangés d'argent; au 2 de gueules plein. — Couronne de marquis.

**MANGOT.** — Famille résidant, au xvii<sup>e</sup> siècle, dans l'élection de Chinon, où elle possédait le fief de Bellebat.

Pierre Mangot, Éc., secrétaire du roi, maison, couronne de France, procureur du roi aux bailliage et maréchaussée de Chinon, figura, en 1689, dans la monstre des nobles possédant fief dans cette élection. Il épousa Marie de Lutz, dont il eut : Pierre Mangot, seigneur d'Anzay, né le 17 août 1674, conseiller au Grand-Conseil le 16 juin 1744, secrétaire du roi en 1719, décédé le 5 septembre 1744, laissant entre autres enfants, de son mariage avec Marie-Élisabeth de Jouye : 1° Pierre Mangot, né le 13 octobre 1706, conseiller au Grand-Conseil, puis secrétaire du roi; 2° Jacques Mangot, prêtre conventuel du Temple (1744); 3° N. Mangot, prieure de St-Antoine-des-Champs, puis abbesse de Molaise en avril 1762.

Denis Mangot était chanoine de St-Mexme de Chinon, en 1686.

D'azur, à trois éperviers d'or, chaperonnés, grilletés et onglés de gueules, 2, 1.

### MANIER.

D'azur, au chevron d'or, chargé sur la pointe d'un croissant de gueules et accompagné de trois étoiles d'or.

MARAFFIN (de), Chev., Sgrs de Notz, de Rochecot, de Vueil, du Roulet (paroisse de St-Flovier), de la Mailleraye, de Terre-Fronte, d'Obterre, de Bouteaux, de St-Flovier (XIV°, XV° et XVI° siècles).

L'origine de cette famille tourangelle remonte au XII° siècle.

Hugues de Maraffin de Notz fut abbé de Villeloin, de 1320 à 1339.

Imbert de Maraffin, trésorier de la collégiale de Mézières-en-Brenne, fonda une chapelle dans l'église de cette ville, et une autre dans celle de St-Cyran, vers 1475.

Louis de Maraffin fut officier de l'hôtel du roi Louis XI (1473), puis gouverneur de Cambrai, conseiller et chambellan du roi. Il épousa Perronnelle de Liniers, fille de Michel de Liniers, Sgr d'Hervault et de Marie Rousseau. De ce mariage sont issus : 1° Louis de Maraffin, Sgr de Notz et de Rochecot, marié à Catherine d'Avaugour; 2° Guillaume de Maraffin, évêque et comte de Noyon, pair de France, mort en 1504; 3° Philibert de Maraffin, conseiller au parlement, prieur de la Charité-sur-Loire.

La maison de Maraffin a donné deux abbesses au monastère de Beaumont-lez-Tours : Françoise de Maraffin, mentionnée dans un titre de 1519, — et une autre Françoise de Maraffin, décédée le 1er avril 1554, et dont le tombeau fut placé dans le chœur de l'abbaye de Beaumont.

De gueules, à la bande d'or, accompagnée de six étoiles de même mises en orle.

Quelques membres de la famille portaient, pour brisure, *un croissant de sable sur la bande.*

### MARAIS (du), Éc., Sgrs du Cormier, en Touraine.

De gueules, au chevron d'or accompagné de trois macles de même.

### MARANS (de), Chev., barons des Ormes-St-Martin, Sgrs de St-Marc, de Villiers, de la Chauvelière, — de Laudetterie et de la Dubellerie, paroisse de St-Pierre-de-Tournon, — de la Fournière, paroisse d'Abilly, — de Loubressay, de Pindray, — de Vaugodin, paroisse de Poizay-le-Joli, — de Melzéart, etc...

Cette famille, répandue en Touraine, en Poitou et dans le Maine, paraît avoir tiré son origine de la terre de Marans, en Aunis, dont les seigneurs sont connus dès le xie siècle. Elle a possédé pendant longtemps la terre des Ormes, qui appartient aujourd'hui à la maison de Voyer d'Argenson.

Guillaume de Marans, écuyer, Sgr des Ormes-St-Martin et de Loubressay (1460) épousa Alix Aigret, dont il eut : Charles de Marans, Sgr des Ormes, marié à Guyonne de Vieulx, — et François de Marans, dont le fils, Gilles, eut pour femme (1489) Antoinette de Pindray.

Du mariage de Charles de Marans et d'Alix Aigret naquit un fils, Pierre de Marans, qui, en 1508, arma des vaisseaux à ses dépens, avec Jean Chappron de Bernay, son cousin, et, avec l'autorisation de Charles, duc de Gueldre et de Juliers, prit part à la guerre contre le roi de Castille. De Françoise de Pindray, Pierre de Marans eut trois enfants : 1º Charles de Marans, mort en 1554; 2º Jean de Marans, Sgr des Ormes-

St-Martin et de Pindray; 3° Louis de Marans, Sgr de Lou-bressay.

Jean de Marans, nn des cent gentilshommes de l'hôtel du roi, eut deux fils de son mariage avec Hélène de Culant : 1° Pierre de Marans, Sgr des Ormes, chevalier de l'Ordre du roi, marié à Renée Thibault (1558); 2° Charles de Marans, gentilhomme ordinaire de la chambre du roi, et chevalier de ses ordres, capitaine de cinquante hommes d'armes, marié à Louise Thibault.

Pierre de Marans mourut en 1602, laissant un fils et une fille : René de Marans, décédé sans postérité en 1604; — et Louise de Marans, femme de Louis de Vernon, seigneur de la Rivière-Bonneuil.

La maison de Marans a donné un chevalier de l'ordre de Malte, François de Marans (1563).

Louis de Marans, Sgr de la Varenne, et la veuve de Philippe de Marans, Sgr de l'Aumônerie, furent maintenus dans leur noblesse par sentence du 26 septembre 1667.

Madeleine et Thérèse de Marans, nées en 1676, et reçues à à St-Cyr au mois de juin 1686, prouvèrent qu'elles descendaient de Pierre de Marans, seigneur des Ormes-St-Martin, et de Françoise de Pindray.

Un des membres de la famille comparut au ban de la noblesse du Poitou, convoqué en 1703.

Louis-François de Marans de St-Marc comparut au ban de la noblesse de la même province en 1758.

Dans la liste des nobles du Poitou qui prirent part, soit en personne, soit par fondé de pouvoir, à l'Assemblée électorale de 1789, on trouve :

Pierre-Louis de Marans, Sgr de la Petite-Rochebœuf, officier au régiment de Commissaire-général-cavalerie;

Claire de Marans et Julie de Marans, sœurs, résidant dans la paroisse de St-Cyran-du-Blanc;

Gabriel de Marans, Chev., Sgr de Laudetterie;

Jean-César de Marans, Sgr de la Varenne;

Marie Martel, veuve de Louis-François de Marans, chevalier de St-Louis, dame de Tricon.

Dans le *Tableau des émigrés* du Poitou, publié par M. Beauchet-Filleau, figurent : Marans de la Fond, lieutenant de chasseurs au régiment de Bourbon-infanterie ; — Louis-François-Charles Marans de Chaumont, capitaine au bataillon de garnison de Fontenay-le-Comte, chevalier de St-Louis ; — Jean-César de Marans, officier au régiment de Normandie-infanterie ; — Gabriel de Marans de Laudetterie, officier au régiment de Provence. — Gabriel, chevalier de Marans de la Maisonneuve, ancien officier au régiment Royal-infanterie ; — Marans de Chaumont, décédé à Ham, près Dusseldorf, en juin 1795 ; — Pierre-Louis de Marans de Tricon, lieutenant au régiment Commissaire-général-cavalerie ; — Marans de la Varenne.

Fascé d'or et d'azur de six pièces ; contre-parti de même, au chef tiercé en pal, le 1er et le 3e gironné, le 2o pallé de 4 pièces, le tout d'or et d'azur, et un écusson d'argent placé au milieu de l'écu. — Supports : deux lions. — Couronne de marquis.

Vertot blasonne ainsi les armes de François de Marans, chevalier de Malte :

Fascé et contre-fascé d'or et d'azur ; au chef pallé et contre-pallé de même de trois pièces, flanqué à dextre et à sénestre d'azur, à un giron d'or ; sur le tout un écusson de gueules.

**MARAY** (de), Éc., Sgrs de la Roche-de-Chargé, de la Mothe (près Montrichard) et de Restigné (xvie siècle).

Pierre Maray fut pourvu de la charge de greffier en l'élection de Tours en 1688.

De sable, semé d'étoiles d'argent, au lion de même brochant sur le tout.

**MARCÉ** (de), Chev., comtes de Marcé, Sgrs de la Bouchetière, de Lespine, de la Chevallerie, de Mosné, de la Pouplinière, de Vaumenaize, près Chinon, des Minerets, de Loupes (du xive au xviiie siècle).

D'après un certificat généalogique de d'Hozier (daté du 4 janvier 1766), la filiation suivie de cette famille commence par N. de Marcé (nommé Guillaume de Marcé par La Chesnaye-des-Bois), dont la noblesse de nom et d'armes fut prouvée depuis 1350.

Depuis, la maison de Marcé a été plusieurs fois maintenue dans sa noblesse, notamment les 20 juin 1458 et 15 décembre 1460, le 3 avril 1635, le 23 septembre 1666, et le 16 juin 1714.

Elle s'est alliée aux familles de Villiers, de la Barre, Briand de la Pouplinière, de Massigny, le Royer de la Sauvagère, de Barillet, Abot, de Taillevis, de Colonia, Gueroust de St-Mars, de Carbonnières, de Bonnard, etc...

Louis-Henry-François de Marcé, chevalier, lieutenant des maréchaux de France au département de Chinon, mourut le 9 juillet 1777. Son fils, Louis-Henry-François, comte de Marcé, chevalier de St-Louis, maréchal des camps et armées du roi, lieutenant des maréchaux de France à Chinon, et capitaine-gouverneur de cette ville, comparut par fondé de pouvoir à l'Assemblée électorale de la noblesse de Touraine, en 1789. Il mourut en 1794, laissant, de son mariage avec Catherine Le Royer de la Sauvagère, deux filles, Catherine, décédée en 1840 ;— Pauline, décédée en 1841, — et deux fils :

1° Louis, comte de Marcé, né le 1er juin 1774, mort le 15 janvier 1851 ; il épousa, en 1803, Claire-Charles de Guéroust de Saint-Mars (décédée le 2 décembre 1861). De ce mariage est né Louis-Gaston, comte de Marcé, né le 27 juin 1804, page de Louis XVIII, officier de cavalerie, chevalier de l'Ordre royal de St-Ferdinand d'Espagne, marié à Marie-Hortense Duval de Grenonville (née le 9 avril 1807), dont il a eu : 1° Marie-Gaston-Louis, comte de Marcé, né le 14 janvier 1831, officier de marine, chevalier de la Légion d'honneur, marié le 3 février 1858, à Marie-Henriette-Edith de Carbonnières. — 2° Marie-Geneviève de Marcé, née le 17 février 1835, mariée le 3 octobre 1853, à Paul-Gabriel, vicomte de Marcé, son cousin ; 3° Marie-Roger, comte de Marcé, né le 14 mai 1839.

2° Henry-Gabriel, vicomte de Marcé, né en 1779, marié, en 1829, à Hortense de Bonnard ; il est mort en 1844, laissant un fils, Paul-Gabriel, vicomte de Marcé, né le 19 octobre 1830, marié, le 3 octobre 1853, comme il vient d'être dit, à Marie-Geneviève de Marcé, sa cousine.

D'argent, à six quintefeuilles de gueules, 3, 2, 1. — Cimier : un lion d'or tenant dans sa patte sénestre une fleur de lis d'argent. — Supports : deux lions. — Couronne de marquis. — Devise : *Arte et Marte*.

**MARCHAIS**, à Tours (xviiie siècle).

D'argent, à un chevron de gueules accompagné de trois écrevisses de même.

**MARCHAND (Le)**, Éc., Sgrs de Lardillière (paroisse de Charentilly), de la Giraudière, des Ligneries, de Marcilly, près Richelieu (xviie siècle).

Cette famille a résidé dans les paroisses de Semblançay, de Charentilly et d'Amboise.

D'azur, à une fasce d'argent chargée de trois hermines de sable et accompagnée de trois lionceaux d'or, armés et lampassés de gueules. — *Alias :* D'azur, à une fasce d'argent chargée de trois mouchetures d'hermines de sable accompagnée de trois lions d'or.

La branche des Ligneries portait, d'après les *Mém. de Touraine :*

D'azur, à la fasce d'hermines accompagnée de trois lionceaux d'or.

**MARCHANT**, Éc., Sgrs de Verrières, et de la Thommasserie (ou Thomassière), paroisse de Vallières-les-Grandes, relevant d'Amboise (xviie et xviiie siècles).

Alexandre Marchant de Verrières fut pourvu de la charge de conseiller du roi, président au grenier à sel d'Amboise en 1767.

D'azur, au chevron d'or accompagné de trois roses d'argent, tigées et feuillées de même ; au chef d'argent chargé d'une croix potencée, d'or, cantonnée de 4 croisettes de même.

**MARCHE (Bertrand de la)**, abbé de Villeloin (1386-1414).

D'argent, au chef de gueules ; à la bordure de même.

**MARCHESNÉ.** — Famille originaire de Touraine.

Par lettres du mois de mars 1655, Pierre Marchesné fut pourvu de la charge de chef de paneterie du roi et prêta serment en cette qualité le 9 avril de la même année.

Pierre-Bernard Marchesné fut pourvu de la charge de conseiller du roi, président contrôleur du grenier à sel de Neuvy-Roi, le 7 août 1751.

La famille Marchesné est représentée aujourd'hui (1867) par : 1° Pierre-Alfred Marchesné, chef d'escadron d'artillerie, chevalier de la Légion d'honneur, marié à Marie-Louise Ruffin, dont il a eu un fils, André Marchesné; 2° Paul-Emile Marchesné, marié à Clotilde-Renée Rottier ; de ce mariage est né un fils, Henri-Pierre-Paul Marchesné.

D'argent, à un oranger au naturel fruité d'or et arraché, accosté de deux autres orangers plus petits, aussi au naturel et fruités de même. — Casque de profil surmonté de panaches.

### MARCILLY (de), Sgrs de Marcilly (xviiᵉ siècle).

D'azur, à trois fusées d'argent mises en fasce et dressées en pal.

### Une autre famille de Marcilly portait :

De sable, à trois fasces d'or.

### MARCIRION (de), Éc., Sgrs de Sault, de Vigny, d'Aubigny (xviᵉ siècle).

De gueules, au lion d'or, accompagné de trois larmes d'argent.

### MARCK (Guillaume de la), Chev., Sgr d'Aigremont, de Montbazon, de Ste-Maure, Nouâtre, mourut le 20 mai 1516, et fut enterré dans le chœur de l'église de Ste-Maure. Il était fils de Guillaume de la Marck, dit le Sanglier des Ardennes, et de Jeanne d'Arschot. Trois filles sont issues de son mariage avec Renée du Fou, veuve de Louis de Rohan III, Sgr de Guémené et de Montbazon, et fille unique de Jean du Fou, Sgr de Rostrenan, gouverneur et bailli de Touraine, grand échanson de France, et de Jeanne de La Rochefoucaud.

D'or, à la fasce échiquetée d'argent et de gueules de trois traits ; au lion issant, de gueules, en chef.

### MARCK (Henri-Robert de la), duc de Bouillon, prince de Sedan, gouverneur lieutenant-général de Touraine (1561), fils de Robert IV, duc de Bouillon, et de Françoise de Brezé, mourut le 2 décembre 1574.

Mêmes armes que le précédent.

MARCONNAY (de), Chev., comtes de Marconnay, Sgrs de Colombiers, de la Gatelinière, d'Availles, de Marnay, de la Bonninière, de la Bigottière, de Neuilly-le-Noble, — de Fontenay, paroisse de la Roche-Clermault, — de la Roche-Bourreau, de Parnay, de Jaunay, de Sallevert, la Bernardière, la Bourrelière, l'Aubonnière, du Tillou, de Villiers, etc... (du xive au xviiie siècle). — Famille d'origine chevaleresque et connue dès le xie siècle. Elle commence sa filiation suivie par Jean de Marconnay, mentionné dans une note de 1287. Plusieurs fois elle a été maintenue dans sa noblesse, notamment le 16 août 1667, — le 22 janvier 1669, par Voisin de la Noiraye, intendant de Touraine, — et le 24 juillet 1730.

Louis-Isaac-Auguste, comte de Marconnay, comparut, en 1789, à l'Assemblée électorale de la noblesse de l'Anjou. La famille fut également représentée à l'Assemblée électorale de la noblesse du Poitou.

La première branche s'est alliée aux familles de Colombiers, de Ry, de la Touche, de Pierres, de Pougues, de Brizay, des Hayes, d'Aloigny, de Kalender, du Plessis de Richelieu, de la Jaille, de Chesneau, de Vasselot, de Ravenel, de Ferrières, de Gourjault, Rogier, de Rechignevoisin, etc...

Celle des seigneurs de Marnay compte parmi ses alliances les familles Marin de la Chasselaudière, de Razilly, de Charbonneau, de Mascureau, Bunault de Montbrun, de Péan, de Badier, etc.

Les autres branches se sont alliées aux maisons du Refuge, de Fouchier de Pontmoreau, de Melleville, Fay, de Cousdun, de Mau, de Chabot, de Vernon, d'Aubigny, Ratault, de Brilhac, d'Appelvoisin, de Pilloué, Levesque de Boisgrollier, etc...

Autrefois la famille de Marconnay, portait :

De gueules, à 3 pals de vair; au chef d'or brisé d'un lambel de 5 pendants d'azur ; — Cri de guerre : *Chastillon*.

Aujourd'hui elle porte :

De gueules, à trois pals de vair; au chef d'or.

N., femme de Louis de Marconnay, Éc., Sgr de Leugny, (fin du XVIIe siècle), portait, d'après l'*Armorial général* :

D'or, à une marcotte ou plante d'œillet, de sinople.

**MARDELLE** (de la), Sgrs d'Ecueillé et de Paradis (XVIIIe siècle).

D'azur, à une ancre de..., accompagnée de trois étoiles de..., deux aux flancs et une en pointe. (D'après M. Lambron de Lignim).

**MAREAU**, voyez MARREAU.

**MARÉCHAL**, Éc., Sgrs de Corbet, en Touraine (XVIe siècle). — Famille originaire du Berri.

D'argent, à deux lions de sable supportant un triangle ou delta d'azur.

**MARESCHAU**, Éc., Sgrs de Corbeil et de la Chauvinière, paroisse du Boulay,— du Plessis, Beauregard, la Richardière (XVIIIe siècle).

François Mareschau était conseiller du roi, juge au bailliage et siége présidial de Tours en 1646.

François-Gabriel Mareschau de Corbeil, chevalier de Saint-Louis, comparut, en 1789, à l'Assemblée de la noblesse de Touraine pour l'élection des députés aux États généraux.

De gueules, à trois croix ancrées, d'argent.— Cimier : un lion issant, d'azur. — Supports : deux lions de même, armés et lampassés de gueules.

Une branche portait :

De gueules, à la croix nillée d'argent.

**MARESCOT** (de), comtes de Marescot.—Famille originaire de l'Orléanais.

Armand-Samuel de Marescot, né à Tours le 1er mars 1758, général de division, grand-cordon de la Légion d'honneur, comte de l'Empire le 2 mars 1808, (confirmé dans ce titre les 1er juin et 24 septembre 1814), grand-croix de l'ordre de St-Louis, pair de France, le 5 mars 1819, mourut à Vendôme le 12 novembre 1832.

Parti, au 1 coupé d'argent à la bande de gueules, et d'argent à trois fasces de sable; au 2 d'argent à la croix ancrée, de gueules. — Couronne de marquis. — Supports : deux aigles essorantes. — Devise : *In hoc signo vinces.*

**MAREST D'ANTHONY**, au Port-de-Pilles (xvii<sup>e</sup> siècle).

D'azur, au lion d'or accompagné en chef de trois roses de gueules rangées.

**MAREUIL** (Olivier de), doyen de l'Église de Tours (xiv<sup>e</sup> siècle).

Echiqueté de sinople et d'argent.

**MARGADEL** (de).

D'azur, à la croix d'argent chargée de cinq larmes de gueules.

**MARGONNE** (de).

D'or, à trois annelets d'azur, 2, 1.

**MARGUERYE** (de), Chev., Sgrs de la Londe, de Colleville, de Vieuville, en Normandie, — et de Boislégat, paroisse de Brizay, en Touraine (première partie du xviii<sup>e</sup> siècle). — Famille originaire de Normandie. Elle a été maintenue plusieurs fois dans sa noblesse, notamment le 12 avril 1660.

Parmi ses alliances, on remarque les maisons de Percy, de Grimonville, de Montecler, de Fréval, de Lallier, de Heron, de Pleurre, de Cussy, Saint-Mihiel, de Bailhehache, de Cairon, Le Fournier, Le Blanc du Roullet, d'Aufray, Busquillon de Bouchoir, etc...

D'azur, à trois marguerites de pré, d'argent, 2, 1. — Cri d'armes : *Cherche qui n'a.*

**MARIAGE**, Éc., Sgrs de la Loge, en Touraine (xvii<sup>e</sup> et xviii<sup>e</sup> siècles). — Famille originaire de Lille. Elle s'est divisée en plusieurs branches. Une s'est établie en Normandie, l'autre dans le Valois et en Picardie, et une autre dans notre province, où elle a résidé dans les environs de Château-la-Vallière.

La filiation suivie de cette maison commence par Jean Mariage, vivant vers le commencement du xvi<sup>e</sup> siècle. Jean Mariage eut quatre enfants : Jean, abbé de Los, de l'ordre de Citeaux; Georges, qui alla se fixer en Picardie; Pierre, chancelier du roi de Danemarck, et Michel, auteur de la branche de Normandie. Philippe Mariage, arrière petit-fils de Georges, fut seigneur de la Loge, en Touraine. Le 12 février 1643, il épousa Adrienne Taillet, dont il eut quatre enfants : 1° Nicole, mariée à N. de Quentin-Fricque; 2° Denise-Marie ; 3° Jeanne ; 4° Simon, écuyer, Sgr de la Loge, né le 6 avril 1620, receveur des consignations au Châtelet (1666-69), secrétaire de la reine Anne, puis conseiller, secré-taire du roi (3 mars 1669).

Simon Mariage mourut le 16 octobre 1694. Le 18 janvier 1656, il avait épousé Marie Lefebvre, née le 18 février 1637. De ce mariage sont issus quatorze enfants, dont cinq morts en bas âge. Les autres sont : 1° Marie, née le 29 octobre 1656; 2° Anne, née le 26 septembre 1665; 3° Madeleine, religieuse Ursuline à St-Denis; 4° Elisabeth, religieuse dans le même monastère ; 5° Marie-Marguerite, religieuse hospita-lière de Ste-Catherine; 6° Joseph-Simon, chanoine de l'église de Chartres ; 7° Jean-Baptiste-Emmanuel; 8° Jean, religieux à la Chartreuse du Val-Dieu ; 9° Louis Mariage, Sgr de la Loge, avocat, marié à Françoise Gaultier, d'une famille de Touraine.

Louis Mariage a eu deux filles :

1° Charlotte Mariage, décédée en 1751, sans avoir été mariée;

2° Marie-Françoise Mariage. Elle a épousé Urbain-Adrien Gaultier, conseiller du roi au siége présidial de Tours. De ce mariage sont issus : Urbain-Adrien-Louis-François Gaultier, avocat du roi, à Tours, marié à Elisabeth-Anne Droüin; Marie-Françoise; Louis-François, et Thérèse-Geneviève-Françoise Gaultier.

La branche des Mariage, établie en Normandie, a possédé dans cette contrée la terre de Valleville. Elle a fourni un secrétaire du roi, Michel Mariage; — et un lieutenant-gé-néral des eaux et forêts de Normandie. Elle s'est alliée aux familles de Montgobert, de la Combaude, de l'Estoile, le Joncleur et Le Grand.

La famille Mariage porte, d'après une généalogie manus-crite, dressée par Chevillard en 1713 :

40

D'azur, à la foi d'argent, accompagnée de trois étoiles d'or, 2 en chef et 1 en pointe.

## MARIÉ D'AUBIGNÉ (Marie - Françoise Le), abbesse de Moncé, de 1754 à 1775.

De gueules, au lion d'or; au chef d'hermines.

## MARILLAC (de), Ec., Sgrs de Buxeuil-sur-Creuse, relevant de la Guerche (XVIIᵉ siècle). — Famille originaire d'Auvergne.

Elle a pour auteur Pierre de Marillac, capitaine châtelain de Lastic, en Auvergne, qui eut deux enfants : 1º Guillaume de Marillac, secrétaire du duc de Bourbon (1506), auditeur des comptes, à Moulins, en 1522 : 2º Julien de Marillac, conseiller du duc de Bourbon et son procureur-général dans les comtés de Clermont et dauphiné d'Auvergne.

Michel de Marillac, conseiller d'Etat, surintendant des finances, reçut les sceaux de la main du roi le 1ᵉʳ juin 1626 et les quitta le 12 novembre 1630, lendemain de la journée des Dupes, qui ruina le parti de la reine Marie de Médicis.

D'argent, maçonné de sable, rempli de 6 merlettes de même, et un croissant de gueules posé en cœur.

## MARIN DE MONTMARIN, Chev., marquis de la Châteigneraie, Sgrs de Montmarin et de St-Martin de Sarzé, — en Touraine et au Maine (XVIIIᵉ siècle).

D'azur, à la fasce d'or, accompagnée en chef de trois croissants d'argent, et en pointe d'un coq, d'or, becqué et membré de gueules.— Devise : *Aspiciendo crescit.*

N. Marin de la Trousserie, Sgr de St-Martin de Sarzé (1698), portait :

D'argent, à deux fasces de sable.

## MARION DE LA SAUDRAYE, en Touraine (XVIIIᵉ siècle).

D'argent, à trois fleurs de lis de gueules.

## MARLE (Arnaud de), Chev., Sgr de Versigny, conseiller au Parlement, commissaire pour le roi, à Tours, pour le paiement des Aides (août 1421).

D'argent, à la bande de sable chargée de trois molettes d'argent.

MARMANDE (de), Chev., Sgrs de Marmande, du Coudray (XIIIᵉ siècle), barons de la Haye et Sgrs de Faye-la-Vineuse (XIVᵉ siècle).

N. de Marmande figura parmi les chevaliers-croisés de Touraine, en 1090.

Guillaume de Marmande est mentionné en qualité de chevalier-banneret dans un titre de 1213.

D'or, à deux fasces de sable.

Plusieurs membres de la famille portaient :

D'or, à deux fasces de sable surmontées d'une merlette et d'une cotice en bande de...

Le sceau de Guillaume de Marmande (1213) ci-dessus nommé, porte :

De... à la fasce de... ; au lambel pendant de 8 pièces de...

**Marmoutier** (Abbaye de). (*Majus monasterium*).

Fascé d'argent et de gueules de huit pièces.

MAROLLES (de), Chev., comtes de Marolles, Sgrs de Marolles, de Peutanges, de Loigné, de Montaigu (XIIIᵉ siècle), de Méreaux, des Caves, de Breuillard, de la Boutellerie, de Couvent, du Plessis, de la Valinière, de Bournigale, de la Forest, de la Sarrazinière, du Boisdroit, du Courbat, du Liége, de la Rocherie, de Noizay, du Breuil (du XIIIᵉ au XVIIIᵉ siècle).

Cette famille est connue en Touraine dès l'an 1130, époque à laquelle Raoul de Marolles, chevalier, donna le domaine de Trian à l'abbaye de Cormery.

Les chroniques de Guillaume Le Breton rapportent que Hugues de Marolles sauva la vie du roi Philippe-Auguste à la bataille de Bouvines et fit prisonnier Ferrand, comte de Flandre, l'un des chefs de l'armée ennemie.

Olivier de Marolles était doyen de l'Église de Tours en 1303.

Michel de Marolles fut abbé de Beaugerais de 1610 à 1681, et de Villeloin de 1626 à 1676.

Louis-Joseph, comte de Marolles, Sgr de Bournigale, capitaine de cavalerie, remplissait, en 1726, les fonctions de conseiller du roi, bailli d'épée de Châtillon-sur-Indre.

Louis, comte de Marolles, Louis-Joseph de Marolles, chevalier de St-Louis, et Catherine-Charlotte de Lescolle, veuve de Louis-Joseph, comte de Marolles, chevalier, capitaine de cavalerie, écuyer ordinaire de la reine, comparurent, en 1789, à l'Assemblée électorale de la noblesse de Touraine.

Louis-Jean de Marolles, né à Beaulieu-les-Loches le 7 septembre 1769, aide-de-camp du gouverneur-général des Indes, lieutenant-colonel, mourut à Java le 5 septembre 1809, laissant deux fils, de son mariage (contracté le 5 février 1807) avec Gertrude-Adrienne Van Polanen, fille de Roger-Gérard Van Polanen, président du grand conseil des Indes néerlandaises, puis ministre plénipotentiaire des Pays-Bas aux États-Unis d'Amérique :

1° Louis-Roger de Marolles, né le 18 janvier 1808, général de brigade, officier de la Légion d'honneur, commandeur de St-Grégoire-le-Grand, officier de St-Georges de la Réunion, tué à l'assaut de Sébastopol le 8 septembre 1855 ;

2° Jules-Auguste, comte de Marolles, né à Batavia le 26 décembre 1809, capitaine de vaisseau, officier de la Légion d'honneur, commandeur de Charles III d'Espagne, chevalier de St-Grégoire-le-Grand, marié, le 27 octobre 1846, à Rose-Pulchérie Gilles de Fontenailles, fille de Charles-Armand Gilles de Fontenailles, ancien officier des gardes impériale et royale, chevalier de la Légion d'honneur, et de Agathe-Hélène-Pulchérie de la Beraudière. De ce mariage sont issus : Adrienne-Pulchérie, née le 11 juin 1849 ; Louis-Roger-Gérard, né le 5 mai 1851 ; Marie-Victorine, née le 23 juillet 1853 ; Jules Armand-Georges, né le 27 février 1856.

D'azur, à une épée d'argent, la poignée d'or, posée en pal, la pointe en bas, entre deux pennes, d'argent, aussi posées en pal.

MARQUES, Chev., Sgrs de Bleré, de Fombesche, de la Coste, du Coudray, de Chenonceau, des Odets, de St-Martin-le-Beau, de Loubaiche (paroisse de St-Martin-le-Beau, 1404), de la Folaine et de Chédigny, — des fiefs Gentils, paroisse de Bléré, — d'Infernes, paroisse de Souvigny, — de Bagneux, paroisse de Vallières (xv<sup>e</sup> et xvi<sup>e</sup> siècles).

De... à l'aigle à deux têtes de...

(D'après une pierre tombale de Marmoutier dessinée dans la collection Gaignières, *Tombeaux et épitaphes de France*, t. 1, fol. 85, à la Bibliothèque Bodleienne d'Oxford).

**MARQUET, Éc.,** Sgrs de la Bedouère (xvi<sup>e</sup> siècle).

Pierre Marquet, abbé de Marmoutier (1422), mourut le 4 août 1453.

Michel Marquet, Éc., Sgr de la Bédouère, était secrétaire du roi et receveur général de Touraine en 1508.

René Marquet, chanoine de St-Côme-les-Tours, mourut en 1743.

Claude Marquet, prêtre, curé de Tauxigny, porte, d'après l'*Armorial général* de d'Hozier :

D'azur, à une pile d'or, accostée d'un E d'argent; et accompagnée d'un C, en pointe, et d'une étoile d'or, en chef.

**MARQUET,** Sgrs de Badard, de la Pommeraye, de la Jarrie, de la Croix-Joubert (xvii<sup>e</sup> et xviii<sup>e</sup> siècles). — Famille originaire du Poitou. Sa filiation, résultant d'actes authentiques, commence par Jean Marquet, dont le fils, Antoine Marquet, épousa, le 20 août 1625, Renée Proust.

La famille Marquet a fourni cinq procureurs au siége présidial de Poitiers. Elle s'est alliée aux maisons de Séjourné, Destureaux, des Ruelles, de la Glaine, Grollier, de Ligonnière, Barotin de la Barre, Allaire des Fontenelles, Babinet, Regnault, de Vasselot, d'Hozier, Prunol de Rosny, etc...

Marie-Augustin Marquet mourut à Tours le 3 janvier 1832, laissant un fils, Louis-Augustin-Aimé Marquet, chevalier de la Légion d'honneur, inspecteur des domaines de cet ordre et officier supérieur dans l'administration des maisons centrales de force et de correction, marié : 1° le 29 juillet 1799, à Marie-Sophie Vincent; 2° le 6 août 1801,

à Catherine-Agnès de Vasselot; 3° le 20 février 1843, à
Césarine-Jenny d'Hozier. Du second mariage sont issus :

1° Augustin-Léon, mort le 10 juin 1818 ;

2° Hyacinthe-Alphonse, né le 15 août 1815, marié le 3
novembre 1835 à Louise-Colette-Delphine Van Bosterout,
dont il a eu : Louis-Marie-Léon, né le 14 septembre 1836, et
Jean-Joseph-Marie-Anatole, né le 16 juin 1840 ;

3° Louise-Catherine-Elisa, mariée le 12 août 1835 à
Antoine-Joseph-Nicolas Prunol de Rosny.

4° Isaure Marquet, morte en bas âge.

D'azur, au sautoir d'or, accompagné de quatre besants de même. — L'écu
timbré d'un casque de chevalier posé de trois quarts.— Supports : deux
levrettes.

MARQUETS (des), Ec., Sgrs de la Brosse et de Saint-
Hilaire.

Cette famille s'est alliée à celles de Châtre, de Paviat, de
Coigne, de Bridiers, de la Bussière, Pot de Rhodes, Cerisier,
etc...

D'azur, à la bande d'argent, accompagnée de deux croissants montants,
d'or, un en chef, l'autre en pointe.

MARREAU (de), Ec., Sgrs de Boisguérin, en Touraine
(xviiie siècle).

Cette famille a comparu à l'Assemblée électorale de la
noblesse du Poitou et à celle de l'Anjou, en 1789.

D'azur, à la bande d'or.

MARSAY (de), Chev., Sgrs de Marsay, de la Chatière,
paroisse d'Abilly ; — de Bergeresse, de Blanche-Epine,
d'Aleth, de Puy-Nivet, de Vaumenaise, de Fromenteau, de
Braye, de la Tour, paroisse de Chambon ; — de la Godinière, de la Poquetière, de Prot-Niort, de Venelles, de la
Grassinière, etc... (du xiiie au xviiie siècle).

Le nom de cette maison s'est écrit autrefois de *Marçay* et
*Marsai*. On trouve un Etienne de Marçay qui fut sénéchal de
Touraine, de 1172 à 1180, et qui mourut en 1190. Arbert de
Marsay, chevalier, est mentionné dans un titre de 1262.

La filiation suivie de la famille commence par Bernardin de Marsay, écuyer, Sgr de la Godinière, vivant en 1460.

La maison de Marsay a été maintenue dans sa noblesse le 21 mai 1635, le 23 août 1660 et le 24 septembre 1715. Elle s'est alliée aux familles du Puy, de Château-Châlons, de Bridieu, de Commacre, de Mons, de Gernage, de Bordier, de Mallevaud, Pellerin, de Vauzelles, Otard de la Grange, Brugnière de Sorsum, de Ponnard, Gatian de Clérambault, Charcellay de Bors, Dauphin de Ris, etc...

Côme-François-Claude de Marsay, chevalier, Sgr d'Aleth, chevalier de St-Louis, comparut, en 1789, à l'Assemblée de la noblesse de Touraine, pour l'élection des députés aux États-Généraux.

Côme-Edmond de Marsay, né le 12 août 1804, décédé à Loches, en 1839, avait épousé Claire-Rosalie-Marie Brugnières de Sorsum, morte le 12 août 1844. De ce mariage sont issus :

1° Edouard, comte de Marsay, né le 13 février 1835, marié, le 24 juin 1860, à Isabelle d'Angot, résidant actuellement au château de Ris, commune de Bossay, canton de Preuilly ;

2° Arthur, vicomte de Marsay, né le 30 octobre 1836, ancien officier aux Guides de la garde impériale, résidant actuellement à Loches, marié le 11 juin 1861, à Claire Cibiel.

De sable, semé de fleurs de lis d'or. — Couronne de comte. — Supports : deux griffons d'or.

## MARSILLY ou MARCILLY de VAUTOURNEUX.

D'azur, au chevron d'argent accompagné en chef de deux roses de... et surmonté d'une étoile et d'un lion d'or. — Supports : deux lions. — Couronne de comte.

## MARTEAU de MONCONTOUR, Ec., Sgrs de Moncontour, paroisse de Vouvray (xviie siècle).

Claude Marteau était chanoine-prévôt de St-Martin, de Tours, et conseiller du présidial de Tours, en 1633.

D'azur, à la bande d'or chargée de trois roses de gueules.

MARTEL (de), Chev., vicomtes de Martel, Sgrs de la Borde, paroisse de St-Antoine-du-Rocher ; — du Coq, paroisse de St-Cyr (xviii<sup>e</sup> siècle). — Famille issue des Martel, comtes de Claire et de Fontaine, marquis de Bacqueville, ducs de Béthune-Charost, Sgrs de Chambines, de Lions, etc..., terres situées en Normandie. Elle a formé une branche connue sous le nom de Martel de Hécourt, et qui elle-même a donné une autre branche, dite de Martel de Lincourt.

Les Martel de Normandie, qui ont donné naissance à la branche de Hécourt, font remonter leur origine au xi<sup>e</sup> siècle. En 1096, Jean Martel d'Angerville, Guillaume Martel de St-Vigor, et Jean Martel de Bacqueville suivirent le duc Robert, dit Courte-Heuze, à son voyage à Jérusalem. A cette même maison appartenaient Guillaume Martel de Bacqueville, porte-oriflamme de France, tué à la bataille d'Azincourt 1415), — et Étienne Martel de Bacqueville, évèque de Coutances (1559).

La branche des de Martel de Hécourt s'est alliée aux familles de Gauville d'Estalville, de Quarvel, de Manducage, de Bernières, de Ver, de Grenelle, de Goubert, de la Houssaie, d'Estival, etc..., Charles-Louis Martel, chevalier, Sgr de Hécourt, comparut par fondé de pouvoir, en 1789, à l'Assemblée électorale de la noblesse de l'Orléanais.

Avant 1789, le chef de nom et d'armes des Martel de Hécourt, le vicomte Jean-Paul-Alexandre de Martel, capitaine de cavalerie, chevalier de Saint-Louis, lieutenant des maréchaux de France, juge du point d'honneur, s'est établi en Touraine, où il a possédé les terres de la Borde et du Coq. Son fils unique, le vicomte Charles-Alexandre-Paul-André de Martel, né le 12 novembre 1818, réside actuellement (1867), dans la commune de St-Cyr-sur-Loire, près Tours.

Jean-Paul-Alexandre de Martel avait trois frères qui n'ont pas laissé de postérité. L'un, chevalier de Saint-Louis, était major de la ville du Quesnoy, l'autre, capitaine-commandant sur les côtes de Honfleur, le troisième, officier au régiment de la Reine-dragons.

<small>D'or, à trois marteaux de gueules, 2, 1. — Couronne de marquis. — Supports : deux lions.</small>

MARTEL, Ec., Sgrs de Magesse, de St-Antoine et de l'Ile-des-Loups-Marins, au Canada; — d'Esvres, d'Orsay, de Dolbeau, paroisse de Semblançay; — de la Martinière, paroisse de Notre-Dame-d'Oé; — de Fontaines, de Chemillé, d'Epeigné, du Plessis-Chemillé, de la Marchère, de Saint-Christophe, de la Porcherie, en Touraine (xviiie siècle).

Originaire de Normandie, cette famille s'est établie en Touraine dans le cours du xviiie siècle.

Elle a pour auteur Jean Martel, chevalier de Saint-Louis, capitaine au régiment de Carignan, qui fut envoyé vers 1696, au Canada, en qualité de gouverneur d'Acadie. Jean Martel eut six enfants, parmi lesquels : Jean-Baptiste-Grégoire Martel, Sgr de Magesse et de St-Antoine, au Canada; — et d'Esvres et d'Orsay, en Touraine, décédé à Tours, le 18 mai 1767, laissant cinq enfants : 2° Pierre-François Martel de Magesse, major de Royal-Berry-infanterie, lieutenant des maréchaux de France au département de Loudun; 2° Jean-Marie Martel de Rochemont; 3° Honoré-Etienne Martel de Gaillon; 4° Pierre Martel de St-Antoine; 5° Marie-Charlotte, mariée à Antoine-Joseph Artis de Thiézac.

Jean-Baptiste-Grégoire Martel de Magesse de Saint-Antoine avait été pourvu de la charge de conseiller, secrétaire du roi, maison, couronne de France, près le parlement de Bordeaux, par lettres du 26 juin 1760, qui furent registrées au siége de Tours, par ordonnance du 23 septembre 1769. Conformément à l'art. 2 de l'Edit d'avril 1771, relatif à la confirmation de la noblesse des anoblis depuis 1715, Pierre Martel de St-Antoine et ses trois frères versèrent la somme de 6,000 livres au trésorier général des revenus casuels du roi, et la quittance fut enregistrée au registre des Remembrances de l'élection de Tours, par ordonnance des officiers de ce siége, du 20 août 1774.

Honoré-Etienne Martel de Gaillon, écuyer, et Marie de Martel, femme d'Antoine-Joseph d'Artis de Thiézac, comparurent, en 1789, le premier en personne, la seconde par fondé de pouvoir, à l'Assemblée électorale de la noblesse de Touraine.

La famille Martel s'est alliée à celles de Robineau, de Gauvreau, Daen, Sorbière de Bezay, Artis de Thiézac, Marchesné, Cômes, de Bucy, Salmon de Loiray, etc... Elle forme aujourd'hui deux branches.

Celle de Martel de St-Antoine a pour chef de nom et d'armes, Pierre-Hector de Martel, né le 14 mars 1812, maire de Louestault (Indre-et-Loire), marié le 9 novembre 1842, à Marie-Louise-Herminie-Emilienne de Bucy. De ce mariage sont issus : Marie-Hermine, née le 14 septembre 1843 ; Berthe-Henriette, née le 22 novembre 1845, et Enguerrand-Marie-Léopold, né le 10 septembre 1852.

Jean-François de Martel, frère de Pierre-Hector, né le 9 juin 1814, actuellement inspecteur des domaines, à Tours (1867), a épousé, le 16 août 1843, N. de Marchesné, dont il a eu : Pierre-Achille, né le 19 juillet 1845 ; Jeanne-Marie-Claire, née le 19 décembre 1846 ; Pierre-Etienne-Paul, né le 19 septembre 1848, et Jeanne-Marie-Anne, née le 15 novembre 1854.

La branche de Martel de Gaillon est représentée aujourd'hui par Antoine-Gustave Martel de Gaillon, résidant à la Grange-St-Martin, commune de St-Paterne, né le 22 octobre 1801, marié, le 30 avril 1842, à Françoise-Joséphine-Anna Prévost.

De ce mariage est issue une fille unique, Marie-Anne, mariée, le 21 juin 1864, à Louis-Paul Nobilleau, membre de la Société archéologique de Touraine, résidant à Tours.

De gueules, à trois marteaux d'or. — Couronne de comte.

La branche de Martel de Gaillon a pour supports de ses armes deux nègres de carnation.

MARTEL (de), Sgrs de la Gaudinière, paroisse de Rilly (xv^e et xvi^e siècles), la Roche-au-Moine, Beaumont-la-Ronce (en partie), (xvi^e siècle). — Famille originaire de Normandie. Elle a été maintenue dans sa noblesse le 16 mars 1665 et le 10 janvier 1716.

D'or, à trois marteaux de gueules, 2, 1. — Quelques membres de la même maison portaient : de gueules, à trois marteaux d'or.

MARTEL (Laurent de), commandeur de Fretay et grand trésorier de l'Ordre de Malte (1717), et René de Martel, commandeur de l'Ile-Bouchard (1756) portaient :

De gueules, à trois marteaux d'or, 2, 1.

MARTELLIÈRE (de la), Ec., comtes de Fay, Sgrs de Chançay, de la Côte, de Vaux, paroisse de Reugny ; — d'Orfeuil, de Moleux (xviii^e siècle).

Cette famille a donné deux conseillers au parlement de Paris : Philippe de la Martellière (1632), et Jean-Baptiste-Pierre de la Martellière (1691) ; — et un conseiller-secrétaire du roi, Charles de la Martellière, Sgr de Chançay, la Côte, Vaux, etc... Elle s'est alliée aux maisons de Montmorency, d'Anglure, de Luxembourg, de Crussol, d'Estaing, de Nicolaï, d'Argouges, d'Aubigny, d'Ossun, Phélippeaux, de Roye de La Rochefoucaud, de Nettancourt, de Bullion, etc...

Philippe-Louis de la Martellière et Emilie-Félicité de la Martellière, veuve de N. de St-Jouin, comparurent, le premier en personne, la seconde par fondé de pouvoir, à l'Assemblée électorale de la noblesse du Maine, en 1789.

Louis-Paul de la Martellière était prieur du prieuré du château de Chinon, en 1749.

D'or, au chevron de gueules accompagné de trois feuilles de chêne de sinople. — *Alias* : D'or, à un chevron d'azur, accompagné de 3 feuilles, de laurier de sinople, 2, 1.

MARTHONIE (de la). Voyez MONDOT.

MARTIGNÉ (de), Chev., marquis de Martigné, Sgrs de Villenoble, des Moulins, d'Orton, de la Francbouchère.

A la fin du xviie siècle, une branche de cette maison résidait à Souvigné.

D'azur, à trots genouillères d'armes d'argent.

**MARTIGNÉ, en Touraine.**

D'azur, à une fasce d'or, accompagnée en chef de deux étoiles de même et en pointe d'un loup passant aussi d'or.

**MARTIN, Ec.,** Sgrs des Augis, de Jauget, paroisse de Charnizay (xve siècle), — et de la Pillette, paroisse de Chisseaux (xviie siècle).

Jean Martin, chanoine et chancelier de l'Eglise de Tours, est mentionné dans un titre de 1466.

D'argent, au chevron de gueules accompagné de trois martinets d'azur. — *Alias* : D'argent, à trois martinets d'azur.

**MARTIN, Ec.,** Sgrs de Poussay (paroisse de St-Marçolle) et des Hurlières (xviie siècle).

D'argent, à la bande de sable chargée de trois roses d'argent, boutonnées de sable.

**MARTIN (Pierre),** Sgr de Laubardemont, conseiller du roi, intendant de Touraine (1637-41).

De gueules, à la tour donjonnée, d'or.

**MARTIN (Jacques),** marchand-bourgeois, à Tours (fin du xviie siècle).

D'azur, au chevron d'or accompagné en pointe d'un mouton d'argent.

**MARTIN (René),** prêtre, curé de Ste-Maure (1698).

D'azur, à un chevron d'or accompagné en chef de deux roses d'argent, et en pointe d'un mouton de même.

**MARTIN de JARTRAUX, Ec.,** Sgrs de Jartraux, paroisse de St-Martin-de-Tournon, des Grèves, de la Drevaudière (xviie et xviiie siècles).

Cette famille a comparu à l'Assemblée électorale des nobles du Poitou, en 1789. Elle s'est alliée à celles d'Auvergne, Delaroche, L'Huillier de Cloffy et de la Mardelle, Rullières des Pegués, etc... — Jean-Louis Martin de Jartraux de la Drevaudière mourut le 11 avril 1838, laissant de son mariage avec Anne-Prudence Martin de Jartraux : 1° Adolphe de

Jartraux, marié, en 1838, à Zéphirine Chollet; 2° Adrien, marié à N. Mativet.

D'argent, à la fasce ondée, d'azur. — Supports : deux lions armés et lampassés, de gueules. — Cimier : un lion issant de gueules.

**MARTINEAU**, Ec., Sgrs de la Tour et de la Salle-Saint-Georges, près Marmoutier (xviᵉ siècle).

Pallé, contrepallé d'or et de gueules, de six pièces, à la fasce de gueules chargée de trois roses d'argent.

**MARTINEAU**, Chev., marquis, barons de Thuré, Sgrs de Charnizay, du Roulet, Obterre, St-Michel-des-Landes, Terre-Fronte, Jauget, Beauvollier (xviiᵉ siècle).

Cette famille a fourni deux abbés au monastère de Noyers : Charles Martineau de Thuré (1588), et Emmanuel Martineau de Thuré (1649-59).

D'azur, à deux demi-vols d'argent; au chef d'or chargé d'un croissant de sable. — *Alias* : D'azur, au vol d'or; au chef de même chargé d'un croissant de sable.

**MARTINEAU** (N.), dame de la paroisse d'Anché, élection de Richelieu (fin du xviiᵉ siècle.

De gueules, à deux léopards, d'or, l'un sur l'autre.

**MARVILLEAU** ou **MARVEILLEAU** ou **MARILLEAU** (Hardi), abbé de Gastines (1452), et Joachim Marvilleau, commandeur du Blison, de Villejésus et de l'Ile-Bouchard, en 1522, portaient :

De gueules, à la fasce d'or accompagnée de trois molettes de même. — *Alias* : D'azur, à la fasce d'or accompagnée de trois molettes d'éperon d'argent.

**MAS** (du), Ec., Sgrs de Fromentières (xvᵉ siècle).

Ecartelé ; aux 1 et 4 d'or à la croix d'azur ; aux 2 et 3 d'azur, au chevron d'hermines accompagné de trois étoiles d'or.

**MASCUREAU** (de), en Touraine et en Poitou. — Cette famille remonte à Jean Mascureau, vivant en 1310. Elle a été maintenue dans sa noblesse les 17 février 1599, 20 avril 1667, 21 février 1669, 14 juillet 1704 et 4 avril 1715. Parmi les terres qu'elle a possédées se trouvent celles de Puiraveau, des Vergnes, de la Gaudinière, de Plaimbeau, de la Chapelle,

de Sainte-Tère et de Villars. Elle s'est alliée aux familles des
Rosiers, des Champs, de Chièvres, Raimond de Villoguon,
de Chamborant, des Planches, de Couhé, Augron, Thoreau
de Saint-Chartre, etc...

Fascé d'argent et de gueules de six pièces ; coupé d'argent à trois étoiles de
gueules, 2, 1.

**MASPARAULT** (de), Éc., Sgrs de Terrefort, Buxeuil-sur-
Creuse, relevant de la Guerche (xviie siècle). — Cette famille
a donné un conseiller au Grand-Conseil, Gabriel de Masparault (16 octobre 1620).

D'argent, à un lion de gueules ; à la bordure d'or, chargée de 8 tourteaux
(ou 9) de gueules ; ces tourteaux chargés eux-mêmes chacun, d'une étoile
d'argent.

**MASSASSIS** (de). — Famille noble du bailliage d'Amboise
(xviie et xviiie siècles).

Paul-Louis de Massassis fut pourvu de la charge de conseiller du roi, élu, garde du scel de l'élection d'Amboise
en 1699.

D'argent, à un olivier de sinople sur une terrasse de même ; au chef
d'azur chargé de trois étoiles d'or.

**MASSEILLES** (de), Éc., Sgrs de Milon, de Cothereau
(xvie siècle), de Fontaine-Milon, de Launay, de la Gaudraye,
(xviie siècle), d'Athée (xviiie siècle).

Catherine-Jeanne Le Bascle, veuve de Louis de Masseilles
de Milon, comparut, par fondé de pouvoir, à l'Assemblée
électorale de la noblesse de l'Anjou, en 1789.

De gueules, à la fasce losangée d'argent et de sable, accompagnée de sept
fuseaux d'argent, 4, 3.

**MASSELIN**, marchands-bourgeois, à Tours (fin du xviie
siècle).

D'or, à trois maillets de sable, 2, 1.

**MASSÉNA**, ducs de Rivoli, princes d'Essling, propriétaires
de la Commanderie, commune de Ballan (xixe siècle).

D'or, à la victoire de carnation, ailée, tenant d'une main une palme et de
l'autre une couronne d'olivier, de sinople, accompagnée en pointe d'un chien
couché, de sable ; au chef de gueules, semé d'étoiles d'argent.

**MASSON** DE **MAISONROUGE**, Chev., barons du Grand-Pressigny, Sgrs d'Etableaux, Chanceaux, Ferrière-Larçon, Bessay (xviiie siècle). — Famille originaire de Paris.

D'azur, à la bande d'or, chargée de trois limaçons de gueules.

**MASSONNEAU.**

D'argent, à cinq truelles de sable, en sautoir.

**MASSOUGNES** (de), Éc., Sgrs de la Guillonnière (paroisse de Pozay-le-Vieil), de la Villardière (xviie siècle).

Marguerite-Marie de Massougnes était supérieure de la Communauté de l'Union chrétienne, à Tours, en 1781.

D'azur, à trois fasces d'argent surmontées au milieu du chef d'une fleur de lis d'or.

De Massougnes, Sgr de la Sablière, de Longay et de Villars, porte :

D'argent, à trois têtes de couleuvres, languées, couronnées et arrachées d'azur, à 3 coquilles de sable, 2, 1.

**MATAREL** (Cliette de), femme de Louis de Gannes, Ec., Sgr de Chamalé, résidait, en 1700, dans l'élection de Richelieu.

D'argent, à trois macles de gueules, 2, 1.

**MATHÉ**, en Touraine (xvie et xviie siècles).

Charles Mathé, écuyer, conseiller du roi, lieutenant général au bailliage et siége présidial de Tours, fut maire de cette ville en 1663.

Pierre Mathé fut conseiller et secrétaire du roi, trésorier de France à Tours en 167..

D'azur, à une foi d'argent tenant un bouquet de trois lis de jardin, de même.

**MATHÉ**, autre famille de Touraine.

D'or, à la croix pattée, de gueules.

**MATHEFELON** ou **MATEFELON** (de), Chev., Sgrs de Mathefelon (xiiie siècle), barons de Semblançay et de Saint-Christophe et seigneurs de Reugny (xive siècle).

Cette famille de Touraine a fourni un chevalier croisé, N. de Mathefelon (1090), et deux chevaliers-bannerets, Thibault de Mathefelon (1213) et Jouhel de Mathefelon (1302).

Louis-Honoré de Mathefelon, chevalier, figure sur le tableau général des nobles du Blésois, convoqués pour l'élection des députés aux États généraux, en 1789.

D'or, à six écussons de gueules, 3, 2, 1. — *Alias* : de gueules, à six écussons d'or.

## MATHEW. — Famille d'origine anglaise.

Parti; aux 1 écartelé; aux 1 et 4 de sable une grue d'argent; à aux 2 et 3 d'argent à deux étoiles de gueules ; au 2 de gueules à la molette d'argent, accompagnée de trois quintefeuilles posées, 2, 1, le tout d'argent. — Devise : *Æquam servari mentem.* — Cimier : une grue.

## MATHIEU, 1er du nom, abbé de Beaulieu, en Touraine (1208).

De pourpre, à la fasce d'or.

## MATHUREL (de), en Touraine.

D'azur, à une croix haussée, d'or, accompagnée de trois étoiles de même, une en chef et une de chaque côté de la traverse; coupé en pointe de gueules, à trois losanges d'or rangées et accolées, brochantes sur le coupé.

## MAUBUISSON (de), en Touraine et au Maine (XVIIe siècle).

D'azur, à trois pals d'or, à la bordure d'hermines.

## MAUDET, Éc., Sgrs de Bessac (paroisse de Neuillé), du Perray (XVIIe siècle).

De gueules, à la fasce cousue d'azur, chargée de 3 étoiles d'argent et accompagnée de 3 aigles éployées, d'or.

## MAUGARS (de), en Touraine (XVIIIe siècle).

De gueules, à un château sommé de trois tours, d'or.

## MAUGAS (de), Éc., Sgrs de Sermaise. — Famille répandue en Touraine et en Anjou.

D'azur, à la bande d'argent accostée de deux étoiles d'or.

## MAULÉON ou MONTLÉON (de), Chev., Sgrs de Montléon, près de St-Laurent-en-Gastines (XIIe et XIIIe siècles), de Teyrèches et de Beaupré, en Touraine (1320), la Roche-Amenon (près la Haye), des Courtils (XVe siècle), — de Beaupré, — des Brichetières et de la Jaunais, paroisse de Marçay, — d'Anché, de Neuville, Narsay, Chezelles (XVIIe et XVIIIe siècles).

Les personnages dont les noms suivent appartiennent à cette famille :

Hermengarde de Mauléon, abbesse de Beaumont-lez-Tours (1479) ;

Guillaume de Mauléon, chevalier-banneret de Touraine (1213) ;

Savary de Mauléon, chevalier croisé (1220) ;

Raoul de Mauléon, aussi chevalier croisé (1249) ;

Jean de Mauléon, abbé de Marmoutier (1312), mort le 24 février 1330 ;

N. de Mauléon, prieur de Grandmont, près Chinon (1494).

Jacques de Mauléon, Sgr de la Roche-Amenon, et René de Mauléon, Sgr de Beaupré, figurèrent, en qualité d'hommes d'armes, à une revue passée à Cormery, le 19 octobre 1616.

De gueules, au lion d'or. — *Alias* : de gueules, au lion d'argent.

Une branche portait :

De gueules, au lion passant, d'argent, onglé et lampassé de gueules.

Une autre branche :

D'or, au lion de gueules.

**MAULTROT**, Éc., Sgrs des Bordes-Amaury et du Châteigner, paroisse de Betz, relevant de la seigneurie de l'Etang (xvie et xviie siècles). — Famille originaire de Tours.

D'azur, à un pot d'argent.

**MAUMONT** (de), Chev., Sgrs de Chavigny, en Touraine (xive siècle).

Bertrand de Maumont, 78° évêque de Poitiers, était de cette famille.

D'azur, à trois fasces d'or.

**MAUNY** (de), en Touraine et en Normandie. — Cette famille de Mauny a donné quatre abbés au monastère de Noyers, en Touraine :

Gérard de Mauny (1498-1505);

Jacques de Mauny (1543);

François de Mauny, chanoine de l'Église de Tours (1531), puis abbé de Noyers (1544-54) ;

Mathieu de Mauny (1354-60).

Gérard de Mauny portait :

D'argent, à un croissant de gueules.

Les autres :

D'azur, au chevron d'or, accompagné de deux étoiles d'argent en chef et d'un trèfle de même en pointe.

**MAUPAS (HERRY DE),** voyez HERRY.

**MAUPEOU (de),** Chev., Sgrs de la Motte de Chandenier autrefois de la Motte de Beauçay), terre érigée en marquisat en 1700. — Cette famille remonte à Pierre de Maupeou, Sgr de Noisy, anobli en janvier 1586, et à Gilles de Maupeou, son frère, auteur de la branche de Maupeou d'Ableiges, anobli également en 1586. Elle a donné des chevaliers de Malte, des présidents en la chambre des enquêtes du parlement, un chancelier de France, René-Charles de Maupeou, marquis de Morangles (1768), et des lieutenants-généraux des armées du roi.

D'argent, au porc-épic de sable.

**MAUPERCHÉ (de),** en Touraine et dans l'Isle de France. — Famille originaire de Paris. Elle a été anoblie en 1498, « en récompense (disent les lettres d'anoblissement données par Charles VIII) des services importants que les ancêtres de Mathieu-Louis-Auguste de Mauperché, sieur de Moni, nous ont rendus, et à nos prédécesseurs rois, dans les différents emplois militaires dont nous les avions chargés. » Elle s'est alliée aux maisons de Le Boucher, d'Ast, Le Normand de Fontaine, Lavat de Merincourt, Violle, Fraguier de Guette, de Mions, de Casenave, Le Couvreur, etc...

De sable, au chevron abaissé sous une fasce et accompagné en chef et en pointe d'une étoile, le tout d'argent, la fasce chargée d'un croissant de sable. Supports : deux lions. — Devise : *Bellicæ virtutis præmia.*

**MAUPOINT,** à Tours (xviiie siècle).

D'azur, à la bande d'or, accompagnée de trois trèfles d'argent.

**MAURAISE (de),** Éc., Sgrs du Vergier. — Cette famille a

été maintenue dans sa noblesse par sentence du 7 septembre
1667. A cette époque, elle résidait à Marnay.

De sable, au lion d'argent, armé et lampassé de gueules.

**MAURAT** (Mathieu de) Ec., Sgr de la Papinière, élection
de Richelieu (fin du xviie siècle).

D'azur, à trois bandes, ondées, d'argent.

**MAURICE**, abbé de Beaulieu, en Touraine (1176-89).

Pallé d'azur et d'or de sept pièces.

**MAUROY** (de), Chev., Sgrs du Châtellier et de Paulmy
(xviie siècle). — Famille originaire de Champagne. Elle a
fourni deux lieutenants-généraux des armées du roi : Denis-
Simon, marquis de Mauroy, décédé à Paris le 16 mai 1742,
et François-Denis, marquis de Mauroy, marié en premières
noces (le 23 janvier 1737) à Geneviève-Françoise de Pleurre,
et en secondes noces (en mars 1745) à Geneviève-Françoise
Lamoureux de la Javellière.

Séraphin de Mauroy était abbé de Gastines, en Touraine,
en 1668.

D'azur, au chevron d'or accompagné de trois couronnes ducales de
même.

**MAUSSABRÉ** (de), Chev., marquis de Maussabré. —
Famille originaire des confins de la Touraine, du Blaisois et
du Berry. D'après une tradition bien connue aux lieux de sa
résidence, son nom, que nous trouvons orthographié dans les
plus anciens titres, *Malsabré*, *Maulsabré* et *Mausabré*, sans
particule, était originairement un surnom ou sobriquet,
donné, au temps des croisades, à un gentilhomme nommé
Gilbert, qui, choisi avec plusieurs autres, pour se mesurer
en combat singulier avec un égal nombre de Sarrazins, sortit
vainqueur de cette lutte, mais tellement mutilé, que ses
compagnons d'armes le saluèrent, au retour, de l'épithète de
Malsabré ou Mausabré, qui lui resta comme surnom, et fut
adopté par ses descendants. Cette tradition, se trouve appuyée
par l'étymologie du nom de Mausabré, nom composé, ana-
logue à ceux de Maltaillé, Mausacré, Mautors, etc., et

évidemment synonyme de celui de Balafré. De plus, il est certain que le mot *sabre*, qui entre dans sa composition, est étranger à notre langue. Le savant étymologiste Ménage le fait dériver du mot arabe *sabel*, qui désignait une espèce de cimeterre en usage chez les Sarrazins. Ainsi se trouverait démontrée l'origine étrangère du nom de Mausabré, formé à une époque où l'arme à laquelle il fait allusion était assurément inconnue en France.

Fidèle à son origine, la famille du Maussabré s'est constamment adonnée aux armes. Ses services militaires, constatés dès le milieu du xive siècle par plusieurs rôles de cette époque, se sont continués sans aucune interruption, et dans les compagnies d'ordonnances, et dans les divers corps de la maison du roi et de nos armées, auxquels elle a fourni un grand nombre d'officiers supérieurs et de tous grades, dont quatorze ont été décorés de la croix de l'ordre de Saint-Louis et trois de celui de la Légion d'honneur.

Dès 1350, nous trouvons cette famille divisée en deux branches principales. La première, celle des seigneurs de Rivière et de Courcueil, a pris fin au milieu du xvie siècle.

La deuxième, celle des seigneurs de La Sabardière et du Bois-Saint-Père, s'est subdivisée en plusieurs autres, connus sous les noms : 1° de La Sabardière et de Bussière; — 2° de Lavaux-de-Vieux, — 3° de Gastesouris, — 4° de Puy-Barbeau et de la Motte-Feuilly; — 5° de Vilsablin et de la Baudonnière; — 6° du Bois-Saint-Père, avec ses rameaux de la Gentillère, de la Baraterie, de la Bannerie et de la Croix.

Ces différentes branches, presque toutes éteintes, ont contracté des alliances avec un grand nombre des principales maisons de la Touraine, du Berry, du Poitou, de la Marche et des provinces voisines. Parmi ces alliances, nous citerons les familles d'Argy, d'Augustin, d'Auvergne, de Barbançois, de Barthon de Montbas, de Beaufranchet, de Berruyer, Bertrand de Beaumont, Brachet de Pérusse, de Bridiers, de Bridieu, de Brossin, de la Celle, de Coigne, de Douhault, de Durat, d'Escoubleau, de Fougières, de Fromentières, Gédouin de Pully, de Gigault de Bellefonds, Le Groing de la Romagère, Guichard d'Orfeuille, du Ligondès, de Liniers, de la Marche, de Maulevrier, de Menou, des Moustiers-Mérinville, de Montagnac, Odart, du Peyroux, de Préville, de Préaulx, de Razès, de Renty, de Saint-Père, de Saint-Yrier, de Salignac, de Servières, de Sigogné, de Sorbiers, du Verdier, etc.

Guillaume de Maussabré était capitaine-gouverneur de Loches, en 1380.

. Louis-Charles de Maussabré, ancien mousquetaire du roi, et Antoine de Maussabré comparurent, par fondé de pouvoir, à l'Assemblée électorale de la noblesse de Touraine, en 1789.

Les principales possessions de la famille de Maussabré ont été, en Touraine : les fiefs de la Sabardière, des Genêts, de la Forest, de la Bannerie (paroisse de Chemillé-sur-Indrois), de Bussière et de Chilloué, — en Blaisois : les fiefs de Château-vieux, Chamberlain, la Motte-Guitter; — en Berry : Rivières, Saint-Martin, Chamousseaux, Boudan, le Claveau, le Bois-Saint-Père, Poiriers, Vilsablin, l'Hôtel-d'Heugne, le Rabris, Courcueil, Cour, la Baudonnière, Radecon, Gastesouris, Puy-Dauzon, Fontais, Puy-Barbeau, la Vallas, et la vicomté de la Motte-Feuilly.

(Plusieurs de ces derniers fiefs étaient régis par la coutume de Touraine).

La famille de Maussabré a possédé également des fiefs en Limousin et en Beauce.

. Représentants actuels :

Branche de Bussière : Le marquis de Maussabré-Beufvier, né en 1832, secrétaire d'ambassade, membre du conseil général des Deux-Sèvres, officier des Ordres de Pie IX et de Saint-Stanislas de Russie, résidant au château de Soulièvre, près Airvault (Deux-Sèvres). De son mariage avec N. de Bordesoulle, petite-fille du général comte de Bordesoulle, pair de France, sont nés : en 1862, Etienne ; en 1864, Gilbert.

Sœur : La comtesse Adrien des Monstiers-Mérinville.

Branche de Puy-Barbeau : Le comte de Maussabré, né en 1786, ancien officier de cavalerie, résidant au château de Puy-Barbeau, près Sainte-Sévère (Indre).

Le vicomte Ferdinand de Maussabré, fils du précédent, né en 1816, résidant à Puy-Barbeau et à Buzançais (Indre), a de son mariage avec N. d'Auvergne : Léonce, né en 1852 ; Henri, né en 1855; Marguerite, née en 1857.

Sœur : La vicomtesse de La Celle.

Rameau de La Motte-Feuilly : Le vicomte Abel de Maussabré (neveu du comte), né en 1814, commandeur de l'ordre de Malte, résidant au château de la Motte-Feuilly, près la Châtre (Indre), a épousé M^{lle} Desjobert, dont : Raymond, né en 1849, et Jeanne, née en 1844.

D'azur, au lambel d'or de trois pendants, en chef. — Couronne de marquis. — Supports : deux lions. — Cimier : un chevalier armé de toutes pièces, tenant un sabre ou cimeterre à la main. — Devise : *A virtute nomen*.

La branche de Bussières écartèle de Beufvier, qui est :

D'azur, à trois rencontres de bœuf, d'argent, couronnées d'or.

**MAUSSON, MAUSSION ou MOSSON** (de), Chev., Sgrs de Richelieu (xiii^e siècle), de Bosse-Chesnaye (paroisse de Ligré), de la Fouchardière, de Vouguet (xvii^e siècle), et de Boiscorbon (xvii^e siècle).

De gueules, à six merlettes d'argent, rangées, trois en chef et trois en pointe.

**MAUVINET**, Chev., Sgrs du Grand-Pressigny, de Verneuil, Ferrières-Larçon, Etableaux, de la Bretinière, du Bridoré, de Montcontour (xiv^e siècle).

Cette famille a fourni deux baillis de Touraine : Guillaume Mauvinet (1354-56), et Maurice Mauvinet (1356-59).

De vair, à une cotice de gueules.

**MAUVISE** (de), Chev., Sgrs des Richardières, de Beauchamp, de Mauvières, du Tilloux, de Villiers, de Villars, etc... — Famille d'ancienne noblesse, originaire du Bourbonnais. Son existence est coustatée dès le xiii⁰ siècle. Elle commence sa filiation suivie par N. de Mauvise, qui eut pour enfants : 1° Blaise de Mauvise, chevalier, Sgr de Mauvières, de Puirajoux, près le Blanc, en Berri, capitaine du château de Bouchet, en Brenne (1491), marié en premières noces à Georgette Mesnard, et en secondes à N. de Betz, d'une famille de Touraine ; 2° Nicolas de Mauvise, écuyer, Sgr de Villiers (1491), marié à Jeanne de Lépine, dont il eut Abel de Mauvise, écuyer, Sgr de Villiers.

La famille de Mauvise a été maintenue dans sa noblesse les 22 mai 1634, 5 septembre 1667, 4 août 1669 et 11 mai 1715. Parmi ses alliances elle compte les maisons du Cher, de Gréaulme, de la Porte du Theil, de Vaillant, de la Marche, Goudon de l'Héraudière, de Couhé de Lusignan, de Thubert, de Gébert, de Bosquevert, Girard de Pindray, de Rochechouart, de la Besge, de Grailly, de la Châtre, de la Porte-Vezins, etc... Elle a formé cinq branches principales, dites de Mauvières, de Villars, du Peux, de Villiers et des Chezeaux.

Une branche résidait dans la paroisse de Bossay, près Preuilly, en 1618, et une autre à Vellèches, en 1769.

François-Emile de Mauvise, dit le comte de Villars, né le 17 juillet 1790, a épousé, en premières noces (1822), Elisa Juchault des Jamonières, et en secondes (le 19 mars 1829) Marie-Agathe d'Escrots-d'Estrées. Du premier lit est née Elisabeth-Nicole de Mauvise, — et du second : Gustave-Emile de Mauvise, né le 25 mars 1833 ; Antoinette-Marie et Agathe-Pauline de Mauvise.

René de Mauvise, chevalier, Sgr du Peux et de Valençay, né en 1771, épousa : 1° le 1er janvier 1797, Françoise-Adélaïde Gay des Fontenelles, dont il eut une fille, Adélaïde, morte en 1818, et un fils, mort en 1803 ; — 2° le 11 mai 1810, Michelle-Marie-Catherine-Constance Dexmier de Chenon, dont il eut Gabrielle-Pauline de Mauvise, née le 18 janvier 1811.

D'argent, à la croix ancrée, de sable, accompagnée en chef de deux croissants de gueules.

MAYAUD, Éc., Sgrs de Boislambert, de Leugny, du Pouët, près Preuilly, de la Voirie, de Courtay, de Razay, de Marsay (xvii<sup>e</sup> et xviii<sup>e</sup> siècles). — Famille originaire de Chauvigny, en Poitou. Elle a fourni un maire de Poitiers, Jacques Mayaud du Poisron (1622), qui fut anobli par cette charge.

Antoine Mayaud, Sgr de Vaucour, médecin à l'Ile-Bouchard vers 1640, est le chef d'une branche qui est allée s'établir en Anjou.

Jean-Jacques-François Mayaud de Boislambert, chevalier, Sgr du Pouët et de la Voirie, chevalier de St-Louis, lieutenant du roi, gouverneur des villes et châteaux de Loches et de Beaulieu, comparut, en 1789, à l'Assemblée de la noblesse de Touraine pour l'élection des députés aux États-généraux. Il mourut à Brunswich, pendant l'émigration. La famille eut plusieurs représentants à l'Assemblée électorale de la noblesse du Poitou, en 1789.

D'argent, à un mai de sinople, en pal, sortant d'un croissant d'azur. — Devise : *Crescit in augmentum patriæ.*

MAYES (Le), à Loches (xvii<sup>e</sup> siècle). — Famille issue de la maison Lemaye (voir ce mot).

D'or, à trois feuilles de chêne, de sinople, 2, 1.

MAYRÉ (de), Éc., Sgrs de la Babinière (xvii<sup>e</sup> siècle).

D'or, à 8 annelets de gueules, en orle; au franc-canton de même chargé d'un lion d'argent, armé de sable.

MAZIÈRES (de), Éc., Sgrs du Breuil, en Touraine.

D'azur, au lion d'argent; au chef de gueules chargé d'une étoile d'argent accostée de deux têtes de lévriers affrontées, de même.

MÉAULNE (de), Chev., marquis de Lancheneil, Sgrs du Clos, de la Bouillerie, des Aulnais, de Villeneuve, de Landeronde et de la Métairie, en Touraine. — Famille originaire de l'Anjou, où elle est connue depuis le xi<sup>e</sup> siècle.

Parmi les maisons auxquelles elle s'est alliée, on remarque celles de la Rougée, des Vaux, de Hatry, de la Haye, de Corneillan, du Hamel, de Préaux, de Champagne, de

Thiennes, de la Conté, de Goué, de Moland, de Marbœuf, etc...

Ambroise de Méaulne figura en qualité d'archer à une moustre passée à Tours le 10 juillet 1576.

En 1469, Urbain de Méaulne remplissait les fonctions de grand-maître des eaux et forêts au département de Touraine.

René-Pierre-Louis-Gaston de Méaulne, comparut, en 1789, à l'Assemblée électorale de la noblesse du Maine et de l'Anjou. Louis-Pierre-Ambroise de Méaulne, Sgr de la Perrière, et Anne-Jacques de Méaulne, comparurent également à l'Assemblée des nobles de cette dernière province.

D'argent, à la bande fuselée, de gueules, accostée de six fleurs de lis de sable.

**MÉAUSSÉ** (de), Chev., Sgrs de la Richerie, de la Gatelinière (paroisse de Pozay-le-Vieil), de Coulaines-Garguesalle et des Marchais, élection de Chinon (xviiᵉ et xviiiᵉ siècles).

François de Méaussé, écuyer, Sgr de Coulaines, comparut, le 3 avril 1689, à la monstre de la noblesse possédant fief dans le bailliage de Chinon.

Charles-François de Méaussé était commandeur de l'Ile-Bouchard, ordre de Malte, en 1780.

D'azur, à trois chevrons d'or. — *Alias* : D'argent, à trois chevrons de sable.

**MÉDICIS** (Catherine de), reine de France, femme de Henri II, née le 13 avril 1519, décédée à Blois le 5 janvier 1589, a possédé la terre de Chenonceau.

Écartelé; aux 1 et 4 d'or, à cinq tourteaux de gueules, 2, 2, 1, surmontés d'un autre tourteau chargé de France; aux 2 et 3, écartelé; au 1 et 4 semé de France, à la tour d'argent brochant sur le tout; aux 2 et 3 d'or, au gonfanon de gueules frangé de sinople, qui est d'Auvergne; sur le tout de ces quartiers, 2 et 3 d'or à trois tourteaux de gueules, qui est de Boulogne.

**MÉGESSIER**, en Touraine (xviiiᵉ siècle).

En 1789, François-Louis Mégessier, conseiller du roi, remplissait les fonctions de trésorier de France au bureau des finances de la généralité de Tours.

D'argent, au heaume d'azur, surmonté d'une concorde au naturel, habillée de gueules; au chef d'azur chargé d'une croisette d'or accostée de deux étoiles d'argent. — Couronne de comte.

## MEINGRE-BOUCICAULT (Le) ou LE MEINGRE, Chev., Sgrs d'Etableaux, du Bridoré, de la Bretinière, de Ferrières-Larçon, de Commacre, de la Bourdaisière, de Ste-Catherine-de-Fierbois (xive et xve siècles).

Les quatre personnages dont les noms suivent appartiennent à cette maison, une des plus illustres de la Touraine :

Jean le Meingre, chevalier-croisé (1096);

Geoffroy le Meingre, doyen de l'Église de Tours et de St-Martin de Tours (1363), puis évêque de Laon ;

Jean I le Meingre, dit Boucicault, lieutenant-général au gouvernement de Touraine (1361-67), mort à Dijon le 15 mars 1372 ;

Jean II le Meingre, dit Boucicault, maréchal de France, lieutenant du roi en Touraine, gouverneur de Tours (1392), mort en 1421. Il fut enterré dans la chapelle des Boucicault, en l'église de St-Martin de Tours.

D'argent, à l'aigle éployée, de gueules, becquée et membrée d'azur.— *Alias*: D'argent, à une aigle à deux têtes de gueules, membrée et becquée de sable.

Geoffroy le Meingre, maréchal de France, mort en 1415, et Jean II, ajoutaient à ces armes une fleur de lis d'or posée en cœur.

## MELLAY (Nicolas de), chanoine et chancelier de l'Église de Tours (1410).

D'argent, à trois merlettes de sable.

## MELLO (de), Chev., Sgrs de Mello, en Beauvoisis, puis Sgrs de Loches et de Châtillon-sur-Indre, par suite d'une donation du roi (1204). — Famille originaire du Beauvoisis.

Dreux de Mello IV, Sgr de Loches et de Châtillon-sur-Indre, connétable de France, accompagna le roi Philippe-Auguste à la Terre-Sainte, en 1191. Il mourut le 3 mars 1218, laissant trois enfants de son mariage avec Ermengarde de Moucy :

1º Guillaume, Sgr de St-Bris, près Auxerre ;

2º Dreux, Sgr de Loches et de Châtillon-sur-Indre. En 1223, il fit hommage de l'Avouerie de l'abbaye de Cormery, que le roi Louis VIII lui avait donnée. Il accompagna le roi St-Louis à son voyage à la Terre-Sainte (1248) et mourut dans l'île de Chypre, sans laisser d'enfants de son mariage avec Isabeau, dame de Mayenne. Celle-ci épousa en secondes noces Louis, comte de Sancerre.

3º Agnès de Mello, mariée avant 1209 à Garnier de Traynel, troisième du nom, Sgr de Marigny.

D'or, à deux fasces de gueules, et une orle de merlettes de même.

**MELUN** (de), Chev., vicomtes de Melun, barons de Semblançay (xive siècle), barons de La Haye, Sgrs du Châtellier et de la Borde (xve siècle). — Famille des plus anciennes et des plus illustres. Elle a occupé les premières charges dans l'État.

D'azur, à sept besants d'or, 3, 3, 1 ; au chef d'or.

**MENAGE** (Mathieu), chanoine de St-Martin, de Tours (1437), mourut à Angers le 16 novembre 1446.

D'argent, à un sautoir d'azur chargé d'un soleil d'or.

**MÉNAGE**, Éc., Sgrs de Mondésir, en Touraine.

D'azur, au chevron d'or, accompagné de deux croissants d'argent en chef et d'une tour d'or en pointe.

**MENAGER**, voyez **MESNAGER**.

**MENARD**, Éc., Sgrs d'Izernay et des Grands-Champs, — du Breuil, près Chambray, — de la Carrière, paroisse de Charentilly (xviie et xviiie siècles).

Pierre Menard était abbé de la Clarté-Dieu en 1609.

Pierre Menard, avocat au Parlement, fut maire de Tours en 1664.

D'azur, à un épervier d'or.

D'après Lainé, Menard d'Izernay porte :

D'argent, au lion de gueules.

**MENARD**, Éc., Sgrs de Touheprès et de la Ménardière, paroisse de Martizay, près Preuilly, en Touraine (xvie siècle).

Cette famille s'est alliée à celles de Morel de Ducourt, de Naillac, de Malouin et d'Aumesnil.

Robert Menard de la Menardière, abbé de Barbery et de Ste-Colombe, mourut le 22 novembre 1622.

Les ames primitives des Menard de la Ménardière étaient :

D'argent, à trois porcs-épics de sable.

Vers 1551, Jean Menard de la Ménardière, gentilhomme de la maison du roi et panetier ordinaire de son hôtel, quitta ces armes pour adopter les suivantes :

D'argent, au lion rampant, de gueules.— Supports : deux porcs-épics, de sable. — Cimier : un porc-épic aussi de sable, surmonté d'un casque, au-dessus duquel est une banderolle avec ces mots : *Nul ne s'y frotte.*

MENARD DE ROCHECAVE, Éc., Sgrs de Rochecave (xviiie siècle).

Marc Menard de Rochecave fut avocat au Parlement, aux bailliage et siége présidial de Tours, puis greffier en chef au bureau des finances de la généralité de Tours, de 1763 à 1772.

D'azur, à trois besants d'or, 2, 1 ; au chef d'argent chargé d'un arbre naissant, de sinople.

MENON (de), Éc., Sgrs du Plessis, paroisse de Noyant (xviie siècle).

D'argent, au chardon de sinople en pal, fleuri de gueules, soutenu d'un croissant de même.

MENOU (de), Chev., marquis de Menou, barons de Pont-château et de Courgain, Sgrs de Boussay (dès le commencement du xive siècle), de Charnizay (dès 1374), d'Andigny, paroisse de Cinq-Mars-la-Pile ; — de l'Arable, paroisse de Manthelan ; — de Beauvollier, de Billy, — de la Blanchardière, relevant de Preuilly, — de Bouchan, — de Bissus, paroisse de Chambourg ; — de Baratoire, de Baigneux, Bois-Rogue, Bois-Préville, Bois-de-Rigny, Beauçay, de la Boutelaye, — de Chanvre, près Preuilly ; de Chaumussay ; — de Ciran-la-Latte (dès 1500) ; — de Chastres ; — de la Chambre et de la Charlottière, relevant de Preuilly ; — du

Castellet, paroisse de Manthelan ; — de la Cornuse, paroisse
de Ferrières ; de la Chuchottière, paroisse de Chambon ; —
de Céphoux ; — de Couzières, près Montbazon ; d'Estiveau
et de la Forge, relevant de Preuilly ; — de la Feularde,
paroisse de Chambon, — de Fromenteau, des Fourneaux, de
la Folie ; — de la Gastelinière, fief situé dans la ville de
Preuilly ; du Gué, paroisse d'Yzeures ; — de la Guignardière,
paroisse de Chambon ; de la Gilbertière, paroisse de Manthelan ; — de Genillé, de Jupilles ; — de la Jugère et de
Juliers, paroisse de Tournon. — de Longny ; — de Lègue,
relevant de Preuilly ; — de Launay-sur-Fourche, paroisse de
Bossay ; — du Méez, de Milly ; — de Méré, paroisse d'Yzeures ;
— des Merceries, de Manthelan ; — de Moriande, près
Preuilly ; — de Marray, paroisse de Chambourg ; — de
Moury, paroisse de Dangé ; — de Nantillay, de Neroudes,
d'Obterre, de Pingré ; — de Preignoux, relevant de Boussay ;
— de Pellechat, relevant de Preuilly ; — de Picosson, de la
Pénissière, paroisse de Boussay ; — de la Pignottière, paroisse
du Fau ; — du Puy, paroisse de Charnizay ; — de Palluau ; —
de la Platrière, paroisse de Chambon ; — de la Roche-Lou-
vigni, de la Ressendelière ; — de la Richaudelière, paroisse de
Barrou ; — de Rigny, de la Roche-d'Alais, des Roches-St-
Quentin, de la Roche aux-Belins, de St-Quentin, de Sennevières ; — de la Thoratte (ou Thoracte), paroisse de Barrou ;
— de Talle, de la Traperye et des Thibaudières, paroisse de
Manthelan ; — de la Touche ; — de Villcopières, relevant de
Mondion ; — de Vaux, relevant de Preuilly ; — de la Viènne,
paroisse de Boussay, etc. ...

La famille de Menou, originaire du Perche, où elle est
connue dès le XIIe siècle, a pris part aux croisades sous les
rois Philippe-Auguste et Saint-Louis. Au commencement du
XIVe siècle, elle s'est établie à Boussay, en Touraine. Nicolas
de Menou, Sgr de Menou et de Montgobert, devint propriétaire de la terre de Boussay, du chef de sa femme, Jeanne de
Payen, fille et héritière de Jean de Payen (ou Péan) (avant 1318).

Depuis cette époque, la terre de Boussay est toujours restée dans la famille de Menou.

René de Menou fut élu, en 1651, par la noblesse de Touraine, pour dresser les cahiers destinés à être présentés aux États-Généraux.

Par lettres patentes de Louis XIV, du mois de juin 1697, enregistrées le 5 mars 1698, la terre de Neuveignes, en Nivernais, fut érigée en marquisat, sous le nom de MENOU, en faveur d'Armand-François de Menou.

La maison de Menou a été plusieurs fois maintenue dans sa noblesse, notamment les 22 septembre 1667, 9 février 1668, et, a été admise en 1704, aux honneurs de la Cour. Elle a fourni des commandants dans les provinces et les places fortes, des conseillers et chambellans de nos rois, des ambassadeurs, des mestres-de-camp, six généraux, deux brigadiers des armées du roi, un gouverneur général de l'Acadie, un évêque de la Rochelle, beaucoup d'officiers supérieurs, des chevaliers des Ordres de Malte, de Saint-Louis et de Saint-Michel, etc... Elle a donné à la Touraine les officiers et les dignitaires ecclésiastiques dont les noms suivent :

Jean de Menou, Sgr de Boussay, gouverneur des ville et château de Loches, par provisions du 22 septembre 1568;

René de Menou, prieur de l'abbaye de Saint-Pierre, de Preuilly, décédé en 1588;

René de Menou, maître des eaux et forêts du comté de Loches, mort en septembre 1661;

Claude de Menou, prieure de la Bourdillière (1662);

Charles de Menou de la Roche-d'Alais, chanoine de Saint-Gatien, de Tours, vers 1665;

Edmond de Menou, prieur de l'abbaye de Saint-Pierre, de Preuilly, mort en 1699;

Claude de Menou, chanoine de l'église collégiale de Loches (1705);

Catherine de Menou, prieure de la Bourdillère, décédée en 17....;

Catherine de Menou, aussi prieure de la Bourdillière (1734) ;

Edmond de Menou, abbé de Saint-Pierre, de Preuilly (1728);

Marie-Louise de Menou, née le 14 octobre 1665, prieure du couvent des Dames de Viantais, à Loches, décédée en décembre 1731. Elle fut remplacée par sa sœur, Françoise-Marguerite de Menou-Prunay.

Parmi les familles alliées à la maison de Menou, on remarque celles de Bretagne, d'Anjou, de Melun, de Clermont, de Galardon, de Guenand, du Fau, de Montfaucon, de Chamborant, de Maussabré, Perrot du Plessis, de la Châtre, de Château-Châlons, Fumée, de Chasteigner, Léaud de Linières, de Charitte, de Damas, Charry des Gouttes, de Lambert, de Cremeur, de Bonvoust, Cornuau de la Grandière, de Chapelle de Jumilhac, Hély de St-Saëns, de Broglie, de Moges, etc.... La famille de Menou s'est divisée en plusieurs branches.

Louis-René-Léonce, marquis de Menou, chef de la branche aînée, résidant au château de Boussay (Indre-et-Loire), fils de René-Louis-François, marquis de Menou (décédé le 9 octobre 1841), et de Thérèse-Gabrielle-Octavie de Broglie, a épousé, le 7 avril 1840, Aglaé-Blanche-Julie Hély de St-Saëns, fille de Victor-Achille Hély de Saint-Saëns et d'Adelaïde-Jeanne-Julie Haillet de Couronne. De ce mariage sont issus :

1° René, né le 6 janvier 1844, décédé ;

2° Mathilde, née le 31 janvier 1841 ;

3° Alix, née le 11 septembre 1842 ;

4° Marie, née le 3 décembre 1850.

René-Maurice-Octave, comte de Menou, né le 21 juillet 1848 (frère de Louis-René-Léonce), a épousé, le 30 mars 1848, Céline d'Amilly.

Louis-Edmond-Félicité, comte de Menou (chef de la branche de Menou du Méez), épousa, le 17 août 1806, Catherine-Sophie-Hippolyte de la Cotardière, fille de Philippe de la Cotardière, et d'Elisabeth-Euphrasie-Catherine-Olive Arthuys. De ce mariage sont issus :

1° Edmond-Louis-Philippe, comte de Menou, né le 30 janvier 1813, marié, le 15 avril 1845, à Zénobie-Philippine-Juliette de Menou, fille d'Amédée-Louis-Henri, vicomte de Menou. Il a eu de ce mariage : 1° Edmond-Marie-Amédée-Alexandre, né le 21 septembre 1847 ; 2° Anne-Marie-Juliette-Félicité, née le 23 décembre 1850 ;

2° Louise-Catherine-Alix, née le 24 août 1809, mariée le 2 juin 1834, à Jacques-Ernest-Emmanuel de Sainteville ;

3° Euphrasie-Philippine-Claire, née le 14 novembre 1817, mariée, le 27 septembre 1841, à Louis-Félix Cossin de Maurivet.

Maximilien-Louis-Gaspard, comte de Menou, chef d'une autre branche, né le 8 septembre 1785, épousa, le 6 mai 1806, Marie - Auguste - Frédérique Hurault de Vibraye, dont il eut :

1° Un fils, mort en bas-âge ;

2° Marie-Auguste, née le 5 mars 1807, mariée le 14 avril 1825, à Louis-Paul-Ferdinand, vicomte de Luppé, maréchal de camp ;

3° Caroline-Louise-Antoinette, née le 15 décembre 1810, mariée, le 24 janvier 1829, à Charles-Adolphe, comte de la Bourdonnaye, fils de l'ancien ministre de l'intérieur, sous Charles X ;

Amédée-Louis-Henri, vicomte de Menou, né le 23 janvier 1787 (frère de Maximilien-Louis-Gaspard), mort à Lyon, le 2 septembre 1847, avait épousé, le 23 juin 1822, Marie-Angélique-Juliette Le Clerc de Vezins. De ce mariage sont issus :

1° Louis-Marie-Magloire, comte de Menou (résidant actuel-

lement au château de la Chapelle-Bouëxic, près Rennes),
marié, le 31 août 1832, à Berthe des Nétumières;

2° Paul-Marie-Joseph, né le 18 août 1834;

3° Emmanuel-Marie-Philippe, né le 24 décembre 1839,

4° Zénobie-Marie-Philippe-Juliette, née le 27 août 1824,
mariée, le 15 avril 1845, au vicomte de Menou du Méez;

5° Juliette-Marie-Louise-Françoise, née en 1832;

De gueules, à une bande d'or. — Timbre orné de lambrequins des métaux
et couleurs de l'écu. — Supports : deux anges vêtus de même, tenant
chacun une lance au bout de laquelle est une cornette de cavalerie, celle de
dextre d'hermines plein, qui est de Bretagne ; celle de sénestre d'azur, semé
de fleurs de lis, d'or, qui est de France ancien; — Couronne de marquis. —
Cimier : un ange naissant, tenant d'une main une épée flamboyante, la garde
d'or, et de l'autre main une bannière de gueules à une bande d'or, qui est de
Menou.

Jean de Menou, Sgr de Billy (xvii° siècle), portait :

De gueules, à une bande d'or bordée de sable.

**MERCI-DIEU** (Abbaye de la), relevant, au temporel, de la
baronnie de Preuilly.

D'azur, à un chevron d'argent, accompagné de 3 trèfles d'or, 2, 1.

**MERCIER.** — Famille originaire de Paris.

Louis Mercier fut conseiller du roi en l'hôtel de ville de
Paris (1747), échevin de cette ville (1762-1763), et chevalier
de l'Ordre de St-Michel (juin 1763).

Nicolas-Jean Mercier, conseiller du roi en l'hôtel de ville
(1769), échevin de la ville de Paris (1784-1785), épousa en
novembre 1779, Élisabeth-Louise Bocher. Il a possédé les
terres de la Plaine et de Charcenay, situées dans la commune
de Fondettes, où il est mort en 1804. De son mariage est née
Élisabeth-Noël-Renée Mercier, mariée, en décembre 1802, à
Valentin-Marie Loiseau, et décédée à Tours en 1864.

D'azur, au chevron d'or, accompagné de trois roses d'argent, tigées et
feuillées de sinople.

**MERGEZ,** — barons de l'Empire.

Écartelé; au 1 d'azur, au château de 4 tours soutenu d'argent; au 2 de
baron-militaire; au 3 de vair, chargé d'une plume en bande, d'argent; au 4
coupé, au 1 d'azur; au griffon tenant une épée haute, d'or; au 2 d'argent, au
sautoir engrêlé de sable.

42

**MÉRI, à Truyes, en Touraine (xviiie siècle).**

D'azur, à une butte de six rocs de... surmontée d'un soleil de...

**MERI DE LA CANORGUE (de), Chev., comtes de la Canorgue. — Famille originaire d'Italie.**

Joseph de Meri, IIIe du nom, obtint en sa faveur l'érection en comté du fief de la Canorgue, par bref du pape Benoist XIV, le 24 avril 1747, enregistré le 17 novembre suivant.

D'argent, au dauphin de sable au-dessus d'une mer, de sinople ; au chef d'azur, chargé de trois étoiles d'or.

**MÉRIEN, (René de), Éc., Sgr de Martigny, élection de Richelieu (fin du xviie siècle).**

D'or, fretté d'azur, brisé en chef d'un lambel de trois pendants, de gueules, l'écu bordé de même.

**MESLANGER (du), Ec., Sgrs de Blain, de Savonnières (xviie siècle).**

D'argent, à deux léopards de gueules.

**MESNAGER, Ec., Sgrs de Mettray, de Candé, de Maudoux, du Mortier, de Monnaie (xve et xvie siècles).**

Guillaume Mesnager de Mettray était maire de Tours en 1508.

Charles Mesnager de Candé, conseiller et secrétaire du roi, fut maire de Tours en 1541-42.

Guillaume Mesnager de Mettray, conseiller du roi, maire de Tours (1574), remplit dans la même ville les fonctions de trésorier au bureau des finances.

D'or, au chevron de gueules, accompagné de trois merlettes de sable.

La branche de Maudoux portait :

D'or, au chevron d'azur chargé de 5 trèfles d'argent et accompagné de trois merlettes de sable.

Une autre branche établie à Paris :

D'argent, au chevron de gueules accompagné de trois trèfles de sinople ; au chef d'azur chargé de trois merlettes d'argent.

**MESNARD, Chev., comtes de Chouzy, Sgrs du Plessis-Auzouer, de Pierrefitte, de la Guespière, de la Boisnière, de Couleurs, de la Pinsonnière, etc... (xviiie siècle).**

Didier-François-René Mesnard, comte de Chouzy, et François Mesnard, chevalier, comparurent, en 1789, à l'Assemblée électorale de la noblesse de Touraine.

D'or, à trois macles de sable, 2, 1.

**MESNARD**, Chev., marquis de Toucheprès, des Herbiers (xviie siècle).

La famille Menard de la Menardière dont nous avons parlé plus haut, était une branche de la maison de Mesnard de Toucheprès, dont l'origine remonte au xiiie siècle.

D'argent, à trois porcs-épics de sable, miraillés d'or, 2, 1.

**MESSEMÉ** (de), Chev., Sgrs du Cormier et de Talvois, près Chinon, — de la Tour-Légat, — et de Mastray, paroisse de Jaunay (xviie siècle). — Famille originaire du Poitou.

Joseph-Désiré de Messemé, lieutenant de vaisseau, chevalier de St-Louis, et Émery de Messemé, Sgr de la Bize, comparurent, en 1789, à l'Assemblée électorale de la noblesse du Poitou.

De gueules, à six feuilles de pannes, d'or.

**MESSEY** (P. Eugène-Barnabé de), comte de Briesle, Sgr de Pont-Minard, de Mandres, maréchal des camps et armées du roi, était gouverneur de Loches en 1789.

D'azur, au sautoir d'or.

**MESSIER**, marchand-bourgeois, à Tours (fin du xviie siècle).

De gueules, à un chevron d'argent accompagné de trois cœurs de même.

**MESTIVIER**, Sgrs des Minières (xviie siècle).

En 1695, François Mestivier, Sgr des Minières, fut nommé conseiller du roi, contrôleur au grenier à sel de Preuilly.

A la même époque, Jean Mestivier était bailli de Preuilly.

De sinople, à une gerbe d'or.

**MEURDRAC**, Éc., Sgrs de la Gangnerie et de Bresne, paroisse de Semblançay (xviie siècle).

De sable, à la fasce d'argent, accompagnée de six merlettes de même, 3 en chef, 3 en pointe.

**MEUSNIER** (le), en Touraine.

D'azur, à un chevron d'or accompagné de deux étoiles d'argent en chef et d'un agneau de même en pointe.

**MEYNE** (Guillaume de), abbé de Beaulieu, (1534-64).

D'argent, à deux hérons de gueules, affrontés et becquetant un serpent de sinople.

**MEZIÈRE** (de la), Éc., Sgrs de la Bourdaisière, en Touraine (xve et xvie siècles).

Louis de la Mezière fut maire de Tours en 1477-78-80-81.

De sable, à une salamandre d'or, entourée de flammes, de gueules.

**MICHEL**, 1er du nom, abbé de Beaulieu (1189-1207).

De gueules, au lion dragonné, d'or, regardant une étoile de même au côté dextre de l'écu.

**MICHEL** DE LA **ROCHE-MAILLET.**

D'azur, à trois pinsons démembrés, d'or.

**MICHELET**, très-ancienne famille, originaire de Tours.

Guillaume Michelet était abbé de la Clarté-Dieu en 1441.

D'azur, à un chevron d'or chargé en pointe d'une tête de maure, de sable, tortillée d'argent, — accompagné de deux coquilles d'argent en chef et d'une rose de même en pointe; au chef de gueules, chargé de trois besants d'or, rangés.

**MICHON** (N.), chancelier de l'Église de Tours (1698).

D'or, à 8 tourteaux de gueules, 3, 3, 2.

**MICHON** (Jacques), chanoine et chancelier de l'Église de Tours (1720-22).

D'azur, à une fleur de lis d'or posée en cœur et accompagnée de trois besants d'argent, 2, 1.

**MICOLON** DE **BLANVAL** (Philippe), abbé de Beaulieu.

D'azur, au chevron brisé, d'or, chargé de deux étoiles d'argent et d'une merlette de même, en pointe. — Supports : deux lions.

**MIDY**, en Touraine.

D'azur, au chevron d'or accompagné en chef de deux étoiles d'or, et en pointe d'un croissant d'argent; à une palme de sinople mouvante du croissant et brochant sur le chevron.

**MIGNON**, Chev., Sgrs de Nitray, de Crémille, de Beaulieu, de la Mignonnière (xviiie siècle).

Philippe-Jean-Baptiste Mignon, conseiller du roi, procureur du roi au bureau des finances de la généralité de Tours, fut maire de cette ville en 1790. Procureur-syndic de l'Assemblée provinciale de Touraine, il comparut en 1789, à l'Assemblée électorale de la noblesse de cette province, dont il fut élu secrétaire. Son fils, Joseph Mignon (décédé vers 1830), épousa N. Jacque de Mainville ; de ce mariage sont issus quatre fils et quatre filles. Le seul survivant des fils est Abel Mignon, né en 1808, marié à Adélaïde Germon, dont il a eu un fils, Joseph Mignon, né le 22 avril 1841, et quatre filles ;

Des quatre filles de Joseph Mignon et de N. Jacque de Mainville, deux sont mortes en bas âge ; la troisième a épousé N. Humery de la Boissière ; la quatrième a épousé N. Estienne de la Poterie.

D'argent, à l'arbre de sinople posé sur une terrasse de même, cantonné de 4 étoiles de gueules ; un croissant d'or posé en cœur sur le fût de l'arbre. — Supports : deux lions. — Couronne de comte.

## MILAN D'ASTIS (de).

D'azur, au chevron d'or accompagné de deux étoiles d'argent en chef et d'une tour crénelée de même en pointe.

## MILET (de), Sgrs de la Rouyère, de Boisgarnier, de Pantin, etc. — Famille originaire de Tours et qui s'est établie en Provence au XVIIIe siècle.

D'azur, à trois branches d'olivier posées en pal ; au chef d'or chargé de trois roses de gueules.

## MILHAU (de), en Touraine.

D'azur, au croissant d'argent surmonté d'un bras tenant une tige de mil haut ; au chef de gueules cousu d'argent, chargé de trois étoiles de... (D'après M. Lambron de Lignim).

## MILET (Antoine), abbé de Noyers (1578-84).

D'azur, à une aigle d'or ; au chef de gueules chargé de 3 étoiles d'argent.

## MILLY (de), famille originaire de l'élection de Saumur.

De sable, au chef endenté, d'argent.

## MILON, Chev., Sgrs de Mesme, de la Borde, de Bellenoue, de Chanceaux, de Varennes, de Lerné, Pocé, la Léaudière, Rigny, Bois-Bonnard, Rabault, la Grange (du XVIe au XVIIIe siècle). Cette famille commence sa filiation par Jean Milon, prévôt de la ville de Paris, de 1330 à 1334. Elle a fourni les dignitaires ecclésiastiques et les fonctionnaires civils dont les noms suivent :

Guillaume Milon, abbé de St-Julien de Tours (1408-11);

Charles Milon, chanoine de l'Église de Tours et prévôt d'Oë, en l'église de St-Martin (vers 1550);

Julien Milon, aussi prevôt d'Oë, vers 1600;

Mathurin Milon, chanoine de l'Église de Tours, archidiacre d'Outre-Loire (1640);

François Milon, conseiller du roi, assesseur au siége présidial de Tours, maire de cette ville en 1644;

Julien Milon, chanoine de St-Martin de Tours, trésorier de France au bureau des finances de cette ville (1652);

Pierre Milon de Rabault et de Lerné, chanoine de St-Martin de Tours, mort le 7 juin 1675;

Charles Milon de la Grange, conseiller du roi, procureur au bureau des finances de Tours (1679);

François Milon, conseiller du roi, assesseur civil et criminel au bailliage de Loches;

Henri Milon, intendant ancien et mi-alternatif des turcies et levées des rivières de Loire, Allier, etc., (1685);

Louis Milon de Rigny, docteur de Sorbonne, chanoine, prévôt d'Oë en l'Église de Saint-Martin de Tours, né à Tours en 1645, évêque de Condom, décédé le 29 mars 1737;

Alexandre Milon de Mesme, chanoine de St-Martin de Tours, évêque de Valence (1725), mort en 1772;

Louis-Victor Milon, chanoine et prévôt de St-Martin de Tours, décédé le 14 novembre 1747.

Anne-Madeleine-Françoise de Créquy, veuve d'André Milon de Mesme, comparut par fondé de pouvoir, en 1789, à l'Assemblée électorale de la noblesse de Touraine.

Fortunat-Jean-Marie, comte de Milon de Mesme, ancien chef d'escadron à l'armée de Condé, préfet sous la Restauration, est mort, en 1847, à Montfort-l'Amaury.

De gueules, à la fasce d'or chargée d'une merlette de sable et accompagnée de trois croissants d'or. — Cimier : une merlette de sable ; — Couronne de marquis. — Devise : *Non est quod noceat*.

**MILON N.)**, chanoine de l'Église de Tours (1698).

Coupé d'argent et de sable à 4 maillets de l'un en l'autre.

**MINIER, Éc.**, Sgrs de Château-Ganne, Boré, Basse-Rue (XVIIᵉ siècle).

De gueules, à trois cygnes d'argent couronnés d'or.

**MIOLANS (Jacqueline de)**, vicomtesse de la Guerche, dame d'Étableaux et de Chanceaux, femme de Jean-Baptiste de Villequier, vicomte de la Guerche, décédée en 1518, portait :

Bandé d'or et de gueules de six pièces.

**MIRAMON (Jean-Gaspard-Louis, comte de)**, préfet d'Indre-et-Loire (6 mai 1815).

D'azur, au lion d'argent chargé d'un bâton de gueules brochant sur le tout ; franc-canton de comte-officier de la maison de l'Empereur.

**Mirebeau (Ville de)**, élection de Richelieu (fin du XVIIᵉ siècle).

De gueules, à un pal d'argent ; écartelé d'argent, à une fasce de gueules.

**Mirebeau (Chapitre de l'église collégiale de Notre-Dame-de)**, élection de Richelieu, (fin du XVIIᵉ siècle).

D'azur, à une Notre-Dame assise et couronnée, d'or, tenant l'Enfant-Jésus, de même.

**Mirebeau (Prieuré de St-André de)**, fin du XVIIᵉ siècle).

D'or, à un sautoir de gueules.

**MIRE DE MORY (Claude-Madeleine de la)**, vicaire-général du diocèse de Carcassonne, abbé de St-Pierre-de-Preuilly, en Touraine (1784-90).

Ecartelé ; aux 1 et 4 d'azur à trois aiglettes au vol abaissé, d'or, becquées, membrées et diadêmées de gueules ; aux 2 et 3 d'or à la bande de gueules, accompagnée en chef de trois merlettes de sable, et en pointe de deux tourteaux d'azur.

**MIRON, Éc.**, Sgrs de la Barbotière, près Bléré, du Puy-d'Arçay et de Beauvais-sur-Cher (XVᵉ et XVIᵉ siècles). — Famille originaire de Catalogne, et qui a produit un évêque d'Angers et plusieurs magistrats célèbres.

De gueules, à un miroir rond, d'argent, pommeté et cerclé d'or.

**MIRON (Charles)**, abbé de Cormery (1587-1626), appartenait à la famille précédente. Il portait :

Écartelé ; aux 1 et 4 de gueules, à un miroir rond, d'argent, cerclé et pommeté d'or ; aux 2 et 3 d'argent à trois fasces vivrées de gueules ; à une bande d'azur semée de fleurs de lis d'or, brochant sur le tout.

**MOCET**, Éc., Sgrs du Chillois, du Buisson, — de Marientras (paroisse d'Abilly), — de Chavagne, paroisse de Lièze, — du Marais, des Roches, etc...

Cette famille paraît être originaire de Saumur.

Henri Mocet, Écuyer, Sgr du Buisson, conseiller du roi, président, sénéchal et lieutenant-général au siége de la sénéchaussée de Saumur (par provisions du mois de mars 1682), comparut, le 20 avril 1689, devant le lieutenant-général de Chinon, pour le ban convoqué par lettres du mois de février de cette année, et se présenta devant le même magistrat pour René Mocet, Écuyer., Sgr du Chillois, gentilhomme de la vénerie du roi (par provisions du 4 octobre 1677), et pour N. Mocet du Chillois, son fils, cornette dans le régiment de... (par brevet du 15 janvier 1689).

Le dernier jour de mars 1691, René Mocet, Éc., Sgr du Chillois, gentilhomme de la vénerie du roi, demeurant à la Haye, comparut en personne devant le lieutenant-général de Chinon, pour le ban de cette année, et déclara que lui et son fils aîné, ce dernier, Sgr des Roches, officier au régiment du Chastelet, devaient être, en raison de leurs fonctions actuelles, dispensés du service du ban.

Henri Mocet du Buisson, conseiller du roi, président et lieutenant général en la sénéchaussée de Saumur, maire perpétuel de cette ville (27 janvier 1693), commissaire subdélégué de l'intendant de la généralité de Tours (1704), mourut à Saumur le 26 septembre 1716. En 1682, il avait épousé Catherine Duvau, fille de Jacques Duvau, trésorier des ponts et chaussées en la généralité de Tours. De ce mariage sont issus : 1° Henri Mocet, qui suit ; 2° Jacques Mocet, Sgr de Chavagnes, grenetier au grenier à sel de Saumur (par provisions du 16 avril 1722 ; 3° Joseph-Marie Mocet, chanoine, puis grand archiprêtre de l'Église de Tours, décédé le 27 avril 1775; 4° Marie-Anne Mocet, mariée à N. de la Tremblaye.

Henri Mocet, Éc., né le 25 octobre 1691, conseiller du roi, président et lieutenant-général en la sénéchaussée de Saumur (de 1719 à 1729); puis gentilhomme de la chambre du duc d'Orléans, mourut à Chavagne, paroisse de Lièze, le 20 octobre 1766. Le 11 avril 1719, il avait épousé Louise François, fille de Louis François, conseiller du roi, receveur des fermes, et de Renée le Douvre. De ce mariage sont issus : 1° Henri Mocet, qui suit; 2° Charles Mocet, Ec., Sgr du Marais, décédé le 7 janvier 1765; 3° Sophie Mocet, mariée à N. de Zimmermann, colonel d'infanterie.

Henri Mocet de Chillois, Chev., Sgr de Chavagne, né à Saumur au mois de mars 1734, capitaine au régiment de Béarn, lieutenant des maréchaux de France à Montreuil-Bellay (par provisions du 10 juin 1772), chevalier de Saint-Louis, comparut, en 1789, à l'Assemblée électorale de la noblesse de Touraine. Il épousa, en premières noces, N. Mestayer, et en secondes noces, au mois d'août 1768, Catherine-Prudence Brossier de la Charpagne.

Du premier mariage est née Adélaïde Mocet, mariée à N. de Doré.

Du second mariage sont issus :

1° Émélie-Reine-Sophie Mocet, mariée en 1793, à Augustin Mestayer de la Rancheraye;

2° Henri-Marie-Gustave Mocet, émigré, aide-de-camp dans l'armée des Princes; il s'est fixé en Illyrie et s'y est marié;

3° Marie-Joseph-Louis-Pierre Mocet, émigré;

4° Jean-Marie Mocet, marié, en 1807, à N. Gazeau de la Bouère, décédée en 1859, sans laisser d'enfants;

5° René-Marie Mocet, marié, en 1808, à Félicité de Gréaulme, fille de Henri-Louis-Jean de Gréaulme, Ec., Sgr de Boisgillet, garde du corps (compagnie écossaise), et de Sylvie-Julie-Eulalie de Mauvise. De ce mariage sont issus :

1° Louis-César Mocet, marié, en 1836, à Élisabeth Poignand de Lorgère, fille de Joseph Poignand, chevalier de Lorgère. De ce mariage est né un fils (27 septembre 1841) ;

2° Antoinette Mocet.

Résidence actuelle de la famille : La Roche-Luzay, près Thouars Deux-Sèvres).

On trouve mentionné dans l'acte de la prise de possession de l'abbaye de Beaugerais, par N. Frizon de Blamont, le 23 avril 1724, Louis Mocet de Chillois, prètre, doyen de l'église collégiale de Notre-Dame du château de Loches.

D'azur, au chevron d'or, accompagné de trois tourterelles d'argent.

Joseph-Marie Mocet, chanoine, grand-archiprètre de l'Église de Tours, portait :

De gueules, au chevron d'or, accompagné de trois tourterelles d'argent, 2, 1 ; parti d'argent, à trois têtes de serpent, coupées, de sable, 2, 1.

**MOESTAULT** (de), Éc., Sgrs de la Paiotière, élection de Chinon (xvii<sup>e</sup> siècle).

D'argent, à trois hures de sanglier de sable, 2, 1. — Cimier : un sanglier issant. — Supports : deux sangliers mirés et éclairés d'argent. — Devise : *Sat cito sit sat bene.*

**MOGES** (de), Chev., marquis de Moges-Buron, Sgrs de la Cormeraye, de Menil-au-Grain, de Savenay, de Buron, de Montenay, de la Chapelle, etc... — Famille originaire de Bretagne. Sa filiation commence par Pierre de Moges, écuyer, Sgr de la Cormeraye, marié, en 1329, à Isabeàu de Clisson. Reconnue d'ancienne extraction, dès 1464, elle a été maintenue dans sa noblesse le 14 mai 1670.

Par lettres patentes de Louis XV, du mois de mars 1725, registrées au Parlement de Rouen le 24 avril de la même année, les terres de Moges, de St-Georges, de Buron, d'Ardaine et autres furent érigées en marquisat, sous la dénomination de *Moges-Buron*, en faveur de Léonor-Théodore de Moges, chevalier, seigneur de Saint-Georges, de Champin, de Rondefougère, d'Ardaine, de Moges et de Buron.

Léonor-Théodore de Moges, marquis de Moges-Buron, épousa, en 1695, Marie-Charlotte de Moges, sa cousine, dont il eut, entre autres enfants : Léonor, marquis de Moges, marié, en 1740, à Catherine Vaignon de Mortemer, — et Charles-Adrien-Joseph de Moges, né le 11 janvier 1718.

Cette maison a fourni un grand nombre de sujets distingués dans la magistrature et dans la carrière des armes. Elle s'est alliée aux familles de Clisson, de Semilly, d'Anzeray, de Malfillàtre, de Canteil, d'Espinay-St-Luc, de Panthou, de Crevecœur, des Acres de l'Aigle, de Bernières, Doynel de Montécot, d'Hariague, de Lavié, de Menou, etc...

Alphonse-Louis-Théodore, comte de Moges, vice-amiral (1845), grand-officier de la Légion d'honneur, préfet maritime, né le 26 septembre 1789, mourut le 6 juillet 1850, laissant deux fils :

1° N. de Moges, secrétaire d'ambassade, décédé en 1860. Il est auteur d'un ouvrage ayant pour titre : *Souvenirs de l'ambassade en Chine et au Japon*;

2° Le marquis de Moges, aujourd'hui seul représentant de la famille, résidant au château de Brou, en Touraine (1867). Le marquis de Moges a épousé, le 6 janvier 1864, Alix de Menou, fille de Léonce, marquis de Menou, propriétaire du château de Boussay (Indre-et-Loire).

De gueules, à trois aiglettes éployées, d'argent, au vol abaissé.— Couronne de marquis.— Supports: deux lions.—Devise : *Cœlum non solum*.

MOINE (le), à Tours.

D'azur, au moine au naturel.

MOINIER DE MALCORANT, Éc., Sgrs de la Piotière et de Boisauger, élection de Loches.

D'azur, à un lion d'or soutenant un monde d'argent.

MOISANT, Sgrs de Chaix et de la Morandière, comtes Moisant. — Cette famille, originaire de Touraine, commence sa filiation suivie par François Moisant, premier du nom, vivant vers 1650. Elle a fourni deux échevins de la ville de Tours, juges-consuls dans la même ville, — un conseiller à l'hôtel de ville de Tours, — un conseiller et avocat du roi au Bureau des finances de la généralité de Tours, — un cha-

noine, grand-archiprêtre de l'Église de Tours, — deux administrateurs de l'Hôtel-Dieu de la même ville (avant 1789),
etc... Parmi ses alliances on remarque les familles Banchereau et Goüin, qui ont donné des maires à la ville de Tours;
la famille Girolet, à laquelle appartient Antoine Girolet, trésorier général des finances à Tours; les familles Chesneau,
Orceau, Quentin, de Preuilly, Bouin de Noiré, Budan de
Russé, Le Gobien, etc.

François Moisant, Ier du nom, vivant vers 1650, eut, entre
autres enfants, de son mariage avec Perrine Charon,
François Moisand, IIe du nom, qui épousa en premières noces
Marie Deniort, et en secondes noces (6 juillet 1670), Jeanne-
Catherine Chaussé. Du premier mariage, il eut : Louise,
femme de Jacques Orceau ; Jeanne, religieuse carmélite;
Marie, religieuse Calvairienne; et Françoise, femme de
Nicolas de Preuilly. Du second mariage sont issus : Justin,
qui suit; Jean, religieux carme; Marie, religieuse à l'abbaye
de Relay; Joseph; François; Jeanne, femme de Charles
Châtelain.

Justin Moisant, échevin de Tours et juge-consul, mourut
en 1718, laissant entre autres enfants, de son mariage avec
Madeleine Chesneau :

1° François, qui suit ;

2° Louis-François, religieux de l'Ordre de Grandmont;

3° Charles-Pierre Moisant, Ec., Sgr de Chaix, conseiller
du roi et son avocat au bureau des finances de la généralité
de Tours, marié le 8 novembre 1734, à Claude Banchereau,
fille de Louis Banchereau et de Madeleine Chaussé. De ce
mariage sont issus : Charles-Michel-Claude, né en 1738;
Claude-Madeleine, mariée le 24 avril 1758, à Jean-Louis-
François Bouin de Noiré, Ec., conseiller du roi, président,
lieutenant-général aux bailliage et siége royal de Chinon;

4° Marie, femme de Joseph Plumard.

François Moisant, IIIe du nom, juge-consul et administrateur de l'Hôtel-Dieu, à Tours, mourut en 1777, laissant quatre enfants, de son mariage avec Catherine Girolet :

1° François, qui suit ;

2° Madeleine-Catherine-Marguerite, mariée, le 8 février 1745, à Michel Banchereau, maire de Tours ;

3° François ;

4° Antoine-Noël, chanoine et grand-archiprêtre de l'Église de Tours, décédé le 24 novembre 1779.

François Moisant, IVe du nom, conseiller à l'hôtel de ville de Tours et administrateur de l'Hôtel-Dieu de cette ville, épousa Madeleine-Michelle Quentin, dont il eut :

1° Madeleine-Louise, née en 1760 ;

2° Madeleine-Rose, née le 19 octobre 1762, et décédée le 17 septembre 1832. Le 14 mai 1781, elle avait épousé Henri-Jacques-Marie Goüin, secrétaire-greffier du Point-d'Honneur au département de Langeais ;

3° François-Charles Moisant, né en 1764, et décédé le 29 mai 1808, laissant quatre enfants de son mariage avec Joséphine Le Gobien (d'une noble et ancienne famille de Bretagne): 1° Francis, décédé en 1844 et qui légua une somme de 100,000 fr. à l'hôpital général de Tours pour l'entretien des aliénés ; 2° Charles ; 3° Louise, mariée à Victor Budan de Russé, juge au tribunal civil de Tours ; 4° Zéphirine, mariée à René Boisseau de Beaulieu ;

4° Mériadec Moisant, né le 11 août 1768, décédé à Tours le 4 décembre 1836, sans être marié ;

5° Charles Moisant, né à Tours le 24 mai 1770, et décédé le 6 juillet 1851.

De son mariage avec Marie-Jeanne Le Gobien (morte à Tours le 30 décembre 1850), Charles Moisant eut trois enfants :

1° Pèdre-Michel-Charles, comte Moisant, né à Cadix le 5 septembre 1805, membre de la Société archéologique de Touraine. — Par bref du 25 juin 1867, M. Moisant a reçu de

Sa Sainteté Pie IX, pour services éminents rendus à l'Église, le titre de comte, transmissible à ses neveux et à leur postérité;

2° Louis Moisant, né à Gibraltar le 20 juillet 1808, décédé le 26 août 1866. Le 12 octobre 1840, il avait épousé Louise-Amélie-Joséphine Budan, fille de Jacques-Marie Budan et de Marie-Cécile-Sophie du Paty ; de ce mariage sont issus quatre enfants :

Charles-Robert, né à Amboise le 3 novembre 1842;

Jacques, aspirant de marine, né à Tours le 9 octobre 1845;

Marie-Armand-Pèdre, né à Tours le 19 décembre 1851 ;

Pèdre, né à Paris le 3 avril 1856.

Résidences de la famille : Tours et les châteaux de Poillé et des Ligneries, commune de Charentilly (Indre-et-Loire).

D'azur, à trois molettes d'éperon, d'argent, 2, 1; et une croix d'or, en cœur. — Couronne de comte. — Supports : deux lions. — Devise : *Et quò Christus habet nomen Martinus honorem.*

## MOLAN (de), Éc., Sgrs de St-Ouen, en Touraine.

De gueules, à trois étoiles d'or accompagnées de trois molettes d'éperon de même ; au chef d'or chargé de trois molettes d'éperon de sable.

## MOLANDRIN ou MALANDRIN, à Tours (XVe siècle).

De gueules, à une fasce pallée de six pièces, d'or et d'azur ; accompagnée de trois têtes de lions arrachées, d'or.

## MOLEN (N. de), abbé de Seuilly (1760-86).

D'azur, à trois sautoirs d'or.

## MOLLARD (de), Éc., Sgrs de la Bèche, (élection de Richelieu), de Châteaugoine (XVIIe siècles).

Fascé d'or et de sable de six pièces.

## Moncé (Abbaye de). — Ordre de Citeaux.

D'azur, à une Vierge d'or tenant un Enfant-Jésus de même et accostée à dextre d'un pied humain, contourné d'argent, et à sénestre, d'un bourdon mis en pal et d'une main renversée, de même.

## MONCOURT (de), Voyez SIFFAIT DE MONCOURT.

## MONDION (de), Chev., comtes de Mondion, Sgrs de Mépieds, de la Clousière (paroisse d'Azay-le-Rideau), de Riparfonds (paroisse de Cheillé), de Falaise, de Ronne, de Brou-Foussedouain, de Coësmé, de Ponçay, de la Selletière, de la

Seigne, de la Filonnière, relevant de Marmande, — de Vellèches, Moulins, Chassigny, Neuil, la Martinière, Chauvigny,
Velours, Falaise, la Petitière, Cerveaux, etc... — D'après
Dumoustier de Lafond (*Essais sur Loudun*), cette famille serait
originaire de Savoie. On trouve, vers 1300, Regnauld de
Mondion, qui possédait un fief dans la paroisse de Thuré, relevant de l'évêché de Poitiers.

La maison de Mondion a été maintenue dans sa noblesse
les 21 mars 1631, 18 juillet 1634 (par sentence des élus de
Tours), 20 mars 1635 et 12 août 1715 (par Chauvelin, inten-
dant de Touraine). Elle s'est alliée aux familles d'Aloigny, de
Gannes, Le Bascle, du Rivau, de Sassay, de Marans, de
Messémé, de Sanglier, de Morineau, de Crozé, Chevalleau de
Boisragon, de la Châtre, de Gréaulme, etc.

Joseph-Louis-Vincent, comte de Mondion, Sgr d'Artigny,
lieutenant des maréchaux de France, à Richelieu, comparut,
en 1789, à l'Assemblée électorale de la noblesse du Poitou. Il
épousa Henriette Berthe de Bournizeaux, dont il eut : 1° Cé-
leste-Marie-Henriette, mariée, le 26 novembre 1781, à Alexis-
Philippe-Marie de Liniers, fils de Philippe-Antoine de Liniers et de Marie-Élisabeth de Beufvier; 2° Louis-Auguste,
né le 10 avril 1768, lieutenant au régiment de Brie, émigré,
mort en 1829; 3° René-Alexandre, marié à Emma-Rosina de
Manheim; 4° Emery-Charles, officier au régiment de Brie,
émigré; 5° Eulalie, femme de Charles de la Chapelle; 6° Marie-
Madeleine; 7° Charles-Léopold, qui épousa, en 1809, Mélanie
de Messemé. De ce mariage sont issus: Paul-Adalbert, marié
à Henriette Dujon; Élisabeth-Clémentine, mariée, le 24 novembre 1835, à Antoine-Laurent-Charles Bichier des Ages;
Charles-Armand, marié, en 1842, à Olympe Bazile; N., non
mariée.

Jean-Hubert de Mondion, Chev., Sgr de Mépieds, né en
1717, capitaine réformé à la suite du régiment de Brie-cava-
lerie, chevalier de St-Louis, comparut, par fondé de pouvoir,
en 1789, à l'Assemblée électorale de la noblesse de Touraine.

Nicolas-Charles de Mondion de Coësmé, Sgr de Coësmé et de la Fumetrie, et N. de Mondion de Chassigny, comparurent, en 1789, à l'Assemblée électorale des nobles du Poitou.

D'argent, à deux fasces de sable accompagnées de trois roses de gueules rangées en chef.

MONDOT DE LA MARTHONIE (Robert), Chev., Sgr de Bonnes, en Angoumois, bailli-gouverneur de Touraine, sénéchal de cette province, de l'Anjou et du Maine (1527-30).

De gueules, au lion d'or, lampassé et armé de sable.

MONDOUCET ou MONTDOUCET, en Touraine (xviiᵉ et xviiiᵉ siècles). — Famille originaire de Normandie. Elle a été maintenue dans sa noblesse le 2 février 1667.

Fascé d'argent et de gueules de 6 pièces, semé de croisettes coupées de l'une en l'autre.

MONEREAU, en Touraine.

D'argent, à une bande de gueules chargée de 3 têtes de lion arrachées, d'argent.

MONS (de), Chev., Sgrs de Mons, de Saint, de la Pierre, d'Orbigny, de Reinbergère, de la Grenoisière, des Murs, de la Boussaye-Gauron, de la Roche-d'Enchailles, paroisse de Cussay, — du Feuillet, relevant d'Amboise, — de Deniau, de Jallanges-les-Étangs, d'Épigny, de Viannay, de la Brassachère, d'Aleth, de la Bonnelière, de Beauvais, du Puy, de la Jaumeraye, de la Tabardière, des Barres, paroisse de St-Flovier, etc... — Famille dont l'origine remonte au xiiᵉ siècle.

Jeanne de Mons était prieure de Rives, en 1622.

Claude de Mons, écuyer, seigneur de Saint, fut maintenu dans sa noblesse par ordonnance des commissaires royaux pour le régalement des tailles, en 1635.

René de Mons, écuyer, seigneur de la Jaumeraye, fut aussi maintenu dans sa noblesse par ordonnance de Chauvelin, intendant de Tours, le 23 février 1715.

La famille de Mons s'est alliée à celles de Pierres, de Panneveyre, de Saint, de Voyer, de Chouppes, de Boussay, de Ferrières, de Boislève, de Montbel, de Beauregard, Robin de Mongenault, Roffay, de Magnan, etc...

Côme-Jean-François de Mons d'Orbigny, chevalier, seigneur d'Orbigny de la Roche-d'Enchailles, né à Cussay le 9 avril 1727, capitaine de dragons au Port-au-Prince, mourut en 1785, laissant trois enfants de son mariage avec Marie-Louise-Geneviève Hubé, fille de François Hubé, commandant des milices royales, et de Marie-Geneviève-Espérance Potiron, créole :

1° Côme-Jean-François de Mons, officier au régiment de Royal-Roussillon, puis garde du corps du roi, dans la compagnie de Luxembourg-Tingry, mort à Saint-Domingue, sans avoir été marié ;

2° Louis-Hector, comte de Mons d'Orbigny, né à Saint-Domingue, colonel en retraite, décédé au château de l'Epan, commune de Joué, près Tours, en février 1867. Il avait épousé Cécile-Victoire Basile, créole, fille de Florent Basile, colonel d'un régiment de chasseurs à St-Domingue, et de Victoire Durel. De ce mariage est née Mathilde de Mons d'Orbigny, mariée, en 1821, à Félix Le Blanc de la Combe, lieutenant-colonel de l'artillerie de la garde.

3° Marie-Françoise de Mons d'Orbigny. Elle épousa, en premières noces, Louis du Rège des Marais, gentilhomme originaire du Périgord ; et en secondes noces (1805) Jean-Jacques Brune. De ce mariage est né :

Louis-Jacques-Marie-Frédéric Brune de Mons, né à Cuba le 10 février 1809.

De gueules, à trois fers de lance d'argent. — Supports : deux léopards-lionnés. — Couronne de comte.

Les armes de René de Mons, écuyer, seigneur de la Joumeraye, inscrites dans l'*Armorial général* de Tours (fol. 220) en 1697, sont ainsi énoncées :

De sable, à trois roquets ou fers de lance épointés d'argent.

René de Mons portait ainsi ces armes comme cadet.

## MONS (de), Ec., Sgrs de la Borde, en Touraine.

D'or, au lion de sable, armé et lampassé de gueules, accompagné de deux étoiles de même.

MONS (de), Éc., Sgrs de la Bassagère, paroisse de Ligueil (xvii⁰ siècle).

D'argent, à deux annelets de gueules rangés en chef et une clef de même en pal.

MONTAIGU (de), Chev., Sgrs de Valières-les-Grandes, près Montrichard (xv⁰ siècle),

Gérard de Montaigu, évêque de Paris, mort en 1420, à Vallières-les-Grandes, était de cette maison.

De gueules, au croissant montant, d'argent.

MONTAIGU (de), Chev., Sgrs de Launay, de Germigny, de Boisdavid. — Famille résidant à Richelieu au commencement du xviii⁰ siècle. Son nom se trouve écrit quelquefois Montagu.

D'azur, à deux lions d'or, affrontés, couronnés et lampassés d'argent.

D'après l'*Armorial général*, Philippe de Montagu, Éc., Sgr de Boisdavid, et Geneviève de Sazilly, sa femme, portaient :

D'azur, à deux lions passants, l'un sur l'autre, d'or, couronnés d'argent, armés et lampassés de gueules; accolé d'argent, à deux léopards de sable, aussi l'un sur l'autre.

MONTALAIS (Jean de), doyen de l'Église de Tours (1376).

Quelques historiens écrivent le nom de ce personnage *Montrelais* et *Montalain*.

D'or, à trois chevrons d'azur renversés.

MONTAUBAN (de), Éc., Sgrs de Grillemont, en partie (xv⁰ siècle).

Jean de Montauban, amiral de France, grand-maître et réformateur des eaux et forêts de France, mourut à Tours en mai 1466.

De gueules, à dix macles d'or; au lambel d'argent.

MONTBAZON (de), voyez SAVARY.

**Montbazon** (Ville de).

De gueules, à neuf macles d'or accolées 3, 3, 3.

MONTBEL (de), Chev., comtes de Montbel, Sgrs de Palluau,

de Champeron, de Poiriers, du Coudray, Yzeures, la Fombrette, Meré-le-Gaullier, Cremeaux, Travarzay, de la Ménardière, de Rigollet et de la Groüe (paroisse d'Yzeures), de Chambon, de Fontarcher, de l'Hôpital, en Touraine (du xvi\ e au xviii\ e siècle).

Cette famille est originaire de Savoie. Elle paraît avoir pour auteur Philippe, seigneur de Montbel, qui fit partie de la première croisade, en 1090, et dont les armoiries figurent à ce titre dans la salle des Croisés, à Versailles. Elle s'est établie en France vers l'an 1500, en la personne de François de Montbel.

Une branche qui a résidé à Yzeures, en Touraine, pendant les xvii\ e et xviii\ e siècles, s'est alliée aux familles de Gray, Taveau de Mortemer, Esnard, de Préaux, de Moussy, Fumée, de Brossin, de Brisacier, Scot de Coulanges, Dreux, etc...

Les terres d'Entremonts, de Montbel et autres furent érigées en comté en faveur de cette maison le 20 novembre 1457, par Louis, duc de Savoie.

Par lettres patentes d'avril 1770, la terre de Palluau, en Touraine, fut érigée en comté, sous le nom de Montbel, pour René-François de Montbel, Chev., Sgr de Langère, Poiriers, sous-gouverneur des enfants de France, chevalier de St-Louis et maréchal des camps et armées du roi.

Charles de Montbel, Sgr de la Fombrette, né en 1654, fut curé d'Yzeures. Il était fils de René de Montbel, Chev., Sgr d'Yzeures, de Chambon, de Champéron, chevalier de l'ordre du roi, et de Marie Fumée.

Roger de Montbel, Sgr de la Ménardière, abbé commendataire de la Merci-Dieu, mourut à Bossay le 30 mars 1724. Il était fils de Roger de Montbel, chevalier, Sgr d'Yzeures, et de Louise Taveau de Morthemer.

Jules-Gilbert, comte de Montbel, maréchal des camps et armées du roi, comparut, en 1789, à l'Assemblée de la noblesse de Touraine pour l'élection des députés aux États généraux.

D'or, au lion de sable, armé et lampassé de gueules; à la bande componnée d'hermines et de gueules de six pièces, brochant sur le tout.

**MONTBERON** (de), Chev., barons de la Haye, Sgrs d'Azay-le-Rideau, Marmande, Cravant, St-Michel-sur-Loire, la Vaudoire, Chezelles (xive et xve siècles). — Famille originaire de l'Angoumois. Elle commence sa filiation par Robert, seigneur de Montberon, vivant en 1440. Parmi ses membres elle compte un évêque d'Angoulême et un maréchal de France.

Jacques de Montberon, maréchal de France, remplit les fonctions de lieutenant-général au gouvernement de Touraine, de 1416 à 1418.

Vers la même époque, Adrien de Montberon, était capitaine gouverneur de Chinon.

Écartelé, aux 1 et 4 fascé d'argent et d'azur ; aux 2 et 3 de gueules.

**MONTBERON** (Marie de), vicomtesse de la Guerche, femme d'Artus de Villequier (1505) portait :

Fascé d'argent et d'azur de 6 pièces.

**MONTBLANC** (Augustin-Louis de), évêque de St-Dié, puis archevêque de Tours (1824-41).

D'azur, à une bande d'or, accostée de deux miroirs d'argent.

**MONTCALM** (de). — Famille originaire du Rouergue.

Jean de Montcalm, né le 10 juin 1407, fut retenu pendant un certain temps prisonnier à Tours, pour avoir servi le parti du comte d'Armagnac. Par lettres données à Montils-les-Tours, le 24 mars 1471, le roi lui rendit ses biens qui avaient été confisqués à l'époque de son emprisonnement.

Écartelé ; au 1 d'azur, à 3 colombes d'argent, becquées et membrées de gueules, au 2 et 3 de sable, à la tour surmontée de 3 tourelles d'argent; au 4 de gueules, à la bande d'azur bordée d'argent, et une bordure componnée de billettes d'argent.

**MONTDEBIZE** (de), en Touraine (xvie et xviie siècles).

D'azur, à la licorne passante, d'argent.

**MONTECLER** (André-Marie de), commandeur de l'Ile-Bouchard, ordre de St-Jean de Jérusalem (1683-1740).

De gueules, au lion couronné d'or.

**MONTEJEAN** (de), Chev., Sgrs d'Ussé, en Touraine (XIVᵉ siècle). — Famille originaire de l'Anjou. Elle a donné un maréchal et un échanson de France. Sa filiation remonte à Briant, seigneur de Montejean, en Anjou, vivant dans le XIIIᵉ siècle.

Briand IV de Montejean fut pourvu de la charge de bailli-gouverneur de Touraine le 11 janvier 1415.

Son fils, Jean I de Montejean remplit les mèmes fonctions en 1418.

D'or, fretté de gueules.

**MONTESPEDON** (Philippe de), duchesse de Beaupréau, dame de Montrichard (1574).

De sable, au lion d'argent.—*Alias*: De sable, au lion d'hermines, lampassé, armé et couronné d'or.

**MONTESQUIOU-FEZENSAC** (de), ducs de Fezensac (ordonnance du 30 août 1821), barons et comtes de l'Empire. — Famille originaire de Gascogne et dont la filiation remonte à Sanche-Mittara, duc de Gascogne (890). Elle tire son nom de la terre de Montesquiou, l'une des quatre baronnies d'Armagnac.

Une branche réside aujourd'hui à Charnizay (Indre-et-Loire).

Parti; au 1 de gueules plein; au 2 d'or, à deux tourteaux de gueules posés en pal.

**MONTESSON** (de), Ec., marquis de Montesson, Sgrs de Marray (XVIᵉ siècle).

Jean-Louis, marquis de Montesson; Balthazar-Michel de Montesson, chevalier; Antoine-Louis-Hector de Montesson, et Louis-Pierre-Joseph de Montesson, Sgr de Douillet et de St-Aubin, comparurent, en 1789, les trois premiers en personne, le dernier par fondé de pouvoir, à l'Assemblée électorale de la noblesse du Maine.

D'argent, à trois quintefeuilles d'azur.

**MONTFORT** (de), Chev., Sgrs de Semblançay, de Châteaux, de St-Christophe, de Neuvy, de Pernay, de la Mothe-Sonzay (xiiie siècle), d'Esvres (xve et xvie siècles).

Rotrou de Montfort fut un des chevaliers tourangeaux qui se croisèrent en 1236.

Un sceau de 1260, de Rotrou de Montfort, Sgr de Châteaux et de Semblançay, semble représenter *trois tours*.

**MONTFREBOEUF** de **MORVILLE** (Louis-Annibal de), doyen du chapitre de St-Florentin, d'Amboise, le 15 octobre 1788, avait été nommé chanoine le 26 décembre 1774. Il était fils de Louis de Montfrebœuf, écuyer, Sgr de Morville et de Beauregard, et de Marie-Charlotte Pascault.

D'or, au lion de gueules.

**MONTGAUGER** (de), en Touraine.

De gueules, à une croix pommetée, d'hermines.

**MONTGOMMERY** (de), Chev., Sgrs des Roches-Tranche-lion, Vauvert, la Fouchardière (xvie siècle). — Famille originaire de Normandie et une des plus anciennes de France. Elle descend des comtes d'Exmes, dont était saint Godegrand, évêque de Séez (viiie siècle).

N. de Montgommery fut abbesse de Moncé de 1709 à 1712.

D'azur, au lion d'or, armé et lampassé d'argent.

Une branche portait :

Ecartelé ; aux 1 et 4 de gueules, à trois coquilles d'or ; aux 2 et 3 de France (quelquefois les trois fleurs de lis sur un fond de gueules).

**MONTHOLON** (de), Chev., Sgrs d'Aubervilliers.

Cette famille possédait des fiefs, en Touraine, au xvie siècle. Elle est originaire de Bourgogne et tire son nom d'un bourg près d'Autun. On compte parmi ses membres deux gardes des sceaux de France, un garde des sceaux de Bretagne, des présidents au Parlement de Paris, un ambassadeur, etc...

Jacques de Montholon, prévôt de Meleçay, en l'église de St-Martin, de Tours, est mentionné dans un acte de 1543. Il était fils de François de Montholon, chevalier, Sgr du Vivier,

garde des sceaux de France et de Bretagne, et de Jeanne Ber-
thoul.

François de Montholon, prieur de Vontes, au diocèse de
Tours (vers 1760), fut ensuite grand-doyen de l'église cathé-
drale de Metz.

D'azur, à un mouton passant, d'or, surmonté de trois quintefeuilles de
même.

**MONTIGNY** (de), Ec., Sgrs du Coudray, paroisse de
Luzillé, — et de Fousseure, relevant du château de Loches
(xviie siècle).

Louis de Montigny fut anobli par lettres du 30 mars
1667.

De gueules, à deux fasces d'or accompagnées de 6 besants d'argent, 3 en
chef, 2 en fasce et 1 en pointe.

**MONTLEZUN** DE BESMAUX (de). — Famille alliée aux de
Beauvilliers, comtes de Montrésor, en Touraine.

D'argent, au lion de gueules, armé, lampassé et couronné d'or, accompagné de 8 coqs de sable, crêtés, becqués et membrés de gueules, posés
en orle.

**MONTLUC** (de). — Cette famille, connue d'abord sous le
nom de *de Lasserean-Massencome*, est issue de la maison de
Montesquiou.

Jean de Montluc de Balagny, maréchal de France (1593),
avait été pourvu de l'abbaye de Bourgueil, en 1582. Il fut
dépouillé de ce bénéfice, en 1585, pour avoir pris le parti de
la Ligue. Mais on le lui rendit en 1593, et, en 1596, il s'en
démit en faveur d'Adrien Le Maistre. Il mourut au mois de
juin 1603.

Alphonse-Henri de Montluc, marquis de Balagny, —
seigneur de Monsigou, de Razay et d'Ussé, vendit ces dernières terres, le 12 mars 1653, à Christophe Fournier de Bla-
mécourt.

Jeanne de Montluc, comtesse de Carmain, princesse de
Chabannais, femme de Charles d'Escoubleau, marquis de
Sourdis et d'Alluye, acheta la terre de Montrichard, de Louis

Hurault, comte de Limours. Elle mourut à Paris le 2 mai
1657.

Ecartelé ; aux 1 et 4 d'azur, au loup rampant, d'or ; aux 2 et 3 d'or au tourteau de gueules.

**MONTMORENCY-LAVAL** (de), Chev., marquis de Montmorency, Sgrs de Bois-Légat, près Richelieu ; — de la Char-
penterie, paroisse d'Epeigné (xviii° siècle). — Famille des
plus illustres de France. Les Montmorency ont été élevés à la
dignité de ducs et pairs dès l'an 1551. Leur filiation remonte
au x° siècle. Ils ont été en possession de cinq duchés.

D'or, à la croix de gueules, chargée de 5 coquilles d'argent, cantonnée de
16 aiglettes d'azur.

**MONTMORIN** (de), Chev., Sgrs de Négron, de Cangé (en
partie) xv° siècle.

La famille de Montmorin est originaire d'Auvergne où elle
est connue dès le x° siècle. Sa filiation, d'après Du Bouchet,
commence par Calixte, seigneur de Montmorin, vivant sous le
règne du roi Lothaire.

Hugues II, seigneur de Montmorin, accompagna le roi
Louis le Jeune à son voyage d'outre-Mer.

Cette famille s'est alliée à celles de Neyrac, Flotte, de Narbonne, de Thinières, de l'Espinasse, de la Guiche, de Beau-
fort-Montboissier, de Gamaches, de St-Nectaire, de Chazeron,
de Joyeuse, de Polignac, de Clermont, de Castille, Le Tellier
de Souvré, Le Gendre de Collandre, etc...

Par acte du 4 juin 1489, N. de St-Nectaire et Pierre de
Montmorin, vendirent Cangé à N. de Coningham.

D'argent, semé de molettes de sable ; au lion de même.

**MONTOIRE-VENDOME** (de), comtes de Vendôme, Sgrs de
Savonnières (xii° siècle), du Fresne (xiii° siècle). Cette maison, devenue propriétaire du comté de Vendôme, par suite du
mariage de Jean de Montoire avec Agnès de Vendôme, prit le
nom et les armes de cette dernière famille.

Pierre de Montoire de Vendôme, chanoine et chantre de

l'Église de Tours, mourut vers 1311. Son frère Silvestre était également chanoine de cette église.

D'argent, au chef de gueules ; au lion d'azur brochant sur le tout.

**MONTPEZAT** (Honorat de), baron de Lougnac, gouverneur d'Amboise en 1591.

De gueules, à une balance d'or. — *Alias* : D'or, à une balance de gueules.

**MONTPLACÉ** ( de ), Ec. , Sgrs de la Pénissière ( xv<sup>e</sup> siècle).

Pierre de Montplacé fut abbé de Saint-Julien, de Tours, de 1466 à 1482.

D'azur, à la croix d'or, cantonnée de quatre fleurs de lis de même.

**Montrésor** (La ville de).

D'azur, semé de besants d'or.

**Montrésor** (Chapitre de l'église collégiale de).

D'azur, à un monde d'argent écintré, croisé d'or et chargé de croisettes de gueules sans nombre.

**MONTREUIL** (de), Ec., Sgrs de la Chaux et de Melleré (xvii<sup>e</sup> siècle).

Charles-Claude-Olivier de Montreuil comparut, par fondé de pouvoir, à l'Assemblée électorale de la noblesse du Maine, en 1789.

D'argent, à trois massacres de sable, 2, 1.

**Montrichard** (Couvent des religieuses de Sainte-Ursule de).

D'azur, à une tige de lis de trois fleurs, d'argent, tigée et feuillée de sinople, mouvante d'entre des épines d'or, avec un rouleau posé en fasce, d'argent, chargé , de ces trois mots, de sable : *Lilium inter spinas.*

**MONTROCHER** (de), en Touraine (xviii<sup>e</sup> siècle).

Louis de Montrocher remplissait les fonctions d'ingénieur en chef des ponts et chaussées de la généralité de Touraine, en 1784.

D'azur, au rocher de 6 copeaux d'argent, 1, 2, 3 ; au chef cousu de gueules chargé de trois pommes de pin d'or, la tige en haut. — Couronne de comte.

**MONTROUILLON** (de), Ec., Sgrs de Monterly, paroisse de Razines (xvii<sup>e</sup> siècle).

D'or, à une fasce de gueules chargée d'une rivière d'argent, ou au naturel, accompagnée de trois trèfles de sable.

**MONTSOREAU** (de), Chev., Sgrs du Coudray (Montpensier), aux xiᵉ et xiiᵉ siècles.

Cette famille, originaire de l'Anjou, a fourni un chevalier banneret de Touraine, Gautier de Montsoreau (1213), et un archevêque de Tours (1271), Jean de Montsoreau, mort le 31 janvier 1285.

D'or, à une croix pattée, de gueules. — *Alias* : De gueules, au griffon d'or.

**MORAINVILLE** (Nicolas de), chanoine de St-Martin, de Tours, mort le 11 juillet 1771.

D'argent, à trois merlettes de sable, 2, 1.

**MORANT**, Chev., marquis du Mesnil-Garnier, comtes de Penzès, Sgrs de Lépinay et de la Mulottière, en Touraine (xviiiᵉ siècle).

Cette famille, originaire de Normandie, a donné un intendant à la Touraine, Thomas Morant (1659-61).

La terre du Mesnil-Garnier, en Normandie, fut érigée en marquisat, en 1672, en faveur de Thomas Morant.

D'azur, à trois cormorans d'or, d'après Palliot; et d'azur à trois cormorans d'argent, d'après la Chesnaye des Bois.

D'après l'*Armorial général de d'Hozier*, Thomas Morant portait :

D'azur, à trois cygnes d'argent, 2, 1; accolé d'or, à une fasce de gueules chargée d'un léopard d'argent et accompagnée de trois quintefeuilles de gueules, deux en chef et une en pointe.

**MORARD DE GALLES** (Prosper de), vicaire-général du diocèse de Tours, doyen du chapitre du Plessis-les-Tours, abbé de St-Pierre-de-Preuilly (1765), mourut en 1784.

D'azur, à une rose d'argent en cœur; au franc-canton d'or.

**MORAYES** ou **MORAYS** (de), Éc., Sgrs de Morays, de la Tour-Sibylle, (xviᵉ siècle).

D'or, à six annelets de sable.

**MOREAU**, Éc., Sgrs du Feuillet (xviᵉ et xviiᵉ siècles).

Cette famille a fourni un chevalier de Malte, reçu en 1605.

De gueules, à l'épée d'argent, garnie d'or, la pointe en bas.

**MOREAU**, Éc., Sgrs de la Frillière, paroisse de Vouvray (xvie siècle), du Verger, paroisse de Vernou (xviiie siècle).

Thomas Moreau, procureur du roi au bailliage de Tours, est mentionné dans un acte de 1720.

Losangé d'or et d'azur ; écartelé d'argent à une bande fuselée de gueules, accompagnée de six fleurs de lis d'or en orle.

**MOREAU (Jean)**, curé de Nouans (fin du xviie siècle).

D'azur, à un mouton d'argent surmonté d'une croix de même.

**MOREAU (Louis)**, marchand-bourgeois, de Tours, (fin du xviie siècle).

D'argent, à un chevron d'azur accompagné de trois têtes de maure de sable.

**MOREAU (Félix-Alexandre)**, conseiller du roi, assesseur en l'Hôtel-de-ville d'Amboise (1696).

D'or, à trois têtes de maure de sable, accolées d'argent, posées en fasce, au chef d'azur chargé de trois croissants d'argent.

**MOREAU DE BEAUREGARD (Guillaume)**, abbé de Beaulieu (1442-58).

Fascé d'azur et de gueules de 8 pièces, et sur le tout une bande d'or.

**MOREAU DE BELLAING**, chevaliers héréditaires des Pays-Bas (1817), barons (1821).

Cette famille est originaire du pays de Liége, d'où elle vint dans le Cambrésis. Elle se divisait en plusieurs branches. La branche Moreau de Bellaing fut connue sous les noms de Moreau du Fay ou d'Onfayt, et Moreau de Sancy avant de l'être sous celui de Moreau de Bellaing.

La maison Moreau a pour auteur Jean de Ruland de Hozimont, qui épousa la fille unique de Guy Moreau et de Mehant d'Envilers, à condition qu'il prendrait le nom et les armes de la famille. Depuis son mariage, Jean de Ruland fut connu sous le nom de Jean Moreau, et fut échevin de Cambrai en 1320. Un de ses descendants, Gilles Moreau, écuyer, mourut des suites des blessures qu'il avait reçues à la bataille d'Azincourt, en 1415.

Pierre-François-Joseph-Xavier Moreau de Bellaing, écuyer, fut reconnu chevalier héréditaire des Pays-Bas, ainsi que tous ses descendants en ligne masculine, par décret du 21 mars 1817, sur requête du 6 juillet 1816, prouvant que ce titre appartenait depuis 1600 à la branche aînée de la famille, actuellement éteinte. Il hérita de la terre de Bellaing, d'une de ses parentes, à condition d'en prendre le nom, lui et sa postérité. De son mariage sont nés huit enfants, parmi lesquels : Marie-Léopold-Joseph Moreau de Bellaing, encore existant (1866), créé baron par lettres-patentes de Louis XVIII du 23 février 1821. Le frère de celui-ci, Jacques-Juvénal-Joseph Moreau de Bellaing, chevalier, marié à Justine-Désirée Recq de Malzine, est le père du représentant actuel de cette famille en Touraine, Paul-Michel-Marie-Joseph Moreau de Bellaing, chevalier, né le 10 février 1827, marié, le 29 juin 1853, à Jeanne-Marie-Mathilde de Langlois. De ce mariage est né Humbert-Michel-Marie-Joseph (16 février 1855).

Léopold de Bellaing a transmis son titre de baron à Guy-Barthélemy-Nicolas-Marie-Joseph Moreau de Bellaing (résidant dans le Blaisois), frère aîné du représentant de cette famille en Touraine.

D'azur, à la bande d'argent chargée de trois hermines de sable. — Supports : un griffon et un sphinx de sable ; — Couronne de baron, surmontée de deux huchets en sautoir. — Cimier : une tête de griffon de sable.

MOREL (de), Éc., Sgrs de la Musse (xviie siècle).

Pierre de Morel, écuyer, Sgr de la Musse, était conseiller du roi, élu en l'élection de Loches avant 1639. Sa fille, Anne de Morel, épousa, le 5 décembre de cette année, François du Chesne, écuyer, Sgr du Plessis.

De sable, à trois têtes de lions arrachées, d'argent, 2, 1.

MOREL D'AUBIGNY, marquis et comtes d'Aubigny, marquis de Putanges, en Touraine, en Normandie et en Anjou. — Famille originaire de Normandie. Elle a été déclarée noble de race, par Monfaut, en 1463. Parmi ses alliances, on remarque les maisons de Montgommery, de Villaines-Champagne, de Rohan, de Montmorency, de Gabard, de Medavy, de la Châtre, de Luynes, de la Roche-Allard et de Karadreu.

D'or, au lion de sinople, armé, lampassé et couronné d'argent.

**MOREL** DE **MONS-VILLENEUVE** (comtes de), en Touraine (xixᵉ siècle). — La Chesnaye des Bois commence la filiation de cette famille, originaire de Provence, par Antoine de Morel, qualifié d'écuyer, dans son contrat de mariage de l'an 1561, avec Catherine d'Arnaud.

La maison de Morel a donné un évêque de Viviers, des conseillers au parlement et un trésorier-général de France. Elle s'est alliée aux familles de Trouillas, de Villeneuve, d'Arbaud de Jouques, de Laidet, de Joannis, etc.

D'or, au cheval cabré. de sable; au chef d'azur chargé de trois étoiles du champ.

**MORENNE** (Guillaume de), baron de la Haye (1547), conseiller du roi et son receveur général à Poitiers, maire de cette ville (1549).

D'argent, à trois têtes de maure, de sable, bandées de gueules.

**MORGES** (de), Éc., Sgrs de Morges, paroisse de Chissay, de Pont-Cher, près Tours, (xviiᵉ et xviiiᵉ siècles).

D'azur, à trois têtes de lion, arrachées, d'or, couronnées d'argent et lampassées de gueules. — Couronne de baron.

**MORILLON** (de), Éc., Sgrs de la Gallerie, paroisse de Neuillé-le-Lierre (xviᵉ et xviiᵉ siècles).

Cette famille, originaire du Vendômois, s'est établie en Touraine vers 1550.

D'or, au casque de sable.

**MORIN** (de), Éc., Sgrs de Chambon (xvᵉ siècle), du Haut-Porteau et du fief aux Morins (xviiᵉ et xviiiᵉ siècles).

Originaire du Mirebalais, cette famille fut maintenue dans sa noblesse le 27 avril 1410, en 1599, en 1634 (par l'élection de Mirebeau) et le 22 mai 1669, par Voisin de la Noyraie, intendant de Touraine.

Corantin de Morin, chanoine et prévôt de Saint-Martin de Tours, est mentionné dans un acte de 1780.

Parti, contrefascé d'argent et d'azur de 8 pièces.

**MORIN**, Éc., Sgrs de Vautourneux, de la Berangeraie (xvIᵉ et xvIIᵉ siècles). — Famille de Touraine, anoblie par lettres de décembre 1589, en la personne de François Morin, conseiller aux bailliage et siége présidial de Tours, maire de cette ville en 1630.

D'or, à un chevron d'azur, accompagné de trois têtes de maure, de sable, liées d'argent.

Des membres de la famille portaient le chevron *de gueules*.

**MORIN**, Ec., Sgrs du Cloux, de Lucé, St-Réelle. — Famille originaire d'Amboise.

Pierre Morin, trésorier de France à Tours, fut maire de cette ville en 1500.

François Morin, conseiller du roi, fut nommé juge aux bailliage et siége présidial de Tours en 1616.

De gueules, au chevron d'or accompagné en chef de deux têtes de maure tortillées de sable, et en pointe d'une coupe couverte d'or.

Quelques membres retranchaient de ces armes le chevron et la coupe.

**MORINEAU** (de), Chev., Sgrs d'Esvres, relevant de Montbazon (xvIIᵉ siècle), — d'Aigret et de Pompallu (xvIIIᵉ siècle). — Famille originaire du Poitou. Elle compte parmi ses membres un conseiller du roi, procureur au présidial de Poitiers, plusieurs gardes-du-corps du roi, des chevaliers de St-Louis, des échevins de Poitiers, un chancelier de la légation de France, à Cassel, etc...

Philippe de Morineau, seigneur de la Prépaudrie, fut maintenu, par M. Barentin, dans les priviléges de noblesse dont il jouissait comme gendarme du roi (avant 1685).

Louis Morineau, Sgr de Soudon, eut quatre enfants de son mariage avec Jeanne Bodin : 1° Alexis-François-Aimé de Morineau, avocat et procureur du roi à l'hôtel-de-ville de Poitiers, décédé le 20 janvier 1750 ; 2° Hilaire Morineau, qui suit ; 3° Jean-Aimé Morineau, marié à Marguerite Loisillon de Boisjolly ; 4° Jean-Alexis Morineau, chanoine de l'Église de Poitiers.

Hilaire Morineau, procureur au présidial de Poitiers et conseiller du roi en la chancellerie de Paris, eut six enfants de son mariage avec Marguerite-Julie Lelot, entre autres, Jean-Baptiste-Denis de Morineau, né à Poitiers, paroisse de St-Denis, le 14 septembre 1724, capitaine de cavalerie, chevalier de St-Louis, marié le 3 février 1751 à Françoise-Aimée de Mondion, dont il eut :

1° Jean-Philippe de Morineau, chevalier, baron de la Crosse, émigré (1791), major de cavalerie, chevalier de Saint-Louis, mort le 30 avril 1807 à Michelestadt (Allemagne);

2° Cosme-Gabriel-Jean-Jacques de Morineau d'Aigret, garde-du-corps du roi, décédé en 1793 ou 1794;

3° Denis-Jean-de-Matha de Morineau des Roches, garde-du-corps du roi, émigré, mort en Vendée;

4° Anne-Aimée de Morineau, mariée à N. Du Châtellier, morte en 1840.

Jean-Philippe de Morineau, dont nous venons de parler, épousa, le 15 février 1777, Marie-Anne Le Texier, fille de N. Le Texier et de Marie-Anne Aubouin des Combes. Il eut de ce mariage quatre enfants, entre autres :

1° Jean-Joseph de Morineau, qui suit ;

2° Gabriel de Morineau, né le 15 mai 1790, lieutenant d'infanterie sous l'Empire et garde-du-corps, résidant aujourd'hui (1867) au château de la Vrillaye, près Richelieu (Indre-et-Loire). Il a épousé Marie-Elisa Thubert de la Vrillaye, fille de Marie-Gabriel-Madelaine de la Vrillaye, brigadier des gardes-du-corps, chevalier de St-Louis, chef d'escadron (décédé à la Vrillaye le 25 juin 1842), et d'Adélaïde Le Lot (décédée aussi à la Vrillaye le 21 septembre 1803), dont il a eu Isidore-Gabriel de Morineau, né à Paris le 27 février 1821, marié le 2 mai 1848 à Elisabeth-Félicité de Bessay (d'une très-ancienne famille du Poitou).

Jean-Joseph de Morineau, brigadier des gardes-du-corps du roi, chevalier de St-Louis, émigré en 1791, est mort à

Mignalou, près Poitiers, le 28 août 1858. Il a laissé, entre autres enfants :

1° Philippe-Auguste de Morineau, né à Poitiers le 6 juin 1803, consul de France en inactivité, marié en 1836 à Aimée-Julie-Félix Brun de Gadeau-Gombault, dont il a eu plusieurs enfants ;

2° Etienne-Julien de Morineau, né le 1er mai 1811, docteur en médecine, résidant à Poitiers, président de la Société de médecine, inspecteur des eaux de Bilazais, marié le 16 novembre 1839 à Clarisse-Julien de Bardin. De ce mariage sont issus : Joseph-Anatole et Charles-Albert de Morineau, ce dernier marié, le 26 février 1867, à Anne de Beauchêne.

De gueules, à la bande d'argent chargée de 3 têtes de maure, de sable, accompagnée de 4 croissants d'argent, 2 en chef et 1 en pointe.

## MORISSET.

Julien Morisset, Sgr de Montlouis, fut anobli en mai 1702.

D'or, à trois tiges de lis au naturel.

MORLAT DE MONTOUR (Jean-Baptiste-André), Chev., Sgr de Montour et de l'Arbaleste, né le 2 septembre 1682, conseiller au Châtelet, le 1er mars 1708, conseiller au Grand-Conseil, le 21 juin 1713 ; maître des requêtes, le 21 juin 1715, gouverneur pour le roi des ville et communauté de Chinon, mourut le 23 août 1763. En lui s'éteignit la famille Morlat de Montour. Il était fils d'André Morlat, écuyer, seigneur de Montour et de Geneviève-Jacqueline Le Nain.

D'argent, au chevron de gueules accompagné de trois têtes de maure de sable, tortillées d'argent, et surmonté d'une étoile de gueules.

MORLON ou MORLHON (Pierre de), abbé de St-Pierre de Preuilly (1491), mourut en 1495.

De gueules, au lion d'or lampassé et armé d'argent.

MORLOT (François-Nicolas-Madelaine), cardinal-archevêque de Tours (1843), passa au siége de Paris.

D'azur, à la croix engrêlée, d'argent, cantonnée de 4 étoiles à cinq rais. d'or.

MORLURE (N.), chanoine de l'Église de Tours (1698).

De sable à trois mors de bride, d'argent, 2, 1.

MORNAY (de), Chev., Sgrs de Villiers, St-Germain-sur-Indre, du Rocher, Tranchelion, Archères, la Ferté-Nabert (xive et xve siècles).

Cette famille posséda la terre de St-Germain-sur-Indre, par suite du mariage de Pierre de Mornay, conseiller et chambellan du roi, sénéchal de Périgord, Quercy et Saintonge, avec Jeanne de Vendôme, fille de Bouchard de Vendôme, vers 1380.

Etienne de Mornay, doyen de St-Martin, de Tours, mourut le 31 août 1332.

Pierre de Mornay, son frère, fut aussi doyen de Saint-Martin, de Tours (1332-3...).

Claude-Henri-Gabriel, marquis de Mornay, maréchal-de-camp, comparut par fondé de pouvoir à l'Assemblée électorale de la noblesse du Maine, en 1789.

Burelé d'argent et de gueules, au lion morné de sable, couronné d'or, brochant sur le tout.

MORTEMER (Raoul de), chevalier-banneret de Touraine (1213).

Fascé, contrefascé d'or et d'azur; en cœur un écu d'argent à une bande de gueules.

MORVILLIERS (Jean de), doyen de St-Martin, de Tours (1570), garde des sceaux de France, évêque d'Orléans, mourut à Tours, le 23 octobre 1577, âgé de 71 ans. Il fut inhumé aux Cordeliers de Blois.

D'argent, à une laie de sable.

MOSSON (de), Éc., Sgrs de la Fouchardière et de Bois-Chillou. — Cette famille a été maintenue dans sa noblesse le 26 septembre 1667.

De gueules, à la fasce d'argent accompagnée de six merlettes de même.

MOTHE (de la), Ec., Sgrs de la Branière ou Bannière, paroisse de Parçay (xviie siècle).

D'or, au chevron de gueules accompagné en chef de deux croissants d'azur et en pointe d'une rose de gueules.

MOTHE-HOUDANCOURT (de la), ducs de Cardonne, Sgrs de Montpoupon, paroisse de Luzillé (xviie siècle). —

44

Cette famille, dont la filiation remonte à Jean de la Mothe, vivant en 1512, a donné deux maréchaux de France, deux grands d'Espagne, des officiers généraux, un évêque d'Auch et de Rennes, etc...

Ecartelé; aux 1 et 4 d'azur, à la tour d'argent, qui est de la Motte-Houdancourt; aux 2 et 3 d'argent, au lévrier de gueules, surmonté d'un lambel de sable, et trois tourteaux de gueules, deux en chef, un en pointe, qui est du Bois.

**MOTHE-HOYAU** (de la), en Touraine (xviiᵉ et xviiiᵉ siècles).

Louis-Honorat de la Mothe-Hoyau fut conseiller du roi, trésorier de France au bureau des finances de Tours, de 1725 à 1755.

D'azur, à trois fermaux d'or, 2, 1.

**MOTHEREAU**, en Touraine (xviiᵉ et xviiiᵉ siècles).

Cette famille a fourni un trésorier de France au bureau des finances de la généralité de Tours, Louis Mothereau (17...).

D'azur, au chevron d'or accompagné de trois hures de sanglier, arrachées, de même, 2, 1.

**MOTTE** (de la), Chev., Sgrs de la Berthollière (xvᵉ siècle), du Cormier et de Thillou (xviiiᵉ siècle).

Louis de la Motte, chevalier, Sgr du Cormier, comparut en 1789, à l'Assemblée de la noblesse de Touraine.

Marguerite d'Aloigny, veuve de François de la Motte, chevalier, Sgr de Thillou, comparut par fondé de pouvoir à la même assemblée.

D'argent, au chevron de gueules, accompagné de trois hures de sanglier de sable, 2, 1.

**MOTTE** (de la), Chev., barons de Mezières-en-Brenne (xviiiᵉ siècle).

D'argent, à trois merlettes de sinople; au chef de gueules. — Couronne de comte.

**MOTTE-D'ASPREMONT** (de la). Voyez DE LA MOTTE-VILLEBRET.

**MOTHE-D'HOUÉ** (de la), Éc., Sgrs d'Houé et d'Aloigny

(xvıı<sup>e</sup> siècle). — Famille originaire du Berry, où elle est connue dès 1343.

D'après les *Mém. de Touraine* :

D'argent, à trois perroquets de sinople, 2, 1 ; au chef de sable.

D'après la Thaumassière :

D'azur, à trois merlettes d'or ; au chef cousu de gueules.

**MOTTE-VILLEBRET** (de la) ou DE LA **MOTTE-D'ASPRE-MONT**, Chev., vicomtes d'Aspremont, Sgrs de Melun, relevant d'Amboise ; du Feuillet, Souvigny, Noyan (xvıı° siècle). — Famille originaire du Bourbonnais, où elle est connue dès 1350.

Vers 1653, la terre du Feuillet fut érigée en vicomté en faveur de François de la Motte, Chev., Sgr de Villebret, capitaine des chasses de la baronnie d'Amboise.

D'argent, à l'aigle éployée, d'azur, armée, becquée et couronnée de gueules. — Cimier : une aigle issante, d'azur. — Supports : deux lions d'or. — Couronne de comte.

D'après les *Mém. de Touraine*, de la Mothe-d'Aspremont porte :

D'argent, à six lionceaux de gueules, trois en pointe, et cinq mouchetures d'hermine, en cœur, 3, 2.

**MOTTIER** DE LA **FAYETTE** (du), Chev., marquis de la Fayette, Sgrs (en partie) du Fau-Reignac, Fontenay, Armençay, du Breuil (fin du xvııı<sup>e</sup> siècle), par héritage de Paul-Yves Thibault, comte de la Rivière.

Cette famille est originaire de l'Auvergne. Sa filiation remonte à Pons Mottier, Sgr de la Fayette (xııı<sup>e</sup> siècle).

Marie-Joseph-Paul-Yves-Roch-Gilbert du Mottier, marquis de la Fayette, maréchal des camps et armées du roi, major général au service des États-Unis d'Amérique, comparut par fondé de pouvoir à l'Assemblée électorale de la noblesse de Touraine, en 1789.

De gueules, à la bande d'or, à la bordure de vair.

**MOUCHARD** DE **CHABAN**. — Voyez CHABAN (MOUCHARD DE).

**MOUCHET** (du), Chev., barons de Sennevières, Sgrs de Rigny, de Rochefort, de Préaux, de la Tétardière, paroisse du Boulay (xviie et xviiie siècles).

Cette famille est originaire du Perche. Sa filiation suivie commence à Jean du Mouchet, 1er du nom, écuyer, vivant vers 1400. En 1540, Jean II du Mouchet prouva sa noblesse devant les élus du Perche et d'Alençon, par une production de titres authentiques et suivis qui remontaient à Jean du Mouchet I.

Jean-Louis-François du Mouchet, chevalier, Sgr de la Mouchetière, chevalier de Saint-Louis, comparut, en 1789, à l'Assemblée de la noblesse ·de Touraine, convoquée pour l'élection des députés aux États-Généraux.

François du Mouchet de Villedieu, évêque de Digne, comparut par fondé de pouvoir à la même Assemblée.

D'argent, à trois hures de sanglier arrachées, de sable, 2, 1.

**MOUCY** (Jean de), conseiller au Parlement, commissaire du roi en Touraine, mourut à Chinon le 28 juillet 1596.

D'or, au pin de sinople ; au chef d'azur chargé de trois étoiles d'or.

**MOULIN** (Denis du), chanoine de Tours, évêque de Paris (1439), mort en 1447.

D'argent, à la croix ancrée, de sable, chargée en cœur d'une coquille d'or.

**MOULINET** (du).

D'argent, à trois anilles de sable.

**MOULINS** ( de ), Chev., marquis de Rochefort, Sgrs de la Roche-de-Gennes, Seuilly, la Barre, Villouet Beaulieu, Villeneuve, la Greslière, de la Pagottière, des hautes et basses Greslairies, du Bois-la-Barbe, de Villelard, de la Haudunière, de la Turpinière, du Coudray, de Térouanne, d'Archangé, de Champagne, etc... (xviie et xviiie siècles).

Cette famille, originaire du Bourbonnais, et connue dès le xiie siècle, a été maintenue plusieurs fois dans sa noblesse, notamment le 15 janvier 1667, le 18 février 1668, le 7 mars 1674 et le 9 février 1715, par M. de Chauvelin, intendant de Touraine. Un de ses membres a été admis aux honneurs de la cour en 1766. Elle a donné un grand aumônier de France, plusieurs notaires et secrétaires du roi, un chanoine archidiacre de Blois, un maire de Poitiers, un doyen de l'Église d'Autun et du chapitre du St-Sauveur de Blois, un conseiller du roi, général des monnaies, à Paris; des officiers dans les armées de terre et de mer, etc... Sa filiation suivie commence par Gilles de Moulins, vivant en 1418.

La famille de Moulins a formé trois branches. La première compte parmi ses alliances les maisons de Hurault, Jamin, Boislève, Gervais de Verneuil, de Villebresme, de Dorne, Dupuy de Villouet, de Baraudin, de Barbanson, Vaillant de Guélis, de Nambu, de Larable, de Gannes, de Montmorency, de St-Quentin de Blet, de Pescherard, de Clisson, de Mesnard, de Maridor, d'Orbe, etc...

Aymar-Isidore de Moulins de Rochefort, auteur de la seconde branche, fils de Louis de Moulins, Sgr de Rochefort, et de Charlotte-Madeleine de Clisson, épousa, le 24 novembre 1735, Marie-Jeanne-Françoise Chabiel de Morière, fille unique de Claude Chabiel de Morière, Éc., Sgr de la Mothe-Bureau, capitaine au régiment de Miromesnil, et de Charlotte Ragonneau. De ce mariage sont issus, entre autres enfants : Charles-Paul-Elie de Moulins, marquis de Rochefort, lieutenant des vaisseaux du roi, chevalier de St-Louis, marié, le 17 avril 1775, à Marie-Josèphe de Rochefeuille, — et Marie-Jean-Elie de Moulins de Rochefort, lieutenant des vaisseaux du roi, émigré. De son mariage (22 octobre 1783), avec Marie-Victoire-Françoise Jouslard du Vergnay il eut deux enfants : Jacques-Ferdinand, mort en bas âge, et Philippe-Florimond, comte de Moulins-Rochefort, qui épousa, le 18 juillet 1812, Marie-Rosalie Duchaffault, fille d'Auguste-Salomon Duchaffault et de Marie-Rosalie Maccarthy. De ce mariage sont issus :

1° Marie-Auguste-Florimond, comte de Moulins-Rochefort, marié, le 23 avril 1843, à Delphine-Louise-Marie de de Bruc de Livernière, dont il a eu plusieurs enfants;

2° Marie-Louis-Stéphane de Moulins-Rochefort, marié, le 1er septembre 1840, à Elisabeth-Amélie Locquet de Grand-ville ;

3° Marie-Reine-Caroline-Amicie de Moulins-Rochefort, mariée, en août 1843, à Eugène-Louis-Marie des Nouhes de la Cacaudière, fils de Louis-Joseph des Nouhes de la Cacau-dière, et de Marie-Madeleine-Anne Bureau ;

4° Marie-Augustine-Stéphanie-Thomy de Moulins-Roche-fort.

La famille de Moulins de Rochefort comparut à l'Assemblée électorale de la noblesse de l'Anjou et à celle du Poitou, en 1789.

D'argent, à trois anilles de moulin, de sable, 2, 1.

Pierre de Moulins, Sgr de Rochefort, en Mireballais, et de Villouët, en Blaisois, vivant vers 1700, portait, d'après l'*Armorial général :*

D'argent, à une fleur de lis de sable, accompagnée de trois croix, nillées, de même, deux en chef et une en pointe.

**MOULINS (de).**
De sable, à un lion d'argent.

**MOURAIN , MOURAIN DE L'HERBAUDIÈRE ET DE SOURDEVAL, Sgrs de L'Herbaudiere.** — Famille originaire du Bas-Poitou. En 1642, lors d'un procès qu'elle eut avec le Sgr de la Garnache, elle produisit un titre signalant l'exis-tence d'Estienne Mourain, gentilhomme de Sommerset, en Angleterre, qui avait été fait prisonnier à la bataille de Chizé, près Niort, en 1372.

Cette famille forme aujourd'hui deux branches. La pre-mière se divise elle-même en deux rameaux, l'un établi à la Nouvelle-Orléans, l'autre à Bourgneuf (Loire-Inférieure).

La seconde branche, dont un rameau s'est fixé en Tou-raine, a pour auteur Pierre Mourain, notaire de la châtel-nie du Perrier, marié à Germaine Thibault, dont il eut Pierre Mourain, né en 1699, décédé le 13 octobre 1778, laissant six

enfants de son mariage (15 février 1730) avec Marie
Bonnin :

1°
2° } François et Mathurin, jumeaux ;

3° Charles, qui suit ;

4° Jeanne, mariée à Joseph-Louis-Félix Mourain du Paty ;

5° Marie-Thérèse, qui épousa, le 18 février 1772, Barthélemy Gauthier de la Moyenerie, secrétaire de l'intendance du
Poitou ;

6° Anne-Thérèse, mariée, en 1772, à Pierre Mourain, avocat au parlement de Rennes, administrateur du département
de la Loire-Inférieure, député de ce département à l'Assemblée législative, en 1791, massacré à Bourgneuf, en avril
1793.

Charles Mourain, Sgr de l'Herbaudière, sénéchal de l'Ile-
de-Bouin, conseiller, secrétaire du roi, maire de Noirmoutiers
(1790), fut arrêté au commencement de la guerre de Vendée,
condamné à mort par le tribunal révolutionnaire et exécuté le
13 mai 1793. Le 4 février 1771, il avait épousé Elisabeth-
Victoire Jacobsen, dont il eut : Marie-Jean-Corneille, — et
Adèle-Joséphine, mariée, en 1806, à Joseph-René de Bade-
reau.

Marie-Jean-Corneille Mourain de L'Herbaudière de Sourdeval, né le 2 février 1775, émigré, fit la campagne de 1793
à l'armée des Princes. Rentré en France il servit dans les
armées de Puysaie et de Scepeaux. Chevalier de St-Louis le
7 août 1816, maire de St-Gervais (Vendée), de 1817 à 1830,
il mourut le 17 avril 1833. En 1800, il avait épousé Aimée-
Sophie de Sourdeval, d'une très-ancienne famille, dont le nom
a été inscrit dans la salle des Croisades au musée historique
de Versailles. Par ordonnance royale du 19 novembre 1817,
il fut autorisé à changer son nom de L'Herbaudière en celui
de Sourdeval.

De son mariage avec Aimée-Sophie de Sourdeval sont issus
trois enfants :

1º Charles Mourain de Sourdeval, né à Nantes le 23 octobre 1800, juge au tribunal de première instance de Tours (7 mars 1830), chevalier de la Légion d'honneur, président de la Société archéologique de Touraine et de la Société d'agriculture, sciences, arts et belles-lettres du département d'Indre-Loire, membre de la Société des antiquaires de l'Ouest, de celle des antiquaires de Normandie et de la Société royale des antiquaires du Nord, à Copenhague. Le 26 novembre 1833, il a épousé, à Tours, Pauline Giraudeau, fille d'Etienne-Louis Giraudeau, ancien maire et président du tribunal de commerce de Tours. De ce mariage sont issus : Marie-Stéphanie, née le 24 novembre 1834 ; — Georges, né le 14 février 1836, lieutenant au 3ᵉ bataillon de chasseurs à pied (1866) ; — Louise-Berthe, née le 20 août 1841, mariée, le 1ᵉʳ juin 1866, à Amédée-Charles Boniface-Méda, capitaine de voltigeurs au 89ᵉ régiment de ligne, chevalier de la Légion d'honneur ;

2º Louis-Théobald Mourain de Sourdeval, né le 24 janvier 1803, membre du Conseil général de la Vendée, maire de Coex, décédé aux Sables-d'Olonne, le 9 septembre 1856. Le 20 novembre 1826, il avait épousé Rose-Séraphie Grélier, dont il eut : Eugénie, née le 28 décembre 1828 ; — Marie-Edouard, né le 15 octobre 1833 ; — Laure, née en 1840.

D'azur, au chevron d'or, accompagné de deux étoiles de même en chef, et d'un croissant aussi d'or, en pointe.

**MOURAUT**, Éc., Sgrs de Cremille et de la Vacherie. — Famille originaire du Poitou.

Simon Mouraut, maire de Poitiers en 1429, portait :

D'azur, à trois fasces d'argent, la première et la dernière chargées de trois billettes de gueules ; au chef de même.

**MOURET** (Simon-François), Sgr de St-Michel-du-Bois, abbé de St-Pierre de Preuilly (1684), mourut en 1691.

D'or, à un arbre de sinople placé sur une terrasse de même et accompagné au côté sénestre d'un lévrier attaché par une chaîne de sable.

**MOUSSEAUX** (de), Éc., Sgrs du Coudray, paroisse de Lésigny, de la Boutelaye, de Marchelay, — de Vertagé, de Bretigny et de la Valette (du XVIᵉ au XVIIIᵉ siècle). —

Famille originaire de Picardie et que nous trouvons établie en Touraine au milieu du xvı siècle. Deux actes, des 2 et 3 septembre 1675, délivrés *ez plaids de la baronnie de la Boutelaye, des Baudiments et de la Guerche*, portent que les père, mère, grand-père et grand-mère et grand-oncle de Jean et de Louis de Mousseaux ont tous vécu noblement, qu'ils ont été employés comme nobles au nombre des exempts.

La famille de Mousseaux a été maintenue dans sa noblesse par arrêt du conseil d'État du 11 mai 1728. Elle s'est alliée aux maisons du Bousseau, Fouquet, Barotin de Bore, Le Roy, Magaud du Charrault, Jacquemain de la Perrotière, Le François des Courtis, etc. Elle s'est éteinte en 1779 en la personne de Marie-Louise-Adelaïde de Mousseaux, fille de Louis de Mousseaux, Ec., Sgr de Bretigny, du Coudray, etc..., mort en janvier 1736, et de Marie Jacquemain de la Perrotière. Marie-Louise-Adelaïde de Mousseaux avait épousé, le 25 octobre 1740, Louis-Jean Le François, Chev., Sgr des Courtis.

Jean de Mousseaux, Ec., Sgr du Coudray, était capitaine-gouverneur du château de la Guerche en 1576. Son frère, René de Mousseaux, capitaine-gouverneur de la même place, y fut tué en la défendant, en 1595.

D'azur, à un chevron d'argent, accompagné de trois roses d'or en chef et d'un lion de même en pointe.

**MOUSSERON**, en Touraine (xviiiᵉ siècle).

En 1785, Laurent-Marie Mousseron remplissait les fonctions de conseiller du roi, trésorier de France au bureau des finances de Tours.

Ecartelé; aux 1 et 4 d'or à trois roses de gueules, 2, 1; aux 2 et 3 d'azur à la tête de lévrier d'argent arrachée et lampassée de gueules.

**MOUSSY** (de), Chev., marquis de Moussy, Sgrs de Granges (aujourd'hui Harembure), Marigny, Haute-Rives, paroisse d'Yzeures (xviiᵉ siècle).

Cette famille est originaire du Beauvoisis, où elle est connue dès l'an 1100. Elle a été plusieurs fois maintenue dans sa noblesse, notamment le 7 novembre 1584, et le 10 décembre 1667. Parmi ses alliances on remarque les familles de Mortaux, de la Châtre, de St-Georges, du Rivault, de la Touche de Marigny, de Barbezières, de Rochechouart, du Regnier, de la Beraudière, de Gray, de Cluis, de Montléon, de Liniers, de Lezay-Lusignan, de Grateloup, de Gourjault, Aymer de la Chevallerie, etc...

D'or, au chef de gueules, chargé d'un lion léopardé, d'argent.

**MOUYS (de)**, Sgrs de la Garochère, paroisse de Nouzilly (XVIIIᵉ siècle).

D'or, au sautoir de gueules cantonné de 4 merlettes de même.

**MOY ou MOUY (Guy de)**, capitaine du château de Tours (1424).

De gueules, fretté d'or de six pièces.

**MUCE (de la)**. — Famille originaire de l'Anjou et alliée à celle de Savonnières. Elle remonte à Hugues de la Muce vivant en 1200.

D'azur, à neuf besants d'argent, 3, 3, 3.

**MUR (de)**, Chev., Sgrs de Mur (XIIIᵉ siècle).
De... à la croix ancrée de...

**MURSAINS**, en Touraine.
De... à quatre fasces de losanges de...

**MUSSET (de)**, Chev., Sgrs d'Auzouer, de Bonaventure, de Beaulieu, en Touraine. — Famille originaire du Vendômois. Sa résidence en Touraine date de 1539, époque à laquelle Claude de Musset, écuyer, seigneur de la Rousselière, de la Courtoisie, de Montrouveau et de Beauvoir, épousa Marie Giraud de Salmet, fille de Nicolas Giraud de Salmet, écuyer, seigneur de Chamoré et de Bonaventure.

Par contrat passé à Tours le 20 novembre 1639, Charles de Musset, deuxième du nom, chevalier, Sgr de Bonaventure, du Menil et de la Courtoisie, capitaine au régiment de Gaston, fils de France, épousa Anne Moreau, fille de noble Noé Moreau, seigneur de la Roussière, conseiller du roi.

receveur-général et payeur des rentes en la généralité de Tours, et d'Anne Gouard.

La maison de Musset a été maintenue dans sa noblesse le 9 juin 1660 et le 9 juin 1667. Elle s'est alliée aux familles de Villebresmes, de Bombelles, d'Arnauld d'Andilly, de Sorbière, Poillot de Lailly, du Bellay, du Mouchet, de Menou, du Tillet, Besnard de Harville, de Patay, de Peltaire, d'Epeigney, Bazin de Culnon, de Potrisel, etc...

Louis-Alexandre-Marie de Musset, né le 14 novembre 1753, fils de Louis-François de Musset, chevalier, seigneur de Bonaventure, capitaine de grenadiers et chevalier de Saint-Louis, et de Suzanne-Angélique du Tillet, comparut, en 1789, à l'Assemblée électorale de la noblesse du Maine.

Victor-Donatien de Musset de Pathay épousa, le 2 juillet 1801, Edmée-Claudette Guyot des Herbiers, dont il eut :

1° Paul-Edme de Musset, né le 7 novembre 1804, littérateur ;

2° Louis-Charles-Alfred de Musset, né le 11 novembre 1807, membre de l'Académie française, décédé le 1er mai 1857.

D'azur, à l'épervier d'or, chaperonné, longé et perché, de gueules. — Devise : *Courtoisie, bonne aventure aux preuses.*

**MUSSET** (Gilles), prieur des religieux carmes, à Tours, mourut le 1er septembre 1530.

D'azur, au cœur volant, d'or, accompagné en chef de trois étoiles d'argent, rangées. — Devise : *Spes mea Deus.*

**MUTIN DE CARCOUL**, Ec., Sgrs de Carcoul, en Touraine (XVIIe siècle).

Toussaint Mutin de Carcoul, curé de la paroisse des Nobles, à Amboise, est mentionné dans un acte de 1733.

Ponce Mutin, Ec., Sgr de Carcoul, comparut, en 1789, à l'Assemblée électorale de la noblesse de Touraine.

D'argent, à un serpent de sinople, posé en pal, allumé et langué de gueules ; au chef d'azur chargé d'un soleil d'or.

**NADOT.** — Louis-Jacques-Désiré Nadot fut pourvu de la charge de trésorier de France, à Tours, le 28 mai 1783.

Nadot, au Maine, porte :
De gueules à trois bandes d'argent.

NAILLAC (de), Chev., Sgrs de Grillemont et d'Onzain (xIVᵉ siècle), de Ris et de Neuville, paroisse de Bossay, — d'Obterre (xvIᵉ siècle), du Blanc, de Gargilesse, de Château-brun, de Vaux, de la Coste-au-Chapt, vicomtes de Bridiers, etc... — Famille originaire de Naillac, en Berri. Elle commence sa filiation par Hugues, Sgr de Naillac, vivant sous le règne de Philippe-Auguste, et qui eut deux enfants de son mariage avec Mahaut de Fontenelle : Hugues, Sgr de Naillac, du Blanc et de Gargilesse (1228), et Pierre de Naillac.

Parmi ses illustrations elle compte un grand-maître de l'ordre de St-Jean de Jérusalem, Philibert de Naillac (1396). Elle s'est alliée aux maisons de Chauvigny, de Prie, de Guenand, d'Argenton, de St-Verain, de Turpin, de Preuilly, de Brosse, de Gauconrt, de Rillac, de St-Savin, etc...

La branche qui s'est établie au château de Ris, près Bossay, en Touraine, a pour auteur Nicolas de Naillac, décédé avant le 13 octobre 1539.

François de Naillac, fils de Nicolas, Sgr de Ris, de la Coste-au-Chapt et d'Obterré, épousa Anne du Breuil, dont il eut un fils unique, Marc de Naillac, Chev., Sgr de Ris et de la Coste-au-Chapt, enseigne d'une compagnie de 40 lances, sénéchal de la Basse-Marche, marié, en 1558, à Catherine de Mesnardière, fille de Jehan de Mesnardière, Sgr de Corbespine, maître d'hôtel ordinaire du roi, et de Madeleine de Salvor.

Antoinette de Naillac, fille unique de Marc, épousa en premières noces François de Lezay, chevalier, seigneur des Marais (1589), — et en secondes noces, Georges de St-Savin, chevalier, baron de Ris et seigneur de Chauveron, dans la Basse-Marche.

Hélion de Naillac, chevalier de l'ordre de St-Jean de Jérusalem, fut commandeur de Fretay, en Touraine (1424).
D'azur, à deux lions léopardés, d'or, l'un sur l'autre.

**NAMBU** (de), en Touraine.

Echiqueté d'or et d'azur, au canton d'hermines.

**NANTON** (de), en Touraine (xviiie siècle).

Antoine-Grégoire de Nanton, archidiacre d'outre-Loire, puis vicaire général de Tours, prévôt d'Oë, en l'église de Saint-Martin, mourut à la Grange St-Martin, commune de St-Paterne, en 1803.

De sinople, à une croix d'argent. — Supports : à sénestre, un ange : à dextre, un lion. — Couronne de marquis.

**NASSAU** (Charlotte-Barbantine de), princesse d'Orange, duchesse douairière de la Tremoille et de Thouars, dame de l'Ile-Bouchard, veuve (25 octobre 1604) de Claude de la Tremoille, duc de Thouars et prince de Talmont, vendit la terre de l'Ile-Bouchard, le 18 octobre 1629, au prix de 180,000 livres.

L'écu rempli de 8 quartiers, trois en chef, trois au milieu de l'écu, celui du centre en forme de sur le tout, et 2 en pointe; au 1 d'azur, semé de croisettes d'argent, au lion de même, lampassé de gueules et couronné d'or, brochant sur le tout, qui est de Saarbruck; au 2 de sable à l'aigle éployée d'argent, becquée et membrée d'or, qui est de Saawerden; au 3 d'or, à la fasce de sable, qui est de Mœurs; au 4 d'or, à deux léopards de gueules, qui est de Weilburg; au 5, ou sur le tout, d'azur, semé de billettes d'or, au lion de même, lampassé de gueules, brochant sur le tout, qui est de Nassau; au 6 de sinople, au sautoir d'or, cantonné de 12 croisettes de même, qui est de Mehrenberg; au 7 d'or, à la fasce de gueules, qui est de Lahr; au 8 et dernier quartier, d'or, au lion de sable, qui est de Mathberg.

**NAU**, Ec., Sgrs de la Boisselière (xvie et xviie siècles).

Cette famille de Touraine fut anoblie par lettres de mai 1605, en la personne de Claude Nau, secrétaire de la chambre du roi et intendant de la reine d'Écosse. Les lettres furent enregistrées à la Chambre des comptes le 26 septembre 1605, à la Cour des Aides le 26 janvier 1606, présentées et et enregistrées de nouveau à la Chambre des comptes le 12 septembre 1738, en exécution de la déclaration du roi du 26 avril de la même année.

D'argent, à la rose de gueules. — *Alias* : Ecartelé; aux 1 et 4 d'argent à une rose de gueules; aux 2 et 3 de gueules à la licorne passante d'argent; et sur le tout, d'azur, au chevron accompagné en chef de deux étoiles, et en pointe d'un croissant, le tout d'or.

NAU, à Tours (xviie siècle).

François Nau, conseiller au Grand-Conseil, fils d'un secrétaire du roi, portait, d'après l'abbé Goyet :

D'azur, à six burelles d'or.

NAU, Ec., Sgrs du Ruau, de l'Hermitage, de l'Estang, du Martinet, de Vaugelé, de la Guitière, de Vernoil, de la Gruglinière, de Greneteau, etc...

Cette famille commence sa filiation par Claude Nau, écuyer, seigneur du Ruau, qui épousa, vers 1560, Catherine de Lojon, dont il eut, entre autres enfants, Abraham Nau, écuyer, seigneur de Greneteau, maréchal-des-logis du roi Henri IV (6 mai 1594), marié, par contrat passé devant Des Planches et Le Moine, notaires à Chinon, à Françoise de la Barre, fille de François de la Barre, écuyer, seigneur de l'Estang, et d'Olive d'Espiné.

François Nau, fils aîné d'Abraham, épousa, le 19 décembre 1618, Marie de Sarcé, fille de Jean de Sarcé, écuyer, seigneur de Sarcé, de Neuillé et du Colombier, et d'Anne d'Espagne.

De gueules, à la gerbe de blé, d'or, liée de même, soutenue de deux lions aussi d'or.

NAU DE NOIZAY, NAU DES ARPENTIS, Chev., Sgrs de Noizay, des Arpentis, de Couesme, de l'Ile-Auger, paroisse d'Obterre, du Fousteau, de la Brosse, du Poinçon, des Fontaines (xviie et xviiie siècles). — Famille originaire de Touraine. Elle a donné les fonctionnaires et les dignitaires ecclésiastiques dont les noms suivent :

François Nau des Arpentis, conseiller du roi, receveur général des gabelles (1635) ;

François Nau des Arpentis, Éc., conseiller, notaire et secrétaire du roi, trésorier général de France à Tours, maire de cette ville (1655), conseiller au Parlement de Paris ;

François Nau, conseiller du roi, lieutenant-général et commissaire examinateur au bailliage de Touraine et siége présidial de Tours (1683) ;

Jean Nau, Sgr de Noizay, conseiller et avocat du roi au siége royal de Loches (1710);

Pierre-Louis Nau de Noizay, conseiller du roi, président de l'élection de Loches et subdélégué de l'intendant de Touraine, maire électif de Loches (1748), puis conseiller du roi honoraire et président honoraire de l'élection de Loches (lettres du 28 mai 1777);

Jean-Pierre-Joseph Nau de Noizay, conseiller du roi et président en l'élection, à Loches (lettres du 28 mai 1777);

Jean-François Nau, doyen de l'église collégiale de Loches, vicaire-général de l'archevêque de Tours, abbé de Boisaubry;

Jean-Louis Nau, Ec., Sgr de Noizay, conseiller du roi, lieutenant-criminel au bailliage de Loches (1779).

Jehan Nau, Ec., Sgr de la Brosse, de l'Ile-Auger, du Poinçon, maréchal-des-logis des archers gentilshommes de Gaston d'Orléans, acheta la terre de Noizay, le 11 décembre 1653, de Jeanne de Menou, veuve de Louis de Marolles, frère du célèbre abbé de Villeloin. Il épousa en premières noces Marie Collin, et en secondes Marie Doudon. Trois de ses fils : Jean, Sgr de l'Ile-Auger, François, Sgr des Fontaines, et Olivier, Sgr de Noizay, figurent dans un acte de partage de 1672.

François Nau, reçu au Grand-Conseil le 27 avril 1668, ancien lieutenant-général au bailliage de Touraine et siége présidial de Tours, mourut le 7 avril 1702. Il avait épousé Marie-Hélène Mathé, fille de Charles Mathé, conseiller au Grand-Conseil, lieutenant-général de Tours, et d'Hélène Durand. De ce mariage sont issus : 1° Charles-Pierre Nau, qui suit; 2° une fille, mariée à Jean le Maire, Sgr de Montlivaut.

Charles-Pierre Nau, seigneur des Arpentis, né en 1673, conseiller en la grande chambre du Parlement de Paris (1730), décédé le 19 septembre 1739, avait épousé Françoise Choppin, fille de René Choppin, Sgr d'Arnouville, ancien lieutenant criminel de la prévôté et vicomté de Paris, et de

Marie Foy. Il laissa trois enfants : 1° Charles-Jean, conseiller au Parlement de Paris (23 mars 1740); 2° Augustin-Jean-Baptiste; 3° Charlotte-Françoise, femme de Pierre-Charles Debonnaire, conseiller au Grand-Conseil.

D'azur, à cinq trangles d'or, surmontées d'une flamme aussi d'or.

**NAVARROT** D'ANGLADE, Chev., Sgr de Colombiers et de Savonnières, mourut le 2 septembre 1489.

D'azur, à l'aigle d'or éployée, à deux têtes. — Supports : deux griffons. — Devise : *Faisons bien, laissons dire.*

**NAVIÈRES** (Jean-Baptiste), grand prieur de Cormery, mourut en 1722.

De gueules, au navire équipé, d'argent, girouetté d'azur, voguant sur une mer de même.

**NEDDES ou NESDES** (de), Ec., Sgrs des Grèves, paroisse de St-Pierre de Tournon (XVIe siècle), et de Fromenteau (XVIIIe siècle).

Au XIVe siècle vivait Nicolas de Neddes, chanoine de l'Église de Tours.

Pierre de Neddes, chevalier de Malte, commandeur de la Rivière, paroisse de la Haye, — et de la Feuillée, en Touraine, est cité dans des actes de 1529-36.

Marie-Sophie Scheneck de Schmittbourg, veuve de Pierre de Nesde, écuyer, comparut, par fondé de pouvoir, en 1789, à l'Assemblée électorale de la noblesse de Touraine.

D'argent, à trois fleurs de gueules, tigées et feuillées de sinople; au chef d'azur, chargé de trois étoiles d'or.

**NÉEL** DE CRESTOT (Louis-François de), abbé de Seuilly (1728), conseiller au Parlement de Rouen, évêque de Séez (1740).

D'argent, à trois bandes de sable; au chef de gueules.

**NÉGRIER**, Ec., Sgrs de la Peyre, de la Tournerie, de la Dauge, de Chasseingou, etc... — Famille résidant à Availles, au XVIIe siècle. Elle s'est alliée à la maison Baret de Rouvray.

David Négrier, Nicolas Négrier, Renée Négrier, dame de la Tournerie, et Daniel Négrier, Sgr de la Peyre, furent maintenus dans leur noblesse le 3 septembre 1667.

D'argent, au chevron de gueules, chargé de trois têtes de maure, de sable, au bandeau d'argent.

**NÉGRON** (Pierre de), *commis ès exemptions* de Touraine, Anjou, Maine et Poitou (1384).

De... à deux lions passants de...

**NÉGRON** (de), Chev., Sgrs de Négron, en Touraine.

Cette famille, originaire de l'Anjou, a donné son nom au bourg de Négron, terre qui passa dans la maison du Pont par le mariage de Jeanne de Marquière, héritière de Pierre de Négron, avec Bertrand du Pont, Sgr de la Huchelonnière, commandant pour le roi à Mirebeau, en 1480.

D'argent, à deux chevrons de gueules.

**NEILZ** de **PUTEAUX**.

D'azur, à une fasce d'argent.

**NEIRET** ( ou **NEYRET** ) de la **RAVOYE**, Sgrs de la Ravoye et de Vaire.

D'azur, à une fasce d'or accompagnée de trois étoiles rangées en chef, et en pointe d'un croissant de même.

**NEMOURS** de **GUERCHEVILLE** (Jean de), chanoine de l'Église de Tours (1257-74).

De sinople, à 3 jumelles d'argent; à la bordure engrêlée de gueules.

**NEPVEU**, Chev., Sgrs de la Montallerie, paroisse de Savigny (XVIIe siècle).

Au XVIIIe siècle une branche résidait à Tours, dans la paroisse de St-Pierre-le-Puellier.

D'or, à deux fasces de gueules.

**NEPVEU** (de), Chev., Sgrs de Bellefille, de Neuvilette, du Rouillon (XVIIe et XVIIIe siècles).

François de Nepveu, Jacques Nepveu de Bellefille et Jacques Nepveu de Rouillon, comparurent à l'Assemblée électorale de la noblesse du Maine, en 1789.

D'azur, à trois besants d'or, chargé chacun d'une croix de gueules.

**NEPVETO** (de), Chev., Sgrs d'Azay-sur-Indre, de St-Senoch, de la Roche-Aimé (XVe siècle).

D'or, à 5 (ou 3) fusées de gueules.

45

NERICAULT-DESTOUCHES, Ec., Sgrs d'Ortières, de La-motte de Flée, la Pelletière, la Roche-du-Jarrier (xvii° siècle).

Philippe Néricault-Destouches, né à Tours, en 1680, membre de l'Académie française (25 août 1723), mourut le 4 juillet 1754.

De... au sautoir de . ; au chef de.. . chargé de trois billettes de... rangées en fasce.

NESDES (de), voyez DE NEDDES.

NEUFVILLE (de), Chev., marquis, puis ducs de Villeroy, Sgrs de Cousières, paroisse de Veigné, — et de Nerbonne, pa-roisse de Joué, relevant de Montbazon (xvi° siècle). — Maison illustre qui a produit deux maréchaux de France, deux ministres d'Etat, des chevaliers du St-Esprit, deux archevê-ques de Lyon, un évêque de Chartres, etc... — Sa filiation commence par Nicolas de Neufville, Sgr de l'Equipé, des Tuileries et de Chanteloup (1500), secrétaire du roi, trésorier de France, qualifié *chevalier* dans un titre de 1518.

Le marquisat de Villeroy fut érigé en duché-pairie, en septembre 1651, en faveur de Nicolas de Neufville V, maré-chal de France, fils de Charles de Neufville, marquis de Villeroy, et de Jacqueline de Harlay.

Nicolas de Neufville était trésorier de Saint-Martin de Tours en 1584.

D'azur, au chevron d'or, accompagné de trois croix ancrées, de même.

**Neufvy** (Ville de).

D'azur, à une bande d'or.

NEUVILLE (de la). — Famille originaire de Tours, ano-blie par lettres du 16 avril 1506, en la personne de Pierre de la Neuville.

De sable, à trois besants d'or, 2, 1.; au chef d'hermines.

NEVERS (de), Chev., comtes de Nevers, Sgrs de Nouâtre (xi° siècle).

D'azur, au lion d'or, armé et lampassé de gueules; l'écu semé de billettes d'or sans nombre.

NICOLAY (de), Chev., marquis de Goussainville, Sgrs de Villebourg et de la Noiraie, en Touraine (xvii° et xviii° siècles).

—Famille d'ancienne noblesse, originaire du Vivarais. Elle a donné un chancelier du royaume de Naples (1502), un maréchal de France (1575), plusieurs évêques, des premiers présidents de la Chambre des comptes, des chevaliers de St-Louis, plusieurs colonels du régiment de dragons-Nicolay, etc.... — Elle s'est alliée aux maisons de Vaudetart, du Tillet, de Billy, de Maillé-de-la-Tour-Landry, de Roncherolles, Molé, du Bec de Vardes, de Coëtquen, de Rochechouart, de la Châtre, de Forbin, de Vintimille, Le Veneur de Tillières, Potier de Novion, de Lamoignon, etc...

Par lettres-patentes de 1645, la terre de Goussainville fut érigée en marquisat en faveur d'Antoine de Nicolay et de sa postérité.

Aymard-Marie-Christian de Nicolay, marquis de Goussainville, comte de l'Empire, chambellan de Napoléon Ier, est mort en 1839. Son fils, Aymard-Marie, chef actuel du nom et des armes, marquis de Nicolay, a épousé, en 1831, Laurence Eblé.

Aymard-Marie-Charles-Théodore, comte, puis marquis de Nicolay, par lettres-patentes de 1817, a été appelé à la pairie héréditaire par lettres du 18 août 1815. Il a épousé, en 1809, Adèle-Charlotte-Augustine de Lévis.

D'azur, au lévrier courant, d'argent, accolé de gueules, bouclé d'or. — Supports : deux lévriers d'argent, les têtes contournées. — Couronne de marquis. — Cimier : un casque taré de front, surmonté d'une tête de maure au naturel. — Devise : *Laissez dire.*

**NIEUL** (de); Chev., Sgrs de Bordebure et de Bonneau, en Touraine (xviie et xviiie siècles).

D'azur, au chevron d'or, accompagné de 6 coquilles d'argent, 4, 2.

**NIVELARD** de la **COSTE**, en Touraine.

D'or, à la tour de...

**NIVELLE** de la **CHAUSSÉE**.

D'azur, à un chevron d'or accompagné de deux étoiles d'argent en chef et d'un niveau de même en pointe.

**NOBLET** (de).

D'azur, au sautoir d'or.

NOGARET DE LA VALETTE D'ÉPERNON (de). — Louis de Nogaret de la Valette fut abbé de Beaulieu, en Touraine, de 1630 à 1639.

Jean-Louis de Nogaret, duc d'Épernon et de la Valette, gouverneur de Loches, mourut dans cette ville, le 13 janvier 1642. Son fils, Bernard de Nogaret, eut après lui la charge de gouverneur de Loches.

Ecartelé: aux 1 et 4 de Nogaret, qui est d'argent, au noyer de sinople; au chef de gueules chargé d'une croix alaisée d'argent; aux 2 et 3 de gueules à sept losanges d'hermines

NOGERÉE (de), Chev., Sgrs de Chambourg et de Marray (XVIIIᵉ siècle).

Un membre de cette famille remplissait les fonctions de lieutenant des maréchaux de France, à Châtillon-sur-Indre, en 1787.

Joseph de Nogerée, chevalier, Sgr de Marray, chevalier de St-Louis, comparut, par fondé de pouvoir, en 1789, à l'Assemblée électorale de la noblesse de Touraine.

D'or, à trois arbres arrachés, de sinople, 2, 1.

NOIRCOURT (de). Voyez LAMIRAULT.

NORROY (de), Éc., Sgrs de Lestang, relevant de Loches (XVIᵉ siècle).

Cette famille a fourni un trésorier à l'Église de Tours, Hardouin de Norroy (1410).

D'argent, à la fasce de gueules, sommée d'un lion issant, de sable.

NOTTIN (Jacques), curé de la paroisse du Bouchet, élection de Richelieu (fin du XVIIᵉ siècle).

D'azur, à une fasce d'argent, accompagnée en chef de deux étoiles d'or, et en pointe d'un rocher d'argent.

NOUROY (Gilles de), maître des eaux et forêts de Touraine (lettres du 25 août 1443).

D'azur, au chef d'argent chargé d'un lion naissant, de gueules.

NOUE (de la), Chev., Sgrs du Châtellier, de la Noue, de a Gascherie, de Chevaines, de la Bourrelière, paroisse de Neuilly-le-Noble (XVIᵉ siècle).

Cette famille, dont la filiation remonte au xii⁰ siècle, est originaire de Bretagne.

D'azur, à la croix d'argent, cantonnée de 4 gerbes d'or.

**NOUE** (de la).

De sable, à six besants d'argent, 3, 2, 1.

**NOUE DE VAIR** (de la), Chev., comtes de la Noue de Vair, Sgrs de Vilgron, paroisse de Parilly (xvii⁰ siècle). — Maison originaire de Bretagne, et dont la filiation remonte à Guillaume de la Noue, vivant en 1384.

D'argent, fretté de six bâtons de sable; au chef de gueules chargé de trois têtes de loup, arrachées, d'or.

**NOUVEAU** (de), en Touraine (xvi⁰ et xvii⁰ siècles).

Arnoul de Nouveau fut trésorier de France au bureau des finances de la généralité de Tours, de 1575 à 1577.

D'azur, à l'aigle à deux têtes, éployée, d'argent.

**NOYELLES** (de), comtes de Noyelles, Sgrs des Montains, près Loches (xviii⁰ siècle).

L'origine de cette famille, une des plus illustres des provinces de Flandre et d'Artois, remonte à 1080. La terre de Noyelles, en Flandre, fut érigée en comté, en 1644, en faveur de Guillaume, Sgr de Noyelles et de Calonne.

Une branche, après avoir résidé au Canada, vint s'établir à Loches dans le cours du xviii⁰ siècle.

Henri-François-de-Paule de Noyelles, religieux bénédictin, né à Loches, en 1774, fils de Charles-Joseph de Noyelles, capitaine d'infanterie, et de Marguerite de Mozé, fut traduit, le 9 août 1794, devant le tribunal criminel d'Indre-et-Loire et condamné à mort pour ne pas avoir satisfait au décret du 26 août 1792, relatif à la déportation. La sentence fut exécutée le 10 août 1794.

Ecartelé d'or et de gueules.

**NOYER** (du).

Charles-Martin du Noyer, chanoine et prévôt de St-Martin, de Tours, mourut le 9 juin 1778.

D'azur, au chevron d'or, accompagné d'une aigle de même en pointe; au chef d'or chargé de trois têtes de léopard arrachées, de sable, languées de gueules.

## NOYERS (de), en Touraine.

Pierre de Noyers, chanoine de l'Église de Tours, mourut vers 1315.

D'azur, à une aigle d'argent.

**Noyers** (Abbaye de), *Sancta-Maria de Nucœis seu Nuceriis,* — de l'Ordre de Saint-Benoît.

On attribue la fondation de ce monastère à Hubert de Noyant, vivant en 1030.

D'azur, à une Notre-Dame, tenant l'enfant Jésus, le tout d'or.

## NOZAY ou NOSSAY (de), Chev., Sgrs de Montchery, de Mencieux, de Tusseau, de la Forge, de Thorigny, de l'Islette, de Greffin et de Varannes, paroisse de Veigné (xviᵉ siècle).

D'argent, à la fasce de gueules, au lion de même.

## NUCHÈZE (de), Chev., comtes de Nuchèze, Sgrs de Rochevineuse, de Naintré, de Brain (paroisse de Jaunay), de Maillé, Coulaines, la Roche-Petit, Rougemont, Vaumorin, Sourches, Thorigné, Baudiment, Bapteresse, Bussy, la Brulonnière, la Brosse, Badevillain, etc... — Famille originaire du Poitou, où elle est connue dès le commencement du xivᵉ siècle. Sa filiation suivie commence par N. de Nuchèze qui eut deux enfants : Guillaume de Nuchèze, Chev., Sgr de Nuchèze (1320), et Pierre de Nuchèze, Chev., Sgr de la Voûte, de Villenoue et de la Cognardière.

En 1637, la terre de Brain, paroisse de Jaunay, fut érigée en comté, en faveur de Jean-Jacques de Nuchèze, baron des Francs, chevalier de l'ordre du roi.

La famille de Nuchèze a donné un premier écuyer du roi Charles IX, un évêque-comte de Châlons-sur-Saône, un intendant-général de la marine de France, des chevaliers de l'ordre du roi, des gouverneurs de places, un commandeur de Ballan, en Touraine, Jean de Nuchèze (1530), — un commandeur d'Amboise, dans la même province, Jean de Nuchèze (1703), etc... Parmi ses alliances on remarque les maisons de Chasteigner, de Gourjault, de Vaulx, des Francs, Thibault de la Carte, de Brizay, de Hodon, Courault de Rochevreuse, Fremiot, Turpin de Crissay, de Parthenay, Isoré, Barthon de Montbas, du Breuil-Helyon, de Chauvelin, de Richeteau, etc...

Elle s'est divisée en plusieurs branches. Celle de Badevillain a pour auteur Melchior de Nuchèze (ix⁰ degré), fils puîné de Jean de Nuchèze, Sgr de la Brulonnière et de la Brosse, chevalier de l'ordre du roi et gentilhomme ordinaire de sa chambre, et de Jeanne de Parthenay.

Melchior de Nuchèze eut quatre enfants de son mariage avec Catherine Marchand : 1° Jacques de Nuchèze, qui suit ; 2° Albin, grand-archidiacre du diocèse de Châlons-sur-Saône; 3° René ; 4° Françoise, femme de Jean Le Blanc, Éc., Sgr de Cerzay.

Jacques de Nuchèze, Ec., Sgr de Badevillain, laissa deux enfants : Françoise de Nuchèze, et Pierre de Nuchèze, marié le 10 juillet 1695 à Catherine Cacault du Fief-Richard, dont il eut : 1° Marc-Antoine de Nuchèze et Marie-Catherine, femme de François-Silvain de Chauvelin.

Marc-Antoine de Nuchèze, Éc., Sgr de Badevillain, né le 27 septembre 1709, épousa en 1744 Marie-Madeleine de Richeteau. De ce mariage sont issus : une fille, morte en bas âge, et René-Etienne de Nuchèze, chevalier, marié le 9 novembre 1779 à Marie-Jeanne de Chasteigner, fille de Jean-Henri, marquis de Chasteigner et de Marie-Eléonore-Armande de Chasteigner, dont il eut une fille, Catherine-Françoise-Henriette, décédée en 1796, et Jean-Armand de Nuchèze.

Ce dernier épousa, le 19 février 1811, Louise-Joséphine Chol de Torpanne. De ce mariage sont issus :

1° Marie-Renée-Louise de Nuchèze, née le 10 avril 1812, mariée, le 2 février 1836, à Paul-Marie-Gustave, comte de

Laistre. ancien capitaine au 22ᵉ de ligne, fils d'Armand-Martin-Claude, comte de Laistre, et de Louise-Félicité Bunault de Montbrun ;

2° René-Charles-Gabriel de Nuchèze, décédé le 31 août 1833 ;

3° Armand-Joseph-Ambroise de Nuchèze, né le 11 octobre 1816, marié, le 19 avril 1842, à Alphonsine-Elise Lamarque ;

4° Charlotte-Ange-Sidonie de Nuchèze, née en 1818 ;

5° Henriette-Jeanne-Gabrielle de Nuchèze, décédée en 1837, à l'âge de 17 ans ;

6° Anne-Antoine-Marcel de Nuchèze, né le 13 avril 1822, marié, le 28 avril 1846, à Marie-Esther Brault, dont il a plusieurs enfants.

L'écu en bannière, de gueules à neuf molettes d'éperon, de cinq pointes, d'argent.

O (Charles d'), abbé de Saint-Julien de Tours (1582-1624).

D'hermines, au chef dentelé, de gueules.

ODART, Chev., marquis de Rilly, barons de Curzay, Sgrs de Mons et de Braslou (xiiiᵉ siècle), de Preuilly, en partie ; — de la Championnière, Dancé, Préaux, Rochemeaux, Bernezay, Champ-d'Oiseau, la Varenne, Chemans, Bouillé, Verrières, Veniez, Sainmarçolle, Messay, Maulévrier, Moulin-de-Celles, la Baussonnière, St-Thibault, Ribières, la Fuye, Marigny-Brizay, Vauguérin, Soudeil, la Jaumeraye, Paviers, Mougon, Beauregard, Parigny, Grandvaux, Prézault, Rilly, la Tour-du-Raynier, Louzillière, la Balsaye, St-Michel-de-Chédigny, Colombiers, etc... — Famille originaire du Loudunois. Vers 1115, Aimery Odart comparut dans une donation faite par Gautier de Clisson au monastère de Fontevrault.

Dès le xiiiᵉ siècle, la maison Odart eut des représentants en Touraine. Aimery Odart, un des exécuteurs testamentaires de Geoffroy de Thouars, trésorier de St-Hilaire, de Poitiers, était chanoine de St-Martin de Tours, en 1245. Un autre Aimery Odart fit partie de la huitième croisade (1272). A cette même date, Jean et Guillaume Odart sont mentionnés dans un registre de la Chambre des comptes de Paris (f° 193), comme étant chevaliers à bannière de *la baillie* de Touraine.

Jean Odart, capitaine du château de Langeais, figure en cette qualité dans un acte de 1440.

Parmi ses illustrations, cette famille compte un porte-oriflamme de France, plusieurs conseillers et chambellans de rois, un grand-fauconnier et panetier de France, et un échanson du roi Charles VIII. Elle s'est alliée aux maisons de Lezay, de Fontenay, de Beauçay, de Brilhac, de Cursay, de Craon, d'Ausseure, de Bouchard d'Aubeterre, de Preuilly, d'Estampes, de Barbezières, de Thiennes, de Lestenou, de Baraudin, de Quinemont, de Maussabré, Le Souffleur de Gaudru, Chabert de Prailles, de la Bonninière de Beaumont, du Pont d'Aubevoye d'Oysonville, etc...

Charles Odart, Chev., et ses enfants, furent maintenus dans leur noblesse par M. de Chauvelin, le 26 août 1715.

Claude-Henri Odart, Chev., Pierre-Mathieu Odart, chevalier de Saint-Louis, et Jacques-Jean-Baptiste Odart, chevalier, comparurent, en 1789, à l'Assemblée électorale de la noblesse de Touraine.

Deux branches de cette famille existent aujourd'hui.

Charles Odart, Chev., appartenant à la branche de Parigny, épousa, le 3 octobre 1668, Françoise Dreux, dont il eut huit enfants :

1° Charles Odart, Chev., Sgr de la Fuye, de Paviers, de Mougon, de Vauguérin, etc..., marié à N. de la Faure. Il eut une fille unique qui épousa, le 12 février 1736, Jean-Jacques-Ours de Quinemont ;

2° Jacques, qui suit ;

3° René, Chev., Sgr de Beauregard, marié à Françoise de Roffiat ;

4° Claude-Henri, auteur de la branche de Rilly ;

5° Françoise-Catherine, femme de N. Guesbin, Sgr de Rassay ;

6° Marguerite;

7° Anne;

8° Louise.

Jacques Odart, Chev., Sgr de Parigny et de Grand-Vaux, capitaine au régiment de Belzunce-dragons, eut trois enfants de son mariage avec Marie-Marguerite Bretonneau :

1° Jacques-Jean-Baptiste, qui suit;

2° Marie-Françoise, femme d'Antoine-Auguste Le Souffleur, Ec., Sgr de Gaudru;

3° Marie-Rose.

Jacques-Jean-Baptiste Odart, Chev., Sgr de Parigny et de Grand-Vaux, épousa, le 10 novembre 1768, Henriette de Gruault de Blangy, dont il eut :

1° Jacques Odart, Chev., Sgr de Parigny et de Grand-Vaux, marié, le 5 février 1793, à Thérèse de Maussabré, fille d'Etienne de Maussabré, capitaine de dragons, et d'Anne de Haro de Fonton. De ce mariage sont issus : Jacques-Hippolyte, lieutenant de cavalerie, chevalier de la Légion d'honneur; Hercule-Charles, comte Odart de Parigny, marié à Henriette-Charlotte Odart de Rilly, sa cousine; Henriette, décédée en 1815.

2° Henriette, morte en bas âge;

3° Anne-Hélène, femme de Joseph-Louis de Lestenou, Chev., Sgr de Bouferré.

La branche de Parigny réside actuellement au château de Trois-Bouchet (Maine-et-Loire).

Claude-Henri Odart, Chev., (auteur de la branche de Rilly), Sgr de Prézault, de Rilly, de la Tour du Raynier, etc., eut trois enfants de son mariage (26 janvier 1722), avec Marie-Françoise du Chaussay :

1° Claude-Henri, qui suit;

2° Pierre-Mathieu, Chev., Sgr de Rilly, capitaine aide-major au régiment de Saint-Chamand, chevalier de Saint-Louis;

3° Charles-François, né le 5 novembre 1733;

Claude-Henri Odart, Chev., Sgr de Rilly, de Louzillière, de Beauregard, de la Jaumeraye, etc..., épousa, le 23 juin 1770, Jeanne-Amable Chabert de Praille, fille de Louis-François Chabert de Praille, président, trésorier de France au bureau des finances de Tours. De ce mariage sont issus :

1° Henri-Louis Odart, marquis de Rilly, colonel au corps-royal d'état-major, officier de la Légion d'honneur, chevalier de St-Louis et de St-Ferdinand d'Espagne, décédé le 15 avril 1832, laissant six enfants de son mariage avec Geneviève-Emilie du Pont d'Aubevoye d'Oysonville : André-Henri-Paul Odart, marquis de Rilly, résidant actuellement au château d'Oysonville (Eure-et-Loir); — Louis-Charles-Elie Odart, comte de Rilly; — Jeanne-Louise-Adrienne-Emilie, morte en bas âge; Henriette-Charlotte, mariée, ainsi que nous l'avons dit plus haut, à Hercule-Charles, comte Odart de Parigny, son cousin; — Marie-Jacqueline-Constance; — Louise-Pauline-Eugénie, mariée à Marie-Thomas-Eugène du Pont d'Aubevoye, comte d'Oysonville ;

2° Pierre-Alexandre, comte Odart de Rilly, chevalier de la Légion d'honneur, vice-président de la Société d'agriculture, sciences, arts et belles-lettres du département d'Indre-et-Loire, décédé, à Tours, le 20 août 1866, laissant trois enfants de son mariage avec Marie-Charlotte Bonin de la Bonnière de Beaumont : Gustave-Armand, ancien officier de marine, chevalier de la Légion d'honneur;—Léontine-Charlotte-Emilie-Marthe, — et Amélie-Henriette-Adelaïde, mariée à Prosper Confex de Neuilly.

D'or, à la croix de gueules, chargée de cinq coquilles d'argent. — Couronne de comte. — Supports : deux sauvages armés de massues (ou deux lions). — Cimier : une tête d'aigle issante d'un vol banneret.

Le sceau de Jean Odart, Sgr de Chemans, vivant en 1337, représente *une croix chargée de cinq coquilles, et un lambel de 7 (ou 8) pendants, en chef.*

Jean Odart, vivant en 1405, portait *un lion pour brisure, au premier canton de la croix.*

ODEAU (de). — Voyez DÉODEAU.

ODESPUNG DE LA MESCHINIÈRE, en Touraine.

Louis Odespung de la Meschinière, chanoine de Rennes, nommé agent du clergé de France par l'Assemblée générale de la province ecclésiastique, tenue à Tours, au mois de mai 1630, auteur de divers ouvrages, est né à Chinon, en 1597. Il était fils de Pierre Odespung, maître des requêtes, conseiller ordinaire du duc d'Orléans, et d'Anne Delanoue.

D'or, à la croix d'azur, engrêlée de sable.

Quelques membres de la famille brisaient ces armes *d'un croissant de sable placé au premier canton.*

ODON, abbé de Beaulieu, en Touraine.

D'azur, à la croix d'or fleuronnée.

OGERON DE LIGRON (Joseph), prêtre, chanoine honoraire du diocèse de Tours, curé de Ligugé (Vienne), est né le 17 août 1807. Il est fils de Henri-Joseph Ogeron de Ligron, (décédé le 10 septembre 1850), et d'Adelaïde Cordier.

D'azur, au cor de chasse d'or, avec son cordon ou baudrier, de gueules, accompagné de trois macles d'argent, 2, 1.

OIRON (d') Chev., Sgrs de Verneuil, près Loches ; et de la Durandière (xvᵉ siècle).

D'argent, à trois roses de gueules tigées et feuillées de sinople.

OLIVIER (Jacques), abbé de St-Pierre de Preuilly (1539), vicaire général du diocèse du Mans.

Ecartelé ; aux 1 et 4 d'azur à 6 besants d'or, 3, 2, 1 ; au chef d'argent chargé d'un lion issant de sable, armé et lampassé de gueules ; aux 2 et 3 d'or à trois bandes de gueules, celle du milieu chargée de trois étoiles d'argent.

OLLIVIER, Ec., Sgrs de la Chàteigneraye, près Langeais (xviiᵉ siècle).

D'argent, à une croix alaisée de sable.

OLLIVIER, Ec, Sgrs des Chastelliers (xviiᵉ siècle).

Cette famille a fourni deux capitaines, gouverneurs du château d'Amboise : André Ollivier des Chastelliers et Claude Ollivier (16...). On croit qu'elle formait une branche de la maison du célèbre chancelier Olivier, qui mourut à Amboise le 30 mars 1560.

D'argent, à un olivier de sinople sur une terrasse de même. — L'écu timbré d'un casque de chevalier.

**ORADOUR** (d'). — Famille résidant à Availles au xviiᵉ siècle.

Elisabeth d'Oradour fut maintenue dans sa noblesse vers 1667.

D'azur, à la fasce accompagnée de six fleurs de lis, d'argent, 3 en chef et 3 en pointe.

**ORCEAU**, Chev., Sgrs de Fontette, comtes d'Orceau, barons de Fontette (xviiᵉ et xviii siècles).

Henri Orceau était chanoine régulier de St-Côme-les-Tours en 1706.

En 1712, Jacques Orceau remplissait à Tours les fonctions de trésorier de France au bureau des finances de la généralité.

D'azur, à la licorne naissante d'argent.

**ORGEMONT** (d'), Chev., Sgrs de Méry-sur-Oise, de Chantilly, de Couldran, de Meriel, etc. — Maison originaire de Lagny-sur-Marne. Elle a pour auteur Pierre d'Orgemont, bourgeois de Lagny, vivant en 1316, et dont le fils, Pierre d'Orgemont, président au parlement de Paris et chancelier de France, mourut le 3 juin 1389.

Trois membres de cette famille ont été doyens de St-Martin de Tours : Pierre d'Orgemont (1374) ; Amaury d'Orgemont (1376-82) ; et Nicole d'Orgemont, dit Le Boiteux, chanoine de Notre-Dame de Paris, archidiacre d'Amiens, auditeur en la Chambre des Comptes de Paris, décédé le 16 juin 1416.

La famille d'Orgemont s'est éteinte en 1635, par la mort de Guillemette d'Orgemont, femme de François des Ursins, 2ᵉ du nom, marquis de Tresnel, chevalier des Ordres du roi.

D'azur, à trois épis d'orge, mis en pal, 2, 1.

**ORILLARD** de VILLEMANZY, comtes de Villemanzy. — Cette famille est originaire d'Amboise.

En 1750, Pierre Orillard de Villemanzy, conseiller du roi, remplissait à Amboise les fonctions de lieutenant civil et criminel du bailliage, et de bailli du duché-pairie de Choiseul-Amboise. Il mourut à Amboise en mai 1775. Son père avait occupé la charge de lieutenant général à Amboise.

Jacques-Pierre Orillard, comte de Villemanzy, président du collége électoral d'Indre-et-Loire (1804), comte de l'Empire, membre du sénat conservateur, intendant-général de l'armée d'Allemagne, pair de France (1814), grand-croix de la Légion d'honneur (1825), chevalier de St-Louis, grand-croix de la Couronne de Bavière, commandeur de St-Henri de Saxe, chevalier de l'Ordre de Cincinnatus et de la Couronne-de-Fer, épousa Elisabeth-Françoise-Marguerite Baudon. Il mourut, à Versailles, le 3 septembre 1830, laissant trois enfants : 1° Elisabeth-Marie-Etienne, mariée au vicomte Joseph-Falentin de Saintenac ; 2° Adelaïde - Charlotte - Elisabeth-Cécile, mariée au comte Théodore de la Bonninière de Beaumont ; 3° Marie-Adrienne-Jeanne-Henriette, mariée le 8 décembre 1833, à Jean-Baptiste-Charles-Prosper, marquis de Raincourt.

Ecartelé; au 1 d'azur à l'épée d'argent garnie d'or; au 2 d'argent, au chevron de gueules accompagné en chef de trois pommes de pin de sable et en pointe de trois tourteaux mal ordonnés, de gueules; au 3 d'or à la tour de sable; au 4 d'azur au pélican d'argent surmonté d'un soleil d'or.

Françoise Orillard, veuve de Pierre Lorin, conseiller du roi et élu en l'élection d'Amboise (1696), portait, d'après l'*Armorial général* :

D'azur à quatre oreilles d'argent.

ORIOLLE (Pierre d'), chancelier de France, possédait en 1482, du chef de sa femme, Charlotte de Bar, veuve de Guillaume de Vaux, le fief de la dîme de Reillis, paroisse de Ligré, relevant de la Mothe-Beauçay, ou Mothe-Champdenier. Il était né à la Rochelle.

D'azur, à la fasce ondée d'argent, accompagnée de trois vols d'oiseau d'or, liés de gueules, deux en chef et un en pointe.

ORLÉANS (d'), ducs d'Orléans, de Milan, comtes de Blois, de Dunois, comtes, puis ducs de Longueville, barons de Semblançay et de St-Christophe, Sgrs de Châteaurenault (xv° et xvi⁰ siècles). — Maison qui a pour auteur Louis de France, duc de Touraine (1386-92), comte de Blois, Sgr de Châteaurenault, marié à Valentine de Milan, et décédé en 1407. Il était fils de Charles V, roi de France, et de Jeanne de Bourbon.

De France, au lambel de trois pendants d'argent ; à un croissant de même sous le second pendant.

Les d'Orléans-Longueville, descendants de Louis de France, ajoutèrent pour brisure à ces armes un bâton péri d'argent en bande.

**ORLÉANS (Charles d'),** duc d'Orléans, de Milan, comte de Blois, Sgr de Châteaurenault.

En 1442, il vendit la terre de Châteaurenault, à Jean de Daillon, comte du Lude, par contrat de réméré. Ayant retiré cette terre, il la céda à son frère, Jean, bâtard d'Orléans, au prix de 20,000 écus d'or, le 29 mars 1449. Il portait :

Écartelé ; aux 1 et 4 de France, au lambel de trois pendants d'argent, à un croissant de même sous le 2⁰ pendant ; au 2 et 3 de Milan qui est d'argent à la guivre d'azur, couronnée d'or, à l'issant de gueules.

**ORLÉANS (Jean d'),** bâtard d'Orléans, comte de Dunois, connétable de France, Sgr de Châteaurenault (1439), fils naturel de Louis de France, duc d'Orléans et de Mariette d'Enghien, né en 1403, mourut le 24 novembre 1468 (ou 1470), d'après Moréri. Il portait :

Écartelé ; aux 1 et 4 de France, au lambel d'argent ; aux 2 et 3 de Milan, qui est d'argent, à la guivre d'azur à l'issant de gueules (ayant la tête de gueules) ; et sur le tout, une cotice d'argent périe en barre.

**ORLÉANS (François I⁰ʳ d'),** comte de Dunois et de Longueville, lieutenant-général pour le roi en Touraine, Anjou et Maine (provisions du 22 avril 1474), mourut le 25 novembre 1491. Il était fils de Jean d'Orléans, comte de Dunois, et de Marie de Harcourt.

Écartelé ; aux 1 et 4 de France, au lambel d'argent, à la cotice de même périe en bande ; au 2 d'or, à l'aigle de gueules membrée d'azur ; au 3 burelé d'argent et d'azur, au bâton de gueules brochant.

**ORLÉANS (François d'),** comte de St-Pol, duc de Fronsac et de Château-Thierry, gouverneur, lieutenant-général de Touraine (par lettres du 31 janvier 1630), gouverneur de Blois et d'Orléans, mourut le 7 octobre 1631. Il était fils de Léonor d'Orléans, duc de Longueville et d'Estouteville, et de Marie de Bourbon, comtesse de St-Pol.

Ecartelé ; aux 1 et 4 d'Orléans de Longueville ; aux 2 et 3 de Bourbon.

ORLÉANS (Gaston d'), duc d'Orléans, de Chartres, de Valois, d'Alençon, marquis de Mézières, Sgr apanagiste d'Amboise (par suite d'une concession du roi), et de Champigny-sur-Veude, du chef de sa femme Marie de Bourbon, duchesse de Montpensier, marquise de Mézières, mourut le 2 février 1660. Il était troisième fils de Henri IV, roi de France, et de Marie de Médicis.

De France, au lambel de trois pendants d'argent.

ORLÉANS (Henri-Auguste d'), marquis de Rothelin, Sgr d'Herbaut, par suite de son mariage avec Marie Le Bouteiller de Senlis, fille de Jean Le Bouteiller de Senlis, comte et seigneur de Moucy-le-Vieil, et d'Élisabeth de Prunelé, mourut le 28 août 1698.

Écartelé; aux 1 et 4 d'or, à la bande de gueules; aux 2 et 3 d'or, au pal de gueules chargé de trois chevrons d'argent; sur le tout : d'azur, à trois fleurs de lis d'or, au lambel d'argent, et un bâton péri en bandes, de gueules.

ORLÉANS (Anne-Marie-Louise d'), souveraine de Dombes, duchesse de Montpensier, marquise de Mézières en Brenne, dame de Champigny-sur-Veude, fille de Gaston-Jean-Baptiste de France, duc d'Orléans, née le 29 mai 1627, mourut le 5 avril 1693.

De France, au lambel de trois pendants d'argent.

ORLÉANS (d'), Chev., Sgrs du Liége (xve siècle), barons de Preuilly, Sgrs de Ballame, Aubefons, du Beuffroy, de Plessis, de Charnay, de Villechauve, de la Turpinière (xvie siècle). — Famille originaire de l'Orléanais où elle est connue dès 1406. Elle prouve sa filiation suivie depuis 1376.

D'argent, à deux fasces de sinople accompagnées de sept tourteaux de gueules.

La branche de Crecy portait :

D'argent, à trois fasces de sinople. surmontées en chef de trois tourteaux de gueules.

ORNANO (d'), comtes d'Ornano. — Famille de très-ancienne origine et issue des comtes souverains de Cinarca et de Corse. Elle a donné un chevalier-croisé, un cardinal, des archevêques et des évêques, trois maréchaux de France, des lieutenants généraux, un grand-bailli, des commandeurs et des chevaliers de Malte, etc. Parmi ses alliances on remarque les maisons de Lascaris et de Paléologue, de Bonaparte, de Lorraine, d'Aragon, de Gonzague, du Roure, de Grignan, de Lussan, Colonna, de Faucigny de Lucinge, Remond de Modène, de Voyer d'Argenson, etc... Elle s'est divisée en un grand nombre de branches.

Philippe-Antoine, comte d'Ornano, né à Ajaccio, le 17 janvier 1784, fils de Louis d'Ornano et d'Isabelle Bonaparte, cousine-germaine de l'Empereur Napoléon Ier, maréchal de France, sénateur, gouverneur de l'hôtel des Invalides, grand'-croix de la Légion d'honneur, commandeur de l'Ordre de St-Louis, député du département d'Indre-et-Loire à l'Assemblée législative, en 1849, mourut le 13 octobre 1863, laissant de son mariage (1816) avec la comtesse Marie Laczinska, un fils, Rodolphe-Auguste-Louis-Maurice, comte d'Ornano, né le 9 juin 1817, premier maître des cérémonies de l'Empereur, député au Corps Législatif, commandeur de la Légion d'honneur et des Ordres de Charles III d'Espagne, de St-Grégoire-le-Grand, de la Couronne de Wurtemberg, etc..., marié le 16 juin 1845 à Elisabeth-Aline de Voyer d'Argenson, fille de Charles-Marc-René de Voyer, marquis d'Argenson, et d'Anne-Marie Faure. De ce mariage sont issus :

1° Vanina-Marie, née le 12 septembre 1846 ;

2° Alphonse-Antoine-René-Napoléon, né le 29 janvier 1848 ;

3° Isabelle-Aline, née le 18 février 1850 ;

4° Laure-Louise-Rodolphine, née le 5 novembre 1852 ;

5° Ludovic-Philippe-Auguste-Alexandre, né le 10 octobre 1855;

6° Marie-Anne-Berthe, née le 11 novembre 1857.

Rodolphe-Auguste-Louis-Maurice, comte d'Ornano, est décédé en 1864.

Résidence de la famille en Touraine (xixᵉ siècle) : Château de la Branchoire, commune de Chambray.

Ecartelé; aux 1 et 4 de gueules, à la tour donjonnée, d'or; aux 2 et 3 d'or, au lion de gueules; sur le tout, coupé, au 1 parti d'azur, à l'épée d'or, et d'hermines; au 2 de gueules, au griffon essorant, d'or. — Devise : *Deo favente comes Corsiæ.*

ORSIN (d') ou DORSIN, en Touraine (xviiiᵉ siècle).

Michel-François-Martin d'Orsin fut chanoine de l'Église de Tours et archidiacre d'Outre-Loire (1784-89).

Joseph-Vincent-Xavier d'Orsin, chevalier, vicaire-général du diocèse de Tours, comparut, en 1789, à l'Assemblée électorale de la noblesse de Touraine.

D'argent, à trois merlettes de gueules, 2, 1. — Couronne de marquis.

OUTREMONT (d'), comtes d'Outremont, Sgrs des Minières et de Gondreville.

En 1789, Anselme-François d'Outremont, Sgr des Minières et de Gondreville, comparut par fondé de pouvoir à l'Assemblée électorale de la noblesse du bailliage de Nemours (Isle-de-France).

Anselme-Louis, comte d'Outremont des Minières, général de brigade, commandeur de la Légion d'honneur, chevalier de St-Louis, président honoraire de la Société d'agriculture du département d'Indre-et-Loire, né à Paris le 15 mars 1779, mourut à Tours le 7 juin 1858.

D'or, au chevron de gueules, accompagné de trois flammes de même, 2, 1. — Supports : deux licornes. — Couronne de comte.

OUTREQUIN. — Famille originaire de Normandie et fixée dans le Chinonais vers 1720, en la personne de Jean Outrequin de la Boulonnière, directeur des embellissements de la ville de Paris. Les enfants de celui-ci, dont il ne reste plus de descendants mâles, se sont alliés aux familles Archambault de la Pichardière et Gilbert de Vautibault.

D'argent, à cinq loutres de sable, posées deux, une, deux, et par d'autres branches, deux, deux et une.

**OUVRARD DE MARTIGNY**, Chev., Sgrs de Nazelles, de la Guespière (xviiie siècle).

Denis-Charité Ouvrard de Martigny, chevalier, comparut, en 1789, à l'Assemblée électorale de la noblesse de Touraine.

De gueules, à un chevron d'or, accompagné de trois tiges de lis d'argent, tigées, feuillées de sinople, 2, 1. — Couronne de marquis. — Supports : deux cygnes portant un petit écusson aux mêmes armes.

**PAGET** (Jacques), Chev., Sgr de Villenomble, intendant de Touraine (1644).

D'argent, fretté de sinople ; au chef parti d'or et de gueules, à trois macles de l'un en l'autre

**PAGOT**, marchand-bourgeois, à Tours (fin du xviie siècle).

D'azur, à trois annelets d'or, 2, 1.

**PAJOTTIN**, bourgeois de Tours (fin du xviie siècle).

De sable, à une aigle d'argent.

**PALLU**, Éc., Sgrs de Sourdé, du Ruau-Persil, de Roncée-Bigot, de Lessert, de Vaux, des Perriers, des Vignaux, de Bray, du Parc, de la Barrière, de la Martinière, des Jumeaux (xviie et xviiie siècles).

Cette famille, originaire du Poitou, et une des plus anciennes de cette province, a formé plusieurs branches : Pallu du Ruau, Pallu de la Barrière, Pallu du Parc, Pallu des Guittardières, etc... Elle a fourni un évêque de Blois, Louis-Théophile Pallu du Parc, sacré à la Rochelle le 1er mai 1851.

Parmi les maisons auxquelles elle s'est alliée, on remarque celles de Rouillé de Joui, de Bray, Ferret de la Fosse, Morillon du Bellay, L'Admirault de Vauthibault, de Lassalle, Frotier de la Messelière, de Franceschi, Chartier du Breuil, Prieur-Chauveau, Germonneau, etc...

Elle a donné à la Touraine les fonctionnaires et les dignitaires ecclésiastiques dont les noms suivent :

Jean Pallu, notaire et procureur fiscal à l'Ile-Bouchard vers 1550 ;

Catherin Pallu, procureur fiscal à l'Ile-Bouchard (1600) ;

N. Pallu, avocat fiscal à l'Ile-Bouchard ;

N. Pallu de Sourdé, avocat et procureur fiscal dans la même ville (161...).

Antoine Pallu, prêtre, chanoine de Langeais ;

Etienne Pallu, greffier du bureau des finances de la généralité de Tours, maire de cette ville en 1611-12 ;

Etienne Pallu, conseiller et avocat du roi au siége présidial de Tours, et maire de cette ville en 1629 ;

Etienne Pallu, trésorier de France au bureau des finances de la généralité de Tours (165...) ;

Bertrand Pallu, conseiller au siége présidial de Tours (1661) ;

Charles Pallu, chanoine de St-Martin de Tours (1680) ;

François Pallu, né à Tours, en 1621, chanoine de St-Martin de Tours, évêque d'Héliopolis, mort le 29 octobre 1683 ;

Gabriel Pallu, lieutenant-général de la prévôté de Tours (171...) ;

Jean Pallu de Lessert, conseiller du roi et son lieutenant à Chinon (1718) ;

Urbain Pallu, curé de Sazilly, vers 1740 ;

Pierre Pallu, curé de Château-la-Vallière, en 1780 ;

François Pallu, curé de Chezelles, vers la même époque.

La famille Pallu du Parc a été représentée à l'Assemblée électorale de la noblesse du Poitou.

François Pallu du Parc fut créé baron, par lettres patentes du 14 août 1816, enregistrées à la cour royale de Poitiers le 9 décembre 1818.

Pallu du Parc porte :

D'argent, au palmier de sinople, sur une terrasse de même, mouvante de la pointe de l'écu, accosté de deux mouchetures d'hermines de sable. — Devise : *Pro patria virescit.*

Pallu de la Barrière porte :

D'or, à deux palmes de sinople ; l'écu timbré d'un casque de profil à cinq grilles. — Devise : *Monent avorum palmæ.*

PALLUAU (de), Chev., Sgrs de Montrésor (1200-1373), de Langeais (1237), de Luçay-le-Male, la Mothe (xvᵉ siècle).

Cette famille a fourni un chevalier-banneret, Roger de Palluau (1213), deux chevaliers-croisés : Geoffroy I de Palluau (1209), Geoffroy II de Palluau (1255), — et un chanoine de St-Martin, de Tours, Henri de Palluau (12...)

D'or, au chevron de gueules, accompagné de trois aubisouings d'azur, la queue de sinople, 2 en chef, 1 en pointe.

Roger de Palluau, chevalier-banneret, portait :

D'argent, à une fasce de sable.

PALUSTRE, Éc., Sgrs de Montifault, de Chambonneau, de la Paire, de la Couture, de Virzay, des Ardilliers, de Boyne, du Couteau, etc... — Cette famille, originaire du Poitou, commence sa filiation suivie par Bernard Palustre, Éc., Sgr de Montifault, vivant en 1522. Elle a donné deux maires de Poitiers, sept maires de St-Maixent, un maire de Niort, deux trésoriers de France au bureau des finances de Poitiers, des conseillers au siége présidial de Poitiers et au siége royal de Niort, des échevins, un conseiller du roi lieutenant-particulier de St-Maixent, etc... Parmi ses alliances, on remarque les familles Fumée, de Certany, de Villiers, Greffier de Touvois, de Veillechèze, de Gaymon, Cassin de Virzay, de Caillo, d'Orfeuille, Brunet, Reignier de Ruffigny, Coyrault de Beaulieu, Rouget de Gourcez, de Gigou, de Grimouard, Martin de Regnier, Texier, etc...

César Palustre, fils de Georges Palustre, Éc., Sgr de Chambonneau, conseiller du roi, trésorier de France et président au bureau des finances de Poitiers, et de Marie de Certany, fit ses preuves, en 1642, pour être reçu dans l'ordre de Malte, et prononça ses vœux le 1er juillet 1643.

La famille Palustre a fourni plusieurs branches.

François Palustre, Éc., appartenant à la branche de Virzay, épousa, en 1763, Anne-Joséphine Esserteau, dont il eut :

1° Pierre-Etienne Palustre de Foudsvillain, né en 1767, émigré, marié, en 1798, à Marie-Ursule d'Orfeuille, fille de Charles-Louis-Marie, comte d'Orfeuille (décédé le 3 février 1842), et de Marie-Sophie-Françoise-Louise de Bosquevert. De ce mariage sont issus : François-Léon, garde-du-corps du roi, mort en 1837; Achille, marié à Coralie Servent ; Anne-Zemma, et Rosalie-Léonilla.

2° Dominique-Louis Palustre de Virzay, émigré, chevalier de St-Louis, lieutenant de gendarmerie à Rouen (de 1816 à 1829), décédé en 1841. Il avait épousé, le 29 octobre 1804, Jeanne-Marie-Adelaïde de Gigou, dont il eut : 1° Charles-Calixte Palustre de Virzay, né le 17 octobre 1807, marié à Henriette de Grimouard; 2° Louise-Amable; 3° Marie-Anne; 4° Henriette-Adelaïde.

Pierre Palustre, Ec., Sgr de Boisne, fils de Bernard Palustre, Éc., Sgr de Montifault, enquêteur et examinateur au siége royal de St-Maixent, et de Marie Greffier, est auteur de la branche Palustre des Ardilliers, résidant actuellement à St-Symphorien, près Tours. Son fils, Pierre Palustre, Éc., Sgr des Ardilliers, de Boisne et du Couteau, conseiller au siége royal de Niort, maire de cette ville (1723), eut trois enfants de son mariage avec Jeanne Texier :

1° Jean-Alexis qui suit;

2° Jean-Auguste Palustre, Sgr de Boisne, conseiller au siége royal de Niort (1741), marié, en 1744, à Louise Laffiton, dont il eut Antoine-Louis-Auguste Palustre, Sgr de Boisne, né le 29 septembre 1745, conseiller au siége royal de Niort, décédé en 1815, sans laisser d'enfants de son mariage avec N. La Cognée.

3° Marie Palustre, mariée à N. Reignier de Ruffigny.

Jean-Alexis Palustre, Sgr des Ardilliers, épousa, en 1733, Marie-Françoise Bion, et eut trois filles et un fils, Pierre-Paul-Barthélemy Palustre, Sgr des Ardilliers et du Couteau, né le 20 juillet 1743, conseiller au siége royal de Niort (1776).

marié, en 1774, à Jeanne-Charlotte Rouget de Gourcez. De ce mariage sont issus :

1° Mathieu Palustre, né le 22 septembre 1775, docteur en médecine, marié, le 6 avril 1818, à Marthe-Lucile Tribert, et décédé sans laisser d'enfants ;

2° Louis-Auguste Palustre, né le 22 novembre 1776 ;

3° Jean-Baptiste-Joseph Palustre, né le 23 avril 1779, marié à Tours, le 10 avril 1809, à Augustine des Chauffour-Long-champs, dont il a eu : Léonide Palustre, décédée le 17 mai 1852; et Jean-Baptiste-Ernest Palustre, né le 13 janvier 1819, maire de St-Symphorien, près Tours (1867).

Jean-Baptiste-Ernest Palustre a épousé, le 20 janvier 1846, Félicie Maurice, fille de Louis Maurice, ingénieur en chef des ponts et chaussées. De ce mariage sont issus :

1° Marguerite Palustre, né le 11 janvier 1847 ;

2° Berthe Palustre, née le 8 décembre de la même année;

3° Henri Palustre, né le 9 septembre 1851 ;

De gueules, à la rivière en fasce, ondée, d'argent, chargée d'un cygne de même; au chef d'or, chargé d'une étoile d'azur. — Devise : *Dignare me laudare te, virgo sacrata.* — Timbre : Casque de profil, orné de ses lambrequins.

## PANAIS (N.), chanoine de l'Église de Tours (1698).

D'argent, au chevron de gueules, accompagné de trois croix ancrées, de même.

## PANDY-CHÉVRIER (de), en Touraine (XVIIᵉ siècle).

D'azur, à trois têtes de licorne, d'argent, 2, 1.

## PANON DESBASSAYNS DE RICHEMONT, comtes, vicomtes et barons de Richemont.

—Famille originaire de Provence. Un de ses membres était au service de l'État lorsqu'il alla s'établir à l'Ile-Bourbon. Il épousa, en 1692, Françoise Chatelain de Cressy, née à Paris en 1660. Elle avait été emmenée à Madagascar par son père, officier qui faisait partie de l'expédition de l'amiral de La Haye, et qui avait péri dans le massacre des Français par les indigènes au fort Dauphin, en 1672. Réfugiée après cet événement à l'île Bourbon, Françoise Châtelain de Cressy y contracta quatre mariages successifs. En dernier lieu, elle épousa N. Panon, dont elle eut entre autres enfants, Augustin, né en 1694, et qui épousa. en 1719, N. du Halde. De cette union naquirent cinq enfants, dont le dernier, Paulin Panon, né le 11 février 1732, prit, d'une des terres de la famille, le nom de Desbassayns. Il fit la campagne de l'Inde en qualité d'officier dans le corps des volontaires de l'Ile-Bourbon, et obtint la croix de chevalier de St-Louis. Il épousa, en 1770, Ombline Gonneau de Montbrun, dont il eut, entre autres enfants, Julien Panon Desbassayns de Montbrun, receveur général des finances ; Mélanie Panon Desbassayns, mariée au comte Joseph de Villèle, ministre des finances et président du conseil des ministres sous les rois Louis XVIII et Charles X, — et Philippe Panon Desbassayns, comte de Richemont.

Ce dernier, naquit à l'Ile-Bourbon, le 3 février 1774. Il était administrateur général des établissements français dans l'Inde lorsque, par lettres-patentes du 17 mars 1815, le titre de baron (sous la dénomination de baron de Richemont) lui fut conféré.

De nouvelles lettres-patentes, du 6 octobre 1827, constituèrent un majorat, avec titre de comte, en faveur du baron de Richemont, alors conseiller d'État, membre de la chambre des députés et du conseil d'amirauté, commissaire général ordonnateur de la marine, commandeur de la Légion d'honneur et chevalier de St-Louis.

Le comte de Richemont vint habiter, en 1833, sa terre de Cangé, en Touraine. A sa mort, qui eut lieu le 7 novembre 1840, il légua au bureau de bienfaisance de la commune de St-Avertin la somme de 115,000 fr. affectée à la fondation, à perpétuité, de deux écoles gratuites, tenues par des ordres religieux, d'une classe d'adultes et d'un fonds de secours pour les pauvres de la commune. Il avait épousé, en 1798, Eglé Mourgue, d'une ancienne famille du Languedoc. La comtesse de Richemont mourut le 20 mars 1855 ; le lendemain, l'Empereur Napoléon III écrivit au baron Paul de Riche-

mont, alors député du département d'Indre-et-Loire : « Votre
« mère était une ancienne amie de la mienne, et moi aussi,
« je lui avais voué l'affection dont elle était si digne par les
« rares qualités qui font la mère de famille éminente et la
« femme du monde distinguée. L'Impératrice et moi, nous
« partageons sincèrement la juste douleur que vous cause
« sa perte. »

De ce mariage sont issus :

1° Eugène Panon Desbassayns, comte de Richemont, administrateur général des établissements français dans l'Inde,
commissaire principal de la marine, maître des requêtes au
conseil d'État, chevalier de la Légion d'honneur, décoré de
l'Ordre du Lion et du Soleil de Perse, à l'occasion d'une
mission remplie près de S. H. le shah de Perse, en 1824. Il a
épousé la fille du lieutenant-général comte Dupont, ancien
ministre de la guerre, grand'croix de la Légion d'honneur, etc.

La comtesse Eugène de Richemont est décédée en 1848 ;
le comte Eugène de Richemont en 1859. Ils ont eu pour
enfants : Pierre-Philippe-Alexandre Panon Desbassayns, comte
de Richemont, qui a épousé Marie Tissot de Merona, petite
fille du comte de Champagny, duc de Cadore, ministre des
affaires étrangères sous Napoléon I$^{er}$, et nièce du comte de
Champagny, duc de Cadore, pair de France sous la Restauration. De cette union sont nés trois enfants :

Philippe-Edgard Panon Desbassayns, vicomte de Richemont, marié à Alice, fille de N. Lesergeant d'Hendecourt,
ancien président de cour royale dont les ancêtres siégèrent
aux états d'Artois, depuis le xv$^e$ siècle ;

Jeanne-Modeste-Eugénie-Naïs Panon Desbassayns de Richemont, mariée à Guillaume-Louis Ragu, baron de Dampierre,
premier secrétaire d'ambassade, fils du marquis de Dampierre, ancien pair de France, dont les ancêtres se sont
illustrés aux Croisades dans la personne de Guy de Dampierre, tué depuis sous les murs de la Rochelle. De cette
union sont issus trois enfants ;

Jeanne-Joséphine-Céline-Marie Panon Desbassayns de Richemont, mariée à Marie-Louis Guy, vicomte de Dampierre, petit-fils du marquis de Dampierre, ancien pair de France, et du comte de Charpin, ancien officier de la garde royale, allié aux plus anciennes familles du Forez; de cette union est né un enfant.

2° Céline Panon Desbassayns de Richemont, mariée au marquis Dalon, ancien maître des requêtes au conseil d'État, gentilhomme de la Chambre du roi et préfet sous la Restauration, officier de la Légion d'honneur et de l'Ordre de Léopold de Belgique;

3° Lydie Panon Desbassayns de Richemont, décédée en 1839. Elle avait épousé Charles, marquis Dodun de Kéroman, officier de la Légion d'honneur et de l'ordre de Léopold de Belgique, qui mourut en 1864. Le marquis Dodun de Kéroman était petit-fils du contrôleur-général des finances du même nom. Par sa mère, fille du marquis de Châteaugiron, il était allié aux plus anciennes familles de Bretagne et comptait Descartes parmi ses ancêtres. De cette union sont nés : Eugène, marquis Dodun de Kéroman, ancien payeur général du département d'Indre-et-Loire, qui a épousé Mathilde, fille de Visconti, membre de l'Institut, architecte de l'Empereur, nièce du savant Visconti de Rome. Cette branche des Visconti est issue de la maison de Milan. De ce mariage sont nés quatre enfants ;

Agathe Dodun de Kéroman qui a épousé Augier de Moussac, d'une ancienne famille du Poitou; de leur union sont nés huit enfants ;

Marie Dodun de Kéroman, mariée à Alphonse de Tinguy, d'une ancienne famille de la Vendée ; de ce mariage sont nés deux enfants ;

Céline Dodun de Kéroman qui a épousé le vicomte Bouthillier de Chavigny, président du tribunal de Fontainebleau, ancien procureur impérial à Tours, dont un des ancêtres, le fameux abbé de Rancé, a possédé la terre de Véretz ; de cette union sont nés quatre enfants ;

Henry comte Dodun de Kéroman qui a épousé demoiselle Lelasseur, petite-fille du banquier Joseph Périer, frère du ministre Casimir Périer. De cette union sont nés trois enfants.

4° Alfred Panon Desbassayns, vicomte de Richemont, ancien officier de cavalerie, receveur particulier des finances à Paris, décédé en 1860. Il avait épousé Athénaïs fille du baron de Renty, d'une ancienne famille de Flandre et d'Artois. De cette union sont nés :

Alfred Panon Desbassayns de Richemont ;

Marie Panon Desbassayns, mariée à Alex de Gossellin ; de cette union sont nés deux enfants ;

Lydie Panon Desbassayns de Richemont, qui a épousé Léon de Gossellin. De ce mariage est née un enfant.

5° Paul Panon Desbassayns, baron de Richemont, sénateur, ancien député d'Indre-et-Loire, membre et président du conseil général de ce département, maire de Saint-Avertin, commandeur des ordres de la Légion d'honneur et du Christ de Portugal, etc., marié à Valentine Keating, fille du baron Valentin Keating, descendant et chef d'une très-ancienne et très-noble famille irlandaise qui suivit en France le roi Jacques II. De cette union sont nés :

Philippe Panon Desbassayns de Richemont, officier de cavalerie ;

Alfred Panon Desbassayns de Richemont, officier de marine ;

Paul et Valentin Panon Desbassayns de Richemont ;

Demoiselles Églé, Berthe et Valentine Panon Desbassayns de Richemont.

Églé a épousé Henry Exshaw ; de ce mariage sont nés quatre enfants.

6° Edouard Panon Desbassayns de Richemont. Il a épousé la fille du baron Zu-Rhein, ancien ministre du roi de Bavière, vice-président de la chambre des pairs de ce royaume, gouverneur de Wurzbourg, etc. De cette union sont nés : Roger, Edouard, Eugène et Paul Panon Desbassayns de Richemont, et demoiselle Clotilde Panon Desbassayns de Richemont.

D'or, à la fasce d'azur, chargée de deux pailles-en-queue et accompagnée en chef d'une main de carnation au naturel. — Couronne de comte. — Devise : *Esse quam videri.*

**PAPILLON**, Éc., Sgrs de Vauberault, Sources, la Graffardière, Villaumay, des Roches-Bléré (xvi<sup>e</sup> et xvii<sup>e</sup> siècles).

Jean Papillon, procureur du roi à Amboise (1492), puis lieutenant-particulier au bailliage de Tours, fut maire de cette ville en 1523.

Nicole Papillon était chanoine de St-Martin de Tours, en 1530.

Etienne Papillon de Villaumay fut chanoine de St-Martin et vicaire-général du diocèse de Tours de 1575 à 1580.

Vers la fin du xvii<sup>e</sup> siècle, la famille Papillon a quitté la Touraine pour se fixer à Paris.

D'or, à un lion de gueules adextré de trois roses de même en pal.

**PAPION, PAPION du CHATEAU**, Éc. — Famille originaire du Poitou. Elle a formé plusieurs branches, dont une s'est fixée en Touraine.

Pierre-Antoine-Claude Papion, né à Tours, le 16 janvier 1713, fils de Pierre Papion, mourut à Tours, le 12 juillet 1789. Après avoir suivi la carrière des finances, il fut directeur de la manufacture royale de damas et de velours, façon de Gênes, établie à Tours, et qui lui avait été cédée par Julien Soulas, son beau-père (1760). Au mois d'octobre 1784, il reçut des lettres de noblesse qui furent enregistrées les 14 mai et 10 septembre 1782, au Parlement et à la Chambre des Comptes de Paris.

Il est auteur de divers ouvrages, entre autres d'un roman intitulé : *Histoire du prince Bazile*, de la *Solution des trois fameux problèmes de géométrie*, Paris, Cellot., 1787, in-8°. Deux fils sont nés de son mariage avec Perrine-Catherine Soulas. L'un, Pierre-Julien-François Papion, écuyer. comparut, en 1789, à l'Assemblée électorale de la noblesse de Touraine. Parmi plusieurs écrits qu'il a publiés sur le commerce et les finances, on remarque un *Mémoire sur l'administration générale du commerce*, et un autre *Mémoire sur la révision des titres hypothécaires*. Il mourut à Tours le 5 mars 1818.

Le second fils de Pierre-Antoine-Claude Papion, décédé le 18 décembre 1792, a publié aussi divers ouvrages, entre autres un *Mémoire sur la mendicité*; un *Mémoire sur le crédit public*; un *Éloge de Louis XII*, qui obtint le prix de l'Académie (1788), etc....

Pierre-Nicolas-Ferdinand, baron Papion du Château, capitaine de cavalerie, chevalier de la Légion d'honneur, né le 15 nivôse an IV (un des fils de Pierre-Julien-François Papion, et de Claire-Jeanne Ruel de Bellisle), a épousé, le 6 mai 1834, Françoise-Hélène-Amenaïde de Truchis de Lays, fille du baron Jacques-Alexandre de Truchis de Lays. Il est auteur de plusieurs ouvrages en vers. En 1832, il fit paraître les *Messéniennes polonaises*; l'année suivante, les *Esquisses poétiques*. Il a publié, en 1852, une *Épitre à l'Empereur Napoléon III*, et en 1856, un poëme sur le baptême du Prince Impérial. En 1866, il a achevé la publication d'une traduction en vers des *Satires de Juvénal*.

Louis-Théodule Papion du Château, né le 4 floréal an XII, fils de Pierre-Julien-François Papion et de Claire-Jeanne Ruel de Bellisle, est décédé à Tours en avril 1858.

D'azur, au chevron d'or, accompagné en chef de trois étoiles mal ordonnées de même, et en pointe d'un croissant aussi d'or. — Supports : deux lions. — Couronne de comte.

La branche du Poitou porte :

D'azur, semé d'hermines d'argent.

PARADIS, — en Touraine et en Limousin.

Antoine Paradis, Éc., était conseiller du roi, premier lieutenant de la maréchaussée provinciale de Touraine, en 1696.

D'argent, à trois oiseaux de paradis, de sable, 2, 1.

**PARAT** DE **MONTGERON**. — Famille alliée aux Le Tonnelier de Bréteuil, barons de Preuilly.

Parat porte pour armes, d'après Dubuisson :

D'argent, au chevron renversé, de sable, accompagné en chef d'une aiglette de même.

**Parçay** (LE PRIEURÉ DE), élection de Richelieu (fin du XVII<sup>e</sup> siècle).

D'azur, à une bande d'argent ; écartelé d'argent à une fasce d'azur.

**PARCHAPPE** DE **VINAY** (Nicolas), abbé de Beaulieu (1757-67), docteur de Sorbonne, prévôt, sénéchal et chanoine de Reims, né en 1693, était fils de Nicolas Parchappe, Ec., Sgr de Vinay et des Noyers, et de Marie-Madeleine Billet.

D'azur, au chevron d'argent accompagné de trois colombes de même, becquées et onglées de gueules, 2, 1. — Supports : un lion et un griffon.

**PARDAILLAN** DE **GONDRIN** (Louis-Antoine de), duc d'Antin, marquis de Montespan, de Gondrin et de Mézières, Sgr d'Oiron, pair de France, gouverneur des ville et château d'Amboise (par provisions du 28 septembre 1707).

Parti de quatre traits coupés d'un, ce qui forme dix quartiers : au premier d'argent, au lion de gueules, à la bordure d'argent, chargée de sept écussons de sinople mis en orle, chargés chacun d'une fasce d'or, qui est Espagne-Montespan ; au 2 d'azur, au lion d'or, armé et lampassé de gueules, qui est Saint-Lary ; au 3 d'azur, à la cloche d'argent, bataillée de sable, qui est Lagorsan ; au 4 d'azur, à trois pointes d'argent, qui est Fumel ; au 5 d'argent, à trois fasces ondées d'azur, qui est de Pardaillan ; au 6 de gueules, au vase d'or, qui est Orbessan ; au 7 d'or, à trois pals de gueules, qui est la Barthe ; au 8 d'or, à une clef de sable, adextrée de trois tourteaux de gueules, qui est d'Antin ; au 9 d'azur, au lion d'or, surmonté d'une devise d'argent, et en chef une fleur de lis d'or ; au 10 fascé, ondé d'argent et de gueules, qui est Rochechouart ; sur le tout d'or, au château sommé de trois tours de gueules, surmonté de trois têtes de maure de sable, tortillées d'argent, qui est Castillon.

**PARENT** (Antoine), en Touraine.

De... à un chevron de... accompagné de trois fleurs de lis de...

**PARIS** (de), Ec., Sgrs du Perche, du Jardin, de la Rouère (XVI<sup>e</sup>, XVII<sup>e</sup> et XVIII<sup>e</sup> siècles).

Les personnages dont les noms suivent appartiennent à cette maison :

Henri de Paris, conseiller du roi au siége présidial de Tours (vers 1600).

Charles Paris, conseiller du roi, juge aux bailliage et siége présidial de Tours (1646);

Jacques Paris, chanoine de St-Martin, de Tours, mort le 11n ovembre 1644;

François de Paris, conseiller du roi, juge civil et crimine en la prévòté de Tours et maire de cette ville en 1643;

Henri de Paris, chanoine de St-Martin, de Tours (1660).

D'azur, à trois chevrons d'or chargés chacun sur la pointe d'une étoile de gueules et accompagnés d'un croissant d'or à la pointe de l'écu.

## PARIS DE ROUGEMONT (de), Chev., Sgrs de Marray XVIII e siècle.

En 1789, René-Roch-Abel de Paris de Rougemont, chevalier de Saint-Louis, comparut à l'Assemblée électorale de la noblesse de Touraine.

D'or, à une fasce d'azur, chargée d'une pomme d'or feuillée et tigée de sinople.

## PAROYE ou PARÈDE (Denis de), bailli de Touraine (1279-85), issu d'une famille de Lorraine.

De gueules, à trois lions d'or, à la bordure engrêlée d'azur.

## PARTENAY, en Touraine et en Poitou.

Jean Partenay fut pourvu de la charge de conseiller, procureur du roi au grenier à sel de Chinon, le 7 février 1770.

D'argent, à deux chevrons de gueules soutenus d'un croissant d'azur.

## PARTHENAY, Ec., Sgrs d'Availles, relevant de la Guerché (XVe siècle).

D'argent, au sautoir de sable.

## PARTHENAY-L'ARCHEVÊQUE, Chev., Sgrs de Semblançay, du Retail et de Mathefelon (XIIIe et XVe siècles).

La filiàtion de cette famille commence par Goscelin de Parthenay, décédé en 1012, et dont le fils Guillaume de Parthenay eut six enfants de son mariage avec Ongerarde : 1° Guillaume, mort en bas âge; 2° Josselin, trésorier de

St-Hilaire, de Poitiers, puis archevêque de Bordeaux (1060), mort le 19 juin 1086 ; 3° Simon, décédé avant 1075 ; 4° Geldouin, mort vers 1093 ; 5° Ebbon ; 6° Béatrix, religieuse à Notre-Dame, de Saintes.

Maurice de Parthenay était abbé de Noyers, en Touraine, en 1470.

Jean de Parthenay fut abbé de Turpenay, dans la même province, de 1481 à 1490.

Burelé d'argent et d'azur de 10 pièces ; à la bande de gueules, brochant sur le tout. — *Alias* (d'après d'anciens sceaux) : Fascé de six pièces de... et une masse d'armes de..., posée en cœur. en sautoir. et une bande de... brochant sur le tout.

PASQUER. — dans l'élection de Loches (xviie siècle).

D'argent, au chevron d'azur, accompagné de trois roses de même.

PASQUIER, Ec., Sgrs de Valgrand (xvie, xviie et xviiie siècles).

René Pasquier, chanoine et chantre en dignité de l'Église de Tours, est mentionné dans un acte de 1564.

Vers 1700, Pierre Pasquier, conseiller du roi, remplissait à Tours les fonctions de trésorier de France au bureau des finances de la Généralité.

De gueules, au chevron d'or, accompagné en chef de deux croissants d'argent, et en pointe d'une tête de licorne de même.

PASSAC (de), Chev., comtes de Passac, Sgrs de la Haute-Métairie, près Amboise (xviie siècle) ; de Beauregard, de Cosson, de Pinchat, de la Renardière, paroisse de Monnaie (xviiie siècle).

Pierre-Alexandre de Passac, lieutenant des maréchaux de France, à Tours (par provisions du 20 février 1759), mourut en 1772.

Pierre-Alexandre-Adrien, comte de Passac, chevalier, comparut, en 1789, à l'Assemblée de la noblesse de Touraine pour l'élection des députés aux Etats-Généraux.

Echiqueté d'argent et d'azur, à trois pals de gueules brochant sur le tout. — Couronne de comte. — Supports : deux lévriers.

**PASTOUREAU** (Jean), dit Tailloche, capitaine-gouverneur de Chinon (1413);

D'azur, au chevron d'argent, accompagné de deux étoiles en chef et d'une coquille de même en pointe.

**PATAS**, Sgrs des Hamardières, en Touraine. — Famille originaire de l'Orléanais et établie dans notre province en 1625.

Nicolas-Christophe Patas, conseiller du roi, fut maire de Tours, en 1715-16.

Laurent-François Patas, chanoine de St-Côme, près Tours, mourut en 1744.

Joseph Patas, chanoine de St-Côme, mourut le 17 août 1771.

Marc-Antoine Patas était chanoine de St-Martin de Tours, en 1785.

Julien Patas, conseiller du roi, lieutenant particulier aux bailliage et siége présidial de Tours, faisant fonctions de lieutenant général au grand bailliage de Touraine (1783), est décédé le 23 avril 1833.

La famille Patas s'est alliée à celle de Salmon de Maison-Rouge.

D'azur, au chevron d'argent accompagné d'une cloche de même; au chef d'argent chargé de trois trèfles de sinople, en fasce.

**PATAS** (Nicolas), marchand-bourgeois, à Tours (fin du XVII<sup>e</sup> siècle), portait, d'après l'*Armorial général* :

D'azur, à trois besants d'argent, 2, 1.

**PATER**, Ec., Sgr de Geneteuil, paroisse de Neuillé-Pont-Pierre (XVII<sup>e</sup> siècle).

De pourpre, à la tour donjonnée, de sable.

**PATRIX**, Ec., Sgrs de la Rochemainbœuf (XVI<sup>e</sup> et XVII<sup>e</sup> siècles).

Jean Patrix, avocat au Parlement, échevin de Tours, fut maire de cette ville en 1643.

D'argent, au chevron d'azur accompagné de trois feuilles de houx, de sinople, 2, 1; à une hure de sanglier, de sable, posée en chef.

**PATRY DE LAUBINIÈRE, Ec., Sgrs de Sully, de Vaux, de Laubinière (xvIIᵉ et xvIIIᵉ siècles).** — Famille originaire du Maine.

François-Jean Patry de Laubinière fut pourvu de la charge de conseiller du roi, trésorier de France au bureau des finances de la généralité de Tours, le 7 mai 1766.

De gueules, à trois quintefeuilles d'argent, 2, 1.

**PATUREAU.**

D'azur, au chevron d'argent chargé de 7 aiglettes éployées, de sable, et accompagnées en chef de deux gerbes d'or, et en pointe d'un mouton de même.

**Paulmy (COUVENT DES AUGUSTINS DE).**

D'argent, à une croix haussée, de sable.

**PAUMART, Chev., Sgrs de Rillé et de la Celle-St-Avant, en Touraine (xvIᵉ siècle).**

D'or, à trois mains sénestres apaumées, de gueules.

**PAVILLON, en Touraine et en Lorraine.**

D'argent, au chevron de gueules accompagné de trois étoiles d'azur.

**PAYEN (de), Chev., Sgrs de Boussay, de Grillemont, de la Chapelle-Blanche, de Sennevières, de Chambon, de Montrésor, de la Bruère, de la Forge, près Preuilly (xIIIᵉ et xIVᵉ siècles).**

Cette famille a fourni deux chevaliers-bannerets de Touraine, Barthelemy de Payen et Geoffroy I de Payen (1243).

Les armes des divers membres de la maison de Payen ont beaucoup varié.

Geoffroy I de Payen, chevalier-banneret (1213), portait :

D'argent, à la croix de pourpre.

Barthelemy de Payen, chevalier-banneret (1243) :

De...., à la quintefeuille de...

Jean de Payen, Sgr de Boussay et de Palluau (1348) :

Bandé d'or et d'azur de six pièces.

Geoffroy de Payen (1356) :

De..., à la quintefeuille de..., surmontée d'un lambel de cinq pendants de...

D'autres membres de la famille portaient :

D'argent, à la croix pattée et alaisée, de gueules.

PAYS, Chev., Sgrs de Lathan, de Savigny, en partie, de de Rillé (xviii<sup>e</sup> siècle).

Jacques-Marie Pays, chevalier de St-Louis, comparut par fondé de pouvoir en 1789, à l'Assemblée électorale de la noblesse de Touraine, et se fit représenter à l'Assemblée de la noblesse de l'Anjou.

D'argent, à un oranger de sinople fruité d'or, posé sur une terrasse de sinople

PAYS-MELLIER, Ec., Sgrs de Bouillé, de la Guillonnière (xviii<sup>e</sup> siècle. — Famille originaire de l'Anjou.

Le 13 juin 1729, des lettres de noblesse furent délivrées à André-Donatien Pays-Mellier, mousquetaire de la garde du roi, et furent enregistrées le 17 du même mois à la Chambre des Comptes d'Angers.

Mathias Pays-Mellier, juge-consul à Angers (1729), eut de son mariage avec Marguerite Bridiers :

1° Mathurin-Joseph, qui suit ;

2° Marie, femme de Jean de Lavau, Sgr de la Garde ;

3° Renée, mariée en premières noces à Claude Voisin ; — et en secondes à N. Berthelot de la Tranchardière.

Mathurin-Joseph Pays-Mellier, commissaire de la juridiction consulaire à Angers, puis conseiller du roi en l'élection de Chinon, épousa, le 29 mai 1729, Marie Grillon, fille de Michel Grillon, conseiller du roi, contrôleur du grenier à sel de Chinon, et de Jeanne Rocher. De ce mariage sont issus :

1° Michel-Antoine-Mathias, qui suit ;

2° Marie-Jeanne-Marguerite, mariée en premières noces (18 mai 1752) à Charles-Philippe Durand de la Pastelière, — et en secondes noces (29 juillet 1777) à Alexandre-Thomas d'Hervaut ;

3° Marie-Jeanne, femme d'Etienne de Seguins de Cabassol, Chev., major au régiment de Saintonge, chevalier de Saint-Louis ;

4° Marie-Anne, mariée à N. de Seguins de Cabassol.

Michel-Antoine-Mathias Pays-Mellier, Ec., Sgr de la Guillonnière, trésorier de France au bureau des finances de Poitiers, mourut le 5 mars 1806, laissant quatre enfants de son mariage (19 octobre 1760) avec Charlotte-Antoinette Chevalier :

1° Marie-Radégonde-Henriette, mariée, le 5 juin 1781, à René Thoreau, Chev., Sgr des Roches, officier au régiment du Perche ;

2° Charles-Mathias Pays-Mellier, émigré ; il fit la campagne de 1792 à l'armée des Princes. De son mariage avec Marie-Jeanne de Seguins, il eut : Charles Pays-Mellier, né le 23 juillet 1802, marié, le 14 juin 1825, à Marie-Lucile-Léonie Delaveau de Treffort de la Massardière ;

3° Antoinette-Thérèse, mariée, le 20 janvier 1800, à Louis-Ferdinand Delauzon, employé dans les fermes générales, (décédé le 13 février 1843), fils de Pierre-Augustin Delauzon et de Marie-Madeleine Deluzines ;

4° Antoine Pays-Mellier, né le 2 avril 1773, émigré, fit les campagnes à l'armée des Princes, de 1792 à 1796. Il épousa en premières noces Jeanne-Adelaïde Durant de la Pastellière, — et en secondes noces (8 septembre 1807) Marie-Ursule-Pulchérie Cousseau du Bost. De ce dernier mariage sont issus : Jean-Baptiste-Paul-Gaston Pays-Mellier, marié le 24 avril 1838, à Louise-Alphéna Chocquin, — et Marie-Nelly Pays-Mellier, née le 11 février 1810.

D'argent, à l'arbre de sinople chargé d'une merlette de sable.

PÉ (Edme du), Chev., baron de Preuilly (1581), Sgr de Tonnerre, des Arcis, de la Bruyère, bailli d'Auxerre et chevalier de l'ordre du roi.

De gueules, à trois lionceaux d'argent, 2, 1.

PEAN, Ec., Sgrs de Malitourne (xviiᵉ siècle).

Victor Pean, chanoine de St-Martin de Tours, mourut le 1ᵉʳ mai 1665.

Georges Pean, échevin de Tours, fut maire de cette ville en 1667.

D'azur, à deux épées d'argent mises en pal, la pointe en bas.

PÉAN DE LA CHAUMETTE (N.), élu en la ville de Tours (fin du XVII<sup>e</sup> siècle).

D'argent, à un chevron de gueules, accompagné en pointe d'une tête de maure de sable.

PÉAN-PALLUAU ou PAYEN-PALLUAU (de), en Touraine (XVII<sup>e</sup> siècle).

D'azur, à trois fasces d'or; au chef de sable chargé d'une croix potencée d'or.

PECQUINEAU ou PEGUINEAU, Éc., Sgrs de la Fresnaye, de Purnay, des grand et petit Charentais, paroisse de St-Cyr, — de Vaudésir, la Crouzillière, la Villaumaire, la Motte (du XVI<sup>e</sup> au XVIII<sup>e</sup> siècle).

Au XVII<sup>e</sup> siècle, cette famille formait deux branches, l'une résidant à Tours, l'autre à Huismes. Elle a fourni un chevalier de Malte, reçu en 1609.

Charles Peguineau, conseiller du roi, juge et lieutenant particulier aux bailliage et siège présidial de Tours, fut maire de cette ville en 1636.

François-Pierre Peguineau de Charentais, chanoine, puis trésorier de l'église métropolitaine de Tours, mourut le 28 avril 1766.

De gueules, à une fasce d'argent accompagnée de trois pommes de pin, la queue en haut, d'or, 2, 1.

Une branche portait :

D'argent, à la fasce de sable accompagnée de trois feuilles de lierre de sinople, 2, 1.

PELAUT ou PELAUD, Éc., Sgrs du Colombier et de Champanais.

Au XVII<sup>e</sup> siècle, cette famille résidait à Bourgueil.

Bernard Pelaut, Éc., comparut, à Chinon, au ban convoqué par lettres patentes du 26 février 1689.

D'argent, à l'aigle éployée, de sable. — *Alias* : d'argent, à trois aigles de sable. — *Alias* : de gueules, semé de billettes d'or, au lion d'argent, armé, lampassé et couronné d'or.

PELÉ, en Touraine et en Anjou (XV<sup>e</sup> et XVI<sup>e</sup> siècles).

Guillaume Pelé, chanoine de l'Église de Tours, archidiacre d'outre-Loire, est mentionné dans des actes de 1463-65.

D'argent, au chef de sable.

PELLE (Antoine du), écuyer d'écurie du roi, capitaine des château et ville de Tours (1421).

De..., à la croix nillée et fleurdelisée de..., surmontée de deux mouchetures d'hermines.

PELLERIN DE GAUVILLE (le), Chev., barons et comtes de Gauville, Sgrs de Neuillé-Pont-Pierre, Sonzay, Villebourg, du Breuil, du Rouvre, la Thivinière, la Roche-Périgault (xviie siècle), la Mothe-Sonzay, la Motte-Bouchard, la Motte-du-Breuil, le Grand-Baugé, Nogent, Epinay, Genneteuil, Courault, Cangé, Vallières, Poillé, Négron, Lhommeraie (xviiie siècle).

N. le Pellerin de Gauville, chanoine de Saint-Florentin d'Amboise, est mentionné dans un acte de 1789.

Marc-Antoine Le Pellerin, vicomte de Gauville, capitaine-commandant d'escadron au régiment Dauphin-cavalerie; Antoine Le Pellerin, chevalier de Gauville, officier au régiment des chasseurs à cheval du Hainaut; Charles-Nicolas Le Pellerin de Gauville, chevalier de St-Louis, ancien capitaine d'infanterie, et Louis-Charles Le Pellerin, chevalier, comte de Gauville, comparurent, en 1789, à l'Assemblée de la noblesse de Touraine pour l'élection des députés aux États généraux.

D'or, au chevron de gueules chargé de 14 losanges d'argent posées en deux chevrons; au chef de sable, chargé de trois coquilles du troisième émail. — Couronne de marquis. — Supports : deux lions.

PELLEGRAIN DE L'ETANG, Chev., Sgrs de l'Etang (paroisse d'Orbigny), de Foncelives, de la Mardelle (xviie et xviiie siècles).

Cette famille a fourni un conseiller en la cour des monnaies de Paris, Noël Pellegrain de l'Etang (1712), — un lieutenant-colonel du régiment provincial de Tours, Charles-Noël Pellegrain de l'Etang (1771), — des chevaliers de St-Louis .

etc...— Elle s'est alliée aux familles de Berault, Sain de Bois-le-Comte, de Maillé, Auvray, de la Selle de Ligné, de Vigny, Villain de l'Etang, Gondinet, Drouin, etc...

François-Jean-Louis Pellegrain de l'Etang, chevalier, officier d'infanterie, comparut, par fondé de pouvoir, à l'Assemblée électorale de la noblesse de Touraine, en 1789. De son mariage avec N. de Vigny il eut :

1° Louis-François Pellegrain de l'Etang, capitaine d'infanterie, chevalier de St-Louis et de la Légion d'honneur, décédé à Loches en 1862, laissant trois enfants : Louis Pellegrain de l'Etang, — Alice Pellegrain de l'Etang, mariée à Charles Drouin, — et Maria Pellegrain de l'Etang ;

2° Pauline-Françoise-Henriette Pellegrain de l'Etang, mariée à Louis-Jean Villain de l'Etang, membre du conseil d'arrondissement de Loches ;

3° Adèle Pellegrain de l'Etang, mariée à M. Gondinet, sous-préfet.

D'azur, à la tour d'argent, accolée d'une bisse de sinople.

**PELLERIN DE BEAUVAIS (Le). Voyez LE PELLERIN DE BEAUVAIS.**

**PELLETIER (Le), Éc., Sgrs du Boutard, de la Frementays, de Boismillet, paroisse de Monts, — du Plessis, paroisse d'Artannes, — de Champroux, paroisse de St-Venant, de Luynes (XVIe et XVIIe siècles).**

Nicolas Le Pelletier fut maire de Tours en 1569-70.

Guillaume Le Pelletier fut doyen de St-Martin de Tours, de 1577 à 1586.

Jacques Le Pelletier, chanoine de la même église, est mentionné dans un acte de 1640.

En 1713, Charles Pelletier remplissait, à Langeais, les fonctions de lieutenant-criminel de robe courte.

Une branche de cette famille résidait à Amboise au XVIIe siècle.

D'argent, au chevron de gueules, accompagné en chef de quatre étoiles de même posées deux à deux, l'une sur l'autre ; et en pointe un chien passant, de sable.

PELLETIER (Le), Éc., Sgrs de Signy et de la Houssaye, en Touraine.

D'argent, à un chêne arraché, de sinople, accompagné de trois roses de gueules.

PELLETIER (Robert), bourgeois de Tours (fin du xviie siècle).

Burelé d'argent et d'azur, à une bande de sable brochant sur le tout.

PELLETIER de la SIMONIÈRE (N.), chanoine de Saint-Martin de Tours (fin du xviie siècle).

D'hermines, à deux pals de vair.

PELLETIER (François), curé de St-Maurice de l'Ile-Bouchard (fin du xviie siècle).

De sable, à deux pelles d'or posées en fasce.

PELLEVÉ (Nicolas de), abbé de St-Julien de Tours (1564), depuis évêque de Sens.

De gueules, à la tête humaine d'argent, chevelée d'or.

PELLORDE ou PELLOURDE, Éc., Sgrs de Coulogne, d'Ourouer, de la Monnaie, de Tronçay, etc... — Famille originaire du Berry. Une branche s'est établie en Touraine au xviie siècle.

Henri Pellorde, le premier connu de cette maison, vivait vers 1250. Girard Pellorde, son fils, échangea, en 1296, certains héritages situés à Leugny, et qui lui étaient échus par la succession de son père.

La famille Pellorde s'est alliée à celles de Poncher, de Lyonne, Bochetel, de Montaulieu, de la Condamine, du Bau, L'Huillier, de Gamaches, etc...

De gueules, à l'aigle d'or, l'écu semé de croix recroisettées de même, au pied fiché.

Quelques membres de cette famille portaient :

D'or, à l'aigle éployée de sable, onglée et becquée de gueules.

PELLIEU, en Touraine (xve et xvie siècles).

Jean Pellieu, avocat du roi au bailliage de Tours, capitaine du château de Tours (1464), fut maire de cette ville en 1464, puis lieutenant-général du bailli de Touraine (1472-91).

D'azur, à la bande d'or chargée de trois roses de gueules et accompagnée de deux croissants d'or, un en chef, l'autre en pointe.

**PELLUYS**, Éc., Sgrs de Pocé, près Amboise (XVIIᵉ et XVIIIᵉ siècles). — Cette famille a fourni un conseiller du roi, trésorier de France au bureau des finances de la généralité de Tours, Louis Pelluys (1696), et un greffier du grenier à sel de la même ville, Louis Pelluys (1698).

D'argent (ou d'or), au chevron de gueules accompagné de trois sauterelles de sinople.

**PELOQUIN** (Pierre), commandeur de Fretay (1535), et **PELOQUIN** (Bertrand), commandeur de Ballan (1586), portaient :

De gueules, à la tour d'argent.

**PENIGAULT.** — Famille noble de Touraine, éteinte depuis longtemps.

Pierre Penigault, grenetier au grenier à sel de Tours, valet de chambre du roi, fut maire de Tours en 1467.

D'or, au sautoir alaisé de gueules, cantonné de quatre merlettes de sable.

**PEPIN DE BELLISLE.**

D'azur, au chevron componné de 7 pièces, 3 d'argent et 4 de sable, accompagné de trois pommes de pin d'argent, 2, 1.

**PERCEVAL** (de).

D'azur, à trois marguerites d'argent tigées et feuillées de sinople, 2, 1 ; au chef de sable, chargé de deux larmes d'argent et soutenu d'or.

**PERCHE** (Rotrou du), trésorier de Saint-Martin de Tours, nommé évêque de Châlons en 1190, mourut en 1201.

D'argent, à deux chevrons de gueules.

**PERCHE** (Guillaume du), chanoine et prévôt de l'église St-Martin de Tours (1219), portait comme le précédent :

D'argent, à deux chevrons de gueules.

**PERCHEPEYROU DE COMMINGES DE GUITAULT** (Antoine-Cyprien de), doyen de l'Église de Tours (1718), mort le 29 novembre 1736.

Écartelé ; aux 1 et 4 d'or, au lion de sable, armé, couronné et lampassé de gueules, qui est de Perchepeyrou ; aux 2 et 3 de gueules à quatre otelles d'argent, mises en sautoir, qui est de Comminges.

**PERCHERON**, Éc., Sgrs de Crouzilles (xv11ᵉ siècle).

D'azur, au chevron d'or accompagné de deux étoiles de même en chef, et d'un croissant de même en pointe.

**PERCY de NORTHUMBERLAND** (de), Chev., Sgrs de Loché, de la Renaudière, paroisse de Charnizay, des Genêts (xvᵉ, xvrᵉ et xv11ᵉ siècles).

Cette famille est originaire d'Angleterre. Quelques généalogistes écrivent son nom Persil et Percil.

Bonne-Angélique de Persil, fille de Michel de Persil, Chev., Sgr de Loché et de la Renaudière, et de Marie d'Alès, née en 1677, fut reçue à St-Cyr après avoir prouvé qu'André de Persil, Sgr des Genêts, qui, en 1480, épousa Jeanne de Beauvollier, était son cinquième aïeul.

D'or, à un lion d'azur, écartelé de gueules à trois perches (ou poissons) d'argent en pal.

Dufour, dans son *Dictionnaire de l'arrondissement de Loches,* attribue à tort à la famille Percy les armes suivantes :

D'hermines, à trois tourteaux d'azur.

**PERDRIER**, Ec., Sgrs de la Navelière, fief relevant de Preuilly, — de Bobigny, la Trompaudière, Coussay-les-Bois (xvrᵉ siècle).

Ecartelé ; aux 1 et 4 d'azur, à trois mains d'or, 2, 1 ; aux 2 et 3 d'azur, au chevron d'argent chargé de trois molettes de même, et accompagné de trois croissants d'or.

**PEREFIXE** (de), Chev., Sgrs de Beaumont, élection de Richelieu (xv11ᵉ siècle).

Cette famille est originaire de Naples.

D'azur, au chevron d'or, accompagné de deux étoiles de même en chef et d'une rose aussi d'or, en pointe. — *Alias* : (d'après l'abbé Goyet), d'azur, à neuf étoiles d'argent, 3, 3, 3.

**PÉRICARD** (Georges), abbé de St-Julien de Tours (1582).

D'or, à un chevron d'azur, accompagné en pointe d'une ancre de sable ; au chef d'azur chargé de trois molettes d'éperon d'or.

**PERIERS** (de), Éc., Sgrs du Bouchet et de la Martinière, paroisse de Neuvy-Roi (xv11ᵉ siècle).

D'azur, au lion d'or, armé et lampassé de gueules, l'écu semé de larmes d'or.

**PÉRIGNON**, comtes de l'Empire.

D'azur, au bélier passant, contourné, d'argent, accorné d'or, la tête sommée d'une croix patriarcale de même ; franc-quartier de comte-sénateur brochant au neuvième de l'écu.

**PERILLAULT** DE **CHAMBEAUDRIE**, Éc., Sgrs de Villiers, — du Plessis, paroisse de Chemillé-sur-Indrois, — du Puy-Bascle, paroisse de Crouzilles, — et de l'Aumônerie (XVIIᵉ et XVIIIᵉ siècles).

Cette famille, dont le nom s'écrivait autrefois *Perillau*, commence sa filiation suivie par *noble homme* Pierre Perillau, vivant en 1557. Elle s'est alliée aux familles Coignet de Puy-Bascle, de Grenet de Neufbourg, de Fleury, Poirier, du Chesne, du Plessis, d'Auvergne de Meusnes, Jeuffrain, etc.

A l'époque de son mariage avec Renée-Marie du Chesne du Plessis (20 décembre 1786), Pierre Perillault de Chambeaudrie, écuyer, remplissait à Montrésor les fonctions de contrôleur et receveur des actes et domaines du roi.

Charles-Louis-Delphin Perillault de Chambeaudrie, né le 8 septembre 1799, maire de Chemillé-sur-Indrois depuis 44 ans, chevalier de la Légion d'honneur, conseiller d'arrondissement (Loches), délégué cantonal (1867), fils de Pierre Perillault de Chambeaudrie, et de Victoire d'Auvergne de Meusnes, a épousé Chrisolithe Viollet. De ce mariage sont issus onze enfants : Caroline, née le 16 janvier 1836, religieuse de St-Vincent de Paul ; — Charles, né le 1ᵉʳ mai 1837 ; — Gabrielle, née le 20 avril 1838, mariée à Amédée Salmon de Maisonrouge ; — Marie, née le 4 octobre 1839 ; — Élisa, née le 16 novembre 1840 ; — Mathilde, née le 6 septembre 1842 ; — Louise, décédée en 1863 ; — Isabelle, née le 20 septembre 1844 ; — Albert, né le 28 juillet 1846 ; — Cécile, née le 28 octobre 1848, — Maxime, né en 1849, décédé en 1863.

D'azur, à deux fasces d'or. — Couronne de comte.

**PÉRION** (de), Chev., marquis de Ports, vicomtes de Grouin, Sgrs de Thaix (paroisse d'Yzeures), de la grande et

la petite Caillère et de Ris (paroisse de Chaumussay), de
l'Aunaye, de la Rivaudière, de la Borde, de la Choisière et
du Pouet, près Preuilly, — de Tressault, paroisse de Dolus,
— du Roger, de la Grange, de Veauvy, de Ray, paroisse du
Petit-Pressigny (xve, xvie et xviie siècles).

Joachim Périon, prieur de l'abbaye de Cormery, mourut le
18 juillet 1557.

Jean de Périon, bailli de Preuilly, Sgr de la Caillère, rendit
hommage pour cette terre au Sgr de Chanceaux, le 13 mars
1558. Son fils, Antoine du Périon, Sgr de la Grange, de la
Caillère, etc., avocat au Parlement, bailli de Preuilly (né en
1523), épousa Marie de la Roque, dame de Launay-sur-
Fourche, près Preuilly, dont il eut Philippe de Périon, Sgr de
Thaix, de la Petite et de la Grande-Caillère, de l'Aunaye, de
la Rivaudière, vicomte de Grouin et de Ports, gentilhomme
ordinaire de la chambre du roi, mestre-de-camp, décédé en
1649. De son mariage avec Claude Gillier, il eut un fils unique,
Louis de Périon, Sgr de Ports, de Thaix, de la Rivaudière, etc..., mort avant 1683.

Jean de Périon de Ports, Chev., comparut, à Chinon, au
ban convoqué par lettres du 26 février 1689.

D'argent, au griffon rampant, de gueules.

La branche des Périon de la Grange et du Roger portait :

D'azur, au lion d'or, couronné de même.

PERRAULT, Ec., Sgrs d'Epaisse, de la Lande, de la
Minière (xviie et xviiie siècles). — Cette famille a fourni un
maire perpétuel de Chinon, conseiller du roi, lieutenant-
général de police de cette ville, Henri Perrault d'Epaisse, —
un conseiller aux bailliage et siége royal de Chinon, Etienne
Perrault (vers 1696), — et un conseiller du roi, lieutenant-
général, commissaire examinateur au même siége, François
Perrault (par provisions du 20 août 1698).

De gueules, à un sautoir d'or, accompagné en chef d'une losange d'argent,
et en pointe d'une roche de même.

**PERRAULT.** — Cette famille a donné un contrôleur des bâtiments du roi.

D'argent, à un chevron de gueules accompagné de deux aigles de sable en chef, et d'un lion de gueules, en pointe.

**PERRAY** (du), Ec., Sgrs de Neuilly, de la Tétardière (paroisse du Boulay), du Perray, de Bergette (XVIIe siècle).

D'or, à deux léopards de gueules, la queue nouée, membrés et lampassés d'azur; au chef de gueules.

**PERRENAY** (de), Chev., Sgrs de Semblançay, de la Carte, des Ruaux, de la Mothe-Sonzay (XIIe siècle).

Cette maison a fourni un chevalier-banneret de Touraine, Robert de Perrenay (1213), et un chanoine de l'Église de Tours, Geoffroy de Perrenay, qui fit son testament en 1253.

De gueules, à une aigle éployée, d'or.

**PERRET.** — Cette famille, qui paraît originaire de Rilly, près l'Ile-Bouchard, fut anoblie par lettres du 1er juillet 1539, en la personne de Georges Perret, capitaine de Tours et monnoyer de la monnaie de cette ville.

Pierre Perret, prieur de l'abbaye de Cormery, est mentionné dans un acte de 1622.

De gueules, à trois roses d'argent, 2, 1.

**PERRIEN** (de), Chev., marquis de Crenan, Sgrs de Courcillon. — Famille originaire de Bretagne et résidant, au XVIIe siècle, dans la paroisse de St-Christophe.

D'argent, à cinq fusées de gueules péries en bande.

**PERRIN**, Sgrs de Laumerie, paroisse de la Roche-Clermaut.

D'azur, au cor de chasse d'or, lié de même, abaissé sous un lévrier courant. d'argent, accolé de gueules.

**PERROCHEL**, en Touraine (XVIe et XVIIe siècles).

Valentin Perrochel, conseiller du roi, fut reçu trésorier de France au bureau des finances de la généralité de Tours vers 1600.

D'azur, à deux croissants d'or en chef et une étoile de même en pointe.

PERRON (du), en Touraine. — Famille originaire du Languedoc.

Marguerite-Charlotte du Perron, dame de Thaix, près Yzeures, de Launay, paroisse de St-Pierre de Tournon, veuve de François-Antoine de Mallevaud, chevalier, comparut, par fondé de pouvoir, en 1789, à l'Assemblée de la noblesse de Touraine pour l'élection des députés aux États-généraux.

De sinople, au héron marchant avec vigilance, d'argent, surmonté de trois étoiles de même, rangées.

PERROT, Chev., Sgrs des Courtils (xive siècle) de la Craye, paroisse de Monts (xvie siècle), du Plessis et de la Bourdillière (xviie siècle).

Originaire de Bourgogne, cette famille s'est établie en Touraine avant 1600. Christophe Perrot était grand bailli de la Morée (ordre de Malte) vers 1650.

A la même époque, Claude Perrot remplissait les fonctions de grand-maître des eaux et forêts de France aux départements de Touraine, Anjou et Maine.

D'azur, à deux croissants d'or, adossés et posés en pal ; au chef d'argent, chargé de 3 aigles à deux têtes éployées, de sable. — *Alias* : d'azur, à deux croissants d'argent, l'un montant et l'autre renversé ; au chef d'or chargé de trois aigles éployées, de sable.

PERROT des ROCHES, Ec., Sgrs de Thou, de la Groue, de Neuville (paroisse d'Yzeures), de la Thibaudrie et de la Quenardière, près Preuilly (xviiie siècle).

Cette famille est originaire de Preuilly.

D'argent, à deux cœurs enlacés et percés de deux lances, de gueules.

PERRY, Éc., Sgrs de Mazières (xvie et xviie siècles).

D'argent, à la bande de sable accompagnée de deux lions de gueules.

PERSIL. Voyez PERCY de NORTHUMBERLAND.

PERSON (de), à Amboise.

D'argent, à un canon sur son affût contrepassant, de sable, et une ancre de vaisseau, passée derrière le canon, tous deux posés en sautoir ; à une épée en pal, la poignée en haut ; au chef d'azur chargé d'un chevron d'or accompagné en chef de deux étoiles aussi d'or.

PERTHUIS (de), en Touraine (xv⁰ et xvi⁰ siècles).

Robert Perthuis, chanoine de l'Église de Tours, est mentionné dans un titre de 1507.

D'azur, à deux poissons d'or, en fasce, l'un passant, l'autre contrepassant, accompagnés d'un croissant d'argent en pointe ; au chef de sable, chargé de deux étoiles d'argent. — Couronne de comté.

PÉRUSSE DES CARS (de), ducs des Cars, marquis de Montal, de la Mothe et de Pransac, comtes de Saint-Bonnet, vicomtes de la Vauguyon, barons de Monthoiron, de Preuilly, de Ségur, de Carbonnières, d'Aisse, de la Renaudie, de Turpin-Crissé, de Legay, etc... Sgrs de St-Cézaire, de Belserre, d'Aucanville, de St-Germain-sur-Vienne, du Petit-Bois, etc... — C'est une des plus anciennes et des plus illustres familles de France. D'après quelques généalogistes, elle descendrait des anciens princes de Pérouse, en Italie. Radulphe, Sgr de la terre de Pérusse, au comté de Poitou, vivant en 790, eut d'Agnès, sa femme, un fils nommé Ægidius, existant sous le règne de Charles le Chauve.

La filiation suivie commence par Aymery de Pérusse, Chev., Sgr de Pérusse, qui assista, en 1027, avec son fils Robert, au traité fait entre les comtes de Paris et d'Orléans.

Cette maison compte six chevaliers croisés : Foucher et Gérard de Pérusse (première croisade); Philippe, Louis, Geoffroy et Audouin de Pérusse. Elle a donné des chambellans de nos rois, des sénéchaux du Limousin, un grand-maréchal de l'Église, gouverneur d'Avignon (1359); des chevaliers des ordres du roi, des lieutenants-généraux des armées, des évêques, un cardinal, des chevaliers de Malte, etc. . Parmi ses alliances on remarque les familles de Lusignan, de Foix, de Malesset, d'Harcourt, de Comborn, de Parthenay, de Chabannais, de Ségur, de Ventadour, de Sully, de Pompadour, de Montberon, de Roquefeuille, de Pierre-Buffière, d'Arpajon, de Beauffremont, Gréen de Saint-Marsault, de Lastic, de Polignac, de Fitz-James, de Rancher, de Ligny, de Bourbon, du Bouchet de Sourches, de

Cossé-Brissac, de Bastard d'Estang, de Surgères, de Rochechouart, etc... Elle s'est divisée en plusieurs branches. Celle
de la Vauguyon, qui eut pour auteur Gauthier de Pérusse,
fils puîné d'Audouin de Perusse et d'Hélène de Roquefeuille,
a possédé la baronnie de Saint-Germain-sur-Vienne, en Touraine.

Gauthier de Pérusse, baron de Saint-Germain-sur-Vienne,
Sgr de la Tour-de-Baz, de la Coussière, de la Vauguyon et
du Repaire, épousa, en 1498, Marie de Montbrun, dont il
eut François de Pérusse, baron de Saint-Germain-sur-Vienne,
conseiller du roi, gentilhomme ordinaire de sa chambre,
chevalier d'honneur et premier écuyer d'Éléonore d'Autriche, lieutenant-général et gouverneur du Lyonnais, du Dauphiné, de la Savoie et du Piémont, marié, le 22 février 1546,
à Isabeau de Bourbon, fille et unique héritière de Charles de
Bourbon, prince de Carency, et de Catherine d'Alègre. De ce
mariage sont issus : 1° Jean de Pérusse, Sgr de la Vauguyon,
d'Albret, de Vendac, etc..., prince de Carency. La terre de
la Vauguyon fut érigée en comté, en sa faveur, par lettres
du mois de juillet 1586; 2° Suzanne de Pérusse, mariée le
1er octobre 1536, à Geoffroy de Pompadour, vicomte de
Comborn ; 3° Anne de Pérusse, femme de Jean de la Queille,
gouverneur de l'Auvergne ; 4° Marguerite, abbesse de Li-
gneux ; 5° Anne de Pérusse.

En 1561, la terre des Cars fut érigée en comté en faveur
de François de Pérusse.

Charles de Pérusse des Cars, évêque de Poitiers (1562), puis
évêque et duc de Langres (1569), fut baron de Preuilly, en
Touraine. Par un arrêt du Parlement, en date du 18 décembre
1588, il fut contraint de céder cette baronnie à Louis Chasteigner, en vertu du droit qu'avait celui-ci d'exercer le retrait
féodal. Charles de Pérusse était fils de Jacques de Pérusse,
conseiller du roi, capitaine de 50 hommes d'armes de ses
ordonnances, et d'Anne Jourdain de l'Ile. Il mourut
en 1614.

En mars 1815, le titre de duc fut accordé à Jean-François de Pérusse, lieutenant-général des armées du roi, qui mourut, sans laisser de postérité, le 10 septembre 1822.

Une ordonnance royale du 30 mars 1825 releva le titre de duc (éteint par la mort de Jean-François), en faveur d'Amédée-François-Régis de Pérusse, comte des Cars, lieutenant-général des armées du roi, et l'attacha à sa pairie, avec transmission à sa descendance.

La maison de Pérusse a donné un grand-archidiacre à l'Église de Tours, Geoffroy de Pérusse (1407).

De gueules, au pal de vair appointé et renversé. — Devise : *Fays ce que doys, advienne que pourra.*

**PETIOT DE LALUISANT**, Éc., Sgrs de Laluisant, — et de la Michelinière, paroisse d'Azay-sur-Cher (xviie et xviiie siècles).

La filiation suivie de cette famille commence par Christophe Petiot, qualifié d'écuyer et d'archer des gardes du roi sous la charge du grand prévôt de l'hôtel, dans des lettres de vétérance de 1630. Son fils, Henri I Petiot de Laluisant, fut officier-ajusteur à la monnaie de Tours (1682); son petit-fils, Louis-Henri Petiot de Laluisant, écuyer, né à Athée, le 17 février 1743, fut conseiller du roi, monnayeur en la Monnaie de Tours (1774-89).

Cette famille s'est alliée à celles de Leroy, de Roujou de Chaumont, de Meusnier, de Lendemaine, de Millet, etc... Elle forme aujourd'hui plusieurs branches dont une a pour chef Louis-Julien Petiot de Laluisant, né à St-Martin-le-Beau le 22 mai 1808, marié, le 22 juin 1830, à Marie-Silvine-Victoire Millet. De ce mariage sont issus :

1° Louis-Léonide Petiot de Laluisant, né à St-Martin-le-Beau le 14 avril 1834, marié le 9 avril 1861, à Joséphine-Coelina Lebled, dont il a eu : 1° Marie-Coelina-Léonie, née le 20 janvier 1862; 2° Hélène-Louise-Adélaïde, née le 12 septembre 1865 ;

2° Marie-Eugénie Petiot de Laluisant, née le 20 août 1845.

48

D'après un cachet communiqué à l'auteur de cet *Armorial*, la famille Petiot de Laluisant porte :

De..., au chevron d'or, accompagné en chef de deux trèfles de..., et en pointe d'un agneau pascal d'or avec sa banderolle; au chef de..., chargé de trois étoiles de...; l'écu timbré d'un casque de chevalier posé de face.

Pierre Petiot, écuyer, conseiller du roi, président trésorier de France à Limoges, portait, d'après l'*Armorial général* :

D'azur, au chevron d'or, accompagné de trois pigeons d'argent; au chef de gueules chargé de trois étoiles d'or.

**PETIT, Chev., Sgrs du Rivau, paroisse du Grand-Pressigny, de Salvert, de la Rivière (XVIᵉ siècle).**

D'or, à trois croix pattées, d'azur, au cœur de gueules en abime.

**PETIT (Le), Éc., Sgrs du Petit-Hôtel (XVIIᵉ siècle).**

D'azur, au chevron d'or, accompagné en chef de deux trèfles, le 1ᵉʳ couché en barre, le 2ᵉ couché en bande, et en pointe d'une molette, le tout d'or.

**PETIT (N.), chanoine de l'Église de Tours (fin du XVIIᵉ siècle).**

De gueules, à une poule d'argent, accompagnée de huit poussins mis en orle, de même.

**PETIT (Jean), bourgeois de Tours (fin du XVIIᵉ siècle).**

D'argent, à une bande de gueules chargée d'un lion d'or.

**PETIT DE LA GUERCHE (François), commandeur de l'Ile-Bouchard (1645).**

De sable, à la bande d'argent, chargée d'un lion de gueules.

**PETIT DE SAINT-CHARTRES, Chev., Sgrs de St-Chartres, de Villiers, de Rigny, de Marnay, de Mons, de Villemort (XVᵉ siècle).** — Famille originaire du Mirebalais. Un titre de 1158 fait mention de Pierre Petit qui comparut comme témoin d'une vente faite par Guillaume Villain, à l'abbaye de Ste-Croix.

De sable, fretté d'argent.

**PETIT DU GENEST, Sgrs du Genest, en Touraine (XVIIIᵉ siècle).**

D'hermines, à trois tourteaux d'azur, 2, 1.

Une branche de cette famille portait :

D'argent, à trois tourteaux d'azur, accompagnés de 9 hermines de sable, 3 en chef, 3 en fasce, 3 en pointe.

PETITEAU, Éc., Sgrs de Fouinais et de Beauregard (paroisse de Pernay), de Nogent, la Ménigaudière (xvii⁰ et xviiiᵉ siècles).

Quentin Petiteau, conseiller du roi, était maître des eaux et forêts de Touraine en 1639.

Étienne Petiteau, conseiller du roi, fut lieutenant-particulier aux bailliage et siége présidial de Tours en 1747-60.

Vers la même époque, Alexandre-Pierre Petiteau, conseiller du roi, remplissait les fonctions de trésorier de France au bureau des finances de la généralité de Tours.

D'argent, à deux chevreaux de sable, cossant sur une terrasse de sinople et surmontés d'une fasce en devise d'azur, chargée d'une étoile d'or et accostée de deux croissants de même.

PETITJEAN (de), Éc., Sgrs de Lignières, la Maulière, d'Eschigné (xviiᵉ et xviiiᵉ siècles). Cette famille possédait, à la même époque, dans l'Anjou, les terres des Oumeaux et de la Boutardière.

D'argent, à un bourdon de pélerin, d'azur, posé en pal.

PETREMOL, Sgrs de Guillancourt et de la Morinette (xviiᵉ siècle).

D'azur, au chevron d'or, accompagné en chef de deux coquilles, et en pointe d'un lion de même.

PEULTRE (Le), Chev., Sgrs de Grandmaison, de Sautonne, de St-Antoine-du-Rocher, de la Bedouère et de Puycairé (xviiᵉ et xviiiᵉ siècles).

D'azur, à une licorne d'argent.

PEYRAT (du), Chev., barons de Reorte, Sgrs de Jallanges et de Rocheron (xviiᵉ siècle).

D'azur, au château d'or sommé de trois tours, de même, maçonnées de sable.

PEYRAUD (de), voyez FAY DE PEYRAUD.

PEZEUX (N.), trésorier de St-Martin de Tours (1698).

D'argent, au chevron de sable chargé de trois besants d'or.

PHELINES (de), Éc., Sgrs de Villefault, des Bordes, de Dourdan, paroisse de St-Denis et de St-Martin-le-Beau (xviiᵉ siècle).

Cette famille a comparu à l'Assemblée électorale de la noblesse de l'Orléanais en 1789.

De gueules, à un chevron d'argent accompagné en pointe d'une levrette rampante de même.

Un puîné brisait ces armes d'un lambel de trois ·pendants d'or.

**PHELIPEAUX**, Chev , Sgrs de Villesavin et d'Herbault, comtes de Buzançais (xviie siècle).

Cette maison a donné un chancelier de France, dix secrétaires d'Etat, et plusieurs grands officiers commandeurs des ordres du roi. Elle est originaire du Blésois. Sa filiation commence par Jean Phelipeaux, Sgr de la Brosse-Gastée, vivant en 1400.

D'azur, semé de quintefeuilles d'or, au franc-quartier d'hermines ; écartelé d'argent à trois lézards de sinople.

**PHELLION**, marchand-bourgeois, de Tours (fin du xviie siècle).

D'azur, à une bande d'or, accompagnée de deux glands de même.

**PHELIPPES**, Chev., comtes de Faronville, Sgrs de Billy (xviiie siècle). — Famille très-ancienne, originaire de Bretagne.

Clément-Nicolas-Léon Phelippes, comte de Faronville, Chev., ancien capitaine au régiment du Roi, chevalier de St-Louis, — et Anne-Léon-Henri Phelippes, prêtre, doyen de St-Marcel, conseiller de grand'chambre au Parlement de Paris, comparurent, en 1789, à l'Assemblée électorale de la noblesse de l'Orléanais.

D'argent, au chevron de gueules, accompagné de trois glands et de trois olives de sinople, un gland et une olive coupés et liés de gueules.

**PHELIPPES** ou **PHILIPPE**, Éc., Sgrs de la Hardouinière, paroisse de Vellèches (xviie siècle), du Sable et de la Persillière (en partie), paroisse de Chaveignes (xviiie siècle).

D'azur, à un chevron d'or accompagné de trois roses de même.

**PHELIPPON du PLESSIS.**

Louis-Thomas Phelippon du Plessis fut pourvu de la charge

de conseiller du roi, procureur au grenier à sel de Chinon en 1728.

N. Phelippon du Plessis était chanoine-trésorier de la Ste-Chapelle-de-Champigny en 1765.

En 1766, Pierre-Louis-François-Armand Phelippon du Plessis remplissait les fonctions de conseiller et de procureur du roi en la maîtrise royale des eaux et forêts de Chinon.

D'argent, à un chevron de sinople accompagné en chef de deux roses de... et d'une merlette de... placée au haut du chevron; et en pointe d'une rose tigée et feuillée, de...

**PHILIPPE LE HARDI**, duc de Touraine, comte de Tours, puis duc de Bretagne.

De France (d'azur, à trois fleurs de lis d'or), à la bordure componnée d'argent et de gueules.

**PIAT**, Sgrs de la Bellangerie (xviiie siècle).

D'azur, au soleil d'or.

**PICARD** DE **PHELIPPEAUX** (le), Chev., Sgrs de Bois-le-Roy, de Fontenailles, de la Brosse, en Touraine (du xve au xviiie siècle). — Famille noble connue dès 1324.

Elle a été maintenue dans sa noblesse par ordonnances du 25 avril, de Voisin de la Noyraye, intendant de Touraine, et du 28 août 1715, de Foullé de Mortangis, intendant du Berry. En 1789, elle a comparu à l'Assemblée électorale de la noblesse du Poitou.

Les personnages dont les noms suivent appartiennent à cette maison.

Guillaume le Picard (ou le Picart), grand-archiprêtre de l'Église de Tours (1414);

Jean le Picard, conseiller au Parlement de Paris, chanoine et prévôt de St-Martin de Tours (15..);

Guillaume I le Picard, trésorier de St-Martin de Tours (1442-72);

Guillaume II le Picard, trésorier de la même église (1564),

A la fin du xviie siècle, une branche de la famille le Picard de Phelippeaux résidait dans la paroisse de St-Pierre de Tournon.

D'azur, au lion grimpant, d'or, armé et lampassé de gueules.

**PICAULT**, Éc., Sgrs de la Ferraudière, de Gillier et de Ligré (xvii^e siècle).

Jacques Picault fut pourvu de la charge de procureur du roi au siége de Chinon en 1692.

Jean Picault, Éc., Sgr de Ligré, fut pourvu de la charge de commissaire du roi, prévôt provincial de Touraine en 1695.

En 1696, Joseph-François Picault remplissait les fonctions de conseiller et procureur du roi en l'élection de Chinon.

Pierre-Marie Picault de la Ferraudière fut élu en l'élection de Chinon en 1756.

N. Picault de la Ferraudière était chanoine de Candes en 1789.

De sinople, à trois têtes de coq, arrachées, d'argent. — *Alias* : D'azur, à une tour d'or.

Abraham Picault de la Ferraudière, fourrier-des-logis du roi, portait :

D'azur, à une gerbe d'or surmontée d'un coq de même, adextrée d'une étoile aussi d'or, accompagnée en pointe d'un croissant de même.

**PICAULT** (François), chanoine de l'Église de Tours (1670-96).

De sable, à une pique d'argent.

**PICHARD** du **VERNAY**, Éc., Sgrs du Vernay.

Ecartelé; aux 1 et 4 de gueules à deux épées en sautoir, la poignée d'or, la lame d'argent; aux 2 et 3 d'azur à la tour de... — Couronne de comte. — Devise : *In hoc signo vincam.*

**PICHEREAU** de **GEFFRUT** ou **GEFFRUS**, à Chinon (xviii^e siècle).

Pierre-François Pichereau de Geffrut remplissait les fonctions de conseiller du roi, lieutenant particulier au bailliage de Chinon en 1765.

D'or, au lion rampant de..., au chef d'azur chargé de trois roses de... rangées en fasce. — Supports : deux lions.

**PICHON**. — Famille originaire de Touraine.

Jérôme-Frédéric, baron Pichon, ancien auditeur au conseil d'État, auteur de plusieurs ouvrages archéologiques, né le 3 décembre 1812, deuxième fils de Louis-André, baron Pichon, conseiller d'État, et d'Alexandrine-Émilie Brongniart, a épousé, le 8 mai 1841, Rosalie-Nanine-Amélie Clarmont. De ce mariage sont issus : Jean-Sévérin-Charles-Etienne Pichon, né le 17 avril 1846, et deux filles.

D'or, à deux fasces de gueules surmontées et soutenues de trois billettes d'azur; au lion de même, armé, allumé et lampassé de gueules, brochant sur le tout. — Devise : *J'y tiendrai*, — et *Memor sui dierum antiquorum*.

PICOT, vicomtes de Vaulogé, comtes de la Mintaye et de Trémar, vicomtes de Peccaduc, Sgrs du Portail, paroisse de Joué-les-Tours (xve siècle), de Sauvieux, de la Mintaye, de Montaubry, etc...

. La filiation de cette famille remonte à Antoine Picot, écuyer (1483), dont le fils, Jean Picot, épousa, par contrat passé à Châteaurenault le 4 septembre 1516, Jeanne de Prigues.

La noblesse de la maison Picot a été constatée et maintenue le 10 février 1699, le 4 avril 1715, le 10 septembre 1716 et le 10 avril 1781.

Henri-Jean-Baptiste-Elizabeth-Charles Picot a été créé vicomte de Vaulogé, par ordonnance du 22 mars 1827.

Henri-Antoine-Samuel Picot, Sgr de Vahais, et François-René Picot de Montaubray, comparurent, le premier en personne, le second par fondé de pouvoir, à l'Assemblée électorale de la noblesse du Maine en 1789.

D'or, au chevron d'azur accompagné de trois fallots allumés de gueules; au chef de même. — Devise : *Nullus extinguitur*.

PICQUART (le), Chev., barons du Rocher et de Dasse (xviie siècle).

D'azur, à une fasce d'argent chargée de trois coquilles de gueules et accompagnée de trois pommes de pin d'or.

PIDOUX (Antoine), abbé d'Aiguevives, mort en 1558.

D'argent, à deux frettes et trois losanges de sable.

PIÉDEFER, en Touraine.

Échiqueté d'or et d'azur.

PIÉGU (de), en Touraine, en Poitou et en Berry, — Famille originaire de cette dernière province. Louis-Paul de Piégu, comparut par fondé de pouvoir, en 1789, à l'Assemblée électorale de la noblesse du Poitou.

D'argent, semé de fleurs de lis d'azur; au lion de gueules, lampassé, couronné d'or, brochant sur le tout.

PIERRE, abbé de St-Julien de Tours (1475).

De... à une croix de... cantonnée de 4 fleurs de lis de...

PIERRE, abbé de Marmoutier.

De... à l'aigle éployée de... à la bande de.., brochant sur le tout.

PIERRE, abbé de Beaulieu, en Touraine (xi° siècle).

De gueules, à la bande de... chargée de trois merlettes de sable.

PIERRE (de la), Chev. marquis de Frémeur, comtes d'Hust et du Saint-Empire romain, barons de la Forest, Sgrs des Salles, de Pendreff, de Talhouet, de Kermadio, etc...— Famille originaire de l'Anjou, établie en Bretagne en 1640 et en Touraine au xix° siècle.

Elle commence sa filiation suivie par Adam de la Pierre, écuyer, Sgr de Frémeur, né vers 1460. Un de ses membres, Jean-Toussaint de la Pierre, marquis de Frémeur, décédé le 2 avril 1759, fut lieutenant-général des armées du roi, chevalier de St-Louis, gouverneur de Montmédy, de l'île Minorque et de Mahon. Son fils, Jean-Toussaint, II° du nom, marquis de Frémeur, maréchal-de-camp, chevalier de St-Louis, mourut le 22 octobre 1791.

La maison de la Pierre de Frémeur, s'est alliée aux familles de Pendreff, de Conniac, de Pluvier, de Montaran, Surirey de St-Remy, de Catteville, de Bouthillier de Chavigny, des Réaulx. Renouard de Bussière, Herry de Maupas, de Joigny, de Baillivy, de Lannoy, etc... Elle a été maintenue dans sa noblesse par arrêt du Parlement de Bretagne, en 1694-97 et 1707.

Armand-Louis de la Pierre, marquis de Frémeur, chef de la Légion de la garde nationale de Seine-et-Marne, chevalier de St-Louis et de la Légion d'honneur, fut créé baron de l'Empire, avec institution de majorat, par lettres du 16 mai 1813. Par autres lettres du roi Louis XVIII, du 16 août 1817, il fut confirmé dans le titre de marquis porté par ces ancêtres, et ce titre fut affecté au majorat de baron, formé en sa faveur, en 1813.

Les représentants de cette maison, actuellement existants, sont :

1° Armand-Joseph-Marie de la Pierre, marquis de Frémeur, né à Tournay, le 24 juillet 1836, maire d'Auzouer, résidant actuellement au château de Pierrefitte, commune d'Auzouer (Indre-et-Loire); il a épousé, le 1ᵉʳ juillet 1863, Héloïse-Marie-Antoinette de Baillivy, née le 15 mars 1843, fille de Jean-Vincent-Gustave, comte de Baillivy et de Élisabeth-Joséphine de Préaux. De ce mariage est née, le 18 juillet 1866, Marie-Chantale-Élisabeth-Joséphine de la Pierre de Frémeur ;

2° Amédée-Joseph-Marie de la Pierre, comte de Frémeur, né à Tournay, le 15 février 1838 ;

3° Marie-Joséphine de la Pierre de Frémeur, née à Tournay, le 4 juin 1840, mariée en novembre 1858, à Ferdinand, comte de Lannoy.

D'or, à deux fasces de gueules. — Couronne de marquis. — Supports : deux licornes.

**PIERRE-BUFFIÈRE** (de), Chev., Sgrs de Montreuil-Bonnin, du Châtellier, près Paulmy, de la Tourballière, Chambray. (XVIIᵉ siècle). — Famille originaire du Limousin.

De sable, au lion d'or.

**PIERRES** (de), Chev., Sgrs de Fontenailles, d'Epigny, des Gardes, de la Bonninière, de Beaurepaire, de Mons, de Viannay, — des Pins, paroisse de Cussay, — du Poirier, de Chaillou, du Plessis-Baudouin, de la Bigottière, de la Godinière, de Prinçay, de Lecottière, de Marsay, — des Epaux, paroisse de Cravant, — de Rilly, de Nueil, du Fougeray, de Lepronnière, de Bretignolles, de la Houssaye, — de la Chévrie et de la Sainjoirie, paroisse de Chaumussay, — de la Boutinière, de la Cave, de la Cour-au-Berruyer, etc.... — Famille connue dès le XIIᵉ siècle. Elle s'est divisée en plusieurs branches.

La branche de la Bonninière et de Narsay, établie près
Chinon, s'est alliée aux maisons de Marconnay, Garnier de
la Maisonneuve, de Goullard, de la Rye, Petit de St-Chastre,
Claveurier, d'Avrillé, de Montléon, de St-Jouin, du Puy, du
Drac, Bustan, Courault, de Messémé, Villiers, de Maulay, de
la Motte-Montbrard, de Reffuge, Droüin, etc...

Daniel-Abel de Pierres, Chev., Sgr de Narsay, de Nueil,
capitaine au régiment de Champagne, chevalier de St-Louis,
comparut, en 1789, à l'Assemblée électorale de la noblesse de
Touraine. Le 6 février 1782, il avait épousé Louise-Cathe-
rine-Cécile Le Breton, fille de Jacques Le Breton, écuyer,
Sgr de Nueil, de Noiré, de la Chévrière, de Vonnes, etc...,
et de N. de Bourassé. De ce mariage est né Gabriel-Théodore
de Pierres, chevalier, seigneur de Narsay, marié, le 5 octobre
1805, à Eugénie de Pierres, fille de Pierre-Jean-Remy de
Pierres, chevalier, Sgr du Fougeray, de l'Epronnière, de la
Houssaye, de Bretignolles, etc..., et de Françoise-Marie de la
Barre. De ce mariage sont issus : Eugène-Désiré-Abel-Théo-
dore, né le 29 octobre 1811 ; 2° Auguste, né le 22 novembre
1812 ; 3° Eugénie-Zenaïde, née le 20 mai 1808.

La branche des Epaux s'est alliée aux maisons de Beauvau, Sgrs de Courcoué, et de Boittereau. — Gabriel de Pierres
des Epaux, capitaine au régiment de Champagne, comparut,
en 1789, à l'Assemblée électorale de la noblesse de Touraine.

Parmi ses alliances, la branche de Fontenailles et d'Epigny,
compte les familles de Mons d'Epigny, du Billard, de Fouchier, Scot de Coulanges, de Marsay, Cottereau, etc... —
René-Antoine de Pierres III, chevalier, Sgr d'Epigny et de
Fontenailles, épousa, le 20 février 1748, Anne-Marguerite
d'Harembure, fille de Paul d'Harembure, Sgr de la Chévrie,
et de Marie-Anne de Moussy. De ce mariage sont issus :

1° Antoine-Anne-Joseph, chevalier, marquis de Pierres,
officier de cavalerie, qui comparut, en 1789, à l'Assemblée
électorale de la noblesse de Touraine. Il épousa, en premières

noces, N. de Moussonvilliers, — et en secondes, N. de Nogerée.

2° Antoine-Alexandre de Pierres, chevalier de Malte, décédé en 1778;

3° Anne-Henriette de Pierres, mariée à N. de Vedières, baron de Cordes.

Jean-René de Pierres du Fougeray, officier de cavalerie, chevalier de St-Louis, fut créé vicomte, avec majorat, en 1820.

D'or, à la croix pattée et alaisée, de gueules.—Cimier : un ours issant, tenant une pierre en une de ses pattes, et ces mots : *Ours lance pierres.* — Devise : *Pour soutenir loyauté.*

PIÈTRE (Henri), abbé de Seuilly (1638).

D'azur, à la gerbe d'or ; au chef d'argent chargé de trois glands de sinople posés en bande.

PIGNIOL ou PIGNOL DE ROCREUSE (de), Chev., barons de Rocreuse, Sgrs de Pontlong, de la Turmelière (xviiie siècle).

Cette famille est originaire du Languedoc. Jean-Raimond, chevalier, seigneur de Pignol, épousa, en mai 1202, Marie Gironde, et rendit hommage, dans le cours de la même année, à Raymond, comte de Toulouse, pour son château de Pignol. Il était frère d'Adolphe de Pignol qui prit part à la sixième croisade et fut tué en Palestine en 1250.

Vers 1474, époque du mariage de Charles de Pignol avec Marie Mortier, la famille formait deux branches. François, fils de Charles, a continué la branche aînée, établie à Sarlat, sous le nom de Pignol. Cette branche est aujourd'hui représentée par Henri-Casimir de Pignol, et par son fils Louis-Gabriel, né le 28 octobre 1824.

La seconde branche, établie à Cormery, en Touraine, sous le nom de Pignol, barons de Rocreuse, était représentée, en 1789, par Gaspard-Jean-Joseph-Olivier de Pignol, baron de Rocreuse, chevalier de St-Louis, capitaine au régiment d'Agenois, puis lieutenant-colonel, agrégé en la place de Picardie, marié, en 1735, à Louise-Eléonore de Berthé de

Chailly. De ce mariage sont issus plusieurs enfants, dont l'aîné, Charles-Olivier, était capitaine-adjudant-major au 3ᵉ régiment d'infanterie en 1815.

Gaspard-Jean-Joseph de Pignol, baron de Rocreuse, chevalier, comparut, en 1789, à l'Assemblée électorale de la noblesse de Touraine.

De gueules, au sautoir d'or, accompagné de quatre besants de même; un dans chaque canton. — Devise : *Deus meus et Rex.* — Supports : deux lions. Couronne de comte.

**PIGNONNEAU** (de), Chev., Sgrs de Minotière, de la Roche-Belin, (paroisse de Civray-sur-Esvres), des Brières, de Boisgigon (xviiᵉ et xviiiᵉ siècles). — Famille originaire du Poitou.

René Pignonneau, Sgr du Teil; Etienne Pignonneau, Sgr de la Chapelle; Louis, Sgr des Minières; Isaac, Sgr des Minetières; René, Sgr des Bruères; François, Sgr de la Razelière; Léon, Sgr de Mérancelle; François, Sgr de Boisgigon, et François, Sgr de Beaumarchais, furent maintenus dans leur noblesse par sentence du 12 août 1667.

Jean-François de Pignonneau, Ec., Sgrs de la Roche-Belin, résidait à Ligueil en 1782.

Un des membres de la famille a comparu à l'Assemblée électorale de la noblesse de l'Anjou en 1789.

Jean-Eloi de Pignonneau, ancien garde de la Porte, émigra et fit partie des gardes de l'Institution de St-Louis (1792).

Résidence actuelle de la famille : Preuilly (Indre-et-Loire).

D'argent, à cinq fusées de gueules, en fasce.

Quelques membres de la famille ajoutent à ces armes *un lambel de gueules.*

**PIHÉRRY** de SIVRÉ, en Touraine (xviiiᵉ siècle).

En 1750-67, Jean-Marie Pihérry de Sivré, conseiller du roi, remplissait à Tours les fonctions de trésorier de France au bureau des finances de la généralité.

D'azur, à une flèche d'or montante; au chef d'hermines.

**PILLOTTE** DE LA **BAROLLIÈRE**, Chev., Sgrs de Malvaux (XVIIIe siècle).

Jacques-Marguerite Pilotte de la Barollière, chevalier, Sgr de Malvaux, chevalier de St-Louis, comparut, en 1789, à l'Assemblée de la noblesse de Touraine, pour l'élection des députés aux Etats-généraux.

Avant 1789, cette maison portait :

D'or, à trois coquilles de sable, 2, 1.

Créé baron de l'Empire, par lettres du 23 mars 1810, Jacques-Marguerite Pilotte de la Barollière, général de division, reçut les armes suivantes :

Ecartelé; aux 1 et 4 d'argent, à l'épée haute en pal, de sable; au 2 de baron-militaire, qui est de gueules, à l'épée haute d'argent; au 3 d'azur, au chevron d'or accompagné de trois croissants d'argent.

**PIN**, Chev., Sgrs de Granges (aujourd'hui Harembure), près Yzeures (XVe siècle). — Famille originaire de Normandie, où elle est connue avant l'an 1100. Elle a été maintenue dans sa noblesse en 1634 et en 1667.

D'argent, à trois bourdons de gueules posés en pal. — Devise : *Fidem peregrinans textor.*

**PIN** (Geoffroy du), abbé de Cormery (1583-86),

D'azur, au chevron d'argent accompagné de trois croissants de même, 2 en chef, 1 en pointe.

**PINCHINAT**, en Touraine.

D'azur, au chevron d'or; au chef de même chargé d'une étoile d'argent.

**PINDRAY** (de), Ec., Sgrs de la Touche, de Beaupuy, en Touraine.

Cette famille est originaire du Poitou. Elle a pris son nom de la terre de Pindray, près Montmorillon. Sa filiation remonte à 1353.

Jean de Pindray, Ec., Sgr de Beaupuy, demeurant à Champigny-sur-Veude, comparut en 1689, au ban convoqué à Chinon.

La famille de Pindray a été maintenue dans sa noblesse les 18 décembre 1666, 1er septembre 1667, 17 juillet 1698, 18 janvier et 24 novembre 1699. Elle a comparu en 1789, à l'Assemblée électorale de la noblesse du Poitou.

D'argent, au sautoir de gueules. — Couronne de marquis. — Supports : deux sauvages.

Un membre de cette famille, résidant à Chinon au xviie siècle, portait :

De sable, au chevron d'or, accompagné de trois molettes d'éperon de même.

**PINEAU** (du) Éc., Sgrs de la Chaubruère, paroisse de Gizeux (xvie siècle). — Famille originaire de l'Anjou.

D'azur, au chevron d'or (ou d'argent), accompagné de trois pommes de pin de même, la queue en haut.

**PINEAU DE LUCÉ**, en Touraine et au Maine (xviie et xviiie siècles).

Cette famille a fourni un abbé de Turpenay, Jean-Baptiste-Charles Pineau de Lucé de Viennay (de 1733 à 1789), et un intendant de Touraine, Jacques Pineau de Lucé (1743-45).

Anne-Marie-Françoise-Louise Pineau de Lucé, comparut, par fondé de pouvoir, à l'Assemblée électorale de la noblesse du Maine en 1789.

D'argent, à trois pommes de pin, de sinople.

**PINET**, Éc., Sgrs du Châtelier, paroisse de Varennes, relevant de Loches (xive siècle).

D'azur, au chevron d'or, accompagné de trois roses de même.

**PINGAULT DE LA RURIE**, Éc., Sgrs de la Rurie. — Au xviie siècle, cette famille résidait à Châteaurenault.

De gueules, à une épée d'argent en bande, la poignée d'or, accostée de deux coqs affrontés, d'argent.

**PINON**, Éc., Sgrs de la Martinière, *aliàs* la Chatryc, paroisse de N.-D. d'Oë (xviie siècle).

D'or, à trois pommes de pin de sable, 2, 1.

**PINON** (N.), receveur des consignations à Tours (1698).

D'argent, à trois pins arrachés de sinople, 2, 1.

**PINON** (Gatien), marchand-bourgeois, à Tours (fin du xviie siècle).

De sable, à un pin d'or.

**PIOGER** (Paul) prêtre, curé d'Antogny-le-Tillac (fin du xviiᵉ siècle).

D'or, à cinq tourteaux de sable posés en sautoir.

**PIOT**, Éc., Sgrs de Courcelles (xviiᵉ siècle).

D'azur, au chevron d'or accompagné de trois glands d'argent, feuillés et tigés de même.

**PIOVENNE** (de), Chev., Sgrs de Fouchault et de Montreuil, en Touraine (xviᵉ et xviiᵉ siècles).

D'argent, au lion armé et lampassé de gueules.

**PIOZET**, Sgrs des Fosses, paroisse de St-Pierre-de-Tournon, de la Roche-des-Vignaux, de l'Oisillière, des Vignaux, des Bauges (xviiᵉ siècle).

Paul Piozet, Sgr des Vignaux, près Preuilly, conseiller du roi, président du grenier à sel de Preuilly (1698), portait, d'après l'*Armorial général* de d'Hozier :

Bandé d'or et de sable de six pièces, et une champagne de pourpre chargée d'un léopard rampant d'argent.

**PIPELET**. — N. Pipelet, originaire de Paris, docteur en médecine, a résidé à Tours et est mort en 1823.

D'azur, à un arbre au pied duquel est une logette ou pipée de... — Couronne de comte. (D'après un cachet blasonné par M. Lambron de Lignim).

**PIQUET** DE LA MOTHE, en Touraine.

D'azur, à trois chevrons d'or accompagnés de trois fers de dard, la pointe en haut, 2 en chef, un en pointe.

**PIQUOIS** DE MONTENAY. — TROTIGNON DE MONTENAY DU MINHY. La famille Piquois apparaît aux environs de Mortain, en Normandie, vers la fin du xviiᵉ siècle ; elle n'était pas cependant originaire de ce pays. On trouve Etienne Piquois, écuyer, possédant la seigneurie de Benis, en Dunois, en 1290. Mais c'est seulement en 1681 que la filiation s'établit régulièrement. A cette époque vivait Pierre Piquois, Sgr de la Bagottière, paroisse de Coulouvray, près Mortain.

La famille Piquois s'est alliée, depuis le xviiᵉ siècle, à celles des Bouillons, Turpin du Cormier, de Launay, de Fresnay, Le Febvre d'Argencé, etc... Elle a habité Laval, Mayenne,

Guingamp, où mourut, le 7 janvier 1772, Pierre Piquois, Sgr du Val. En dernier lieu, elle a pris alliance avec la maison Trotignon de Montenay. De cette alliance est né un fils, Antoine-Abel-Alexandre Piquois de Montenay, né le 22 février 1833, membre de la Société archéologique de Touraine, qui a été adopté par son oncle maternel, M. André-Jacques-Isaac Trotignon de Montenay du Minhy, le 3 mars 1864. M. Piquois de Montenay a épousé, le 4 juillet 1865, Elizabeth-Marie-Antoinette des Mercières, née le 14 décembre 1845, fille de Charles des Mercières, conservateur des forêts à Moulins, et d'Anna de la Chastre.

La famille Trotignon de Montenay est originaire du Berry, où son existence est constatée à Buzançais et dans les environs, à la fin du xvie siècle. Elle a possédé les fiefs de Senandonne, de Davant, d'Argiet, de la Jarrie, de Liniers, de la Marmaigne et de Thery (xviie et xviiie siècles).

A cette maison appartenaient : Jean-Baptiste Trotignon de Montenay, écuyer, Sgr de Thery, chevalier de St-Louis, capitaine de cavalerie, brigadier de la garde écossaise, — Charles-Henry, Sgr de la Jarrie et de Liniers, officier au régiment de Perche-infanterie, — Jacques Trotignon, Sgr de Maurepas et de Montenay, dont le fils, Louis Trotignon de Montenay, Sgr de la Grande-Brosse et du Minhy, fut membre des assemblées du département des élections de Blois et de Romorantin en 1787-88, et du conseil d'administration en 1789. La famille Trotignon de Montenay s'est alliée à celles de Lecomte de Presle, de Cougny, Gendre de Marsan, de Nieul, Bonneau de la Porte, Aubespin de Razay, Blanchard de la Grande-Croix, de Gallais, Bertrand de Greuille, Hamart de Salle et de la Touche, Chabridon de Théry, de la Gautrie, Pillet de la Grande-Brosse, d'Auvergne de Meusnes, etc. Elle est représentée aujourd'hui par : 1° Louis-Hippolyte-Raymond Trotignon de Montenay, né en 1801, inspecteur des forêts, en retraite, marié à Léontine Vazelet de Fontaubert, résidant à Romorantin ; 2° André-Jacques-Isaac Trotignon de Montenay du Minhy, né le 21 novembre 1806, père adoptif d'Antoine-Abel-Alexandre Piquois de Montenay ; 3° Vicenta-Louise Trotignon de Montenay, née le 16 avril 1809 ; — et par Antoine-Abel-Alexandre Piquois de Montenay.

La famille Piquois porte :

D'azur, à deux piques posées en sautoir, accompagnées en chef d'une croix, en pointe d'un croissant surmonté d'une tige de trois lis, et en flanc de deux roses, le tout d'argent. — Devise : *Fidei coticula crux.*

La famille Trotignon de Montenay porte :

D'or, au sanglier de sable bandé d'argent, passant de face et accompagné de six glands de sinople, leurs bonnets de gueules, trois rangés en chef et trois en pointe (Ces armes ont été enregistrées dans l'Armorial de la généralité de Bourges en 1698).

PIRMIL ou PILMIL (Vincent de), chanoine du Mans, puis archevêque de Tours (1257), mourut le 19 septembre 1270.

Vairé d'or et de gueules.

PISCATORY DE VAUFRELAND.

Tiercé en bande : au 1 d'argent à cinq mouchetures d'hermines de gueules ; au 2 d'azur, au poisson d'or ; au 3 d'or, à la tête de cheval au naturel, posée de trois quarts, traversée en bande d'un sabre courbé, la pointe en haut, de sable.

PISSELEU (Charles de), évêque de Condom, abbé de Bourgueil (1557).

D'argent, à trois lions de gueules.

PISSONNET, Éc., Sgrs de Bellefonds et de Lancrau (xviie et xviiie siècles).

Guillaume Pissonnet de Bellefonds fut anobli par lettres de décembre 1697.

Paul Pissonnet de Bellefonds, Sgr de la Touche ; Pierre-Louis Pissonnet de Bellefonds, Sgr de la Roche-Clairembault ; Louis-Edouard Pissonnet de Bellefonds, Sgr du Verger ; André-Edouard-Honoré Pissonnet de Bellefonds, Sgr de Lancrau ; et Edouard-André Pissonnet de Bellefonds, Sgr de la Jousselinière, comparurent, en 1789, à l'Assemblée électorale de la noblesse de l'Anjou.

D'azur, au chevron d'or, accompagné de trois losanges d'argent, deux en chef, une en pointe.

PIVARDIÈRE (de la), Chev., Sgrs de Vinceuil, paroisse de Bossay (dès 1480), des Chezaux, de Villemessant, d'Ispot, de la Touche-Villemessant, du Bouchet, du Plessis-Doré, de Narbonne, de Richelieu (paroisse de Bossay), de Lage, de Guimont, de la Chassagne, etc. — Famille d'ancienne origine. Elle s'est alliée aux maisons de Salignac, de la Bastide, de la Touche-Ravardière, de Chauveron, Chauvelin, de Miomandre, de Malleret, de Barjon, Musnier, de Nollet de Tercillac, etc...

André de la Pivardière, Ec., Sgr de Vinceuil, fils de Louis, Ec., Sgr des Chezaux et de Vinceuil, et de Catherine de Salignac, résidait, avant 1636, dans la paroisse de Bossay. En 1602, il épousa Eléonore de la Bastide, dont il eut : 1° Antoine de la Pivardière, baptisé à Bossay, le 2 novembre 1610, capitaine d'une compagnie de cent hommes d'infanterie (1638); 2° Germain de la Pivardière, baptisé dans la même paroisse, le 6 mars 1612, major au régiment de Villevert ; 3° André (ou Anne) de la Pivardière, baptisé dans la même paroisse, le 25 octobre 1613; il fut maintenu dans sa noblesse, le 12 juillet 1668 ; 4° Pierre de la Pivardière, Ec., Sgr de Villemessant, baptisé à Bossay, le 4 juillet 1618.

Marie de la Pivardière, née le 3 novembre 1689, fut reçue à St-Cyr en avril 1710, sur preuves de noblesse certifiées par d'Hozier, juge d'armes.

Claude-Amable de la Pivardière, Annet-Marie de la Pivardière et Louis de la Pivardière, Chev., comparurent, les deux premiers en personne, le dernier par fondé de pouvoir, à l'Assemblée électorale de la noblesse de la Haute-Marche, en 1789.

D'argent, à trois merlettes de sable, 2, 1.

PLAIS ou de PLAYS, ou PLEX (de), Ec., Sgrs d'Avisé, près Amboise et de Ronnay, paroisse de Négron (xv° et xvi° siècles).

Claude de Plais fut élu maire de Tours en 1561.

D'azur, à trois plies d'argent, 2, 1.

**PLANCHE** (de la), Éc., Sgrs des Hayes. — Famille de Touraine anoblie en 1644, en la personne de Pierre de la Planche.

D'argent, à cinq fasces d'azur, à la barre d'or, brochant sur le tout.

Des membres de la même famille portaient :

D'argent, à cinq fasces ondées d'azur.

**PLANCHE** (de), en Touraine.

D'argent, à un chevron de sinople accompagné de trois aigles de sable, 2, 1.

**LA PLANCHE DE RUILLÉ** (de), en Anjou et en Touraine.

De sable, à cinq fasces ondées d'argent.

**PLESSIS** (du), Chev., ducs de Richelieu, Sgrs du Plessis, des Breux, de la Vervollière, de Thou, de Rives, de Lavau, de la Carrelière, de la Valinière, du Petit-Puy de Beçay, de Neuville, de Beçay, du Chillou, de la Tour, — de la Rouardière, près Cormery, — de la Jabinière, de Faye, de la Millaudière, de Ruys, de Vaux, etc... (du XIIe au XVIIe siècle).

Cette famille, illustrée par le célèbre cardinal de Richelieu, a pris son nom du Plessis de la terre du Plessis, située à deux kilomètres du Blanc (Indre), et celui de Richelieu, de la terre de Richelieu, en Touraine. Sa filiation remonte à Guillaume du Plessis, Sgr du Plessis et de la Vervolière, près Coussay-les-Bois (Poitou), qualifié de *valet* dans un acte de 1201.

Guillaume du Plessis eut deux fils : Pierre, Sgr du Plessis et de la Vervolière, et Jean, comte de Warwich, en Angleterre, décédé en 1263.

La famille a fourni cinq branches. Celle du Plessis, Sgrs du Plessis, de Thou, de la Carrelière, etc., s'est alliée aux maisons de Mausson, de Torsac, de la Châtre, de la Celle, de Maignac, Vigier, Guiot de la Lande, Fretard, de Harcourt, de la Touche, de Chasteigner, de Cherzé, d'Aloigny, etc... Une de ses propriétés féodales, celle de Thou, qu'elle a conservée pendant plus de 200 ans, est située dans la paroisse d'Yzeures, en Touraine. Cette terre, et le fief du Plessis, relevaient à foi et hommage lige des évêques de Poitiers, à cause de leur château d'Angles.

La branche de Richelieu eut pour auteur Sauvage du Plessis, Sgr de la Vervolière et de la Valinière, fils puîné de Guillaume du Plessis et de Charlotte de la Celle.

Sauvage du Plessis épousa, le 10 juillet 1388, Isabeau Le Groing, fille de Jean, Sgr de la Mothe-au-Groing, et de Lucques de Praelles. Il eut, entre autres enfants, Geoffroy du Plessis, Sgr de la Vervolière et de Richelieu, marié à Perrine de Clerembault, fille de Jean, Sgr de Richelieu. De ce mariage sont issus :

1° François, qui suit;

2° Pierre, Sgr de Hautemont ;

3° Antoinette, femme de Pierre de Loubes, Sgr de Gastevine;

4° Jacquette, mariée, en 1451, à Guyot de Giresme ;

5° Isabeau, femme de Jean Herpin, Sgr de la Herpinière (contrat de mariage du 13 janvier 1451).

François du Plessis, Sgr de Richelieu, de Beçay, de la Vervolière, etc..., écuyer tranchant de la reine Marie d'Anjou et de Charles de France, duc de Guienne, épousa, par contrat du 21 novembre 1456, Renée Eveillechien, fille de Jacques, et de Marie Sanglier. Par acte du 13 décembre 1488, Louis de Clerembault, son oncle maternel lui légua les terres de Richelieu et de Beçay.

François du Plessis, II° du nom, fils du précédent, épousa en premières noces (25 janvier 1489) Guyonne de Laval, — et en secondes (31 mars 1506) Anne Le Roy, fille de Guyon Le Roy, Sgr du Chillou, vice-amiral de France, et de Isabeau de Beauval. De son premier mariage il eut trois filles. Les enfants issus du second mariage sont :

1° Louis, qui suit ;

2° François, Sgr de Beaulieu, marié à Françoise de Trion ;

3° Jacques, aumônier de Henri II, et évêque de Luçon ;

4° François, Sgr de la Jalinière, gouverneur du Havre ;

5° René, prieur de Coussay-les-Bois ;

6° Antoine du Plessis, dit *le Moine*, chevalier des ordres du roi, capitaine-gouverneur de la ville de Tours (1562), mort le 19 janvier 1576 ;

7° Françoise, femme de Georges l'Enfant, Sgr de la Patrière ;

8° Anne, femme de Gabriel de Mauvoisin.

Louis du Plessis, Sgr de Richelieu, de la Vervolière, du Chillou, de Beçay, etc..., eut, entre autres enfants, de son mariage (contrat du 16 janvier 1542) avec Françoise de Rochechouart, François du Plessis, Sgr de Richelieu, grand-prévôt de France, conseiller d'État, capitaine des gardes-du-corps du roi, qui épousa en 1580 Suzanne de la Porte, fille de François de la Porte et de Claude Bochard. De ce mariage sont issus :

1° Henri, Sgr de Richelieu, maréchal-de-camp, mort en 1619 ;

2° Alphonse-Louis, abbé de Cormery (1631-53), doyen de St-Martin de Tours (1633-53), évêque de Luçon, puis archevêque d'Aix et de Lyon, cardinal et grand-aumônier de France, décédé à Lyon, le 23 mars 1653 ;

3° Armand-Jean, évêque de Luçon, cardinal, duc de Richelieu et de Fronsac, grand-maître, chef et surintendant de la navigation et commerce de France, pair de France, commandeur de l'ordre du St-Esprit, né le 15 septembre 1585, au château de Richelieu, décédé en 1642.

Par lettres données à Monceaux, au mois d'août 1631, registrées au Parlement le 4 septembre suivant, la seigneurie de Richelieu, avec union des terres de Mirebeau, de l'Ile-Bouchard, de Faye-la-Vineuse, de Ceaux, de Primery, de Neufville, de Nueil, de Maligon-le-Chillou, de l'Epine, de Beauregard, etc..., fut érigée en duché-pairie, en faveur du cardinal. D'autres lettres, du 27 décembre 1637, unirent encore au même duché les terres de la Chapelle-Bellouin, de Champigny-la-Rajace, de Chissay, de Cravant, de Saissay, de la Reille et de la Basse-Chancelée ;

4° Françoise, mariée en premières noces à Jean de Beauvau, et en secondes à René de Vignerot ; de ce mariage naquit un fils à qui le cardinal de Richelieu substitua son nom, ses armes et ses titres ;

5° Nicole, femme d'Urbain de Maillé, marquis de Brezé, maréchal de France.

Deux autres branches de la maison du Plessis se sont établies dans l'île de Chypre (XIIᵉ siècle). Une autre, dite de la Tour, existant encore en Touraine du temps du cardinal de Richelieu, a possédé plusieurs terres dans cette province. Elle figure à l'article suivant :

D'argent, à trois chevrons de gueules.

Alphonse-Louis du Plessis, doyen de St-Martin de Tours, portait :

D'argent, à trois chevrons de gueules, posé en cœur sur l'écu de Gênes, qui est d'argent à la croix de gueules.

PLESSIS (du), Éc., Sgrs de la Rouardière, la Tramaillère (XVIIᵉ siècle). — Famille issue des du Plessis-Richelieu.

Écartelé ; aux 1 et 4 d'argent, à trois chevrons de gueules ; aux 2 et 3 d'or à trois hures de sanglier de sable, 2, 1, qui est de Vignerot.

PLESSIS (du). — Chev., Sgrs de la Châtre, d'Ouchamps, de Savonnières (XVIIᵉ siècle). — Famille connue dès le XIVᵉ siècle. Elle a été maintenue dans sa noblesse le 25 mai 1494.

D'argent, à la croix engrêlée, de gueules, chargée de cinq coquilles d'or (ou d'argent).

PLESSIS (du), en Touraine (XVIIIᵉ siècle).

D'azur, à trois colombes d'argent, 2, 1 (celles du chef affrontées), chargé en cœur d'un écu d'azur bordé d'or, le premier écu ayant un chef d'or chargé d'un lion naissant, de gueules.

PLESSIS DE GRENEDAN (du), Chev., comtes du Plessis-Grenedan, Sgrs de Bois-le-Roy, de Cangé, paroisse de Saint-

Avertin, des Fosses-Rouges, du Mortier et de la Fresnaye, en Touraine (xviiie siècle).

D'argent, à une bande de gueules chargée de trois molettes d'éperon d'or, et surmontée d'un lion de gueules, armé et lampassé d'or.

**PLESSIS DE LA RIVIÈRE** (du), Chev., comtes de la Rivière et de Plœuc, vicomtes de la Roche de Gennes et d'Azay, Sgrs de Chédigny, de Paulmy, Relay, Balesmes, Fontenay, Armençay, du Breuil, Ciran-le-Latte, Plessis-Ciran, Boizé, du Fau (Reignac) (xviie et xviiie siècles).

D'azur, à la croix engrêlée d'or.

**PLESSIS-LAILLER** (du), en Touraine (xviie siècle). — Au xviie siècle, cette famille résidait dans la paroisse de Vouvray. Une branche s'est établie en Bretagne.

De gueules, au chevron d'argent accompagné de trois coquilles d'or, 2, 1.

**Plessis-les-Tours** (Chapitre de la Ste-Chapelle du).

D'or, semé de fleurs de lis de gueules, à une aigle essorante, de sable, brochant sur le tout.

**Plessis-les-Tours** (Les religieux Minimes du), à la fin du xviie siècle.

D'azur, au mot *Charitas*, d'or ; les trois syllabes posées l'une sur l'autre ; le tout enfermé dans un cadre ovale, rayonnant, aussi d'or.

**PLUVINEL** (de). — Cette famille résidait à Tours, dans la paroisse St-Saturnin, en 1592.

D'azur, à un homme d'armes à cheval tenant l'épée nue et haute à la main dextre, d'or ; écartelé d'azur à un flambeau d'argent posé en barre, la flamme en bas, d'or.

**POCÉ** (de), Chev., Sgrs de Montbazon (xie siècle), de Destilly (xiie siècle), de Pocé (du xie au xiiie siècle).

Echiqueté de... et de...

Le sceau de Marguerite de Pocey, 15e abbesse de Fontevrault (1285), représente *une aigle éployée*.

**POQUET DE LA MARDELLE**. — Originaire de la Touraine, cette famille réside actuellement dans le département de l'Indre.

François-Claude Pocquet a été anobli par lettres-patentes

du 15 février 1823 ; les armoiries suivantes lui ont été accordées par les mêmes lettres :

D'azur, au lion d'or tenant de la patte dextre une tige de lis d'argent ; au chef d'argent chargé d'un serpent rampant, de sinople, lampassé de gueules.

**POCQUET** DE **LIVONNIÈRE**, Éc., Sgrs de Franc-Palais, de Luzé, de la Boissière (XVIIIᵉ siècle).

Jean-Marie-Claude-Scévole Pocquet de Livonnière, écuyer, comparut, en 1789, à l'Assemblée électorale de la noblesse de Touraine.

De gueules, à une fasce d'argent chargée de trois croix pattées, de sable. — Couronne de comte. — Supports : deux lions.

Claude Pocquet, Sgr de Livonnière, conseiller du roi au présidial d'Angers et professeur de droit dans l'université de cette ville, portait, d'après l'*Armorial général* (généralité de Tours, nᵒ 974) :

D'azur, à un chevron d'or, accompagné de trois étoiles d'argent en chef et d'un croissant de même en pointe.

**PODENAS** (de), prince de Podenas. — Famille originaire de Gascogne, où elle est connue dès le XIᵉ siècle.

Écartelé ; aux 1 et 4 d'argent, à trois fasces ondées, d'azur, qui est de Podenas ; au 2 contre-écartelé ; aux 1 et 4 de gueules plein ; aux 2 et 3 d'azur à trois fleurs de lis d'or, qui est d'Albret ; au 3 contre-écartelé ; aux 1 et 4 d'argent, au lion de gueules ; aux 2 et 3 de gueules, au léopard lionné d'or, qui est d'Armagnac. — Supports : deux lions.

**POEZE** (de la), Chev., comtes de la Poëze. — Famille très-ancienne, originaire de Bretagne où elle a possédé la seigneurie de la Poëze, paroisse de Loroux-Bottereau. Elle a été maintenue dans sa noblesse en 1530, 1589 et 1667.

Marie-René-Antoine et René-François-Aimé de la Poëze, comparurent, en 1789, à l'Assemblée électorale de la noblesse de l'Anjou.

Par ordonnance royale du 17 septembre 1817, Louis-René-Ambroise de la Poëze, capitaine au corps de carabiniers de Monsieur, a été autorisé à ajouter à son nom celui d'Harembure.

D'argent, à trois bandes de sable. — Supports : deux chevaux d'hermines. — Devise : *Auxilium ad alta.*

POICTEVIN ou POITEVIN, Ec., Sgrs de Boisdais, de la Vienne, paroisse de Chaumussay. — Au xvii<sup>e</sup> siècle, cette famille résidait à Abilly.

De gueules, à trois besants d'or, 2, 1.

POICTEVIN, Sgrs de Villiers.

D'azur, à six besants d'or, 3, 2, 1 ; au chef cousu de gueules.

POICTRAS, en Touraine et en Orléanais (xvii<sup>e</sup> et xviii<sup>e</sup> siècles). — Cette famille a fourni un conseiller du roi, rece-veur des consignations au bailliage de Vendôme, Jacques Poictras (1696).

D'argent, au lion d'azur.

POIGNAND de LORGÈRE, Chev., Sgrs de Lorgère. — Cette famille, originaire du Poitou, comparut à l'Assemblée électorale de la noblesse de cette province, en 1789.

Jean Poignand de Lorgère, lieutenant-particulier en la sénéchaussée de Poitiers, maire de cette ville (1718), portait, d'après Thibaudeau :

D'argent, au lion de gueules, armé et lampassé de même, rampant. — Devise : *Ad nullius pavebit occursum.*

POIGNANT (Bernard), prêtre, curé de Crissay (fin du xvii<sup>e</sup> siècle).

De sable, à deux chevrons d'argent.

POILLÉ (de).

Parti, d'argent et d'azur, au lion passant, de gueules.

POIRIER, Sgrs des (ou de) Bournais, de Nueil-sous-Faye, de la Ripaudière, de Razines, de Bellebat, de la Guignetière, de Narçay, de la Tour de Brou, de la Cour de Germiny, de Beauvais, du Portail, des Rozais, de la Mobilière, etc. — Famille originaire du Poitou. Elle a donné les fonctionnaires et un dignitaire ecclésiastique dont les noms suivent :

Pierre Poirier, premier médecin du roi (vers 1700) ;

Pierre Poirier, avocat au Grand-Conseil ;

Eustache Poirier, bachelier en théologie, doyen de la Ste-Chapelle de Champigny ;

François Poirier, sénéchal à Richelieu ;

Jean Poirier, conseiller du roi, président en l'élection de Richelieu (1706);

Jacques Poirier, aussi conseiller du roi, et président en l'élection de Richelieu (1708);

Louis Poirier, procureur du roi, en la même élection (par provisions du 20 avril 1736) ;

Joseph Poirier, Sgr de la Ripaudière, président, lieutenant général en la même élection (1748-67);

François Poirier de Bournais, conseiller du roi, président en l'élection de Richelieu, décédé en 1754 ;

Alexandre-Joseph Poirier, Sgr de la Fouquetière et de la Ripaudière, avocat au Parlement au siége de Richelieu (vers 1754), puis conseiller du roi, président au grenier à sel de la même ville (par provisions du 20 avril 1758) ;

Bertrand-Eustache Poirier, grenetier au grenier à sel de Richelieu (par provisions du 3 mars 1759) ;

Bertrand Poirier, avocat au Parlement, conseiller du roi, assesseur en la maréchaussée de Touraine, à la résidence de Chinon, mort victime de la Révolution (1793). Son fils, Bertrand Poirier, Sgr de Beauvais, de la Ripaudière et de Mérieau, conseiller au Grand-Conseil, chevalier de St-Louis, fit la guerre de Vendée et fut colonel d'artillerie sous M. de Marigny. Il se distingua au passage de la Loire. Il a laissé un fils, décédé à Aigues-Mortes. Son frère, N. Poirier de Bournais, marié à N. Gatian de Clérembault, n'a pas eu d'enfants.

Alexis-Préjean Poirier des Bournais, frère de Bertrand, qui, comme nous venons de le dire, mourut en 1793 victime de la Révolution, épousa, le 23 mars de cette année, Charlotte Droüin de Parçay, dont il eut deux filles : Eléonore-Charlotte Poirier des Bournais, mariée, en 1811 (ou 1812), à son cousin, Charles-Urbain Gaultier, inspecteur des domaines, — et Anne-Alexis Poirier des Bournais, mariée, en 1817, à Gabriel-Jules Voisine.

Parmi les autres familles auxquelles les Poirier des Bour-
nais se sont alliés, on remarque celles du Plessis, Le Grand, de
Blet, de la Bouralière, Lenée, de Chailly, de Rougemont,
Drouin de l'Olive, de la Mothe, Tourneporte de Voutes, de
Noiré, etc...

D'argent, au chevron de sable, accompagné de deux étoiles d'azur en chef,
et d'un poirier, arraché, de sinople, fruité d'or, en pointe. — Supports : deux
lions. — Couronne de comte.

**POIRIER**, Éc., Sgrs de la Roche-Girard, *alias :* Beauvollier,
et du Boullay, paroisse de Fondettes (xviie et xviiie siècles).

D'azur, à trois poires, d'or, feuillées de même, 2, 1.

**POISSON.** — Famille de Touraine fort ancienne et qui
résidait à Loches au xviie siècle.

D'azur, à trois poissons (ou deux) d'argent, l'un sur l'autre, en fasce.

**POISSON**, Éc., Sgrs de Neuville, en Touraine (xviie
siècle).

D'azur, à un dauphin d'argent couronné d'or.

**POISSON** (René), Sgr de Gastines (fin du xviie siècle).

De gueules, au poisson d'or.

**POISSY** ou **POILLY** (Hugues II, de), abbé de Beaulieu,
en Touraine (1468-82).

Parti (ou coupé), au 1 de gueules, à la fasce d'or chargée de deux têtes de
léopard arrachées, d'or, une en chef, l'autre en pointe; au 2, fascé d'argent
et d'azur à la bande de gueules chargée de trois rubis d'or.

**POITEVIN**, Éc., Sgrs du Clos, en Touraine (xviie et xviiie
siècles).

En 1670, Simon Poitevin, conseiller du roi, remplissait à
Tours les fonctions de trésorier de France au bureau des
finances de la généralité.

De gueules, à deux flèches passées en sautoir, d'argent, les pointes
en bas.

**POITEVIN** (Louis), prêtre, curé de Lemeré, élection de
Richelieu (fin du xviie siècle).

De gueules, fretté d'argent.

**POITIERS** de **SAINT-VALLIER** (de), Chev., Sgrs de Saint-
Vallier, — puis du Bridoré et d'Etableaux, par suite d'une

donation de tous leurs biens faite par les fils et héritiers de Geoffroy Le Meingre, dit Boucicault, à Aymar de Poitiers de St-Vallier (2 janvier 1490), à condition que les donataires écartèleraient leurs armes de celles de Boucicault.

Ecartelé ; aux 1 et 4 d'azur à six besants d'argent, 3, 2, 1 ; au chef d'or, qui est de Poitiers de St-Vallier ; aux 2 et 3 d'argent à l'aigle éployée de gueules, becquée et membrée d'azur, qui est de Boucicault.

Diane de Poitiers, duchesse de Valentinois, dame de la châtellenie de Chenonceau, du Defais et de Coulommiers, à Francueil, — du fief du Rouvray, paroisse de St-Jean-sur-Indre, près Loches (xvie siècle), porta, jusqu'en 1548, époque à laquelle elle fut créée duchesse de Valentinois :

Parti de Poitiers St-Vallier et de Brezé.

A partir de 1548 ses armes furent modifiées ainsi qu'il suit :

Parti ; au 1 d'azur à 8 croisettes d'or posées en orle autour d'un écusson d'or comblé d'azur, et l'azur rempli d'argent ; au 2 écartelé ; aux 1 et 3 d'azur à six besants d'argent, 3, 2, 1, au chef d'or, qui est Poitiers St-Vallier ; au 2 d'azur semé de fleurs de lis d'or, au quartier d'argent, à trois croissants mal ordonnés de gueules ; au 4 d'argent, aux emmanchés de sable, qui est de Ruffo.

Ces armes se trouvent dans le manuscrit 6183 de la Bibliothèque impériale, et dans les *Lettres inédites de Diane de Poitiers*, publiées par Guiffray, Paris, Renouard, 1866.

**POIX** (de), Éc., Sgrs de Marescreux, en Touraine (xviie siècle).

D'azur, à trois aigles d'or, 2, 1.

**POMMEREU** (de), Chev., marquis de Rizay, Sgrs de la Bretèche et de St-Piat (xvie siècle).

Michel-Gervais-Robert de Pommereu, marquis de Rizay, fut intendant de Touraine de 1726 à 1731.

D'azur, au chevron d'argent (ou d'or) accompagné de trois pommes de même, versées, tigées et feuillées d'or.

**POMMEREUL** (François-René-Jean de), baron de Pommereul (par décret du 15 août 1809), préfet d'Indre-et-Loire (30 décembre 1800).

Ecartelé ; à la bordure d'hermines ; au 1 d'or à la plante de fougère de sinople ; au 2 des barons-préfets brochant sur la bordure ; au 3 de gueules à la pomme d'argent, tigée et feuillée de sinople, en barre; au 4 d'azur, au tube de canon en barre, et à la plume en bande d'argent, croisés en sautoir.

**Les anciennes armoiries des Pommereul étaient :**

De gueules, au chevron d'or, accompagné de trois molettes d'éperon, d'argent, 2 en chef, 1 en pointe.

**POMMEREUX** (de), à Benais, en Touraine (xive siècle).

D'argent, à dix annelets de gueules, 4, 3, 2, 1.

**POMMYER**, Éc., Sgrs de Marcé et de la Thibaudière (xviiie siècle).

Pierre-Louis Pommyer, écuyer, sous-lieutenant de remplacement au régiment de Royal-Roussillon, cavalerie, et François-Noël Pommyer de Marcé, écuyer, garde-du-corps du roi, comparurent, en 1789, à l'Assemblée électorale de la noblesse de Touraine.

D'argent, au pommier de sinople, sur une terrasse de même, fruité d'or; au chef d'azur chargé de trois étoiles d'argent. — Couronne de marquis. — Supports : deux lions.

*Aliàs :* D'or, à un arbre de sinople; au chef d'azur (d'après Dubuisson).

**PONARD** (de), en Touraine.

D'azur, à trois fasces d'or.

**PONCHER**, Chev., Sgrs de Chanfreau, de Limours, de Châteaufort, de Lésigny, de Mancy, etc... — Famille originaire de Touraine. Elle a pour auteur Jean Poncher, né à Tours, garde de la Monnaie de cette ville. Parmi les dignitaires ecclésiastiques et les fonctionnaires qu'elle a fournis, on remarque :

André Poncher, chanoine de St-Aignan (1493);

Martin Poncher, grenetier au grenier à sel de Tours (1459);

Jean Poncher, secrétaire et argentier des rois Charles VIII et Louis XII, maire de Tours (1502);

Etienne Poncher, chanoine de St-Gatien et de St-Martin de Tours, évêque de Paris (1503), chancelier de l'ordre de St-Michel, garde des sceaux de France (jusqu'au 2 janvier 1514), archevêque de Sens (1519), décédé le 24 février 1524, âgé de 78 ans;

François Poncher, conseiller au Parlement, chanoine de Tours et archidiacre d'Outre-Vienne, évêque de Paris (1512), mort à Vincennes le 12 septembre 1532 ;

Etienne Poncher, chanoine de l'Église de Tours et archidiacre d'outre-Vienne, évêque de Bayonne, abbé de la Clarté-Dieu, archevêque de Tours (1550), mort le 15 mars 1552.

Nicolas Poncher, secrétaire du roi, président de la Chambre des Comptes (1544);

Jean Poncher, Sgr de Chanfreau, maître des requêtes (1553).

D'or, au chevron de gueules, chargé en chef d'une tête de maure, de sable, bandée d'argent et accompagnée de trois coquilles de sable, 2 en chef et 1 en pointe.

Jean de Poncher, maire de Tours, portait :

D'or, au chevron de gueules accompagné de trois coquilles de sable.

Etienne Poncher, archevêque de Tours (1550-52), portait :

Ecartelé; aux 1 et 4 de Poncher; aux 2 et 3 d'or, à la croix d'azur cantonnée de quatre soleils de gueules.

PONCHER (Charles), Éc., Sgr de Beauvais, élection de Richelieu (fin du xviie siècle).

D'or, à un chevron de gueules chargé sur la pointe d'une tête de léopard, d'or, et accompagné de trois coquilles de sable, deux en chef et une en pointe.

PONS (de), à Razay, près Montrichard (xvie siècle).

Pierre de Pons, né à Razay, mourut le 7 juillet 1512.

D'argent, au chef de Malte.

PONS (de), Chev., Sgrs de Pons, relevant du château de Loches (1327); de Cingé, paroisse de Bossay (avant 1382); — d'Ys, de Rançay et de Pouzières (xive, xve et xvie siècles).

D'argent, au pont de sable, surmonté d'une aigle et de trois étoiles de même.

PONT (du), Ec., Sgrs de Velours (xviie siècle).

D'argent, semé de fleurs de lis d'azur; au lion de même, armé, lampassé et couronné d'or, brochant sur le tout.

PONTAVICE (de), Sgrs de St-Laurent (xviie siècle).

Gabriel-Jean de Pontavice, Sgr de la Chaudronnais, comparut, en 1789, à l'Assemblée électorale de la noblesse du Maine.

A la même époque, Alexandre-Armand de Pontavice, Sgr de Rouffigny, comparut à l'Assemblée électorale de la noblesse de Normandie.

D'argent, au pont de trois arches de gueules, maçonnées de sable.

**PONTBRIANT** (François de) Éc., Sgr du parc de Plessis-les-Tours et capitaine-gouverneur de Loches (fin du xv^e siècle).

Gilles de Pontbriant, aumônier du roi, était trésorier de St-Martin de Tours.

D'argent, au lion d'azur, lampassé et armé de gueules.

Alain de Pontbriant, chevalier croisé (1191), portait :

D'azur, au pont à trois arches, d'argent, maçonné de sable.

**PONT DE GAULT**, en Touraine.

Écartelé ; aux 1 et 4 de gueules, à deux fasces d'argent ; aux 2 et 3 d'or à deux lions armés et couronnés, de gueules.

**PONT, DU PONT D'AUBEVOYE** (du), Chev., marquis d'Oysonville, comtes de Lauberdière, Sgrs du Pont et de la Roche-Huon, près l'Ile-Bouchard, de Négron, de Rilly, de la Corbinière, la Fourmendière, la Huchelonnière, de Barreau, de Chaveignes, de la Chesnaye, la Gouberie, la Verrerie, du Tertre, de la Beauceraye, de Beaupuy, paroisse de Panzoult, de la Massonnière, paroisse de St-Christophe, de Barrou (du xii^e au xviii^e siècle), et d'Aubevoye, en Anjou ; — barons de l'Empire.

Cette famille, connue d'abord sous le nom DU PONT, et ensuite sous celui de DU PONT D'AUBEVOYE, a fourni deux chevaliers-croisés : Aimery du Pont (1147), et Raoul du Pont (1190).

Elle a été maintenue dans sa noblesse les 5 octobre 1607, 15 janvier 1636, 31 janvier 1657, 15 mars 1665, 18 juin 1693, 24 juillet 1698 et 20 juillet 1715.

René du Pont, protonotaire du Saint-Siége, chanoine de l'Eglise de Tours et archiprêtre de l'Ile-Bouchard, est mentionné dans un acte de 1520.

François-Charles-Mathieu du Pont d'Aubevoye comparut par fondé de pouvoir, en 1789, à l'Assemblée électorale de la noblesse du Maine. D'autres membres de la famille comparurent à l'Assemblée de la noblesse de l'Anjou.

D'argent, à deux chevrons de gueules. — Supports : deux lions. — Devise : *Virtute et labore.* — Couronne de marquis.

N. du Pont d'Aubevoye de Lauberdière, général de brigade. membre du Corps législatif, baron de l'Empire, portait :

D'argent, à deux chevrons abaissés et superposés, de gueules ; franc-quartier de baron-militaire.

PONTHIEU (de), Chev., Sgrs de Boisdais (xviiie siècle).

Cette famille a été maintenue dans sa noblesse le 9 avril 1699.

Louis-Thomas-Charles, comte de Ponthieu, comparut, en 1789, à l'Assemblée électorale de la noblesse du Poitou.

Ecartelé d'or et de gueules.

PONTLEVOY (de), en Touraine (xiiie, xive et xve siècles).

En 1253, Jean de Pontlevoy fonda, à Tours, l'hôpital de St-Jean-Baptiste-des-Ponts.

Florie de Pontlevoy, prieure de Moncé, est mentionnée dans un titre de 1319.

D'argent, à trois chevrons de sable; au chef de gueules.

PONTOISE ou PONTHOISE (de), Ec., Sgrs de Bray, en Touraine (xviie siècle).

D'argent, à une aigle à deux têtes, de sable; au chef de gueules.

Louis-César de Pontoise, Sgr de Gomer-St-Brice, demeurant à la Borderie, paroisse de Chenu ; — Pierre de Pontoise et Jérôme de Pontoise, vivant en 1696, portaient :

D'argent, à l'aigle éployée, de sable; au chef d'azur.

PONTS (Jean-Emmanuel des), comte d'Albaret, lieutenant du roi en Touraine (1701).

D'argent, au sautoir de gueules.

**Ponts-de-Tours** (Sceau aux contrats de la Cour de la justice des), en 1558.

De... au chevron de... accompagné de trois tourteaux (ou besants) de...

**PONTVILLE** (de), Chev., Sgrs de St-Germain-sur-Vienne et de la Pelouzière (xv⁰ siècle). — Cette famille paraît être originaire de Normandie.

De gueules, à trois fers de lance, à l'antique, d'argent.

**PORCHERON**, Ec., Sgrs de Saint-James, de Vernay et de Beroutte (xvii⁰ siècle). A cette époque une branche résidait dans la paroisse de Marnay. Une autre branche habitait la paroisse de Sepmes.

D'or, à un chevron d'azur, accompagné en chef de deux hures de sanglier affrontées, de sable, défendues d'argent, et en pointe d'un porc-épic de sable.

**PORTAIL**, Ec., Sgrs de Vaudreuil et de Bouillé.

En 1750, François Portail, conseiller du roi, remplissait à Tours les fonctions de trésorier de France au bureau des finances de la Généralité.

Semé de fleurs de lis d'or, à la vache passante, d'argent, clarinée de même, accolée, acornée et couronnée de gueules.

François Portail, Sgr de Chaineraison, et René Portail, Sgr de Vinay (au Maine), portaient :

Semé de France, au bœuf passant, au naturel, couronné d'argent. — *Alias* : D'argent, à deux fasces de gueules et deux de sable, ondées.

**PORTE** (Guyart de la), bailli de Touraine (1304-06).

D'or, au chevron de gueules.

**PORTE** (de la), avocat à Tours (1776).

D'azur, au lion armé de..., au chef de... — Couronne de comte.

**PORTE** (de la), ducs de Mazarin et de la Meilleraye, barons de Véretz (1698), Sgrs de la Brethonnière, du Grand-Villiers, de la Gaignerie, paroisse de Véretz, de Larçay, et de la Seguinière, paroisse de Larçay (1702). — Maison originaire de Parthenay.

Avant 1664, cette famille portait :

De gueules, au croissant d'argent chargé de trois mouchetures d'hermines.

Après 1664, époque de son alliance avec les Mazarin, elle porta :

D'azur, à la hache d'armes d'argent, dans un faisceau d'or lié d'argent, posé en pal, et une fasce de gueules sur le tout, chargée de trois étoiles d'or.

PORTEBISE ou PORTEBIZE (de), Ec., Sgrs du Bois, — en Touraine et au Maine (xviie siècle).

Jeanne de Portebise, née en 1679, fut reçue à St-Cyr, en 1686, après preuves de noblesse, desquelles il résultait que Jean de Portebise, Ec., Sgr du Bois, et Jeanne de la Roche, sa femme, vivants en 1446, étaient ses sixièmes aïeux.

De gueules, à cinq besants d'or posés en sautoir.

Les puînés brisent d'*une bordure de sable.*

PORTES de SAINT-PÈRE (des), Chev., Sgrs du Boulay, paroisse de Fondettes, — de Morand et de la Fauconnière (xviie et xviiie siècles). — Famille originaire de la Bretagne, et dont la filiation remonte à 1324. Elle a été maintenue dans sa noblesse le 23 septembre 1671. La dernière branche s'est éteinte dans les maisons de la Poëze, de Cumont et du Prat.

Par acte du 7 septembre 1645, Pierre des Portes, écuyer, vendit la terre du Boulay à Jacques Poirier, de Tours.

D'azur, à trois fusées d'or, en fasce, l'une sur l'autre.

POT, Chev., comtes de St-Pol, barons de Preuilly, Sgrs du Blanc, Toiré, Givry, Nesle, la Roche de Nolay.

Guy Pot fut pourvu de l'office de bailli-gouverneur de Touraine, par lettres datées du Plessis-les-Tours, le 1er avril 1483, et fut destitué vers 1510.

Louis Pot, frère du précédent, évêque de Lectoure et abbé de Marmoutier, mourut le 15 mars 1505,

D'azur, à trois pots de sable, 2, 1.

Guy Pot et Louis Pot portaient :

D'or, à la fasce d'azur.

POTEL, Ec., Sgrs de Boisregnault, paroisse de Ballan (xviie siècle).

De gueules, à trois colonnes de gueules, en pal, sommées de trois boules de même.

Sébastien Potel, conseiller-secrétaire du roi, ajoutait à ces armes :

Un chef d'azur chargé de trois étoiles d'or, et les accolait d'argent à un chevron d'azur accompagné de trois étoiles de même.

**POTIER** (Gérard), abbé de Cormery (1352-76).

De..., à trois sauterelles de.... 2, 1 ; au franc-canton de... chargé d'une mouchoture d'hermines.

**POTIER** (Louis), marquis de Gesvres, lieutenant-général des armées du roi, bailli de Valois et de Caen, gouverneur-lieutenant-général de Touraine (1642), fut tué au siège de Thionville, le 6 août 1643. Il était fils de René Potier, duc de Tresmes et de Marie de Luxembourg de Piney.

Ecartelé ; au 1 d'argent, au lion de gueules couronné et lampassé d'or, la queue fourchée, nouée et passée en sautoir, qui est de Luxembourg ; au 2 d'or à trois manches mal taillées de gueules, qui est de Condé ; au 3 de Lorraine ; au 4 de Savoie ; et sur le tout : d'azur, à trois mains appaumées d'or, au franc-canton échiqueté d'argent et d'azur.

**POTIER** (Louis), prêtre, curé de St-Pierre, de Beaulieu, près Loches (1698).

D'argent, à un chevron de gueules, accompagné en chef de deux étoiles d'azur et en pointe d'une colombe portant en son bec un rameau d'olivier de même.

**POTIER** DE **COURCY** (de), barons de Courcy, en Touraine et en Normandie.

Léonor-Clair de Potier de Courcy, comparut, en 1789, à l'Assemblée électorale de la noblesse de Normandie.

De gueules, à la fasce d'argent accompagnée de trois croisettes de même.

**POTIER** DE **NOVION**, Chev., Sgrs de Baudrys, en Touraine (XVIIIᵉ siècle).

D'azur, à trois mains appaumées d'or ; au franc-canton échiqueté d'argent et d'azur.

**POUGEARD** DU **LIMBERT** (le baron), préfet d'Indre-et-Loire (décret du 16 octobre 1865), nommé préfet de la Haute-Garonne, le 3 février 1866.

D'azur, au chevron d'argent, accompagné de trois boulets d'or ; franc-quartier de baron-préfet.

POUGET DE NADAILLAC (du), barons, comtes et marquis de Nadaillac, vicomtes de Monteil. — Famille originaire du Quercy, où elle est connue dès le XIᵉ siècle. Elle compte parmi ses illustrations un chevalier croisé (1147), un cardinal et plusieurs généraux et lieutenants généraux. Sa filiation suivie commence par Bertrand du Pouget, vivant en 1246. Ses maintenues de noblesse datent des 28 juin et 10 novembre 1667 et du 12 août 1698. Elle résidait à la Ferrière, en Touraine, avant la Révolution et y a résidé depuis.

Arnould-François-Léopold-Odile-Sigismond du Pouget, marquis de Nadaillac, né à la Ferrière, le 7 janvier 1784, commandeur de la Légion d'honneur, maréchal-de-camp, député de la Haute-Vienne, a épousé, le 14 mai 1817, Catherine-Marie Mitchell, dont il a eu : Jean-François-Albert et Roger-François-Sigismond, nés le 16 juillet 1818; — Jean-Bertrand-Gaston, né le 1ᵉʳ septembre 1821, mort en 1824, — et Marie-Claire-Augustine-Hélène, née le 3 août 1826.

D'or, au chevron d'azur, accompagné en pointe d'un mont de six coupeaux de sinople. — Couronne de marquis. — Tenants : deux sauvages de carnation armés de leurs massues. — Devise : *Virtus in hæredes.*

POULAIN DE LA GUERCHE (XVIIᵉ siècle).

D'argent, à l'arbre arraché, de sinople; au franc-canton de gueules chargé d'une croix engrêlée, d'argent. — Couronne de comte.

POULAIN DE VAUJOIE ET DE BOISGOURD, en Touraine, Ec., Sgrs de la Roche-Musset, paroisse de Cinq-Mars (XVIIIᵉ siècle).

Louis-Mathurin Poulain de Vaujoie, trésorier de France au bureau de la généralité de Tours, est cité dans un acte de 1765.

D'azur, à deux coquilles d'or posées en chef, et un fer de lance de même posé en pointe.

POULPRY (de), Chev., marquis de Poulpry, comtes de Keraval, Sgrs de Bonroy (XVIIIᵉ siècle). — Famille originaire de Bretagne.

Catherine-Françoise Castanier de Conffoulens, veuve de Louis-Marie de Poulpry, lieutenant-général des armées du roi,

comparut par fondé de pouvoir, en 1789, à l'Assemblée électorale de la noblesse de Touraine.

D'argent, à un rencontre de cerf de gueules.

**POURCELLET,** bourgeois de Tours (fin du xviie siècle).

D'or, à trois sangliers passants, de sable, 2, 1.

**POURROY** DE QUINSONNAS ET DE L'AUBÉRIVIÈRE (de),
Sgrs de l'Aubérivière, marquis de Quinsonnas. — Famille
originaire du Dauphiné. Elle s'est alliée aux maisons du Faure,
de Monteynard, de Durfort de Civrac, de Virieu, de Choiseul
d'Aillecourt, Costa de Bauregard, de Jessé, de Boquestant,
etc...

Joseph-Octavien-Marie-Emmanuel-Victor de Pourroy de
l'Aubérivière, marquis de Quinsonnas, général de brigade,
ancien pair de France et gentilhomme de la chambre de
Charles X, commandeur de l'ordre royal et militaire de St-
Louis, officier de la Légion d'honneur, est mort le 20 mars
1852, âgé de 96 ans.

D'or, à trois pals de gueules; au chef d'azur, chargé de trois molettes
d'argent.

**POUSSARDIÈRE** (de la), Ec., Sgrs de la Poussardière, en
Touraine (xvie siècle).

D'azur, à une fasce d'or accompagnée de trois étoiles de même en chef et
d'un croissant d'argent en pointe.

**POUSSINEAU** DE VENDEUVRE, Ec., Sgrs d'Abain, de la
Millière, de la Chauvinière, de la Mothe, de Croutelle, etc.
— Famille originaire du Poitou et aujourd'hui éteinte. Sa
filiation suivie commence par Godefroy Poussineau, vivant
en 1588. Philippe Poussineau, écuyer, Sgr de Vendeuvre, fut
confirmé dans sa noblesse par sentence de l'élection de Saumur, du 31 août 1744.

Philippe Poussineau de Vendeuvre, ancien capitaine au
régiment provincial de Tours (25 février 1750), mourut le
25 février 1829. Un de ses fils, Jean-Nicolas Poussineau, né le
19 août 1760, chevalier de St-Louis, capitaine dans le bataillon des milices de Foix, comparut, en 1789, à l'Assemblée de

la noblesse de Touraine, pour l'élection des députés aux États-Généraux. La famille eut aussi des représentants à l'Assemblée de la noblesse du Poitou.

Jean-Nicolas Poussineau de Vendeuvre épousa, le 11 février 1787, Victorine-Marie Richard de la Richardière, dont il eut Victoire-Elisabeth, mariée, le 13 avril 1813, à Joseph-Augustin Mangin de Beauvais, garde-du-corps du roi.

D'azur, à une fasce d'argent, accompagnée en chef d'un poussin d'or, becqué, crêté et membré de gueules, et en pointe d'un lion d'or rampant.

POUTE, Chev., marquis de Nieul, Sgrs de la Roche-Aymon, des Forges, de La Grange, de St-Sernyn, etc. — Famille originaire de la Marche et dont la filiation suivie remonte à Percehon Poute, écuyer, vivant en 1444. Elle a été maintenue dans sa noblesse le 7 juin 1599, et s'est alliée aux familles de Ricoux, de Viville, de Mons, de Razay, de Ste-Maure, de Durfort, de Secondat de Montesquieu, de Rancé, de Courbon, de la Rochefoucault, de Confolens, des Francs, de la Luzerne, de Mac-Mahon, de Thianges, de Coislin, de Menou, etc. Elle a fourni des chevaliers de Malte.

Arnoul-Claude Poute, marquis de Nieul, comte de Confolens, baron de la Vilatte et de Ville-Sordre, Sgr de St-Sernyn, de St-Hilaire de Bois, de Dompierre, etc., grand sénéchal de Saintonge, commandeur des ordres de St-Lazare et de St-Louis, chef d'escadre, inspecteur du corps royal des canonniers-matelots, comparut, en 1789, à l'assemblée électorale de la noblesse du Poitou et à celle de la Saintonge. Le 1er janvier 1792, il fut promu au grade de contre-amiral. Il était fils de Jean-Baptiste Poute, marquis de Nieul, grand sénéchal de Saintonge, et d'Anne-Louise de la Rochefoucault.

Augustin-Arnoul-César Poute, comte de Nieul, lieutenant-colonel (1829), fils d'Augustin-Marie Poute, vicomte de Nieul, et d'Anne-Françoise de la Luzerne, a épousé : 1° le 14 décembre 1813, Joséphine-Adélaïde de Mac-Mahon; 2° le 6 mai 1829, Renée-Octavie de Menou, fille de René-Louis-François, marquis de Menou, et de Thérèsc-Gabrielle-Octavie, princesse de Broglie. Du premier mariage sont issus :

1° Georges-Augustin-Arnoul Poute, comte de Nieul, né en 1815;

2° Marie-Césarine-Charlotte-Céline, née le 19 mai 1819;

3° Marie-Édine-Pelage, née en 1821.

Un des membres de cette famille a résidé au Coudray, près Loches (XIXe siècle).

D'argent, à trois pals de sable; au chevron de même, brochant sur le tout.

POUVREAU, Ec., Sgrs d'Esvres, paroisse de Balesmes, relevant de la Haye (XVe siècle).

De sable, à un moulin d'argent sur un tertre de sinople.

POYET (Guillaume), chancelier de France, Sgr du Coudray-Montpensier (1520).

Ecartelé; aux 1 et 4 d'azur, à trois colonnes d'or; aux 2 et 3 de gueules, au dragon ailé, d'or.

Pozay-le-Vieil (Couvent des religieuses de l'Ordre de Ste-Elizabeth, à) au XVIIe siècle.

D'azur, à une croix de calvaire, d'or.

PRADEAU, à Tours (XVIIIe siècle).

En 1786, Sylvain-François Pradeau, conseiller du roi, remplissait à Tours les fonctions de lieutenant-général de police.

De sable, au chevron d'argent, accompagné en chef de deux étoiles d'or, et en pointe d'une quintefeuille aussi d'or.

Silvain-François Pradeau accolait ses armes :

D'argent, au pommier de sinople sur une terrasse de même, fruité d'or, qui est de Pommier. — Couronne de marquis.

PRADELLE, marchands-bourgeois, de Tours (fin du XVIIe siècle).

De gueules, à une fasce d'argent, chargée d'un lion passant, de gueules.

PRAT DE PEZEUX (de), en Touraine.

De gueules, à la bande d'argent, accompagnée de deux cors de chasse de même.

**PRÉ** (du), Ec., Sgrs de la Carte, en Touraine (xvii<sup>e</sup> siècle).

D'azur, à la bande d'or, chargée de 5 cosses de genêt, de sinople.

**PRÉAUX** (de), Chev., comtes et marquis de Préaux, Sgrs de Ris, près Bossay, d'Antigny, de la Cailletrie, de Corbet, de l'Etang, près Montrésor ; d'Hervault, de la Charpraye et de Vauraoul, relevant de Loches ; de la Voulte, près Châtillon-sur-Indre ; d'Oignais, relevant de Palluau ; de la Roche, paroisse de Trangé ; de la Brosse, près Châteaurenault ; de Beauvais, de Boissay, de Flée, paroisse de Bossay ; de la Menardière, paroisse de Martizay ; de Villedomain, d'Ecueillé, de Ronnay, de Lavardin, de la Chenelière, de la Chainière, du Breuil, du Poitevin, de la Chastière, de la Jaunaye, paroisse de Draché (du xiii<sup>e</sup> au xviii<sup>e</sup> siècle).

Cette famille, dont la filiation remonte à l'an 1232, a tiré son nom de la terre de Préaux, près Châtillon-sur-Indre. Elle a donné à la Touraine les fonctionnaires et dignitaires ecclésiastiques dont les noms suivent :

Martin de Préaux, chanoine de Langeais (1507) ;

Etienne de Préaux I, capitaine-gouverneur de Montrésor (1527) ;

Etienne de Préaux II, capitaine-gouverneur de Châtillon-sur-Indre et de Montrésor (1550-53) ;

René de Préaux, gouverneur de Châtillon-sur-Indre (1553) ;

Gilbert I de Préaux, lieutenant pour le roi en Touraine (1558) ;

Gilbert de Préaux, chanoine de Saint-Martin de Tours (1620).

Charles-Marie de Préaux, chevalier, comte de Préaux, mestre-de-camp de dragons, Sgr d'Ecueillé, comparut, en 1789, à l'Assemblée de la noblesse de Touraine, convoquée pour l'élection des députés aux Etats-Généraux.

A la même époque, Joseph-François, marquis de Préaux, et Joseph de Préaux comparurent, le premier par fondé de pouvoir, le second en personne, à l'Assemblée électorale de la noblesse du Maine. La famille fut aussi représentée à l'Assemblée de la noblesse du Poitou.

Le marquis de Préaux réside actuellement au château de Pouancé (Maine-et-Loire) ; le comte de Préaux, au château de Préaux (Indre).

De gueules, au lion d'argent, armé, lampassé et couronné d'or ; au chef d'argent chargé d'une vivre de sable. — Supports : deux anges. — Cimier : un ange tenant dans sa main une rose.

## PRÉAUX (de), en Touraine.

D'argent, à la bande d'azur fleurdelisée d'or, coupée par une bande inférieure, de gueules, chargée de trois lions passants, d'argent.

## PREGENT DU BREUIL, Ec., Sgrs de la Gagnerie, paroisse de Semblançay (XVIIIe siècle).

Fascé d'or et de sable de 6 pièces.

## PRÉSEAU (de), en Touraine (XVe et XVIe siècles).

Jean de Préseau, chanoine de l'Église de Tours, archidiacre d'outre-Vienne, et grand archiprêtre, est mentionné dans des titres de 1446-60.

Jean de Préseau, chanoine de la même Église, et archidiacre d'outre-Loire, vivait en 1580.

Jean-Baptiste de Préseau comparut par fondé de pouvoir, en 1789, à l'Assemblée électorale de la noblesse de l'Anjou.

De sable, au sautoir engrêlé, d'argent, cantonné de quatre coquilles de même.

## PRESSIGNY-SAINTE-MAURE. (Voyez SAINTE-MAURE).

## PRESSIGNY (de), Sgrs de Meanne, élection de Loches, (XVIIe siècle).

D'azur, au chevron accompagné de deux croissants en chef et d'une tour en pointe, le tout d'argent.

## Pressigny-le-Grand. Ville de Touraine.

D'argent, à la fasce de gueules

Au XVe siècle, le sceau à contrats de la baronnie offrait les armes suivantes :

Fascé et contre-fascé de.. et de... de six pièces ; au chef tiercé en pal, le 1 taillé de... et de..., le 2e parti de... et de..., le 3e tranché de... et de...; et sur le tout, d'argent à quatre lions de... cantonnés, accompagnés en cœur d'une étoile de...

**PRESTON.** — Cette famille, originaire d'Angleterre, a résidé en Touraine.

D'or, au chef de sable chargé de trois croissants montants, d'or.

**PRESTRE DE VAUBAN** (Sébastien le), Chev., Sgr d'Ussé, maréchal de France, commissaire général des fortifications, mourut à Paris le 30 mars 1707.

La famille Le Prestre de Vauban est originaire de Bourgogne. La terre de St-Sernin, dans le Mâconnais, fut érigée pour elle en comté par lettres du mois d'août 1725.

D'azur, au chevron d'or, accompagné de 3 trèfles de même; à un croissant d'argent mis en chef.

**PREUD'HOMME** (N.) chanoine de St-Martin de Tours (fin du xviie siècle).

De gueules, à un léopard d'or.

**PREUILLY** (de), Chev., comtes de Vendôme, barons de Preuilly, Sgrs de la Rochepozay, de la Guerche, de Bossay, Pérey (près Yzeures), Azay-le-Féron, Cingé, St-Flovier, Montreuil, Autrèche, Limeray (paroisse de Verneuil), du Roulet, etc., (du xie au xve siècle).

Cette famille a pour auteur Effroy, (*Effredus, Acfridus*), seigneur de Preuilly, décédé vers l'an 1008. De son mariage avec Béatrix d'Issoudun, Effroi eut trois enfants : Gausbert (ou Godebert), Sgr de Preuilly et de Bossay, qui eut une fille unique, Paule, mariée à Hugues V, vicomte de Châteaudun; — Geoffroy Ier, dit le Martel, Sgr de Preuilly, qui continua la descendance; — et Goscelin de Preuilly.

Geoffroy IV de Preuilly fut chevalier-banneret de Touraine (avant 1214), et gouverneur du château du Bouchet, en Brenne.

Eschivard V, baron de Preuilly et seigneur de la Rochepozay, chevalier-banneret (1341), mourut en 1349. Son fils, Eschivard VI, baron de Preuilly et seigneur de la Rochepozay, contracta trois mariages : le premier (6 mars 1367), avec Blanche de Montendre; le second avec Ysabeau de Brizay : le

troisième avec Sarrazine de Prie de Buzançais. De cette dernière alliance sont issus :

1º Gilles, baron de Preuilly, Sgr d'Azay-le-Féron, décédé
en 1412, laissant cinq filles : Marie, femme de Jacques Pot,
Sgr du Blanc, de Toiré, Givry, Nesle, la Roche-de-Nolay,
etc... ; — Marie-Marguerite, qui épousa Pierre Frotier,
vicomte de Montbast, Sgr de Miserey, du Blanc, etc... ; —
Isabeau, religieuse ; — Jeanne, femme de Raoul de Gaucourt,
VIᵉ du nom, Sgr de Naillac, Châteaubrun, Cluys-Dessus, etc. ;
— Et Charlotte, femme de Pierre Brague, Sgr de Denan-
villiers ;

2º Antoine de Preuilly, baron de Preuilly, chambellan du
roi, mort en 1423, laissant un fils unique, Pierre, de son
mariage avec Jeanne de Linières ;

3º Louise de Preuilly, dame de la Rochepozay ;

4º Jeanne, femme de Nicolas Braque, Chev., Sgr du Laz.

D'or, à trois aigles éployées, d'azur, 2, 1. — *Alias* : D'or, à six aigles d'azur;
— *Alias* : D'or, à 16 aigles d'azur, 4, 4, 4, 4.

Geoffroy III, dit le Jourdain, comte de Vendôme et baron
de Preuilly, décédé en 1103, portait :

D'argent, au chef de gueules; au lion d'azur brochant sur le tout.

Geoffroy IV de Preuilly, chevalier-banneret, portait :

D'or, au dextrochère de gueules, orné d'un fanon d'hermines et accompagné
de 4 alérions d'azur, deux en chef, deux en pointe.

Gervais de Preuilly, Chev., résidant en Anjou, en 1211,
portait :

De... à deux lions passants, à sénestre, l'un sur l'autre.

Au xvᵉ siècle, une famille du nom de Preuilly résidait à
Artannes, en Touraine, et possédait la terre de Loché. Une
autre famille du même nom, représentée, en 1640, par
Claude de Preuilly, Sgr de Bussières, résidait dans la paroisse
de Coulangé. Nous ignorons si elles se rattachent à celle des
barons de Preuilly.

PREUILLY (Nicolas), marchand-bourgeois de la ville de
Tours (fin du xvıuᵉ siècle).

D'azur, à trois aigles d'or. 2. 1.

**PREUILLY** (Bernard), bourgeois de Tours (fin du xvɪɪ siècle.

D'azur, à un croissant d'argent, accosté de deux épis d'or.

**Preuilly** (Ville de), avant le xve siècle :

D'or, à trois aigles éployées, d'azur.

Du xve siècle à 1700 environ :

D'or, à six (ou neuf aigles d'azur).

Depuis l'an 1700 :

D'azur, à un porc-épic d'or.

**Preuilly** (Le Corps des officiers de la baronnie de).

D'azur, à un lion d'or.

**Preuilly** (La Compagnie des officiers du grenier à sel de).

D'azur, à 3 fleurs de lis d'or, 2, 1.

**Preuilly** (Abbaye de St-Pierre de), fondée en 1004 par Effroy de Preuilly.

De gueules, à deux clefs d'or, en sautoir.

**Preuilly** (La Chambrerie de l'Abbaye de).

D'azur, à trois têtes de léopard d'or.

**PREUILLY-VENDOME** (de), comtes de Vendôme, barons de Preuilly (xɪe et xɪɪe siècles). — Issue de la maison de Preuilly, cette famille devint propriétaire du comté de Vendôme, par suite du mariage de Geoffroy de Preuilly, dit le Jourdain, avec Eufrosine, comtesse de Vendôme, fille de Foulques, comte de Vendôme, et de Pétronille de Châteaurenault (xɪe siècle). Ce Geoffroy de Preuilly prit la croix en 1098, et fut tué à la bataille de Rames, en Palestine, le 26 mai 1103.

Engebaud de Preuilly, archevêque de Tours (1149), mourut en 1157.

Barthélemy de Vendôme, doyen de St-Martin et de l'Église de Tours, puis archevêque de Tours (1173) mourut en 1205.

Preuilly-Vendôme porte, comme les Vendôme :

D'argent, au chef de gueules, au lion d'azur brochant sur le tout.

Le *lion d'azur*, dans les armes des deux archevêques de Tours ci-dessus nommés, est *armé, lampassé et couronné d'or.*

Quelques auteurs attribuent à Engebaud de Preuilly-Vendôme, archevêque de Tours, les armes suivantes :

D'or, à six aiglettes d'azur, 3, 2, 1.

**PRÉVILLE** (de), Chev., Sgrs de la Roche, la Chastignière,
Châtillon, la Bretaudière, Bussière (xviie siècle).

Jean-Claude-Henri de Préville, chevalier, et Charles-Joseph
de Préville, chevalier, comparurent, en 1789, à l'Assemblée
de la noblesse de Touraine, pour l'élection des députés aux
Etats généraux.

D'argent, à la bande d'azur chargée de trois annelets d'or.

**PRÉVOST**, Ec., Sgrs de la Fresnière (paroisse de St-Benoît
(élection de Chinon), la Fosse (paroisse de Braslou), du Petit-
Thouars, de la Charbonnière, de la Fresnaye (xvie et xviie
siècles).

René Prévost, Éc., Sgr de la Fresnaye, comparut au ban
convoqué à Chinon, par lettres-patentes du 26 février 1689.

D'argent, au sautoir dentelé, de sable, cantonné de quatre têtes de maure
tortillées du fond.

**PRÉVOST**, Chev., marquis de Touchimbert, de la Vauzelle
et de Traverzay, Sgrs de Mondion, la Roche-Touchimbert
(xviiie siècle).

Cette famille a été plusieurs fois maintenue dans sa noblesse,
notamment le 2 mars 1665, le 15 octobre 1666 et le 22 septembre 1667.

Jean-François Prévost de Sansac de Touchimbert, comparut,
en 1789, à l'Assemblée de la noblesse de Touraine, convoquée
pour l'élection des députés aux États généraux. La famille fut
aussi représentée à l'Assemblée électorale de la noblesse du
Poitou.

Une branche, représentée par le comte de Touchimbert,
réside à Blois; une autre, représentée par le comte de
Traverzay, habite Poitiers.

D'argent, à deux fasces de sable, accompagnées de six merlettes, de même,
3, 2, 1.

**PREVOST**, Éc., Sgrs de la Maries, paroisse de Sepmes (xvii<sup>e</sup> siècle).

D'argent, au sautoir de gueules, denché de sable, chargé en cœur d'une croix pattée, d'or.

**PREVOST**, Ec., Sgrs de la Galonnière, de Bignon, du Plessis (xviii<sup>e</sup> siècle).

D'argent, à trois hures de sanglier, de sable, languées de gueules et défendues d'argent.

**PRÉVOST** (Urbain), Ec., Sgr de la Marière, élection de Richelieu (fin du xvii<sup>e</sup> siècle).

D'argent, à un cep de vigne au naturel, fruité d'un raisin, d'azur, qui est accosté de deux limaçons, affrontés, de pourpre, approchant leurs têtes pour manger le raisin.

**PREVOT**, Chev., comtes de St-Cyr, Sgrs de St-Cyr-du-Gault (xvi<sup>e</sup> et xvii<sup>e</sup> siècles), de Fouchault et de Vallères, (xviii<sup>e</sup> siècle). — Famille originaire de Blois.

En 1586, Louis Prévot remplissait, à Tours, les fonctions de trésorier de France au bureau des finances de la généralité.

Alexandre-Charles-Marie Prévot, comte de St-Cyr, capitaine de cavalerie, comparut, en 1789, à l'Assemblée de la noblesse de Touraine.

D'or, au chevron renversé, d'azur, accompagné en chef d'une molette d'éperon de gueules, et en pointe d'une aigle essorante, de sable.

**PREZ DE MONTPEZAT** (Philibert-Emmanuel des), dit de Savoie, marquis de Villars, baron du Grand-Pressigny, Sgr de Ferrières-Larçon, mourut le 5 septembre 1621.

D'or, à trois bandes de gueules, au chef d'azur chargé de trois étoiles d'or.

**PRIE de**), Chev., Sgrs de Montpoupon, de Chenonceau (1509), barons de Pressigny et de Buzançais, Sgrs de Ferrières-Larçon (du xiii<sup>e</sup> au xvi<sup>e</sup> siècle). — Famille des plus anciennes et des plus illustres de France. Elle tire son nom de la terre de Prie, en Nivernais. Les terres de Planes et de Courbespine, en Normandie, furent érigées en marquisat, en sa faveur, par lettres du mois de février 1724.

Jean de Prie, chevalier-croisé, est cité dans un titre de 1268.

Edme de Prie, lieutenant-général au gouvernement de Touraine (par provisions du 19 juin 1570), mourut en 1576.

René de Prie, fils du précédent, lieutenant-général au gouvernement de Touraine (1577), mourut en 1615.

De gueules, à trois tierces-feuilles d'or.

**PRIMAUDAYE** (de la), Ec., Sgrs de la Ripaudière (paroisse de Souvigné), de Champmillon (paroisse de Channay), d'Egoulau, Campoix (xviie et xviiie siècles).

D'azur, semé de fleurs de lis d'or, à l'écu chargé d'un tourteau de sable, à la patte de griffon d'or posée en bande brochant sur le tout.

**PROUDHOMME** (N.), chanoine de l'Église de St-Martin de Tours (1696).

De gueules, au léopard d'or.

**PROUST**, Sgrs de la Ronde, élection de Richelieu, — de Milly-Rolland et du Petit-Luré, paroisse de Bréhémont (xviie siècle). — Famille originaire de Tours.

D'azur, au chevron d'or, accompagné en chef de deux colombes d'argent, et en pointe d'un lion d'or.

**PROUSTEAU** (Hugues), bourgeois de Tours (1696).

D'azur, à trois annelets d'or entrelacés l'un dans l'autre.

**PROUSTEAU DE MONTLOUIS.** — Famille originaire de Touraine et établie à Paris au xviiie siècle.

De gueules, à la proue d'or ; au chef d'argent chargé d'un lion passant, de sable, contourné, armé et lampassé de gueules, chargé sur le flanc d'une étoile d'or. — Devise : *Prout sto in periculis audentior*.

**PRUD'HOMME DE MESLÉ** ou **MESLAY**, Ec., Sgrs de Boisvallée, de Meslay, de St-Christophe, de Gages, etc...

Charles de Prud'homme de Meslé, contrôleur ordinaire des guerres de la généralité de Tours, fut anobli en 1655. Cet anoblissement fut confirmé par arrêt du Conseil du 6 octobre 1699.

Joseph Prud'homme, écuyer, Sgr de la Bourdillière, était lieutenant-général de la maréchaussée de Touraine en 1664.

D'azur, à 3 tours d'argent crénelées et maçonnées de sable, 2, 1 (d'après La Chesnaye-des-Bois).

Charles Prud'homme, contrôleur des guerres, portait, d'après les lettres d'anoblissement de 1655 :

D'azur, à 2 épées, en sautoir, d'argent, les gardes d'or; au chef d'argent chargé de 3 molettes de sable.

Jean-Etienne Prud'homme de Meslay, écuyer, résidant à Fyé (1698), portait, d'après l'*Armorial général :*

D'azur, à deux épées d'or passées en sautoir, accompagnées de 3 molettes de même, 2 en flanc, une en pointe.

PRUNELÉ (de), Chev., marquis de Prunelé, Sgrs d'Herbault, du fief Béon, de Milly, de Brouart, de Fontenay, de Beauverger, Gaudreville, Courcelles, Guillerval, Angerville-la-Gate, etc... — Famille originaire du Vexin. Elle commence sa filiation suivie par Guillaume Prunelé, chevalier-banneret, vivant sous le règne du roi Philippe-Auguste, et dont le fils aîné, Guillaume, IIe du nom, Sgr d'Herbault et de la Porte, est mentionné avec la qualité de chevalier dans un acte de 1242.

Charles de Prunelé, un des descendants de Guillaume II (XIIIe degré), chevalier de l'ordre du roi et gentilhomme ordinaire de sa chambre, capitaine de cinquante hommes des ordonnances, décédé à Paris au mois d'avril 1624, avait épousé, le 12 septembre 1538, Madeleine Pinart, vicomtesse de Comblisi, dame de Cramailles, de Montouri, de Servenay et de Marolles, fille de Claude Pinart, Chev., secrétaire d'État, et de Marie de l'Aubespine. De ce mariage sont issus :

1° Nicolas de Prunelé, Chev., Sgr d'Herbault, baron d'Esneval et de Pavilly, capitaine de cinquante hommes d'armes des ordonnances du roi, décédé, sans avoir été marié, au mois de novembre 1653. Il était le dernier des représentants mâles de la branche aînée de la maison de Prunelé ;

2° Marie de Prunelé, abbease de la Guiche, en Blésois ;

3° Marguerite de Prunelé, religieuse dans le même monastère ;

4° Claude de Prunelé, religieuse à Chelles, diocèse de Paris ;

5° Madeleine de Prunelé, religieuse à Poissy ;

6° Françoise de Prunelé, mariée, le 19 mai 1615, à Anne de Tournebu, baron de Livet, Sgr d'Herbault, conseiller et premier président aux requêtes du palais du Parlement de Rouen ;

7° Elisabeth de Prunelé, née en 1603, mariée, en 1620, à Jean Le Bouteiller de Senlis, comte et Sgr de Moucy-le-Vieil, et Sgr de Vineuil et d'Herbault.

Les branches d'Ouarville, de la Porte, de St-Germain, de Guillerval, de Tignonville et de Lionville, se sont alliées aux maisons de Tillay, de Mornay, de la Barre, d'Allonville, de Tussay, de la Taille, de Verdun, de Ballu, de Mesange, de Gaudin, de Riole, de St-Simon, de Graffart, de Marolles, de Boullehard, de Rigné, de Ligneris, du Monceau, de Poilloue, de Villezan, de St-Pol, de Hellin, de Herouard, de Leviston, de Jaucourt, de Cormont, de Savoye, des Acres de l'Aigle, de Cugnac, etc...

Jean de Prunelé, Chev., Sgr d'Herbault, de Beauverger, de Machenainville, etc..., conseiller et chambellan du roi Charles VI et bailli-gouverneur de Touraine, mourut en 1417. Il était fils de Gui, dit Guiot de Prunelé, Chev., Sgr d'Herbault, et de Marguerite de Pathay.

Louis de Prunelé, Sgr d'Herbault, comparut à la rédaction du procès-verbal de la coutume de Touraine, en 1559.

En 1789, le marquis de Prunelé comparut à l'Assemblée électorale de la noblesse de l'Orléanais.

De gueules, à six annelets d'or, 3, 2, 1. — *Alias* (d'après les *Mém. de Tour.*) : D'argent, à six annelets de gueules.

Des lettres de 1244, de Guillaume de Prunelé II, sont scellées d'un sceau portant *dix annelets*.

Un sceau de Guillaume de Prunelé III, attaché à un acte du mois de décembre 1268, représente, d'un côté :

Un cavalier tenant de la main droite une épée, et de la gauche un écusson chargé de six annelets, le cheval caparaçonné et semé d'annelets sans nombre.

De l'autre côté du sceau :

Un écusson chargé de six annelets, 3, 2, 1.

**PRUNIER**, Chev., marquis de Virieu, Sgrs de Brèches, Parçay, Fouchaut (xvᵉ et xvıᵉ siècles).

Cette famille est originaire de Touraine. Une branche est allée s'établir en Languedoc.

Jean Prunier, général des finances, fut maire de Tours en 1515.

De gueules à une tour crénelée et donjonnée, d'argent.

**PUCELLE**, en Touraine.

D'azur, à une croix engrêlée, d'or, cantonnée aux 1 et 4 d'un croissant aussi d'or, et au 2 et 3 d'un trèfle de même.

**PUSSORT**, barons des Ormes St-Martin, Sgrs de Mousseau, du Pin, de la Motte-de-Grouin, la Chevalerie, Villiers, Châtres (de 1642 à 1697).

D'azur, au chevron d'or accompagné en chef de deux étoiles d'argent et en pointe d'un croissant de même. — Supports : un lion et une licorne. — Couronne de baron.

**PUY** (le), en Touraine (élection de Chinon).

Echiqueté d'or et de gueules.

**PUY** (du), Chev., Sgrs de Buxeuil-sur-Creuse et du Coudray.

D'or, au lion d'azur, armé, langué et couronné de gueules (ou d'or), d'après de Marolles.

**PUY** (du) ou **DUPUY**, Ec., Sgrs du Tillou, en Touraine (xvıᵉ et xvııᵉ siècles).

Gilles Dupuy, conseiller et maître des requêtes de la reine, fut maire de Tours en 1631.

De gueules, au chevron d'or, accompagné de trois roses d'argent.

**PUY** (du), Chev., marquis du Puy, Sgrs du Petit-Carroy, de la Caillère, (paroisse de Chaumussay), de la Rocheploquin, de la Chevallerie, de Dië, de Bois-Herpin, de la Vallée, du Puy-Nivet, de Bagneux, en Touraine, de la Barbotinière, de

Prouzay, de la Ridelière, de la Guignardière (paroisse de
Balesmes), de la Noiraie, paroisse de Neuilly-le-Noble, des
Roches-St-Quentin (du xvᵉ au xviiiᵉ siècle).

La famille du Puy, originaire du Dauphiné, a formé diverses branches qui se sont établies en Touraine, en Berry,
en Anjou et au Maine. Elle compte parmi ses auteurs Raymond
du Puy, chevalier-croisé en 1099.

Deux membres de cette maison ont été abbés de Cormery :
Jean du Puy (1490); René du Puy (1508-20).

René-Barthelemy du Puy, chevalier, comparut, en 1789,
à l'Assemblée de la noblesse de Touraine, convoquée pour
l'élection des députés aux États généraux.

De sinople, à une bande d'or bordée de sable, accompagnée de six merlettes
aussi d'or, 3 en chef, 3 en pointe.

PUY (Pierre II du), et son frère, Gérard I du PUY, ont été
abbés de Marmoutier, le premier de 1352 à 1363, le second
en 1363-6..

Parti; au 1 de Roger, qui est d'argent, à la bande d'azur, accompagnée de
six roses de gueules; au 2 d'azur, à la croix d'or.

PUY (Emery du), Éc., Sgr de la Chevallerie (fin du xviiᵉ
siècle).

D'argent, au chevron d'azur accompagné de six cannettes de gueules, trois
rangées en chef et 3 en pointe, mal ordonnées.

PUY-DORÉ (le), voyez DORÉ.

PUYGIRAULT (de), Éc., Sgrs du Breuil-d'Yzeures (paroisse d'Yzeures) et de Rives (xivᵉ et xvᵉ siècles).

Cette dernière terre vint dans la famille de Puygirault par le
mariage de Catherine du Plessis avec Huguet de Puygirault
(vers 1370).

De gueules, à l'aigle d'argent.

PUYGUYON (de), Ec., Sgrs de la Voûte et de Clussay
(xviiᵉ siècle).

François de Puyguyon et ses frères, ainsi que Pierre de
Puyguyon, résidant dans la paroisse de St-Romain, furent
maintenus dans leur noblesse le 30 août 1667.

D'or, à une tête de cheval effarouché, contournée, de sable.

## PUYSÉGUR (de), voyez CHASTENET.

## PUYVINAULT, Ec., Sgrs de la Messinnière (xviie siècle).

D'azur, à la fasce d'argent chargée d'une vivre de sable et accompagnée de trois étoiles et d'un croissant d'argent, en chef, le croissant posé entre deux étoiles.

## QUANTIN, Ec., Sgrs de la Varenne, élection de Loches (xviie et xviiie siècles).

Cette famille a fourni un maire à la ville de Loches.

D'argent, à trois pins au naturel, 2, 1.

## QUATREBARBES (de), Chev., marquis de Quatrebarbes, comtes de St-Denis du Maine, barons de Moussy et de Jallays, Sgrs de la Rongère, Meurs, Chemiré-le-Gaudin, Chasnay, la Membrolle, Valière, la Guillonnière, Châteauneuf, la Touchegelé, Ampoigné, Marolles, Bonnaudière, la Roussardière, Bourneuf, Châtelain, etc... — Famille d'origine chevaleresque. Elle a possédé, en Poitou, la terre de Montmorillon dont elle a porté le nom pendant plusieurs générations.

Cette maison commence sa filiation suivie par N., baron de Montmorillon, vivant vers 1060, et dont le fils aîné, Ranulphe, épousa Agnès, sœur d'Adelbert II, comte de la Marche. Trois de ses membres ont pris part aux croisades : Philippot de Quatrebarbes, baron de Moussy et de Jallays (1140) ; Guillaume de Quatrebarbes (1191) ; — et Foulques de Quatrebarbes, chevalier-banneret de Touraine, tué au siége de Damiette (1219).

Hyacinthe de Quatrebarbes, chevalier du St-Esprit et commandeur des ordres du roi, reçut du roi Louis XIV les titres de marquis de la Rongère et de comte de St-Denis du Maine.

Hyacinthe-Charles-René, marquis de Quatrebarbes, capitaine au régiment de Royal-Lorraine-cavalerie, fut admis aux honneurs de la cour en 1784.

La maison de Quatrebarbes s'est divisée en plusieurs branches. Elle s'est alliée aux familles de la Marche, d'Orange, de la Porte de Vezins, de Brissac, de Clérembault, d'Auvers, de la Tour-Landry, de Bouillé, de St-Offange, Frezeau de la Frezelière, de la Jaille, du Guesclin, de Brée, de Préaux, du Plessis-Chatillon, de Bonnaire, Le Roy de la Potherie, Jousseaume de la Bretesche, de la Sayette, de Savonnières, de Martigné, de Rugiers, de la Bouillerie, de la Forêt d'Armaillé, de Beaumelet, étc... Un de ses représentants, Raoul de Quatrebarbes, réside actuellement à Tours (1867).

De sable, à la bande d'argent, accostée de deux cotices de même.

**QUÉDILLAC** (Jean de), abbé de St-Julien de Tours et de Beaugerais (1482-1515).

Fascé d'argent et de gueules de huit pièces.

**QUENOILLES** (de), en Touraine (xviie siècle).

D'azur, à une croix ancrée, d'or; au chef de sable chargé de trois étoiles rangées d'argent.

**QUENTIN**, Chev., marquis de Champcenetz, Sgrs de Richebourg, paroisse de Semblançay, de la Vienne, paroisse de Chaumussay (xviie et xviiie siècles).

Cette famille paraît être originaire de Bretagne. Elle a fourni deux conseillers du roi, trésoriers de France au bureau des finances de la généralité de Tours : André-François et François-Henri-Félix Quentin (17..).

François Quentin, Sgr de la Vienne, premier valet de chambre du roi, reçut des lettres de noblesse en 1680.

La terre de Champcenetz fut érigée en marquisat en faveur de N. Quentin de Richebourg, en 1686.

Un certificat délivré à Loches le 20 juillet 1784, et cité par St-Allais, atteste que cette famille était établie en Touraine depuis plus de 300 ans et qu'elle y avait possédé, entre autres fiefs, celui de Richebourg. Ce certificat fut signé par MM. l'abbé de Baraudin, doyen du chapitre de Loches, de Marsay, de Boislambert, le marquis de la Groye, de Marolles, le marquis d'Aubery, le marquis de Plaisance, le chevalier de Château-Châlons, l'abbé des Courtils, Le Souffleur de Gaudru et l'abbé de Chabot, vicaire-général de Rouen.

Louis Quentin de Richebourg, marquis de Champcenetz, comparut, par fondé de pouvoir, à l'Assemblée électorale de la noblesse des bailliages de Provins et de Montereau, en 1789.

D'azur, à trois pommes de pin d'or, 2, 1.

QUERARDVILLE ou QUERVILLE (Jean de), Éc., Sgr de Savonnières et de Colombiers (1482).

De gueules, au lion d'argent, au chef cousu d'azur chargé de trois roses d'or.

QUESTIER ou QUETIER, Éc., Sgrs de Thouneaux et de Larbillière, paroisse de St-Cyr-du-Gault, — de Rosnay, de Chatigny (du xve au xviiie siècle).

Une branche de cette famille résidait à Châteaurenault vers 1690.

La famille Questier a donné deux maires à la ville de Tours : Jean I Quetier (1487) et Jean II Quetier (1544).

Louis Questier, doyen de l'Église de Tours est mentionné dans des actes de 1503-04.

D'argent, à trois trèfles de sinople.

QUIERET ou QUEVERET. — Famille de Tours, anoblie par lettres du 9 octobre 1520, en la personne de Jean Quieret ou Queveret.

D'hermines, à trois fleurs de lis au pied coupé, de gueules; à un bâton d'azur en bande brochant sur le tout.

QUIERLAVOINE ou QUERLAVOINE et CRELAVOINE, Sgrs de Richebourg et de la Cornière.

D'argent, à trois grappes de raisin renversées, de sable.

QUINART, Éc., Sgrs d'Esves (le Moutier), de Chancelée (xvie siècle).

Adrien Quinart était conseiller du roi bailli de Chinon, en 1546.

D'azur, au sautoir d'or cantonné de quatre croissants d'argent.

QUINAULT (Gilles), abbé de Beaugerais, chanoine de Saint-Martin et de St-Gatien de Tours, mourut le 25 avril 1592.

D'azur, au chevron d'argent, accompagné de trois soucis d'or, feuillés et soutenus de sinople.

**QUINCAMPOIX** (de), Chev., Sgrs de Ponts, des Mées paroisse de Bossay), de l'Isledon, de Montigny, de la Rocheploquin, relevant de Ste-Maure (xvie siècle).

Renée de Quincampoix, dame des Ponts, veuve de René d'Argy, comparut, en 1559, à la rédaction du procès-verbal de la Coutume de Touraine.

D'argent, à trois jumelles de gueules.

**QUINÇON** (de).

D'hermines plein.

**QUINEMONT** (de), Chev., marquis de Quinemont, Sgrs de St-Senoch, de Varennes, de la Roche-Aymar, de Baugé, de la Guénerie, de Puyvinet, de la Pigerie, de la Housserie, de la Croix, des Cautelleries, de Paviers, de Vauguérin, de la Turmelière (du xve au xviiie siècle).

Issue de l'ancienne et illustre maison de Kynninmond, barons de Grégal, au comté de Fife, en Écosse, la famille de Quinemont s'est établie en France en 1478, en la personne d'Androt de Quinemont qui prit du service dans la garde écossaise que commandait Robert de Coningham. Androt de Quinemont se fixa en Touraine à la suite de son mariage avec Jeanne de Nepveto, dame de St-Senoch et de la Roche-Aymar (16 juin 1483). Il était second fils de Jacques de Kynninmond, baron de Grégal, et d'Anne de Beulan.

A diverses époques, la maison de Quinemont a fait des preuves pour des admissions dans la maison du roi et à St-Cyr. Elle a été maintenue dans sa noblesse le 30 décembre 1668 par Voysin de la Noiraie, intendant de Touraine, et le 18 juin 1715, par Chauvelin de Beauséjour, intendant de la même province. Elle a fourni un maréchal des camps et armées du roi, gouverneur de Vallerange, en Lorraine, Jean de Quinemont III (1662); — un chanoine de l'église collégiale de Loches, vicaire-général du diocèse de Tours, Jacques de Quinemont (1700); — un lieutenant-général des armées du roi, chevalier de St-Louis, Louis-Charles-Pierre, comte de Quinemont, décédé le 26 octobre 1827 ; — un lieutenant-colonel de cavalerie, major du régiment des cuirassiers du roi, chevalier de St-Louis, Jean-Charles-Ours, marquis de Quinemont.

Jean de Quinemont, Sgr de St-Senoch, comparut, en 1559, à la rédaction du procès-verbal de la Coutume de Touraine.

Jean-Christophe de Quinemont, Chev., Sgr de Varennes, de Baugé, de la Guénerie, etc..., ancien page du roi Louis XIV, servit à l'arrière-ban de la noblesse de Touraine en 1674.

Claude de Quinemont, veuve de René de Rougemont, Ec., Sgr de la Guerrière, paroisse d'Abilly, figure parmi les nobles possédant fief, qui ont comparu devant le lieutenant-général de Chinon, en 1689, pour les déclarations relatives aux ban et arrière-ban, convoqués par lettres du 26 février de cette année.

Jean-Charles-Ours, marquis de Quinemont, chevalier, lieutenant-colonel de cavalerie, comparut, en 1789, à l'Assemblée électorale de la noblesse de Touraine.

Parmi les alliances de la maison de Quinemont, on remarque les familles de Fumée, de Mons, de St-Père, de Marçay, de Jarnage, Boutillon, de Chouppes, Chaspoux, marquis de Verneuil; Gervais de Salvert, Bodin des Joubardières, Odart. de Vernage, de Grasteil, de Plaisance, de Ponard, Marion de la Saudraye, etc.

Auguste-Charles-Louis, marquis de de Quinemont, (fils de Jean-Charles-Ours, marquis de Quinemont, dont nous avons parlé plus haut), membre du Conseil général d'Indre-et-Loire, mourut le 6 janvier 1839. Il avait épousé, le 4 mai 1799, Marie-Marguerite-Zoë de Tristan, fille de Nicolas-Marie, marquis de Tristan, Sgr de Meignelay, lieutenant-colonel, chevalier de St-Louis. De ce mariage sont issus :

1° Léopold-Marie-Pierre-Victor, comte de Quinemont, né en 1804, officier d'état-major, marié, le 12 avril 1825, à Agathe Lefebvre de la Falluère, fille d'Antoine-Marc Lefebvre, comte de la Falluère. Il mourut le 13 décembre 1838, laissant une fille, Marie-Rachel de Quinemont, née le 28 juillet 1830, mariée le 22 mai 1867, à Casimir, comte de Roquefeuil, chevalier de la Légion d'honneur, capitaine d'infanterie.

2° Arthur-Marie-Pierre, dont nous parlerons plus loin ;

3° Elie-Louis-Marie, comte de Quinemont, né le 2 novembre 1810, marié, en 1838, à Sophie de Lockart, dont il a eu : Edgard-Jacques-Louis-Marie-Ours de Quinemont, né à Olivet (Loiret), le 22 octobre 1839 ; — Emilien-Marie-Pèdre de Quinemont, né à Olivet, le 2 septembre 1840 ; — Marie-Thérèse de Quinemont, née le 22 juin 1842 ; — André-Marie de Quinemont, né à Tours, le 27 septembre 1848 ;

4° Augusta-Hélène-Marie de Quinemont, née en 1800, mariée, le 2 avril 1821, à César Budan de Russé, général de brigade, commandeur de la Légion d'honneur, chevalier de St-Louis, décédé à Tours en 1854.

Marie-Marguerite-Zoé de Tristan, femme d'Auguste-Charles-Louis, marquis de Quinemont, est décédée le 29 octobre 1865.

Arthur-Marie-Pierre, marquis de Quinemont, né le 19 août 1808, ancien élève de l'Ecole de St-Cyr, officier au 5e régiment de cuirassiers, puis attaché aux missions diplomatiques de Toscane, des Villes anséatiques et de Danemarck, colonel commandant la légion de la garde nationale de Tours, de 1849 à 1852, officier de la Légion d'honneur et de l'Ordre de Dannebrog, de Danemarck, membre et vice-président du Conseil général d'Indre-et-Loire, député au Corps Législatif (1863), a épousé en premières noces, en 1832, Marie de la Poëze, fille de Charles de la Poëze d'Harembure, — et en secondes noces, Anna-Marie Liébert, fille de Charles, baron Liébert. De ce second mariage sont issus :

1° Abel-Marie de Quinemont, né le 27 juillet 1845 ;

2° Anna-Hélène-Marie de Quinemont, née le 29 janvier 1847.

Résidence actuelle de la famille, en Touraine : Tours et le château de Paviers, commune de Crouzilles.

D'azur, au chevron d'argent, accompagné de trois fleurs de lis nourries d'or. — Supports : Deux aigles. — Couronne de marquis. — Cimier : une aigle éployée issante.

## QUINOT (Joseph-Jean-Baptiste), abbé de Beaulieu (1705-22).

D'azur, au chevron brisé, d'or, accompagné de 2 étoiles de même et un croissant montant en pointe et une étoile au-dessous, le tout d'or.

## QUINQUET, Éc., Sgrs de la Bectière, paroisse de Druyes,— de Rochepinard (XVIIᵉ et XVIIIᵉ siècles).

Cette famille, originaire de Soissons, a fourni un grand prieur de l'abbaye de Cormery, Antoine-Jean Quinquet (1769), — un directeur des Aides à Tours et à Angers, Henri Quinquet (176...) — et un chanoine grand-archiprêtre de l'Église de Tours, Henri-Antoine-Jules Quinquet (1779-90).

D'azur, à deux bars adossés, d'or, séparés par une étoile de même en chef et en pointe une rose d'argent surmontant un croissant de même.

## QUINSONNAS (de). Voyez DE POURROY.

## QUIRIT DE COULAINES, Chev., barons de Coulaines, Sgrs de la Motte, d'Usage, de Channay, de la Chaubruère paroisse de Gizeux, de Vauricher, de Chantelou, de la Herpinière, de Riguy, de la Trochetière (du XIVᵉ au XVIIIᵉ siècle).

Cette famille, de très-ancienne noblesse, est originaire du Loudunois.

Alexis-André Quirit de Vauricher, chanoine de St-Martin de Tours et prévôt de la Varenne, mourut à Tours le 7 mai 1747.

Henri-Edme-Joseph Quirit de Coulaines fut chanoine de St-Florentin d'Amboise de 1775 à 1789.

Henri Quirit, chevalier, baron de Coulaines, Auguste Quirit, chevalier, Sgr de Coulaines, chevalier de St-Louis, et Charles-Joseph-Henri Quirit de la Motte, chevalier, ancien capitaine de cavalerie, comparurent, en 1789, à l'Assemblée de la noblesse de Touraine convoquée pour l'élection des députés aux Etats généraux.

De sinople, au cygne d'argent nageant dans une eau de même. — Supports : deux cygnes. — Cimier : un cygne. — Devise : *Va ferme à l'assault, qui rit à la prise.*

La branche de Chantelou, ajoutait à ses armes :

Une fasce d'argent, en chef.

R..., archidiacre de l'Église de Tours (1247).

De... à un château de trois tours, percé d'une porte et surmonté d'une croix.

**RABACHE**, en Touraine (xviie et xviiie siècles). Jean-Jacques Rabache, avocat au parlement, bailli et juge ordinaire de la châtellenie d'Azay-sur-Cher, puis conseiller et juge au bailliage et siége présidial de Tours, fut maire de cette ville en 1724-26-30-38-44-47.

D'argent, au chevron de gueules chargé de trois coquilles d'or et accompagné en chef de deux croix pattées, de sable, et en pointe d'une tour de même ajourée d'argent. — Couronne de marquis.

**RABASTÉ**, en Touraine (xviie siècle).

Écartelé d'argent et de gueules.

**RABAULT, RABAULT des ROLLANDS**, Chev., Sgrs de Jazeneuil, de Salvert, de Lavau, de la Motte-Yvon, Marcilly, Pussigny, Cambray, du Marais, de la Grande-Garde, de la Bertonnière, de la Gazellerie, de Ruton, de la Mantallerie, Mathefelon, Savary. (xviie et xviiie siècles).

Jean-René Rabault, chevalier, comparut, en 1789, à l'Assemblée électorale de la noblesse du Poitou.

Fascé d'argent et de gueules de six pièces, les deux premières d'argent, chargées chacun d'un filet vivré de sable.

**RABELAIS** (François), fils de Thomas Rabelais, apothicaire, Sgr de la Devinière, né à Chinon en 1483, chanoine de St-Maur-des-Fossés, curé de Meudon, mourut à Paris le 9 avril 1553.

D'argent, à trois lapins de sable (ou au naturel) posés chacun sur une petite terrasse de sinople, 2, 1. — Supports : deux palmes de sinople. — Un bâton de prieur en pal, derrière l'écu.

**RACAPÉ** (de), Chev., marquis de Magnanne, Sgrs du Mesnil, de la Goderie, etc... maison noble et très-ancienne, originaire de l'Anjou. Elle a été maintenue dans sa noblesse le 19 juillet 1668 par Voysin de la Noiraie, intendant de Touraine.

Les terres de Magnanne, du Mesnil, de Bregel et autres furent érigées en marquisat de Magnanne, en faveur de

Henri-François de Racapé, par lettres d'avril 1701, registrées au Parlement, le 6 mars 1702, et à la Chambre des Comptes de Paris, le 10 mai de la même année.

De sable, à six rocs d'échiquier, d'argent, à l'antique, 3, 2, 1.

RAFFIN, Chev., Sgrs d'Azay-le-Rideau (xvie siècle).

D'azur, à la fasce d'argent surmontée de trois étoiles d'or à 5 rais rangées en fasce.

RAGONNEAU, Sgrs de Pont-Moreau, du Murault (xviie siècle), du Petit-Beauvais, paroisse de Braye (xviiie siècle).

D'argent, au lion de sable armé et lampassé de gueules.

RAGONNEAU (François), Sgr du Temple, maire perpétuel de la ville de Mirebeau, officier de Monsieur, 1698, — et Jean-Charles Ragonneau, avocat fiscal au duché-pairie de Richelieu (1772-87), portaient :

D'argent, à un rosier de trois branches, de sinople, chaque branche produisant une rose de gueules; au chef d'azur chargé de trois étoiles d'or.

RAGUEAU, Ec., Sgrs des Brosses, de Dongé, des Minières, la Bouchonnière, élection de Richelieu (xviie siècle).

De gueules, à l'onde d'argent mise en fasce, accompagnée en chef de deux porcs-épics d'or, hérissés de sable, et en pointe d'une étoile aussi d'or ; au chef de même, chargé de deux étoiles de sable.

RAGUENEAU, Ec., Sgrs de Guignes, paroisse de Fondettes (xve et xvie siècles). — Famille originaire de Langeais.

Etienne Ragueneau fut maire de Tours en 1482. Jean Ragueneau, conseiller du roi, lieutenant particulier au bailliage de Tours, fut aussi maire de cette ville en 1513.

D'azur, à trois melons couchés, d'or, tigés et feuillés de même, 2, 1.

RAGUIER, en Touraine et en Champagne.

D'argent, au sautoir de sable accompagné de 4 perdrix de gueules, à la bordure engrêlée, de gueules.

RAGUIER (du), Ec., Sgrs de Cherelles, du Chiron, paroisse d'Obterre, (xvie siècle).

D'azur, enté d'or en pointe, accompagné de deux étoiles de même en chef.

RAIMOND. Voyez RAYMOND.

**RAITY** DE **VITRÉ,** (Antoine de), commandeur de Ballan (Ordre de Malte) au milieu du XVIIᵉ siècle.

De gueules, au cygne d'argent nageant sur une rivière au naturel mouvante du bas de l'écu, adextré en chef d'une comète d'or.

**RAMBOURG** (de), en Touraine (XVIIIᵉ siècle).

D'azur, au pommier d'argent, fruité d'or, sur une terrasse de sinople, accosté de deux merlettes d'argent.

**RAMEFORT** (de), Chev., Sgrs de Marçay, près Richelieu, et de Ramefort, près Saumur (XIIIᵉ siècle).

Cette famille a fourni un chevalier-banneret de Touraine, Gaudin de Ramefort (1213).

Fuselé d'or et d'azur, au lambel de gueules de 7 pendants.

**RAMEFORT** (de), Chev., Sgrs de Vou (XIIᵉ siècle).

De..., à six besants de... ; au chef de... chargé d'un lion naissant de ..

**Rançay** (le Prieuré de), à la fin du XVIIᵉ siècle.

D'argent, à une croix d'azur chargée de cinq croissants d'argent.

**RANCE,** Éc., Sgrs de la Morinière, en Touraine. — En 1565, Jean Rance acheta cette terre, de Raoulant Regnault, éc.

D'azur, au chevron d'argent, accompagné d'un croissant de même en pointe.

**RANCHÉ** (Antoine), Éc., Sgr de Vernays (fin du XVIIᵉ siècle).

De sable, à un ranchier passant, d'or, accorné et onglé de gueules.

**RANCHER** (de), Chev., Marquis de la Ferrière, Sgrs de la Foucardière, de Mouchaut, de Lugny, de Cussay, de Treremont, de la Gitonnière, de Riparfonds, paroisse d'Huismes (du XVIᵉ au XVIIIᵉ siècle).

René de Rancher, Sgr de Mouchaut, figura, le 3 avril 1689, dans la monstre de la noblesse possédant fiefs dans le bailliage de Chinon.

François-Michel-Antoine de Rancher, marquis de la Ferrière, commandeur de l'ordre de St-Lazare, comparut, en 1789, à l'Assemblée de la noblesse de Touraine, convoquée pour l'élection des députés aux États généraux.

Charles-Louis de Rancher fut créé comte, avec majorat, en 1825.

D'azur, au sautoir d'or, cantonné de quatre annelets de même. — Couronne de comte. — Supports : deux lions. — Devise : *Celeritas atque Fidelitas.*

## RANGOT (de).

D'azur, à la croix engrêlée, d'or.

## RANSSÉ (de), Éc., Sgrs de Mathefelon, en Touraine (xvie siècle).

D'or, à trois quintefeuilles de gueules, 2, 1, accompagnées de 9 merlettes de même.

## RANVIER, en Touraine (xviie et xviiie siècles).

Cette famille a fourni un échevin à la ville de Tours, Bertrand Ranvier (1696).

De sable, à un croissant d'argent; au chef d'azur chargé d'une étoile d'or.

## RASILLY (de). Voyez DE RAZILLY.

## RAT (Geoffroi le), chevalier, originaire de la Touraine, prit part à la 5e croisade (1204).

De gueules, à la croix pattée, d'argent, de 8 pointes.

## RAT (Le), en Touraine (xiie et xiiie siècles).

Geoffroy le Rat était grand-maître de l'ordre de St-Jean de Jérusalem, vers 1200.

D'azur, à une licorne d'argent.

## RAT (Le), en Touraine (xviie siècle).

Cette famille, à laquelle appartenait Pierre le Rat, conseiller du roi, trésorier de France et général des finances de la généralité de Tours, portait :

D'or, à un chevron de gueules accompagné d'un dauphin d'azur, en pointe; au chef d'azur chargé de trois étoiles d'argent.

## RATAULT, en Touraine.

D'argent, à sept burelles d'azur, à la cotice de gueules brochant sur le tout.

## RAVENEL (de), Éc., Sgrs de la Rivière, de la Beraudière, de Reigné (xve siècle).

Cette famille, résidant en Touraine et en Poitou, a été maintenue dans sa noblesse par sentence du 18 août 1667.

D'argent, à une quintefeuille de gueules ; au lambel d'azur.

**RAVENEL DE BOISTEILLEUL**, en Touraine et en Anjou (XVIIIe siècle).

Charles-Auguste de Ravenel de Boisteilleul comparut, en 1789, à l'Assemblée électorale de la noblesse de l'Anjou.

De gueules, à six croissants d'or, 2, 2, 2, surmontés chacun d'une étoile de même, et accompagnés d'une septième étoile, aussi d'or, posée à la pointe de l'écu.

**RAVOT D'OMBREVAL**, Chev., Sgrs de la Guérinière, en Touraine (XVIIe et XVIIIe siècles).

Cette famille a fourni un intendant de Touraine, maître des requêtes, Jean-Baptiste-Nicolas Ravot d'Ombreval (1725-26).

D'azur, au pal d'or, chargé d'une losange de gueules, le pal accosté en chef de deux molettes d'éperon d'or.

**RAYMOND, RAIMOND, ou REMOND**, Éc., Sgrs de la Tortinière, de Cigogne, du Portail et de la Saulaie, (paroisse de Sepmes), de la Rocheploquin et de la Guérinière (paroisse de Draché), relevant de Ste-Maure (XVIe et XVIIe siècles).—Famille originaire d'Angoumois.

Losangé d'or et d'azur.

Cosme Remond, Éc., Sgr de la Tortinière (fin du XVIIe siècle), portait d'après l'*Armorial général* :

D'azur, à une montagne escarpée, accolée d'un lièvre rampant, de sinople, et chargée en pointe d'une tortue de sable.

**RAYMOND-MODÈNE** (de).

D'argent, à la croix de gueules, chargée de cinq coquilles d'argent.

**RAYNIER ou REYNIER** (du), Éc., Sgrs de la Tour du Raynier, de Chezelles-Savary, relevant de Chinon (XVIe siècle), du Châtelet, près Cormery, et de la Rocheramé (XVIIe siècle).

Annet Raynier était prieur de l'abbaye de Cormery en 1579.

D'azur, à la pointe d'or tirant en chef, tenant le tiers de l'écu, accompagnée de deux étoiles de même en chef.

**RAZAY** (de), Chev., Sgrs de Beauvais et de la Raturière, (XVIIe siècle).

D'argent, à la bande de gueules chargée de trois coquilles d'argent.

**RAZILLY** ou **RASILLY** (de), Chev., marquis de Razilly, Sgrs de Rasilly, du Roullys, paroisse de Ligré, — d'Usage, d'Avoine, de Beaumont-en-Véron, de Sorigny, de Velors, paroisse d'Avoine, — de Beauchesne, de la Fuye, de Launay, des Eaux-Mesles, de Mathefelon, de la Motte-d'Artannes, d'Avaloux, (du XIIe au XVIIIe siècle).

La terre de Rasilly, relevant de Destilly, est dans la famille de Razilly depuis 1140, époque à laquelle Herbert de Razilly fit don aux religieux de Turpenay de la dime de ce fief.

En 1449, Jehan de Razilly, Sgr d'Usage, vendit la terre du Roullys à Jehan Bernard, grenetier à Chinon, au prix de 400 écus d'or.

Claude de Razilly acheta la terre de Beaumont-en-Véron, en 1627, de Catherine de Joyeuse, femme de Charles de Lorraine, duc de Guise.

La famille de Razilly a fourni un gouverneur de Chinon, Gabriel de Razilly (1569), — et trois lieutenants-généraux du roi, en Touraine : Gabriel de Razilly, mort en 1712; — Michel-Gabriel de Razilly, décédé en janvier 1716; — et Michel-Isaac de Razilly (1716).

Louis-François, marquis de Razilly, comparut à l'Assemblée électorale de la noblesse du Poitou en 1789.

De gueules, à trois fleurs de lis d'or, 2, 1.

Quelques généalogistes blasonnent ainsi les armes de cette famille :

D'argent, à trois fleurs de lis de gueules, 2, 1. — *Alias* : De gueules, à trois fleurs de lis d'argent, 2, 1.

Gabriel de Razilly, lieutenant-général du roi, en Touraine, mort en 1712, portait :

De gueules, à trois fleurs de lis d'argent, 2, 1. — Accolé d'azur à trois épées, 2 en chef, les gardes en haut, la troisième en pointe, la garde d'or, avec fasce d'or brochant sur le tout.

RECHIGNEVOISIN (de), Chev., marquis de Guron, Sgrs de Rechignevoisin, de la Maison-Neuve, de la Queille, la Roussière, de Montlouis, la Lande, Buxeuil-sur-Creuse (relevant de la Guerche), de la Charlottière, Caunay, Gurat, Chenay, des Loges, etc... — Cette maison, originaire des confins de la Marche et du Berry, s'est illustrée par ses services militaires. Elle est connue dès le XIII° siècle. Parmi ses membres, on remarque Aymeri de Rechignevoisin qui prit part à la première croisade du roi St-Louis; un chevalier-banneret, un chambellan du roi (1411); des chevaliers de Malte, un évêque de Tulle et de Comminges, des gentilshommes ordinaires de la chambre du roi, un gentilhomme ordinaire de la chambre du duc d'Alençon, des gouverneurs de places, etc... Elle a été plusieurs fois maintenue dans sa noblesse, notamment les 1er et 10 septembre 1667. Parmi ses alliances on remarque les familles de Darrot, de la Celle, de Besdon, de Gondouville, de Puygirault, de Parthenay, d'Elbène, de Fleury, de Brilhac, de Fay, de Lestang, de Nossay, Frotier de la Messelière, d'Angoulême, d'Anché, de Castellane, de Marconnay, de la Tullaye, de Lescours, de la Brousse, etc...

Pierre-Gabriel de Rechignevoisin de Guron, marquis de Guron, fit ses preuves de noblesse, en 1743, au cabinet du St-Esprit, et fut admis aux honneurs de la cour en 1781.

Pierre-Charles de Rechignevoisin de Guron, Chev., marquis de Guron, et Louis-Charles-Dide-Anne de Rechignevoisin, baron de Rechignevoisin, comparurent à l'Assemblée électorale de la noblesse du Poitou, en 1789.

Louis-Charles-Dide-Anne de Rechignevoisin, baron de Rechignevoisin, émigré, épousa, le 14 avril 1788, Marie-Thérèse de Lescours, dont il eut quatre enfants :

1° Gabriel-Michel ;

2° François-Landry, chevalier de Malte ;

3° Madeleine-Hippolyte, mariée, le 23 juillet 1817, à Philippe Duchesne de Saint-Léger, fils de Jean-Charles

Duchesne, Chev , Sgr de St-Léger, et de Marie-Anne-Geneviève Lecomte du Rivault;

4° Amable-François, marié, en 1834, à Georgette-Alexandrine-Marie de la Beraudière, fille de Jacques-Victor, comte de la Beraudière, et d'Alexandrine-Guillemine-Hélène Valladon de la Grivelle.

Antonin de Rechignevoisin, de la branche de Guron, né en 1804, fils d'Alexandre de Rechignevoisin et de Marie-Esther de Bobène, a épousé Louise de la Brousse

De gueules. à la fleur de lis d'argent.

RÉCUCHON (de) ou RECATOS, RICASSON, RÉCACHON, Chev., Sgrs de Lamps, en Berry, et au bailliage de Touraine (XIII<sup>e</sup> siècle).

Fascé d'or et de sinople de six pièces, semé de fleurs de lis de l'un en l'autre.

RÉCUCHON (Robert de), bailli de Caen en 1317, fut ensuite bailli de Touraine (1325-28).

Fascé d'or et de vair de six pièces, semé de fleurs de lis de l'un en l'autre; au chevron de gueules brochant sur le tout.

REFFUGE ou REFUGE (de), Chev., comte de Coesmes et barons de la Boutelaye,—Sgrs de Salvert, du Courbat, de Fougères, relevant des Bordes-Guenant (1484), — des Bordes, de la Baupinière, etc. — Famille originaire du Berry. Elle a fourni un chevalier de Malte.

D'argent, à deux fasces de gueules, et deux bisses affrontées, d'azur, armées de gueules, brochant sur le tout. — Supports : deux serpents d'azur ailés. — Cimier : un hercule écrasant deux serpents.

REGNARD DE RILLI. Voyez RENARD.

REGNAUD, abbé de Beaulieu, en Touraine (1233-80).

De sinople, à une fasce d'or chargée de trois roses de gueules.

REGNAUD DE BISSY (N. de), vicaire-général de Tours (1789).

De gueules, à une fasce d'argent, accompagnée de deux losanges d'or, une en chef, l'autre en pointe. — Devise : *Ardens et œquum*.

**REGNAULT DE MAZAN** (Etienne-Louis-Guillaume), chanoine et chantre en dignité de l'Église de Tours, mourut le 18 avril 1785.

D'azur, à deux gerbes d'or posées en chef, et un milan d'argent posé en pointe; au chef de gueules chargé de trois étoiles d'argent.

**REIGNAC DE LA RIVALLIÈRE**, — Famille originaire de Touraine.

D'or, à deux crosses armées (ou lances antiques) passées en sautoir; une ancre de même en bande, brochant sur les lances; et une étoile aussi de gueules, en chef.

**REIGNAC-LAUGERAC DE LA RIVALLIÈRE** (de), en Touraine, en Limousin et en Prusse.

D'or, au lion coupé d'azur et de gueules; parti de la Rivallière.

**REIGNER**, Ec., Sgrs d'Availles, relevant de la Guerche (xviie siècle). — Cette famille a été maintenue dans sa noblesse les 9 août, 9 et 24 septembre 1667 et 14 janvier 1699. Elle s'est alliée aux familles de Gourjault, de Montalembert, d'Albaine, d'Anché, du Chilleau, de la Voyerie, Bellin de la Boutaudière, Racodet, Aymer du Corniou, Aymer de la Motte, etc.

D'azur, à trois coquilles d'argent, 2, 1.

**REGNIER**, ducs de Massa, comtes de Gronau. — Famille résidant en Touraine (xixe siècle).

Claude-Ambroise Regnier, né à Blamont, en Lorraine, le 6 avril 1736, comte de l'Empire, conseiller d'État, grand-juge, ministre de la justice et de la police (14 septembre 1802), duc de Massa (29 septembre 1809, mourut à Paris le 24 juin 1814.

Nicolas-François-Silvestre Regnier (fils du précédent), comte de Gronau, duc de Massa, né le 31 décembre 1783, secrétaire général du conseil du sceau des titres, auditeur au conseil d'État, préfet de l'Oise (1813) et du Cher (1816), pair de France (10 juillet 1846), mourut le 20 août 1851. Il avait épousé Antoinette-Charlotte Macdonald, fille du maréchal-duc de Tarente.

Le chef du nom et d'armes est aujourd'hui (1867) André-Philippe-Alfred Regnier de Gronau, duc de Massa.

D'hermines, à la fasce de sable chargée de trois alérions d'or.

Nicolas-François-Silvestre Regnier, comte de Gronau et ensuite duc de Massa, portait, d'après l'*Armorial de l'Empire* :

Parti; au 1 de comte pris dans le Conseil-d'Etat, coupé de gueules, semé d'étoiles d'argent sans nombre; au 2 écartelé : au 1 d'argent, au lion rampant de gueules; au 2 d'or, au dextrochère armé de gueules, tenant une croix croisetée, haussée, au pied fiché, du même; au 3 d'or, à la galère antique, de sable, mâtée et voilée du même, portant flamme et pavillon de gueules; au 4 de sinople, au saumon en fasce, d'argent; sur le tout, d'hermines, à la fasce de sable chargée de trois alérions d'or.

## REILLE, comtes de l'Empire.

Honoré-Charles-Michel-Joseph, comte Reille, né à Antibes (Var) le 1er septembre 1775, général de division, grand-croix de la Légion d'honneur (1815), commandeur du Mérite militaire de Bavière, pair de France (5 mars 1819), gentilhomme de la chambre du roi (26 novembre 1820), fut nommé maréchal de France le 17 septembre 1847.

André-Charles-Victor, comte Reille, général de brigade, aide-de-camp de l'empereur, commandeur de la Légion d'honneur, officier de l'ordre de Ste-Anne de Russie et de l'ordre de Medjidié, chevalier des ordres de l'Épée de Suède et de l'ordre du Bain, etc..., réside à Paris et au château de Baudrys, commune de Chanceaux-sur-Choisille (Indre-et-Loire).

De sinople, au centaure d'or, décochant une flèche avec un arc tendu, de même. — Supports : deux centaures. — Couronne de comte. — *Alias* (d'après l'*Armorial de l'Empire*) : Parti, d'azur et de gueules coupé de sinople, l'azur au signe de comte tiré de l'armée, le gueules à trois bandes d'argent chargé de 5 étoiles d'azur, 1, 3, 1, le sinople au centaure passant, l'arc en main, et décochant une flèche, le tout d'or.

## REIX (de), Ec., Sgrs de Nointeau, paroisse de Loché (xviie siècle).

D'azur, à une croix ancrée, d'or, accompagnée aux deux cantons du chef de deux merlettes d'argent.

## RELONGUE, Sgrs du Tertre et de la Davellerie, paroisse de Gizeux (xviie siècle).

Relongue, en Flandre et en Languedoc, porte :

D'azur, à la queue de dauphin d'argent, posée en chef, couronnée d'une rose de gueules et surmontée de trois étoiles du même posées en fasce.

RELY (de), en Touraine (xv⁰ et xvi⁰ siècles).

Cette famille, originaire d'Artois, a fourni un doyen de St-Martin de Tours, évêque d'Evreux, Jean I de Rely (1491), et un chanoine de la même collégiale (St-Martin) : Jean II de Rely, décédé en 1527. Elle a été maintenue dans sa noblesse le 24 janvier 1667.

D'or, à trois chevrons d'azur.

**REMEFORT DE LA GRELIÈRE ou GRILLIÈRE** (Etienne de) abbé de la Clarté-Dieu (1634-56).

D'azur, à trois couronnes antiques, d'or, 2, 1.

**REMÉON**, en Touraine et en Orléanais. — Christophe de Reméon de Thorigny comparut, en 1789, à l'Assemblée électorale de la noblesse de l'Orléanais.

D'or, au chevron de gueules, accompagné en chef de deux étoiles d'azur, et en pointe de deux cyprès de sinople.

**REMIGIOUX** (de), Ec., Sgrs de Chezelles, de la Fuye (paroisse de Jaulnay), de Naucré, du Breil, de Luzé, de Valesnes, de Chanteloup (xvii⁰ et xviii⁰ siècles).

François de Remigioux comparut, en 1789, à l'Assemblée électorale de la noblesse du Poitou.

D'azur, à trois couleuvres d'argent, ondoyantes, posées en pal.

**REMOLARD**, Ec., Sgrs de la Bretesche, et de Brezé, élection de Richelieu (xvii⁰ siècle).

De sable, à la fasce de trois pièces, d'or.

**REMON ou REMOND**, à Tours (xvii⁰ et xviii⁰ siècles).

Cette famille a fourni deux chanoines-prévôts de Saint-Martin de Tours : Jean Remon, décédé en 1633, — et Gabriel Remond, prévôt de Leré (1655-98).

Gabriel Remond portait, d'après l'*Armorial général* :

D'or, à une croix de sable, cantonnée de quatre coquilles de même.

**REMOND ou RAYMOND**, Sgrs de la Renouillère.—Famille établie en Touraine et en Champagne.

De gueules, à trois roses d'argent.

**RENARD** (de), Ec., Sgrs de Courtemblay, des Granges paroisse de Neuvy-Roi), de Bois-Roger, de Véretz (en partie) (XVIIe siècle), de la Moussetière.

Par acte du 30 août 1637, Laurent Renard de Courtemblay, Julien Chalopin et Louise Leblanc, veuve de Gilbert des Roches de Geneteuil, vendirent un douzième de la terre de Véretz, moyennant une rente de 398 livres, à Denis Bouthillier de Rancé.

D'azur, à trois renards passants, d'or, les uns au-dessus des autres.

**RENARD** ou **REGNARD**, Ec., Sgrs de Rilly (élection d'Amboise), de Beauvais, de Boisroger, la Garenne (XVIIe siècle).

D'argent, à la fasce de gueules accompagnée de six merlettes de sable, trois en chef, trois en pointe, rangées.

**RENARD** ou **RENNARD**, Ec., Sgrs de la Touanne (XVIIIe siècle).

D'argent, à trois renards passants, de sable, 2, 1. — *Alias* : D'argent, au chevron de gueules accompagné de trois fleurs de pensée au naturel ; au chef d'azur chargé de trois étoiles d'or (d'après Dubuisson).

**RENARD** ou **REGNARD** (Florentin), doyen de l'Eglise de Tours (1578).

D'azur, au cœur de gueules chargé d'un soleil d'or.

**RENAUD**, en Touraine.

De sable, au lion armé d'argent ; au chef aussi d'argent chargé d'un croissant de gueules. — Supports : deux levrettes.

**RENAUDIN** (Louis), curé de Crissé (vers 1695).

D'azur, au cœur d'argent accompagné de 3 fleurs de pensée, tigées et feuillées de même.

**RENAULT**, Sgrs des Vernières (paroisse de Pouzay), de Montaumer (paroisse de St-Epain), des Mariaux, de la Couture, des Granges, du Moulin-Neuf, du Portail, de la Sancère, du Pont, de Terrefort, du Perré, des Fuyes, de Tertifume, des Bournais, etc... (XVIIe et XVIIIe siècles).

Cette famille tourangelle commence sa filiation suivie par Jean Renault, vivant vers 1630, et dont le fils, Philippe Renault épousa, à Lièze, en 1665, Catherine Davonneau. Elle a donné à la Touraine les fonctionnaires et les ecclésiastiques dont les noms suivent :

Philippe Renault, né le 30 août 1667, avocat au Parlement (8 janvier 1691), conseiller du roi, élu grenetier-contrôleur en l'élection de Chinon (par provisions du 9 août 1692), conseiller au siége royal de Chinon (par lettres du 20 novembre 1722);

Philippe Renault, procureur fiscal à Rilly (1703) ;

François Renault, Sgr de Terrefort, conseiller du roi au siége royal de Chinon (1710) ;

Jacques Renault, prêtre, curé de Maillé (1710);

Pierre Renault de Tertifume, conseiller, avocat du roi et conseiller honoraire au bailliage de Chinon (1765) ;

Pierre-Philippe Renault, prêtre, chanoine de Saint-Mexme de Chinon (1777);

Félix-André Renault, avocat au Parlement, au siége royal de Chinon (1778);

Jean-Louis Renault, Sgr du Perré, conseiller, juge-magistrat au siége royal de Chinon (1783).

La famille Renault a formé plusieurs branches, dont une a pour auteur Charles Renault des Vernières (fils de Philippe Renault et de Catherine Davonneau), qui épousa Anne Martineau, de St-Maure. De ce mariage est né (en 1717) Charles-Philippe Renault des Vernières, Ec., Sgr des Vernières, gendarme de la garde du roi, chevalier de l'Ordre royal et militaire de St-Louis, décédé en 1782.

Charles-Philippe Renault avait épousé Madelaine Boislève, dont il eut : Jacques-Philippe Renault des Vernières, né en 1757, Ec., comte de Montaumer, gendarme de la garde du roi, marié, en 1778, à Anne-Adelaïde-Alexandrine Cormier de la Picardière (décédée le 6 pluviôse an II).

Jacques-Philippe Renault des Vernières mourut en 1793, laissant trois enfants : Alexandre-Philippe Renault des Vernières de Montaumer, ancien officier de cavalerie, décédé à St-Avertin, le 2 janvier 1865; — une fille, mariée à N. Archambault; — et Jacques-Philippe Renault des Vernières de Montaumer qui épousa, en 1822, Camille-Henriette Poisle du Coury (décédée le 1er mars 1867). De ce mariage sont issus:

1° Jacques-Philippe Renault des Vernières de Montaumer, né en 1825, marié, en 1850, à Marie-Céline Guibert, dont il a eu : Marguerite-Renée-Alix Renault des Vernières de Montaumer, née le 6 mai 1853 ;

2° Adeline-Adelaïde Renault des Vernières de Montaumer, mariée, en 1847, à Jacques-Edouard Artaud. De ce mariage est issu : Philippe-Edouard-René Artaud, né le 25 décembre 1848.

Les autres branches se sont alliées aux familles Le Breton, Charpentier de Rochedais, Taffonneau de Voizeray, Bouilly, du Portal, Ragonneau, Henri de Noisé, Harpaillé du Perray, Boullay, Torterue de Sazilly, Gilloire de Lépinaist, Lamblin, Le Maître, etc...

Philippe Renault, conseiller du roi, élu en l'élection de Chinon, portait, d'après l'*Armorial général* :

D'azur, à un chevron d'argent; au chef d'or, chargé d'un lion léopardé, de sable.

**RENAZÉ** (Louis), Ec., conseiller du roi, nommé lieutenant de la maréchaussée à Loches, en 1693, portait, d'après l'*Armorial général* :

De sinople, au renard d'or.

**RENAZÉ**, Ec., Sgrs de Mortrays, *alias* la Menardière, paroisse de Cinq-Mars (1654), de Villeneuve et de la Huberdière, etc... (xviiie siècle).

Etienne Renazé, Sgr de la Huberdière, fut anobli par lettres d'avril 1615.

En 1654, Jacques Renazé remplissait les fonctions de conseiller du roi, contrôleur provincial des ponts et chaussées en la généralité de Tours.

Bernard Renazé, Sgr de l'Isle, était conseiller du roi, élu au grenier à sel de Chinon, en 1691.

Claude Renazé, prévôt des maréchaux, à Loches, vivait en 1696.

Claude Renazé était assesseur et premier élu en l'élection

de Loches, avant 1673. Claude Renazé, son fils, lui succéda dans cette même charge.

D'azur, à une aigle éployée d'or.

**RENÉ** (Louis), prêtre, curé de Braslou, élection de Richelieu (fin du XVIIe siècle).

De gueules, à un sceptre d'or.

**RENÉE**, dame de St-Mars, vicomtesse de Bresteau, femme de Jean de Laval de Boisdauphin.

Parti emmanché de 5 pièces de...

**RENES** (de), à Loches (XVIe siècle).

Jacques de Renes était lieutenant-général au bailliage de Loches, en 1696.

Losangé d'argent et de gueules, à la pointe d'argent chargée d'une aigle de sable ; au chef d'or chargé d'un lion passant, de gueules, accosté de deux compons d'azur chargés chacun d'une pointe de gueules.

**RENIER** (du), en Touraine (XVIIe siècle).

D'azur, au soc d'or.

**RENIER**, Éc., Sgrs de Laubardière, paroisse d'Artannes (XVIIe siècle).

D'azur, au sautoir d'argent, dentelé de sable, cantonné de 4 merlettes d'or.

**RENOUARD** (Jean-Jacques), Chev., Sgr de Villayer, conseiller du roi, intendant de Touraine (1641-42), mourut en 1691.

D'argent, à une quintefeuille de gueules.

**RENUSSON** D'HAUTEVILLE (René-Pierre de), chevalier, ancien mousquetaire de la garde du roi, comparut, en 1789, à l'Assemblée électorale de la noblesse de Touraine. Il se fit représenter à la même époque, ainsi qu'Anne-Catherine du Perrier, veuve de René-François de Renusson d'Hauteville, dame de Morterie, à l'Assemblée électorale de la noblesse du Maine.

François-Joseph-Augustin de Renusson d'Hauteville comparut également à cette dernière Assemblée.

D'or, à l'arbre arraché, de sinople, supporté par deux lions affrontés, de gueules et mouvant d'un croissant de même. (D'après M. Lambron de Lignim. *Mém. de la Soc. archéol. de Touraine*, t. X, p. 116).

**RESTRU**, en Touraine (xviiie siècle).

François Restru remplissait les fonctions de conseiller du roi, élu en l'élection de Tours, en 1743.

Louis-Nicolas Restru fut pourvu de la charge de lieutenant particulier, assesseur criminel et premier conseiller au bailliage et siége présidial de Tours, le 15 décembre 1749.

De gueules, à cinq tours d'argent, crénelées et ajourées de gueules, maçonnées de sable, posées en sautoir, celles du milieu girouettées et pavillonnées de...

**RETAIL** (du), Chev., Sgrs du Retail, de Dangé, du Vergier (relevant de Ste-Maure) en 1407.

Cette famille, que nous croyons originaire du Poitou, a été maintenue dans sa noblesse en 1667.

D'azur, à la fasce d'argent.

**REVERDY**, Sgrs de Longueplaine, de Paradis (paroisse de Lacroix), des Haut et Petit-Battereau, en Touraine (du xvie au xviiie siècle).

Cette famille, une des plus anciennes de Touraine, a occupé pendant deux siècles des charges importantes dans la magistrature, à Tours. Elle forme aujourd'hui deux branches; l'aînée est représentée par Charles Reverdy, né le 10 avril 1794, ancien maire de Chisseaux, et résidant actuellement dans cette commune. La branche cadette a pour chef Gustave Reverdy, propriétaire à Richelieu.

La famille Reverdy a fourni les fonctionnaires dont les noms suivent :

Martin Reverdy, né le 12 janvier 1593, procureur aux bailliage et siége présidial de Tours;

Martin Reverdy, fils du précédent, né le 20 juin 1615, conseiller du roi, président, lieutenant de police et criminel en la juridiction royale des gabelles, à Tours;

Claude-François Reverdy, fils du précédent, né le 29

novembre 1675, conseiller du roi, président, lieutenant-général de police et criminel des gabelles, à Tours ;

Alexandre-François Reverdy, fils du précédent, né le 8 avril 1709, conseiller du roi, lieutenant général de police de la ville et banlieue de Tours ;

Charles-Alexandre Reverdy, aussi fils de Claude-François, né le 30 novembre 1718, conseiller du roi, président, lieutenant-général de police et criminel en la juridiction royale des gabelles, à Tours ;

Alexandre-Marie Reverdy, né le 24 janvier 1755, fils du précédent et comme lui conseiller du roi, président et lieutenant-général de police des gabelles, à Tours ;

Charles-Marie-Marthe-Jacques Reverdy, né à Tours le 7 février 1754, conseiller du roi, lieutenant-général criminel aux bailliage et siége présidial de Tours, puis maire de Chisseaux, conseiller de préfecture à Tours, décédé à Chisseaux, le 15 novembre 1832 ;

Alexandre Reverdy, né le 14 décembre 1786, colonel de gendarmerie, officier de la Légion d'honneur, décédé à Tours.

D'azur, à trois têtes de sanglier, arrachées, d'or, éclairées de gueules. — Supports : deux lions. — Couronne de comte.

Au xviie siècle, Philippe Reverdy possédait la terre du Petit-Marcé, paroisse de Chaslain, élection et sénéchaussée d'Angers. Il portait :

D'azur, à trois têtes de sanglier, d'argent, éclairées de gueules.

Une branche de la famille Reverdy ajoutait à ses armes *une gerbe d'or en cœur.*

REVERDY (N.), bourgeois de la ville de Tours (fin du xviie siècle).

D'or, à un arbre sec, de sable, poussant quelques branches de sinople.

REVERDY (N.), prêtre, curé de Montbazon (vers 1698).

D'or, à un lion de gueules.

RÉVÉREND. — Famille d'ancienne noblesse, originaire de Normandie. Son nom s'est aussi écrit Le Révérend et Révérand.

Elle a donné des échevins à la ville de Caen, un avocat général à la Cour des Monnaies de Paris, des conseillers du roi, un lieutenant-général des armées du roi, des maréchaux-de-camp, etc., et s'est alliée aux maisons de Bar de Comparnaud, d'Aydie de Riberac, de Barberie de St-Contest, de Collas de la Grillière, de la Chaussée, de Hue de la Blanche, de Huet de Carpiquet, de Grandin de la Gaillonnière, de Montgommery, etc.

François Le Révérend, Ec., était avocat général du roi en la Cour des Monnaies de Paris, en 1485.

Guillaume Le Révérend, Chev., Sgr du Parc, de Bougy, était échevin de Caen, en 1570, époque à laquelle commence la filiation suivie de la famille.

Olivier le Révérend, Ec., Sgr de Bougy, obtint la confirmation de sa noblesse par lettres patentes du 10 février 1595. Mezerai le cite comme ayant sauvé la ville de Caen d'une surprise des Ligueurs.

Michel Le Révérend, Ec., Sgr de Bougy et de Colin, échevin de Caen, fut receveur général des tailles de cette ville.

Laurent Révérend de Colin fut conseiller du roi en ses conseils, en 1655.

Jean Le Révérend, marquis de Bougy et de Colonges, frère du précédent, lieutenant-général des armées du roi (1649), obtint, en récompense de ses services, l'érection en marquisat de la seigneurie de Bougy, par lettres patentes de novembre 1667, enregistrées en la Chambre des Comptes, en 1669.

Jean-Jacques Le Révérend, marquis de Bougy, fut maréchal-de-camp, colonel du régiment de la Cornette-Blanche (1704).

Cette maison s'est divisée en trois branches principales.

La branche aînée, aujourd'hui établie en Touraine, est divisée en deux rameaux.

Un des représentants de la branche du Mesnil, sortie de la précédente, restée en Normandie, Louis-Gustave Révérend du Mesnil, né en 1804, est conservateur des hypothèques à

Argentan (Orne) ; il a épousé Louise-Aline Guyon de Vauloger, dont il a eu plusieurs enfants.

La branche des marquis de Bougy s'est éteinte au commencement du siècle dernier dans les maisons Hue de Carpiquet et d'Aydie de Riberac.

La branche de Touraine s'est établie dans cette province à l'époque de la Révolution. Elle est actuellement représentée par les enfants de Philippe-Noël Révérend, né le 19 avril 1776, fils de Charles, écuyer, et de Renée Moulin.

Philippe-Noël-Révérend a épousé : 1° En 1804, Louise-Eléonore Quillet, dont un fils, Philippe-Pierre-André, qui suit ; 2° En 1807, Adelaïde Genevier, dont deux garçons (dont nous parlerons plus loin), et quatre filles.

Philippe-Pierre-André Révérend, né le 28 juillet 1806, ancien maire de la Celle-St-Avant, a épousé, le 25 juillet 1830, Anastasie Huet, dont il a eu :

1° Pierre Révérend, né le 24 juin 1840 ;

2° Félicie Révérend, mariée, en 1854, à Gustave Yvert, avoué à la Rochelle ;

3° Amélie Révérend, mariée, en 1857, à Marcel Yvert, notaire à Chauvigny.

Charles-Noël Révérend, propriétaire à Tauxigny, fils de Philippe-Noël Révérend et d'Adelaïde Genevier, né le 14 août 1808, a épousé, en 1842, Augustine Boyer. De ce mariage sont issus :

1° Charles-Noël Révérend, né en février 1843 ;

2° Augustine Révérend, née en décembre 1843.

Jules-Severin Révérend, né le 25 septembre 1818, propriétaire à Tours, également fils de Philippe-Noël Révérend et d'Adelaïde Genevier, a épousé, le 16 août 1843, Julie-Euphrosine Bernard-Deschamps, dont il a eu :

1° Albert-Marie Révérend, né le 3 août 1844, membre de la Société archéologique de Touraine ;

2° Jules-Marie Révérend, né le 22 août 1846 ;

3° Gabriel-Marie Révérend, né le 26 juillet 1832.

Louis-Charles Révérend, ancien notaire à Mortrée (Orne), un des représentants actuels d'un rameau de la branche dont nous venons de parler, a épousé Victoire Guibout, dont il a eu Louis Révérend, né en 1848.

Ecartelé ; aux 1 et 4 de sinople, à trois abeilles ou mouches, d'or, 2, 1 ; aux 2 et 3 de gueules, à l'aigle éployée d'argent. — Couronne de marquis. — Tenants : deux révérends moines. — *Alias* : deux lions.

RIANTS (de), Éc., comtes de Regmalard et de Villeray, barons de Voré, marquis de la Gazelière, Sgrs de la Porcherie et de la Gondonnière, en Touraine, (XVIᵉ siècle). — Cette famille a formé plusieurs branches. Elle s'est alliée aux maisons de Maridort de St-Ouen, de Champagne et de Neuf-villette. Un membre de la branche de Regmalard substitua à son nom et armes, en 1745, Gui de la Porte, marquis de la Porte de Riants.

D'azur, semé de trèfles d'or, à deux bars (ou dauphins) adossés et couronnés de même. — *Alias* : Ecartelé ; aux 1 et 4 à 3 bandes d'argent chargées de cinq merlettes de gueules ; aux 2 et 3 d'argent à 6 annelets de sable ; et sur le tout : d'azur semé de trèfles d'or, à deux dauphins adossés et couronnés de même, qui est de Riants.

Marie de Riants, dame de Regmalard (vers 1700) portait, d'après l'*Armorial général :*

D'azur, à une tour d'argent, maçonnée de sable.

RIBAULT (Renée) prieure de Rives (1585).

De gueules, à la fasce d'azur chargée de trois besants d'or et accompagnée de trois croix ancrées d'argent.

RIBAULT (Madeleine), dame de Thuisseau et de Montlouis, — du Coudrai et de la Coste, près Amboise, fille de Pierre Ribault, écuyer, Sgr de la Grenoillère, près Saumur, et d'Yolande de Ferraude, vivait en 1686. A cette époque elle était veuve de Georges de Pelissary, trésorier-général de la marine, Sgr de Gravignan et de la Bourdaisière.

La famille Ribault, originaire de Bretagne, et signalée en 1003, par D. Lobineau, commence sa filiation suivie par Guillot Ribot vivant en 1302. Elle a été maintenue dans sa noblesse, le 17 janvier 1668.

Le chef de la branche à laquelle appartenait Madeleine-Ribault, dame de Thuisseau, a aujourd'hui pour chef de nom et d'armes, Pierre-Henri Ribault de Laugardière, né le 29 mars 1846, avoué à Nontron, marié le 28 juin 1846 à Marie-Louise Mazerat d'Arzt.

De gueules, à la fasce d'azur, chargée de trois besants d'or, accompagnée de trois croix ancrées, d'argent, 2, 1. — Supports : deux lions.

Les armes primitives étaient :

De gueules, à trois croix ancrées, d'argent, 2. 1.

### RIBAULT, Ec., Sgrs de Breau (xviie siècle).

D'azur, à un chevron d'or accompagné en chef de deux étoiles d'argent, et en pointe d'une montagne de six copeaux aussi d'argent.

### RIBEYRE (Antoine de), Chev., Sgr d'Omps, conseiller au Parlement de Paris, puis intendant de Touraine (1672-74), mort le 7 octobre 1712.

D'azur, à la fasce ondée, d'argent, accompagnée de trois cannettes de même, 2, 1, membrées et becquées de gueules. — Devise : *Quo fluit fert.*

### RICHARD, Éc., Sgrs du Menil-St-Georges, (élection d'Amboise) et de la Bourdillère (xviie siècle).

A cette époque la famille Richard formait deux branches, l'une résidant à Bossay, près Preuilly, l'autre à St-Georges, (élection d'Amboise).

D'or, à deux lions affrontés, de sable, armés et lampassés de gueules.

### RICHARD (Louise de), femme de Louis de Lestang, Ec., Sgr de Lizon et de Thurageau, élection de Richelieu (1698).

D'argent, à une hure de sanglier, de sable, accompagnée de trois croissants de gueules.

### RICHARDIÈRE (René-François de la), Éc., Sgr de la Richardière (xviie siècle).

D'azur, à une fasce d'or, accompagnée en chef de trois étoiles d'argent, et en pointe d'un croissant de même; au lambel de trois pendants aussi d'argent.

### RICHAUDEAU (de), Chev., Sgrs de la Boissière, (paroisse de Varennes), de Loizellière et de Parnay (xviie siècle).

Jacques de Richaudeau de Parnay, chevalier, comparut

en 1789, avec d'autres membres de la famille, à l'Assemblée électorale de la noblesse de l'Anjou.

D'azur, à trois chevrons d'or.

**RICHE DES DORMANS** (le) Éc., Sgrs de Croisne (xviii<sup>e</sup> siècle). Marie-Françoise de Guieffron, veuve de François-Charles le Riche des Dormans, écuyer, comparut, en 1789, à l'Assemblée de la noblesse de Touraine pour l'élection des députés aux Etats-généraux.

D'azur, à une fasce d'or accompagnée de deux têtes de cheval arrachées, d'argent, une en chef, l'autre en pointe ; écartelé d'azur, à trois têtes de léopards arrachées, d'or, 2, 1.

**Richelieu** (La ville de).

Ecartelé ; aux 1 et 4 de gueules à la bande d'or ; aux 2 et 3 d'or à la fasce de gueules. — Couronne murale de trois créneaux. — *Alias* : D'argent, à trois chevrons de gueules ; au chef d'azur chargé de 3 fleurs de lis d'or. — *Alias* : De gueules, à une barre d'or ; écartelé d'or à une fasce de gueules.

En 1787, les officiers municipaux de Richelieu faisaient usage d'un sceau, portant :

D'argent, à la croix de gueules ; à l'écu d'argent à trois chevrons de gueules, posé en cœur et brochant sur le tout. — L'écu posé sur un manteau de pair, et entouré des colliers de l'Ordre du roi ; deux bâtons de maréchal en sautoir derrière l'écu. — Couronne de duc.

**Richelieu** (Duché-pairie de), en Touraine.

D'argent, à trois chevrons de gueules.

**Richelieu** (La communauté des religieuses de), à la fin du xvii<sup>e</sup> siècle.

D'or, à un chevron brisé, de gueules ; au chef d'azur, chargé d'une croix d'or.

**RICHELOT**, Ec., Sgrs de la Roussellerie, et de la Berne, (xviii<sup>e</sup> siècle).

D'azur, semé de clochettes d'argent sans nombre.

**RICHEMONT** (de). Voyez PANON DESBASSAYNS DE RICHEMONT.

**RICHEOME ou RICHOMME**, Ec., Sgrs de Marray, — de la Gouberie ou Goberie, (paroisse de Charentilly) et du Chesne (xvi<sup>e</sup> siècle).

Robert Richomme, Sgr de la Gouberie, comparut en qualité d'homme d'armes, à une revue passée à Tours, le 10 juillet 1576.

D'azur, à trois côtes de baleine, d'argent, posées en fasce.

**RIDEAU** ou **RIDEL**, Chev., Sgrs d'Azay-le-Rideau, de Relay et de Bois-Rideau (xiii<sup>e</sup> siècle).

Hugues Rideau, chevalier-banneret de Touraine, est mentionné dans un titre de 1213.

D'argent, à une bande de gueules.

**RIDOUET** (de), Ec., Sgrs de Buron et de Sancé (xvii<sup>e</sup> siècle).

René-Armand de Ridouet, comparut, en 1789, à l'Assemblée électorale de la noblesse de l'Anjou.

De sable, à trois demies-losanges d'or, posées en fasce et accompagnées de trois molettes de même, 2, 1.

**RIEL** (de), barons, comtes et marquis de Beurnonville. — N. de Riel de Beurnonville, général de division, comte de l'Empire, pair de France, ministre d'Etat, grand-croix de la Légion d'honneur, maréchal de France (1816), titré marquis de Beurnonville, par lettres patentes du 31 août 1817, mourut le 23 avril 1821. Son neveu, Etienne-Martin de Beurnonville fut appelé à succéder à sa pairie, pour la posséder héréditairement, avec le titre de baron, par ordonnance royale du 24 avril 1821.

Résidence en Touraine : Château-la-Vallière (xix<sup>e</sup> siècle).

D'azur, au lion couronné d'or, lampassé et armé de gueules, la queue fourchée et passée en sautoir ; et tenant une épée d'argent garnie d'or. — Tenants : deux sauvages appuyés sur leurs massues.

**RIENCOURT** (N. de), commissaire des guerres, à Tours (1781).

D'argent, fascé de trois pièces de gueules, frettées d'or.

**RIEUX** (de), Chev., Sgrs d'Ussé (xvi<sup>e</sup> siècle). — Cette seigneurie vint en la maison de Rieux par le mariage de Suzanne de Bourbon avec Claude I de Rieux (29 novembre 1529).

Cette maison, originaire de Bretagne, est connue dès le xi<sup>e</sup> siècle. Elle a donné, entre autres illustrations, deux maréchaux de France : Jean de Rieux, II<sup>e</sup> du nom, mort en 1439, et Jean de Rieux, V<sup>e</sup> du nom, décédé en 1518.

53

Daniel de Rieux était chanoine de St-Martin de Tours en 1640, — et René de Rieux, chanoine de l'Église de Tours en 1680.

D'azur, à dix besants d'or, 4, 3, 2, 1.

RIFFARDEAU, ducs de Rivière. — Famille établie en Bourbonnais dès l'an 1407.

Charles-François, marquis de Rivière, lieutenant-général des armées du roi, pair de France (17 août 1815), grand-croix de l'ordre de St-Louis, officier de la Légion d'honneur (19 août 1823) fut créé duc héréditaire avec application de ce titre à sa pairie, le 30 mai 1825, et nommé gouverneur du duc de Bordeaux le 10 avril 1826. Il mourut en 1828.

Charles-Antoine-Adrien, duc de Rivière (résidant à Tours en 1844), a épousé, le 14 avril 1841, Marie-Stéphanie-Joséphine-Marie-Gabrielle de Cossé-Brissac.

Palé d'argent et d'azur, au chevron de gueules brochant sur le tout.

RIFLÉ (du), en Touraine (xvɪɪe et xvɪɪɪe siècles).

Jacob du Riflé, lieutenant de la bourgeoisie de la ville de Loches (1725), fut ensuite directeur des salines royales à Nantes.

D'argent, à un renard de gueules.

RIGAUD, en Touraine.

D'argent, au lion de gueules, armé, lampassé et couronné d'or, accompagné de 8 écussons de gueules chargés chacun d'une fasce d'argent.

RIGAUD. — Cette famille, originaire du Dauphiné, a possédé une partie de l'Ile-Barbe, en Touraine.

D'azur, à la bande d'or accompagnée de six losanges de même mises en orle.

RIGAUD (Joseph-François-Xavier), chanoine de l'Église de Tours, archidiacre d'Outre-Vienne, puis trésorier, et vicaire-général de l'Église de Tours (1764), et abbé de Villeloin (1754-89).

D'après une empreinte de cachet, blasonnée par M. Lambron de Lignim, cet ecclésiastique portait :

Fascé d'or et d'azur de six pièces, les fasces d'azur chargées de molettes d'éperon d'argent.

**Et d'après une autre empreinte :**

Ecartelé; aux 1 et 4 d'azur, à la fasce d'or accompagnée de trois molettes d'éperon d'argent; aux 2 et 3 de gueules à trois fasces d'or; au chef d'argent chargé de cinq mouchetures d'hermines de sable, rangées en fasce.

**RIGNÉ (de) ou de RIGNY, Chev., Sgrs de la Guérinière, de Dammarie, de Blemars, de Chançay, de Vaumorin, de Moteux, de la Vrillière (paroisse de la Tour-St-Gelin), du Tertre, de la Petite-Ile-Barbe, de la Croix-de-Bléré, (xvie et xviie siècles).**

D'argent, à trois croix cramponnées, de sable, 2, 1.

**Une branche portait :**

Ecartelé de... et de...; et sur le tout une croix de gueules chargée de cinq sautoirs d'argent.

**RIGNÉ (François de), Éc., Sgr de Verrie (fin du xviie siècle).**

D'or, à une croix de gueules, frettée d'argent.

**RIGOLET, Sgrs du Boullay, paroisse de Faverolles (xviiie siècle).**

**D'après Dubuisson, Rigolet porte :**

D'or, au chevron alaisé, de gueules, accompagné de trois tourteaux de sable.

**RILLÉ (de); Chev., Sgrs de Rillé (xie et xiie siècles, — d'Azay-sur-Indre et de Chédigny (xive et xve siècles).**

Cette famille a fourni deux chevaliers croisés : Hubert de Rillé (1096) et Ridel de Rillé (xiie siècle), — et une abbesse de Beaumont-les-Tours, Philippe de Rillé (1371).

D'argent, à la croix de sable.

**RIQUETTI DE MIRABEAU (de), Chev., marquis de Mirabeau, Sgrs de la Goguerie (paroisses de Mettray et de Charentilly), en 1789.**

Cette famille est originaire de Florence. Sa filiation remonte à Pierre Riquetti, vivant en 1346.

D'azur, à la bande d'or, accompagnée vers le canton sénestre du chef d'une demi-fleur de lis, d'où sort un lis de jardin, d'argent; à 3 roses d'argent, mises en bande du côté de la pointe.

**RIVALLIÈRE (de la), en Touraine et en Prusse.**

D'azur, à trois quintefeuilles d'argent, 2, 1.

RIVAU (du) Éc., Sgrs de Bessé et de Luc (paroisse de Braslou) et de Fourneuf (au xviiᵉ siècle).

Philippe du Rivau fit enregistrer ses armes à l'*Armorial général de France,* vers 1698.

De gueules, à la fasce fuselée d'argent.

Les armes de René du Rivau, Sgr du Luc, sont ainsi décrites à l'*Armorial général :*

De gueules, à une fasce fuselée de 4 pièces et 2 demies d'argent.

RIVAUDE ou RIVAULDE (de), Ec., Sgrs de Villeret, — et de la Charlottière, paroisse de Chambon, en Touraine (xviiᵉ siècle).

Une branche de cette famille résidait à cette époque dans le Vendômois, où elle possédait la terre de Villegomblain.

Claude de Rivaulde, Sgr de Villeret, en Touraine, figura en qualité d'homme d'armes, à une revue passée dans la plaine de la Haute-Varàne, près Cormery, le 19 octobre 1616.

Ecartelé, — *Alias :* Échiqueté d'or et de sable.

RIVIÈRE (de la) Ec., Sgrs de la Rivière, en Bréhémont, de Montigny (paroisse de Couesmes), de la Haye, de Brèches, du Fresne, de Châteaufort, du Petit-Penas, des Fontaines, de Grizay, de la Ségovière, de la Lionnière, la Herpinière, du Breuil-de-Monts (paroisse de Monts), du Boulay, de la Borde, de la Chesnaye, du Hautbois, (du xiiᵉ au xviiiᵉ siècle).

Cette famille commence sa filiation par Héros de la Rivière, cité dans une charte de Fontevrault de l'an 1094, et qui eut pour fils, Emeri de la Rivière également mentionné dans une charte de la même abbaye. Elle s'est divisée en deux branches.

La branche aînée s'est alliée aux familles de la Saudrière, de Houdain, Grenouillon, de l'Espinay, de Jalesnes, Le Brun, de Cocquesad, Le Brescle, de Broc, de Bueil, de St-Cosme, etc....

La seconde branche (Sgrs du Boulay et du Breuil de Monts), s'est alliée aux familles de Galbrun, de Ste-Amesle, de Hué, de l'Escrivain, etc...

D'azur, à la fasce d'or de trois pièces. — Cimier : un lion issant, d'or. — Supports : deux lions de même.

ROATIN, Sgrs de la Cigogne, du Temple, de Boisnerbert, etc... (xviie siècle).

Joseph Roatin, Sgr du Temple, Claude, Sgr de la Cigogne;
Maurice, Sgr de Beauvage ; Joseph, Sgr de Sorigny,
descendants de Guillaume Roatin, échevin de Poitiers en 1498,
furent maintenus dans leur noblesse, le 9 septembre 1667.

D'azur, à un chevron d'or accompagné de trois matrats ou hostilles (dard
ancien), d'argent.

ROBERT de St-JAL, Chev., Sgrs de Cingé et du Puy-sur-
Azay, paroisse de Bossay, — de Preuilly (en partie), aux xive
et xve siècles. — Famille originaire du Limousin et dont la
filiation remonte à l'an 1163.

De gueules, à trois chevrons d'or ; au chef de vair de trois tires.

D'après Lainé, cette famille portait dans ses armes :
Une bande accompagnée de 6 étoiles.

ROBERT (Jean X, dit) abbé de St-Julien de Tours (1530-40).

D'or, à une roue de sable; au chef d'argent chargé de trois chardons
enflés, de sinople, — l'écu supporté par un ange. — Devise : *Omnis caro
fœnum.*

ROBERT, Ec., Sgrs de Chantemesle, la Loue, du Couteau,
de Berrie, paroisse de St-Paterne (xviie siècle).

D'argent, à une fasce de gueules, accompagnée de 4 merlettes de
même.

ROBERT, en Touraine (xviie et xviiie siècles).

Cette famille a fourni un intendant des turcies et levées en
Touraine, (commencement du xviiie siècle).

D'argent, à trois marguerites de... au chef d'azur chargé d'un lion de... —
Couronne de comte.

ROBERTET, Chev., barons d'Alluye et de Brou, Sgrs du
Fresne, etc... — Cette famille a fourni des secrétaires d'Etat
et des trésoriers-généraux de France. Elle paraît originaire
de Montbrison.

D'azur, à la bande d'or chargée d'un demi vol de sable et accompagnée de trois
étoiles d'or.

ROBICHON, à Tours (xviie siècle).

En 1646, Charles Robichon remplissait à Tours les fonctions
de conseiller du roi, juge aux bailliage et siége présidial.

D'azur, au chevron d'argent accolé d'un serpent mordant sa queue, de même, accompagné de 2 étoiles d'or en chef et d'une colombe d'argent en pointe.

**ROBIEN** (de), Éc., Sgrs de Sigongné, Bois-Chétif, Limeray (en partie), au xvii<sup>e</sup> siècle. — Famille originaire de Bretagne.

Jacquette de Robien, chanoinesse, comtesse de l'Argentière, possédait la terre de St-Antoine-du-Rocher en 17....

D'azur, à dix billettes d'argent, 4, 3, 2, 1.

**ROBILLARD**, Éc., Sgrs de Cousse, en Touraine (xvii<sup>e</sup> siècle).

D'azur, à une croix, d'argent, dont le pied est terminé en ancre de navire, de même, posée sur une montagne de sable, entourée de flots d'argent.

**ROBIN**, Éc., Sgrs de Courçay, du Plessis, du Val-au-Granger, en Touraine (xvii<sup>e</sup> siècle). — Famille originaire de Tours.

En 1613, Jacques Robin, conseiller du roi, remplissait les fonctions de grand-maître enquêteur et général réformateur des eaux et forêts du département d'Anjou, Touraine et Maine.

Charles Robin était trésorier de France au bureau des finances de la généralité de Tours, en 1632.

D'azur, au chevron d'or, accompagné de trois soucis de même, 2, 1.

**ROBIN**, marquis de la Tremblaye, Sgrs de Mondion, d'Artigny, de Brenezé, de la Lardière, des Hommes, de Pallouail (xvi<sup>e</sup> et xvii<sup>e</sup> siècles). — Famille d'origine anglaise établie en Bretagne vers 1230, puis en Berry et en Touraine. Elle a été maintenue dans sa noblesse le 25 avril 1667. La terre de Coulogne fut érigée en vicomté, par Henri IV, en faveur de Thomas Robin.

Charles-Eugène Robin, marquis de la Tremblaye et de Mortagne, et Claude-Amable-François Robin de la Tremblaye, chevalier, comparurent, en 1789, le premier en personne, le second par fondé de pouvoir, à l'Assemblée électorale de la noblesse du Poitou.

De gueules, à deux clefs d'argent posées en sautoir, cantonnées au canton du chef d'une coquille de même et aux trois autres cantons, de trois trèfles d'or, un dans chaque canton.

**ROBIN**, Éc., Sgrs de la Girouardière (paroisse de Verneuil), de Lambre, de Montgenaut, de l'Etang, de la Saimboire (du xv\e au xvii\e siècle).

Robert Robin fut abbé de St-Julien de Tours, en 1458-59.

Jacques Robin était chanoine de St-Martin de Tours et de St-Venant de Tours en 1678.

En 1698, Jean Robin remplissait les fonctions de conseiller du roi, prévôt provincial de Châtillon-sur-Indre.

Jean-Nicolas Robin de Lambre, trésorier de l'Église de Tours, est cité dans un acte de 1704, — et Jean-Charles Robin de Lambre, chanoine de St-Martin de Tours, dans un acte de 1710.

Fascé d'or et de gueules de 4 pièces, les fasces chargées de trois merlettes de sable, 2 sur la première, une sur la seconde.

**N. Robin**, chanoine de l'Église de Tours en 1698, portait, d'après l'*Armorial général* :

De gueules, à un chevron d'argent accompagné de trois flûtes de même.

**ROBIN** (Charles), chanoine de St-Martin de Tours (fin du xvii\e siècle).

D'argent, à une fasce de gueules accompagnée de trois merlettes de même.

**ROBIN DE SCÉVOLE**, Chev., Sgrs de Villebussière, Verneuil, Pommereux (xviii\e siècle). — Famille originaire d'Argenton, en Berry, et anoblie par la charge de secrétaire du roi, vers 1770. Elle s'est alliée aux maisons de Gayault de Crû, Catherinot, Crublier, de Fricon, Dauphin de Ris, de Barral, du Breuil-du-Bost, de Gargilesse, etc...

D'argent, à un arbre de sinople sommé d'un écureuil de gueules. — *Alias :* d'azur, au chevron d'or, accompagné en chef de deux roses, et en pointe d'une gerbe, le tout de même.

**ROBINIÈRE** (de la), Éc., Sgrs de Givré (paroisse de Vou) et de Beauvais (xvii\e siècle).

D'azur, à un chevron d'argent.

ROCHAIS, Sgrs de la Brosse (xvɪᵉ et xvɪɪᵉ siècles). — Famille originaire d'Amboise.

Pierre Rochais, receveur des domaines d'Amboise, fut maire de cette ville en 1586-87.

Louis Rochais, Sgr de la Brosse, fut aussi maire d'Amboise (1676-77-78).

D'après d'Hozier, François Rochais, conseiller du roi, élu en l'élection d'Amboise (1698), portait :

D'or, à un rocher de sable.

ROCHE (de la), Chev., Sgrs de Vernay et des Morins (paroisse de Seuilly), des Verrières, de la Galaizière, du Bois-Herault (xvɪɪᵉ siècle).

Pierre-Marc de la Roche de Vernay, grand-archidiacre de l'Église de Tours, mourut, dans cette ville, le 1ᵉʳ juillet 1778.

Henri-Armand de la Roche-Vernay, Sgr des Verrières et des Morins, comparut, en 1789, à l'Assemblée électorale de la noblesse de l'Anjou.

Quelques membres de la famille portaient *l'écu semé de molettes d'éperon*, d'autres *l'écu semé de trèfles*.

D'argent, à trois fasces ondées, de gueules.

ROCHE (de la), Éc., Sgrs de la Roche-Boissemin (depuis Roche-Daen), paroisse de Souvigny (xvɪɪᵉ siècle). — Famille originaire de Bretagne.

De gueules, au pal d'or.

ROCHE (de la), Éc., Sgrs de la Menardière.

Au xvɪɪᵉ siècle, une branche de cette famille résidait à la Haye.

Thérèse Pelard, veuve de Michel de la Roche, Éc., Sgr de la Menardière, gouverneur de la Haye, en Touraine, comparut, à Chinon, au ban convoqué par lettres patentes du 26 février 1689.

Claude de la Roche, Éc., Sgr de la Menardière, comparut devant le lieutenant particulier du bailliage de Chinon, pour le ban de 1694.

De gueules, à trois fasces d'argent chargées chacune de trois hermines de sable. — *Alias* : De sinople, à trois fleurs de lis au pied nourri, d'or.

## ROCHE (Victor de la), marchand-bourgeois, à Tours (1698).

D'azur, à un chevron d'argent accompagné de trois rocs d'échiquier, 2, 1.

## ROCHE-AYMON (de la), Chev., marquis de la Roche-Aymon, Sgrs de St-Michel, près Loches, et de Montrésor (en partie). — Famille des plus anciennes, et originaire du Limousin.

En 1740, Antoine-Charles de la Roche-Aymon, chanoine de St-Pierre de Macon, fit profession à la Chartreuse du Liget, près Loches.

Colette-Marie-Paule-Hortense-Bernardine de Beauvilliers, femme d'Antoine-Charles-Guillaume, marquis de la Roche-Aymon comparut, par fondé de pouvoir, à l'Assemblée électorale de la noblesse de Touraine, en 1789.

Antoine-Charles-Etienne-Paul, comte de la Roche-Aymon, né le 28 février 1772, maréchal-de-camp, chevalier de Saint-Louis, fut créé pair de France le 17 août 1815.

De sable, au lion d'or, armé et lampassé de gueules, l'écu semé d'étoiles d'or. — Supports : deux lions.

## ROCHE-BEAUCOURT, Éc., Sgrs du Monac et de Saint-Chaumont.

Cette famille a été maintenue dans sa noblesse par sentence du 19 août 1667.

Au xviie siècle, une branche résidait à Chinon, paroisse de St-Mexme.

D'azur, à l'aigle éployée, d'or (d'après l'abbé Goyet). — D'argent, à l'aigle éployée de sable, en chef; au lion de gueules en pointe. (*D'après l'Armorial du Poitou*).

## ROCHE-BOUET (de la), Éc., Sgrs de la Roche-Bouet.

Au xviie siècle, cette famille formait deux branches; l'une résidait à Maillé (Luynes), l'autre à Paris.

Ecartelé; aux 1 et 4 d'or, à l'aigle de sable, qui est de la Roche; aux 2 et 3 pallé d'argent et d'azur de six pièces, à la fasce de gueules brochant sur le tout.

**ROCHE-BOUSSAULT** ou **ROCHE-BOUSSEAU** (de la), Éc.,
Sgrs de Marcilly, en Touraine (xviiie siècle).

D'azur, à la fasce d'or chargée d'un cœur de gueules, accompagnée en chef
de deux gerbes de blé et en pointe d'une ancre, le tout d'or.

**ROCHE-CÉRY** (de la), Ec., Sgrs de Buxeuil-sur-Creuse,
relevant de la Guerche; de la Groie, d'Ingrandes, du Chesne
(xviiie siècle).

D'argent, à un lion d'or, accosté de trois fleurs de lis de même, 2, 1.

**ROCHECHOUART** (de), Chev., ducs de Mortemart (duché-
pairie de 1663; rappel à la pairie, 4 juin 1814), comtes de
Clermont, Sgrs de Saint-Germain-sur-Vienne, en Touraine
(xive siècle), barons de la Haye (xve siècle), marquis de
Mézières, en Brenne (xviie siècle), comtes de Buzançais (par
suite du mariage d'Aimé de Rochechouart avec Catherine
Chabot, comtesse de Buzançais, veuve de Guillaume de
Saulx-Tavannes).

Cette famille, originaire du Poitou, est une des plus
anciennes et des plus illustres de France. Son premier auteur
est Aimery, fils puîné de Gérard, vicomte de Limoges. Elle a
fourni un chevalier-croisé, Aimery IV, vicomte de Rochechouart (1096), deux cardinaux, un maréchal de France,
sept chevaliers du St-Esprit et un lieutenant-général ; — un
capitaine du château de Tours, Jean de Rochechouart (1447),
une abbesse de Beaumont-lès-Tours, Gabrielle de Rochechouart de Mortemart, décédée le 24 octobre 1733, — et un
gouverneur des ville et château d'Amboise, François-Charles
de Rochechouart (par provisions du 2 novembre 1757).

La branche ducale a aujourd'hui pour chef Casimir-
Louis-Victurnien de Rochechouart, duc de Mortemart, né
le 20 mars 1787, sénateur, général de division, marié, le 26
mai 1810, à Virginie de Ste-Aldegonde.

Fascé, ondé d'argent et de gueules de six pièces. — Devise : *Ante mare
undœ.*

**ROCHECORBON** (de), Chev., Sgrs de Rochecorbon et de
Vierzon (xiie et xiiie siècles).

Voyez l'article DE BRENNE.

ROCHE DE LA RIBELLERIE (de la), en Touraine (xviiie siècle). .

Pierre de la Roche de la Ribellerie était conseiller du roi, juge magistrat aux bailliage et siége présidial de Tours, en 1715-57.

D'azur, au chevron d'or accompagné d'un soleil de même, en chef, et d'un roc de six copeaux d'argent en pointe. — Supports : deux licornes.

ROCHEFATON (de la), Éc., Sgrs du Bois-de-Veude, paroisse d'Auché (xviie siècle).

De gueules, à trois fleurs de lis d'or, 2, 1.

ROCHEFORT (Payen de), Chev., Sgr de Rochefort-sur-Loire, a rempli les fonctions de sénéchal d'Anjou et de Touraine, en 1487-90.

De gueules, à deux léopards d'or.

ROCHEFORT (de). Chev., comtes de Luçay-le-Mâle, Sgrs de Rochefort-sur-Loire, de Boismortier, de la Bourdillière, de la Charletière, de l'Allemandière, de Talvois, près Chinon, de la Voltière, de la Cour-au-Berruyer, etc... (du xvie au xviiie siècle).

Cette famille a donné un gouverneur d'Amboise, René de Rochefort (1583), et un capitaine-gouverneur de Chinon, N. de Rochefort (1616).

Claude de Rochefort, comte de Luçay, Sgr de Boismortier, de la Charlettière et de la Bourdillière, en Touraine, né en 1609, chevalier de l'ordre du roi, épousa Anne de Brouilly, dont il eut :

1° Samson, né en 1635, mort en 1657 ;

2° Charles-Joseph, qui suit ;

3° Dominique, Sgr de Boismortier et de l'Allemandière, né en 1647, marié : 1° à Anne Humbelot; 2° le 4 mai 1699, à Jeanne Du Fresne ;

4° Aimé-Charles-François, Sgr de Coulanges, décédé le 8 septembre 1712. Il avait épousé en premières noces (1689) Marie Chollet, dont il eut Etienne-Nérée, baron de Coulanges, baptisé le 15 août 1692 ;

5° Louis-Baptiste; — et sept filles.

Charles-Joseph de Rochefort, comte de Rochefort, Sgr de Boismortier, de Talvois, de la Voltière et de la Cour-au-Berruyer, chevalier des ordres de Saint-Maurice et de Saint-Lazare, mourut le 28 août 1686. Le 26 avril 1677, il avait épousé Nérée de Messémé, fille de François de Messémé du Cormier, Sgr de Talvois, maréchal des camps et armées du roi, et de Cassandre Pièvres. De ce mariage sont issus :

1° François de Rochefort, comte de Rochefort et de Luçay, marié, le 18 août 1704, à Louise de Beauvau, fille et unique héritière de Jacques-Louis de Beauvau, Sgr de la Brosse, et de Madeleine Monot de Manay. Il vendit, avant 1720, les terres de Boismortier et de Luçay au sieur de Chaumont.

2° Dominique de Rochefort, Sgr de la Cour-au-Berruyer, né le 9 octobre 1684, marié, le 2 novembre 1718, à Jeanne-Delphine de Dauldin, fille de René de Dauldin, Sgr de la Cour-Neuve. Quatre enfants sont issus de ce mariage.

D'azur, semé de billettes d'or ; au chef d'argent chargé d'un lion léopardé de gueules.

**ROCHEFORT** (de), Chev., Sgrs d'Hermilly (paroisse de Neuillé-Pont-Pierre).

D'argent, au lion de gueules armé et lampassé d'or, au lambel de gueules.

**ROCHEFOUCAULD** (de la), princes de Marcillac, ducs de la Rochefoucauld, de Liancourt, d'Estissac, de Doudeauville, de la Rocheguyon et d'Anville. — Famille des plus anciennes et des plus illustres de France. Elle a possédé en Touraine la baronnie de Preuilly, les terres et seigneuries de Montbazon, de Ste-Maure, de Nouàtre, de Neuilly-le-Noble, de la Courance, de Rochereau, des Bornais, de Bergeresse, de la Rocheboureau, du Ruau-Persil, de Villiers, de la Brosse, La Lande, Puy-Barbe, la Chauvinière, la Bertaudière, la Chatière, Chausseroue, des Bordelles, etc... (du xive au xviiie siècle).

Jean de la Rochefoucauld était commandeur de Fretay (ordre de Malte), en 1484.

Jean de la Rochefoucauld, abbé de Cormery, de Villeloin et de Marmoutier, mourut le 26 mai 1583.

François de la Rochefoucauld était commandeur de l'Ile-Bouchard (ordre de Malte), en 1666.

Une branche de cette famille devint propriétaire de la terre de Neuilly-le-Noble, en Touraine, par suite du mariage de Marguerite de Liniers, dame de Neuilly-le-Noble, avec René de la Rochefoucauld, Sgr de Bayers. René de la Rochefoucault eut un fils, René de la Rochefoucauld, Sgr de Neuilly-le-Noble, de la Rocheboureau, de Ruau-Persil, de Villiers, de la Brosse, qui épousa, le 19 février 1545, Françoise de Chergé, fille de René de Chergé, Sgr de Ruau-Persil, de Villiers et de la Baudoüainière, et de Françoise de la Jaille. De ce mariage sont issus :

1° René de la Rochefoucauld, qui suit ;

2° Jean de la Rochefoucauld, capitaine au régiment de Tiercelin ;

3° Mathurine de la Rochefoucauld ;

4° Charlotte de la Rochefoucauld, mariée à Adrien de Grellet, Sgr de Guemenier ;

5° Marguerite de la Rochefoucauld, mariée à Louis Fumée, Sgr des Fourneaux ;

6° Renée de la Rochefoucauld, femme de Bonaventure Gillier, Sgr de Pors.

René de la Rochefoucauld, II° du nom, Sgr de Neuilly-le-Noble, de la Rocheboureau, de Villiers, etc. ., lieutenant d'une compagnie de 50 hommes d'armes, eut huit enfants, d'un premier mariage avec Anne Gillier de Puygarreau :

1° Louis, qui suit ;

2° Jacques, chevalier de Malte ;

3° Alexandre, aumônier du roi, prieur de Nanteüil, près Montrichard ;

4° Bonne, mariée : 1° à Bertrand de Baillon, Sgr du Bois-d'Ais et de Milleran ; 2° à Benjamin de Couhé, Sgr de Boisti-fray et de Leigné ;

5° Florence, femme de Jacques du Cellier, Sgr du Petit-Bois ;

6° Angélique, mariée, en 1599, à Louis de Montberon, Sgr de Souché et St-Aignan ;

7° Anne, femme de Claude Berruyer, Sgr de Mareüil, en Touraine.

8° Esther de la Rochefoucauld.

D'un second mariage avec Jeanne de Popincourt, René de la Rochefoucauld II eut René, Sgr de la Tour de Brem, et Marguerite, mariée, le 20 novembre 1635, à Louis Brossin, Sgr de Méré et de Seignerolles.

Louis de la Rochefoucauld eut, entre autres enfants, de son mariage avec Adrienne de Montberon (contrat du 22 février 1599), René de la Rochefoucauld III, Sgr de Neuilly-le-Noble, marié en premières noces à Angélique de Préville, et en secondes à Françoise de la Rochefoucauld. Il n'y eut pas d'enfants de ce second mariage. Du premier lit sont issus :

1° Antoine, qui suit ;

2° Charles, capitaine au régiment du Maine, puis dans celui de la Marine ;

3° Joachim ;

4° Jacques ;

5° Catherine, religieuse ursuline à Loches ;

6° Agnès, religieuse au couvent de Rives, près La Haye ;

7° Elizabeth, mariée, le 16 juin 1657, à Charles de Valory d'Estilly, Sgr de Lecé, fils de François de Valory, Sgr de la Galopinière, et de Marguerite de Villeneuve ;

8° Ursule, religieuse ursuline à Loches (1666).

Antoine de la Rochefoucauld, Sgr de Neuilly-le-Noble et de la Bertaudière, baptisé à Neuilly-le-Noble le 11 décembre 1630, fut lieutenant au régiment de Piémont. Le 9 février 1668, il obtint de Voisin de la Noiraye, intendant de Tours, acte de représentation des titres justificatifs de sa noblesse. De son mariage, contracté le 8 décembre 1684, avec Renée de Ste-Marthe, il eut, entre autres enfants, une fille, mariée à

Bernardin Gigault de Bellefonds, chef de brigade des gardes-du-corps, qui mourut en 1733, — et Paul-Louis-L'Hermite de la Rochefoucauld, Sgr de Neuilly-le-Noble, de la Chatière, de la Bertaudière, etc..., baptisé à Neuilly-le-Noble le 8 octobre 1663.

Paul-Louis-L'Hermite de la Rochefoucauld fut maintenu dans sa noblesse, le 16 juillet 1714, par sentence de Chauvelin, intendant de Touraine. Il mourut le 12 juillet 1716, laissant, entre autres enfants, de son mariage (contrat du 6 août 1708) avec Marie-Jeanne Gruter :

1º Cyr-Sylvestre-Louis, né le 13 janvier 1710 ;

2º Marie-Anne-Julite, née le 17 mars 1711, nommée en janvier 1716 pour être reçue à St-Cyr ;

3º Jeanne-Françoise-Antoinette, née le 5 septembre 1712, mariée, le 1er octobre 1731, à Jean-Etienne, comte de Blanes, chevalier d'honneur héréditaire au conseil supérieur de Roussillon.

Cyr-Silvestre-Louis de la Rochefoucauld étant mort, Jeanne-Françoise-Antoinette hérita des terres de Neuilly-le-Noble, de la Chatière et de la Bertaudière.

Burelé d'argent et d'azur de 10 pièces, à trois chevrons de gueules, le premier écimé. — Cimier : une mélusine se baignant dans une cuve, se peignant d'une main, et tenant un miroir de l'autre. — Supports : deux sauvages de carnation. — Devise : *Statio bene fida*. — Cri de guerre : *La Roche*.

Charles de la Rochefoucauld, baron de Preuilly (xvie siècle), portait :

Ecartelé ; aux 1 et 4 de la Rochefoucauld ; aux 2 et 3 d'or à un écusson d'azur, qui est de Barbezieux ; et sur le tout, d'or, à deux vaches passantes de gueules accolées et clarinées d'azur.

ROCHE-HUNEAU (N. de la), chanoine de St-Martin de Tours (1698).

De gueules, à trois roquets d'or, 2, 1.

ROCHEMORE (François-Gaspard-Philippe, comte de), capitaine au régiment de chasseurs du Languedoc, comparut, en 1789, à l'Assemblée électorale de la noblesse de Touraine.

Il portait, d'après M. Lambron de Lignim (*Mémoires de la Société archéologique de Touraine*, x, p. 120).

D'azur, à trois rocs d'échiquier d'argent.

ROCHER, Éc., Sgrs de la Branchoire, de la Charpraie, de la Ferraudière (xviiᵉ siècle), barons de Sennevières (xviiiᵉ siècle).

Nicolas Rocher, baron de Sennevières, fut confirmé dans sa noblesse par Louis XIV.

Pierre Rocher, Éc., fut conseiller du roi, premier président au bureau des finances de Tours et trésorier de France en 1695-1700.

René Rocher, Sgr de la Charpraie, gentilhomme ordinaire de Monsieur, fils de France, frère unique du roi, duc d'Orléans, conseiller du roi, président réservé par Sa Majesté, était élu contrôleur en l'élection de Loches en 1696.

François Rocher était premier président au bureau des finances de Tours en 1708.

D'azur, au rocher d'or accompagné en chef de deux flammes de même. — Supports : deux lévriers. — Couronne de comte.

### ROCHER DES PERRÉS.

D'argent, au rocher de sable, s'élevant au-dessus d'une mer ondée, de sinople, et surmonté d'une fasce en devise, d'azur, chargée de trois étoiles d'or. — Accolé de Baune, qui est d'azur à trois gerbes de blé d'or, 2, 1, et un rat de même, passant, posé en abîme. — Couronne de comte. — Supports : deux griffons.

ROCHE-RAMÉ (de la). Voyez JAILLE (de la).

ROCHEROT, Éc., Sgrs de la Mourière (xviiiᵉ siècle).

Cette famille est originaire d'Amboise. Elle a fourni les fonctionnaires et ecclésiastiques dont les noms suivent :

Etienne Rocherot, écuyer, chef d'échansonnerie du roi, maire d'Amboise (1627-28-29) ;

Louis Rocherot, né à Amboise le 8 mai 1665, officier et chef de fruiterie du roi, conseiller du roi et son procureur aux eaux et forêts d'Amboise et de Montrichard (1696), décédé à Amboise le 10 juillet 1738 ;

Alexandre Rocherot, né à Amboise le 24 janvier 1673, docteur en théologie, chanoine de St-Gatien de Tours, décédé à Amboise le 15 août 1753;

Claude Rocherot de la Mourière, né à Amboise le 22 janvier 1680, conseiller du roi et son procureur en la maîtrise particulière des eaux et forêts de Montrichard, puis contrôleur au grenier à sel d'Amboise, décédé le 27 mars 1747;

Claude Rocherot, né le 27 septembre 1704, chanoine du chapitre royal du château d'Amboise, mort en 1778;

Etienne-Alexandre Rocherot, né à Amboise le 15 novembre 1717, conseiller du roi et son procureur aux eaux et forêts d'Amboise et de Montrichard, décédé le 3 octobre 1783;

D'azur, à trois aigles éployées, d'or, 2, 1, surmontées d'un soleil naissant; en chef, rayonnant d'or. — Couronne de comte.

Louis Rocherot, mentionné ci-dessus, né à Amboise le 8 mai 1665, portait, d'après l'*Armorial général* :

Parti d'argent et de sable et deux roches de l'un en l'autre.

Louis-François Rocherot, chef de fruiterie du roi, portait, d'après le même recueil :

D'azur, à un rocher d'argent accompagné au chef de deux poires d'or, les tiges en bas, feuillées de même.

ROCHEROUSSE (de la), Chev., Sgrs de Pocé (xive et xve siècles). — Famille originaire de Bretagne.

De gueules, à trois fleurs de lis d'argent, surmontées d'une étoile d'or.

ROCHES (des), Chev., Sgrs de la Membrolle (1060), de Château-du-Loir et de Moulinherne (xiiie siècle).

Tedasius des Roches, le premier connu de cette maison possédait la terre de la Membrolle. Il fit un pèlerinage à Jérusalem en 1060.

Un autre membre de cette famille, Hugues I des Roches, était abbé de Marmoutier en 1210.

Guillaume des Roches, sénéchal héréditaire d'Anjou et de Touraine, prit part, en 1215, à la croisade contre les Albigeois. Il mourut en 1222.

D'argent, à la bande fuselée de gueules sans nombre, à la bordure de sable besantée d'or de 8 pièces.

Guillaume des Roches, brisait ses armes d'un lambel de trois (ou cinq) pendants de....

La branche de Chassay, qui existe encore, porte :

D'azur, à la lance antique, brisée, d'or. — Devise : *Lancea disrupta pro rege et patria*.

ROCHES (des), Éc., Sgrs de la Morinière, — de la Corbellière (paroisse de St-Michel-du-Bois, près Preuilly), de la Touche, de la Basme, de Forges, du Coudray-Herpin, de Villeperdue, de Champlivault, de Breuchay, etc. (du XIVe au XVIIIe siècle).

Cette famille a pour auteur Jean des Roches, Sgr de la Corbellière, qualifié de varlet dans un titre de 1360, d'écuyer dans un autre titre de 1387, et de chevalier dans un acte de 1392.

Gauvin des Roches, fils de Jean, Chev., Sgr de la Corbellière, épousa, par contrat du 23 octobre 1424, Perrette Lemoine, fille de Louis Lemoine, Éc., Sgr de la Morinière, et de Rabeau Sommelier. De ce mariage sont issus : Louis des Roches, qui suit ; — Robine des Roches, mariée, le 28 mai 1465, à Louis de Montigny, Éc. ; — Jean des Roches, Éc., Sgr de la Touche, qui, de son mariage avec Catherine du Verdier, n'eut qu'une fille, mariée à Jean de Reicts, écuyer; —et Louise des Roches, religieuse à l'abbaye de Notre-Dame, près Romorantin.

Louis des Roches, Chev., Sgr de la Morinière, eut neuf enfants de son mariage avec Jeanne de Mathefelon : 1° Charles des Roches, marié à Marie de Troussebois, fille de Charles, Éc., Sgr de Gautret, et de Jeanne Pinon ; 2° Guyot, Sgr de la Basme, qui épousa Jeanne Chaudrier. Celle-ci se maria, en secondes noces, à Louis de Ronsard, Chev., père du poëte Ronsard ; 3° Jean des Roches, chanoine de Notre-Dame-de-Cléry; 4° Pierre des Roches, chevalier de Malte, commandeur de Villefranche; 5° Nicolas des Roches, qui épousa, le 3 juin

1506, Marguerite Mazon, fille de Guillaume Mazon, Éc., Sgr de la Varenne, et de Gillette Croches; 6° Louise des Roches, mariée au Sgr des Cauves; 7° Jeanne, femme de François de Bernaise, Éc., Sgr du Mas et du Puy-Doison; 8° Catherine, mariée le 15 juin 1494, à François de Lodières, Éc., Sgr de Perières; 9° Robine des Roches, morte sans avoir été mariée.

Les descendants de Louis des Roches se sont alliés aux familles du Carlier, Le Chat, de Morvilliers, Herpin, de Voisines, d'Orléans, de Meaux, de Navinaut, de Buffevant, etc....

Louis des Roches, prieur de St-Cosme-les-Tours, mourut en 1546. Il était fils de René des Roches, Sgr de la Morinière, et de Renée Chaudrier.

Jean des Roches était chanoine de St-Martin de Tours, en 1585.

D'argent, à la bande fuselée, de gueules, chargée d'un lion d'or couronné, armé et lampassé de gueules.

Bernier attribue à cette famille les armes suivantes :

De..., au chevron d'or, accompagné de deux étoiles de même en chef et d'un croissant d'argent en pointe.

## ROCHES-BARITAUT (des), en Touraine.

De sinople, au lion d'argent.

## ROCHES-JARRET (Joseph-Louis des), prieur-curé de St-Michel-sur-Loire (1698).

De gueules, à trois étoiles d'argent, 2, 1.

### Roches-Tranchelion (Le Chapitre des).

D'azur, à un lion tranché d'or et d'argent, accompagné de trois roches d'argent, 2, 1.

## ROCHIN DE LA RAUDERIE (N.), conseiller du roi, assesseur en la maréchaussée provinciale de Touraine (1698).

D'azur, à un roc d'échiquier d'argent, au chef de même;

## ROCQ, Sgrs de Varangeville.

En 1708, Jacques Rocq, Chev., Sgr de Varangeville, remplissait les fonctions de greffier mi-triennal en l'élection de Tours.

D'azur, à une molette d'éperon, d'or, accompagnée de trois fers de lance d'argent, deux en chef et un en pointe.

**RODDE** (de), barons de Rodde, propriétaires de Cangé et résidant à Vouvray (xviiiᵉ siècle). — Famille originaire de Picardie. Elle figure sur la liste des familles nobles du Blésois, convoquées pour l'élection des députés aux Etats généraux, en 1789.

Parti ; au 1 d'argent, à la fasce d'azur surmontée d'une aile dextre d'aigle éployée et accompagnée en pointe d'un rameau renversé, de sinople ; au 2 de gueules, à deux chevrons d'or ; et sur le tout, d'azur, au lion d'or. — Couronne de comte. — Supports : une aigle et une levrette.

**ROGER DE CHALABRE**, Chev., Sgrs d'Ussé (xviiiᵉ siècle). — Famille originaire du Languedoc.

Louis-Vincent Roger de Chalabre, chevalier de Saint-Louis, colonel de cavalerie, comparut, en 1789, à l'Assemblée électorale de la noblesse de Touraine.

D'azur, au marronier d'or mouvant de la pointe, le tronc soutenu par les pattes de deux chats, au naturel, affrontés. — L'écu timbré d'un casque taré de trois quarts, avec lambrequins d'or et d'azur.

**ROGER-DUCOS**, né en 1756, comte de l'Empire, Sénateur titulaire de la Sénatorerie d'Orléans, grand-officier de la Légion d'honneur (résidant à Amboise vers 1806), mourut en mars 1816.

D'or, à l'acacia robinier de sinople, terrassé de sable, et deux étoiles de gueules l'une sur l'autre, placées à dextre et à sénestre de la cime de l'arbre : franc-quartier de comte-sénateur.

**ROGIER**, Chev., Sgrs de Marigny, près Yzeures (dès 1527), de la Bussière, de Bellecombe, de la Custière (paroisse de Chambon), d'Aloigny, d'Irais, de Migné, la Tour-Girard, Recreux, Vergnay, Thiors, Rothemond, Belleville, Grand-Lusigny, etc... — Famille originaire du Poitou, et dont l'existence est constatée dès le xiiᵉ siècle. Elle commence sa filiation suivie par Jean Rogier, Sgr de Marigny, conseiller du roi au présidial de Poitiers, qui, de son mariage avec N. Amonin de la Ruelle, eut plusieurs enfants :

1° Aymon Rogier, conseiller au Parlement de Paris ;

2º Louis Rogier, Sgr de la Custière, conseiller du roi au présidial de Poitiers ;

3º Jean Rogier, Sgr de la Custière, président au Parlement de Bretagne (1575), puis conseiller du roi aux conseils d'Etat et privé (1625) ;

4º Françoise Rogier, femme de Jean Palustre, trésorier de France au bureau des finances de la généralité de Poitiers.

La maison Rogier a été plusieurs fois maintenue dans sa noblesse, notamment les 17 mars 1655, 25 février 1666, 13 août 1667, 16 décembre 1698 et 9 décembre 1714. Elle a comparu à l'Assemblée électorale de la noblesse du Poitou, en 1789.

Calais Rogier était conseiller du roi, lieutenant particulier au bailliage de Tours, vers 1587.

Jean Rogier, Sgr de Bourchillon et de la Marbellière, fut conseiller du roi, procureur au bureau des finances de Tours, lieutenant-particulier, puis lieutenant-criminel aux bailliage et siége présidial, et enfin maire de Tours en 1608-09.

La famille s'est divisée en trois branches, connues sous les noms de Rogier d'Irais, Rogier de Rothemond et Rogier de Belleville.

La branche d'Irais s'est alliée aux familles Palustre, David, de Marconnay, d'Espinay, de Rangot, de Losse, Lambert, Augron de Montigny, Poussineau de Vendeuvre, etc.

Celle de Rothemond a pour auteur Henri-Charles Rogier, Éc., Sgr de Rothemond, fils de Jean Rogier et de Jeanne David.

Charles Rogier, Ec., fils aîné de Henri-Charles et d'Elizabeth Tessier, épousa, le 30 juin 1692, Marie-Françoise de Savignac, dont il eut une fille et un fils, Charles-Gabriel Rogier, Éc., Sgr de Rothemond, marié à Marie-Renée Brunet. De ce mariage sont issus : René-Charles-Louis-Philippe, qui suit, et Marie-Scholastique-Charlotte, mariée à Pierre-René Reveau de St-Varans.

René-Charles-Louis-Philippe Rogier, Chev., Sgr de Rothemont, mourut en 1793, laissant, entre autres enfants, de son mariage avec Louise-Françoise de Tusseau de Maisontiers, Charles-Prudent de Rogier, décédé en 1838.

Charles-Prudent de Rogier avait épousé en premières noces Marie-Louise-Céleste de Leffe de Noue, et en secondes, Jeanne-Louise Poignand. Du premier mariage sont issus :

1° Charles Prudent-Xavier de Rogier, capitaine d'état-major, chevalier de la Légion d'honneur, marié, le 15 juin 1836, à Anne-Alexandrine-Emilie Bourguignon-Dumolard, dont il a eu Charles-Alexandre-Ambroise de Rogier, né le 24 mars 1837 ;

2° Adrien-Louis de Rogier, garde-du-corps du roi, marié, le 16 novembre 1825, à Marie-Thérèse Devault, dont il a eu : Eugène, né en 1826 ; Charles, né en 1828 ; et Marie-Eugénie.

D'azur, à trois roses d'or, 2, 1.

Rogier de la Marbellière portait :

D'azur, à trois roses d'or, 2, 1 ; au croissant d'argent posé en cœur.

**ROGIER** (ou **ROGER**) DE **COMMINGES**. — Ec., Sgrs de Châteaux (fin du XIVe siècle). — Famille originaire du Languedoc.

De gueules ; à la croix vuidée et pommetée, d'or ; écartelé de gueules à quatre otelles d'argent mises en sautoir.

**ROHAN** (de), Chev., ducs de Montbazon, barons de Ste-Maure, de la Haye, de Nouâtre, Sgrs de la Roche-Moisau, de Marigny, de Couzières, de Thuisseau, de la Bourdaisière, de Montlouis, du Coudray, de la Coste, de Gyé. — Maison originaire de Bretagne, et une des plus anciennes et des plus illustres de France.

En 1547, Montbazon fut érigé en comté en faveur de Louis VI de Rohan. En mai 1588, le comté de Montbazon et les baronnies de Ste-Maure, Nouâtre, La Haye furent érigés en duché-pairie sous le nom de Montbazon, en faveur de Louis de Rohan ; celui-ci étant mort sans enfants, le duché fut érigé de nouveau, en mars 1594, en faveur d'Hercule de Rohan.

En 1579, la terre de Loudun fut érigée en duché (personnel et à vie) pour Françoise de Rohan, dame de la Garnache et de Loudun, ce qui fut confirmé par lettres patentes de Henri IV, en 1591.

Louis IV de Rohan de Guemené, fut bailli-gouverneur de Touraine (1492-98);

Pierre de Rohan, duc de Nemours, comte de Guise, Sgr de Gyé, était capitaine-gouverneur d'Amboise en 1496;

Charles de Rohan, Sgr de Gyé, comte de Guise, vicomte de Fronsac, fut bailli et gouverneur de Touraine, capitaine du château de Tours, par provisions du 14 novembre 1498;

Pierre de Rohan, Sgr du Verger, comparut à la rédaction du procès-verbal de la coutume de l'Anjou, en 1508.

Louis de Rohan, comte de Montbazon, Sgr de Sainte-Maure et de Nouàtre, baron de La Haye, comparut à la rédaction du procès-verbal de la coutume de Touraine, en 1539.

Hercule de Rohan, duc de Montbazon, pair et grand-veneur de France, mourut à Couzières, en Touraine, le 16 octobre 1584.

De gueules, à neuf macles accolées, d'or, 3, 3, 3, qui est de Rohan; parti d'hermines, qui est de Bretagne — Devise : *Potius mori quam fœdari.*

Charles de Rohan, bailli-gouverneur de Touraine, portait :

Écartelé; aux 1 et 4 contre-écartelé de Navarre et d'Evreux; aux 2 et 3 de Rohan; et sur le tout de Milan.

**ROHARD ou ROHART (de)**, Ec., Sgrs de la Gagnerie, des Brosses, de la Rivière, de St-Quentin, du Boul, de Pegeon (xviiᵉ et xviiiᵉ siècles).

Cette famille a été maintenue dans sa noblesse le 8 février 1667.

D'argent, à deux fasces de gueules accompagnées en chef d'une étoile et de deux roses, et en pointe d'une épée, la pointe en haut, le tout de même; l'épée accostée de deux mouchetures d'hermines de sable.

**ROI DE MORÉ (Nicolas le).** Voyez LE ROI DE MORÉ.

**ROIGNÉ DE BOISVERT**, en Touraine et en Poitou.

D'argent, au chêne tronçonné, au chef de sable, en pal, à deux branches de sinople en chef.

**ROLLAND** DE **NEUFBOURG,** en Touraine et à Paris (xvıı⁰
siècle).

D'or, à trois merlettes d'azur, 2, 1.

**ROMAIN,** en Touraine, au Maine et en Anjou.

Marie Romain, Sgr de la Sansonnière et de Vaudor, comparut, en 1789, à l'Assemblée électorale de la noblesse de
l'Anjou.

D'or, au chevron d'azur; au chef de même chargé d'une molette d'éperon
d'argent. — Supports : deux levrettes.

**ROMANS** (de), Ec., Sgrs de Bois-Turbé, relevant de
Nouâtre, et de la Grange-Billard, paroisse de Cravant (xvıı⁰
siècle). — Famille originaire d'Anjou.

D'azur, au chef d'argent chargé de trois croix pattées, de gueules,
rangées.

**ROMAND** (de), à Tours.

D'azur, à cinq besants d'or, 2, 3.

**Ronçay** (Le prieuré de).

D'argent, à une croix d'azur chargée de 5 croissants d'argent.

**RONÇAY** ou **RONSSAY** (de), Ec., Sgrs du Vau-de-Vallères,
Aunay (1559), de Verrue, Bonneuil (xvıı⁰ siècle).

François de Ronçay, Ec., Sgr du Vau-de-Vallères et d'Aunay,
comparut à la rédaction du procès-verbal de la coutume de
Touraine, en 1559.

D'azur, au chevron d'argent accompagné en chef de trois fusées d'or, rangées; et en pointe d'une molette d'éperon de même.

**RONDEAU** DE **CHATEAUROUX.**

De gueules, à la bande de...

**RONGER,** Sgrs de la Perdrillère (xvıı⁰ siècle).

De sable, à deux lions affrontés, d'or, armés et lampassés de gueules.

**RONSARD,** Ec., Sgrs de Glatigny, de la Possonnière, de la
Lunotrie, etc... — Famille originaire du Vendômois. Elle a
donné un chevalier de Malte, Louis Ronsard (1611).

En 1559, Charles de Ronsard était prieur de Saint-Côme-
lez-Tours.

Pierre Ronsard, surnommé de son temps : *Prince des poètes français*, page du duc d'Orléans et de Jacques Stuart, roi d'Écosse, prieur de Saint-Côme-lez-Tours, mourut dans ce prieuré, le 27 décembre 1585. Il était fils de Louis Ronsard, chevalier de l'ordre de Saint-Michel, Sgr de la Possonnière, et de Jeanne de Chaudrier.

D'azur, à trois poissons d'argent l'un sur l'autre posés en fasce.

**RONSARD** (de) Ec., Sgrs de Beaumont-la-Ronce (xvie siècle.

Samuel de Ronsard fut prieur et Sgr de Tauxigny.

D'argent, à trois roses d'azur, 2, 1.

**RONSAY** (Pierre du), Ec., Sgr de la Barbelinière, élection de Richelieu (fin du xviie siècle).

D'or, à une tige de char de sinople.

**ROORTE** (Hamelin de), *præfectus* de Tours (1203).

Un sceau d'Hamelin de Roorte porte :

De... à la bande fuselée de..., accompagnée de 6 aiglettes de... en orle. — Au contre-sceau est un mouton contrepassant, avec cette légende : *Secretum meum.*

**ROQUEFEUIL** (de) Chev., comtes de Roquefeuil. — Famille sortie du Languedoc et divisée aujourd'hui en un grand nombre de branches. C'est une des maisons les plus anciennes de France. Le Spicilége de d'Achery (t. viii p. 65), fait mention de Henri de Roquefeuil, vivant au xie siècle.

Les de Roquefeuil ont pris alliance avec les illustres maisons de Montpellier, de Rodez, de Bragance, de Toulouse, de Latour-d'Auvergne, d'Armagnac, d'Albret, d'Anduze, de Rochechouart, de Coligny, de Mac-Mahon, etc... Ils comptent parmi leurs membres un grand-maître de l'ordre de Malte (1697), quatre commandeurs et plusieurs chevaliers du même ordre, deux vice-amiraux de France, des chevaliers de l'ordre du roi, des ambassadeurs, etc....

Frédéric-Edouard, comte de Roquefeuil (de la branche d'Arthez), chef d'escadron dans la garde royale, chevalier de St-Louis, officier de la Légion d'honneur, né à Valence (Tarn) le 14 octobre 1788, a épousé, en 1825, Louise-Raimonde de Pignol de Rocreuse, et s'est fixé en Touraine après la révolution de 1830. Il est mort le 10 octobre 1850, laissant quatre enfants.

1° Elizabeth-Louise de Roquefeuil, née à Tauxigny, le 9 janvier 1831, mariée, le 22 août 1860, à Paul Viot;

2° Frédéric de Roquefeuil, officier au 7° régiment de cuirassiers;

3° Arthur de Roquefeuil, contrôleur des contributions directes ;

4° Berthe de Roquefeuil.

D'azur, à neuf cordelières d'or, passées en sautoir, et posées, 3, 3, 3.

Voici comment une tradition explique l'origine des armoiries de cette famille :

Le nom de Roquefeuil était sur le point de s'éteindre après la bataille de la Mansourah (1250), où trois membres de la famille avaient été tués aux côtés du comte d'Artois. Il ne restait plus qu'un seul de Roquefeuil qui était religieux cordelier. Relevé de ses vœux par le pape, à la prière du roi de France, il se maria et prit des cordelières dans ses armes.

ROQUELAURE (de), ducs de Roquelaure, Sgrs de Champchévrier (XVII° et XVIII° siècles). — Famille originaire d'Armagnac. Sa filiation remonte à 1227. Le 29 avril 1728, Antoine-Gaston de Roquelaure, pair et maréchal de France, vendit la terre de Champchévrier à M. du Can.

Antoine de Roquelaure était abbé de Fontaine-les-Blanches, en 15....

D'azur, à trois rocs d'échiquier d'argent.

RORTHAYS (de), Chev., comtes de Marmande, marquis de Monbail, Sgrs de la Guierche, de la Durbellière , de la Jaubretière, de la Trappe, de Concourson, de la Mauffrière, de la Mothe, de la Rochette, de Beaulieu , de la Savarière, des Touches, de Hauturé, de la Poupelinière, de St-Révérend , de la Rochejaudouin, etc... — Famille originaire du Poitou et connue dès 1203, en la personne d'Aymery Rorthays, qualifié de *miles* dans un acte de cette année. Sa filiation suivie commence par N. de Rorthays qui eut deux enfants : Guillaume, Sgr de la Durbellière, vivant en 1280, — et Pierre, qui est cité dans un acte de 1276.

La maison de Rorthays s'est divisée en plusieurs branches, connues sous les noms de Rorthays de la Rochette, Rorthays de St-Révérend, Rorthays de Marmande, Rorthays de la Poupelinière, etc.... Elle s'est alliée aux familles de Meulles, de Parpacé, de la Haye-Montbault, de Voyer, de Maillé-Brézé, de Melun, d'Aubigné, de la Châteigneraye, de Sallo, de Jamet, de Pinaud, Duchaffault, d'Arcemale, du Cailleanlt, de Chasteigner, d'Anglars, Fleury de la Caillère, de la Matraye, etc... Elle a donné un chevalier de St-Lazare de Jérusalem (XIVe siècle). Des sentences des 9 août et 16 octobre 1699, l'ont maintenue dans sa noblesse.

Marguerite-Charlotte de Rorthays fut reçue à St-Cyr et prouva une filiation non interrompue depuis 1250. Son cousin, Pierre-Isaac de Rorthays, fut admis aux honneurs de la cour en 17....

Louis de Rorthays, Chev., Sgr de Monbail, prit part à l'Assemblée de la noblesse du Poitou, convoquée pour l'élection des députés aux Etats de Tours en 1651.

Gilbert-Alexandre de Rorthays, Chev., comte de Marmande, maréchal des camps et armées du roi, chevalier de Saint-Louis ; Guillaume-Gabriel de Rorthays, Sgr de de la Rochette, et Louis-Augustin de Rorthays, Sgr de la Poupelinière, comparurent à l'Assemblée électorale de la noblesse du Poitou, en 1789.

Regnaud de Rorthays était abbé de Gastines, en Touraine, en 1418 ;

Jacqueline de Rorthays fut abbesse de Beaumont-les-Tours, en 1501-19.

Urbain de Rorthays, conseiller du roi, archidiacre de l'Eglise de Tours (1580), prieur du Puy-Notre-Dame, abbé de Beaulieu (1596), fut désigné, en 1597, pour l'archevêché de

Tours, vacant par la mort de Simon de Maillé; mais il n'accepta pas. Il était fils de Jean de Rorthays, Ec., Sgr de la Durbellière et de la Trappe, et d'Antoinette d'Aubigné.

D'argent, à trois fleurs de lis, de gueules, à la bordure de sable besantée d'argent.

Jacqueline de Rorthays, abbesse de Beaumont-les-Tours, portait :

D'argent, à trois fleurs de lis de gueules, à la bordure d'argent chargée de 8 tourteaux de gueules.

ROSEL ou ROZEL (de) Chev., Sgrs d'Aigremont, de la Gasneraye, (paroisse de Theneuil), de Terouane, de Roncée-Neuf, du Vau-de-Valères, d'Aunay, de Verneuil (du XV$^e$ au XVIII$^e$ siècle).

Cette famille, originaire du Dauphiné, s'est établie en Touraine, en 1480, en la personne de Jacques du Rozel, qui épousa, par contrat du 3 novembre 1482, Françoise de Paumart, fille de Philippe de Paumart et de Jeanne d'Aubigné.

François-Alexis de Rozel, chevalier de St-Louis, brigadier général de cavalerie, commandant le régiment Royal des carabiniers, et Jean de Rozel, Ec., Sgr de Terouane, firent enregistrer leurs armes à l'*Armorial général*, vers 1698.

Charles-Louis de Rozel, chevalier, comparut par fondé de pouvoir, en 1789, à l'Assemblée de la noblesse de Touraine, convoquée pour l'élection de députés de cet ordre aux Etats-généraux.

En 1650, Charles de Rozel remplissait les fonctions de capitaine-gouverneur de l'Ile-Bouchard.

D'argent, à trois roseaux au naturel rangés; au chef endenté de gueules chargé de trois besants d'or, aussi rangés. — Cimier : un lion naissant d'or. — Supports : deux lions aussi d'or.

Quelques membres de la famille portaient :

Ecartelé; au 1 de Gannes; au 2 de Menou; au 3 de Savary de Saché; au 4 de Paumart; et sur le tout de Rozel.

ROSIÈRES (de), — en Touraine et en Lorraine, — comtes de Rosières, par lettres du duc de Lorraine, du 21 novembre 1713.

D'or, à deux léopards d'azur, armés et lampassés de gueules, celui de la pointe contourné; à la bordure engrêlée, de gueules.

**ROSMADEC** (Charles de), évêque de Vannes, puis archevêque de Tours (1671), et abbé d'Aiguevives, mourut le 12 juillet 1672.

Pallé d'argent et de gueules de six pièces.

**ROSSET** DE **FLEURY** (Henri-Marie-Bernardin de), né le 26 août 1718, chanoine de Paris en 1733, nommé archevêque de Tours le 27 décembre 1750, sacré le 20 juin 1751, puis archevêque de Cambrai, mourut à Cambrai le 22 juin 1781.

Écartelé; au 1 d'argent à un bouquet de trois roses de gueules, la tige et les feuilles de sinople, qui est de Rosset; au 2 de gueules à un lion d'or, qui est de Lanet; au 3 écartelé d'argent et de sable, qui est de Vissec-Latude; au 4 d'azur à trois rocs d'échiquier d'or, 2, 1, qui est de Rocozel; et sur le tout, d'azur à trois roses d'or, 2, 1, qui est de Fleury.

**ROSSIGNOL**, — Famille résidant à Aviré, (xviie siècle).

D'argent, à trois rossignols de sable, becqués et pattés d'or.

**ROSTAING** (de), Chev., marquis de Bury et de Thieux, Sgrs d'Onzain, au bailliage de Touraine (xviie siècle).

Cette famille est originaire d'Allemagne. Elle a fourni un prieur de Pommiers, en Touraine, Mathieu de Rostaing (1573).

Henri-Antoine-Just-Marie-Germain, marquis de Rostaing, comparut par fondé de pouvoir, en 1789, à l'Assemblée électorale de la noblesse de l'Orléanais.

D'azur, à la fasce en devise, d'or, accompagnée en pointe d'une roue de même.

**ROSTAING** (de), Ec., Sgrs des Mesangères (xviie siècle).

De gueules, au lion d'or.

**ROTHIACOB** (de), en Touraine (xixe siècle).

Écartelé de gueules et d'argent.

**ROUAUD**, à Marmoutier (xviiie siècle).

D'argent, à six coquilles de... 3, 2, 1. — Couronne de comte. — Supports, deux lions.

**ROUAULT**, Chev., Sgrs de Rochecorbon (fin du xive siècle), par suite du mariage de Pernelle de Thouars, veuve d'Amaury de Craon, avec Clément Rouault, dit Tristan; — de Savonnières et de Colombiers (xve siècle).

Cette famille, originaire du Poitou, commence sa filiation suivie par Clément Rouault, anobli, d'après Laîné, en 1317. Elle a fourni un maréchal de France, Joachim Rouault (3 août 1461), mort le 7 août 1478. La terre de Gamaches fut érigée en marquisat, en mai 1620, en faveur de Nicolas Rouault.

Louis Rouault, Sgr de la Rousselière, fut abbé de Bourgueil, en 1472, et évêque de Maillezais, de 1461 à 1473. Il mourut en 1477.

De sable, à deux léopards d'or, l'un sur l'autre.

ROUCY (Marie de), abbesse de Moncé (1786-90), mourut à Tours, le 8 novembre 1790.

D'or, au lion d'azur, armé et lampassé de gueules.

ROUER, Éc., Sgrs de la Caillaudière, de Château-Gaillard, des Ormeaux (XVIIe et XVIIIe siècles).

Cette famille est une des plus anciennes d'Amboise.

Jean Rouer, avocat au Parlement, fut maire d'Amboise, en 1658-59-60-61.

Jean Rouer, aide-fourrier du roi, portait, d'après l'*Armorial général* :

D'azur, à un chiffre d'or formé des lettres J. R. entrelacées.

ROUER, Éc., Sgrs de Villeray, élection d'Amboise (XVIIe siècle).

Jean-Louis Rouer, chanoine de St-Martin de Tours, mourut en 1786.

D'azur, à un chevron d'or accompagné de trois casques d'argent, 2, 1.

ROUGÉ (de), Chev., Vicomtes de la Guerche (XIVe et XVe siècles) ; Sgrs de Cinq-Mars-la-Pile (XVe siècle), de Derval, Rochediré, Neuville, etc...

Cette maison paraît avoir eu pour berceau la terre de Rougé, dans le diocèse de Nantes. Son existence est constatée dans cette province dès le XIe siècle.

De gueules, à la croix pattée, d'argent.

ROUGEBEC (de), Chev., Sgrs de Bossay, près Preuilly, de Meaulne, relevant de Châteaux, et des Hayes-Rougebec, paroisse de Channay (xv<sup>e</sup>, xvi<sup>e</sup> et xvii<sup>e</sup> siècles). — Famille originaire de l'Anjou.

Fascé, ondé d'argent et de sable de six pièces.

**ROUGEMONT** (de), Chev., Sgrs de Rougemont, de Larsay (paroisse de Neuilly-le-Noble), de la Voirie, (paroisse d'Abilly), de la Guerrière, de la Tournière, de Berault (xvii<sup>e</sup> et xviii<sup>e</sup> siècles).

Louis de Rougemont, Éc., Sgr de Berault et de Larsay, et Louis de Rougemont, Éc., Sgr de la Tournière, comparurent, à Chinon, au ban convoqué par lettres-patentes du 26 février 1689.

Jean-Armand de Rougemont, chevalier, comparut, en 1789, à l'Assemblée électorale de la noblesse de Touraine.

D'argent, au lion de gueules.

**ROUILLÉ** (Guillaume), imprimeur célèbre, né à Tours vers 1518, échevin de Lyon en 1568, mourut en 1595.

D'azur, au chevron d'or chargé d'une coquille de gueules, et accompagné en chef de deux croix ancrées, d'or, et en pointe d'une gerbe de même.

**ROUILLÉ** (Jacques), marchand-bourgeois, à Tours (xvii<sup>e</sup> siècle).

D'argent, à une roue d'azur.

**ROUILLÉ** D'ORFEUIL, Marquis de Maiville, comtes de Jouy, barons d'Orfeuil. — Famille originaire de Normandie.

Gaspard-Marie-Louis Rouillé, né le 3 décembre 1777, fut créé baron en 1810.

D'azur, au chevron d'or, accompagné en chef de deux quintefenilles tigées et feuillées d'argent, et en pointe d'un croissant de même.

**ROUILLÉ** DU COUDRAY, Chev., Sgrs et marquis du Coudray, comtes de Meslay.

Hilaire Rouillé, marquis du Coudray, lieutenant-général, comparut, en 1789, à l'Assemblée électorale de la noblesse de la vicomté de Paris.

De gueules, à trois gantelets sénestres d'or; au chef d'or chargé de trois molettes d'éperon de gueules. — Supports : deux lions. — Devise : *Moderatur et urget.*

## ROUJOU (de), — en Touraine.

D'argent, à un rouget de gueules; écartelé d'or, à l'aigle éployée de sable, coupé de sinople, au lion d'or, et une fasce de gueules brochant sur le tout.

## ROUJOU DE CHAUMONT, — en Touraine.

D'azur, au croissant d'or; au chef de gueules chargé de trois besants d'argent.

## ROULLEAU, Éc., Sgrs de la Beraudière, du Grand-Fleuray. — Famille originaire de Château-la-Vallière.

Victor Roulleau de Mauléon était chanoine de l'Eglise de Tours, en 1608.

N. Roulleau, sénéchal et maître des eaux et forêts du duché de Château-la-Vallière, est cité dans un acte de 1760.

En 1783, Marie-Louis-César Roulleau, conseiller du roi, remplissait à Tours les fonctions de trésorier de France au bureau des finances de la généralité.

D'azur, au chevron d'or accompagné de deux étoiles de même en chef et d'un croissant aussi d'or, en pointe, surmonté d'un trèfle de même.

N. Roulleau, sénéchal et maître des eaux et forêts du duché de Château-la-Vallière accolait à ses armes :

Un écusson d'azur au chevron d'or accompagné de trois pélicans, avec leur piété, de même.

Marie-Louis-César Roulleau, accolait aux siennes :

Un écusson d'azur, à la bande d'or, accompagnée en chef d'une étoile d'argent, et en pointe d'une merlette de même, qui est d'Ansermont.

## ROULLET DE LA BOUILLERIE. — Famille originaire de Sablé.

Gabriel-Joseph Roullet de la Grange de la Bouillerie, fut conseiller du roi, trésorier de France au bureau des finances de la généralité de Tours (par provisions du 7 septembre 1751). Son fils, François-Marie-Pierre, fut baron de l'Empire (1810), comte en 1830, pair de France, ministre d'Etat, intendant de la maison du roi. Alexandre-Pierre, frère de celui-ci, fut créé baron sous la Restauration.

De gueules à un chevron d'argent surmonté d'un croissant montant, de même, et accompagné de trois pommes de pin d'or.

**ROULLIN**, Ec., Sgrs du Puy-d'Arsay, (paroisse d'Azay-sur-Cher (xvɪᵉ et xvɪɪᵉ siècles).

Maurice Roullin, protonotaire du Saint-Siège apostolique, chanoine de l'Eglise de Tours, Sgr du Puy-d'Arsay, est mentioné dans un acte de 1654.

Christophe Roullin fut chanoine de l'Eglise de Tours et prieur de St-Jean-des-Grès (1666-77).

D'argent, à l'aigle au vol abaissé, de sable ; au chef d'azur chargé de trois étoiles d'or.

**ROUSSAY ou ROUCÉ (de)** Ec., Sgrs de Veneux, élection de Richelieu (xvɪɪᵉ siècle).

D'azur, au chevron d'argent, accompagné en pointe d'une molette d'éperon d'or ; parti d'azur à trois fusées mises en pal, 2, 1.

**ROUSSEAU DE COURJON**, Ec., Sgrs de Courjon et du Mortier (xvɪɪᵉ siècle).

D'azur, à trois bandes d'or.

**ROUSSELET**, Chev., marquis de Châteaurenault, barons de Noyers, Sgrs de la Giraudière, de Rochepinard, de la Possonnière (xvɪɪᵉ et xvɪɪɪᵉ siècles).

Cette famille paraît être originaire de Lyon, où François Rousselet, Sgr de la Pardieu, occupait la charge d'échevin, en 1539-67.

Albert de Rousselet acquit par échange la baronnie de Châteaurenault, de Henri de Gondy, duc de Retz, le 5 mai 1618, et obtint des lettres patentes érigeant cette terre en marquisat, en décembre 1620.

La famille Rousselet a fourni un abbé de Fontaine-les-Blanches, Balthazar de Rousselet (1648-1712).

D'or, à un arbre de sinople fruité d'or. — *Alias* : D'or, au chêne de sinople englanté du fond (d'après l'abbé Goyet).

François Rousselet, échevin de Lyon, portait :

D'argent, à l'arbre arraché, de sinople ; au filet de gueules mis en bande sur le tout.

**ROUSSIÈRE DE MATHEFELON (de la)** Ec., Sgrs de Mathefelon et de la Chenaye.

De sable, à trois bandes d'or (ou d'argent). — *Alias* : de gueules, à trois bandes d'or ; accolé d'azur à trois chevrons d'or.

## ROUTY du BOIS (de), en Touraine (xviii<sup>e</sup> siècle).

En 1789, Jean-Pierre Routy du Bois, remplissait, à Tours, les fonctions de commissaire des guerres.

D'azur, au chevron d'or, accompagné en chef de deux étoiles d'argent, et en pointe d'une molette d'éperon de même. — Supports : deux aigles. — Couronne de comte.

## ROUVILLE (Jacques de), capitaine-gouverneur de Chinon, chevalier d'honneur de la duchesse d'Orléans, mourut en 1628.

D'azur, semé de billettes d'or, à deux bars adossés, d'argent, brochant sur le tout.

## ROUVROY (Antoine de), chanoine de St-Martin de Tours, mourut le 10 août 1667.

Écartelé; aux 1 et 4 de sable, à la croix d'argent chargée de cinq coquilles de gueules ; aux 2 et 3 échiqueté d'or et d'azur, au chef du second chargé de trois fleurs de lis d'or.

## ROUXEL de MEDAVY (Hardouin de), aumônier du duc d'Orléans, abbé de St-Pierre de Preuilly (1691, mourut le 8 septembre 1706.

D'argent, à trois coqs de gueules, membrés, becqués et crêtés d'or 2, 1.

## ROUXELLÉ ou ROUXELLAY, Chev., comtes de la Roche-Millet, Sgrs de Gizeux, d'Avrillé, de Parçay, de Lathan, Valesne (paroisse de Saché), des Bordes, de Taffonneau, de Pont-de-Ruan, de la Treille, de Villaines (du xvi<sup>e</sup> au xviii<sup>e</sup> siècle).

Les terres de Saché et du Pont-de-Ruan vinrent en la possession de la famille de Rouxellé, par le mariage de Renée Savary, fille et unique héritière de François Savary, avec François de Rouxellé, Sgr de la Treille, en Anjou, vers 1550.

D'or, à trois pals d'azur, à une bande ou cotice d'argent bordée de gueules.

## ROUY de BUSSIÈRES (de), en Touraine (xvi<sup>e</sup> siècle).

De sable, au chevron d'argent.

ROY DE CHAVIGNY (Le), Chev., comtes de Clinchamps, Sgrs de Chavigny, de la Baussonnière et de Ste-Julitte, en Touraine (xvie et xviie siècles).

Cette famille a fourni les dignitaires ecclésiastiques et le fonctionnaire dont les noms suivent :

Pierre le Roy, chanoine et chancelier de l'Eglise de Tours (1467) ;

Jacques le Roy de Chavigny, abbé de Villeloin (1519-51) ;

Gabrielle le Roy, prieure de Rives (1536) ;

Jacques le Roy de Chavigny, abbé de Villeloin, archevêque de Bourges, mort en 1572 :

François le Roy de Chavigny, comte de Clinchamp, lieutenant-général pour le roi, en Touraine (1560), capitaine-gouverneur de Chinon (1588), décédé le 18 février 1606.

François le Roy, Sgr de Ste-Julitte, comparut à la rédaction du procès-verbal de la coutume de Touraine, en 1559.

D'argent, à la bande de gueules.

François le Roy, lieutenant-général pour le roi, en Touraine, portait :

Ecartelé; aux 1 et 4 d'argent à la bande de gueules; aux 2 et 3 échiquetés d'or et d'azur, à la bordure de gueules.

Jacques le Roy de Chavigny, abbé de Villeloin et archevêque de Bourges, portait :

Ecartelé ; aux 1 et 4 d'argent, à la bande de gueules; aux 2 et 3 échiquetés, d'or et d'azur, qui est de Dreux ; et sur le tout pallé d'or et de gueules, qui est d'Amboise.

ROYE (Nicolas de), doyen de St-Martin de Tours, puis évêque de Noyon (1228).

De gueules, à une bande d'argent.

ROYE (Guy de), évêque de Verdun, archevêque de Tours (1386), puis de Sens, en 1388, portait comme le précédent :

De gueules, à une bande d'argent.

ROYER, Ec., Sgrs de Brèches, Bourneuf, la Porcherie, la Jonchère, Jallanges-les-Etangs (xvie, xviie et xviiie siècles).

Jean Royer, chanoine et prévôt de St-Martin de Tours, aumônier du roi, est cité dans un acte de 1620.

Daniel Royer était chanoine de l'Église de Tours, en 1644.

Jacques-Julien Royer fut conseiller au siége présidial de Tours, puis trésorier de France au bureau des finances de la même ville (1724).

D'azur, à une aigle d'or regardant un soleil de même posé au franc-quartier.

ROYER (N.), chanoine de l'Église d'Amboise (1762).

Parti ; au 1 d'argent au lion armé, de...; au 2 d'azur à neuf besants rangés en fasce, 3, 3, 3 ; — Couronne de comte. — Supports : deux lions.

ROYRANT ou ROYRAND (de), Ec., Sgrs de la Roussière (xviiie siècle).

Cette famille a donné une prieure de l'abbaye de Beaumont-lès-Tours.

Elie Royrand, Sgr de la Roussière ; René Royrand , Sgr du Cluseau ; Marie-Aimée-Suzanne et Charlotte Royrand, filles de Louis Royrand, Sgr de la Patissière ; David Royrand, Sgr du Fief ; Jean et Jonas Royrand, Sgrs de la Martinière et du Coudray ; Jacques Royrand, Sgr de la Maingottière, furent maintenus dans leur noblesse par sentence du 24 septembre 1667.

Charles-Augustin de Roirand, chevalier de la Roussière, chevalier de St-Louis, et Charles de Roirand, élève de marine, comparurent par fondé de pouvoir à l'Assemblée électorale de la noblesse du Poitou, en 1789.

D'azur, à une tête de buffle, d'or, accompagnée de trois étoiles de même, 2, 1.

ROZE ou ROSE, Sgrs de la Chevalerie.

D'argent, au chevron d'azur, et une rose de même en pointe.

ROZE (Antoine), conseiller du roi, juge, garde de la monnaie de Tours, en 1743.

D'azur, à un chevron d'argent accompagné de trois roses d'or, 2, 1. — Couronne de comte.

ROZE (Jean), marchand bourgeois, à Tours (fin du xviie siècle).

D'or, à 6 roses de gueules, 3, 2, 1.

**ROZE-CHAMPEAUX**, marchands bourgeois, à Tours (fin du XVIIᵉ siècle).

D'azur, à un chevron d'or accompagné en pointe d'une brebis paissante, d'argent, sur une terrasse de sinople.

**ROZEL** (de). Voyez **ROSEL** (de).

**RU** (du), Chev., Sgrs de Gyé (1432).

Gironné d'or et d'azur de douze pièces.

**RUAU**, en Touraine (XVIIIᵉ siècle). — Famille originaire du Dauphiné.

Alexandre Ruau, avocat au siége présidial de Tours, Sgr de Lodouère, paroisse de Morand, — et du Petit-St-Michel, paroisse de St-Jean de Langeais, est mentionné dans un titre de 1654.

D'or, à trois roseaux de sinople mouvant d'une rivière d'argent; au chef d'azur chargé de trois étoiles d'or.

**RUEIL** (Claude de), aumônier des rois Henri IV et Louis XIII, grand-archidiacre de Tours (1598), évêque de Condom en 1621, puis d'Angers en 1628, mourut le 20 janvier 1649.

D'or, à quatre (ou trois) aiglettes éployées, de gueules, 2, 2; au franc-quartier d'azur chargé d'un lion d'or.

**RUEL** ᴅᴇ **BELLISLE**, **RUEL** ᴅᴇ **LAUNAY** (de), en Touraine et en Normandie (XVIIᵉ siècle).

Nicolas-Thomas de Ruel de Bellisle, capitaine au corps royal du génie, comparut, en 1789, à l'Assemblée électorale de la noblesse de Normandie.

D'or, à quatre aiglons de gueules, 2, 2. — Supports : deux licornes.

**RUFFREY** (de).

D'azur, à deux aiglettes d'or abaissées sous six étoiles rangées, 3, 3, du même.

**RUSSON** (de), Ec., Sgrs de la Grée, du Port-Guyet, de la Picoullais, de la Berardière (XVIIᵉ et XVIIIᵉ siècles). — Famille originaire de l'Anjou. Elle s'est alliée aux familles du Cerisay, Pays de Bourjoly, de Champchévrier, d'Aucoureusé, de Poilpré, Prévost de Bournezeaux, de Grimaudet, de la Calvinière, etc...

Jean de Russon, I<sup>er</sup> du nom, reçut des lettres de noblesse, pour faits d'armes, sous le règne de François I<sup>er</sup>.

Claude-René de Russon comparut, en 1789, à l'Assemblée électorale de la noblesse de l'Anjou.

Les représentants actuels de la famille sont Adrien de Russon, résidant au château des Belles-Ruries (Indre-et-Loire), et Raphaël de Russon, résidant au château de Bournezeaux (Anjou).

D'azur, à trois chevrons d'or; au chef d'argent chargé de six fusées rangées, de gueules. — Supports : deux lions; — Couronne de marquis.

**RUZÉ**, Sgrs de Beaulieu, de Charentais (relevant du château de Tours), de la Brissonnière, de Jallanges, du Mesnil (paroisse de Channay), de Rillé, de Chilly, de Longjumeau, etc...

Cette famille a donné deux maires à la ville de Tours : Jean Ruzé, élu le 7 novembre 1463, — et Guillaume Ruzé (1533-34), receveur général des finances en Touraine.

Martin Ruzé, Sgr de Beaulieu, de Chilly et de Longjumeau, secrétaire d'État sous Henri III et Henri IV, trésorier des ordres du roi, né à Tours vers 1526, mourut à Paris, le 16 novembre 1613, sans postérité. Par son testament, il laissa tous ses biens à Antoine Coeffier d'Effiat, son petit neveu, à la condition de prendre le nom et les armes de Ruzé.

Par lettres du mois de mai 1624, les terres de Chilly et de Longjumeau furent érigées en marquisat, en faveur d'Antoine Coeffier d'Effiat.

De gueules, au chevron ondé d'argent et d'azur de 6 pièces, accompagné de trois lionceaux d'or.

**RUZÉ D'EFFIAT**, (Benoît-Jean-Gabriel-Armand de), comte d'Effiat, maréchal des camps et armées du roi, chevalier de St-Louis, comparut à l'Assemblée électorale de la noblesse de Touraine en 1789.

De gueules, au chevron ondé d'argent et d'azur de six pièces, accompagné de trois lionceaux d'or.

SACHÉ (de) ou de SACÉ, Chev., Sgrs de Prouzay, de la Barbotinière, de la Noiraie (fiefs relevant de la Haye), de la Rolandière (paroisse de Trogues), — de la Rimbaudière, de Séligny (xvᵉ siècle).

Mathurin de Saché, chanoine de l'Eglise de Tours, mourut le 16 mai 1788.

De gueules, à trois chevrons d'or.

Sacé du Tillou, en Anjou, porte :

De sable, à deux épées d'argent au sautoir.

SADE (de), en Touraine et en Provence.

De gueules, à une étoile de 8 rais, d'or, chargée d'une aigle à deux têtes, becquée et couronnée de gueules.

SAGET, marchands-bourgeois, à Tours ( fin du xviiᵉ siècle).

D'argent, à un lion de gueules.

SAHUGUET D'ESPAGNAC (N.), chanoine de St-Martin de Tours (1764-81).

De gueules, à une coquille et un croissant d'argent accompagnés de deux épées d'or, posées en pal, les pointes en bas.

SAIGNE (de), Éc., Sgrs de Chaudin, paroisse de Francueil (xvᵉ siècle), de Bois-Pateau, de la Lande (relevant de Bléré) (xviᵉ et xviiᵉ siècles).

Cette famille a fourni un capitaine-gouverneur de Montrichard, Jean de Saigne, — et un receveur-général de l'artillerie du roi, à Tours, Guillaume de Saigne (1514).

Parti; au 1 d'or, à une quintefeuille en chef au côté dextre, de gueules, et deux demi-quintefeuilles en pointe, de même; au 2 d'or, à un demi-chevron de gueules, accompagné en chef, du côté sénestre, d'une épée de même, la pointe en bas, et une demi-épée, aussi de gueules, la pointe dirigée vers le bas de l'écu.

SAIN ᴅᴇ BOISLECOMTE, Chev., Sgrs des Arpentis, de St-Médard d'Esvres, de St-Règle, de la Farinerie, de Nazelles, Négron, la Roche-Farou, Tardivière, Mazères, Beaudelière, la Fosse-Bois-Joubert, du Plessis, de Launay, de la Valinière, du Clos-Michau, de Chargé, de Mosnes, de Rilly, de Souvigny, etc... — Famille originaire du Poitou et qui est venue se fixer en Touraine, en 1515. Elle a donné à la Touraine, avant 1789, les fonctionnaires et un dignitaire ecclésiastique dont les noms suivent :

René Sain, Ec., conseiller du roi, auditeur à la Chambre des Comptes de Paris, président, trésorier de France au bureau des finances de la généralité de Tours, maire de cette ville en 1613 ;

Dominique Sain, chanoine de l'Église de Tours (1643);

Claude Sain, conseiller du roi, trésorier de France, à Tours (1643) ;

Jacques Sain, garde général, receveur des amendes, restitutions et confiscations dans la maîtrise particulière d'Amboise et de Montrichard (par provisions du 29 juillet 1708).

Jacques Sain de Boislecomte, conseiller d'honneur au présidial de Tours (1725);

Jacques Sain de Boislecomte, avocat du roi en la maîtrise des eaux et forêts d'Amboise (1725) ;

Claude de Sain de Boislecomte et André-Christophe de Sain de Boislecomte, chevaliers, comparurent, en 1789, à l'Assemblée électorale de la noblesse de Touraine.

Claude de Sain de Boislecomte, Chev., Sgr des Arpentis, de Beaudelière, de Tardivière et de la Roche-Farou, avocat au Parlement, épousa, le 25 février 1754, Françoise-Marie Pellegrain de l'Étang, dont il eut cinq enfants :

L'aîné, Claude-Christophe de Sain, Chev., Sgr des Arpentis, lieutenant des maréchaux de France, a eu deux enfants de son mariage avec Jeanne-Agnès-Amable Boissonnière de Mornay :

1° Charles-Alphonse de Sain, chef de nom et d'armes de la famille, ancien officier de dragons de la garde royale, conseiller de préfecture d'Indre-et-Loire, membre et président du conseil d'arrondissement de Tours, résidant actuellement à Moncé (Indre-et-Loire), a épousé Désirée-Clara-Georgine Ligneau, dont il a eu : 1° Claude-Charles-Alfred de Sain, licencié en droit, attaché au ministère des finances; — 2° N. de Sain, décédé; il s'est marié et a laissé un fils et une fille :

Marie-Edouard-Hippolyte et Marie-Camille-Charlotte de Sain;
— 3° une fille, mariée à Louis du Baut, chevalier de la Légion
d'honneur, président du Comice agricole et de la Société des
courses de Saumur;

2° N. de Sain, mariée à Guillaume-Marie-Edouard de Gili-
bert, chef d'escadron, chevalier de St-Louis et de la Légion
d'honneur.

André-Christophe-Martin Sain de Boislecomte (oncle de
Charles-Alphonse), aujourd'hui décédé, a laissé deux enfants :
1° Ernest Sain de Boislecomte, ancien ministre plénipotentiaire à Turin et à Washington, commandeur des ordres de la
Légion d'honneur et de St-Maurice; 2° Claire-Lucienne-
Estelle Sain de Boislecomte, mariée à Charles Faré, sous-préfet de Vendôme, officier de la Légion d'honneur.

Noël-François Sain de Boislecomte des Arpentis, (aussi
oncle de Charles-Alphonse), chevalier de St-Louis, ancien colonel de la garde nationale de Tours, est décédé dans cette ville,
le 27 février 1837, laissant une fille, Mathilde-Elisabeth,
mariée au comte Septime de Villeneuve.

Françoise-Amable Sain de Boislecomte (tante de Charles-
Alphonse), a épousé Lucien-François Daën, Chev., Sgr
d'Athée. De ce mariage sont issues deux filles, l'une mariée à
N. Calmelet, chevalier de la Légion d'honneur, ancien procureur impérial, conseiller à la cour royale d'Orléans et député;
— l'autre mariée à André-Christophe-Martin Sain de Boislecomte, son oncle.

Adelaïde Sain de Boislecomte (aussi tante de Charles-
Alphonse) a épousé Charles-Hyacinthe Le Caron de Fleury,
capitaine de dragons, chevalier de St-Louis, conseiller de
préfecture d'Indre-et-Loire.

D'azur, à la fasce d'argent chargée d'une tête de maure au naturel, tortillée
d'argent, accompagnée de trois coquilles d'or.

Les armes primitives de cette maison, qui ont été conservées par les branches du Berri et de l'Orléanais, sont :

De sable, à une fasce d'or chargée d'une tête de maure de sable, au tortil
d'argent, accompagnée de trois coquilles d'argent, 2, 1.

Martin Sain de Boislecomte, conseiller et avocat du roi au bureau des finances de Tours, vers 1698, portait :

D'azur, au chevron d'or, accompagné en chef de deux coquilles de même, et en pointe, d'une rose d'or ; au chef de gueules chargé d'un grelot d'or, accosté de trois croissants d'argent.

**SAINCTOT** ou **SAINTOT**, en Touraine ( xvie et xviie siècles).

Cette famille, originaire de Paris et anoblie en 1583, a donné deux trésoriers de France au bureau des finances de la généralité de Tours, Pierre Saintot (1621), et Nicolas Saintot (162...).

D'or, à la fasce d'azur chargée d'une fleur de lis d'or, accompagnée en chef de deux roses (ou deux étoiles), de gueules, et d'une tête de maure tortillée d'argent, en pointe.

**SAINT-AMADOUR** (de), Chev., Sgrs de Denalien, en Touraine.

De gueules, à trois têtes de loup, arrachées, d'argent. — *Alias* : de pourpre à trois têtes de lévrier d'argent.

**SAINT-AMAND** (de), en Touraine.

D'argent, à la fasce d'azur accompagnée de trois coquilles de sable.

**SAINT-ANDRÉ** (de), Ec., Sgrs du Verger (paroisse de Vernou), de Chandoiseau, de l'Etang, de Bois-Rougeron (paroisse de Vouvray), de Bascousse, du Petit-Bois (xviie siècle).

Cette famille est originaire du Languedoc. Elle a été maintenue dans sa noblesse, le 17 avril 1696, — le 7 juillet 1698, par l'intendant Hue de Mirosmesnil, et le 2 octobre 1713 par M. de Chauvelin.

D'azur, au chevron d'argent accompagné en chef au premier canton d'un croissant d'argent ; au second, d'une étoile d'or ; et en pointe d'un lion de même.

**SAINT-CASSIEN** (de), en Touraine et en Poitou.

Fascé d'or et de gueules de six pièces.

**Saint-Charles** (Séminaire de) à Cinq-Mars-la-Pile.

D'azur, au Christ d'or.

**Saint-Christophe** (Ville de).

D'azur, à un St-Christophe d'or.

**Saint-Christophe** (Prieuré de).

D'azur, à deux fasces d'argent.

**SAINT-CLERC** ou **SAINT-CLAIR** (de), Ec., Sgrs de la Drouardière, relevant de Montbazon (xv<sup>e</sup> et xvi<sup>e</sup> siècles).

D'azur, à une bande d'argent.

**Saint-Côme-lez-Tours** (Prieuré de). Ordre de Saint-Augustin.

D'azur, à un St-Côme et un St-Damien d'or, debout, sur une terrasse de même.

On attribue au même prieuré les armes suivantes :

D'azur, à une bande d'or accostée de trois étoiles à six rais de même, deux dessus, deux dessous, et un croissant aussi d'or en pointe.

**Sainte-Anne-lez-Tours** (Prieuré de).

D'argent, à un bâton prieural, de sable, accosté des deux lettres S et A de même.

**Saint-Éloi-lez-Tours** (Prieuré de) (à la fin du xvii<sup>e</sup> siècle).

D'azur, à un St-Eloi, évêque, crossé et mitré, d'or,

**SAINTE MARTHE** (de), Ec., barons du Fresne, Sgrs de Méré, près Azay-le-Rideau, de Jallanges et de Villemereau (1485), de Lerné, de la Guéritière, de Marigny, des Lyonnières, des Nouères, de Chandoiseau (xvi<sup>e</sup>, xvii<sup>e</sup> et xviii<sup>e</sup> siècles).

Cette famille est originaire du Poitou. Sa filiation suivie remonte à Nicole de Ste-Marthe, vivant en 1451.

D'argent, à cinq fusées de sable rangées en pal; la première et dernière péries dans l'orle; au chef de sable. — Devise : *Patriæ felicia tempora nebunt.* — *Fuscos docta minerva dedit.*

On attribue aussi à cette famille les armes suivantes :

D'argent, à deux fusées et demie de sable, rangées en fasce.

**SAINTE-MAURE** (de), Chev., barons de Pressigny, de Ste-Maure et de Nouâtre, Sgrs de Montgauger, de Montbazon, Chissay, la Croix-de-Bléré, Montcontour, Parilly, Port-de-Piles, Savounières, St-Epain, Ste-Catherine de Fierbois, Rivarennes, St-Romain, Vellèches, Charentilly, etc...
— Famille issue de la maison de Loudun. Elle porta tantôt le nom de Pressigny, tantôt celui de Ste-Maure.

Goscelin, premier connu de la maison de Ste-Maure-Pressigny, vivant vers le milieu du xi^e siècle, eut, entre autres enfants, de son mariage avec Aramburge : 1° Hugues I de Ste-Maure, marié en premières noces à N. de Chinon, fille de Jean de Chinon, et en secondes noces à Adenorde ; 2° Gosbert ; 3° Guillaume.

Les personnages dont les noms suivent appartiennent à cette maison :

Guillaume de Pressigny-Ste-Maure, chevalier-banneret de Touraine (1213) ;

Hugues de Sainte-Maure, doyen de Saint-Gatien de Tours (1222-29) ;

Josbert de Ste-Maure, chancelier de St-Martin de Tours (1245) ;

Guillaume de Ste-Maure, doyen de St-Martin de Tours (1327) ;

Jean de Pressigny, chanoine de l'Église de Tours (132.).

D'argent, à une fasce de gueules.

Guillaume de Ste-Maure (1218) portait *un écu papelonné chargé d'une fasce.*

Guillaume de Ste-Maure, doyen de St-Martin de Tours, portait :

D'argent, à une fasce de gueules et une bande de..., brochant sur le tout.

**Sainte-Maure** (Couvent des religieuses chanoinesses de). Ordre de St-Augustin.

D'azur, à la Ste-Vierge tenant un Enfant Jésus, le tout d'or.

SAINTE-SOLANGE (Renaud de), bailli de Tours (1273).

De..., à trois fleurs de lis de... dans une rose de six lobes.

**Saint-Epain**, en Touraine (Ville de).

D'azur, à une porte de ville crénelée, d'argent, flanquée de deux tours de même.

SAINT-FLOVIER ou d'ALOIGNY de SAINT-FLOVIER (de), Chev., Sgrs de Saint-Flovier, relevant de Preuilly (xii^e et xiii^e siècles).

Cette famille paraît être une branche de la maison d'Aloigny.

Vers 1229, Hugues de St-Flovier, Chev., donna, à l'abbaye de la Merci-Dieu, du consentement d'Airaud et de Guillaume de St-Flovier, ses frères, tout ce qu'il possédait à la Roche-Pozay et à Pozay-le-Vieil.

Le sceau de Hugues II de St-Flovier, vivant au xiiᵉ siècle, représente *un losangé*.

SAINT-GELAIS-LUSIGNAN (de), Chev., Sgrs de Lansac, d'Azay-le-Rideau, en Touraine, de Séligny, de Maulmont, du Pontreau, de Breuilhac, de la Varenne, de Boisbréchou, de la Jonchère, d'Ardenne, de Montlieu, de la Mothe-St-Heraye, de la Ravardière, de St-Séverin, de Marnay, etc... — Famille issue de la maison de Lusignan, ainsi que l'attestent des lettres patentes obtenues, en 1580, par Louis de St-Gelais. Elle a été maintenue dans sa noblesse le 23 juillet 1699. Sa filiation suivie commence par Rorgue de Lusignan, Sgr de St-Gelais, vivant en 1109, fils puîné de Hugues VII de Lusignan, dit Le Brun.

La maison de St-Gelais a formé les branches de Séligny, de Montchaude, de Montlieu, de Lansac, de St-Severin et de la Ravardière. La branche de Lansac, qui a possédé la terre d'Azay-le-Rideau, en Touraine, a pour auteur Alexandre de St-Gelais (fils puîné de Pierre de St-Gelais et de Philiberte de Fontenay), conseiller et chambellan de Jean d'Albret, roi de Navarre (1506), marié à Jacquette de Lansac, fille de Thomas de Lansac, Chev., et de Françoise de Pérusse des Cars. Il mourut en 1522, laissant, entre autres enfants, Louis de St-Gelais-Lusignan, Sgr de Lansac, baron de la Mothe-Saint-Héraye, chevalier du St-Esprit (1580), décédé en 1589.

Louis de St-Gelais-Lusignan eut deux enfants d'un premier mariage avec Jeanne de la Rocheandry, fille de Philippe, baron de la Rocheandry, et de Jeanne de Beaumont :

1° Guy de St-Gelais-Lusignan, dont nous allons parler ;

2° Claude, mariée au baron de Lusse.

En secondes noces, Louis de St-Gelais épousa (1565) Gabrielle de Rochechouart, fille de François de Rochechouart de Mortemer et de Renée Taveau.

Guy de St-Gelais-Lusignan, Chev., Sgr de Lansac, d'Azay-le-Rideau, de Pecalverry, etc..., chevalier de l'ordre du roi et gentilhomme ordinaire de sa chambre, ambassadeur en Pologne et en Espagne, épousa Antoinette Raffin, fille unique de François Raffin, Sgr d'Azay-le-Rideau, et de Nicolle Le Roy de Chavigny. (Antoinette Raffin eut en dot la terre d'Azay-le-Rideau).

Deux enfants sont issus de ce mariage :

1° Alexandre de St-Gelais-Lusignan, tué au siége de la Fère en 1596 ;

2° Artus de St-Gelais-Lusignan, Chev., Sgr d'Azay-le-Rideau, de Lansac, marquis de Balon, conseiller d'État et chevalier de l'ordre du roi, marié à Françoise de Souvré, fille de Gilles de Souvré, marquis de Courtenvaux, gouverneur de Touraine. De ce mariage sont nés :

1° Gilles de St-Gelais-Lusignan, qui suit ;

2° Marie de St-Gelais-Lusignan, mariée à Renée de Courtarvel, Éc., Sgr de Pezé, au Maine ;

3° Françoise de St-Gelais-Lusignan, femme de Louis de Prie, marquis de Toucy.

Gilles de St-Gelais-Lusignan, Chev., Sgr d'Azay-le-Rideau et de Lansac, marquis de Balon, mourut le 30 juillet 1636. En premières noces, il avait épousé N. de Marcilly, dont il eut une fille, Marie, femme de Henri-François, marquis de Vassé ; d'un second mariage avec N. de la Vallée-Fossés d'Everly, il eut Armande de St-Gelais-Lusignan, mariée à Charles, duc de Créquy.

Marie de St-Gelais-Lusignan, femme du marquis de Vassé, eut en dot la terre d'Azay-le-Rideau.

Antoine de St-Gelais-Lusignan, fils de Léon de St-Gelais (de la branche de Séligny) et de Marie de Dercé, reçu chevalier de Malte en 1531, fut commandeur d'Amboise et de l'Ile-Bouchard (1548-59).

Avant 1580, les de St-Gelais-Lusignan portaient :

D'azur, à la croix alaisée, d'argent.

Depuis 1580, ils portent :

Ecartelé; au 1 et 4 d'azur à la croix alaisée d'argent, qui est de St-Gelais; au 2, burelé d'argent et d'azur de 10 pièces, qui est de Lusignan; au 3 burelé de même, au lion de gueules couronné et lampassé d'or.

**SAINT-GEORGE** (de), Chev., marquis de Couhé-Vérac, Sgrs de Verneuil, près Loches; de Vérac, de Couhé (xv<sup>e</sup> siècle), d'Avrilly, de la Bussière, de Chavagnac, de Monceaux, de Verdelle, St-Germain, Boissec, Panœuvre, la Rigonnière, Plessis-Sénéchal, la Mothe, Château-Garnier, Champigny-le-Sec, Ceaux, Marsay, Loubigny, la Chamberdière, Mandreau, la Chamberaudière, Availles, Genouillé, Vauzelles, Fraisse, etc...

Cette famille, dont l'origine remonte au xi<sup>e</sup> siècle, a été maintenue dans sa noblesse les 1<sup>er</sup> et 10 septembre 1667. — En 1662, la terre de Couhé-Vérac fut érigée en marquisat en faveur d'Olivier de St-George.

François et Gabriel de St-George, Sgrs de Verneuil, comparurent à la rédaction du procès-verbal de la coutume de Touraine en 1559.

Claude de St-George, évêque de Mâcon, de Clermont, fut pourvu de l'archevêché de Tours en 1685, et passa à celui de Lyon en 1693. Il mourut en 1715.

Charles-Olivier de St-George, marquis de Couhé-Vérac, maréchal-de-camp, comparut par fondé de pouvoir, en 1789, à l'Assemblée électorale de la noblesse de Touraine.

Le 18 avril 1760, il épousa Marie-Charlotte-Joséphine-Sabine de Croy d'Havré, fille de Louis-Ferdinand-Joseph, duc d'Havré et de Croy, et de Marie-Louise-Cunégonde de Montmorency-Luxembourg. De ce mariage sont issus :

1° Charles-François-Marie-Joseph, mort en bas âge ;

2° Anne-Louis-Joseph-César-Olivier, comte de Vérac, maréchal-de-camp, chevalier de St-Louis, gentilhomme ordinaire de la chambre du roi, marié, en 1785, à Marie-Eustachie de Vintimille;

3° Alphonse-Christian-Théodosie-Joseph-Olivier, mort en bas âge;

4° Anne-Justine-Elisabeth-Joséphine, mariée, en 1783, à Benjamin-Eléonor-Louis Frotier, marquis de la Coste-Messelière;

5° Armand-Maximilien-François-Joseph Olivier de St-George, marquis de Vérac, nommé pair de France le 17 août 1815; le titre de marquis fut attaché héréditairement à sa pairie le 14 avril 1818.

Claude-Gedeon de Saint-George, né le 23 juin 1787 (chef du nom et d'armes de la branche de Fraisse), officier d'infanterie, épousa, le 8 décembre 1821, Marie-Amaranthe-Henriette-Adélaïde Guillemot de Liniers, dont il a eu Euphémie de St-George, mariée, le 27 avril 1846, à Jules Raynaud de Langlardie.

D'argent, à la croix de gueules.

Cette maison porte aujourd'hui :

Écartelé; aux 1 et 4 d'argent à la croix de gueules, qui est de St-George; aux 2 et 3 fascé, nébulé d'argent et de gueules, qui est de Rochechouart. — Supports : 2 sirènes. — Cimier : une mélusine. — Devise : *Nititur per ardua virtus.*

**SAINT-GERMAIN** (de), Éc., Sgrs de Courcelles, du Plessis, des Coutures, de la Bretesche, de Placé (xviie siècle).

D'argent, aux nuées d'azur chargées d'un cœur d'or.

Edme de St-Germain, archidiacre de Laval, dans l'église du Mans, et Jean-Pierre de St-Germain, Ec., Sgr de Placé, brisaient leurs armes *d'un lambel de trois pendants, de gueules.*

**SAINT-GERMAIN** (de), Chev., Sgrs de St-Germain d'Arcé, de Parigny, de la Folleville (xviie siècle).

De gueules, à trois fleurs de lis d'or.

**SAINT-GRESSE** (de), Chev., comtes de Saint-Gresse, Sgrs de Seridos.

D'après une tradition conservée dans la famille, le premier auteur connu de la maison de Saint-Gresse serait venu d'Orient en France à la suite de Louis-le-Jeune, qui l'aurait attaché au baron de Montesquieu. Celui-ci lui donna une de ses parentes en mariage, avec la terre de Seridos pour dot. Cette terre de Seridos a été possédée par la famille jusqu'au XV⁵ siècle, époque à laquelle le château seigneurial fut saccagé et la plupart de ses défenseurs massacrés. Deux des représentants de la famille de Saint-Gresse échappèrent à la mort; l'un forma une branche dont un des descendants réside actuellement en Touraine; l'autre donna naissance à une autre branche qui alla s'établir en Provence.

Parmi les membres les plus anciennement connus de cette maison figure Pierre de Saint-Gresse, chevalier du Temple et compagnon de Jacques de Molay.

Il existe dans les archives de la famille une bulle papale qui lui accorde divers priviléges en récompense de services rendus à la Terre-Sainte.

La maison de Saint-Gresse s'est alliée à celles de Montlezun, de Pins, du Bouzet, de Faudoas, de Biran, de Marignan, d'Aux, de Gironde, etc...

Jean, comte de Saint-Gresse-Mérens, né le 3 mai 1770, entré à l'école militaire en 1781, après avoir fait ses preuves de noblesse, officier au régiment de Foix, chevalier de Saint-Louis, émigra et servit dans les chasseurs nobles de l'armée de Condé. Il épousa, en 1809, Octavie-Petronille de Gironde, fille du comte de Gironde-Montclera.

Le comte de Saint-Gresse-Mérens, fils du précédent, né en 1818, réside actuellement au château de Saint-Aignan, près Condom (Gers), et au château de Villiers, commune de Luzillé (Indre-et-Loire).

D'azur, à une levrette courante, d'argent, accolée de gueules.— L'écu surmonté d'un casque de profil. — Couronne de comte. — Supports : deux lévriers. — Devise : *Usque ad mortem fidelis.*

SAINTIER, Éc., Sgrs de Teneuil et de Geneteuil (XVIᵉ et XVIIᵉ siècles).

Jean Saintier, élu de Tours en 1426, fut maire de cette ville en 1472.

De gueules, au chevron d'or accompagné en chef de deux têtes de maure tortillées d'argent, et d'un vase d'or posé en pointe.

**SAINT-JEAN** DE **POINTIS** (de), Chev., barons de Pointis, vicomtes de Couserans, — Sgrs de Chaumussay et de Sainte-Julitte, en Touraine (xviie et xviiie siècles).

Cette famille, originaire du comté de Comminges, est connue dans cette contrée dès le xiie siècle. Elle a été maintenue dans sa noblesse en 1666 (par l'intendant de Touraine), en 1667, 1668, 1670 et 1697 par les intendants de Guyenne. de Languedoc et de Montauban.

Bernard de St-Jean, baron de Pointis, Sgr de Ste-Julitte et de Chaumussay, chef d'escadron (1706), chevalier de St-Louis, maréchal des camps et armées du roi, lieutenant-général au service de Philippe d'Anjou, roi d'Espagne, a résidé à Noyers et à Loches, en Touraine.

D'azur, à une cloche d'argent, bataillée de sable, accompagnée en pointe de trois étoiles d'or, 2. 1. — Devise : *A petite cloche grand son*. — Couronne de marquis.

### Saint-Jean-de-Grès (Prieuré de).

D'argent, à une aigle au vol abaissé, de sable ; au chef d'azur chargé de trois étoiles d'or.

Ces armes sont aussi celles de N. Roullin, prieur de Saint-Jean-de-Grès, en 1698.

**SAINT-JOUIN** (de), Éc., Sgrs de Vaulard et de la Maurousière, paroisse de Neuvy (xviie siècle).

D'argent, au lion de sable, armé, lampassé et couronné de gueules.

**SAINT-JULIEN** (Regnault de), abbé de Bois-Aubry (1531-44).

Saint-Julien, en Limousin, porte, d'après Lainé :

De sable, semé de billettes d'or; au lion de même, lampassé et armé de gueules, brochant.

### Saint-Julien de Tours (L'abbaye de).

D'azur, à une croix d'argent cantonnée de 4 fleurs de lis d'or. — *Alias* : D'azur, à une crosse d'argent en pal. accostée des deux lettres S et J d'or.

**SAINT-LARY** (Armand de), gouverneur de Loches (1591).

D'azur, au lion couronné d'or.

**SAINT-LIGER** (de), en Touraine (xviie siècle). — Famille originaire de Bourgogne.

De gueules, fretté d'argent, au chef de même.

Les Saint-Liger de Bourgogne portaient :

D'argent, à la fasce de gueules, frettée d'or, accompagnée de trois merlettes de sable.

**SAINT-MARS** (de), Chev., Sgrs de Saint-Mars (xiiie siècle).

Cette famille a fourni un chevalier croisé, André de Saint-Mars (1202).

De..., à trois besants (ou tourteaux) de..., 2, 1. (D'après un sceau apposé à un acte de 1218).

**SAINT-MARTIN** (de). — Famille originaire de l'Agénois et qui s'est alliée aux maisons Deschaux, Haren et Ouvrard de Martigny.

Denis-Félix de St-Martin, ancien officier, ancien membre du Conseil municipal de Tours, fils de Jacques-Louis de Saint-Martin, maréchal-de-camp, chevalier de Saint-Louis, officier de la Légion d'honneur, ancien membre de la Chambre des députés, pour le département d'Indre-et-Loire, et de Marie-Désirée-Alexandrine-Félicité Ouvrard de Martigny, réside actuellement à Tours (1867).

D'azur, à un chevron d'or accompagné de deux étoiles d'argent en chef et d'un lion rampant d'or en pointe. — Supports : deux lions. — Couronne de marquis.

**SAINT-MARTIN** (de), en Touraine. — Famille anoblie en septembre 1672, en la personne de Jean de Saint-Martin, Sgr de la Borie et du Buisson.

Claude-François de Saint-Martin, écuyer, né à Amboise, le 6 novembre 1717, fut maire de cette ville en 1754-55-56, et mourut en 1793.

Louis-Claude de Saint-Martin, écuyer, conseiller du roi, maire d'Amboise (1773-74), procureur du roi au siége présidial de Tours (1764-84), né le 19 janvier 1743, mourut en 1804.

D'azur, au lion naissant, d'or, coupé de gueules, à une fasce ondée d'argent.

**Saint-Martin** de Tours (Collégiale de).

Au xiiie siècle, le sceau de cette collégiale représentait saint Martin à cheval, partageant son manteau avec un pauvre.

A une époque que l'on ne saurait déterminer, elle adopta les armes suivantes :

Fascé d'argent et de gueules de 7 pièces. — Supports : deux palmes de sinople.

**Saint-Martin-de-la-Bazoche**, (Chapitre de) à Tours.

D'azur, à un St-Martin vêtu pontificalement, tenant de la main sénestre une croix d'évêque et saluant l'Empereur assis sur une chaire, à sénestre, et qui s'incline devant le saint, le tout d'or.

**SAINT-MELOIR** (de), Chev., Sgrs de Panet, de Cormes, de la Chiffière, etc...

Antoine de St-Meloir, né, en 1664, à St-Pierre-du-Lorouer (Maine), épousa, par contrat passé à Langeais, en 1746, Anne de Lugré, veuve d'Alexandre Bourgineau, seigneur de la Boissière. Il était fils d'Antoine de Saint-Meloir, écuyer, seigneur de la Chiffière, et de Gabrielle de Renard.

D'argent, à une croix denchée, de gueules, cantonnée de quatre mouchetures d'hermines, de sable.

**Saint-Mexme** de Chinon (La collégiale de). — Fin du xviie siècle).

D'azur, à un St-Mexme vêtu d'une chasuble et d'une aube, ayant la tête nue et tenant sa crosse de la main dextre, le tout d'or, sur une terrasse de même.

**SAINT-OFFANGE** (de), Chev., Sgrs du Vivier et de Saint-Sigismond, en Touraine. — Famille de Touraine, dont la filiation remonte au xive siècle.

D'azur, au chevron d'argent, accompagné de trois molettes d'éperon du même métal, 2, 1.

**SAINT-PASTOUR** (de), Ec. — Famille originaire de la Guyenne. — Elle a fourni un abbé de Beaulieu, François de

Saint-Pastour (1613-30). Au XVIIᵉ siècle, une branche résidait à Bossay, près Preuilly.

D'azur, à une aigle d'argent, tenant en son bec une cloche de même.

**SAINT-PAUL** (de), Éc., Sgrs de Jallanges et de Ricault (XVᵉ siècle).

D'azur, au paon rouant, d'or.

**SAINT-PÈRE** (de), Éc., Sgrs de Varennes, Baugé, la Guénerie, près Loches (XIVᵉ siècle).

Cette famille a fourni un élu de Tours, Pierre de Saint-Père (1357) ; — un trésorier de France, à Tours, Philippe de Saint-Père (1402) ; — et un doyen de l'Eglise de Tours, Jean de Saint-Père (1404).

D'argent, à une croix de sable vairée d'argent et cantonnée de quatre renards (ou écureuils) de gueules.

Quelques membres de la famille ajoutaient à ces armes *une bordure de...*

**SAINT-PÈRE** (de). — Famille originaire des environs de Saint-Christophe, en Touraine. Elle s'est établie dans le Maine où elle subsistait au XVIIᵉ siècle.

D'or, à une bande d'azur cotoyée de deux cotices de même.

**SAINT-PIERRE** (de), en Touraine (du XVᵉ au XVIIᵉ siècle). — Famille originaire du Maine.

Pierre de Saint-Pierre était chanoine de Saint-Martin de Tours, en 1420.

D'or, à trois coqs dragonnés, de sable, crêtés de gueules.

**Saint-Pierre-le-Puellier**, à Tours ( Chapitre de l'église collégiale de).

De gueules, à deux clefs adossées en sautoir, d'argent, à une épée renversée de même, la poignée d'or, en pal.

**SAINT-QUINTIN** (de), Chev., Sgrs de St-Quintin, de Blet, de Beaufort, de Cours, Villadeau, Miennes, Brizay, des Brosses, de Beauçay. — Cette famille commence sa filiation par Gervais de St-Quintin, Chev., vivant vers 1350, marié à Marguerite de Pontgibault, d'une noble et ancienne maison d'Auvergne.

Un des descendants de Gervais, Claude de St-Quintin, baron de Blet, gentilhomme ordinaire du duc d'Anjou, épousa Françoise du Puy, fille de Georges du Puy, chevalier, Sgr du Coudray, et de Jeanne Raffin. De ce mariage est né Daniel de St-Quintin, baron de Blet et de Beauçay, Sgr des Brosses et de Brizay, gentilhomme ordinaire de la chambre du roi, marié, en premières noces, à Marguerite de Puiguyou, et en secondes noces, à Françoise de Lestang, fille de François de Lestang, Sgr de Ry, de Villaines, du Lizon, de Varennes, et de Judith-Hélie de la Roche-Aynart.

Ecartelé ; aux 1 et 4 d'or, à la fleur de lis de gueules, qui est de St-Quintin ; aux 2 et 3 d'azur, semé de molettes d'or, au lion de même, qui est de Seully.

**SAINTRAILLES. Voyez XAINTRAILLES.**

**SAINTRÉ** (Jehan de), sénéchal d'Anjou et lieutenant-général pour le roi, en Touraine (1354) mourut le 25 octobre 1368. Il était né en Touraine.

De gueules, à la bande d'or ; brisé d'un lambel d'or de quatre pièces. — Cimier : un bois de cerf.

**SAINT-SAVIN** (de), Chev., Sgrs de Ris, paroisse de Bossay (xviie siècle).

D'azur, à la fasce ondée, d'argent, à 5 fleurs de lis de même, 3 en chef et 2 en pointe.

**SAINT-SÉVERIN** (de), ducs de Somma, Sgrs de Langeais (1557). — Famille originaire du royaume de Naples, où elle est connue dès le xie siècle.

Fascé d'argent et de gueules de six pièces, la première chargée de trois roses d'azur, boutonnées d'or.— *Alias* : D'argent, à la fasce de gueules, à la bordure de même chargée de 8 étoiles d'or.

**SAINT-SIMON** (Joubert de), commandeur de Ballan, ordre de Malte (1502).

Ecartelé ; aux 1 et 4 de sable, à la croix d'argent chargée de cinq coquilles de gueules ; aux 2 et 3 échiqueté d'or et d'azur, au chef du second, chargé de trois fleurs de lis d'or.

**SAINT-VAAST** (de).

D'azur, à une aigle à deux têtes languée et membrée de gueules.

**Saint-Venant** (Chapitre de l'église collégiale et paroissiale de), à Tours.

D'azur, à un St-Venant vêtu pontificalement, la tête auréolée d'argent ; le saint tenant dans sa main sénestre une crosse d or accostée vers la pointe d'une botte, de sable, à dextre, et d'une autre d'or à sénestre ; le tout sur une terrasse de sinople.

**Saint-Vincent** (Prieuré de), à Tours.

D'azur, à deux crosses adossées, en sautoir, d'argent, l'écu semé de fleurs de lis aussi d'argent.

**SAISY** (de), Sgrs de la Brionnière, de la Noue-Godin, du Puy-de-la-Cage (xviie et xviiie siècles).— Famille originaire de Tours.

De sinople, à trois merlettes d'argent.

**SALABERRY** (de), en Touraine et en Orléanais. — Cette famille a fourni un chanoine de Saint-Martin de Tours.

Charles-Victoire-François de Salaberry, chevalier, comparut, en 1789, à l'Assemblée électorale de la noblesse de l'Orléanais.

Ecartelé ; aux 1 et 4 d'or, au lion de gueules ; aux 2 et 3 parti de Béarn et de gueules à la croix pommetée d'argent, à la bordure d'azur chargée de 8 sautoirs d'argent.

**SALADIN D'ANGLURE**, Chev., Sgrs du Coudray, relevant d'Amboise (1717).

Charles Saladin d'Anglure, chevalier de Malte en 1410, portait :

D'or, semé de pièces emportées en forme de croissants, de gueules, soutenant des grillets d'argent.

**SALES** (Hugues de), abbé de Marmoutier (1233-36), puis de Cluny, évêque de Langres en 1244, mort en 1250.

D'azur, au château d'argent, maçonné de sable.

**SALIGNAC** (de), Chev., Sgrs de Cingé et de Puy-sur-Azay (xve siècle). — Famille originaire du Périgord. Elle s'est divisée en plusieurs branches, dont une a résidé dans la paroisse de Bossay, en Touraine. Cette branche, fondue, vers la fin du xve siècle, dans la maison de Crevant d'Humières, eut pour auteur Pierre de Salignac, qui servait en 1413 sous le maréchal de Heilly, à la garde de Saintes. Pierre de Salignac était fils de Jean de Salignac, premier du nom, Sgr de Salignac, et de Gaillarde de Montauriol. Il épousa Marie Robert, dame de Cingé (paroisse de Bossay), sœur du cardinal de Magnac.

De Salignac porte :

L'écu en bannière; d'or, à trois bandes de sinople.— Couronne de marquis. — Tenants : deux sauvages. — Cimier : une aigle naissante; au-dessus de l'aigle une croix haute, arrondie et bourdonnée, avec cette devise, placée entre les deux lettres *Alpha* et *Omega* : *A te principium tibi desinet.*

Pierre de Salignac, auteur de la branche de Cingé, portait :

D'or, à trois bandes de sinople, brisées d'un lambel de... — Supports : un génie et un sauvage. — Cimier : une tête d'aigle.

SALIS, Éc., Sgrs de Chesnais, en Touraine (xviie siècle).

Philippe Salis, Ec., Sgr de Chesnais, remplissait les fonctions de commissaire ordinaire des guerres en 1643.

D'argent, au saule arraché, de sinople; coupé sur argent à deux pals de gueules.

SALLE (de la), Éc., Sgrs de Bourgchevreau (xvie et xviie siècles).

Foulques de la Salle fut maire de Tours en 1572-73.

D'azur, à trois lions d'or. 2, 1.

Une branche portait :

D'argent, au lion de gueules, accompagné de trois roses de même, 2, 1.

SALLEVERT (de), en Touraine.

D'azur, à la croix d'argent, bordée de sinople.

SALLIER, Éc., Sgr de Givry, de la Cour-d'Avon, de la Chesnaye et de Boisramé, en Touraine (xviie et xviiie siècles).

Henry Sallier, Éc., Sgr de Boisramé, fut maintenu dans sa noblesse par l'intendant de Tours, les 9 décembre 1700 et 15 mai 1715.

Charles Sallier, Éc., Sgr de la Cour d'Avon, lieutenant au régiment de Piémont, baptisé le 19 octobre 1678, fils de Henry Sallier, Éc., et de Marie Le Bault, fut également maintenu dans sa noblesse par Chauvelin, intendant de Tours, le 9 décembre 1717. Il résidait alors à Pont-de-Ruan, élection de Tours.

D'azur, au lion d'or; au chef de même chargé de trois étoiles de gueules.

**SALLO** DE SÉMAGNE (René de) fut commandeur de Fretay et de la Chastre-aux-Grolles, ordre de Malte (1666). Il était fils de René de Sallo, Sgr de Sémagne et de Beauregard, et de Marie Aymon.

De gueules, à trois rocquets ou becs de lance émoussés, d'argent.

**SALMON,** Chev., marquis du Chastellier, comtes de Salmon-Loizay, Sgrs de la Brosse, de Loiré, de Marçon, de Courtemblay, de la Roche-Musset, paroisse de Cinq-Mars, etc.... — Famille originaire du Vendômois et qui s'est établie dans le Maine, en Anjou et en Touraine.

« Les seigneurs du Chastellier, de la Brosse, de Loiré et de Courtemblay, du surnom de SALMON, lisons-nous dans l'*Armorial général* de d'Hozier (Reg. 4e), ont prouvé par titres, une possession constante de noblesse depuis l'an 1449. » Leur filiation remonte à Jean Salmon, écuyer, Sgr du Lehou, mentionné dans un acte du 30 juillet 1449, passé à Tours.

La famille Salmon a fait ses preuves pour l'Ordre de Malte. Elle a été maintenue dans sa noblesse les 9 décembre 1598 (sentences des commissaires du roi, dans la généralité d'Orléans), — 7 juin 1634 (sentence des élus de Vendôme), — 6 juin et 22 juillet 1667, 14 septembre 1673 et 12 juillet 1716 (Ordonnances des intendants de l'Orléanais et de la Touraine). Elle a eu des admissions parmi les pages de la Petite écurie du roi.

En 1573, Nicolas Salmon était capitaine des gentilshommes des ban et arrière-ban de la sénéchaussée du Maine.

Pierre Salmon de Courtemblay, né le 2 août 1705, chanoine et prévôt en l'église de St-Martin de Tours, mourut le 3 septembre 1764.

Alexandre-César Salmon, chevalier de St-Louis, capitaine au régiment de Foix, et Auguste Salmon, chevalier de la Brosse, chevalier de St-Louis, ancien capitaine au régiment de Foix, comparurent, en 1789, à l'Assemblée électorale de la noblesse de Touraine.

Charles-Louis Salmon, comte du Chastellier, né le 24 août 1764, évêque de Laon (1817), de Mende (1821), d'Évreux (2 juin 1822), pair de France (5 décembre 1824), mourut le 8 avril 1841.

D'azur, à un chevron d'or, accompagné de trois têtes de lion de même, arrachées et languées de gueules, posées deux en chef, l'autre en pointe.

SALMON DE MAISON ROUGE. — Famille originaire du Maine et établie en Touraine dans le cours du xviiie siècle.

André-François-René Salmon de Maison Rouge, né le 12 mai 1745, fils de Jean-Baptiste-René Salmon de Maison Rouge et de Marie-Anne de Bellegarde, remplissait à Tours, en 1770, les fonctions de conseiller du roi, maître particulier des eaux et forêts.

La famille Salmon de Maison Rouge s'est alliée à celles de Peil de Latour, de Bellegarde, des Mottes, du Bois de Rochefort, Buret de la Reux, Mignon de Nitray, Butet, etc...

André-Jean-Baptiste Salmon de Maison Rouge épousa en premières noces, en 1811, Angélique Champoiseau, et en secondes noces, en 1824, Joséphine-Julie Périllault de Chambeaudrie, fille de Pierre Perillault de Chambeaudrie, écuyer, Sgr de Chemillé-sur-Indrois et du Plessis, et de Victoire d'Auvergne de Meusnes. Du premier mariage sont issus : 1° Marie-Angélique, mariée à Léopold Estave ; — 2° André Salmon de Maison Rouge, né à Vouvray le 26 avril 1848, élève de l'école des Chartes, archiviste honoraire de la ville de Tours, vice-président de la Société archéologique de Touraine, décédé sans postérité, le 25 septembre 1857. — Du second mariage est né Joseph-Amédée Salmon de Maison Rouge, marié à Gabrielle-Marie-Joséphine Périllault de Chambeaudrie, le 19 juin 1855.

Joseph-Amédée Salmon de Maison Rouge a quatre enfants :
Marie-Berthe-Joséphine, née le 13 mai 1859, — Marie-Mar-
guerite-Gabrielle, née le 24 juillet 1860, Thérèze-Carmel-
Madelaine, née le 2 décembre 1862, — Louise-Marie-Cécile,
née le 13 septembre 1864.

Résidence actuelle de la famille : Tours et le château du
Plessix de Thilouze.

D'azur, au chevron d'argent, accompagné en pointe d'une cloche de même.
bataillée de sable; au chef d'azur chargé de trois trèfles de sinople. — Supports : deux lions. — Couronne de comte.

**SALVERT** (de), Éc., Sgrs des Frelonnières et de la Tapisserie
(xviie siècle).

Pierre de Salvert, chanoine, puis grand-archiprêtre de
l'Église de Tours, est mentionné dans un titre de 1550.

Jean Salvert, avocat au Parlement, fut échevin du corps
de ville puis maire de Tours, en 1601.

Gabriel de Salvert, chanoine et prévôt de St-Martin de
Tours, vivait en 1616.

La famille de Salvert a été maintenue dans sa noblesse le
10 août 1669.

D'azur, à un chevron d'or accompagné de trois étoiles de même.

**SALVERT** (de), en Touraine.

D'argent, à la croix ancrée de sable.

**SAMPIGNY** (de), Chev., comtes de Sampigny, Sgrs de
St-Julien-de-Chédon, Villiers, Cerelles (xviiie siècle).

Cette famille est originaire de la Lorraine.

Louis-Charles, comte de Sampigny, chevalier de St-Louis,
comparut, en 1789, à l'Assemblée de la noblesse de Touraine,
pour l'élection des députés aux Etats-généraux.

De gueules, au sautoir d'argent. — Couronne de comte. — Supports : deux
lions.

**SANCERRE** (de), Chev., barons de la Haye et de St-Michel-
sur-Loire, Sgrs de Faye-la-Vineuse, de la Roche-Clermault,
de Beauçay (xive siècle).

Gervais de Sancerre, bailli de Touraine, figure en cette

qualité dans un jugement rendu en 1260, au profit de l'abbaye de Fleury.

Louis de Sancerre, Chev., connétable de France, fut pourvu de la charge de lieutenant du roi en Touraine, le 26 août 1471.

Radégonde de Sancerre, prieure de Rives, est mentionnée dans un titre de 1592.

De sable, fretté d'argent, au chef de même chargé d'un lion issant de gueules, qui est de Champagne ; au lambel de trois pendants de gueules.

SANGLIER (de), Chev., marquis de Sanglier, Sgrs de Boisrogues, de Joué, de la Noblaye (paroisse de Lemeré), de Montreuil-Bellay, de la Marthe, etc... — Famille originaire du Poitou.

Jean Sanglier fut maintenu dans sa noblesse, en 1668, sur présentation de sa généalogie établie depuis Renaud Sanglier, décédé en 1278, lequel descendait, par divers degrés, de Pierre Sanglier, chevalier, vivant en 1096. Mais la production de titres à l'appui de cette pièce ne remontait qu'à 1565.

On trouve un Geoffroy de Sanglier qui était chanoine de St-Martin de Tours, en 1293.

Guillaume Sanglier était écuyer d'honneur du roi, en 1422.

A la même époque vivaient Jean Sanglier, *physicien* (médecin) du régent le duc de Bedfort, et Blanc Sanglier, écuyer, valet de chambre du même prince.

Louis Sanglier, Éc., Sgr de la Noblaye, figura, le 3 avril 1689, à la monstre de la noblesse possédant fiefs dans le bailliage de Chinon.

Jean-Jacques de Sanglier, Chev., comparut, en 1789, à l'Assemblée électorale de la noblesse de Touraine.

A la même époque, Jean-Nérée de Sanglier, Chev., Sgr de la Foulaine, et Alexandre de Sanglier de la Plaine, lieutenant d'infanterie, propriétaire en partie du fief de la Bâtis, comparurent à l'Assemblée des nobles du Poitou.

Jean-Jacques de Sanglier et Pierre-Prosper-Hippolyte de

Sanglier, résidant à Saumur, comparurent, dans le même temps, à l'Assemblée de la noblesse de l'Anjou.

La famille de Sanglier s'est alliée à celles de Sillans, d'Éveillechien, de la Rochefoucaud, de Rougemont, de Laval, Bonnette, de Husson, comtes de Tonnerre ; du Puy, de la Châtre, etc...

D'or, à un sanglier de sable, denté d'argent; au chef d'azur, chargé d'un croissant d'argent, accosté de deux étoiles d'or.

Jacques Sanglier, Sgr de Joué (1698), portait, d'après l'*Armorial général* :

D'or, à un sanglier passant, de sable, sur une terrasse de sinople.

**SANGUIN**, Éc., Sgrs de Lactancin, en Touraine (1559).

Guilbert Sanguin, comparut, en 1559, à la rédaction du procès-verbal de la coutume de Touraine.

Charles Sanguin, portait, d'après l'*Armorial général* :

D'azur, à une bande d'argent accompagnée en chef de trois glands d'or, 2, 1, et en pointe de deux pattes de griffon de même, avec trois demi roses d'argent posées au bord de l'écu.

**SANZAY** ou **SAUZAY** (de), Chev., comtes de Sanzay, Sgrs de Thaïs (xviᵉ et xviiᵉ siècles). — Famille originaire du Poitou, et alliée aux maisons de Turpin de Crissé, d'Amboise, Châtillon, d'Argenton, de Savonnières, d'Estrées, etc... Elle a été maintenue dans sa noblesse le 7 septembre 1667.

D'argent, à la tour maçonnée de sable, crénelée de cinq pièces, porte béante et hersée à la herse Sarrazine, élevée sur une terrasse de sinople, deux étoiles du second en chef.

L'abbé Goyet attribue à cette famille les armes suivantes :

Echiqueté d'or et de gueules.

**SANSON** (de), Chev., Sgrs de Grandfons, paroisse de Fléré-la-Rivière; d'Avignon, de Lorchère (xviiᵉ siècle).

Ecartelé d'or et de gueules, à un lion aussi écartelé de l'un en l'autre, armé d'azur.

**SAPIN**, Ec., Sgrs de Rouziers, de la Bretèche, de la Porcherie et de la Gondonnière (xviᵉ siècle).

Baptiste Sapin, chanoine et sénéchal de l'église de St-Martin de Tours, est cité dans un titre de 1555.

D'azur, au sapin d'or cotoyé d'une étoile et d'un croissant de même.

SAPVENIÈRES (de). Voyez SAVONNIÈRES.

SARAZIN (de), Chev., Sgrs de la Brossardière, paroisse de St-Paterne, en Touraine (xvIIe siècle), et de Vezins, élection de la Flèche.

D'argent, au lion de sable, armé, lampassé et couronné de gueules, accompagné de 5 molettes d'éperon de même, 2, 2, 1.

Les Sarrazin, Sgrs de la Rouillerie, en Anjou, portent :

De sable, au lion d'or, lampassé et couronné de gueules, à la fasce en devise de même brochant sur le tout.

SARCÉ (de), Chev., Sgrs de Sarcé, du Colombier, de Nuillé, d'Yvré-le-Polin, du Plessis, de Bossé, de la Persillère, de Montjacob, de la Giraudière, de la Cour-de-Sarcé, de Dissé-sous-Ballon, etc... — Cette famille noble a tiré son nom de la terre de Sarcé, près d'Aubigné, au Maine. Elle est connue dès le xe siècle. Un de ses membres, Sigefroy, fut évêque du Mans (971). D'autres ont pris part aux croisades. Élizabeth de Sarcé est citée dans un acte de 1096, relatif à une donation faite à l'abbaye de St-Vincent du Mans. Vers la même époque, on trouve mentionnés, comme témoins dans des donations, Guibert, Thiébaud et Elizabeth de Sarcé.

En 1130, Tiphaine de Briolé, fille de Geoffroy, et de Sarmoise de Sarcé, épousa Foulques de Giroie.

En 1614, Jean de Sarcé, IIIe du nom, Chev., assista à l'Assemblée de la noblesse du Maine. Son fils, René de Sarcé II, Chev., fut maintenu dans sa noblesse, en 1634.

François de Sarcé, Chev., Sgr de Sarcé, fut également maintenu dans sa noblesse, en 1667, par l'intendant de Touraine.

Simon de Sarcé fut compris au rôle de l'arrière-ban du Maine, en 1689.

Pierre de Sarcé, Chev., fils de François, figura sur le rôle du ban et arrière-ban du Maine de 1753.

Louis-Pierre-Antoine de Sarcé, Sgr de Sarcé, et Pierre-Louis-Victoire de Sarcé, Sgr de Dissé-sous-Ballon, comparurent, le premier en personne, le second par fondé de

pouvoir, à l'Assemblée électorale de la noblesse du Maine,
en 1789.

A la même époque, Pierre-Louis-Victoire de Sarcé, ci-
dessus nommé, et René-Alexandre de Sarcé, Sgr de la Giraudière, comparurent en personne à l'Assemblée électorale de
la noblesse de l'Anjou.

La maison de Sarcé a fourni un grand nombre d'officiers à
nos armées. Elle a donné des chevaliers de St-Louis et un
chevalier de Malte. Parmi ses alliances, on remarque les
familles de la Cour, de Segrais, de Rougé, de Periers, d'Espagne de Venevelles, de Carbonnier, de la Haye, de Brellai,
de Vallée, de Bauteu, Jarret de la Mairie, de Bardou de Moranges, de Beaumont, de la Planche de Ruillé, de la Fontaine
de Follin, Le Mayre-de-Cordouan, de Baglion, de la Bigne, de
Fontaine de Biré, de Longueval d'Haraucourt, de Jourdan,
Le Chat de Tessecourt, etc.... Sa filiation suivie commence
par Geoffroy de Sarcé, Éc., cité dans un acte de l'an 1316.

Louis-Pierre-Antoine de Sarcé, Chev., Sgr de la Cour de
Sarcé, descendant (au XIIᵉ éegré) de Geoffroy, épousa, le
1ᵉʳ décembre 1735, Eléonore de Bardou de Moranges, dont il
eut trois enfants :

1° Pierre-Louis-Victoire de Sarcé, qui suit ;

2° Louis-René-François de Sarcé, dont nous parlerons plus
loin ;

3° René-Alexandre de Sarcé, qui viendra après ses frères.

Pierre-Louis-Victoire de Sarcé, Iᵉʳ du nom, Sgr de Sarcé,
de Bossé, de Dissé-sous-Ballon, etc..., reçu page de Madame
la Dauphine, en 1750, après avoir fait ses preuves de noblesse,
capitaine d'infanterie et chevalier de St-Louis, épousa, en
1765, Madeleine de la Haye de Montgazon. De ce mariage
sont issus :

1° Pierre-Louis-Victoire II, qui suit ;

2° Pierre-Henri de Sarcé, chevalier de Malte, de St-Louis,
de Marie-Thérèse d'Autriche et de Hohenloe, marié à N. de

Beaumont, dont il eut : Clémence de Sarcé, mariée à N. de la Planche de Ruillé ;

3° N. de Sarcé, mariée à N. de la Fontaine de Follin de Vezins ;

4°, 5°, 6° Trois filles non mariées.

Pierre-Louis-Victoire de Sarcé, II° du nom, Chev., Sgr de Sarcé, de Bossé, etc..., né en 1770, capitaine de cavalerie, chevalier de St-Louis, eut trois filles de son mariage avec Euphémie-Renée Le Mayre de Cordouan :

1° Euphémie de Sarcé, mariée, le 2 juillet 1826, à Charles de Baglion, fils de Jacques-Bertrand de Baglion, et de Jacqueline-Françoise Poret du Buat ;

2° Henriette de Sarcé, décédée ;

3° Aimée de Sarcé.

Louis-René-François de Sarcé, chevalier de Sarcé, lieutenant de vaisseau (second fils de Louis-Pierre-Antoine) mourut le 14 novembre 1777, laissant trois enfants de son mariage avec Marie-Anne-Suzanne Le Gallois :

1° Louis-François-de-Sales, qui suit ;

2° Jérôme de Sarcé, chevalier de Sarcé, page du comte d'Artois ; il émigra, en 1791, servit dans l'armée des princes, et mourut le 14 janvier 1849. De son mariage avec Barbe-Marie-Antoinette-Jeanne Chambar du Noyer (décédée en avril 1820), il eut : 1° Pierre-Henri-Jules de Sarcé, mort le 2 mai 1820 ; — 2° Louis-Victor de Sarcé, résidant actuellement (1867) à Chanceaux-sur-Choisille (Indre-et-Loire), marié, en 1843, à Adèle Vidal, dont il a eu une fille, Marthe de Sarcé ;— 3° Joseph-Hippolyte de Sarcé, né le 3 juin 1817, résidant actuellement (1867) à la Soudelle, commune de Notre-Dame-d'Oë, marié, le 27 avril 1852, à Marie-Françoise de la Bigne, dont il a eu un fils, Pierre-Hippolyte-François-Marie de Sarcé, né à Tours le 16 février 1853 ; — 4° Marie-Henriette de Sarcé, décédée le 23 juin 1861 ; — 5° Marie-Anne-Félicie de Sarcé, mariée à René-Etienne Le More. De ce mariage sont issus deux enfants : Georges et René Le More. — Marie-Anne-Félicie de Sarcé est décédée le 9 mai 1854 ;

3° Henriette-Marie de Sarcé, religieuse hospitalière à la Flèche.

Louis-François-de-Sales de Sarcé, Chev., officier au régiment de Languedoc-infanterie, émigra en 1791, et servit dans l'armée des Princes. Il mourut en 1846, laissant trois enfants de son mariage avec Caroline-Louise Fontaine de Biré :

1° Louis-Adolphe-Marie de Sarcé, maire de St-Paterne, ancien membre du Conseil général d'Indre-et-Loire, résidant actuellement (1867) au château d'Haudebert, commune de St-Paterne ;

2° Eugène-Victor de Sarcé, résidant également (1867) au château d'Haudebert ;

3° Marie-Caroline de Sarcé, mariée à Emmanuel Le Chat de Tessecourt. De ce mariage sont nés : Emmanuel-Charles-Marie et Henri-Louis-Gontran Le Chat de Tessecourt.

René-Alexandre de Sarcé, I$^{er}$ du nom, né en 1744 (3° fils de Louis-Pierre-Antoine), Chev., Sgr de la Cour de Sarcé, de la Giraudière, etc..., garde du corps de Monsieur, capitaine de cavalerie, chevalier de St-Louis, épousa, en 1777, Marie-Charlotte d'Amours, dont il eut :

1° René-Alexandre de Sarcé, qui suit ;

2° Eléonore-Perrine de Sarcé.

René-Alexandre de Sarcé, II$^e$ du nom, Chev., né en 1778, eut trois enfants de son mariage avec Théophanie-Joséphine de Maury, qu'il avait épousée en août 1798 :

1° Alexandre-Edouard de Sarcé, qui suit ;

2° Théophanie de Sarcé, mariée à Adolphe-Gustave de Jourdan ;

3° Une fille.

Alexandre-Edouard de Sarcé, né le 23 avril 1800, maire de la commune de Chemiré-le-Gaudin, a épousé, en janvier 1830, Marie-Madeleine-Aimée de Tilly. De ce mariage sont issus :

1° Gaston-Marie-Edouard de Sarcé, né en 1832, résidant actuellement au château de la Saüvagère, commune de Chemiré-le-Gaudin, et au Mans, marié à D<sup>lle</sup> de Nuchèze (d'une des plus anciennes familles du Poitou);

2° Marie-Elisabeth-Noémie-Marguerite de Sarcé, mariée, le 5 août 1856, au comte Dieudonné-Raoul-Henri de Longueval d'Haraucourt. De ce mariage est issue Marie-Louise de Longueval d'Haraucourt, née en 1859.

D'or, à la bande fuselée de sinople. — Couronne de comte. — Supports : deux lions. — Devise : *A moi, chevalier.*

SARRAZIN (de), Chev., comtes et marquis de Sarrazin, barons de Bassignac et de Limons, comtes de Laval et de Banson, marquis des Portes, Sgrs de la Jugie, de Toursiac, de Bonnefont, de Bezay, du Breuil, etc.

La maison de Sarrazin, originaire de l'Auvergne, est une des plus anciennes de France. Le cartulaire de Sauxillanges fait mention d'Etienne de Sarrazin, en 1095, et de Robert de Sarrazin, en 1129. Jean de Sarrazin, chambellan du roi saint Louis, accompagna ce prince en Egypte, lors de la croisade de 1249. Il était membre du conseil de régence en 1271.

Cette famille a fourni quinze chanoines, comtes, au chapitre noble de Saint-Julien de Brioude (de 1200 à 1380), un gentilhomme de la chambre du roi Henri IV; un commandant de la compagnie des gens d'armes de la reine Anne d'Autriche; un grand bailli d'épée du pays de Combrailles ; deux lieutenants des maréchaux de France; un colonel de cavalerie; un général des armées catholiques et royales de la Vendée; des gardes-du-corps et pages de nos rois; deux chevaliers de l'Ordre de Malte; six chevaliers de Saint-Louis, deux chevaliers de la Légion d'honneur, etc. Elle a été maintenue dans sa noblesse les 9 décembre 1610, 4 mai 1635, 14 janvier et 11 septembre 1667, et en 1776. Gilbert de Sarrazin, député de la noblesse du Vendômois aux États-Généraux (1789), fut titré comte de Sarrazin, par lettres de Louis XVI, du 21 juin 1785, et par ordonnance de Louis XVIII, du 5 septembre 1816.

Les de Sarrazin se sont alliés aux familles de Lespinasse, d'Abos, de Rochefort, de Murat de Chalus, de Croy-Chanel de Hongrie, de Voyer-d'Argenson, d'Aubusson, de la Feuillade, de Miramont, de Gain-Montagnac, de Laval, de Scoraille, de la Farge, de Sampigny d'Issoncourt, de Grillon, de Durat, de Nozières-Montal, de Lestang, de la Rochedragon, de Feydeau, de la Rochebriant, du Peyroux, de Tremault de la Blotinière, Barbat du Closel, Enlart de Granval, etc...

La maison de Sarrazin s'est divisée en plusieurs branches.

Gilbert, comte de Sarrazin, Chev., appartenant à la branche aînée (xie degré), Sgr de Bezay, Bromplessé, Laubépin, Bonnéfont, capitaine de cavalerie, lieutenant des maréchaux de France (1775), chevalier de Saint-Louis (1781), membre de la noblesse aux États provinciaux de l'Orléanais, en 1787, élu député de la noblesse du Vendômois aux États-généraux de 1789, mourut le 4 août 1825. Par contrat du 5 octobre 1773, il avait épousé Marie-Suzanne de Gallois de Bezay, fille de Jacques-Honorat de Gallois de Bezay, Chev., capitaine d'infanterie, et de Marie-Charlotte de Baroueil. De ce mariage sont issus :

1° Adrien-Jean-Paul-François-Anne, qui suit ;

2° Augustin-Charles-Antoine, auteur de la branche des vicomtes de Sarrazin ;

3° Henriette-Charlotte, née en 1779, morte en bas âge ;

4° Anne-Pauline, née en 1783, décédée, sans alliance, à Vendôme, en 1844.

Adrien-Jean-Paul-François-Anne, comte de Sarrazin, né le 25 octobre 1775, littérateur, mourut à Vendôme, le 26 septembre 1852. Il avait épousé en premières noces, le 15 septembre 1817, Marie-Adélaïde de Wissel, fille de Charles-Augustin, baron de Wissel, colonel de cavalerie, chevalier de Saint-Louis, et de Catherine-Éléonore de Beauxoncles ; — et en secondes noces, le 22 janvier 1827, Monique Gasselin de Richebourg, fille de Nicolas-Charles Gasselin de Richebourg, officier de la maison du roi Louis XVI, et de Marie-Anne Le Romain du Clos.

Du premier mariage sont issus : Marie-Adelaïde-Eléonore de Sarrazin, née le 17 août 1818, morte au berceau ; — et Allyre-Charles-Augustin, comte de Sarrazin, né à Vendôme, le 10 août 1820, propriétaire de la terre de Châtelier, commune de Paulmy (Indre-et-Loire), et de celle de la Boutelaye (Vienne), où il réside actuellement.

Le comte de Sarrazin a épousé, le 2 juillet 1850, Claire-Marie-Gabrielle de Croy, fille d'André-Rodolphe-Claude-François-Siméon, comte de Croy-Chanel de Hongrie, chevalier héréditaire de l'ordre de Malte, membre du Conseil général d'Indre-et-Loire, et de Victorine de Voyer d'Argenson. De ce mariage sont issus :

1° Raoul-Gilbert-Adrien-Victor de Sarrazin, né à Tours, le 19 mars 1852 ;

2° Adrien-Jean-Gabriel de Sarrazin, né au château de la Boutelaye, le 7 août 1858.

La branche des vicomtes de Sarrazin, issue des seigneurs de Bonnefont, a aujourd'hui pour chef de nom et d'armes Denis-Paul-Alfred, vicomte de Sarrazin, né le 3 novembre 1810, ancien élève de l'École de Saint-Cyr, démissionnaire en 1830, ancien sous-préfet, chevalier de la Légion d'honneur, marié, le 6 février 1839, à Elise-Julie-Charlotte Enlart de Grandval, fille d'Amable-Joseph-Marie Enlart, vicomte de Grandval, et de Marie-Charlotte-Adelaïde Varlet de la Vallée. De cette alliance sont issus :

1° René-Amable-Alfred de Sarrazin, né le 29 mai 1843 ;

2° Marguerite-Denise-Marie de Sarrazin, née le 1er février 1840.

La branche des anciens seigneurs de la Fosse-Saint-Deonis, comtes de Chalusset, a pour chef François-Charles-Marien-Emile, comte de Sarrazin, résidant au château de Mazic, près Aurillac (Cantal) et à Clermont, marié à Marie-Constance-Catherine-Fanny de Cambefort de Mazic, dont il a eu :

1° Jean-Baptiste-Anne-Achille de Sarrazin, né en 1824 ;

2° Léonide de Sarrazin, mariée, en 1848, à Antonin-Raymond de Tautal ;

3° Euphrasie de Sarrazin, mariée, en 1850, à Louis de Potrollot de Grillon ;

4° Thérésia de Sarrazin.

Claude-Louis-Suzanne, comte de Sarrazin et de Laval, émigré, chef de bataillon au 2ᵉ de la Garde (1823), chevalier de Saint-Louis et de la Légion d'honneur, chef de la branche des comtes de Laval, est mort sans alliance, le 11 décembre 1846.

Les branches des comtes de Banson et des seigneurs de Gioux, marquis de Sarrazin, issues des seigneurs de la Fosse-Saint-Deonis, sont éteintes.

D'argent, à la bande de gueules chargée de trois coquilles d'or. — Cimier : un sarrazin vêtu d'une tunique de gueules à hyéroglyphes de sable. — Supports : deux sauvages appuyés sur leurs massues. — Cri de guerre : *La Jugie* ou *La Juzie*. — Devise : *Deo et sancto Petro*.

SARRAZIN (de), Ec., Sgrs de la Bastie et de Beaumont (xvɪɪᵉ siècle).

D'or, à une tête de maure, de sable.

Une famille Sarrazin qui a fourni un maire de Bourges (1622), portait, d'après la Thaumassière :

D'azur, à la fasce d'or chargée de trois étoiles de gueules, à trois croix patées du second.

SASSAY (de), Chev., Sgrs de Sasilly (xvɪᵉ siècle), de la Rolandière, d'Humeau, de la Martinière-le-Bascle (xvɪɪɪᵉ siècle).

François de Sassay, Ec., comparut, à Chinon, au ban convoqué par lettres du 26 février 1689.

Julie-Cajetane de Sassay, dame d'Humeau, veuve de César-Alexandre de Guieffron, comparut par fondé de pouvoir, en 1789, à l'Assemblée électorale de la noblesse de Touraine pour l'élection des députés aux Etats-Généraux.

Armand-Marc de Sassay, chevalier, Sgr de la Rolandière, comparut en personne à la même Assemblée.

D'argent, à trois chevrons de gueules.

SASILLY (de). — Voyez SAZILLY (de).

SAUGIÈRE ou SAUGÈRE (Guillaume de la), abbé de Saint-Julien de Tours (1444-57).

De sable, à six fleurs de lis d'argent. — *Alias* : D'argent, semé de fleurs de lis de sable.

SAULLAYS ou la SAULAYE (de la), Éc., Sgrs de la Saullays (xviie et xviiie siècles).

A cette dernière époque la famille de la Saullays résidait dans les paroisses de Trogues et de Cravant.

Charles de la Saullays, écuyer, comparut, en 1789, à l'Assemblée de la noblesse de Touraine pour l'élection des députés aux États-Généraux.

D'argent, au rencontre de cerf de gueules, le mufle traversé d'une flèche d'or en barre, la pointe en bas.

SAULNIER (François), grand-prieur de l'abbaye de Cormery (1707-08).

De sable, au chevron d'or, accompagné en chef de deux étoiles de même, et en pointe d'un croissant d'argent mouvant d'une mer de même.

SAULX (de), comtes de Tavannes et de Buzançais (xviie siècle), Sgrs de Méré-le-Gaulier (1606). — Maison très-ancienne, originaire de Bourgogne. Elle a fourni entre autres illustrations un cardinal-archevêque de Rouen et un maréchal de France.

D'azur, au lion d'or, lampassé et couronné de gueules.

SAUMUR (Louis de), marchand-bourgeois, à Tours (fin du xviie siècle).

D'azur, à un chiffre composé des lettres L et D entrelacées, d'or.

SAUMUR (de), en Touraine.

Coupé d'azur sur gueules à une fasce d'argent brochant sur le tout, crénelée de deux créneaux de même, maçonnée de sable et accompagnée en chef de trois fleurs de lis d'or rangées, et en pointe de la lettre S aussi d'or.

SAUSSAYE (de la).

D'argent, au chevron de gueules accompagné en chef de trois saules arrachés, de sinople, et en pointe d'un porc-épic de sable.

SAUVAGE, Éc., Sgrs des Granges, du Chêne, paroisse de

la Croix-de-Bléré (1511); de Dierre, de Bray, des Cartes, paroisse de Civray ; de la Renaudrie, paroisse de St-Flovier (xvie et xviie siècles).

Cette famille , dont le nom s'est écrit primitivement SAUVAIGE, fut anoblie sous le règne de Charles VIII, en la personne de François Sauvage, Sgr du Chesne, contrôleur de l'argenterie du roi, pour ses actions de courage à la bataille de Fornouc.

Elle a fourni deux abbés de Beaugerais : Guillaume Sauvage (1503), et René Sauvage (1545-52).

D'azur, à trois croissants d'or, 2, 1, et une étoile d'or en cœur.

Sauvage , Sgr du Chesne, porte, d'après l'*Armorial de Touraine* :

D'azur, à l'étoile d'or en abîme, accompagnée de 3 croissants d'argent.

SAUVAGE (Joseph), Ec., — en Touraine (fin du xviie siècle).

D'azur, à un sauvage tenant sa massue sur son épaule dextre et posé sur une terrasse entre deux palmiers, le tout d'or.

SAVALETTE DE MAGNANVILLE (Charles-Pierre de), Chev., Sgr de Magnanville, intendant de Touraine (1745-56).

D'azur, au sphinx d'argent surmonté d'une étoile d'or.

SAVARE, Ec., Sgrs du Moulin, de Flée, de Thoiré, de la Mothe, etc... — Famille de Touraine, anoblie par lettres du 9 mai 1610, en la personne de Jules Savare, avocat au bailliage et siége présidial de Tours, et ancien échevin de cette ville.

Julien Savare, élu de Tours, figure dans un titre de 1589.

Michel-Jacques-François Savare du Moulin, Ec., Sgr du Moulin de Lassay, et Pierre Savare du Moulin, Ec., garde-du-corps du roi, comparurent, en 1789, à l'Assemblée élec-torale de la noblesse de l'Orléanais.

D'azur, à un chevron d'or, accompagné de trois trèfles de même, 2, 1. — *Alias* : D'azur, au chevron d'argent, accompagné de trois trèfles d'or, 2, 1.

SAVARY, Chev., barons, puis marquis de Lancosme, comtes de l'Empire, Sgrs de Montbazon, de Colombiers, de

Bois-Robert, d'Ysernay, de Savonnières, de Grillemont, de Moncontour (XIIIe et XIVe siècles), de Longhomme, de la Barre, de Saché, de Pont-de-Ruan, du Fresne et de Saint-Lubin (paroisses de Beaumont et de Chemillé), de Bléré, de St-Martin-le-Beau, de la Boutelaye, de Grilloire, de la Grange, de l'Herbay, de Nozières, du Moulin, de Brèves, etc... — Famille des plus anciennes et originaire de Touraine. Elle a donné deux chevaliers bannerets de Touraine, Pierre (1243) et Geoffroy (1272); — un chevalier croisé, Jean (1248); — une abbesse de Beaumont-les-Tours, Mathilde (1266); — un chanoine, chancelier de l'Eglise de Tours, puis archevêque de Tours (29 avril 1291), décédé le 13 août 1312; — des conseillers et chambellans de rois; — un écuyer d'écurie et un panetier du roi Louis XI; — un gentilhomme ordinaire de la chambre du duc d'Alençon ; — un ambassadeur à Constantinople (XVIe siècle); — un chevalier de Malte, grand prieur de la Langue-d'Auvergne ; — des chevaliers de Saint-Louis, un pair de France, etc... Parmi ses alliances on remarque les maisons de Montsoreau, de Vendôme, de Maillé, de Villaines, de Maulévrier, d'Anthenaise, de Craon, de Passac, de Gravelle, de Daillon du Lude, Pot de Rhodes, de la Châtre, de Villequier, de Brouilly, Olivier de Leuville, de Coutances, de Préaux, de Vaillant d'Avignon, Barjot de Roncée, de Cugnac de Dampierre, de la Bourdonnaye, de Clermont-Tonnerre, de Coislin, de Menou, de Gallet de Mondragon, etc...

Par lettres patentes du mois de février 1631, la terre de Lancosme fut érigée en baronnie en faveur d'Antoine Savary, Chev., fils aîné de Claude Savary, IIe du nom, et de Madeleine Brouilly.

D'autres lettres patentes, du mois de juin 1738, enregistrées en 1739-43, érigèrent la baronnie de Lancosme en marquisat, en faveur de Louis-François-Alexandre Savary, Chev., capitaine de grenadiers au régiment de Richelieu, chevalier de St-Louis.

Claude de Savary, Sgr de Longhomme et de la Barre, comparut, en 1559, à la rédaction du procès-verbal de la coutume de Touraine.

Au XIIIe siècle, la maison Savary s'est divisée en plusieurs branches. Geoffroy Savary, vivant en 1274, épousa Jeanne de Vendôme, fille de Bouchard VI, comte de Vendôme, décédée le 25 décembre 1302, et enterrée dans l'église des Cordeliers de Tours. De ce mariage naquirent entre autres enfants : Barthélemy Savary, qui continua la descendance des seigneurs de Montbazon, — et Jean Savary, auteur de la branche de Savary de Lancosme et de celle de Savary de Brèves. Jean Savary fut père d'Ogis Savary, qui, de son mariage avec Jeanne Adaire, eut un fils, Pierre Savary, Chev., Sgr de Lancosme, en Touraine, cité dans un acte passé à Issoudun, le 17 janvier 1394.

Louis-François-Alexandre Savary, Chev., marquis de Lancosme (descendant de Pierre Savary, dont nous venons de parler) épousa, par contrat du 9 janvier 1725, Marie-Anne de Vaillant, fille de Françoise de Vaillant, Sgr d'Avignon, et de Marguerite de la Bouchardière. De ce mariage sont issus :

1° Louis-Jean-Baptiste, qui suit :

2° Louis-Alexandre Savary, chevalier de Malte, grand-prieur de la Langue-d'Auvergne ;

3° Louis-François Savary, prêtre.

De son mariage (1749) avec Louise-Renée Barjot de Roncée, Louise-Alexandre Savary, marquis de Lancosme, capitaine au régiment de Bourgogne (cavalerie), chevalier de l'Ordre royal et militaire de St-Louis, eut trois enfants :

1° Louis-Alphonse, qui suit ;

2° Louis-Marc Savary, mort en bas âge ;

3° Louise-Angélique Savary, femme de Marie-Pierre-Antoine de Cugnac, marquis de Dampierre.

Louis-Alphonse Savary, Chev., marquis de Lancosme, né en 1750, chef d'escadron au régiment de Quercy (cavalerie), chevalier de St-Louis, fut nommé député de la noblesse de Touraine aux États-Généraux, en 1789. Il épousa, en 1775, N. de la Bourdonnaye, dont il eut :

1° Louis-Charles-Alphonse Savary, marquis de Lancosme, sous lieutenant au régiment Colonel-Général-dragons (1791), membre du Conseil général du département de l'Indre (de 1808 à 1830), officier supérieur dans la compagnie des mousquetaires noirs de la garde de Louis XVIII (1814), pair de France (1827-30), a épousé le 7 février 1790, Anne-Denise-Félicité de Menou, née le 9 octobre 1779, fille de René-Louis-Charles, marquis de Menou, et d'Anne-Michelle-Isabelle Chaspoux de Verneuil. De ce mariage sont issus deux enfants : Louis-Adolphe-Charles-Alphonse Savary, comte de Lancosme, capitaine-commandant au 1er régiment de carabiniers, décédé en 1837, laissant deux filles de son mariage (16 septembre 1831) avec Henriette-Cécile Dandlau ; — Octavie-Denise Savary de Lancosme, mariée à Antoine-Théodore, comte de Gallet de Mondragon ;

2° Louise-Charlotte-Alphonsine Savary de Lancosme, mariée à Claude-Clément-Gabriel, comte de Sesmaisons;

3° Esprit-Louis-Charles-Alexandre Savary, comte de Lancosme, marié à Céline de Clermont-Tonnerre, dont il a eu : Elisabeth Savary de Lancosme, qui a épousé Adolphe, marquis de Coislin; — et Stanislas Savary, comte de Lancosme-Brèves, marié à Juliette Gaudart de la Verdine.

Savary de Lancosme porte :

Ecartelé d'argent et de sable.

Ces armes étaient celles de Jean Savary, vivant en 1200 (d'après le sceau d'une charte de l'abbaye de Beaugerais).

Jean Savary chevalier-croisé (1218), portait :

De gueules, à un lion d'or, couronné d'azur. — *Alias* : de gueules, à un lion armé, d'or, brisé d'un lambel de six (ou cinq) pendants, mouvant du chef.

N. Savary de Lancosme, comte de l'Empire, membre du collége électoral d'Indre-et-Loire, portait, d'après l'*Armorial de l'Empire* :

Écartelé de sable et d'argent ; franc-quartier de comte, membre de collége électoral, brochant au 9e sur l'écu.

**SAVEUSE (de)**, Chev., marquis de Croisy, Sgrs de Saint-Cyr-du-Gault. — Famille originaire de Picardie.

De gueules, à la bande d'or accompagnée de six billettes de même mises en orle.

**SAVOIE (de)**, Chev., marquis de Villars, comtes de Tende, barons du Grand-Pressigny, Sgrs de Ferrières-Larçon, la Borde, Etableaux, Chanceaux (xvie siècle). — Cette famille, tire son origine de la maison de Savoie.

Honorat II de Savoie, gouverneur du château de Loches, mourut en 1580.

De gueules, à la croix d'argent.

René de Savoie et Honorat II, comtes de Villars, portaient :

Écartelé ; aux 1 et 4 de gueules à la croix d'argent ; une moucheture d'hermines sur la branche supérieure de la croix ; aux 2 et 3 contre-écartelé, aux 1 et 4 de gueules à l'aigle éployée d'or ; aux 2 et 3 d'or au chef de sable ; et sur le tout une cotice d'azur périe en bande.

**SAVONNIÈRES (de**, Chev., marquis de Savonnières (1), Sgr de Savonnières, de Mosnes, du Vivier-des-Landes, de la Bretèche, de Braslou (xve et xvie siècles), de Brulon, en Restigné (xviie et xviiie siècles); de la Roche-en-Meigné, des Hayes-en-Chaunay, du Perray (xviiie siècle).

La filiation authentique de cette famille, sortie de l'Anjou, remonte à Bernard, Sgr de Savonnières, mort en 1136.

Pierre de Savonnières, abbé de Turpenay, est cité dans un acte de 1334.

Antoine de Savonnières était prieur-curé de Benais, vers 1646.

Timoléon-Madeleine-François, marquis de Savonnières, comparut, en 1789, à l'Assemblée électorale de la noblesse du Maine. Jacques de Savonnières prit part, à la même époque, à l'Assemblée électorale de la noblesse de l'Anjou.

De gueules, à la croix pattée et alaisée, d'or.

(1) Le nom de cette famille se trouve quelquefois écrit SAPVENIÈRES.

Quelques membres de la famille ajoutaient à ces armes *une bordure d'or*.

SAZILLY (de), Chev., Sgrs de Saintré et de Longuée, ce dernier fief relevant de Chinon (1309), — de la Cour d'Avon, des Maisons de Germigny, de la Baudonnière et de Moyers, (du xvᵉ au xviiiᵉ siècle).

Le nom de cette famille se trouve quelquefois écrit, SASSILLY et SASILLY.

Jean de Sazilly fut abbé de la Clarté-Dieu, de 1656 à 1594.

D'azur, à deux léopards de sable, lampassés et armés de gueules. — Couronne de comte.

SAZILLY (TORTERUE de). Voyez TORTERUE DE SAZILLY.

SAYETTE (de la), Chev., vicomtes de Vauciennes, Sgrs de la Sayette, de la Cour de Chiré, de Chilly, de Brain, de la Raizinière, de la Grange-aux-Richards, de Boisferrand, de Villechèze, du Plessis-Beaudouin, de Pont-de-Vie, etc... — Cette famille est originaire du Poitou, où elle est connue dès le xivᵉ siècle. Elle a été maintenue dans sa noblesse, le 9 septembre 1667.

Antoine de la Sayette, Chev., Sgr de la Sayette et de la Cour de Chiré, chevalier de l'ordre de St-Michel, assista, en 1651, à l'Assemblée de la noblesse, convoquée pour nommer des députés aux Etats-généraux qui devaient se tenir à Tours.

Antoine-François, chevalier de la Sayette, officier au régiment de Royal-Piémont; Charles, chevalier de la Sayette, Sgr de la Cour de Chiré; Honoré de la Sayette, Chev., Sgr de Pont-de-Vie et de la Sayette, et Antoine-Pierre-Honoré de la Sayette, Chev., Sgr de Puyrajoux, comparurent, en 1789, à l'Assemblée électorale de la noblesse du Poitou.

Clotilde-Marie-Louise de la Sayette, née en 1788, fit les preuves de noblesse nécessaires pour son admission au chapitre noble de Neuville, en Bresse.

La famille de la Sayette s'est alliée à celles d'Allemaigne, Desprez, Bruneau de la Rabastelière, Thibault de la Carte,

Mesnard de Toucheprès, Carlouet de la Millière, de Fay
de Peyraud, Guillon de Rochecot, de Pierres, Constant des
Chezeaux, Vidard de St-Clair, Doucet de Montargis, de Leffe
de Noue, de Clervaux, de Laistre, etc...

Ferdinand-Adrien de la Sayette, né en 1785, appartenant à
la première branche de cette maison, fils d'Antoine-Marie-
Honoré de la Sayette, vicomte de Vauciennes, Sgr de la
Sayette, et de Marie-Louise de Leffe de Noue, épousa, en 1809,
Marguerite-Clémentine de Métivier, dont il eut : Alfred-Marie
de la Sayette, né en 1817, marié, le 7 septembre 1846,
à Blanche-Henriette Le Forestier de Vandeuvre, fille d'Augus-
tin Le Forestier de Vandeuvre, ancien préfet, officier de la
Légion d'honneur, et de Louise-Henriette-Aimée Valentin de
Vitray.

Antoine-François de la Sayette, chevalier de la Sayette,
(appartenant à la seconde branche), né en 1762, épousa, le
27 juin 1801, Agathe-Jeanne-Françoise de Laistre, dont il
eut : Armand-Honoré-Raoul de la Sayette, marié le 22 juin
1827, à Zénaïde-Eugénie-de Pierres, et décédé en 1842,
laissant deux enfants : Ludovic-Armand-Pierre de la Sayette,
né en 1828,—et Agathe-Alodie de la Sayette, mariée à Xavier-
Charles de Quatrebarbes, fils de Hyacinthe, marquis de Quatrebarbes et de Catherine Gaudicher de Princé.

D'azur, à trois fers de lance d'argent, à l'antique, 2, 1.

SCARRON, Chev., Sgrs de Rosnay, de Vaux, de Bois-Larcher,
la Vallière (paroisse de Négron), de Maudiné, de la Chaise,
de Vaujours, de Vouvre, du Rié, de Bissus, du Châtelier, de
la Fontaine-du-Breuil et de l'Ile-Auger, ces quatre derniers
fiefs relevant du château de Loches (xvii<sup>e</sup> siècle).

Cette famille est originaire du Piémont.— Paul Scarron,
né en 1610, auteur de poëmes burlesques, épousa en 1652,
Françoise d'Aubigné, devenue célèbre sous le nom de *Madame de Maintenon*.

D'azur, à une bande bretessée, d'or.

SCÉPEAUX (de), Chev., Sgrs du Grand-Pressigny (avant
1463), par suite du mariage de Charlotte de Beauvau avec
Yves de Scépeaux, — de St-Michel du Bois, de la Rouardière,
de la Bérardière et de la Hoberdière (xvie siècle), — de
Villiers, près Chinon (xviiie siècle). — Maison ancienne, et
alliée à celle de Bourbon. Elle a donné un maréchal de France.

Michel de Scépeaux, Sgr du Coudray, et Jacques de
Scépeaux, Sgr du Boisguinot, furent maintenus dans leur
noblesse le 25 mars 1667, par Voisin de la Noiraye, intendant
de Tours.

Gabriel de Scépeaux, Sgr du Coudray, et René-Julitte de
Scépeaux, furent également maintenus dans leur noblesse, en
1715, par Chauvelin, intendant de Tours.

Marie-Paul-Alexandre-César de Scépeaux comparut par
fondé de pouvoir, en 1789, à l'Assemblée électorale de la
noblesse de l'Anjou.

Ecartelé; aux 1 et 4 vairé d'argent et de gueules qui est de Scépeaux; aux
2 et 3 fascé d'argent et de gueules de 10 pièces, au lion de sable brochant
sur le tout, qui est d'Estouteville; et sur le tout, d'or, à six écussons de
gueules, 3, 2. 1, qui est de Mathefelon.

SCHWENSTER (de), Éc., Sgrs du Perray, et de Neuilly
(xviie siècle).

D'or, à deux léopards de gueules, la queue nouée, et l'un sur l'autre,
lampassés, armés et vilainés d'azur; au chef de gueules.

SCOLLIN, Éc., Sgrs de la Gaignerie, paroisse de Chezelles
(xvie siècle).

D'azur, à deux lions d'or affrontés.

SCHOMBERG (Gaspard de), Chev., baron de Bléré, en
Touraine, comte de Nanteuil, colonel des Reistres, conseiller
d'État et intendant des finances, mourut le 17 mars 1599. Il
était fils de Wolfang de Schomberg, Chev., Sgr de Schonau,
en Allemagne, et d'Anne de Minkuitz. Par contrat du
15 juillet 1573, il épousa Jeanne Chasteigner, veuve d'Henri
Clutin, Sgr de Villeparisis, d'Oysel, et de St-Aignan, au Maine.
Un de ses fils, Henry de Schomberg, comte de Nanteuil et de

Durétal, né en 1575, fut fait maréchal de France, au mois de juin 1625.

D'argent, au lion coupé de gueules et de sinople.

**SCOTT DE COULANGES,** Éc., Sgrs de Marolles et de Coulanges (xviiie siècle).

Constant Scott, Éc., Sgr de Coulanges, comparut, en 1689, devant le lieutenant-général de Chinon, avec les autres nobles de ce bailliage, pour les déclarations relatives aux ban et arrière-ban, convoqués par lettres patentes du mois de février de cette année.

Jacques Scott de Coulanges, écuyer, ancien capitaine d'infanterie, chevalier de St-Louis, comparut, en 1789, à l'Assemblée électorale de la noblesse de Touraine.

Marie-Anne Scott de Coulanges, née à St-Épain, le 10 mars 1736, fille de Louis Scott de Coulanges, et de Marguerite-Denis de Montdomaine, mourut le 22 janvier 1814.

D'argent, à une bande d'azur, à l'étoile d'or en chef, et accostée de deux croissants d'argent.

Constant Scott, écuyer, Sgr de Coulanges, portait d'après l'*Armorial général :*

D'argent, à une bande d'azur chargée d'une étoile d'or en chef et de deux croissants d'argent au-dessous, le tout posé en bande.

**SCOURION,** Chev., Sgrs de Cangey, d'Hervaux et de la Martinière, en Touraine (xviiie siècle), de Friancourt, du Tilloy, de Bégaudet, de la Houssaye, etc... en Picardie. — Famille originaire d'Amiens. Sa filiation commence par Jacques Scourion, conseiller du roi au bailliage et siége présidial d'Amiens, vivant vers 1500.

Plusieurs membres de cette maison ont suivi comme leur auteur la carrière de la magistrature et ont rempli des fonctions importantes aux siége et bailliage d'Amiens.

François Scourion, écuyer, conseiller du roi, lieutenant-particulier à ce siége, fut affranchi, comme noble et issu de noble race, de la taxe des francs-fiefs, par arrêt du 27 février 1548. Un semblable arrêt fut rendu en novembre 1659, en ce qui concernait la taille, en faveur de Charles Scourion, écuyer, Sgr de la Houssaye, échevin d'Amiens.

Charles-Antoine-Nicolas Scourion de Provinlieux de Baufort, chevalier, Sgr de Cangey et d'Hervaux (en partie), comparut, en 1789, à l'Assemblée de la noblesse de Touraine, convoquée pour l'élection des députés aux États-généraux. La famille fut aussi représentée à l'Assemblée de noblesse du Poitou.

La famille Scourion, s'est alliée aux maisons de Pérache de Fontaine, de Louvencourt, de Collemont, Le Boucher, Uverel, Jambourg de Montrelet, de Parciller, Guibal de Salvert, Ruel de Belle-Isle, Gilles de Fontenailles, Dividis de St-Cosmes, de Cléric, etc...

Jules-Charles-Mériadec Scourion de Beaufort, né le 9 décembre 1778, à St-Martin-le-Beau, maire de cette commune, a épousé Cécile Ruel de Belle-Isle, dont il a eu :

1° Louis-Charles-Mériadec Scourion de Beaufort, contrôleur principal des contributions directes, né le 8 mai 1815, décédé à Tours, le 1er octobre 1856, laissant de son mariage (9 octobre 1849), avec Charlotte-Victorine Gilles de Fontenailles : 1° Charles-Joseph-Mériadec, né à Tours, le 19 août 1850 ; 2° Charles-Victor-Hubert, né à Tours, le 18 mars 1853 ;

2° Adelaïde-Cécile-Clara Scourion de Beaufort, née à St-Martin-le-Beau, le 8 octobre 1808 ;

3° Hubertine-Charlotte-Irène Scourion de Beaufort, née le 20 décembre 1811, mariée le 17 octobre 1832, à Léopold Dividis de St-Cosme ;

4° Jeanne-Théonie-Emiliane Scourion de Beaufort, mariée en 1840, à Alfred de Cléric, officier supérieur, officier de la Légion d'honneur.

D'azur, à trois gerbes d'or, 2, 1. — Cimier : une gerbe de même. — Supports : deux lévriers. — Couronne de marquis.

SEGOIN, Ec., Sgrs des Mesliers, en Touraine (xviie et xviiie siècles).

François Segoin, conseiller du roi, trésorier de France, à Tours (1681), fut maire de cette ville en 1724.

De gueules, au lion d'or.

**SEGRAIS** (de), Ec., Sgrs de Segrais, paroisse de St-Aubin-le-Dépeint, de Mieray, de Launay (xviie siècle).

Le nom de cette famille s'est écrit aussi SEGRAYE.

Charles de Segrais, fils de Louis de Segrais, Sgr de Segrais, de Launay et de la Roche-Mieray, et de Madeleine le Boucher, fut admis dans l'ordre de Malte, en 1650.

D'azur, à une croix d'or accompagnée de douze trèfles d'argent, 3 à chaque canton, 2, 1.

**SEGUIN** (de), Ec., Sgrs de Cabassolle (xviiie siècle). — Famille originaire de Provence. Elle a fourni plusieurs chevaliers de Malte.

En 1789, Etienne de Seguin, chevalier, Sgr de Cabassolle, ancien lieutenant-colonel au régiment de Saintonge, comparut à l'Assemblée de la noblesse de Touraine, pour l'élection des députés aux Etats-généraux.

D'azur, à une colombe d'argent accompagnée de 7 étoiles de même, 4 en chef, 3 en pointe.

**SEGUIN**, Ec., Sgrs de St-Lactancin, de la Herpinière, de la Perrugne, paroisse de Tauxigny; de la Boissière, relevant du château de la Roche-de-Gennes (xviie et xviiie siècles).

François Séguin était chanoine régulier de St-Cosme-les-Tours, en 1673.

D'azur, au lion passant, d'or, accompagné de trois besants de même en pointe.

**SÉGUIN DE LA BOISSIÈRE** (Pierre), conseiller au siége présidial de Tours (1698), portait, d'après l'*Armorial général* :

D'azur, à trois croissants d'argent; au chef d'argent chargé de trois molettes de sable.

**SÉGUR** (de) Ec., Sgrs de Crouail, paroisse de St-Vincent-de-Mons, élection de Richelieu (xviie siècle).

Ecartelé ; aux 1 et 4 d'argent au lion de gueules ; aux 2 et 3 de gueules ; à une bordure chargée de 9 besants d'or.

SEIGNEUREAU, Éc., Sgrs du Cloître, de Lamarin et des Tonnelles, élection de Richelieu (xviie siècle).

Charles-François Seigneureau, Éc., Sgr des Tonnelles, fit enregistrer ses armoiries à l'*Armorial général*, vers 1700.

De sable, à trois chabots d'argent, 2, 1.

SEIGNEURET ou SEIGNORET, Éc., Sgrs de la Borde.

Pierre Seignoret ou Seigneuret, était doyen de l'Eglise de Tours, en 1364.

Etienne Seignoret fut nommé assesseur en l'Hôtel-de-Ville de Tours, en 1702.

D'or, à la fasce vivrée d'azur et accompagnée de trois alérions de sable, 2, 1.

SÉJOURNÉ, — Cette famille a fourni deux chevaliers de Malte, commandeurs de Fretay, en Touraine; François Séjourné (1547), et Mathurin Séjourné (1559).

D'argent, au lion de sable, couronné du même, tenant de ses deux pattes un bâton écoté, aussi de sable.

SELVE (de), en Touraine (xvie et xviie siècles). — Cette famille, originaire du Limousin, a donné à la Touraine un dignitaire ecclésiastique, Jean de Selve, abbé de Turpenay, de 1550 à 1554.

D'azur, à deux fasces ondées, d'argent.

SENAC d'ARGAIGNON (N. de), dernier doyen du Chapitre du Plessis-les-Tours (1790).

Parti, d'or, à deux fasces d'azur; et d'azur, au bâton d'argent, entortillé d'un serpent d'or.

SENNEBAUD, en Touraine et en Berry. — De cette maison était Guy Sennebaud, chevalier-banneret de Touraine (1243).

De..., à un dextrochère de..., accompagné de six croisettes de...., 3, 3.

SEPTENVILLE (de). Voyez LANGLOIS de SEPTENVILLE.

SERIN, Ec., Sgrs de Barrou, de la Cordière, de la Noë (xviie siècle). — Famille noble dont l'origine remonte à 1370. Elle a été maintenue dans sa noblesse, le 3 mai 1599, (par les commissaires du roi, de Heère et de Ste-Marthe): le

14 janvier 1609 : — en 16... par Voisin de la Noiraye, intendant de Touraine, — et le 24 juillet 1700. La seigneurie de la Grève, fut érigée en comté, en faveur de Louis Serin, en août 1653.

Antoine-Marie, Henri-Marc et Louise-Calixte Serin, chevaliers, comparurent par fondé de pouvoir, en 1789, à l'Assemblée électorale de la noblesse du Poitou.

D'argent, au sautoir de gueules.

**SERISAC** (de), Ec., Sgrs de la Guérinière, paroisse de St-Germain-d'Arcé (xive siècle).

Vers 1390, Guillaume de Serisac était président du Conseil et intendant de Louis II, duc d'Anjou, roi de Naples et de Sicile. Il eut une fille, Françoise de Serisac, qui épousa Jean Bodineau, d'une famille originaire de Bretagne.

D'argent, à trois cornets de gueules. — *Alias* : D'azur, à deux chevrons d'or chargés chacun de cinq coquilles de gueules.

**SERPILLON**, Éc., Sgrs de la Boissette et de la Roche-Serpillon. — Cette famille a été maintenue dans sa noblesse par Voisin de la Noiraye, intendant de Touraine, vers 1666.

Gironné d'argent et de sable de douze pièces.

**SERRE** (de), Ec., Sgrs du Châtelier (xve siècle). — Famille originaire du Vivarais.

D'argent, à un chevron d'azur chargé de trois étoiles d'or et accompagné de trois trèfles d'argent, 2, 1.

**SERRURIER**, Sgrs de la Fuye, — et d'Estivat, relevant de Luynes et de Cinq-Mars (fin du xviie siècle). — Famille originaire de Laon.

D'azur, au barbet assis, aboyant, d'or, lampassé de gueules.

**SERVIEN** (François de), doyen de Saint-Martin de Tours (1653-54), évêque de Carcassonne, passa à l'évêché de Bayeux le 23 mai 1654.

D'azur, à trois bandes d'or, au chef d'azur, chargé d'un lion issant, d'or.

**SESMAISONS** (Jean-Baptiste de), commandeur du Blison et de Villejésus, dès 1704 et en 1725.

De gueules, à trois tours d'or, 2, 1.

SESTIER, Éc., Sgrs de la Gerbaudière (xviiie siècle).

En 1725, Antoine-Guillaume Sestier, conseiller du roi, remplissait à Tours les fonctions de trésorier de France au bureau des finances de la généralité. Il était fils d'Antoine Sestier, conseiller du roi, subdélégué et receveur des tailles en l'élection de Montreuil-Bellay, et de Marie Salmon. Le 15 avril 1724, il épousa, à Tours, Louise-Marie-Madeleine Souart, fille de Louis Souart, Sgr du Boulay, conseiller, secrétaire du roi, et de Madeleine-Françoise de La Croix.

D'azur, à un lis de jardin, d'argent, tigé de même; à une bordure d'hermines.

**Seuilly** (Abbaye de Ste-Marie de). *Sancta Maria de Sulleio*, de l'ordre de St-Benoît.

D'azur, à une Annonciation de la Vierge, le tout d'or.

SÈVE (N. de), abbé de la Clarté-Dieu (1785-90).

Fascé d'argent et de sable, à la bordure componée des mêmes émaux.

SEVELINGES (de), Éc., Sgrs de Cangé-le-Noble, près Tours (xviiie siècle).

Charles-François de Sevelinges, écuyer, comparut, par fondé de pouvoir, en 1789, à l'Assemblée électorale de la noblesse de Touraine.

Cette famille a eu des lettres de confirmation de noblesse sous la Restauration.

D'azur, à un chevron d'or accompagné de trois étoiles de même, 2, 1.

Les membres de la famille qui ont résidé à Cangé ajoutaient à ces armes *un chef de gueules chargé de deux croissants d'argent*.

SEYSIES ou SEYSSES (de). — Famille résidant dans l'élection de Chinon (xviie siècle).

Michel de Seysies était curé de Nouàtre, en 1698.

Écartelé d'or et d'azur.

SFORCE (François), abbé de Marmoutier (1505), mourut le 25 décembre 1511.

Écartelé; aux 1 et 4 de.., à l'aigle éployée de...; aux 2 et 3 de Milan, qui est d'argent, à une guivre d'azur, couronnée d'or, issante de gueules. à la barre, ou petit bâton en barre brochant sur le tout.

SIBOUR ou SIBOURG, CIBOURG, Éc., Sgrs des Ruaux, de la Ganneraye, des Brosses (XVIIᵉ siècle).

Pierre Sibour des Ruaux, Chev., Sgr des Brosses, fut inhumé dans le chœur de l'église St-Hilaire, à Tours, le 28 janvier 1698.

D'azur, à deux chevrons d'or, accompagnés en pointe d'un croissant d'argent.

SIFFAIT DE MONCOURT, Sgrs de Moncourt. — Famille très-ancienne, originaire de Picardie. Au XIVᵉ siècle, elle était connue sous le nom de LE SIFFAIT. Une de ses branches porte le nom de SIFFAIT DE MONCOURT, par suite de la possession, au XVIIIᵉ siècle, et non interrompue depuis cette époque, de la terre de Moncourt, fief noble relevant du Roi, à cause de son comté de Ponthieu, et situé dans la paroisse de Rue (Picardie).

Aimé-Marie-Jules Siffait de Moncourt, secrétaire-général de la préfecture d'Indre-et-Loire (1866-67), chevalier de l'ordre impérial de la Légion d'honneur, chevalier de l'ordre pontifical de St-Grégoire-le-Grand, de l'ordre royal et militaire des SS. Maurice et Lazare, de l'ordre de Léopold de Belgique, officier d'Académie, a épousé, le 28 avril 1846, Emilie-Augustine-Cécile Rigollot, qui descend de Jehan du Flos, écuyer, seigneur de Bermicourt, anobli par lettres de Charles, duc de Bourgogne, du mois de juillet 1473, enregistrées à la Chambre des Comptes de Lille (registre coté 14, folio 141).

Les descendants de Jehan du Flos de Bermicourt ont, pendant plusieurs siècles, habité la ville de Calais à laquelle ils ont donné des maïeurs. Ils ont fourni diverses branches, connues sous les noms de du Flos de Beauregard, du Flos de Maisoncelles, du Flos de Récour, du Flos de Maisonfort, etc...

Du mariage d'Aimé-Marie-Jules Siffait de Moncourt et d'Emilie-Augustine-Cécile Rigollot, sont issus :

1° Edmond-Gabriel-Henri Siffait de Moncourt, né à Amiens le 26 juillet 1850 ;

2° Anatôle-Marcel-Albert Siffait de Moncourt, né à Nantua le 17 décembre 1858.

Les armes d'Aimé-Marie-Jules Siffait de Moncourt sont :

D'azur, au chevron de gueules, accompagné de trois étoiles à six rais, d'argent; — Couronne de comte; — Supports : deux lions, — qui est de Siffait de Moncourt; — Accolé d'or, au chevron d'azur, chargé de trois trèfles d'or; — Cimier : un casque surmonté d'un lion naissant, d'or, lampassé de même; — Supports : deux lions d'or, lampassés de même ; qui est de Rigollot du Flos.

M^me Siffait de Moncourt a droit à ces dernières armoiries comme descendante en ligne directe de Jehan du Flos, anobli, ainsi que nous l'avons déjà dit, en juillet 1473.

**SIFFREDY** (Marie-Anne de), femme de François Durand, écuyer, Sgr de Villeblain (1696).

D'azur, à une fasce d'argent chargée de trois annelets de gueules, et accompagnée en chef d'une molette d'éperon d'or, et en pointe d'un lion léopardé de même.

**SIGNON** (François), marchands bourgeois, à Tours (xvii^e siècle).

De gueules, à trois cygnes d'argent, 2, 1.

**SIGNY** (de), Chev., vicomtes de Signy, Sgrs du Liége et du Breuil (xiv^e et xv^e siècles), de la Tour-Signy (xviii^e siècle).

Charles-Louis-François, chevalier, marquis de Signy, et Marie-Gabriel, vicomte de Signy, capitaine d'infanterie, chevalier de St-Louis, de St-Lazare et de St-Jean de Jérusalem, comparurent à l'Assemblée électorale de la noblesse de Touraine, en 1789.

Marie-Gabriel, vicomte de Signy, né à Huismes, le 10 mars 1755, est mort à Tours le 5 mai 1837.

De gueules, à cinq fusées d'argent en fasce.

**SIGOGNÉ ou SIGOUGNES ou CIGOGNÉ** (de), Éc., Sgrs de Mauvières, près Loches, — de la Ferté et de la Barillère, paroisse d'Orbigny, (du xvi^e au xviii^e siècle), de Brossin et de la Brenaudière (xviii^e siècle).

La terre de Mauvières passa dans la maison de Gigaut, en 1590, par le mariage de Madeleine de Sigogné avec Jean Gigaut, écuyer du duc d'Alençon.

Josbert de Sigougné, chanoine de l'Église de Tours, mourut vers 1311.

De sable, à une croix d'argent chargée d'une croix ondée, de gueules, et cantonnée de 4 coquilles d'or.

**SILARS** (du), en Touraine (xviie siècle).

D'or, à la fasce de gueules.

**SILLAS** ou **SILLA** (de), Éc., Sgrs de Prezault ou Prezeau (xviie siècle).

René de Sillas, Éc., demeurant dans la paroisse de Parçay, comparut, à Chinon, au ban convoqué par lettres du 26 février 1689.

De sinople, à une bande d'argent chargée de cinq canettes de sable et accompagnée de trois croissants de même, deux en chef, un en pointe.

**SILLET** (du), Éc., Sgrs du Sillet (xviie siècle).

D'or, au sautoir de gueules cantonné de quatre croissants de même.

**SILLEUR** (Le), Éc., Sgrs de Chéniers (xviie siècle).

D'azur, à la bande d'or, cotoyée en chef de trois molettes d'éperon de même, et en pointe de trois coquilles d'argent.

**SIMIANE D'ESPARRON** (Claude-Ignace-Joseph de), chanoine de St-Martin de Tours, prévôt d'Oë, évêque de Saint-Papoul (1755-63).

D'or, semé de tours et de fleurs de lis d'azur. — Couronne de marquis. — Devise : *Sustentant lilia turres.*

**SIMON**, à Tours (xviiie siècle).

Cette famille a donné un auditeur des Comptes, Nicolas-François Simon (1712).

D'azur, à une montagne de six monts, d'or; au chef de gueules chargé d'un soleil d'or.

**SIMON**, marchands bourgeois, à Tours (fin du xviie siècle).

D'azur, à une montagne de six coupeaux, ou six monts, d'or, accostée de deux étoiles de même.

**SIMON** (Jacques), Éc., Sgr de la Baudinière, élection de Richelieu, capitaine appointé de la garde ordinaire du roi, lieutenant de la grande louveterie de France (fin du xviie siècle).

D'argent, à un chevron d'azur, accompagné de trois étoiles de même, deux en chef et une en pointe.

**SIMON** DE **MAGNY** (Antoine), doyen de St-Martin de Tours.

D'azur, au chevron d'argent accompagné de trois cygnes de même becqués et membrés de gueules (ou de sable).

**SIMONNET** (Jehan), chanoine de Saint-Martin de Tours (1580).

D'argent, à la tierce de sable en chef, accompagnée en pointe de trois merlettes de sable, 2, 1 ; au chef de gueules chargé de trois étoiles d'or, celle du milieu surmontée d'une couronne à l'antique, d'argent.

**SIOCHAN** DE **KERSABIEC**, comtes de Kersabiec, à Tours (xixe siècle). — Famille originaire de Bretagne. Elle a fourni un chevalier croisé, Hervé Siochan (1248) et a été maintenue dans sa noblesse les 27 juin 1716, 10 décembre 1717 et 16 juin 1773. En 1789, elle a comparu à l'Assemblée de la noblesse de Bretagne.

De gueules, à quatre pointes de dard en sautoir, passées dans un anneau en abîme, le tout d'or.

**SIRARD** (de), Sgrs de la Joncheraye (xviie siècle). — A cette époque, une branche résidait dans la paroisse de Crissé.

De sable, au cygne d'argent, couronné d'or. — Cimier : un cygne. — Supports : deux cygnes couronnés d'or, membrés et becqués de sable.

**SIREAU**. — Famille de Touraine, depuis longtemps éteinte.

Guillaume Sireau, conseiller du roi, lieutenant-général au bailliage de Tours, fut maire de cette ville en 1503.

D'or, à la fasce de gueules accompagnée de trois hures de sanglier, de sable, 2, 1 ; — Supports : deux anges.

**SISSEY** (de), Éc., Sgrs des Aubus et de la Courtinière (xviie siècle).

D'azur, à trois bandes d'argent accompagnées au canton sénestre d'une étoile d'or.

**SIVRY** (Alphonse de), né à Milan le 17 mars 1799, officier de la Légion d'honneur, préfet d'Indre-et-Loire (du 31 décembre 1848 au 11 mai 1850), préfet de la Meurthe, puis sénateur (1er janvier 1853).

D'azur, au lion d'or, la tête contournée, armé et lampassé de gueules ; au chef d'argent chargé d'un cœur de gueules.

**SOCHON**, en Touraine (xviiie siècle). — Cette famille, originaire de Chartres, s'est alliée aux Lorin de la Croix.

De sinople, à trois épis de blé d'or, 2, 1.

**SOCIEU** (François), marchand bourgeois, à Tours (fin du (xviie siècle).

D'argent, à trois soucis de sinople, fleuris d'or, 2, 1.

**SOGON**, bourgeois de Tours (fin du xviie siècle).

D'or, à un taureau furieux, de gueules.

**SOHIER**, en Touraine (xive siècle).

Pierre Sohier fut lieutenant-général du bailli de Touraine en 1459-68.

De..., à une fasce de... chargée de trois coquilles de... et accompagnée de six étoiles, 3 en fasce, 3 en pointe.

**SOHIER-DUHAZÉ** à Amboise, (1719).

D'azur, à cinq trangles d'or et une flamme de même en chef. — Couronne de comte. — Supports : 2 levrettes.

**SOLIER DE MORETTE** (du), Chev., comtes de Morette, Sgrs de Châtillon-sur-Indre et de la Carte, au bailliage de Touraine (xvie siècle).

Cette famille, originaire du Piémont, a fourni deux abbés de St-Pierre-de-Preuilly, en Touraine : Amédée du Solier de Morette, protonotaire du St-Siége apostolique (1527), et Jehan-Aymer du Solier de Morette (154.).

François du Solier, Éc., Sgr de la Carte, comparut, en 1559, à la rédaction du procès-verbal de la Coutume de Touraine.

D'azur, à la bande d'argent chargée de trois roses de gueules et accostée de deux étoiles d'or ; au chef d'argent.

**SOLIS**, en Touraine (xviie siècle). — Cette famille paraît être originaire d'Espagne.

Charles Solis était bailli de Ligueil, en 1694.

De gueules, au soleil d'or ; au canton d'azur, chargé d'une fleur de lis d'argent.

**SOLMS** (de), à Châteaurenault.

D'or, au palmier de sinople accosté de deux grenades ouvertes, de gueules : au chef d'azur chargé à dextre de la lettre H couronnée de..., et à sénestre d'un écot, en pal, de...

**SOLUIN**, en Touraine (fin du xvii⁵ siècle).

Un membre de cette famille était officier du duc d'Orléans (avant 1698).

D'or, à trois branches de fougère de sinople, 2, 1.

· **SONNAY** (de). — Voyez BECQUET DE SONNAY.

**SONNET**, en Touraine et dans l'Ile-de-France (fin du xvii⁵ siècle).

De gueules, à une tour d'or, ouverte, de sable, et surmontée de trois grelots d'or, rangés.

**SONNET DE COURVAL**. — Une branche de cette famille, originaire de Normandie, s'est établie en Touraine au xviii⁵ siècle).

D'azur, à un chevron brisé, d'argent, accompagné de trois croissants montants, de même, 2, 1, surmontés chacun d'un grelot, aussi d'argent.

**SORBIER** (du), en Touraine, Périgord, Agenois et Quercy (xviii⁵ siècle).

Écartelé; aux 1 et 4 d'azur à trois sorbes ou cormes, d'or, qui est du Sorbier ; aux 2 et 3 d'azur à la bande d'or accompagnée de deux fleurs de lis de même. — Supports : deux griffons. — Couronne de comte.

**SORBIÈRE DE BEZAY** (de), Éc., Srs de Bezay et de la Ménardière (xvii⁵ et xviii⁵ siècles).

Étienne-Émery Sorbière, fils de Jacques Sorbière, Éc., Sgr de Bezay et de la Ménardière, contrôleur ordinaire des guerres, et de Jeanne Viot, était chanoine de l'Église de Tours, en 1773.

D'argent, au sorbier arraché, de sinople; à la bordure engrêlée, de gueules.

Quelques membres de la famille ajoutaient à ces armes *deux étoiles d'or, en chef.*

**SORBIERS** (de), Chev., Sgr des Pruneaux, de Manson (paroisse de Clion) ; de Pouzieux, de Vautourneux, près Châtillon-sur-Indre ; de Paray, de Varennes, du Breuil, de Saunay, de la Marchaudière, etc... — Famille originaire du Berry, où elle est connue dès 1071. Elle a donné un abbé de Beaugerais, Jean de Sorbiers (1422), et un curé de St-Laurent-de-Beaulieu, Louis de Sorbiers (1509).

Roch de Sorbiers, Sgr des Pruneaux, comparut, en 1559, à la rédaction du procès-verbal de la Coutume de Touraine.

Pierre-Alexandre de Sorbiers, Chev., comparut à l'Assemblée électorale de la noblesse de Touraine, en 1789.

La famille de Sorbiers s'est alliée à celles de Cubières, Le Clerc de Varennes, Ancelon de Fontbaudry, de Beauvollier, de Bridiers, de Saint-Hilaire, etc...

De gueules, au chef d'argent chargé d'un lion passant, d'azur, armé, lampassé et couronné d'or. — Supports : deux anges ; — Cimier : un lion d'azur couronné de gueules. — *Alias* : Coupé d'argent et de gueules, le premier chargé d'un lion passant, d'azur. — Couronne de comte. — Cimier : un sauvage.

**SOREAU**, Ec., Sgrs de Coudun, de St-Gerant et de Fromenteau. Agnès Sorel, née au village de Fromenteau, près Loches, en 1409, appartient à cette famille.

D'or, au sureau arraché, de sable.

Claude Soreau de St-Jean, reçu chevalier de Malte le 3 décembre 1517, portait, d'après Vertot :

D'argent, au sureau arraché, de sinople.

**SORHOETTE** (de), en Touraine et en Anjou (xviie siècle).

Jean de Sorhoëtte, Éc., Sgr de Pommerieux, fut gouverneur de Château-Renault, en Touraine, de Parthenay, en Poitou, et de La Flèche, sous le règne de Henri IV.

D'or, à un chêne de sinople et un sanglier de sable passant au-dessous ; au chef d'argent chargé d'une aigle à deux têtes, de sable, couronnée d'or.

**SOUARD** (Elisabeth), à Tours (fin du xviie siècle).

D'argent, fretté de sable.

**SOUART** ou **SOUARD**, Ec., Sgrs du Boulay, en Touraine. —Famille originaire de l'Ile-de-France.

Louis Souart, Éc., Sgr du Boulay, conseiller, secrétaire du roi, fils de François Souart, Sgr du Boulay, et de Françoise Gaultier, épousa, à Tours, le 10 janvier 1695, Madelaine de La Croix, fille de Gilles de La Croix, bourgeois de Tours, et de Madeleine de Cop.

Pierre Souart du Boulay était conseiller du roi, président

au siége présidial de Tours, en 1696, et président en la prévôté de Tours, en 1725.

Le 3 octobre 1696, il épousa, à Tours, Marie-Anne Bouchart, fille de Jacques Bouchart, Chev., Sgr de Villenoc et de
St-Aubin, conseiller, secrétaire du roi, et de Marie Leroux.

D'azur, à une aigle d'or, essorante, et regardant un soleil de même.

**SOUART, en Touraine.**

D'azur, à un chevron d'or accompagné de trois canettes de même.

**SOUCELLES (de), Ec., Sgrs d'Oiré et d'Estival, paroisse
de St-Germain d'Arcé (xviie siècle).**

De gueules, à trois chevrons d'argent.

**SOUCHAY ou SOUCHÉ, famille bourgeoise de Tours (fin
du xviie siècle).**

D'or, à un cep de vigne de sinople, fruité de trois raisins, de sable, et
accolé à un échalas de même sur une terrasse de sinople.

**SOUCHAY, Ec., Sgrs des Grandes et Petites-Bonnetières,
paroisse de Mazières, en Touraine (xviie siècle).**

Pierre Souchay était procureur du roi au siége présidial de
Tours, en 1627.

En 1654, Julien Souchay remplissait à Tours les fonctions
de conseiller du roi à la prévôté, et de substitut du procureur
du roi aux bailliage et siége présidial.

Vers la même époque, des actes font mention de Louis
Souchay, avocat du roi au bureau des finances de Tours, et
de François Souchay, trésorier des finances au bureau des
finances de la généralité de Touraine.

D'argent, au chevron d'azur, à une étoile de même au-dessous de la pointe
du chevron, accompagnée de trois mouchetures d'hermines de sable, 2, 1 ;
au chef de... chargé d'un soleil de... — L'écu timbré d'un casque de profil.

**SOUFFLEUR de GAUDRU (le). — Voyez LE SOUFFLEUR.**

**SOUIN de la SAVINIÈRE, Sgrs de la Savinière, des
Belles-Ruries, de la Bastière, de Thibergeau, etc.. —
Famille originaire du Vendômois et qui s'est établie dans le
Maine, en Touraine et en Poitou.**

Pierre-Bernard Soüin de la Savinière, fils de Pierre (résidant à Vendôme), et de Françoise Barthas, fut pourvu de la charge de conseiller du roi, receveur des gabelles à Neuvy, le 31 octobre 1707. Par contrat du 11 octobre 1702, il épousa Françoise-Antoinette Bigot de la Mauvillière, fille de François Bigot de la Mauvillière, fourrier de S. A. R. Monsieur, frère du roi, et de Marguerite Girard.

De ce mariage sont issus : Siméon Soüin de la Savinière; Claude, dont nous allons parler, et Louis-Pierre Soüin, Sgr de la Bastière, né le 20 avril 1711, reçu chevalier servant de justice de l'Ordre de Malte, au grand-prieuré d'Aquitaine, en 1724.

Claude Soüin de la Savinière, né le 8 novembre 1707, lieutenant des fermes du roi, épousa, le 7 février 1748, Jeanne-Françoise-Elisabeth Cazanault, fille de François Cazanault et de Jeanne Jacquelin.

Louis-Bernard Soüin de la Savinière, fils du précédent, né à Bonneuil-Matours, en Poitou, le 16 avril 1770, mourut à Tours, le 14 mars 1842. Il avait épousé Marie-Julie-Joseph de Marans.

De ce mariage sont issus :

1º Louis-Claude-Benjamin-Edouard Soüin de la Savinière, né à Bonneuil-Matours, le 22 octobre 1806, résidant actuellement à Tours, marié : 1º à Marguerite-Calixte-Cléophile Javary, née à St-Calais, le 1er mars 1813, fille de Jacques Javary et de Marguerite Guillot de la Poterie; 2º le 18 février 1846, à Louise Roze, fille d'Auguste Roze et d'Emilie Pelgé. Du premier mariage est issu : Aristide-Edouard Soüin de la Savinière, né le 13 mars 1838; du second mariage : Marie-Emilie-Louise-Radégonde, née à Tours, le 4 mars 1848; Marie-Louis-Augustin, né à Tours, le 2 septembre 1849 ; Marie-Julie-Léa-Augustine, née à Tours, le 31 mai 1852 :

2º Léa Soüin de la Savinière, résidant actuellement à Tours.

3º Zoé-Julie-Elisabeth Soüin de la Savinière, mariée, le 2 juillet 1834, à Eugène-Claude-Jean-Guillaume de Brun de

Rostaing, capitaine de dragons, chevalier de St-Louis et de la Légion d'honneur.

Marie-Julie-Joseph de Marans est décédée à Tours le 18 décembre 1844.

Marguerite-Calixte-Cléophile Javary est décédée dans la même ville, le 30 mai 1838.

D'argent, au chevron de gueules accompagné en pointe d'une canette de même ; au chef d'azur chargé de trois trèfles d'or. — Couronne de comte.

SOUL (du), Éc., Sgrs de Pompier et de la Herpinière (xviie siècle).

De gueules, à une fasce d'or accompagnée en pointe d'une hure de sanglier de même ; au chef de sinople chargé de trois trèfles d'argent.

SOULAS (Jean), marchand bourgeois, à Tours (fin du xviie siècle).

De gueules, à cinq besants d'or, 2, 2, 1.

SOULAS, en Touraine et en Poitou (xviie et xviiie siècles).

Jean-Noël Soulas fut pourvu de la charge de trésorier de France au bureau des finances de la généralité de Tours en 1687.

Jean-Philippe-Adrien Soulas et Martin-Odet Soulas étaient chanoines de l'Église de Tours, en 1772.

D'or, au chevron d'azur.

SOULAS et SOULAS-GIRAULT (César), marchands bourgeois, à Tours (fin du xviie siècle).

D'argent, à un soleil de gueules.

SOULIER (du), vicomtes du Soulier. — Famille d'ancienne origine, résidant au château des Minières, commune de Restigné (Indre-et-Loire). Elle a possédé des charges de conseillers au Parlement de Bordeaux.

Par ordonnance du 11 juillet 1816, le titre de vicomte a été conféré à Pierre-Martial-Henri du Soulier, ancien maréchal-des-logis des mousquetaires de la garde, lieutenant-colonel, chevalier de St-Louis, né en 1769.

Pierre-Martial-Henri a eu deux fils : 1° Martial, vicomte du Soulier, marié, en 1832, à Claire de Herte de Merville, dont il a eu Raymond, baron du Soulier, né en 1833 ; 2° Paul du Soulier.

Martial, chevalier du Soulier, frère de Pierre-Martial-Henri, né en 1774, a épousé, en 1808, Agathe de Willecot de Reincquisen, dont il a eu :

1° Henry du Soulier, marié, en 1837, à Louise de Willecot de Reincquisen, — d'où : Albert, né en 1840 :

2° Edouard-Martial du Soulier, marié, en 1844, à Clémence Aronio. De ce mariage sont issus : Fernand-Martial, né en 1845, et Amaury, né en 1846.

De gueules, au lion d'or, onglé et lampassé, tenant de la patte dextre une épée, d'argent, accosté de deux gantelets d'or. — Devise : *Adroits et vaillants, tous Solier ayant.*

SOULET, en Touraine (XVIe et XVIIe siècles).

Alexandre Soulet était conseiller du roi, juge au bailliage et siége présidial de Tours, en 1616.

D'azur, au chevron surmonté d'un soleil, et accompagné en chef de deux étoiles, le tout d'or, et en pointe d'un croissant d'argent.

SOURDEVAL (Charlotte-Françoise de), femme d'Antoine-François le Féron du Breuil, dame du Breuil, paroisse de St-Paterne, avant 1789. — Cette terre du Breuil vint en la possession de Françoise de Sourdeval à titre de reprise matrimoniale.

La maison de Sourdeval, originaire de Normandie, est connue dès l'an 1066. A cette époque, Robert Ier de Sourdeval accompagna le duc Guillaume de Normandie à la conquête de l'Angleterre. Robert III de Sourdeval suivit à la Terre-Sainte Boëmond, prince de Tarente, et se fixa avec lui dans la principauté d'Antioche. Robert IV de Sourdeval résidait dans cette principauté au temps de la deuxième croisade. Guillaume Le Moygne de Sourdeval et Richard, son fils, accompagnèrent Philippe-Auguste à la troisième croisade. Richard Le Moygne de Sourdeval fut du nombre des chevaliers qui suivirent le roi St-Louis en Egypte.

Louis-Jacques-Antoine de Sourdeval, chef de brigade d'artillerie au régiment de Toul, chevalier de Saint-Louis, mourut en 1782, laissant une fille seule héritière du nom, Aimée-Sophie de Sourdeval, mariée, en 1800, à Marie-Jean-Corneille Mourain de l'Herbaudière, major de division à l'armée royale d'Anjou et chevalier de St-Louis. Ce dernier mourut en 1833. Par ordonnance royale du 19 novembre 1809, il avait été autorisé à porter le nom de Sourdeval (voyez l'article Mourain de Sourdeval).

D'or, fretté de sable, au franc-canton de même.

**SOUVIGNY** DE LA **ROCHE-BOISSEAU** (de), en Anjou et en Touraine.

De gueules, à la bande fuselée d'argent, de cinq pièces et deux demies.

**SOUVRÉ** DE **COURTENVAUX** (de), Chev., marquis de Courtenvaux (XVIe et XVIIe siècles).

Gilles de Souvré, marquis de Courtenvaux, maréchal de France, gouverneur-lieutenant-général de Touraine (1589), mourut en 1626.

Gilles de Souvré, prêtre, doyen de l'Église de Tours, est mentionné dans des actes de 1606.

Jean II de Souvré, marquis de Courtenvaux, conseiller d'État, gouverneur-lieutenant-général de Touraine (1610-27), mourut le 9 novembre 1656.

D'azur, à cinq cotices d'or.

**SPARRE** (de), comtes de Sparre, barons et comtes de l'Empire, pairs-barons (25 juin 1822).

Cette famille, une des plus illustres de la Suède, dont elle est originaire, portait primitivement le nom de Toffeta.

Pierre-Magnus Sparre, baron de Cronnberg, fut grand-maître de l'artillerie de Suède et ambassadeur en France en 1674-75. Le roi Louis XIV lui accorda le titre de comte, avec faculté de l'asseoir sur telle terre que lui ou ses descendants pourraient acquérir en France. Pierre-Magnus Sparre était bisaïeul d'Ernest-Louis-Joseph, comte de Sparre, né à Lille le 20 juillet 1838, lieutenant-général, et commandeur de la Légion d'honneur (1844), pair de France (1849), gentilhomme de la chambre du roi (1821), grand-croix de l'ordre de l'Epée de Suède.

Résidence en Touraine : Brizay.

D'azur, au chevron d'or.

Le baron de Sparre, colonel du 5e régiment de dragons, puis général de brigade (1812), baron de l'Empire, portait :

D'azur, au chevron d'or ; au franc-quartier cousu de gueules chargé d'une épée d'argent.

**STAINVILLE** (Charles de), Chev., comte de Couvonge, — Sgr de Montrésor, par suite d'une donation de cette terre, qui lui fut faite, le 1er février 1686, par Marie de Lorraine, duchesse de Guise et de Joyeuse.

D'azur, à une croix ancrée, d'or.

**STEPHANOPOLI** DE **COMNÈNE**, Chev., Sgrs de Gaudru, paroisse de St-Pierre de Tournon (1789). — Famille issue des Comnène, qui ont donné six empereurs de Constantinople et dix empereurs de Trébisonde.

D'or, à l'aigle d'empire traversée par une épée d'argent, à poignée d'or, surmontée d'une couronne impériale d'or. — Devise : *Fama manet, fortuna perit.*

**STROZZI**, barons de l'Empire.

D'or, à la fasce de gueules chargée de trois croissants, les pointes à dextre, d'argent ; franc-quartier de baron-officier de maison de prince de la famille impériale, qui est de gueules, au portique ouvert, à deux colonnes, surmontées d'un fronton d'argent, accompagné en cœur des lettres initiales D. J., de même.

**STUART** (Marie), reine d'Écosse, duchesse apanagiste de Touraine, dame de Montrichard, fille de Jacques Stuart et de Marie de Lorraine, née le 7 décembre 1542, mariée, le 24 avril 1558, avec le dauphin de France, depuis le roi François II, eut la tête tranchée le 18 février 1585 au château de Prodinghaie.

D'or, au lion de gueules ; au double trescheur fleuronné et contre-fleuronné de même.

**STURBES** (César-Louis de), chanoine de l'Église de Tours (1672-98).

D'argent, au dauphin d'azur ; au chef d'azur chargé de trois étoiles d'or.

SUBLIGEAU ou SUPPLIGEAU (Etienne), marchand-bourgeois, de Tours (1698).

D'argent, au sautoir de gueules.

SUFFREN (de), Chev., marquis de St-Tropez. — Famille originaire de Lucques et anoblie par lettres du roi François Ier.

Pierre-André de Suffren s'illustra dans la marine sous le nom de *bailli de Suffren.* Il était né à St-Cannat, en 1726.

Un des membres de cette famille résidait à Tours, en 1790.

D'azur, au sautoir d'argent, cantonné de quatre têtes de léopard d'or.

SULLY (de), Chev., Sgrs d'Orfons, près Loches, — de Nouâtre et de Ste-Maure (par suite du mariage de Louis de Sully avec Isabeau de Montbazon, en 1365).

Cette famille a fourni un archevêque de Tours, Archambault de Sully (931-1005), et un chevalier-croisé, Jean de Sully (1270).

D'azur, semé de molettes d'éperon d'or (ou d'étoiles); au lion de même brochant sur le tout.

SURGÈRES (de), Chev., Sgrs d'Azay-sur-Cher (xiie, xiiie et xive siècles), des Bigottières, de la Gibonnière, de Laré, du Ronday, de Baré, de la Fouchardière (xviie et xviiie siècles).

Le nom patronymique de cette famille est MAINGOT; mais elle est plus connue sous celui de SURGÈRES ou de GRANGES DE SURGÈRES. Son origine, d'après l'historien Besly, remonte au xe siècle.

La branche des Sgrs d'Azay-sur-Cher a pour auteur Hugues de Surgères, fils puîné de Guillaume de Surgères et de Berthomie d'Allemaigne.

Hugues de Surgères est mentionné dans des titres de 1208, 1224 et 1239. Son fils, Guillaume de Surgères, Sgr d'Azay, épousa Alix de Culant, fille de Jean de Culant, Sgr de Châteauneuf, et de Jeanne de Bouville. De ce mariage sont issus Jean de Surgères, Sgr d'Azay, chevalier banneret, et Hugues de Surgères. Jean de Surgères s'étant jeté dans le parti des Anglais, Charles V confisqua sa terre d'Azay (1371); mais

cette propriété lui fut rendue dans le cours de l'année suivante. Hugues et Jean moururent sans enfants.

La branche de Surgères, des Bigottières et de la Fouchardière eut pour auteur Louis de Granges, fils puîné de Charles,
et de Marguerite de la Bruère.

Louis de Granges épousa en premières noces Anne des Vil-
lattes, dont il n'eut pas d'enfants ; et en secondes noces
(6 septembre 1646) Elisabeth de Rohéan, fille de Jehan,
écuyer, Sgr de Genest, et de Renée d'Appelvoisin. De ce mariage sont issus entre autres enfants :

1º René de Granges de Surgères, écuyer, Sgr de la Gibonnière, du Ronday, de Baré, etc... Il fut déclaré exempt de
l'imposition du sel par sentence des officiers du grenier à sel
de Richelieu. Par contrat du 21 avril 1653, il épousa Renée
Le Proust, fille de Pierre Le Proust, écuyer, Sgr du Ronday,
et d'Elizabeth Aubert. Renée Le Proust et ses filles, Elisabeth
et Renée, furent maintenues dans leur noblesse, le 5 décembre
1667, par Voisin de la Noiraye, intendant de Touraine ;

2º François, Sgr de Laré, maintenu dans sa noblesse, par
Barentin, le 28 août 1667 ;

3º Philippe, Sgr des Bigottières, marié le 9 novembre 1667,
à Jeanne de la Prévière ;

4º Louis, Sgr de la Crouillère ;

Samuel de Granges de Surgères, Sgr de la Fouchardière,
(un des fils de Philippe et de Jeanne de la Prévière), fut maintenu dans sa noblesse le 2 juin 1715. Le 20 novembre 1749, il
épousa Françoise de Sapinault de Boishuguet, dont il eut deux
filles et un fils : Céleste-Esprit de Granges de Surgères, Chev.,
Sgr de la Fouchardière, né en 1720, marié, le 14 juillet 1739,
à Louise de Liger. Il périt dans la guerre de Vendée (1793).
Son fils aîné, Louis-René de Granges de Surgères, capitaine
au régiment d'Auvergne , chevalier de St-Louis, émigré,
mourut en 1806, laissant trois enfants de son mariage avec
Elizabeth Guyomard de Kervalloc :

1º Louis-René de Granges de Surgères, vicomte de Sur-

gères, marié, le 6 octobre 1840, à Marguerite de la Roche-
foucault-Bayers, fille de Pierre-Aimé de la Rochefoucault-
Bayers et de Marie-Louise-Marguerite Guillermo de Treve-
neuc ;

2° Elisabeth de Granges de Surgères ;

3° Céline-Amérine, mariée, le 2 janvier 1838, à Henri
Thibault de la Pinière.

De gueules, fretté de vair de six pièces.

Les branches cadettes portaient pour brisure :

Un chef d'or chargé d'un lambel à trois pendants de sable.

## SURIREY de SAINT-REMY.

D'azur, à la fasce d'or chargée d'un tourteau de gueules et accompagnée
en chef de deux quintefeuilles du second, et d'un cœur de même en pointe.
— Couronne de comte. — Devise : *Pietas, fidelitas.*— Supports : une autruche
à sénestre, un lion à dextre.

## TABOUREAU des RÉAUX , Chev. , Sgrs des Réaux , d'Orval et de Louy (xviiie siècle).

Louis Taboureau, Sgr des Réaux, conseiller secrétaire du
roi, mourut à Paris le 30 mai 1746, laissant trois enfants de
son mariage avec Philippe Masse :

1° Louis-Mathurin Taboureau, Sgr des Réaux , grand-
maître des eaux et forêts au département du Lyonnois, marié,
en 1717, à Catherine-Geneviève Bazin, dont il a eu un fils,
Louis-Gabriel des Réaux, conseiller au Parlement (24 mai
1740) ;

2° Jacques-Mathurin Taboureau, Sgr d'Orval, trésorier-
général des bâtiments du roi, marié, en 1733, à Catherine-
Cécile Péan de Mosnac ;

3° Philippe Taboureau , femme de Gabriel Taschereau,
Sgr de Baudry et de Linières, conseiller d'Etat et intendant
des finances.

Louis Taboureau, Sgr des Réaux, chevalier de Saint-Louis,
comparut, en 1789, à l'Assemblée de la noblesse de Touraine
convoquée pour l'élection des députés aux Etats-généraux.

D'azur, au chevron accompagné en chef de trois étoiles mal ordonnées, et
en pointe d'un croissant, le tout d'or. (D'après Dubuisson).

D'azur, au chevron d'or accompagné de trois tambours de même ; au chef d'argent chargé d'un lion courant, de sable (d'après La Chesnaye-des-Bois).

## TAFFU, en Touraine (XVIIe et XVIIIe siècles).

Vers 1696, Pierre Taffu remplissait à Tours les fonctions de conseiller du roi, assesseur en l'élection.

D'azur, au chevron d'or accompagné en chef de deux trèfles de même, et en pointe d'un croissant aussi d'or, surmonté d'une quintefeuille de gueules.

Gilles Taffu, Sgr de la Vacherie, en Vendômois (XVIe siècle), portait :

De ..., à une fasce de ..., accompagnée de trois roses de ...

## TAILLE (de la), Ec., Sgrs de Foullé et de la Treille (XIVe siècle), de la Roche-Ramé (XVe siècle).

De..., à trois besants de...; 2, 1 ; à la bordure de...

## TAILLEFER, Ec., Sgrs de Corbet (paroisse de Fléré-la-Rivière), par suite du mariage de Nicolas Taillefer avec Louise de Corbet (1650).

De gueules, à trois fasces d'or.

## TAILLEVIS (de), Chev., marquis de Périgny, Sgrs de Jupeaux, la Hatrie, la Perine et de Carris, paroisse de Saint-Cyr-du-Gault (XVIIe siècle).

Raphaël de Taillevis, Sgr de la Mezière, fut anobli en mars 1554.

Charles-Léon de Taillevis, marquis de Périgny, colonel d'infanterie, comparut, en 1789, à l'Assemblée de la noblesse de Touraine pour l'élection des députés aux États-géné-raux.

D'azur, à un lion d'or tenant de sa patte dextre un écot ou pend un raisin de pourpre. *Alias.* — D'azur, au lion d'or tenant de sa patte dextre un raisin de même.

## TAIS (du), Ec., Sgrs d'Oiré, relevant de Preuilly (XVIe siècle).

De gueules, à trois clefs d'or, 2, 1, à la bordure d'azur.

## TALLEMANT DES RÉAUX, Chev., Sgrs des Réaux (XVIIe et XVIIIe siècles).

Cette famille est originaire de Tournay. Vers 1650, Gédéon Tallemant acheta, au prix de 115,000 livres, la terre du Plessis-Rideau, paroisse de Chouzé, et obtint, en juin 1653, des lettres patentes, en vertu desquelles il lui fut permis de changer le nom de Plessis-Rideau en celui des Réaux.

Gédéon Tallemant, Ec., Sgr des Réaux, comparut, en 1689, devant le lieutenant général de Chinon, avec les autres nobles de ce bailliage, pour les déclarations relatives au ban et arrière-ban convoqué par lettres patentes du mois de février de cette année.

D'azur, au chevron renversé, d'or, accompagné en chef d'une aigle d'argent.

**TALLEYRAND** (de), princes, ducs de Chalais (1714), princes de Bénévent (1806), ducs de Dino, au royaume de Naples (1815), ducs de Talleyrand (1816), ducs français de Dino (1817). — Famille originaire du Périgord. Elle a pour auteur, Hélie, fils puîné d'Hélie V, comte de Périgord, de l'ancienne maison de la Marche. Parmi les hauts dignitaires qu'elle a fournis on remarque Charles-Maurice de Talleyrand-Périgord, prince, duc de Talleyrand et de Bénévent, évêque d'Autun (1789), président de l'Assemblée constituante (1790), ministre des relations extérieures (1797-99-1807), grand-chambellan de l'Empereur Napoléon (1804), ministre des affaires étrangères (1814), ministre d'État et grand chambellan de France et membre du conseil privé (1815), décédé en 1838.

Résidence en Touraine : château de Rochecotte, commune de Saint-Patrice.

De gueules, à trois lions d'or, armés, lampassés et couronnés d'azur. — Devise : *Re que Diou.*

Le prince de Bénévent (Charles-Maurice de Talleyrand-Périgord), vice-grand-électeur, grand-aigle de la Légion d'honneur, portait, d'après l'*Armorial de l'Empire* :

Parti ; au 1 de gueules , à trois lions rampants et couronnés d'or; au 2 d'or, au sanglier passant de sable, chargé sur le dos d'une housse d'argent; chef d'azur à l'aigle d'or, les ailes étendues, empiétant un foudre de même.

Talleyrand-Périgord, chambellan de l'Empereur, ministre plénipotentiaire près de la Confédération helvétique, comte de l'Empire, portait, d'après le même armorial :

Coupé, le premier parti de comte-officier de la maison de l'Empereur, et de gueules à la tête de lion arrachée, d'argent; au deuxième de gueules, à trois lions d'or.

**TALLONNEAU**, Sgrs de la Rivière (fief situé dans la ville de Bourgueil). Ce domaine vint dans la famille Tallonneau par le mariage d'un de ses membres avec Renée de Caux, vers 1700.

Claude Tallonneau fut pourvu de la charge de conseiller du roi, contrôleur du grenier à sel de Bourgueil, par lettres du 13 mai 1695.

D'azur, à trois lions d'or, 2, 1.

**TANCHOUX** (de), Éc , Sgrs de Tanchoux, près St-Flovier, et de Laleuf (xviie siècle).

D'argent, à un chou de sinople ; au chef d'azur chargé de trois étoiles d'or.

**TANTON** (de), Sgrs de Laugrière (xviie siècle).

D'azur, au chevron denté, d'or, accompagné en chef de deux fleurs de lis et d'une autre en pointe de même.

**TARADE** (de), Éc., Sgrs du Mesnel, de Marthemont et d'Autremont, comtes de Corbeilles, etc... — Cette famille, originaire de la Normandie ou de la Champagne, a rendu des services distingués dans la carrière des armes, dans celle de la magistrature, dans les sciences et dans les lettres. Elle compte dans sa filiation un brigadier des armées du roi, directeur des fortifications d'Alsace, un contre-amiral (au service de la Russie), précédemment capitaine de vaisseau en France; — des ingénieurs du roi; un conseiller secrétaire du roi en la chancellerie du Parlement de Metz; — un doyen des conseillers du roi au Châtelet de Paris ; — sept chevaliers de l'Ordre de Saint-Louis; — des chevaliers des ordres de Saint-Lazare et de Notre-Dame du Mont-Carmel; — un chevalier de la Légion d'honneur; — un officier de l'ordre impérial de Notre-Dame de Guadalupe; un chevalier du même ordre et de l'Ordre royal et militaire du Christ (de Portugal), etc...

Parmi ses alliances, on remarque les familles de Villedot
des Forges, Martin de Moncelot et du Chesneau, de Savoisy,
de Savary, de Billy, Dubois de Crancé, Dubois de Chantrenne, Guyot des Granges, de Lavier de la Caüle, du Portal,
Dupont du Vivier, de Malestros de Quemarra, Giraud des
Echerolles, de Cappy, de Lavenier ; Eermans, barons de
Beaufort ; comtes de Ménardeau, de Rotrou, Cœur de l'Etang,
de Varieux, de Vilhardin de Marcellange, etc...

Jacques de Tarade, Ec., né en 1640, un des ingénieurs les
plus distingués du siècle de Louis XIV, directeur des fortifications d'Alsace, brigadier des armées du roi, chevalier de
Saint-Louis et des ordres de Saint-Lazare et du Mont-Carmel,
reçut, en 1673, des lettres de noblesse pour ses services lors
de la défense de Charleroi, sous le comte de Montal (1672).

Le 5 mars 1782, Bernard Chérin, généalogiste des ordres
de Saint-Michel, du Saint-Esprit et de Saint-Lazare, délivra
à François-Sébastien de Tarade un certificat, pour le service
militaire, attestant qu'il avait la noblesse requise pour être
reçu sous-lieutenant dans les troupes du roi.

Jean-Baptiste-Odile de Tarade, chef d'escadron au régiment Royal-Piémont, chevalier de Saint-Louis, comparut, en
1789, à l'Assemblée électorale de la noblesse du bailliage de
Châlons-sur-Marne.

Un autre membre de la famille, Sgr de Corbeilles, est mentionné dans la liste des gentilshommes du bailliage de Nemours
(Ile-de-France), appelés à prendre part à l'Assemblée de la
noblesse pour l'élection des députés aux Etats généraux de
1789, et contre lesquels le grand-bailli du bailliage de
Nemours donna défaut.

On trouve, en 1473, un Jean Tarade qui figure dans un
acte passé à Rouen.

Un autre Jean ou Jehan Tarade, né vers 1510, est mentionné
avec son fils dans l'histoire généalogique de la maison de
Mollan (manuscrit de Guy Allard), à l'article de Jean-Guil.,
sire de Mollan, Sgr de la Nefville.

Un personnage portant les mêmes nom et prénom, né vers
1560, épousa, en 1538, Alice-Berthe d'Enaud, fille de Jean-
Joseph d'Enaud, Chev., vicomte de Fay, Sgr des Roches, et
de Catherine Huard de Malevande, d'une famille originaire
de Burgos (Espagne).

La famille de Tarade commence sa filiation suivie par Jean
de Tarade, né vers 1596, mestre-général des voies et bâtiments du roi, marié à Marguerite de Villedot des Forges,
sœur de N. de Villedot, qui eut une fille, mariée en premières
noces au marquis d'Andrezel, et en secondes noces au comte
de Polastre. Elle s'est divisée en trois branches.

A la première branche appartiennent : Odile de Tarade,
Ec., Sgr du Mesnel, né en 1636, conseiller, secrétaire du roi,
maison, couronne de France, en la chancellerie du Parlement
de Metz, décédé le 31 avril 1719 ; — Jean-Luc-Odile de
Tarade, Ec., conseiller du roi au Châtelet de Paris ; — François-Gabriel de Tarade, Ec., comte de Corbeilles, Sgr du
Mesnel, lieutenant-colonel du régiment d'Artois-cavalerie,
gouverneur des villes et château de Montdidier et de Péronne,
chevalier de Saint-Louis, décédé le 23 février 1787 ; — Sébastien de Tarade, Ec., Sgr de Marthemont, capitaine de dragons, né le 1er décembre 1675, et qui eut pour parrain l'illustre Vauban (Sébastien Le Prestre, Sgr de Vauban), directeur général des fortifications de France ; — Odile-Sébastien
de Tarade, Ec., né, à Paris, le 20 juillet 1714, ingénieur du
roi (1735), major au corps royal du génie, conseiller notable
de l'hôtel de ville de Châlons, mort le 12 août 1785.

Odile-Sébastien de Tarade avait épousé, le 20 janvier 1759,
Nicole Dubois de Chantrenne, damoiselle de Jonchery, fille
de Jean-Baptiste Dubois de Chantrenne, Ec., Sgr de Chantrenne, de Jonchery-sur-Suippes, de Bourquenay, etc., conseiller honoraire aux bailliage et siége présidial de Châlons,
et de Marie-Elisabeth Raulet. De ce mariage sont issus :

1° Jean-Baptiste-Odile de Tarade, Ec., né le 21 novembre
1759, chef d'escadron au régiment de Royal-Piémont, puis

lieutenant dans la garde de Louis XVI, chevalier de Saint-Louis, mort à Corbeilles (Loiret), en 1793, sans laisser d'enfants de son mariage avec Gilberte-Etiennette Guyot des Granges. Il s'était signalé par son courage dans la journée du 10 août 1792, où il reçut un grand nombre de blessures:

2° François-Sébastien de Tarade, qui suit ;

3° Louis-Nicolas de Tarade, auteur de la seconde branche ;

4°, 5°, 6° Trois filles mortes en bas âge;

François-Sébastien de Tarade, Ec., né à Péronne, le 24 mai 1762, capitaine d'artillerie, chevalier de Saint-Louis, inspecteur près la fonderie de Moulins, lieutenant-colonel de la légion de la garde nationale de l'arrondissement de Moulins, mourut le 23 mai 1843. Le 15 juin 1790, il avait épousé Elisabeth de Lavenier, fille de Claude de Lavenier, chevalier de Saint-Louis, capitaine des grenadiers au régiment de Monsieur, frère du roi, et de Marie-Elisabeth Vilhardin. De ce mariage sont issus quatre enfants :

1° Jean-Baptiste-Nicolas-Eugène de Tarade, mort en bas âge ;

2° Louis-Nicolas-Théophile de Tarade, né le 25 novembre 1793, capitaine au 24e régiment de ligne, décédé le 23 mars 1837, laissant trois enfants de son mariage avec Marie-Irma Vilhardin de Marcellange : François-Charles-Eugène, né le 4 novembre 1825 ; — Denis-Joseph-Abel, né le 4 août 1827 ; — Jean-Marie-Gaëtan, né le 9 mai 1830, mort le 13 octobre 1839 ;

3° Claude-Antoine-Victor de Tarade, mort en bas âge;

4° Gilbert-Philippe-Emile de Tarade, né à Moulins, le 24 juin 1800, lieutenant de cavalerie en retraite, ancien garde-du-corps du roi (compagnie Gramont), chevalier de l'ordre royal et militaire du Christ (de Portugal), chevalier de l'ordre impérial de Notre-Dame de Guadalupe (par décret de S. M. l'Empereur du Mexique du 3 novembre 1866), marié, le 2 février 1843, à Jeanne-Louise Gautié, et résidant actuellement (1867), au château de Belleroche, près Amboise.

La deuxième branche a pour auteur Louis-Nicolas de Tarade, Ec., né le 17 novembre 1764 (2ᵉ fils d'Odile-Sébastien de Tarade et de Nicole Dubois de Chantrenne), sous-lieutenant au régiment de Rouergue-infanterie, chevalier de Saint-Louis, chef de bataillon honoraire, marié, en 1792, à Marie-Philippine Cousinet, dont il eut, entre autres enfants, Augustin-Nicolas-Alfred de Tarade, né le 19 mai 1794, Garde-du-corps de S. A. Monsieur, comte d'Artois, officier au 2ᵉ régiment de cuirassiers du Dauphin, puis lieutenant au 2ᵉ régiment de cuirassiers de la garde royale.

Augustin-Nicolas-Alfred de Tarade épousa en premières noces Marie-Agathe-Zoé de Ménardeau, — et en secondes noces (17 mai 1825) Angélique de Rotrou. Du premier mariage est issu : Arthur-Sixte-Nicolas de Tarade, né le 19 mars 1823, marié à Anne-Caroline-Clémence de Varieux, dont il a eu trois enfants. — Du second mariage sont nés : Amélie-Louise de Tarade, mariée à Jules-Jacques Cœur de l'Etang ; — Odile-Marie de Tarade, trésorier-payeur de la guerre, chevalier de la Légion d'honneur et officier de l'ordre impérial de Notre-Dame de Guadalupe ; — Céline-Joséphine de Tarade ; — Gaston-Augustin de Tarade, né le 10 avril 1835.

La troisième branche (branche d'Autremont) a pour auteur Jacques de Tarade, Ec., né en 1640 (fils de Jean de Tarade et de Marguerite de Villedot des Forges), major de la ville de Dôle, brigadier des armées du roi, directeur des fortifications d'Alsace, chevalier des ordres de Saint-Louis, de Saint-Lazare et du Mont-Carmel, anobli en 1673, mort le 9 janvier 1722, laissant trois enfants de son mariage avec N. Lavier de la Caüle : Jacques-Gabriel, qui suit ; une fille, mariée à Antoine du Portal, brigadier des armées du roi ; et Martin-Antoine, conseiller du roi, auditeur à la Chambre des Comptes.

Jacques-Gabriel de Tarade, Ec., né le 29 janvier 1683, ingénieur au Corps royal (1708), capitaine d'infanterie, gentilhomme ordinaire du roi, chevalier des ordres de Saint-Lazare et de Notre-Dame du Mont-Carmel, eut, entre autres enfants, de son mariage avec Anne-Marie du Pont du Vivier, Jacques-François-Marie de Tarade d'Autremont, Chev., marquis de Malestros, Sgr de Postmogüer et de Quémarra, capitaine des vaisseaux du roi, chevalier de Saint-Louis.

D'azur, à deux fasces d'argent, maçonnées de sable. — Couronne de comte. — Supports : deux lions.

Dubuisson, dans son *Armorial des principales maisons et familles du royaume* (t. II, p. 104), a commis une erreur en n'indiquant qu'une seule *fasce maçonnée de sable* dans les armes de cette maison.

TARDIF DE CHÉNIERS, Ec., Sgrs de Chéniers, du Chatonnet, du Jon, paroisse de Trogues (XVII$^e$ et XVIII$^e$ siècles). — Famille très-ancienne de Touraine.

Jean Tardif de Chéniers fut échevin de Tours, en 1589, puis maire de cette ville, en 1599.

Jean Tardif était chanoine de St-Martin de Tours, en 1697.

Arthur Tardif, fils de René Tardif, et petit-fils de Jean Tardif, Sgr de Chéniers et maire de Tours en 1599, présenta une requête au corps de ville de Tours pour obtenir un certificat établissant que son aïeul, Jean Tardif, avait été l'un des vingt-quatre échevins de cette ville nommés par le roi Henri III, en 1589, et anoblis par lettres du mois de mai de cette année. Le 23 septembre 1666, le corps de ville décida que ce certificat lui serait délivré.

Charles Tardif de Chéniers, écuyer, et Jean Tardif, écuyer, prieur-baron du prieuré de Bullon, en Vendômois, comparurent, en 1789, le premier en personne, le second par fondé de pouvoir, à l'Assemblée électorale de la noblesse de Touraine.

Jean Tardif, Ec., premier valet de garde-robe de Monsieur, frère du roi, fut pourvu de la charge de conseiller du roi, garde-scel de la maîtrise des eaux et forêts de Chinon, en 1699.

D'or, à trois branches (ou palmes) de fougère de sinople, 2, 1. — Supports deux aigles d'or. — Couronne de marquis.

Un brevet .de ces armoiries (sauf les ornements extérieurs) fut délivré par Charles d'Hozier, garde de l'*Armorial général de France*, le 12 février 1698, à Thomas Tardif, conseiller du roi en l'hôtel de ville de Tours, et ancien échevin de cette ville, en exécution d'une ordonnance rendue le 20 décembre 1697, par les commissaires généraux du Conseil.

**TARDIF** (N.), chanoine de St-Martin de Tours, vers 1698, portait, d'après l'*Armorial général* :

De sable, à trois tortues d'or, 2, 1.

## TARDIF d'HAMONVILLE.

Ecartelé; aux 1 et 4 d'or, à trois palmes de sinople, 2, 1 ; aux 2 et 3 d'azur, au lion d'or, à la fasce d'argent, brochant sur le tout. — L'écu timbré d'un casque de profil. — Supports : deux levrettes. — Couronne de marquis. — Devise : *Tardif, haste toi.*

**TASCHEREAU**, Éc., Sgrs de Baudry, des Pictières, de la Carte de Ballan, de Narbonne, de Linières, de Bléré, de St-Libert (à Tours); de Viou, paroisse de Cerelles, — des Carneaux, etc... — Famille originaire de Touraine et anoblie dès 1492 par l'élection, à l'échevinat de Tours, de Pierre Taschereau, marchand de draps de soie.

Son fils Jean, son petit-fils Michel et son arrière-petit-fils Jean furent également échevins. Ce dernier épousa Marie Gallant, fille d'Aule Gallant, Sgr de Montorant et de Bezay, élu capitaine et échevin de Tours, en 1589, et maire de cette ville en 1597.

Ce Jean Taschereau est le premier de la famille que nous voyions ajouter un nom de fief au sien ; il prit la qualité de Sgr de Baudry. Il mourut en 1640.

La famille Taschereau s'est divisée en plusieurs branches.

Parmi les fonctionnaires et les dignitaires ecclésiastiques qu'elle a donnés à la Touraine on remarque :

Gabriel Taschereau, Sgr de Linières, conseiller du roi, grand-maître enquêteur et général réformateur des eaux et forêts de France au département de Touraine (1644).

Michel Taschereau, avocat au siége présidial de Tours, bailli de Marmoutier (1660) ;

Michel Taschereau, receveur des décimes, à Tours, et échevin de cette ville, mort avant 1684 ;

Jean Taschereau, Éc., Sgr de Baudry, conseiller du roi et son avocat au bailliage et siége présidial de Tours (1679-82), lieutenant particulier en la même juridiction (1685) ;

Pierre Taschereau, Sgr des Pictières, conseiller du roi, receveur des décimes, à Tours, échevin de cette ville (1684);

Michel Taschereau, Sgr de la Haye, secrétaire du roi, à Tours (1686) ;

Michel-Jean-Baptiste Taschereau, conseiller du roi, trésorier-général au bureau des finances de Tours (vers 1698) ;

Gabriel Taschereau, Éc., Sgr de Baudry, conseiller du roi, lieutenant-général de police, ancien et alternatif des ville, faubourgs et banlieue de Tours, maire de cette ville en 1709, puis lieutenant-général de police de la ville de Paris, intendant des finances (1722), conseiller d'Etat (1740), mort le 22 avril 1755, âgé de quatre-vingt-deux ans ;

Michel-René Taschereau, conseiller du roi, trésorier-général de France à Tours, décédé en 1718 ;

Philippe Taschereau des Pictières, clerc-tonsuré, chanoine et prévôt de St-Martin de Tours, mort le 12 février 1748 ;

Jean Taschereau de Baudry, prêtre, chanoine prébendé, puis doyen en dignité de St-Martin de Tours, maire de Tours en 1722, abbé de Fontaines-les-Blanches (1712-52), décédé le 11 octobre 1752 ;

Bertrand-César Taschereau de Linières, chanoine prébendé et trésorier en dignité de St-Martin de Tours (1752), abbé de Gastines (1725-65), décédé le 17 février 1765 ;

Jean-Joseph Taschereau, conseiller du roi, trésorier-général de France, à Tours (1774) ;

Gilles-Louis Taschereau des Pictières, chanoine et prévôt de Léré en l'église de St-Martin de Tours, décédé le 5 novembre 1783 ;

Antoine Taschereau, lieutenant particulier au bailliage et siége présidial de Tours (par provisions du 20 juillet 1785), juge au tribunal criminel du département d'Indre-et-Loire, conseiller à la cour royale d'Orléans, mort le 7 janvier 1817;

Jules-Antoine Taschereau, né à Tours le 28 frimaire an X, secrétaire-général de la préfecture de la Seine et maître des requêtes (1830-31), député de l'arrondissement de Loches (1839), représentant d'Indre-et-Loire aux Assemblées constituante et législative, administrateur-général, directeur de la Bibliothèque impériale.

Pierre Taschereau des Pictières, Chev., Sgr de la Carte de Ballan, de Narbonne, etc..., ancien capitaine de hussards, chevalier de St-Louis, fils de Pierre Taschereau, Sgr des Pictières, lieutenant d'artillerie, comparut, en 1789, à l'Assemblée électorale de la noblesse de Touraine.

Michel Taschereau, Sgr de la Haye, secrétaire du roi (1686), portait, d'après l'abbé Goyet :

D'argent, à trois roses de gueules, pointées de sinople.

N. Taschereau, prêtre, curé d'Azay-le-Rideau (vers 1698), et N. Taschereau, demoiselle, portaient, d'après l'*Armorial général :*

D'argent, à un chevron de sable, accompagné de trois coquilles de même.

Michel-Jean-Baptiste Taschereau, trésorier-général de France, à Tours, vers 1698, portait, d'après l'*Armorial général :*

D'argent, à un rosier de trois branches, de sinople, sur une terrasse de même, chaque branche produisant une rose de gueules.

Pierre Taschereau, Éc., vivant vers 1698; Jean Taschereau, Gabriel Taschereau et Jean Taschereau de Baudry, portaient, d'après l'*Armorial général*, les armes qui précèdent, avec cette seule différence *que les roses étaient boutonnées d'or.*

N., veuve de N. Taschereau, échevin de Tours (vers 1698), portait, d'après l'*Armorial général :*

D'azur, à une étoile à huit rais, d'or; au chef de même chargé de trois nèfles de sinople.

Marthe Bellegarde, femme de Pierre Taschereau, receveur des décimes, à Tours, portait, d'après le même recueil :

De gueules, à une cloche d'argent, bataillée d'or.

René Taschereau, greffier des rôles de la paroisse de la Chartre, portait, d'après le même recueil :

Parti d'or et de gueules, à une tasse de l'un en l'autre.

Pierre Taschereau des Pictières, Chev., Sgr de la Carte de Ballan, et qui comparut à l'Assemblée électorale de la noblesse de Touraine, en 1789, portait, d'après M. Lambron de Lignim :

D'argent, au rosier de sinople, fleuri de trois roses de gueules, sur une terrasse de sinople ; écartelé de Cothereau, qui est d'argent, à trois lézards grimpants, de sinople, 2, 1.

Ces armes sont indiquées, ainsi qu'il suit, au nom de Taschereau, Sgrs de Baudry, de Lignières, dans l'*Armorial* de Dubuisson, t. II, p. 105 :

Écartelé, au premier et dernier quartiers d'argent, à un rosier de trois roses de gueules, feuillé et tigé de sinople, sur une terrasse de même; aux 2 et 3 d'argent, à trois lézards de sinople.

TASSIN, Chev., Sgrs de la Chaussée, de Charsonville, du Bois-Saint-Martin, d'Authon. Moncourt, Montaigu, Arpilly, Villepion, la Renardière, Saint-Pereuse, Aupuy, Villemain, Messilly, etc., vicomtes de Nonneville. — Famille originaire de l'Orléanais. D'après la tradition, elle a pour auteur Jehan Tassin, un des braves citoyens qui défendirent Orléans contre les Anglais, en 1429. Jehan Tassin commandait une des portes de cette ville quand Jeanne Darc vint la délivrer.

La famille Tassin a comparu à l'Assemblée électorale de la noblesse de l'Orléanais, en 1789. Elle a donné un maire de la ville d'Orléans (1754-57), un grand-maître des eaux et forêts, des conseillers-secrétaires du roi, un membre du Conseil général du commerce et des manufactures de l'Empire, un conseiller à la Cour royale de Riom, un maître des requêtes, préfet de la Loire, d'Indre-et-Loire et de Vaucluse, un commandeur et des chevaliers de la Légion d'honneur, des chevaliers de Saint-Louis, etc... Parmi ses alliances, on remarque les maisons de Cahoüet, Laisné de Sainte-Marie, Colas des Francs, de Villemor de Changy, de Mainville, Baguenault, de Loynes de Morette, d'Alès, de Chenard, Geffrier de Pully, Jullien de Saumery et de Courcelles, de Vienne, de Puymaurin, de la Rüe de de Champchevrier, Damas de Thourette, de Congniou, Brugières de Barante, etc... Elle s'est divisée en plusieurs branches.

La branche de Villepion, dont un rameau s'est établi en Touraine, a pour auteur Guillaume Tassin des Hauts-Champs, Ec., Sgr de Villepion, en Beauce, échevin d'Orléans, conseiller-secrétaire du roi, 6e fils de Charles Tassin, IIe du nom et de Catherine Rousselet, marié, le 30 janvier 1730, à Marie-Madeleine Arnault de Nobleville. De cette alliance est né Prosper-Guillaume Tassin de Villepion, Ec., Sgr de Villepion, né en 1733, procureur du roi aux bailliage et siége royal d'Orléans et intendant du duc d'Orléans, marié, le 25 février 1760, à Anne-Suzanne-Andrée Leclerc de Douy, dont il eut entre autres enfants André-Louis-Marie (souche du rameau de Nonneville), Chev., vicomte de Nonneville, né le 23 août 1775, adjoint du maire d'Orléans, auditeur au conseil d'Etat, maître des requêtes, préfet des départements de la Loire, d'Indre-et-Loire et de Vaucluse, commandeur de la Légion d'honneur.

Par ordonnance de Louis XVIII, du 16 mai 1816, André-Louis-Marie Tassin de Nonneville reçut le titre de vicomte, transmissible à ses descendants mâles, par ordre de primogéniture. Les lettres-patentes, délivrées à Paris le 3 août 1816, furent enregistrées à la cour royale de Paris, le 18 novembre 1817. Nous en avons donné le texte dans le *Calendrier de la noblesse de la Touraine, de l'Anjou, du Maine et du Poitou*, pour 1867, pages 442-43.

Louis-André-Marie Tassin, vicomte de Nonneville, épousa, en 1799, Geneviève de Fays, dont il eut :

1° Louis-Alfred-Prosper, qui suit;

2º Anne-Coralie, mariée à Victor de Bonnaire de Gif, chevalier de Saint-Louis et de la Légion d'honneur.

Louis-Alfred-Prosper Tassin, vicomte de Nonneville, né le 10 octobre 1800, maire de Chambray (Indre-et-Loire), a épousé, le 6 octobre 1828, Bernardine-Adrienne de la Rüe du Can de Champchévrier. De ce mariage sont issus :

1º Louis-Henri-Prosper Tassin, baron de Nonneville, né le 17 décembre 1831 ;

2º Elisabeth-Louise Tassin de Nonneville, née le 6 octobre 1829, mariée, le 8 octobre 1849, à Gaëtan-Henri de Thourette ;

3º Jeanne-Lucie-Marthe Tassin de Nonneville, née le 9 juillet 1838.

Tassin de Nonneville porte :

D'argent, au chevron de gueules surmonté d'un croissant de même, accompagné en chef de deux étoiles d'azur, et en pointe d'un lis de jardin, de sable. — Couronne de vicomte.

Les armes suivantes, appartenant également à la famille Tassin, ont été gravées sur des jetons frappés par la ville d'Orléans, en 1754.

D'argent, au chevron d'azur, accompagné en chef de deux étoiles et d'un croissant de sable, et en pointe d'une aigle essorante et contournée au naturel.

La branche aînée portait le *chevron de gueules ;* les branches collatérales, dit M. d'Auriac (*Armorial de la noblesse de France*), ont des armes à peu près semblables, mais qui diffèrent par les émaux.

TAUPIN ou TAULPIN, en Touraine (xviiie siècle).

Vers 1780, Jacques-Alexandre-René Taulpin de la Marche remplissait, à Tours, les fonctions de conseiller du roi, trésorier de France au bureau des finances de la généralité à Tours.

De gueules, à la fasce d'or, accompagnée en chef d'une colombe tenant en son bec un rameau d'olivier, et en pointe d'un lion, le tout d'or.

TAUXIGNY (Gilles de), en Touraine (xiiie siècle).

De... à la croix de...

TAVEAU, Chev., barons de Morthemer, Sgrs de Sonnay, près Chinon (1441), de Bagueux, paroisse de Bournan ; de Vauroux, du Plessis-Rideau, de Chouzé, d'Orval, de Basse-Rivière, de la Gaultrie, de Mallée, Puy-Tesson, la Raudière, la Rebergerie, Empuré, Valanfray, Verrières, Dienné, Normandou, la Chèze-outre-Vienne, Saint-Martin-la-Rivière, la Ferrandière, Lavau, la Bussière, la Guillotière, etc... (xvie et xviie siècles).

Cette famille, originaire du Poitou, a été plusieurs fois confirmée dans sa noblesse, notamment le 30 décembre 1667, le 26 février 1697 et le 10 janvier 1716.

Elle commence sa filiation suivie par Guillaume Taveau, Chev., baron de Morthemer, qui fut maire de Poitiers en 1388-95-96-97-98, 1412-13.

Les terres de la Gaultrie, de Basse-Rivière, d'Orval et de Chouzé, passèrent, vers 1620, dans la maison de la Béraudière, par le mariage de Françoise Taveau avec Philibert-Emmanuel de la Béraudière.

François-Alexandre Taveau, Chev., baron de Morthemer, Jacques Taveau, Chev., et Gaspard-François Taveau, Chev., Sgr de l'Age-Courbe, comparurent à l'Assemblée électorale de la noblesse du Poitou en 1789.

François-Alexandre Taveau, baron de Morthemer, mourut le 5 septembre 1834, laissant deux enfants de son mariage avec Geneviève-Elisabeth Bergier du Plessis :

1° Hilaire Taveau, baron de Morthemer, marié à Marie-Rose-Adélaïde Constant, dont il a eu : Hilaire-Abel, né le 2 janvier 1843, et qui épousa Thérèse de Mansier ;

2° Marie-Radégonde-Léonie Taveau de Morthemer, mariée, le 12 juin 1843, à Charles-Eugène-Marie Dargence.

3° Joséphine Taveau de Morthemer.

Antoine-Joseph Taveau, Chev., Sgr de l'Age-Courbe (appartenant à la branche de Vaucourt), épousa, le 28 octobre 1776, Anne-Gabrielle de l'Age, dont il eut :

1° Gaspard-François-Alexandre, marié, en 1809, à Marie-Henriette Chambellain, veuve de Pierre-Louis de Marans de Tricon. Il mourut en 1837, sans laisser d'enfants ;

2° Marguerite-Alix, née en 1779 ;

3° Marie-Pauline, mariée à Alexandre Bernardeau de Monterban ;

4° Jean-Edmond, officier de cavalerie, chevalier de la Légion d'honneur, marié, le 15 juillet 1813, à Marie-Louise de Puyguyon, dont il a eu : Marie-Louise-Esther, mariée, en 1842, à Louis de la Biche ; Edouard-Pierre-Constantin ; Marie-Pauline ; François-Gaspard et Marie-Anne-Pauline.

D'or, au chef de gueules chargé de 2 pals de vair.

**TAVERNIER** (Charles-Antoine-Alexandre), chanoine et chancelier de l'Église de Tours, mourut le 26 décembre 1786.

De gueules, à un chevron d'or accompagné de trois trèfles de même.

**TAYLOR.** — Famille originaire d'Angleterre.

D'hermines, à la mitre d'azur ; au chef denché, de gueules, chargé de trois coquilles d'argent.

**TEILLÉ** (Guillaume de), commandeur du Temple, à Ballan (1254).

De gueules, à la bande d'or, chargée de cinq losanges de gueules.

**TÉLIGNY** (de), Chev., Sgrs du Châtellier, près Paulmy (xvie siècle).

De gueules, à la bande d'argent accompagnée en chef d'un croissant montant d'or.

**TELLIER DE BLANRIEZ**, barons de Blanriez.

Pierre-Louis-François Tellier, baron de Blanriez (par ordonnance de 1845), ancien consul général à Gênes, commandeur de la Légion d'honneur, né à Calais, le 4 juin 1785, est mort à Tours le 13 mars 1855.

D'azur, au chevron d'or chargé d'une pomme de pin de sinople et accompagné de trois pommes de pin d'argent, deux en chef et une en pointe.

**TELLIER DE LOUVOIS** (Louis-Nicolas le), abbé de Bourgueil (24 novembre 1658), donna sa démission en 1684, en faveur de Camille le Tellier de Louvois, évêque de Clermont. Ce dernier mourut en 1718.

Ecartelé; aux 1 et 4 d'azur, à trois lézards rangés en pal, d'argent; au chef de gueules chargé de trois étoiles d'or; aux 2 et 3 de Souvré, qui est d'azur, à cinq cotices d'or.

**TERGATZ, à Tours (XVIᵉ siècle).**

D'argent, à trois trèfles de sable surmontés d'un croissant de gueules.

**TERRIAU (Georges), bourgeois de Tours (fin du XVIIᵉ siècle).**

D'azur, à trois fasces ondées d'argent.

**TERTRE DE SANCÉ** (Jean-Baptiste-Hyacinthe-Marie du), Chev., marquis de Sancé, baron de Preuilly, Sgr d'Azay-le-Féron, Fontbaudry, Tournon, Malvoisine, Claise, Bois-Gillet, du Pouët, vendit la baronnie de Preuilly au marquis de Blanville vers 1786. Il comparut, par fondé de pouvoir, à l'Assemblée électorale de la noblesse de l'Anjou, en 1789.

La maison du Tertre est originaire de l'Anjou. Elle a pour auteur Jacques du Tertre, dont le fils, Jacques du Tertre, Sgr du Plessis et du Tertre, épousa, le 20 janvier 1434, Marie Frézeau de la Frézelière.

René du Tertre, Ec., Sgr de Mée, de Sancé et de la Gastenellière, fut maintenu dans sa noblesse par ordonnance de Voisin de la Noiraye, intendant de Tours.

Jean-Baptiste du Tertre, Ec., Sgr de Sancé et de Baubigné, épousa, en 1722, Renée-Gabrielle Trochon, dont il eut, entre autres enfants, Renée-Catherine-Jeanne du Tertre, reçue à St-Cyr le 22 mai 1733.

D'argent, à un lion de sable, langué, onglé et couronné de gueules.

**TERVES (de), Chev., Sgrs de Beauregard, du Terras, de Glaude, de la Guerillière, l'Anjonère, Armaillé, Lucé, Teildras, Maranzay, Auboué, Bois-de-Terves, Blanchecoudre, Boisgirault, etc...** — Famille originaire du Poitou, où elle est connue dès 1382.

Guy de Terves, Ec., Sgr d'Auboué et de Boisgirault, servit aux ban et arrière-ban du Poitou, en 1544.

Claude de Saintray, veuve de René de Terves, Éc., Sgr du Terras, et Claude de Terves, Éc., Sgr de Glaude, furent maintenus nobles, par sentence des élus de Thouars des 2 et 3 mars 1609.

François de Terves, Éc., Sgr de Glaude, fut maintenu dans sa noblesse par sentence des commissaires députés pour le régalement des tailles, du 16 juillet 1624. Il servit, en 1674, dans l'escadron des nobles de l'élection de Thouars.

Charles de Terves, Sgr de Glaude, — Louise Gendraud, veuve de Nicolas de Terves, Éc., Sgr de Lherbaudière; Nicolas, Jaquette, Marie, Anne, Gabrielle et Marie de Terves, leurs enfants mineurs, furent maintenus dans leur noblesse par sentence du 26 septembre 1667.

La famille de Terves a fourni des chevaliers de l'ordre de Malte. Elle s'est alliée aux maisons d'Appelvoisin, du Plessis, du Vergier, de Champlais, de la Joyère, de Colasseau, du Vau de Chavagne, Chalopin, de Pougues, Hullin de la Selle, du Chilleau, Vaillant d'Auche, Richeteau de la Coindrie, de la Planche de Ruillé, Brunet de Montreuil, de Grignon, de la Roche-St-André, de Villoutreys, Le Clerc de Vezins, etc...

René de Terves, Chev., Sgr de Glaude, né en 1646, eut, entre autres enfants, de son mariage avec Françoise Jameray d'Armaillé, Antoinette-Françoise de Terves, religieuse à Chinon.

Constant (ou Toussaint) de Terves, né en 1569, reçu chevalier de Malte en 1587, fut commandeur de l'Ile-Bouchard (1616).

D'argent, à la croix de gueules cantonnée de quatre mouchetures d'hermines.

TESSEREAU, Sgrs des Roches, à Tours (XVIIe siècle).

Cette famille a fourni deux chanoines à la collégiale de St-Martin de Tours: Laurent Tessereau, chanoine et granger, et Jean-Jacques Tessereau des Roches, chanoine et chancelier (1696).

Laurent Tesseréau portait :

D'argent, au sautoir de sable.

**TESSIER** DE **JAVERLHAC**, Chev., marquis de Javerlhac. — Famille résidant en Touraine au xviiie siècle.

François Tessier, marquis de Javerlhac, maréchal des camps en survivance de la province de Guienne, comparut, en 1789, à l'Assemblée électorale de la noblesse de Touraine.

Tessier de Marguerite porte :

D'or, au porc-épic de sable, sanglé d'argent, posé sur une terrasse de sinople; au chef de gueules chargé d'un croissant d'argent accosté de deux étoiles de même.

**TESTARD** DES **BOURNAIS**, Sgrs de Chéville et du Puy.

René-François-Joachim Testard des Bournais, Éc., fut conseiller du roi, trésorier de France et grand-voyer de la généralité de Tours (xviiie siècle).

Testard de Roussillon, au Maine, porte :

D'azur, au sautoir d'argent.

Testard en Anjou :

D'or, à une rose de gueules boutonnée d'or.

**TESTU**, Chev., marquis de Balincourt, barons de Bouloire, de Chars et de Senaut, Sgrs de la Roche, de Bouloire, de Balincourt, de Pierrebasse, de Bonnefois, de Vaudésir, de la Galaisière (xviie et xviiie siècles).

Cette famille, connue dès le xiiie siècle, a été plusieurs fois confirmée dans sa noblesse, notamment le 10 mars 1660, les 3 janvier et 4 octobre 1668 et le 12 décembre 1699. Elle a comparu, en 1789, à l'Assemblée de la noblesse de l'Orléanais.

Les terres de Balincourt, d'Héréville et autres furent érigées en marquisat, en juillet 1719, en faveur de Claude-Guillaume Testu de Balincourt, maréchal-de-camp, et qui, le 19 octobre 1746, fut nommé maréchal de France.

D'or, à trois lions léopardés, de sable, armés et lampassés de gueules, l'un sur l'autre, celui du milieu contrepassant. — Couronne de marquis. — Supports : deux sirènes; — Devise : *Vis leonis*.

**TETART** ou **TESTARD** DE **CHAMPIGNY** (de), en Touraine.

D'or, à trois chevrons d'azur accompagnés de 3 merlettes de sable rangées en chef, de 3 étoiles de même, posées une et deux entre les deux plus hauts chevrons, et en pointe d'un croissant aussi de sable.

**TEXIER (Jean), abbé de la Clarté-Dieu (1515).**

De gueules, au lévrier courant, d'argent, accolé d'or et accompagné d'un croissant de même en chef.

**TEXIER-OLIVIER (Louis), ancien administrateur du département d'Indre-et-Loire, préfet du département de la Haute-Vienne, baron de l'Empire.**

Écartelé; au 1 d'or, à l'olivier terrassé, de sinople; au 2 de baron-préfet; au 3 d'azur, à la couleuvre vivrée en pal, la tête à sénestre, surmontée d'une balance, le tout d'argent; au 4 de gueules, au coq d'or.

Dans une lettre datée du 9 ventôse an VI, adressée à Hubert, notaire à Tours, se trouve une empreinte de cachet de Louis Texier-Olivier, portant :

D'argent, à l'olivier de sinople posé sur une terrasse de même, l'écu timbré d'un casque de face orné de ses lambrequins.

**THAIX (de), voyez GEDOUIN DE THAIX.**

**THALENSAC (René de), Chev., Sgr de la Guerche (1388).**

D'argent, à une aigle éployée, de gueules.

**THAYE (Anne de), veuve de Louis Crespin, écuyer, Sgr de Billy (fin du XVIIe siècle).**

D'azur, à deux bandes d'or entre lesquelles sont rangés trois fers de pique d'argent.

**THENON, à Tours (XVIIIe siècle).**

D'argent, à trois chevrons d'azur.

**THERET, Sgrs de Combes (XVIIe siècle).**

Jacques-Edmond Theret, prévôt et lieutenant criminel en l'élection de Loches (1700), portait, d'après l'*Armorial général* :

D'azur, à un soleil d'or entouré d'une orle de gouttes d'eau (ou larmes) d'argent.

**THEVENIN (Pierre), Sgr de la Rabière, contrôleur du grenier à sel de Tours, fut maire de cette ville en 1510.**

Jehan Thevenin, licencié ès-lois, avocat au siège royal de Tours, Sgr des Cartes (paroisses de Vernou et de Noizay), résidait dans la paroisse de St-Saturnin de Tours, en 1542.

Il est qualifié de *noble homme* dans un acte du 1er juin de cette année.

Thevenin, Sgr de la Roche-Thevenin, portait :

De gueules, au léopard d'argent.

THEVIN, comtes de Forges, Sgrs d'Ussé (xviie siècle).

Robert Thevin fut maire d'Angers en 1518.

D'argent, à trois merlettes de sable, accompagnées d'une étoile de gueules en cœur.

THIANGES (de), barons du Roulet, près St-Flovier, et Sgrs de Fléré-la-Rivière (xviie siècle).

La baronnie du Roulet passa dans la maison Dallonneau par le mariage de Marie de Thianges avec Regnault Dallonneau, vers 1650.

La famille de Thianges est originaire de Bourgogne; elle portait autrefois le nom de VILLUME.

Jacques de Thianges comparut en qualité d'hommes d'armes à une revue passée à Tours le 10 juillet 1576.

De gueules, à trois trèfles d'or, 2, 1. — *Alias* : D'argent, à trois quintefeuilles de gueules.

THIBAUD DE LA ROCHETHULON, Chev., marquis de la Rochethulon, baron des Prez, Sgrs des Baudiments, relevant de la Guerche (xviie et xviiie siècles), de Thorigni, de Terreau, de Chevagni-le-Lombard, etc... — Famille originaire du comté de Beaujolais. Sa filiation suivie commence par Hugues Thibaud, Ec., Sgr de Thulon, né en 1540.

Claude Thibaud, baron des Prez, maréchal de bataille dans les armées du roi, lieutenant-colonel du régiment d'Auvergne, fut maintenu dans sa noblesse par arrêt du Conseil, du 3 octobre 1667, et par ordonnance de Bouchu, commissaire député dans la province de Bourgogne, le 4 juin 1669.

La famille Thibaud de la Rochethulon a fait ses preuves pour les pages de la grande écurie du roi, en 1721, et pour l'école militaire, en 1760. Elle s'est alliée aux maisons de Charreton, de Noblet, de Beaumanoir, Martel, de Saulx, Couraud de la Rochevreuse, de Durfort de Lorges, Beaupoil

de St-Aulaire, Courtarvel de Pezé, de Tudert, Isoré de Plu-
martin, etc...

Emmanuel-Philippe de Thibaud de Noblet, marquis de la
Rochethulon, officier supérieur des gardes-du-corps, gen-
tilhomme de la chambre du roi, a épousé, le 1ᵉʳ juin 1825,
Marie-Régine-Olive de Durfort-Civrac-Lorges, fille de Guy-
Emery-Anne, duc de Civrac, et de Anne-Antoinette-Eléonore
de Joncourt. De ce mariage sont issus :

1º Emmanuel-Stanislas-Marie de Thibaud de Noblet, comte
de la Rochethulon, marié, en 1855, à Marie-Edith de Grente ;

2º Louise-Laurence-Marie, décédée en 1856 ;

3º Fernand-Louis-Marie ;

4º Henri-Marie.

D'argent, au chevron d'azur ; au chef de même. — Couronne de marquis. —
Supports : deux lions.

Autrefois, la famille Thibaud de la Rochethulon portait :

Écartelé ; aux 1 et 4 d'argent, au chevron d'azur, au chef de même, qui est
de Thibaud ; aux 2 et 3 d'azur, à un sautoir d'or, qui est de Noblet des Prez.

THIBAUDEAU, comtes de l'Empire, propriétaires de la
terre des Touches, commune de Ballan (Indre-et-Loire).
— Famille originaire du Poitou. Le premier de ses membres
sur lequel on ait des renseignements est Jacques Thibaudeau,
marchand de draps à la Châteigneraye, vivant en 1557.

Antoine-René-Hyacinthe Thibaudeau, député du tiers
état aux États généraux de 1789, administrateur de la
Vienne, président du tribunal criminel de Poitiers, puis du
tribunal d'appel (1800), député de la Vienne (1802), mourut
le 20 février 1813.

Antoine-Claire, comte Thibaudeau, fils du précédent, né le
23 mars 1765, procureur de la commune de Poitiers (1790),
représenta le département de la Vienne à la Convention nationale, où il vota pour la mort de Louis XVI, sans appel ni
sursis. Il fut ensuite membre et président du conseil des Cinq-
Cents, préfet de la Gironde et des Bouches-du-Rhône, —
sénateur, le 26 janvier 1852, grand officier de la Légion

d'honneur (1853), et mourut le 1er mars 1854. Le titre de comte lui avait été conféré en 1809.

Adolphe-Narcisse, comte Thibaudeau, fils du précédent, né en 1795, est mort à Paris le 7 décembre 1856.

De gueules, à la colonne d'or, accolée d'un lion d'argent, armé et lampassé de sable; franc-quartier de comte conseiller d'état.

THIBAULT, Ec., Sgrs de Bessé, relevant de la Haye (1508), et de Chasseignes, paroisse de Grazay (XVIIᵉ siècle). — Famille noble et ancienne, originaire de Bourgogne ou du Nivernais.

De gueules, à trois tours crénelées, d'or, 2, 1, maçonnées de sable.

THIBAULT (François), prêtre, curé de Prinçay, élection de Richelieu (fin du XVIIᵉ siècle).

De gueules, à une lunette d'approche, d'argent.

THIBAULT DE LA CARTE DE LA FERTÉ-SÉNECTÈRE, Chev., marquis de la Carte et de la Ferté-Sénectère (1), Sgrs de Veuzé, de Champdoiseau, paroisse de Sazilly; de la Chalonnière, de Montpoupon, paroisse de Luzillé; de Jaunay, de Beaupuy, de la Planche, des Essarts, de la Levraudière, relevant de la Haye; du Vieux-Brusson, etc... — Famille d'ancienne noblesse et originaire du Poitou. D'après le *Dictionnaire des familles de l'ancien Poitou*, t. II, p. 707, elle commence sa filiation suivie par Floridas Thibault, Ec., Sgr de la Carte, qui servit comme brigandinier du Sgr de Bressuire au ban de 1467, et comme archer, à celui de 1491. Elle a fourni plusieurs chevaliers de Malte, entre autres Gabriel Thibault, commandeur des Epaux, en 1675, et de Loudun, en 1698.

François Thibault, Sgr de la Chalonnière, et Georges Thibault de la Carte furent maintenus dans leur noblesse le 10 novembre 1667. Gabriel Thibault, Chev., Sgr de la Carte et de la Chauvière, fut également maintenu dans sa noblesse le 19 novembre 1699.

(1) Ce nom s'est écrit autrefois *Saint-Nectaire*. Nous suivons ici l'orthographe adoptée par le maréchal de la Ferté, qui signait : *de la Ferté-Sénectère*.

Par lettres patentes du mois de juin 1698, Gabriel Thibault de la Carte, capitaine des gardes-du-corps de Monsieur, frère du roi, fut autorisé, ainsi que l'aîné de ses enfants mâles, à porter le nom de la Ferté-Sénectère avec celui de la Carte. Cette autorisation fut accordée en faveur du mariage que François-Gabriel Thibault de la Carte était sur le point de contracter avec la fille du duc de la Ferté, et à la condition d'écarteler ses armes de celles du duc. Les lettres patentes furent enregistrées au Parlement de Paris le 16 juillet 1698.

Louis-Philippe Thibault de la Carte, marquis de la Ferté-Sénectère, né le 24 avril 1699 (fils de François-Gabriel Thibault de la Carte, marquis de la Ferté-Sénectère), colonel du régiment de la Marche, épousa, le 23 mars 1746, Marie-Anne-Perrette-Henriette de Rabodanges, dont il eut :

1° Henri-François, qui suit ;

2° Auguste-Théodore-Maurice, marquis de la Carte, chevalier de Malte ;

3° Henriette-Jeanne Thibault de la Carte, mariée à Charles-Alexandre Doynel, comte de Montécot, premier chambellan du comte d'Artois, et décédée en 1799.

Henri-François Thibault de la Carte, marquis de la Ferté-Sénectère, né en 1757, colonel du régiment de Perche, puis maréchal-de-camp, mourut à Versailles en 1819, laissant cinq enfants de son mariage avec Jeanne-Marie Amelot de Chaillou, fille du marquis Amelot de Chaillou, ministre de la maison du roi :

1° Auguste-Alfred Thibault de la Carte de la Ferté-Sénectère, capitaine de cavalerie, décédé en 1840 ;

2° Henriette-Adèle Thibault de la Carte, mariée à Louis-César-Adolphe Graindorge d'Orgeville, baron de Mesnil-Durand ;

3° Marie-Pauline-Amélie Thibault de la Carte, mariée, en 1820, à Marie-Armand-Théodore, marquis de Vichy ;

4° Augustine-Flore-Appoline Thibault de la Carte, mariée, en 1818, à Joseph-Adrien Babin de Lignac, capitaine d'état-major (garde royale), démissionnaire en 1830, mort en 1863 au château de Touchenoire, près Levroux (Indre) ;

5° Augustin-Marie-Faustin Thibault de la Carte, marquis de la Ferté-Sénectère, marié, en 1832, à Antoinette-Charlotte-Appoline de Chastenet-Puységur, fille d'Anne-Jacques-Ladislas, comte de Chastenet-Puységur. De ce mariage sont issus :

1° Marie Thibault de la Carte, née en 1832, mariée, en 1864, à Fernand Budan de Russé, capitaine-commandant au 7e régiment de hussards ;

2° Henri Thibault de la Carte, comte de la Ferté-Sénectère, né en 1834, lieutenant au 2e régiment de hussards, marié, en 1866, à Jenny de·Bez, dont il a eu Henri Thibault de la Carte de la Ferté-Sénectère, né le 26 janvier 1867.

3° Maxime-Maurice-Antoine-Paul Thibault de la Carte, né le 26 septembre 1836 ;

4° Antoine Thibault de la Carte, né le 4 janvier 1840, lieutenant d'état-major (1er janvier 1865); .

5° Georges Thibault de la Carte, né le 23 janvier 1844, employé à la Banque de France ;

6° Madeleine Thibault de la Carte, née le 8 septembre 1848.

Augustin-Marie-Faustin Thibault de la Carte , marquis de la Ferté-Sénectère, réside au château d'Alet, canton de la Haye-Descartes, et à Tours (1867).

Ecartelé; aux 1 et 4 d'azur, à la tour crénelée, d'argent, qui est de Thibault de la Carte; aux 2 et 3 d'azur, à cinq fusées d'argent, posées en fasce, qui est de la Ferté-Sénectère.

**THIBERGEAU** (de), Ec., Sgrs de la Belletière, paroisse de Souvigné (xviie siècle).

A cette époque, la branche aînée, représentée par Louis de Thibergeau, Sgr de la Motte et de Flée, résidait dans l'élection de la Flèche.

Méry Thibergeau, Sgr de la Motte, comparut, en 1508, à la rédaction du procès-verbal de la Coutume du Maine.

D'argent, au chevron de gueules, accompagné de trois coquilles de même, 2, 1. — Couronne de marquis.

THIBOUT (de), Chev., marquis du Grais, Sgrs de Saint-Christophe, de Coutaunay, du Motté, etc... — Famille originaire de Normandie, où elle est connue dès 1350.

Jacques de Thibout, Sgr du Grais, chevalier de l'ordre du roi, chambellan de François de Valois, duc de Touraine, d'Alençon, d'Anjou et du Maine, épousa, en 1566, Guillemette de Thouars, fille de Nicolas de Thouars, Sgr de Huillé, de Guiyonnière, etc..., et de Louise d'Angennes.

D'argent, à deux quintefeuilles de gueules en chef et une fleur de lis de même en pointe.

THIENNE (de), Chev., Sgrs du Châtellier, paroisse de Ceré, — de Razay, de la Piollière, de Fontenay-Cigogné, de Fosse-Maure et de Beauchêne, paroisse de Luzillé, — de Preguay, de la Mardelle, de Monsay, de Launay, de Beauregard, de Laleu, du Mesnil, de la Bedaudière, de Saint-Georges-sur-Cher, de Cigogné et de Marolles (XVIIe et XVIIIe siècles).

Cette famille est originaire d'Italie.

Alexandre-Gaëtan de Thienne et Louis-Gaëtan de Thienne, chevalier de St-Louis, ancien capitaine au régiment du roi, capitaine et gouverneur des ville et bailliage de Sens, comparurent, en 1789, à l'Assemblée de la noblesse de Touraine convoquée pour l'élection des députés aux États-généraux.

D'azur, au pal vivré d'argent. — Supports : deux levrettes. — Couronne de comte.

Quelques membres de la famille portaient :

De gueules, au pal vairé d'argent.

D'autres :

Ecartelé ; aux 1 et 4 d'argent à l'aigle de sable, couronnée d'or ; aux 2 et 3 d'azur au pal vivré d'argent.

THINAULT (N.), conseiller du roi, lieutenant de la maîtrise particulière des eaux et forêts de Chinon (avant 1789).

D'or, à trois lis de jardin de...; au chef d'azur chargé de trois étoiles d'or (ou d'argent). — Couronne de marquis ; — Supports : deux aigles.

THIRAT DE SAINT-AGNAN ET DE CHAILLY. — Famille originaire de Normandie. — Philippe-Auguste Thirat de

St-Agnan, maître des requêtes au Conseil d'État, intendant militaire, commandeur de la Légion d'honneur, chevalier de St-Louis et de St-Ferdinand d'Espagne, né à Santenay (Loir-et-Cher) le 10 octobre 1783, fils de Jean-François Thirat de St-Agnan, chevalier de St-Louis, capitaine du génie, ancien exempt des gardes de Monsieur, et de Jeanne-Rose Cools des Noyers, fut créé baron par le roi Louis XVIII (lettres patentes du 31 juillet 1821, enregistrées à la cour royale de Paris le 12 janvier 1822). Il mourut à Tours le 28 mai 1862, laissant deux filles de son mariage avec Almérine Forget : 1° Marie-Augustine, née le 11 février 1815, mariée, le 30 octobre 1834, à Lucien-Alexandre Le Caron de Fleury, chevalier de la Légion d'honneur, conseiller de préfecture du département d'Indre-et-Loire ; 2° Marie-Almérine, mariée, en 1840, à Augustin Quirit, baron de Coulaine, ingénieur en chef des ponts-et-chaussées.

Cette famille a donné à la marine un amiral, des capitaines de vaisseau et plusieurs officiers d'administration. Elle a formé deux branches, dont le seul représentant mâle est, aujourd'hui, Auguste Thirat de Chailly, lieutenant de vaisseau, attaché au port de Brest.

Zoé Thirat de Chailly, sœur d'Auguste Thirat de Chailly, a épousé le contre-amiral Gicquel des Touches, actuellement directeur du personnel au ministère de la marine.

D'azur, à l'arc d'or posé en fasce, soutenu d'une balance d'argent et surmonté de trois flèches d'or, la pointe haute, celle de dextre en bande, celle du milieu en pal, et celle de sénestre en barre. — Couronne de baron.

THOMAS (Louis de), chanoine de Metz, abbé de St-Pierre de Preuilly (1758), mourut en 1765.

Ecartelé de gueules et d'azur, à une croix fleuronnée, et au pied fiché, brochant sur le tout.

THOMAS, Ec., Sgrs de l'Hopitau, en Touraine (XVII<sup>e</sup> et XVIII<sup>e</sup> siècles).

Charles Thomas, conseiller du roi, assesseur à l'hôtel de ville de Tours (1695), puis grand-juge-consul de la justice consulaire à Tours, fut maire de cette ville en 1712-13-14.

D'azur, à un chevron d'or accompagné en chef de deux marguerites ligées et feuillées d'argent et d'une fleur de lis d'or en pointe ; au chef de sable chargé de deux aigles éployées, d'or.

L'*Armorial général* attribue à Charles Thomas les armes suivantes :

D'azur, au lion d'or tenant une massue de même.

**THOMAS, Ec., Sgrs de Bois-Morin.** — Famille résidant au xviie siècle dans la paroisse de Marigny-Brizay.

Charles Thomas, Sgr de Bois-Morin, fut maintenu dans sa noblesse par arrêt du Conseil du 18 mars 1669.

D'or, au chef de gueules, chargé d'une croix tréflée, d'argent, à la bande d'azur, en abîme, affrontée d'une tête de maure, de sable, au tortil d'argent.

**THOREAU, Sgrs des Girardières.** — Famille résidant au Tillou, paroisse de Blaslay, élection de Richelieu, au xviie siècle.

D'azur, à un taureau passant, la tête contournée, d'or, regardant deux étoiles de même en chef.

**THORIGNY ou THORIGNÉ (de), en Touraine (xviie siècle).**

D'or, à la bande denchée, de gueules, chargée d'une cotice de même.

**THORY, Ec., Sgrs de la Tuffière (xviie siècle), de la Chevalière, des Roches, etc...**

D'argent, à deux fasces de gueules, accompagnées de sept merlettes de même, 4 rangées en chef, 2 entre les fasces à chaque côté de l'écu, et une en pointe.

**THOUARS (de), Chev., vicomtes de Thouars,** — Sgrs de Rochecorbon (xive siècle).— Cette illustre maison, originaire du Poitou, où elle est connue dès 903, s'est éteinte vers le milieu du XVe siècle, en la personne de Catherine de Thouars, dame de Pouzauges, femme, en premières noces, de Gilles de Laval, Sgr de Raiz, et en secondes noces, de Jean de Vendôme, vidame de Chartres.

Aimery de Thouars, Chev., fut capitaine-gouverneur de Chinon (1199);

Simon de Thouars était chanoine de St-Martin de Tours, prévôt de Restigné, en 1233.

D'or, semé de fleurs de lis d'azur ; au franc-quartier de gueules. — *Alias* : Parti emanché d'or et d'argent de 8 pièces.

Avant 1218, les armes de cette maison étaient :

De... à huit merlettes de....; au franc-quartier de...

## THOUROUDE ou THORODE (Jean de), abbé de Fontaines-les-Blanches (1422-27).

D'argent, à la bande componnée d'argent et de sable de six pièces, chargée de trois lionceaux léopardés, d'or, un sur chaque compon de sable.

## THOYNARD, en Touraine et en Orléanais.

D'argent, au cœur de gueules accosté de deux demi-vols de même, accompagné en chef de trois étoiles d'azur, et en pointe d'un croissant de même.

## THUBERT (de), Éc., Sgrs de Boussay; de la Guéritaude, paroisse de la Celle-St-Avant; des Blonnières, paroisse de Maillé-Lailler ; de Valencé, paroisse d'Antran; de la Vrillaye, de la Petite-Baron, de la Tour de Boussay, de la Salle, etc... — Famille originaire du Poitou.

Le *Catalogue alphabétique des nobles de la généralité de Poitiers* (Poitiers, Antoine Mesnier, 1667), réédité dans l'ouvrage intitulé *Etats du Poitou sous Louis XIV* (page 476), fait mention, dans les termes suivants, de Charles Thubert, vivant vers 1666, et résidant alors à Vendeuvre, élection de Poitiers :

« Charles Thubert, Sgr de Goussaye, issu de l'échevinage « de Poitiers de l'an 1616, noble, a payé la taxe. »

Jean-René de Thubert, né à la Vrillaye, paroisse de Chaveignes, le 9 octobre 1756, épousa Louise-Françoise de Gazeau, dont il eut Jean-Louis de Thubert, père de Ludovic de Thubert, aujourd'hui sous-chef au ministère des finances, à Paris.

Elise de Thubert de la Vrillaye, fille de Marie-Gabrielle-Madeleine de Thubert de la Vrillaye, brigadier des gardes-du-corps, chevalier de St-Louis, chef d'escadron en retraite (décédé, à la Vrillaye, le 25 juin 1842), et d'Adélaïde Le Lot (décédée, à la Vrillaye, le 21 septembre 1803), a épousé Gabriel de Morineau, lieutenant d'infanterie sous l'Empire, ancien garde-du-corps, né au château de Lirec, paroisse de Bignou, le 15 mai 1790, résidant actuellement au château de la Vrillaye, commune de Chaveignes.

De sinople, à un chevron d'or, accompagné de trois tierces feuilles (ou trèfles) d'argent. — Supports : deux palmes. — Couronne de comte.

**THUILLE** (Jean de la), bailli des ressorts et exemptions de Touraine (1370-75).

D'or, au corbeau de sable.

**THURIN ou TURIN** (de), à Tours (xvi⁰ siècle).

Cette famille, originaire de Paris, a fourni un conseiller au Parlement.

François-Charles-Philibert, marquis de Turin, et Marie-Charles-François-Philibert, vicomte de Turin, comparurent, en 1789, à l'Assemblée électorale de la noblesse du Maine.

De gueules, à trois étoiles d'or posées en chef.

**TIERCELIN**, Chev., marquis de Brosses et de la Roche du Maine, Sgrs de Pocé, de Candes, de la Châteigneraie, de la Mothe-Rousseau, de Balon, de Montpoupon, de Taillé, etc... — Famille originaire du Poitou, où elle est connue dès le xiiie siècle.

Elle commence sa filiation suivie par Lancelot Tiercelin qui épousa Jeanne d'Amboise, le 18 août 1223. Parmi les autres familles auxquelles elle s'est alliée on remarque celles de Bellay, de la Châteigneraye, de Penthièvre, Turpin de Crissé, de Gaucourt, Rance, Bruneau de la Rabastelière, de Rochechouart, d'Appelvoisin, de Longchamps, de Gourlay, d'Auxy, de Vienne, etc... Elle a donné à la Touraine les fonctionnaires et les dignitaires ecclésiastiques dont les noms suivent :

Jean Tiercelin, Sgr de Brosses, capitaine du château du Plessis-les-Tours (vers 1460), conseiller et chambellan du roi ;

Jean Tiercelin, capitaine-gouverneur de Chinon (1485) ;

Adrien Tiercelin de Brosses, capitaine-gouverneur de Loches (1519), décédé à Blois, en 1548;

Louis Tiercelin, abbé de Miserey, chanoine de St-Martin de Tours (1548) ;

Charles Tiercelin, abbé de Fontaines-les-Blanches (1550-59);

Nicolas Tiercelin, abbé de la Clarté-Dieu (1559) ;

N. Tiercelin de la Roche du Maine, capitaine-gouverneur de Chinon (vers 1560) ;

Nicolas Tiercelin, abbé de la Clarté-Dieu (1572-84) ;

Nicolas Tiercelin d'Appelvoisin, abbé de Beaulieu (1584), évêque d'Evreux ;

Philippe Tiercelin, baron de la Ferté, gouverneur d'Amboise, capitaine au régiment des gardes (vers 1585) ;

Antoine Tiercelin, abbé de Fontaines-les-Blanches, mort vers 1590 ;

Charles Tiercelin de Balon, capitaine-gouverneur de Chinon (15 octobre 1612), conseiller d'Etat ;

Charles Tiercelin, aussi capitaine-gouverneur de Chinon, par provisions du 15 octobre 1619.

D'argent, à deux tierces d'azur, en sautoir, cantonnées de quatre merlettes de sable.

TIBERT (Charles), marchand bourgeois, de Tours (fin du XVIIe siècle).

D'azur, à trois montagnes d'or, 2, 1.

TILLET (du), Ec., Sgrs de Marçay (XVIIIe siècle).

Cette famille, originaire d'Angoumois, a été anoblie en 1484 en la personne d'Elie du Tillet, contrôleur-général des finances de Charles d'Orléans, comte d'Angoulême.

François du Tillet, écuyer, comparut, en 1789, à l'Assemblée électorale de la noblesse du Poitou.

D'or, à une croix pattée et alaisée de gueules.

TINEL (du), Ec., Sgrs de la Bressaudière et de la Rousselière.

Au XVIIe siècle, une branche de cette famille résidait à Baratière, près Yzeures.

D'argent, au chevron de gueules accompagné de trois roses de même, deux en chef et une en pointe.

TINGUY (de), Chev., Sgrs de Bessay, de Saunay et de la
Naulière (xviiie siècle). — Famille originaire du Poitou. Elle
a été maintenue dans sa noblesse vers 1666. Plusieurs de ses
membres comparurent, en 1789, à l'Assemblée électorale de
la noblesse du Poitou.

D'azur, à quatre fleurs de lis cantonnées, d'or.

TISSART, Chev., Sgrs d'Azay-le-Cardonne (Azay-sur-Indre),
des grand et petit Chedigné, du Plessis-Mauleville et de la
Guespière, relevant d'Amboise (xvie siècle).

De gueules, à trois croissants d'or.

TORCY (de), Chev., marquis de Torcy et Sgrs de la Tour.
— Cette famille a fourni un lieutenant-général des armées du
roi, Philippe de Torcy de la Tour (1666).

De sable, à une bande d'or.

TORNIELLE (de), Sgrs de Bagneux, paroisse de Bournan
(xviie siècle).

De gueules, à l'écusson d'or chargé d'une aigle éployée, de sable; l'écu
accosté de deux massues d'or.

TORSAY (de), Chev., barons de la Haye, en Touraine, Sgrs
de Torsay (xve siècle).

D'argent, à un écusson de gueules au centre de l'écu, et une bordure
d'azur. — L'écu entouré d'arbalètes.

TORTERUE, Sgrs de Sazilly, de la Cour, de Razines, de
Langardière, de Terrefort, de la Guarnaudrie, de Bellebat,
etc. (du xvie au xviiie siècle).

Cette famille commence sa filiation suivie par François
Torterüe, lieutenant-général de la maréchaussée de Chinon,
né au mois de juillet 1494, et qui épousa, en 1520, Jeanne
Ribot, d'une famille très-ancienne de Chinon, anoblie en
juin 1369.

Elle a donné à la Touraine les fonctionnaires et les dignitaires ecclésiastiques dont les noms suivent :

François Torterüe, lieutenant-général de la maréchaussée
de Chinon (1494);

Guillaume Torterüe, procureur du roi et son receveur des

tailles, lieutenant des prévôts de la maréchaussée de Chinon (1555);

François Torterüe, Sgr de Terrefort, conseiller du roi en l'élection de Richelieu (1630);

François Torterüe, doyen des Roches-Tranchelion et prieur de St-Gilles de l'Ile-Bouchard (vers 1660);

René Torterüe de Sazilly, avocat au Parlement et lieutenant-particulier civil et criminel du duché-pairie de Richelieu (1664-80). Il est le premier de la famille qui ait porté le nom de Sazilly, terre qu'il acheta, en 1660, de la famille Aymard;

René Torterüe, lieutenant de la maréchaussée de Chinon, décédé en 1680;

René Torterüe, avocat au Parlement, président en l'élection de Richelieu (vers 1690);

François Torterüe, Sgr de Bellebat, président en l'élection de Richelieu (1737);

Joseph Torterüe de Sazilly, conseiller du roi au bailliage de Chinon (vers 1750);

Pierre-Joseph Torterüe de Langardière, avocat au Parlement, conseiller du roi au bailliage de Chinon (1757);

Joseph-René Torterüe de Sazilly, chanoine Granger en dignité de St-Martin de Tours, mort en 1776;

Jean-Charles Torterüe de Sazilly, chanoine de St-Martin de Tours, mort le 6 janvier 1792;

Jean-René Torterüe de la Cour, président au siége royal de l'élection de Richelieu (1789), maire de cette ville et l'un des administrateurs du département d'Indre-et-Loire. Il épousa, en 1780, Anne-Louise-Jeanne-Marguerite Restru, fille de Louis-Nicolas Restru de Varennes, conseiller du roi, lieutenant particulier civil et criminel, assesseur civil, premier conseiller aux bailliage et siége présidial de Tours;

Louis Torterüe de la Cour, fils du précédent, maire de Richelieu, sous la Restauration, puis maire de Chaveignes, épousa, en 1845, Augustine Haren de la Gaillardière, fille de

Claude-François Haren, Sgr de la Gaillardière, président au grenier à sel de Montrichard, et ancien officier de la maison de Louis XVI. De ce mariage sont issus :

1° Louis Torterüe de la Cour, né le 3 août 1816, membre du conseil municipal de Chaveignes, résidant actuellement au château du Verger, marié, le 24 février 1864, à Marie-Suzanne Temple, fille de François Temple, amiral anglais, (branche cadette des Buckingham) ;

2° Henri Torterue de la Cour, né le 27 décembre 1819, conservateur des hypothèques, à Montfort (Ille-et-Vilaine), marié, le 15 novembre 1848, Elizabeth Ridué, dont il a eu trois enfants : Henri, Louise et Armand.

François-Jean Torterüe de Sazilly, chef de la branche de ce nom, à la fin du xviii° siècle, épousa Marie-Marthe-Louise Goujon de St-Laurent, fille de N. Goujon de St-Laurent, lieutenant particulier des eaux et forêts. Il mourut le 9 octobre 1802, laissant quatre enfants :

1° François Torterüe de Sazilly, Sgr de Sazilly, né en 1770, et décédé le 9 février 1858. Il fut longtemps maire de Sazilly. Le 19 août 1799, il épousa Julie-Charlotte Renault de Bellevue, fille de Félix-Alexandre Renault de Bellevue, président du tribunal de Chinon. De ce mariage sont issus trois enfants : François-Charles, né le 14 février 1809, receveur de l'enregistrement à l'Ile-Bouchard, propriétaire de la terre de Sazilly ; — Auguste-Joseph, né le 19 février 1812, ancien élève de l'école polytechnique, ingénieur en chef du gouvernement, chevalier de la Légion d'honneur, décédé en 1852, laissant, de son mariage avec Marie Godard, un fils, Paul, résidant actuellement à Bayonne ; — Françoise, née le 14 décembre 1806, mariée, le 5 mai 1829, à Charles-Joseph Berard (du Mans). De ce mariage sont nés : Anatole Berard, marié, le 6 février 1866, à Charlotte Chalumeau ; Charles Berard, receveur de l'enregistrement à Léger (Loire-Inférieure) ; et Marthe-Lise, religieuse ursuline, à Tours ;

2° Joseph Torterüe de Sazilly, né le 18 octobre 1773, marié,

1° le 19 août 1799, à Sophie-Félicité-Marie d'Anthenaise-Gigault de la Chouannière ; 2° à Hélène Moreau, fille de François-Christophe Moreau, avocat du roi, puis juge au siége présidial de Tours, et de Hélène-Martine Megessier. Il mourut le 13 octobre 1845, laissant deux fils. Joseph-Adolphe Torterüe de Sazilly, issu du premier mariage, né le 7 avril 1801, et décédé le 16 avril 1841, eut quatre enfants de son mariage avec Henriette de Seguin qu'il avait épousée le 25 septembre 1824 : Joseph-Henry, né le 11 décembre 1826, marié, le 24 avril 1855, à Gabrielle Nicolas ; Maurice-Eugène, né le 8 septembre 1829 ; Amédée-Magloire, né le 2 février 1824, capitaine d'artillerie, chevalier de la Légion d'honneur, marié, le 5 avril 1864, à D<sup>lle</sup> de Favière ; Marie-Anne, née le 25 janvier 1832, mariée, le 26 novembre 1858, à Alfred d'Isles. — Jules Torterue de Sazilly, issu du deuxième mariage de Joseph Torterüe de Sazilly, né le 4 février 1824, membre de la Société d'agriculture d'Indre-et-Loire, épousa, le 24 octobre 1848, Marie-Antoinette-Vincentine Le Maire de Marne, fille du chevalier Le Maire de Marne, ancien chef d'escadron d'état-major à Tours, chevalier de St-Louis et de la Légion d'honneur, et de Constance-Hélène-Louise Juchereau de St-Denys. Trois enfants sont issus de ce mariage. Jules Torterüe de Sazilly réside au château de Beauregard, près Azay-le-Rideau, et à Tours ;

3° Magloire Torterüe de Sazilly, né le 24 octobre 1780, juge au tribunal de première instance de Chinon, décédé dans cette ville le 20 avril 1862. Il avait épousé en premières noces, Charlotte Besnard, et en secondes (10 décembre 1830) Clarisse Normand. — Charles Torterüe de Sazilly, issu du premier mariage, né le 1<sup>er</sup> janvier 1818, membre de la Société d'agriculture d'Indre-et-Loire, marié, le 24 septembre 1844, à Emilie Aymé de la Chevrelière, réside au château de Thorigny, près Montbazon. Il a deux filles, dont l'aînée a épousé, le 5 avril 1864, Henry de Vonne. — Georges-Albert Torterüe de Sazilly, issu du deuxième mariage, est né le 6 mai 1838 — Marthe-Marie-Claire, issue également du deuxième mariage, née le 30 août 1840, a épousé, le 20 janvier 1863, Félix Desmé de Chavigny ;

4° Marthe Torterüe de Sazilly, née le 16 mars 1771, mariée, en 1795, à Pierre-Victor Normand, docteur en médecine, et résidante actuellement à Chinon.

La branche de Torterüe de la Cour porte :

De gueules, à quatre tours d'or, posées, 2, 2, et un château pavillonné de même en cœur. — Couronne de comte.

La branche Torterüe de Sazilly porte :

De gueules, à la tortue rampante, d'argent, chargée de trois chevrons renversés, de gueules, et accompagnée de trois étoiles d'argent, 2 en chef, 1 en pointe. — Supports : deux lions. — Couronne de comte.

**TORTERUE** (Jean-Charles), prêtre, curé de St-Pierre et de St-Maurice de l'Ile-Bouchard (vers 1770).

De..., à 3 merlettes de... — Supports : deux palmes. — Couronne de comte (D'après une empreinte de cachet).

**TOUCHARD**, Ec., Sgrs de Grandvaux et de Bourdillet (xviiie siècle).

Julien Touchard, conseiller du roi, était échevin de Loches en 1704 ;

Jean Touchard fut aussi conseiller du roi et échevin à Loches en 1712 ;

N. Touchard de Grandvaux fut conseiller du roi et assesseur en la maréchaussée de la même ville.

Touchard, dans l'Orléanais, portait :

D'azur, à la harpe d'argent.

**TOUCHE** (de la), Ec., Sgrs de Beaulieu, de la Guitière (xviie et xviiie siècles). — Vers 1660, une branche de cette famille résidait dans la paroisse de Jaulnay.

D'or, au lion de sable, couronné, lampassé et armé de gueules.

**TOUCHE** (de la), Éc., Sgrs de la Boussardière, paroisse de Cerelles ; de la Mortellerie, des Prés (xviie siècle).

D'azur, au lévrier passant, d'argent, onglé et accolé d'or.

**TOUCHEBOEUF-BEAUMONT** (Jean-Antoine de), grand-archidiacre et vicaire-général de Tours, puis évêque de Rennes en 1759.

D'azur, à deux bœufs passants, d'or.

**TOUCHELÉE**, Éc., Sgrs de la Gasserie, en Touraine (XVIIe siècle).

Isaac Touchelée, conseiller du roi, président aux bailliage et siége présidial de Tours, fut maire de cette ville en 1652.

De sable, à un chevron d'or accompagné de trois larmes d'argent ; au chef d'azur chargé d'un croissant d'argent et de deux étoiles d'or.

**TOULLIEU** (de), en Touraine et dans l'Ile-de-France.

D'azur, au chevron d'argent chargé sur la pointe d'un croissant de gueules et accompagné en chef de deux étoiles d'or, et en pointe d'un lion de même.

**Touraine** (Province de).

De gueules, au château d'argent, à la bordure componnée de Jérusalem, qui est d'argent à la croix potencée d'or, cantonnée de quatre croisettes de même, — et de Naples-Sicile, qui est d'azur semé de fleurs de lis d'or, au lambel de gueules.

**Touraine** (Société archéologique de ).

La fondation de cette Société a eu lieu en 1840. Elle a été approuvée par le ministre de l'Intérieur le 18 octobre de cette même année.

Voici la liste des membres du bureau qui se sont succédés de 1840 à 1867 :

Présidents : MM. Henri Goüin, de Sourdeval, l'abbé Bourassé (1853), Lambron de Lignim, l'abbé Bourassé (1865-67),

Présidents honoraires : MM. Henri Goüin, l'abbé Bourassé, Lambron de Lignim ;

Vice-présidents : MM. Noël Champoiseau, de Sourdeval, l'abbé Bourassé, André Salmon, Lambron de Lignim, Grand-maison ;

Secrétaires-généraux : MM. Alexandre Giraudet (de 1840 à 1844), Ladevèze (depuis 1844);

Secrétaires-adjoints : MM. l'abbé Manceau, Grandmaison, Le Gallais, l'abbé Chevalier.

Trésoriers : MM. Boilleau, de la Ponce, Grandmaison, Guyot ;

Bibliothécaires-archivistes : MM. Adam, Marchand, Charlot, Paul Viollet, Jehan (de St-Clavien) ;

Conservateur du musée de la Société : M. Pécard ;

Membres du conseil d'administration : MM. Bourassé ; Chauveau, Meffre, Chambert, Lambron de Lignim, Pécard ; Browne ;

Membre du comité de rédaction : MM. Bourassé, de Sourdeval, Chauveau, Luzarche, Lambron de Lignim, Salmon, de Galembert, l'abbé Bodin, Carré de Busserolle.

La Société a adopté pour armes celles de la province de Touraine ci-dessus énoncées et les a fait graver sur ses jetons.

**Touraine** (Le régiment de).

Le drapeau de ce régiment portait les armes suivantes :

D'azur, semé de fleurs de lis d'or, à la bordure componnée d'argent et de gueules.

**Touraine** (Le duc et le duché de), au XIIIᵉ siècle.

D'azur, à trois fleurs de lis d'or, à la bordure componnée d'argent et de gueules.

**Touraine** (Le duc et le duché de), au XIVᵉ siècle.

Ecartelé, aux 1 et 4 de France, aux 2 et 3 de Dauphiné.

**Touraine** (La province de), sous la maison d'Anjou.

De gueules, au château d'argent; au chef tiercé en pal de Jérusalem, de Naples et de Sicile.

**Touraine** (Le hérault d'armes de), sous Louis XV.

De gueules, à cinq tours d'or, crénelées, maçonnées de sable et posées, 2, 1, 2.

**Touraine** (Les officiers de la maréchaussée générale de).

D'argent, au chevron de gueules accompagné de deux maillets de sable en chef et d'une grenade de sable, enflammée de gueules, en pointe.

**Touraine** (Bureau des hypothèques de), au XVIIIᵉ siècle.

D'azur, à trois fleurs de lis d'argent. (D'après un sceau de l'époque).

**TOUR-D'AUVERGNE** (Henri-Oswald de la), doyen de

St-Martin de Tours, puis archevêque de Tours (1719), passa au siége de Vienne en 1724.

Ecartelé; au 1 d'azur, à une tour d'argent maçonnée de sable, l'écu semé de fleurs de lis d'or, qui est de la Tour; au 2 d'or à trois tourteaux de gueules, qui est de Bologne; au 3 coticé d'or et de gueules de douze pièces, qui est de Turenne; au 4 de gueules, à la fasce d'argent; et sur le tout, d'or, au gonfanon de gueules frangé de sinople, qui est d'Auvergne.

**TOURGOIS** (François), prêtre, curé de Nueil-sous-Faye (fin du xviie siècle).

De sable, à un turban d'argent.

**TOURNEBU** (Anne de), baron de Livet, Sgr de Bouges, du Montdelis et d'Herbault, du chef de sa femme, Françoise de Prunelé, sœur et une des héritières de Nicolas de Prunelé, mourut en 1658. Le 14 octobre de cette année, sa veuve rendit hommage, pour la terre d'Herbault, à François de Rousselet, comte de Châteaurenault.

D'argent, à la bande d'azur.

**TOURNELLE** (de la), en Touraine, en Bourgogne et en Nivernais.

De gueules, à trois tours d'or, 2, 1.

**TOURNEPORTE** (de), Sgrs de Bonnivet (xviie et xviiie siècles).

René de Tourneporte remplissait les fonctions de conseiller du roi, président du grenier à sel, à Ste-Maure, et celles de sénéchal de la baronnie de Nouàtre en 1728.

René-Pierre de Tourneporte fut nommé président du grenier à sel, à Ste-Maure, le 15 juillet 1740, en remplacement de son père, René de Tourneporte. En 1767, il était gouverneur des villes et châteaux de la Haye, de Nouàtre et de Ste-Maure.

Louis-Pierre de Tourneporte fut nommé lieutenant-général civil, commissaire-examinateur du bailliage et siége royal de Chinon le 31 décembre 1772.

Emery de Tourneporte, prêtre, portait :

D'azur, à une bande d'or. — Supports : deux lions. — Couronne de comte.

**TOURNEREAU** DE **MAREUIL**, en Touraine (XVIIᵉ et XVIIIᵉ siècles).

Cette famille a résidé à Thuisseau, paroisse de Montlouis.

François Tournereau, Éc., président trésorier de France au bureau des finances de la généralité de Tours, mourut en 1732.

D'azur, au palmier arraché, d'or, soutenu d'un croissant d'argent et accosté de deux étoiles de même.

**TOURNETON** (de), Éc., Sgrs du Plessis de Thilouze (1722).

De gueules, au chef d'argent chargé de trois cœurs de gueules. — Cimier : une épée d'argent perçant un cœur de gueules. — Supports : deux léopards d'or, armés et lampassés de gueules. — Devise : *Quand on a cœur tourne-t'-on.*

**TOURNIER**, Éc., Sgrs de Vaugrignon, paroisse d'Esvres (XVIIᵉ et XVIIIᵉ siècles). — Famille originaire de Paris et actuellement éteinte.

Pierre Tournier, conseiller du roi, trésorier de France au bureau des finances de la généralité de Tours, fut maire de cette ville en 1691.

D'azur, à une fasce d'or chargée de trois étoiles de gueules et accompagnée en pointe d'une tour d'argent maçonnée de sable.

Pierre Tournier accolait à ces armes :

Un écusson d'argent, à un arbre de sinople, le pied entortillé d'un serpent de sable, sur une terrasse de sinople, accompagné en chef de deux étoiles d'azur, qui est de Besnard.

**TOURNIER** DE **SAINT-LUBIN**, Ec., Sgrs de Saint-Lubin et de Bruleu, paroisse de St-Règle (XVIIᵉ siècle).

D'argent, à trois mouchetures d'hermines, 2, 1.

**TOURNON** (François de), cardinal, archevêque de Lyon, abbé de St-Julien de Tours, mourut le 22 avril 1552.

Parti, au 1 d'azur semé de fleurs de lis d'or ; au 2 de gueules, au lion d'or.

**TOURNYER**, Sgrs de la Ponsière, du Petit-Lieu, de la Grange, de la Herpinière, de la Mourière, etc. (du XVIᵉ au XVIIIᵉ siècle).

Suivant une tradition, cette famille serait sortie du Milanais, et aurait une origine commune avec les Tournier de cette contrée et les Tournier établis à Marseille vers la fin du xve siècle, en la personne de Philippe Tournier, Sgr de St-Victoret, qui épousa Constance de Georges d'Ollières (1487). Une lettre de F. Tournier, religieux bénédictin, datée de l'abbaye de Montmajour, le 1er mai 1778, et adressée à M. Tournyer, procureur du roi et lieutenant-général des eaux et forêts du duché-pairie d'Amboise, nous apprend que la branche des Tournier de Marseille, éteinte depuis longtemps, avait été maintenue dans sa noblesse le 12 décembre 1667.

Elle portait pour armes : *De gueules, à un écusson d'or chargé d'une aigle de sable; l'écu embrassé de deux cimeterres d'or, les poignées vers le chef.*

On trouve les Tournyer, d'Amboise, établis dans cette ville dès le milieu du xvie siècle. Zacharie Tournyer, le premier connu de la famille, épousa Olive Gaillard, dont il eut : Jeanne, née en 1559; Claude, né en 1560; Marie, née en 1563; Jacques, né en 1571; Rachel, née en 1573; Zacharie, né en 1574; et Léonie, née en 1576.

Dans le même temps vivait Laurent Tournyer, résidant dans la paroisse de St-Denis d'Amboise, marié à Jacquine Gaillard, dont il eut : Charlotte et Jeanne Tournyer, nées, la première en 1561, la seconde en 1562.

Les registres de l'état-civil font encore mention d'un autre Laurent Tournyer, marié à Magdelaine Martin, dont il eut, entre autres enfants, Anne, baptisée en octobre 1572, et qui eut pour parrain Elie Deodeau, — et Louise, née en 1575.

La famille Tournyer a donné les fonctionnaires, un chanoine de N.-D. de St-Florentin d'Amboise et les officiers dont les noms suivent :

Claude Tournyer, lieutenant de l'élection d'Amboise (1585). Il épousa Marie Léonard, dont il eut une fille, Claude, baptisée le 29 mai 1585;

Claude Tournyer, aussi lieutenant de l'élection d'Amboise,

mentionné avec cette qualité dans un acte du 24 septembre 1592. Il eut plusieurs enfants de son mariage avec Judith Thomaye.

Pierre Tournyer, Sgr du Petit-Lieu, receveur du domaine d'Amboise, commissaire ordinaire d'artillerie, maire d'Amboise en 1609-10-11. Il épousa Anne Hamelin.

Enoch Tournyer, avocat, puis conseiller du roi, lieutenant des eaux et forêts d'Amboise (1631). Il épousa Jeanne de Regnard, dont il eut une fille, Antoinette, baptisée le 17 décembre 1600. On trouve un autre Enoch Tournyer, fils d'Alexandre Tournyer, exempt des gardes du corps du roi, et de Françoise Dudel, né à Amboise en 1605;

Zacharie Tournyer, receveur du domaine d'Amboise (1623); il épousa Anne Thibault, dont il eut plusieurs enfants.

Pierre Tournyer, avocat au bailliage d'Amboise (1625); il eut plusieurs enfants de son mariage avec Anne de la Haye.

Nicolas Tournyer, I$^{er}$ du nom (fils du précédent), Sgr du Petit-Lieu, d'abord attaché à la maison de Gaston, duc d'Orléans, puis conseiller du roi, président de l'élection d'Amboise; il acheta cette charge de Michel Gerbault, le 21 février 1630; les provisions lui en furent délivrées le 3 mars suivant. Par brevet du 15 février 1628, le roi Louis XIII lui fit don de divers biens meubles et immeubles confisqués, pour rebellion, sur Nicolas Baudoüin, Sgr de Bellœil, sur Michenet, Sgr de Richemont, et autres. Il épousa Marie Blanchard (décédée à Amboise en 1674).

Jérémie Tournyer, receveur des domaines d'Amboise; de son mariage avec Marie Thibault il eut une fille, Marie, qui épousa, le 26 août 1649, Martin Gorron, notaire;

Jacques Tournyer, conseiller du roi, lieutenant de robe longue et juge ordinaire des eaux et forêts, à Amboise (1654-78);

François Tournyer, lieutenant criminel en l'élection d'Amboise (1677);

Nicolas Tournyer, né en 1631, fils de Nicolas Tournyer et de Marie Blanchard, conseiller du roi, président de l'élection d'Amboise (lettres de provisions du 29 juillet 1653), maire de cette ville en 1682-83-84, subdélégué de l'intendance de Tours (pendant 40 années); il épousa Françoise Gorron (décédée le 16 juillet 1680);

François Tournyer, procureur du roi en l'élection et grenier à sel d'Amboise (1687-98);

Jacques Tournyer, prêtre, chanoine de la collégiale de Notre-Dame et Saint-Florentin d'Amboise, décédé le 2 mars 1697;

François Tournyer, conseiller du roi, subdélégué de l'intendant de Tours (1712), officier de la duchesse d'Orléans, décédé à Amboise le 23 février 1746. Il avait épousé, le 16 avril 1708, Louise Rocherot;

Nicolas Tournyer, né à Amboise le 25 novembre 1665 (fils de Nicolas Tournyer et de Françoise Gorron), conseiller du roi, président de l'élection d'Amboise (lettres de provisions du 30 juillet 1702), subdélégué de l'intendant de Tours, décédé en 1734; il avait épousé, le 8 février 1707, Madeleine Rocherot;

Nicolas Tournyer, né en 1709 (fils du précédent), conseiller du roi, président de l'élection d'Amboise (lettres de provisions du 23 août 1731), subdélégué de l'intendant de Tours, décédé le 21 mai 1742; le 29 mai 1731, il avait épousé Anne-Marie Valloys;

Nicolas Tournyer, né le 18 avril 1733 (fils du précédent), conseiller au bailliage d'Amboise, procureur du roi en la maîtrise des eaux et forêts d'Amboise et de Montrichard, décédé le 22 juillet 1804; il avait épousé Thérèse-Philippine Guérin.

Antoine Tournyer, né en 1734, fils de Nicolas Tournyer et de Anne-Marie Valloys, gendarme de la garde du roi (1755) [chevalier de Saint-Louis;

François-Ambroise Tournyer, né en 1736 (frère du précédent), capitaine de grenadiers au régiment d'Offlize (ci-devant Longaunay), puis capitaine de grenadiers dans les régiments provinciaux ;

Nicolas Tournyer, né le 3 juillet 1764, (fils de Nicolas Tournyer et de Thérèse-Philippine Guérin), conseiller du roi et son procureur en la maîtrise des eaux et forêts d'Amboise et de Montrichard, puis suppléant du juge de paix d'Amboise, adjoint du maire de cette ville (1829-30), décédé à Amboise le 17 janvier 1840. Il a publié les *OEuvres posthumes* de St-Martin (Louis-Claude), dit le *Philosophe inconnu*. En 1793, il épousa Louise Rance, dont il eut trois enfants :

1° Nicolas Tournyer, né à Amboise le 19 octobre 1795, contrôleur des contributions directes, membre du Conseil général pour le canton de Chinon (de 1845 à 1851), président du comice agricole de l'arrondissement de Chinon, décédé en 1851, sans laisser de postérité ;

2° Victor Tournyer, né à Amboise en 1799, notaire à Montrichard, adjoint du maire de cette ville (de 1839 à 1854), décédé le 2 février 1854. Il avait épousé, le 11 septembre 1826, Marie-Adeline de la Lande, fille de N. de la Lande et de Marie Cochart. De ce mariage sont issus trois enfants : Paul Tournyer, né le 12 septembre 1827, notaire à Montrichard, marié, en 1856, à Alphonsine Picot ; — Henri Tournyer, né le 28 avril 1829, actuellement procureur impérial à Tours, marié, le 19 février 1866, à Emma Morand, dont il a eu une fille, Marie-Louise, née à Tours, le 26 avril 1867; — Julia Tournyer, mariée, le 30 juin 1857, à Eugène Rossigneux, trésorier général à Gap ;

3° Prosper Tournyer, né à Amboise en 1802, ancien contrôleur des contributions directes, à Chinon.

Nicolas Tournyer, président de l'élection d'Amboise (par provisions du 30 juillet 1702), et François Tournyer, conseiller du roi et son procureur en la même élection (1698), portaient :

De gueules, à trois colonnes torses, d'argent, 2, 1.

**TOURS** (de), Éc., Sgrs de Bois-Bonnard, paroisse de Villeperdue (XVIIᵉ siècle).

D'or, à une aigle éployée, de sable, armée et becquée de gueules ; au pal d'azur chargé de trois tours d'argent, maçonnées de sable. — Cimier : une demi-aigle éployée. — Supports : deux aigles d'or, armées et becquées de gueules. — Devise : *Tours, Tours.*

### **Tours** (La ville de) au XIVᵉ siècle.

De..., à trois tours de..., avec cette légende : *Turonis civitas.*

### Après le XIVᵉ siècle :

De sable, à trois tours d'argent, 2, 1 ; au chef d'azur, chargé de trois étoilés d'or. -- *Alias* : De sable (de gueules, d'après la géographie de Du Val), à trois tours ouvertes, d'argent (*alias* d'or), pavillonnées de gueules, girouettées de même ; au chef d'azur chargé de trois fleurs de lis d'or. — *Alias* : De gueules, à trois tours d'argent rangées sur une terrasse de sinople ; au chef cousu d'azur chargé de trois étoiles d'or (*d'après l'Armorial général de* 1696.

### Sous le premier Empire :

D'or, à trois tours de...., 2, 1 ; au chef de gueules chargé de trois abeilles de... — Couronne murale, surmontée d'une aigle issante.

### Avant 1830 :

D'azur à 3 tours d'argent, 2, 1 ; au chef d'argent chargé de 3 fleurs de lis de...

### Sous le règne de Louis-Philippe :

De..., à trois tours de... ; en cœur la charte constitutionnelle, ouverte, surmontée d'un coq gaulois.

### **Tours** (Sceau de la prévôté de), au XIVᵉ siècle.

Un château de trois tours, sommées chacune d'une fleur de lis.

### **Tours** (Cour du roi, à), au XIVᵉ siècle.

De... à un château avec enceinte crénelée, la herse et son donjon, flanquée de 2 tours, le donjon et les tours surmontés d'une couronne ; trois fleurs de lis en pal de chaque côté du château (d'après le sceau d'une charte du 9 janvier 1377).

### **Tours** (Les échevins de).

De sable, à trois tours d'argent, couvertes et girouettées de gueules, 2, 1 ; au chef d'azur chargé de trois fleurs de lis d'or.

### **Tours** (Assemblée générale des trois provinces de la généralité de), en 1787.

Écartelé ; au 1 et 4 d'azur, semé de fleurs de lis d'or ; aux 2 et 3 de... semé de fleurs de lis d'or ; au franc-canton aussi d'azur, au lion passant de... ; à une bordure de gueules. — Et sur le tout : De gueules, au château donjonné et crénelé, d'argent, à la bordure componnée de Naples, de Sicile et de Jérusalem. — Couronne de duc. — Supports : deux palmes, l'une de laurier, l'autre d'olivier.

**Tours** (Communauté des avocats au siége présidial de) vers 1700.

D'or, à un St-Yves de carnation, vêtu d'une robe de palais, de sable, tenant en la main un papier plié, d'argent.

**Tours** (La Basoche de).

D'argent, à trois écritoires de sable, 2, 1 ; au chef d'azur chargé de trois fleurs de lis d'or.

**Tours** (Communauté des notaires royaux, à).

D'azur, à trois fleurs de lis d'or, 2, 1.

**Tours** (Corps des officiers de l'élection de).

D'azur, à une tour d'or, accostée de deux fleurs de lis de même.

**Tours** (Communauté des juges consuls de), à la fin du XVIIe siècle).

D'azur, à trois cœurs d'argent (ou d'or) chacun surmonté d'une fleur de lis de même.

**Tours** (Communauté des juges, gardes, essayeurs et graveurs de la Monnaie, à).

De gueules, à trois tours d'argent, 2, 1, et un besant d'or en cœur ; au chef d'azur chargé de trois pièces de monnaie, d'or.

**Tours** (Communauté du bureau des finances de), en 1698.

D'azur, à un St-Yves d'or.

**Tours** (Communauté des procureurs de l'élection et grenier à sel, à).

D'azur, à trois fleurs de lis d'or, 2, 1.

**Tours** (Communauté des procureurs du présidial de), à la fin du XVIIe siècle.

D'or, à un St-Yves de carnation vêtu d'une robe de palais, de sable, couvert du bonnet carré de même et tenant dans la main dextre des papiers pliés, d'argent.

**Tours** (Chapitre de l'Église de), en 1672.

De..., à un St-Maurice tenant une lance de la main droite, et de la main gauche un bouclier de... sur lequel il s'appuie.

Postérieurement à 1672 :

De gueules, à une croix pattée, d'argent.

**Tours** (Archevêché de), fin du xviie siècle.

De gueules, à une tour d'argent.

**Tours** (La Cour temporelle du Chapitre de), au xve siècle.

St-Martin à cheval, en costume de chevalier, champ semé de fleurs.

**Tours** (Couvent des Augustins, de) fondé en 1360.

D'azur, à une Ste-Trinité d'or.

**Tours** (Monastère des religieuses du Calvaire, à) fondé en 1636.

D'azur, à une N.-D. de Pitié, d'or.

**Tours** (Couvent des religieuses Carmélites, à) fondé en 1607.

D'azur, à un écusson d'argent sommé d'une couronne fleuronnée et perlée d'or et surmontée de cinq étoiles de même; l'écusson chargé d'une croix de sable, dont le pied fendu en chevron touche aux deux bords de l'écu, et accompagné de trois étoiles aussi de sable, 2 en flanc, 1 en pointe; le dit écusson accosté à dextre d'un T, et à sénestre d'un O, l'un et l'autre d'argent.

**Tours** (Couvent des religieuses Carmes, à) fondé en 1303.

D'azur, à une Notre-Dame-de-Pitié, d'argent, surmontée d'une croisette d'or et ayant sous ses pieds un écusson d'argent couronné d'or, chargé d'une croix pattée, de sable, dont le pied ouvert en chevron aboutit aux flancs de l'écu, la dite croix accompagnée de trois étoiles, aussi de sable, 2 aux flancs, 1 en pointe.

**Tours** (Communauté des Pères Feuillants, à), fin du xviie siècle. — Cet ordre s'est établi à Tours en 1620.

D'azur, à un St-Bernard, d'argent, embrassant la croix et les autres instruments de la passion.

**Tours** (Les religieux Minimes de), en 1698.

D'azur, au mot CHARITAS d'or, les trois syllabes posées l'une sur l'autre; le tout enfermé dans un cadre ovale rayonnant, aussi d'or.

**Tours** (Communauté des Pères de l'Oratoire à Tours), à la fin du xviie siècle. — Elle a été établie dans cette ville en 1649.

De gueules, au nom de Jésus, d'or.

**Tours** (Monastère des religieuses de l'Union Chrétienne, à) — Il a été fondé en 1653.

D'azur, à un cœur enflammé de gueules sommé d'une croix d'or au pied fiché.

**Tours** (Monastère de la Visitation de Sainte-Marie, à) fondé en 1634.

D'or, à un cœur de gueules surmonté d'une croix de sable, au pied fiché dans le cœur, ce dernier percé de deux flèches d'or empennées d'argent et posées en sautoir ; le cœur chargé des noms de Jésus et de Marie, d'or ; le tout dans une couronne d'épines de sinople, les épines ensanglantées, de gueules.

**Tours** (Monastère des Ursulines, à) fondé en 1620.

D'argent, à trois lis au naturel sur une même tige mouvante d'épines, de sinople.

**Tours** (Communauté des barbiers, baigneurs, étuvistes et perruquiers de), à la fin du XVIIe siècle.

D'azur, à un St-Louis de carnation vêtu à la royale d'une robe d'azur semée de fleurs de lis d'or, et tenant en sa main un sceptre de même.

**Tours** (Communauté des maîtres bouchers, à).

D'argent, à un St-Eutrope d'or et un berger gardant des moutons, de même (D'après l'*Arm. gén. de Fr.*).

De gueules, à trois têtes de bœuf, d'or, 2, 1 (d'après *la Touraine, de* M. Bellanger).

**Tours** (Communauté des maîtres boulangers, à).

D'or, à un St-Honoré vêtu pontificalement, la mitre en tête, la crosse à sa main sénestre, d'or, tenant de la main dextre une pelle de four, d'argent, chargée de trois pains ronds, de gueules.

**Tours** (Communauté des maîtres charpentiers de).

D'azur, à une équerre, un compas et une besaiguë, le tout d'or.

**Tours** (Communauté des maîtres chirurgiens de), fin du XVIIe siècle.

D'argent, à un St-Cosme et un St-Damien de carnation vêtus de sable, l'un tenant un livre, d'or, et l'autre une boîte couverte, de même.

**Tours** (Communauté des maîtres Ciergers de).

D'azur, à un St-Louis d'or, à dextre, et une Ste-Geneviève, aussi d'or, à sénestre.

**Tours** (Communauté des corroyeurs de).

De gueules, à une toison d'or, posée en pal.

**Tours** (Communauté des couvreurs de la ville de), fin du XVIIe siècle.

D'azur, à une tour pavillonnée, d'argent, maçonnée de sable et girouettée d'or, adextrée d'une échelle d'argent et sénestrée d'une truelle d'or.

**Tours** (Communauté des drapiers, droguistes et confiseurs de) en 1698.

D'azur, à une aune d'argent, marquée de sable, posée en pal ; parti de gueules à un flambeau d'argent en pal accosté de deux boites couvertes, d'or.

**Tours** (Les Épiciers de).

D'azur, à deux pains de sucre posés en chef et une chandelle posée en pointe et en pal, le tout d'argent.

**Tours** (Communauté des maîtres fripiers de).

D'azur, à une colombe ou St-Esprit entouré de flammes d'or sans nombre.

**Tours** (Graveurs de la Monnaie de).

De gueules, à trois tours crénelées, d'or, posées, 2, 1, et un besant de même posé en cœur ; au chef d'azur, chargé de trois pièces de monnaie, d'or, rangées en fasce.

**Tours** (Communauté des Hôteliers et Cabaretiers de), en 1698.

D'azur, à un St-Nicolas vêtu pontificalement, le tout d'or.

**Tours** (Joailliers-Merciers de).

D'azur, à une balance d'or, accompagnée en chef d'une aune de même posée en fasce, et en pointe d'un panier de même.

**Tours** (Communauté des libraires et imprimeurs de).

D'azur, à un livre ouvert, d'argent, accosté de deux fleurs de lis d'or.

**Tours** (Communauté des maîtres maçons, à), fin du xvii$^e$ siècle.

De sable, à une truelle d'or.

**Tours** (Communauté des Marchands-ouvriers en soie, à).

D'azur, à la lettre L couronnée d'or et accompagnée de trois fleurs de lis aussi d'or, 2, 1 ; au chef cousu de gueules chargé de trois tours d'argent.

**Tours** (Communauté des maîtres maréchaux-ferrants, à) fin du xvii$^e$ siècle.

D'azur, à un St-Eloi crossé et mitré, d'or.

**Tours** (Communauté des maîtres Tanneurs de).

D'azur, à une Ste-Agnès, d'or, sur une terrasse de même ; au chef cousu de gueules chargé de trois tours d'argent.

**Tours** (Communauté des Médecins, à), fin du xvii$^e$ siècle.

D'or, à un St-Côme et un St-Damien de carnation, vêtus de robes de docteur, de gueules, fourrées d'hermines, l'un tenant un livre d'argent, l'autre une boîte couverte, d'or.

**Tours** (Communauté des Mégissiers et Corroyeurs de).
D'azur, à une toison d'or.

**Tours** (Communauté des maîtres Menuisiers, à).

D'azur, à un rabot posé en fasce, accompagné d'un compas ouvert, les pointes en bas, le tout d'or.

**Tours** (Communauté des Merciers, Joailliers et Quincailliers de), fin du xviie siècle.

D'azur, à des balances d'or surmontées d'une aune couchée, d'argent, marquée de sable et accompagnée en pointe d'un marc d'or.

**Tours** (Communauté des Merciers, Joailliers, Droguiers, Quincaillers et Drapiers de), antérieurement à 1698.

D'azur, à un St-Louis, d'or, tenant de sa main dextre une couronne d'épines et un voile aussi d'or.

**Tours** (Communauté des marchands Orfèvres, à), fin du xviie siècle.

D'azur, à une Ste-Anne de carnation, vêtue d'or sur gueules, assise et montrant à lire à la Ste-Vierge, contournée, aussi de carnation, vêtue d'argent.

**Tours** (Ouvriers en soie et passementiers de la ville de).

D'azur, à la lettre L couronnée d'or, accompagnée de 3 fleurs de lis de même, deux en flanc, 1 en pointe; au chef cousu de gueules chargé de trois tours d'argent.

**Tours** (Communauté des Pâtissiers de), fin du xviie siècle.

D'azur, à une Assomption de la Ste-Vierge accostée et supportée par deux anges sur une nuée, au-dessus de son tombeau, le tout d'or.

**Tours** (Communauté des marchands potiers d'étain, à), fin du xviie siècle.

D'azur, à une buire d'argent, accompagnée de quatre gobelets cantonnés, de même.

**Tours** (Communauté des maîtres Rôtisseurs, à).
D'azur, à un St-Laurent, d'or.

**Tours** (Communauté des maîtres Serruriers, à), fin du xviie siècle.

D'argent, à une clef de sable posée en pal.

**Tours** (Communauté des maîtres Tailleurs, à), fin du xviie siècle.

D'azur, à une Ste-Trinité, le fils à la dextre du père et tous deux assis, d'or ; le St-Esprit en chef en forme de colombe, d'argent.

**Tours** (Communauté des Tapissiers de).

D'azur, chargé de dessins d'or et d'un marteau de même posé en pal.

**Tours** (Communauté des Teinturiers en soie, à).

D'azur, à la lettre L sommée d'une couronne royale, d'or, accompagnée de 3 fleurs de lis du même, 2, 1.

**Tours** (Communauté des Teinturiers en grand et en petit teint, à), en 1698.

D'azur, à un St-Maurice à cheval d'or, tenant un guidon d'argent chargé d'une croix de gueules.

**Tours** (Communauté des maîtres Vinaigriers, à).

D'argent, à deux entonnoirs d'azur en chef et un baril de pourpre en pointe.

**Tours** (Communauté des maîtres Vitriers, à), en 1700.

Losangé d'argent et d'azur à deux burelles de sable brochant sur le tout.

TOUSCHE (de la), Chev., Sgrs des Roches-Tranchelion, de Villaines, des Roches-du-Gué, du Pas-de-Loup, des Roches-Livray, de Mathefelon et du fief de Martin-en-l'Ile-de-Verron, relevant d'Ussé (xve siècle), de Langevinière, paroisse de Sepmes, — d'Avrilly, — de Marigny, paroisse d'Yzeures, — de la Guetière, de la Ravardière, de St-Germain, de la Crouzillière, de Boisgillet, de Lauberdière, des Meurs, la Massardière, la Roche-Rigaud, la Guillonnière, Beaulieu, Andigné, Nizeau, la Brosse, la Groix, etc... (du xve aux viiie siècles).

Cette famille, de très-ancienne origine, a été maintenue dans sa noblesse les 23 août 1624, 7 juin 1634 et 24 septembre 1667.

Elle a formé plusieurs branches, connues sous les noms la Tousche d'Avrigny, des Meurs, de la Ravardière, de Marigny, de la Massardière, de Poussac, de Chillac, de Gressat, de Rochefort, de Montagrier et de la Guitière.

Les quatre premières se sont alliées aux familles Frétard, du Plessis, Frotier, de Sanglier, du Marais, Sgrs du Cormier, en Touraine; de Montendre, de Chezelles, du Bec, de Préaux, de Vallée, du Puy-Gaby, de Mauléon, de Thaix, de Nuchèze, etc...

Pierre de la Tousche (de la branche de la Ravardière), Ec., Sgr de la Ravardière, paroisse de Berthegon, fut capitaine du château de Loches et mourut dans cette ville en 1526.

La branche de la Massardière commence sa filiation par Pierre de la Tousche, Ec., Sgr de la Massardière, dont le fils, Pierre de la Tousche, Ec., épousa en 1450, Catherine de Marconnay, fille de Jean de Marconnay et de Berthelonne de Ry.

Un de ses descendants, Louis de la Tousche (xie degré), Chev., Sgr de Beaulieu, de la Guillonnière, etc..., né à Bonneuil-Matours en 1729, capitaine au bataillon provincial de Poitiers, épousa le 12 janvier 1761, Marguerite-Thérèse de Fleury, dont il eut :

1º Louis de la Tousche, Chev., Sgr de la Guillonnière et des Grandes-Guilbaudières, né à Bonneuil-Matours en 1762, décédé le 11 mars 1831. Il comparut, en 1789, à l'Assemblée électorale de la noblesse du Poitou, émigra, et servit dans l'armée des Princes (4e compagnie de Poitou-infanterie), en 1792. De son mariage avec Marie-Joseph-Maximilienne-Julie Le Clercq, est né un fils, Antoine-Auguste de la Tousche, membre de la Société des antiquaires de l'Ouest, marié, le 3 décembre 1833, à Aimée-Lucile Lamarque, fille de René-François Lamarque, ancien sous-préfet, et veuve de Charles-Hyacinthe de Chièvres ;

2º Louis-Joseph-Charles de la Tousche, né à Bonneuil-Matours, en 1765, élève de l'école militaire, émigré, capitaine d'infanterie, chevalier de St-Louis, décédé le 7 novembre 1837. Le 13 avril 1807, il avait épousé Marie-Jeanne Garnier du Fief-Chollet, dont il eut : Louis-Jules de la Tousche, marié, le 28 février 1832, à Octavie de Mondion de Falaise. De ce mariage sont issus : Louis-René, mort en bas-âge; Louis-

Rupert-Georges, né le 8 avril 1849 ; Lucile-Renée-Louise et Marie-Antoinette ;

3° Louis-Jacques de la Tousche ;

4° Louise-Henriette-Sophie de la Tousche, née en 1768.

Les branches de Poussac, de Chillac, de Gressat et de Montagrier, comptent parmi leurs alliances les familles de Ventadour, du Puy de Bresmond, de Cossé, Goulard de Tournemine, de Chillac, de Raymond, de Callières, de l'Aigle, de la Porte, Chessé, Girard d'Anthènes, de la Rye, etc...

Daniel de la Tousche, Ec., appartenant à la branche de la Guittière, prit part, en 1651, à la nomination des députés pour les états de Tours.

Jean-Pascal de la Tousche, appartenant à la même branche, lieutenant-colonel d'artillerie, gouverneur du château Trompette, à Bordeaux, chevalier de St-Louis, mourut en 1772, laissant deux enfants de son mariage avec Marie-Renée Bouthet du Rivault :

1° Jean-Louis de la Tousche, Ec., Sgr de St-Ustre, capitaine au régiment Royal-infanterie, décédé en 1778. Il avait épousé Charlotte-Thérèse-Françoise de la Roche de la Groye de St-Remy, dont il eut : Bernard-François-Charles de la Tousche, Sgr de St-Ustre, chevalier de St-Louis, qui comparut, en 1789, à l'Assemblée électorale de la noblesse du Poitou ; et Marie-Louise, femme de Gabriel-Louis-Charles-Marie Léviel de la Marsonnière ;

2° Bernard-Donatien de la Tousche, Ec., Sgr de la Guittière, né en 1742, lieutenant au régiment Royal-infanterie, chevalier de St-Louis ; il comparut, en 1789, à l'Assemblée électorale de la noblesse du Poitou, émigra et servit dans l'armée de Condé. Il mourut le 26 août 1826. De son mariage avec Marie-Henriette Alabonne de Malicornay sont issus trois enfants : un mort en bas-âge ; Hortense, et Eugène-Amédée de la Tousche, né en décembre 1780.

Ce dernier mourut en 29 juillet 1848. Le 16 mai 1809 il avait épousé Céleste-Désirée Montois, dont il eut :

1° Donatien de la Tousche, marié à Marie-Ernestine de Sévin, fille de Pierre-François de Sévin, capitaine au régiment d'Agénois-infanterie, chevalier de St-Louis, et de Louise-Marie de la Haye. De ce mariage sont issus plusieurs enfants;

2° Charles de la Tousche, marié, le 16 décembre 1850, à Dlle de St-Brisson.

La famille de la Tousche a donné un juge et lieutenant du bailli de Touraine, Guillaume de la Tousche (1374), et un capitaine-gouverneur de l'Ile-Bouchard, Charlot de la Tousche (1504).

D'or, au lion de sable, armé, lampassé et couronné de gueules. — Devise : *Deo juvante.*

**TRAHAN.** — Famille de Touraine alliée à celles des Gatian de Clérembault et Cormier de la Picardière. Elle a fourni un procureur du roi, Philippe Trahan (xviiie siècle).

D'azur, à un dextrochère d'argent mouvant d'une nuée de même, tenant trois branches de laurier d'or, et accompagné en chef de deux étoiles de même.

**TRAMBLIER** (Charles), chanoine de Saint-Martin de Tours, mourut le 27 janvier 1658.

D'or, au tronc d'arbre arraché, de sable, chargé de huit tiges de sinople terminées chacune par une feuille de même.

**TRANCHELION** (de), Chev., barons de Sennevières, Sgrs des Roches-Tranchelion, de Palluau et de Vontes (du xive au xvie siècle).

Antoine de Tranchelion, commandeur de l'Ile-Bouchard (ordre de Malte), est cité dans un acte de 1566.

De gueules, à un poing d'argent mouvant du bas du flanc dextre, tenant une épée traversant un lion de même.

Le Breton (manuscrit de la bibliothèque de Tours) attribue à tort à cette famille les armes suivantes :

De gueules, au lion d'argent, à une épée garnie d'or, posée en bande.

**TRANCHET**, Ec., Sgrs de la Rajace (xviie siècle).

François Tranchet de la Rajace, maire de Poitiers en 1666, portait, d'après Thibaudeau :

D'argent, à trois pies de sable. — Devise : *Hinc prospera fata sequuntur.*

**TRAVERS**, Ec., Sgrs de Beauvais.

D'azur, à un chevron d'or chargé de 7 étoiles de sable, et accompagné de trois cigognes d'argent tenant dans leur bec un serpent tortillé, d'or.

**TRAVERS**, en Touraine (xv<sup>e</sup> et xvi<sup>e</sup> siècles).

Jean Travers, lieutenant particulier au bailliage de Touraine, fut maire de Tours en 1488.

Marc Travers, chanoine official de l'Église de Tours (1497), était doyen de la même église en 1503.

D'argent, à la fasce de gueules, accompagnée de trois hures de sanglier, de sable, 2, 1.

Marguerite Girard, veuve de Louis Travers, résidant, en 1635, dans la paroisse de Noyers, élection de Saumur, portait, d'après l'abbé Goyet :

De ..., à trois hures de sanglier de ...

**TREMAULT** (de), Ec., Sgrs de Bois-Rideau et de la Huchonnière, paroisse de Sazilly (xviii<sup>e</sup> siècle).

De gueules, à deux haches d'armes, d'argent, en pal; au chef d'azur chargé de trois étoiles d'or.

**TRÉMOILLE** (de la), Chev., ducs de la Trémoille, de Thouars et de Noirmoutiers, princes de Talmont et de Tarente, vicomtes de Tours, barons de l'Ile-Bouchard, d'Amboise et de Semblançay, Sgrs de Montrichard, de Berrye, de Bresches, de Mauléon, de Cinq-Mars, etc... — Famille des plus illustres de France et dont la filiation remonte au xi<sup>e</sup> siècle. Elle a fourni plusieurs chevaliers croisés.

Charlotte de la Trémoille fut religieuse à Fontevrault (1535), puis abbesse de Beaumont-les-Tours de 1554 à 1572. Elle était fille de François de la Trémoille, vicomte de Thouars, prince de Talmont, et d'Anne de Laval.

Les représentants actuels de cette maison sont :

Charles-Louis, duc de la Trémoille et de Thouars, prince de Tarente et de Talmont, né le 26 octobre 1838, marié, le 2 juillet 1862, à Marguerite-Eglé-Jeanne-Caroline Duchâtel, dont il a eu : Louis-Charles-Marie de la Trémoille, prince de Tarente, né en 1863, — et Charlotte-Cécile-Eglé-Valentine, princesse de la Trémoille, née en 1864 ;

Charlotte-Antoinette-Emilie-Zéphyrine, princesse de la Trémoille, veuve du baron de Wykersloth-Weerdesteyn, chambellan du roi des Pays-Bas ;

Félicie-Emmanuelle-Agathe, princesse de la Trémoille, veuve du prince de Montléart, — et Louise-Marie, princesse de la Trémoille, mariée à Gabriel-Laurent-Charles, prince de Torremuzza, sœurs jumelles, nées le 8 juillet 1836, et filles de Louis-Stanislas-Kostka, prince de la Trémoille, et d'Augusta Murray.

D'or, au chevron de gueules accompagné de trois aiglettes d'azur, becquées et membrées de gueules.

Louis II de la Tremoille, prince de Talmont, amiral de Guyenne, baron de l'Ile-Bouchard, mort le 24 février 1524, portait : *Ecartelé; au 1 et 4 de la Trémoille; au 2 d'or, semé de fleurs de lis d'azur, au franc-quartier de gueules*, qui est de Thouars; *au 3, losangé d'or et de gueules*, qui est de Craon; *et sur le tout, de gueules à deux léopards d'or*, qui est de l'Ile-Bouchard.

Charles de la Trémoille, prince de Talmont et de Mortagne, baron de l'Ile-Bouchard, mort en 1415, portait :

Ecartelé; aux 1 et 4 de la Trémoille, parti de Thouars, tiercé de Craon; aux 2 et 3 de Bourbon-Montpensier.

Georges de la Trémoille, comte de Ligny, Sgr de Craon, Jonvelle, Rochefort, l'Ile-Bouchard, chambellan héréditaire de Bourgogne, lieutenant-général de Champagne et de Brie, gouverneur et bailli de Touraine (1466-79), mort en 1481, portait :

Ecartelé; aux 1 et 4 d'or, au chevron de gueules accompagné de trois aiglettes d'azur, membrées et becquées de gueules, qui est de la Trémoille; aux 2 et 3 d'argent, à une aigle de gueules à deux têtes, membrée d'or, qui est de Jonvelle.

François de la Trémoille, prince de Talmont, baron de l'Ile-Bouchard, mort en 1541 :

Coupé, au 1 du chef de la Trémoille; au 2 de Bourbon; au 3 fascé d'or et de sable, qui est de Coétivy; au 4 d'Orléans; aux 5 et 1 de la pointe de Thouars; au 6 de Craon; au 7 de Milan; et au 8 de Coétivy.

**TREMON** (Pierre de), chanoine de Saint-Martin de Tours (1675).

De sable, à trois canettes d'argent, 2, 1.

**TRESTON**, en Touraine (xviiie siècle).

En 1753, Pierre-Uriel Treston remplissait à Tours les fonctions de conseiller du roi, trésorier de France au bureau des finances de la généralité.

De gueules, à trois bandes d'argent.

**TRETON DE LA ROURIE.** — Famille originaire de Touraine, établie à Paris au xviiie siècle.

D'azur, à trois étoiles à cinq pointes, d'argent, 2, 1.

**TREVANT** (de), Éc., Sgrs de la Collinière, en Touraine (xvie et xviie siècles).

Claude de Trevant, Sgr de la Collinière, était conseiller du roi, magistrat enquêteur examinateur au bailliage de Touraine, en 1669.

Daniel de Trevant, chanoine de l'Église de Tours (1630), et Claude de Trevant, chanoine et chantre en dignité de la même Église (1672), portaient :

D'argent, à un chevron de gueules accompagné de deux étoiles de sable en chef, et de trois tourteaux de gueules en pointe.

N. de Trevant, dit le Jeune, chanoine de l'Eglise de Tours en 1700, portait, d'après l'*Armorial* d'Hozier :

D'azur, à un sautoir d'or accompagné de quatre besants de même.

**TREZIN DE CANGEY**, Chev., Sgrs de Cangey et des Granges, relevant d'Amboise, — de Tissard et de Bourot (xviiie siècle). — Famille originaire du Poitou.

Le 4 mars 1726, Louis-Marie Trezin de Cangey, Éc., conseiller du roi, receveur ancien des tailles, en l'élection d'Amboise, fils de Marie Trezin, Éc., conseiller du roi, auditeur de la Chambre des Comptes de Paris, et de Madeleine de Boireau, épousa, à Tours, Catherine Benoist de la Grandière, fille d'Etienne Benoist, Sgr de la Grandière, avocat au Parlement, et de Catherine Souché.

Marie-Louise Trezin de Cangey, abbesse de Moncé en 1775, mourut le 25 août 1786.

En 1789, Etienne-Augustin Trezin, chevalier de Cangey, ancien capitaine de dragons, chevalier de St-Louis, et Louis-Marie-Fidèle Trezin de Cangey, écuyer, gentilhomme ordinaire de la chambre du comte d'Artois, frère du roi, comparurent, le premier en personne, le second par fondé de pouvoir, à l'Assemblée électorale de la noblesse de Touraine.

D'or, à un arbre de sinople sur une terrasse de même; au chef de sinople chargé de trois quintefeuilles d'or. — Supports : deux lions. — Couronne de marquis.

Louis-Marie-Fidèle Trezin de Cangey portait :

Ecartelé; aux 1 et 4 de Trezin; aux 2 et 3 d'argent, à un lion de sable.

TRIE (de), Chev., Sgrs de Fontenailles, de Boisemont, du Coudray, Tigerville et Arquency, au bailliage de Touraine (xive et xve siècles).

D'or, à la bande d'azur.

TRISTAN (de), Chev., Sgrs de Monpoupon, paroisse de Luzillé (xviiie siècle). — Famille originaire de l'Orléanais.

Nicolas-Marie de Tristan, chevalier de St-Louis, comparut, par fondé de pouvoir, à l'Assemblée électorale de la noblesse de Touraine, en 1789.

De gueules, à la bande d'or.

Nicolas-Marie de Tristan écartelait ses armes *d'azur, à une tour d'argent.*

TROCHET (du), Chev., comtes du Trochet, Sgrs de Charreau, paroisse de Neuville; de la Tourterie, — de Néons et de la Roche-Amenon (xviiie siècle).

Au xviie siècle, une branche de cette famille résidait à Neuil et une autre à Châteaurenault.

René du Trochet, Sgr de la Tourterie, en Poitou, fut maintenu dans sa noblesse par sentence du 3 décembre 1667.

Louis-René-Frédéric, comte du Trochet, capitaine au régiment du roi, comparut à l'Assemblée électorale de la noblesse de Touraine, en 1789, et se fit représenter à celle du Poitou.

Joachim, chevalier du Trochet, Sgr de la Boutinière, et Madeleine-Albert de Blet, veuve de René-Jacques du Trochet, dame de la Chardonnière, comparurent également à l'Assemblée de la noblesse de cette dernière province, le premier en personne, le second par fondé de pouvoir.

Louis-René-Frédéric du Trochet épousa Madeleine Gallois de Bezay, dont il eut :

René-Joachim-Henri, comte du Trochet, médecin, membre de l'Académie des Sciences, mort en 1847;

Anne-Joséphine du Trochet, mariée à P.-F. Cuiller-Perron, ancien général dans les Indes ;

Marie-Jean-Octave du Trochet, chevalier de la Légion d'honneur, capitaine d'état-major dans la garde royale, puis inspecteur des forêts à Caen, décédé, à Tours, en 1857. Il épousa, en 1831, Albertine de Longueval, dont il eut trois enfants : Albert et Raoul du Trochet et une fille.

D'azur, à cinq pals d'or.

**TRONCHAY (du).** — Famille originaire du Maine.

François du Tronchay fut conseiller du roi, trésorier de France au bureau des finances de la généralité de Tours (1626-31).

D'azur, à une aigle au vol abaissé, d'or, regardant un soleil de même placé au premier canton.

**TROTIGNON DE MONTENAY, voyez PIQUOIS DE MONTENAY.**

**TROUSSEAU, Chev., Sgrs de Véretz, de Launay-Trousseau, de Chateaux (du xiᵉ au xivᵉ siècle).**

Cette famille a fourni un chevalier-croisé, Guillaume Trousseau (1096); — un bailli de Touraine, Jacques Trousseau (1298-1302), — et un capitaine du château de Tours, Pierre Trousseau (1369-91).

De gueules, à la bande de vair.

**TROUSSET D'HÉRICOURT (du).**

Benigne-François du Trousset d'Héricourt, né à Paris en 1703, fut chanoine et prévôt de St-Martin de Tours (1736). Il

était fils de Benigne du Trousset d'Héricourt, Éc., Sgr du
Boullai, trésorier de France au bureau des finances de Metz,
et de Marie-Marguerite Bouzitat.

De sinople, au lion d'or, armé et lampassé de gueules.

**TROYES** (de), Éc., Sgrs de Bois-Renault et de Maltache,
paroisse de Monts (xvre siècle). — Famille originaire d'Orléans. Elle a donné à la Touraine les dignitaires ecclésiastiques
dont les noms suivent :

Jehan de Troyes, chanoine et aumônier de St-Martin de
Tours (1527);

Claude de Troyes, chanoine et prévôt de St-Epain, en
l'église de St-Martin de Tours (1543) ;

François de Troyes, chanoine et aumônier de la même
église (1543) ;

Jean-Baptiste de Troyes, abbé de Gastines, cité dans un
titre de 1562.

Jacques de Troyes, prieur du prieuré de Cinq-Mars
(1565).

Nicolas de Troyes, général des finances en Bretagne, était
échevin de Tours en 1580.

D'azur, au chevron échiqueté d'or et de gueules, accompagné de deux
étoiles d'or en chef et d'un cerf couché, de même, en pointe.

**TRUDAINE**, (xvIIe siècle).
D'or, à trois daims de sable, 2, 1.

**TUBOEUF** (Charles), Chev., baron de Blansac, intendant
de Touraine (1674-80).
D'argent, à trois aigles volantes, de sable.

**TUCÉ** (de), Chev., Sgrs de St-Michel-des-Landes (1433),
en Touraine et au Maine.

Baudouin de Tucé était bailli de Touraine en 1435.

Jacques de Tucé, Chev., Sgr de Bouet, et Baudouin de
Tucé, baron de Milesse, comparurent, en 1508, à la rédaction du procès-verbal de la Coutume du Maine.

Pierre-Louis de Tucé, capitaine d'infanterie, comparut, en 1789, à l'Assemblée électorale de la noblesse du Maine.

De sable, à quatre jumelles d'argent.

**TUDERT** (de), Chev., comtes de Tudert, Sgrs de la Bournalière, de Pouvreau, de la Sigogne, de Mazières, de la Planche, de Vernay, de la Roche-Boureau, de Périgny, de la Chapelle, de Château-Couvert, etc... (XVIIe et XVIIIe siècles).

Cette famille est originaire d'Angleterre. Elle a été maintenue dans sa noblesse le 10 juillet 1700. Sa filiation suivie commence par Jean Tudert, vivant en 1370.

Par lettres du 1er mars 1727, François, comte de Tudert, fut nommé commandant d'un bataillon de milice qui devait être levé en Touraine pour ensuite être assemblé à Saumur.

Louis-François-Aymar, comte de Tudert, né le 19 septembre 1812, a épousé, le 5 février 1844, Marie-Alexandrine Gombault, dont il a eu : Eléonore-Marie-Gabrielle, Louis-Marie-Georges, décédé; Charles-Marie-Georges et Albert-Marie-Lionel.

François-Geneviève de Tudert comparut, en 1789, à l'Assemblée électorale de la noblesse de l'Anjou. La famille fut aussi représentée à l'Assemblée de la noblesse du Poitou.

D'or, à deux losanges d'azur et un chef de même chargé de trois besants d'or. — Supports : deux lions. — Couronne de marquis.

Avant le XVIe siècle, les Tudert portaient :

D'azur, à la fasce denchée, d'argent, surmontée de trois besants d'or.

**TUFFET** (Jacques de), abbé d'Aiguevives (1690-1727).

D'argent, à un lion de gueules; au chef d'azur chargé de trois étoiles d'or.

**TUILLIER** (N.), substitut du procureur du roi de la maison de ville de Tours (1700).

D'argent, à une fasce de sable accompagnée de trois merlettes de même.

**TULLE** (de), Ec., Sgrs de la Malière (XVIIe siècle).

D'argent, au pal de gueules chargé de trois papillons d'argent.

63

TURGOT (de), Chev., comtes de Turgot, marquis de Sousmons, Sgrs de Bretignolles, Anché, Champeaux (paroisse de Vouvray), Chancelée, Bois-de-Vonnes, comtes et seigneurs de Buzançais (xvie, xviie et xviiie siècles).— Le 16 mai 1765, Jacques Turgot vendit la terre de Buzançais à Charles-François de Beauvilliers.

Jacques-Etienne Turgot, seigneur de Sousmons et de Saint-Germain-sur-Eaulne, a été intendant de Touraine de 1704 à 1710.

La famille Turgot est originaire de la vicomté de Falaise, en Normandie, où elle possédait, en 1470, la terre de Tourailles.

Anne-Etienne-Michel, comte de Turgot, marquis de Sousmons, officier au régiment des gardes françaises, comparut, en 1789, par fondé de pouvoir, à l'Assemblée de la noblesse de Touraine pour l'élection des députés aux Etats généraux.

D'hermines, frotté de gueules, écartelé de gueules à trois tours couvertes, d'or.

### TURMEAU.

D'argent, à trois croissants de gueules, 2 en chef et 1 en pointe, et une étoile d'azur en cœur.

**Turpenay** (Abbaye de Notre-Dame de), de l'ordre de St-Benoit. Elle fut fondée en 1107, dit-on, par Foulques-le-Jeune, comte d'Anjou, de Touraine et du Maine.

D'azur, à une croix de ..., cantonnée de quatre croisettes de ...

TURPIN, Chev., Sgrs de Semblançay (1223), comtes de Crissé, barons de la Haye, Sgrs de Villiers, Trogues, Port-de-Piles, Boizay, Azay-le-Féron, Nueil, Ussé, Puy-sur-Azay, paroisse d'Azay-le-Féron; de la Rolle, des Mées et de Cingé, paroisse de Bossay, — de Boussay, de la Tourballière, Monthoison (du xie au xvie siècle).

Les personnages dont les noms suivent appartiennent à cette maison :

Guy Turpin, chevalier-croisé (1096);

Herbert Turpin, chevalier-banneret de Touraine (1213);

Guillaume Turpin de Crissé, aussi chevalier-banneret de Touraine (1243) ;

Guy Turpin, abbé de Marmoutier (1214);

Herbert Turpin de Crissé, bailli de Touraine (1278-79);

Guillaume Turpin, chanoine de l'Église de Tours (1375) ;

Christophe-Louis Turpin de Crissé, doyen de St-Martin de Tours (1705).

Charles Turpin, Ec., Sgr de Crissé et de Nueil, comparut, en 1559, à la rédaction du procès-verbal de la coutume de Touraine.

Cette famille fut représentée à l'Assemblée électorale de la noblesse de l'Anjou en 1789.

Losangé d'or et de gueules.

Quelques généalogistes, confondant les Turpin de Crissé avec les Turpin d'Assigny attribuent à tort aux premiers les armes suivantes :

De gueules, à la fasce d'or, surmontée de trois pommes de pin renversées, de même.

### TURQUENTIN.

Laurent Turquentin, conseiller aux bailliage et siége présidial de Tours, fut maire de cette ville en 1649.

Pierre Turquentin remplissait les fonctions de conseiller du roi, receveur des tailles en l'élection de Tours avant 1678.

N. Turquentin, avocat au siége présidial de Tours, vers 1700, portait :

D'or, au chevron de gueules accompagné de trois têtes de maure de sable, 2, 1.

TUSSEAU (de), Ec., Sgrs de Maisontiers, d'Assay (XVIIe siècle), de Chezelles, la Tour-Savary, la Gaschetière (XVIIIe siècle), la Nivardière, le Ronde, la Millanchère, la Bejonnière, Malespine, Leigné, Moiré, l'Esbaupinay, etc...

Cette famille, originaire du Poitou, a été maintenue dans sa noblesse les 26 novembre et 17 décembre 1598, et les 16 août et 10 décembre 1667. Elle a fourni des chevaliers de Malte.

Charles de Tusseau, Éc., Sgr de Chezelles, et Louise de Tusseau, veuve de Charles de Rigny, Éc., Sgr de la Tour-St-Gelin, et de la Vrillière, comparurent, en 1689, devant le lieutenant-général de Chinon pour le ban et arrière-ban convoqués par lettres du 26 février de cette année.

Henri-Alexis-Joseph-Aimé de Tusseau, Chev., Sgr de Maisontiers; Charles-René de Tusseau, Chev., capitaine des grenadiers royaux au régiment de Bretagne, chevalier de St-Louis; Pierre et Jacques Tusseau, Éc., comparurent, en 1789, à l'Assemblée électorale de la noblesse du Poitou.

La famille de Tusseau s'est divisée en trois branches, connues sous les noms de la Millanchère, de Moiré et de l'Esbaupinay.

Les branches de la Millanchère et de l'Esbaupinay, comptent parmi leurs alliances les familles de Vaux, d'Escoubleau, Petit de Salvert, de Luard, Claveurier, Le Mastin, du Raynier, de Rigné, du Chilleau, Darrot de la Boutrochère, de Messemé, Brochard de la Rochebrochard, Gaullier de Senermont, de Vandel, Petit de la Guerche, de Thorodes, de Léon, etc.

Charles-René-Jacques de Tusseau, appartenant à la branche de Moiré, né en 1776, épousa, le 22 janvier 1798, Eléonore-Louise-Charlotte de Richeteau, dont il eut :

1° Charles-Calixte de Tusseau, né en 1804 ;

2° Charles-Xavier-Eusèbe de Tusseau, né le 9 mai 1807, marié, le 28 février 1832, à Marie-Wilhelmine-Thérèse Viault de Breuilhac. De ce mariage sont issus : Charles-Marie-Eusèbe ; Radégonde-Marie-Gabrielle et Charles-Frédéric-Radégonde ;

3° Marie-Caroline-Eléonore de Tusseau, mariée, le 20 juillet 1830, à Jacques-Charles-Camille Majou de la Rousselière.

D'argent, à trois croissants de gueules, 2, 1.

Louise de Tusseau, dame de la Tour-St-Gelin (fin du XVIIe siècle), portait, d'après l'*Armorial général :*

D'or, à une croix de gueules frettée, d'argent.

## TWENT DE ROSEMBERG.

Ecartelé; au 1 de sinople à trois vaches, deux en chef mâtées et une en pointe couchée, d'or; au 2 d'argent, à la fasce de gueules surmontée de trois croissants de même; au 3 d'argent à deux pals de gueules, celui à dextre chargé de deux quintefeuilles, celui à sénestre d'une tour, le tout d'argent; franc-quartier de comte ancien ministre, qui est échiqueté d'azur et d'or à la bordure engrêlée de sable.

**USSÉ** (d'), Chev., Sgrs d'Ussé (xie, xiie et xiiie siècles).

Cette famille a fourni un chevalier-croisé, Olivier d'Ussé (1099); — un abbé de Cormery, Pierre d'Ussé (1283-93); — et un abbé de St-Julien de Tours, Philippe d'Ussé (1440).

Echiqueté d'or et d'azur.

On trouve au xive siècle Pierre d'Ussé qui portait dans ses armes *un château et trois fasces.*

**VACHER** (Le), Éc., Sgrs de Marigny. — Famille résidant à l'Ile-Bouchard au xviie siècle.

D'azur, à un vase d'or rempli de fleurs de même.

**VACHER DE LA CHAISE** (Le), Éc., Sgrs de la Chaise, paroisse de St-Germain-d'Arcé; de la Giraudière, de la Chatonnière, de St-Germain-d'Arcé et de la Guérinière, relevant du duché de La Vallière (la terre de la Guérinière, acquise au xviie siècle, de Pierre Dreux, par Henri le Vacher), de la Roche-caldebœuf, de la Perrière, de Varennes, du Sentier, de Parnay, d'Alancé, de Doucé, etc. — Famille dont la filiation suivie remonte au xve siècle. On trouve un Bernard Le Vacher, qui, vers 1120, alla à la conquête de la Terre-Sainte, et fut fait gouverneur du royaume de Jérusalem.

La famille Le Vacher a été maintenue dans sa noblesse le 4 août 1587, le 22 avril 1665, le 26 septembre 1666 et le 14 décembre 1714.

Louis-François le Vacher, chevalier, comparut, par fondé de pouvoir, en 1789, à l'Assemblée électorale de la noblesse de Touraine.

D'or, à trois têtes de vaches, de gueules, posées de front, 2, 1.

**VAILLANT** (Le), Chev., Sgrs de Chaudenay, St-Mars (xviie et xviiie siècles).

Charles Le Vaillant, chevalier, comparut, par fondé de pouvoir, en 1789, à l'Assemblée de la noblesse de Touraine, convoquée pour l'élection des députés aux États généraux.

D'azur, à une fasce fuselée d'argent de 4 pièces et deux demies. — Couronne de marquis. — Supports : deux levrettes.

**VAILLANT** (de), Éc., Sgrs d'Avignon (1455), — de la Tour, paroisse de Chambon, — de l'Islerette, — de la Grange-St-Leoffort, paroisse de Bossay, — des Fourneaux (xvie et xviie siècles). — Famille originaire du Berry.

D'argent, à trois hures de sanglier, de sable, lampassées de gueules, 2, 1. — *Alias* : D'argent, à deux fasces de sable; au chef denché d'azur.

**VAILLY** (Jean de), conseiller au Parlement de Paris, archidiacre de Tours (1423).

Echiqueté d'argent et de sable.

**VAL** (du) ou **DUVAL**, Chev., Sgrs de St-Avit, Naffe, St-Patrice, la Marchère, Baratoire, Bois-Gaget, Périgny, la Cour, près Chinon, (xve et xvie siècles).

D'argent, à trois trèfles de sinople ; l'écu timbré d'un casque taré de front, orné de ses lambrequins d'argent et de sinople et sommé d'une couronne de marquis. — Supports : deux lions d'argent. — Cimier : un lion issant, aussi d'argent.

**VALBELLE** (de), Chev., marquis de Valbelle, Sgrs des Bordes-Guenand, paroisse du Petit-Pressigny, — du Buisson et de Faviers, paroisse de St-Martin d'Etableaux (xviiie siècle). — Famille originaire de Provence. Sa filiation remonte au xie siècle. Elle a produit des sujets distingués dans les armées, des évêques et des chevaliers et commandeurs de Malte.

Écartelé ; aux 1 et 4 de gueules, à la croix vuidée, cléchée et pommetée d'or; aux 2 et 3 de gueules, au lion d'or, armé, lampassé et couronné de même; sur le tout, d'azur, au lévrier rampant, d'argent, colleté de gueules, qui est de Valbelle.

**VALENCE** (de) Chev., Sgrs de Fontenilles, de Chastres (fin du xviie siècle).

D'azur, à la fasce d'or, accompagnée de six trèfles de même, 2, 1, en chef, 2, 1, en pointe.

**VALERANS DE MEURS** (xviie siècle).

D'or, à la fasce de sable ; écartelé de sable à l'aigle d'argent becquée et membrée d'or.

**VALLECOMBE (de).**

D'azur, à une Ste-Trinité d'or.

**VALLÉE** (de), Éc., Sgrs de Puygabil, paroisse de Limeray, d'Aviré, des Coudreaux (xv° siècle).

Cette famille a été maintenue dans sa noblesse le 20 avril 1698.

De sable, au lion couronné d'or (d'après Lainé).

D'azur, à trois chevrons d'or (d'après Le Laboureur). (*Histoire de la maison de Castelnau*).

**VALLÉE,** Sgrs de la Chassetière, paroisse de Notre-Dame-d'Oé, en Touraine, et de Hautmesnil, élection de Coutances et généralité de Caen.

Originaire de Normandie, cette famille s'est établie en Touraine au milieu du xviii° siècle. En 1782, Philippe Vallée de Hautmesnil, né le 19 avril 1712, ingénieur en chef de la généralité de Tours, fils d'Adrien Vallée, seigneur de Hautmesnil, élection de Coutances et généralité de Caen, acheta de N. Le Gras de Sécheval, chevalier d'honneur au bailliage de Tours, les fief et seigneurie de la Chassetière.

Pierre-Philippe Vallée, Sgr de la Chassetière, fils du précédent, né à Chinon en 1745, dirigea les travaux du pont de Tours à la suite de la débâcle de 1789. Il fut ingénieur en chef du département d'Indre-et-Loire et mourut le 30 janvier 1826. Son fils, Philippe-François-Antoine Vallée de la Chassetière, né en 1778, officier supérieur du génie, est mort en 1859.

La famille Vallée a aujourd'hui pour chef Philippe Vallée, propriétaire de la terre de la Chassetière, né le 11 janvier 1811, marié à Marie-Louise Chartier, dont il a eu : 1° Philippe-Louis Vallée, né le 1er septembre 1843 ; 2° Marie Vallée, mariée à N. Rondier, magistrat dans le ressort de la cour impériale de Bourges.

De sable, à trois faisceaux de trois poignards chacun, d'argent, les pointes en bas, se rencontrant. — Couronne de fleurs. — Supports : à dextre, un griffon ; à sénestre, un bélier.

**VALLERIIS** ou **VALLERIS** DE BASLE (Guillaume de), abbé de Beaulieu, en Touraine (1398-1402).

D'argent, à la tête de daim, de gueules, couronnée d'or.

**VALLET** DE **VILLENEUVE**, comtes de Villeneuve, Sgrs de Chenonceau, de la Carte, de Ballan, du Breuil de Monts, d'Ortières, de la Gagneraye, de la Vasselière, la Sénégolière etc... (xviiie siècle).

Pierre-Armand Vallet de Villeneuve, écuyer, trésorier général des domaines de la ville de Paris, comparut, en 1789, à l'Assemblée de la noblesse de Touraine, pour l'élection des députés aux États généraux.

François-René Vallet, comte de Villeneuve, sénateur, commandeur de la Légion d'honneur, chambellan honoraire de S. M. Napoléon III, mort en 1864, avait épousé Apolline-Charlotte-Adélaïde de Guibert. De ce mariage sont issus :

1° Louis-Armand-Septime Vallet, comte de Villeneuve, résidant à la Carte, commune de Ballan, marié, le 19 mai 1824, à Elizabeth-Mathilde de Sain des Arpentis, fille de Noël-François de Sain des Arpentis, chevalier de St-Louis, colonel de la garde nationale de Tours, et d'Agathe Pregent.

2° Louise-Augustine-Emma Vallet de Villeneuve, mariée à Antoine-Marie-Paul Casimir, marquis de la Roche-Aymon.

De sinople, à une ancre d'argent, en pal, accostée en chef de deux étoiles de même. — Supports : deux lions ; — Couronne de marquis.

**VALLETEAU** DE **CHABREFY**, Chev., barons de Chabrefy, Sgrs de Valmer, de Chançay, de la Côte, de Vaux, de Vaumorin, en Touraine (xviiie siècle). — Famille originaire du pays de Caux, où elle est connue dès le xve siècle. Elle s'est établie en Touraine vers 1750.

Des lettres de noblesse, délivrées en 1771, à Jacques Valleteau de Chabrefy, furent confirmées par arrêt du Conseil, le 6 décembre 1771.

Thomas Valleteau de Chabrefy, écuyer, conseiller du roi, président lieutenant-général du bailliage de Touraine (par lettres du 6 juillet 1785), présida à l'ouverture de l'Assemblée électorale de la noblesse de Touraine, en 1789, en l'absence du grand bailli de cette province, Marie-René de Voyer d'Argenson. Il mourut à Tours, le 8 mai 1792.

A la même époque, Jean Valleteau de Chabrefy, écuyer, comparut, par fondé de pouvoir, à l'Assemblée électorale de la noblesse du Poitou.

D'autres membres de cette famille ont comparu, dans le même temps, aux Assemblées électorales de la noblesse de l'Angoumois, de l'Ile-de-France et de l'Orléanais.

Thomas Valleteau de Chabrefy, né le 20 janvier 1773, chevalier des ordres de l'Eperon d'or et du St-Sépulcre de Jérusalem, maire de Chançay (1812), fut nommé conseiller de préfecture d'Indre-et-Loire le 27 mars 1816.

Jérôme-Charles Valleteau, baron de Chabrefy, a épousé Marie-Amélie de Bonnard, fille de Henri de Bonnard, inspecteur général des mines, commandeur de la Légion d'honneur, membre de l'Institut. De ce mariage sont isssus : Roger, Marguerite et Henriette Valleteau de Chabrefy.

Résidence de la famille : château de Valmer (Indre-et-Loire) et Paris.

Parti, au 1 d'argent, à l'aigle au vol abaissé, de sable ; au 2 d'argent, à trois monts mal ordonnés, de sable, chacun de trois coupeaux posés en pyramide, le premier sommé d'un coq au naturel. — Supports : deux levrettes. — Couronne de marquis.

**VALLETTE** (de la), Éc., Sgrs de la Touche, paroisse de Cheillé, — et de la Touche-de-Lin, paroisse de St-Laurent-de-Lin (xviie siècle). — A cette époque, les aînés de la famille de la Valette résidaient dans le Bourbonnais.

D'azur, à une fasce d'or, accompagnée de 3 étoiles de même rangées en chef.

**VALLIÈRE** (de), Chev., Sgrs du Portail, de Sallière, de Prevalais, — et du Coudray-Montpensier, en Touraine (xviie et xviiie siècles).

Pierre de Vallière, écuyer, Sgr du Portail, capitaine au régiment de Brezé, épousa Urbanne du Mesnil, dont il eut une fille, Anne-Marie, mariée à René de Guillot, — et deux fils : Urbain de Vallière, maréchal des camps et armées du roi, commandant les troupes de S. M. en Savoie, — et Henri de Vallière, gouverneur d'Anneci, puis lieutenant des maréchaux de France, à Saumur. Ce dernier acheta (après 1668) des héritiers de Robert du Bouex de Villemort, la terre du Coudray-Montpensier. Il épousa, en 1693, Hélène Legras, fille de Jean Legras et de Julienne de Farcy. N'ayant pas eu d'enfants de ce mariage, il donna par testament (1720) la terre du Coudray-Montpensier et ses dépendances, à son neveu, Claude-Philippe-René, comte de Lamote-Baracé, lieutenant-colonel du régiment-cavalerie de Crussol, bisaïeul du propriétaire actuel (1867) du Coudray-Montpensier, Alexandre-Auguste, comte de Lamote-Baracé, fils du comte Auguste de Lamote-Baracé, mort le 24 août 1857.

D'azur, à trois têtes de lion, d'or, languées de gueules.

**VALLOIS** (de), Éc., Sgrs de Roziers et de Ruau-Persil (XVIIIᵉ siècle).

René-Jean-Guillaume de Vallois, écuyer, comparut, en 1789, à l'Assemblée de la noblesse de Touraine pour l'élection des députés aux États généraux.

D'or, au pommier de sinople sur une terrasse de même, fruité d'or, à deux lions affrontés, aussi de sinople, appuyés contre le fût de l'arbre. — Supports : deux lions. — Couronne de marquis.

**VALOGER** ou **VAULOGER** (de), en Touraine et au Maine (XVIIᵉ siècle).

D'argent, à deux (ou quatre) chevrons de sable accompagnés de 5 merlettes de même, 2 en chef, 2 en fasce, et 1 en pointe.

**VALORY** (Michel de), abbé de Beaulieu (1313).

De sable, à la bande crénelée, d'or, chargée d'une fasce de gueules.

**VALORY** ou **VALORI** (de), Chev., princes de Rustichelli, marquis et Sgrs d'Estilly, près Chinon; Sgrs de Lecé, de Lublé, de Maigné, de la Perière, de la Galopinière, de la Motte-Sonzay, de Chantepie, de Villaines, la Chaise, la Vaugetière, la Pommeraye, Meaulne, Chateloison, Chambourg, Cussay, du Cluzeau, de Siguy, Isoré, Fromentières, la Gourbillonnière, Plantechenaye (du xvᵉ au xviiᵉ siècle).

Cette famille est originaire de Florence, en Italie. Une branche, ayant pour auteur Gabriel de Valori, vint s'établir en France au xivᵉ siècle. Louis de Valori, écuyer du roi Charles VII, garde du cachet de ce prince, acheta la terre d'Estilly, en Touraine, de Jean de Brizay, moyennant la somme de 5,625 livres, vers 1417.

Georges de Valory était capitaine-gouverneur de Chinon en 1484.

Le 12 avril 1786, le grand-duc de Toscane accorda à Louis-Marie-Antoine de Valori, marquis d'Estilly, des lettres-patentes portant confirmation de la qualification de prince de Rustichelli.

D'or, au laurier de sinople; au chef de gueules. — Cimier : une aigle d'argent semée de croissants de sable, chargée en cœur d'une croix de même. — Supports : deux aigles.

VANÇAY ou de VEANCÉ (de). — Cette famille, originaire de Tours, fut anoblie par lettres du 31 mai 1397.

D'azur, à un dextrochère d'argent tenant une épée de même; au chef d'or chargé de trois molettes d'éperon d'azur.

VANDEL (de). Chev., Sgrs de la Martinière, Braslou, de la Touche-Monbrard, de Vernay, de la Verrie, de la Chapelle-Baillou, de la Maisonneuve (xviiᵉ et xviiiᵉ siècles). — Famille dont l'origine remonte au xivᵉ siècle. Elle a été maintenue dans sa noblesse le 8 février 1600, le 30 janvier 1609, le 21 août 1624, le 9 septembre 1667, et le 12 mars 1699.

Parmi les maisons auxquelles elle s'est alliée on remarque celles de Villeneuve, de Pugny, de Liniers, de Laspaix, de Tusseau, du Drac, de Sanglier, le Royer de la Sauvagère, de la Haye, de Culant, Gallard de Béarn, de Chasteigner, de Boussay, Acquet, etc.

Joachim et Jean de Vandel assistèrent à l'Assemblée de la noblesse convoquée à Poitiers pour nommer des députés aux États de Tours, en 1651.

En 1789, une branche de la famille de Vandel résidait dans la paroisse de Champigny-sur-Veude.

A cette époque, René-Pierre de Vandel, chevalier de St-Louis, comparut à l'Assemblée électorale de la noblesse de l'Anjou.

De gueules, à trois gantelets d'argent, 2, 1.

**VANDENESSE** (de), baron de Vandenesse.

D'or, à 4 pals de gueules; au chef d'or chargé d'une aigle éployée, de sable.

**VANSSAY ou VANCÉ** (de), Chev., Sgrs de la Barre, de la Béraudière, de Nazelles, de la Salle, paroisse de Lussault, — de Rocheux, de Conflans (XVIIᵉ siècle).

Charles-Pierre de Vanssay, Jean-Auguste de Vanssay, Charles de Vanssay, Louis de Vanssay et Louise de Vanssay, comparurent, les quatre premiers en personne, la dernière par fondé de pouvoir, à l'Assemblée électorale de la noblesse du Maine, en 1789.

La famille fut également représentée, à la même époque, à l'Assemblée électorale de la noblesse de l'Anjou.

D'azur, à trois besants d'argent chargés chacun d'une hermine de sable.

**VARENNES** (de), en Touraine (XIIIᵉ siècle).

D'azur, à une croix d'or.

**VARÈZE** (de).

Ecartelé d'or et de gueules.

**VARICE**, Éc., Sgrs du Châtelier, d'Aubigné, de Vauléart, de Juigné, de Vallières (XVIIᵉ siècle).

Gaspard Varice fut conseiller du roi, trésorier de France au bureau des finances de la généralité de Tours, vers 1630.

Louis Varice, Sgr de Vallières, fut pourvu de la charge de receveur-général des finances en la généralité de Tours en 1684.

Cette famille eut des représentants à l'Assemblée électorale de la noblesse de l'Anjou en 1789.

De gueules, au chevron d'or, accompagné de trois macles de même.

**VARIE** (de), Chev., Sgrs de l'Ile-Savary et de Véretz, d'Azay-le-Féron et du Châtelier (xvi$^e$ siècle).

Cette famille a fourni un bailli de Touraine, général des finances, Guillaume de Varie (1490).

Jean de Varie, Sgr de l'Ile-Savary et d'Azay-le-Féron (en partie), comparut, en 1559, à la rédaction du procès-verbal de la coutume de Touraine.

De gueules, à trois heaumes d'argent, grillés et posés de profil.

**VASBRES** (de), Chev., Sgrs de Moncontour, paroisse de Vouvray (dès 1676) de la Grande-Roche, au Maine.

D'argent, à trois pins de sinople, 2, 1 ; au chef de gueules chargé de trois besants d'or. — *Aliàs* : D'argent à trois épées de sinople, rangées en fasce ; au chef d'or, chargé de trois tourteaux de gueules.

**VASSAN** (de), marquis de Vassan, Sgrs de Moncontour, près Vouvray (1788).

Cette famille, qui a donné son nom, vers l'an 1100, à un village dans le Soissonnais, près de Vic-sur-Aisne, a pour auteur Dreux de Vassan. Elle a été maintenue dans sa noblesse le 11 novembre 1667, et a comparu à l'Assemblée électorale de la noblesse du Poitou, en 1789.

D'azur, au chevron d'or accompagné en chef de deux roses d'argent, et en pointe d'une coquille de même. — Supports : deux lions, dont un terrassé. — Cimier : un lion naissant, lampassé de gueules. — Devise : *Virtus vulnere virescit.*

**VASSÉ** (de), dit GROGNET, Chev., marquis de Vassé et de Mézières, en Berry, Sgrs d'Azay-le-Rideau, de Marcilly, d'Eguilly, des Grandes-Maisons, de Vilaines (xvii$^e$ siècle).

Jean de Vassé, dit Grognet, Sgr de Vassé et de Lassay, et Jean de Vassé, Éc., Sgr de Saint-Georges-sur-Erne, comparurent, en 1508, à la rédaction du procès-verbal de la coutume du Maine.

Emmanuel-Armand de Vassé, baron de la Roche-Mabille, gouverneur du Plessis-les-Tours, mourut le 30 avril 1710.

Armand-Mathurin, marquis de Vassé, était gouverneur-héréditaire du château du Plessis-les-Tours en 1769.

Alexis-Bruno-Étienne, marquis de Vassé, comparut, en

1789, à l'Assemblée électorale de la noblesse du Maine. La famille fut aussi représentée à l'Assemblée de la noblesse du Poitou.

D'or, à trois fasces d'azur. — Cimier : un lion. — Couronne de marquis.

Une branche portait :

De sinople, à trois fasces d'or.

**VASSELIN**, Éc., Sgrs de Foussemore, paroisse de Luzillé (xvi<sup>e</sup> siècle), de Beauchesne (xvii<sup>e</sup> siècle).

D'azur, à trois roses d'argent, 2, 1.

**VASSELOT**, Chev., Sgrs de Dammarie (xvii<sup>e</sup> siècle). — Cette famille, originaire du Poitou, est connue dès le xiii<sup>e</sup> siècle. Elle a été plusieurs fois maintenue dans sa noblesse, notamment les 23 et 28 août 1667.

Simon-Louis de Vasselot, Sgr de la Chèze, Jacques-Alexis-Marie, comte de Vasselot, et Auguste Julien, baron de Vasselot, comparurent, les premiers par fondés de pouvoir, le troisième en personne, à l'Assemblée électorale de la noblesse du Poitou, en 1789.

La famille de Vasselot s'est alliée à celles de Nesdes, de Montberon, de Laugerie, Poussard, de Brémond, de Vivonne, de Cumont, Janvre de la Bouchetière, d'Auzy, de Pressac d'Orfeuille, de Chasteigner, de Montmorency, de Lusignan, du Chesnau, de Beauvau, Petit de la Guierche, Darrot, etc...

D'azur, à trois guidons d'argent, montés sur des lances d'or, en pal, 2, 1.

**VASSEUR** (Le), Chev., marquis de Cognée, Sgrs de Beaumont-la-Ronce (xvii<sup>e</sup> siècle), de Ste-Osmanne, de Thouars, etc... — André Le Vasseur, le premier connu de cette famille, vivant en 1300, épousa Jeanne Jadin.

La maison Le Vasseur s'est alliée à celles de Chourses, de Vollaines, de l'Usurière, d'Argenson, de Thouars, d'Andigné, Bellanger de Vautourneux, de Nonches, etc...

D'argent, au lion de gueules lampassé et couronné d'azur. — Cimier : un lion naissant, d'or. — Supports : deux lions de même.

VAU (Jean du), Sgr du Vau et de la Herbelière, fut maintenu dans sa noblesse en 1700, par Mirosmenil, intendant de Tours.

D'azur, à deux aigles d'or, éployées, et un serpent de même, en pointe.

VAUCELLES (de), Chev., comtes de Vaucelles, Sgrs de Rouvray, de Grillemont, la Chaume, la Citière, la Razillière, Lessert, Auzay, la Varenne, Cordouin, Bilazay, la Plaine, Pouhet, Leminières, etc... — Famille originaire du Brabant et qui s'est établie en Touraine et en Poitou. Elle a donné un bailli de Touraine, Jean, sire de Vaucelles, mentionné dans un acte du 30 septembre 1312, concernant l'abbaye de St-Jouin-les-Marnes.

Marie de Vaucellés, dame d'Auzay, veuve d'Etienne Thibault, fut maintenue dans sa noblesse par sentence du 10 novembre 1667.

Vers la même époque, Charles de Vaucelles, Sgr de la Razillière; Louis de Vaucelles, Sgr du Pouhet (ou Pouet), et Jacques de Vaucelles, Sgr de Villemort, furent également maintenus dans leur noblesse.

Charles de Vaucelles, Chev., Sgr de la Razillière, chevalier de l'Ordre du roi, commanda le premier escadron de la noblesse du Haut-Poitou, au ban de 1689.

Louis de Vaucelles, ancien capitaine au régiment de la Reine-infanterie, chevalier de Saint-Louis, et Pierre-André-René de Vaucelles, Sgr de la Loubatière et de la Varenne, chevalier de St-Louis, comparurent à l'Assemblée électorale de la noblesse du Poitou, en 1789.

Pierre-André-René de Vaucelles, fils aîné de Pierre-Philippe de Vaucelles, Chev., Sgr de la Razillière, capitaine de carabiniers, chevalier de St-Louis, et d'Anne-Olive Olivier, épousa, le 20 janvier 1761, Angélique-Perside de Chabot, fille de Jacques, comte de Chabot, chevau-léger de la garde du roi. De ce mariage sont issus :

1° Angélique-Yolande de Vaucelles, mariée, le 30 juin 1789, à Jean-Baptiste-Louis-Gabriel Gaborit de la Brosse, mousquetaire de la garde du roi, chevalier de St-Louis, colonel, chef d'état-major des gardes nationales du département de la Vienne (1816), fils de Jean-Baptiste-Gaborit, Ec., Sgr de la Brosse, et de Thérèse-Marguerite de la Chesnaye ;

2° Louis-Pierre-André, comte de Vaucelles, chevalier de St-Louis, émigré, maréchal-de-camp, commandant les gardes nationales du département de la Vienne, décédé le 9 décembre 1841. Le 21 avril 1790 il avait épousé Marie-Louise-Gabrielle d'Arsac de Ternay, fille de Louis-Jérôme d'Arsac, comte de Ternay, et de Marie-Jeanne-Geneviève de Lassé. Il n'eut pas d'enfants de ce mariage.

D'argent, au chef de gueules chargé de 7 billettes d'or, 4, 3. — Devise : *Semper Deo fidelis, honori regi et virtute valens.*

**VAUCENNÉ (de)**, Ec., Sgrs de la Menardière, paroisse de Noyant. — Famille originaire de Provence.

Jean de Vaucenné, II° du nom, Ec., Sgr de Vaucenné, fut maintenu dans sa noblesse par ordonnance des commissaires généraux dans la généralité de Tours, du 5 mai 1635.

Antoine de Vaucenné, Sgr de la Menardière, marié, en 1659, à Suzanne de la Joyère, fut également maintenu dans sa noblesse par ordonnance de l'intendant de Tours.

D'azur, au lion d'or, armé et lampassé de gueules.

**VAUCOUCOURT (de)**, en Périgord et en Touraine.

D'azur, à trois fleurs de lis d'or ; au chef de gueules chargé de trois yeux d'argent placés de profil.

**VAUGIRAULT DE LA GUÉRINIÈRE.**

D'or, à l'aigle de sable, membrée d'azur.

**VAULOGÉ (de).**

D'argent, à deux chevrons jumelles de sable, accompagnés de 5 merlettes ou molettes de même, 2, 2, 1.

**VAUPALIÈRE (MAIGNARD de la)**, marquis de la Vaupalière, Sgrs de Bernières. — Famille originaire de Normandie.

N. marquis de la Vaupalière, fut grand-bailli de Touraine et gouverneur-général des comtés de Perche, Maine et Laval (1789).

D'azur, à une bande d'argent chargée de trois quintefeuilles de gueules.

**VAUSSIN**, en Touraine (xvii<sup>e</sup> siècle).

D'azur, à trois besants d'hermines, 2, 1.

**VAUX** (de), Ec., Sgrs de Vonnes, paroisse de St-Pierre de Tournon (xvii<sup>e</sup> siècle).

Coupé d'argent et de sable; au lion passant de l'un en l'autre, armé et lampassé d'or.

**VAUX** (de), en Touraine (xvi<sup>e</sup> siècle).

Jean de Vaux était abbé de la Clarté-Dieu en 1515-41.

François de Vaux ou de Vaulx, Ec., Sgr de la Roderie et de Bense, fut maire de Tours en 1610.

Julien Devaux était grand-archidiacre de l'Église de Tours en 1569

D'azur, à un chevron d'or accompagné de trois étoiles de même, celle de la pointe surmontant un croissant d'argent.

**VAUX** (de), Sgrs de Rasillé, ou Razilly.

De gueules, à trois fleurs de lis d'argent.

**VAUZELLES** (de), — Famille originaire de Lyon et qui s'est répandue en Auvergne, dans le Forez, en Touraine et dans l'Orléanais.

Mathieu de Vauzelles, docteur en droit, échevin de Lyon, en 1524, était avocat-général au Parlement, en la principauté de Dombes en 1547.

N. de Vauzelles vint s'établir, en 1803, à Tours, où il remplit les fonctions de directeur des droits-réunis. Son fils, procureur du roi, en 1820, fut nommé conseiller à la cour de Caen, en 1828, et conseiller à la cour d'Orléans, en janvier 1830.

D'azur, à trois ailes (ou trois demi-aigles) d'argent, 2, 1; au chef d'or. — Devise : *Sub umbra alarum tuarum protege nos.*

**VAYER** (le), Chev., Sgrs de la Clarté-Bretignolles, de la Fresnaye et du Plessis-Rafré (xiv<sup>e</sup> siècle), de Vendœuvres et de Faverolles, (xviii<sup>e</sup> siècle).

Pierre le Vayer, abbé de Bourgueil, mourut en 1371.

Michel-Jean-Christophe le Vayer de Vendœuvres, chevalier, grand-sénéchal du Maine, comparut, par fondé de pouvoir, en 1789, à l'Assemblée électorale de la noblesse de Touraine.

D'argent, à la croix de sable chargée de cinq miroirs ronds, d'argent, bordés d'or. — Cimier : un lion. — Couronne de baron.

*Alias* : De gueules, à la croix d'argent chargée de cinq tourteaux de gueules (d'après Du Buisson).

VAZELET DE FONTAUBERT. — Cette famille est originaire du Limousin.— Jean-Baptiste Vazelet de Fontaubert, ancien officier de cavalerie, a épousé Henriette-Adélaïde Crespin de Billy, fille de Claude-Pierre-Valérien Crespin de Billy et d'Anne-Marie de Rhode de la Bâme. De ce mariage sont issus :

1° Léontine, mariée à Raymond Trotignon de Montenay;

2° Alexandre-Jean-Adrien Vazelet de Fontaubert, marié, le 20 septembre 1858, à Marie Fournier de Trélo, fille de Félix-Joseph-Louis Fournier de Trélo, colonel d'état-major en retraite, officier de la Légion d'honneur, et d'Alexandrine-Marie-Antoinette-Germani Goujon;

3° Blanche, mariée à Henri Gaullier;

Alexandre-Jean-Adrien Vazelet de Fontaubert s'est fixé en Touraine, et réside actuellement au château de la Renardière, commune de Chemillé-sur-Indrois, près Montrésor.

D'azur, à un croissant d'argent, surmonté d'un chêne de sinople. — Supports : deux lions. — Couronne de comte.

VEAU DE RIVIÈRE, Chev., Sgrs de Rivière, de Pont-Amboisé, de la Barre, d'Aufray, de Coesmé, etc...

François Veau, Sgr de Coesmé, fut maintenu dans sa noblesse, vers 1669, par arrêt des commissaires généraux du Poitou.

René Veau, Ec., Sgr de Pont, et Urbain Veau, Ec., Sgr de Rivière, comparurent devant le lieutenant-général de Chinon, pour les ban et arrière-ban de 1689.

François-Pierre Veau de Rivière, prêtre, était curé de St-Pierre et de St-Maurice de l'Ile-Bouchard, et chapelain du château de cette baronnie en 1725.

Louis-René Veau, Chev., Sgr de Rivière, comparut en personne, en 1789, à l'Assemblée électorale de la noblesse de Touraine, et, par fondé de pouvoir, à l'Assemblée électorale de la noblesse du Poitou.

Résidence de la famille : Rivière (Indre-et-Loire).

D'or, au chevron d'azur, accompagné de trois têtes de veau, de gueules, posées de profil.

**VEILHAN (L. de), abbé de Seuilly (1514).**

D'azur, à trois croissants d'or.

**VELORS (de) Éc., Sgrs de Velors, élection de Chinon.**

Cette famille a fourni un capitaine-gouverneur d'Amboise, Regnault, (ou) Hugues de Velors (1428-29).

D'argent, à trois croix fleurdelisées, de sable.

**VELORT (Renaud de), Ec., Sgr de Nieulles, de Paysa-vourrau, de la Chapelle-Bellouin, — et de Narbonne, en Touraine (xv<sup>e</sup> siècle).**

Parti ; au 1 chargé d'une croix enhendée, coupée de... ; au 2 à deux lions passants, coupé de bande...? — L'écu timbré d'un heaume soutenu par deux rats.

**VENDEUIL (de), Chev., Sgrs de Moncontour.**

D'azur, au lion naissant, d'or.

**VENDOME (de), comtes de Vendôme, Sgrs de Nouâtre (x<sup>e</sup> siècle), de Châteaurenault (xi<sup>e</sup> siècle), par suite du mariage de Foulques, comte de Vendôme, avec Pétronille, dame de Châteaurenault, sœur et héritière de Guicher II, Sgr de Châteaurenault, et de Renaud, chantre de St-Martin de Tours.**

Cette maison s'est éteinte en la personne de Bouchard III, comte de Vendôme, décédé le 19 février 1085.

D'argent, au chef de gueules, au lion d'azur brochant sur le tout.

**VENDOME (François de), baron de Preuilly, prince de Chabannais, vidame de Chartres, mourut à Paris le 7 décembre 1560. Claude Gouffier, son oncle, recueillit son héritage.**

Écartelé ; aux 1 et 4 d'argent, au chef de gueules ; au lion d'azur brochant sur le tout, qui est de Vendôme ; aux 2 et 3 d'azur, semé de fleurs de lis d'or.

**VENDOME** (de), ducs de Vendôme, d'Etampes, de Mercœur, de Penthièvre, comtes de Buzançais, barons de Preuilly, Sgrs de Châtillon-sur-Indre , de Chenonceau , de Rigny, d'Azay-le-Féron, etc. (xvɪɪᵉ et xvɪɪɪᵉ siècles).

César, duc de Vendôme, fils naturel de Henri IV et de Gabrielle d'Estrées, mourut le 22 octobre 1665, — Louis, cardinal, duc de Vendôme, mourut en 1669, — Louis-Joseph, duc de Vendôme, fils de Louis, cardinal, né le 1ᵉʳ juillet 1654, mourut le 11 juin 1712.

De France, à la bande (ou bâton) raccourci, de gueules, chargé de trois lionceaux d'argent.

**VENDOME** (Alexandre de) , abbé de Marmoutier (21 mai 1617), mourut en 1629.

De France, au bâton de gueules, péri en bande, chargé de 3 lionceaux d'argent ; au chef de gueules chargé d'une croix d'argent.

**VENDOME** (Philippe de), grand-prieur de France, (frère de César de Vendôme), Sgr de Chenonceau, mourut le 24 janvier 1727.

De France, au bâton de gueules péri en bande, chargé de trois lionceaux de gueules ; au chef cousu de gueules chargé d'une croix d'argent.

**VENTADOUR** (Archambault de), doyen de St-Martin de Tours et de l'Eglise de Tours (1372-137...).

Echiqueté d'or et de gueules.

**VERCLE** (de) Éc., Sgrs de Noizay et de Chartres (xvɪᵉ siècle).

Georges de Vercle, conseiller et secrétaire du Roi, fut maire de Tours , en 1529. Il eut une fille qui épousa Jacques de St-Mesmin, Ec. , Sgr de la Guenière , notaire et secrétaire du roi.

D'argent, au chevron de gueules accompagné de trois sangliers de sable ; au chef d'azur chargé d'une hure de sanglier d'or.

**VERDIER** (du), Chev., Sgrs de la Chapelle-Heurtemale, Nierne, (xvɪɪᵉ siècle), la Bataillerie, paroisse de Fleré-la-Rivière (xvɪɪɪᵉ siècle).— Famille répandue en Touraine et en Berry. Son existence est constatée dès 1315.

D'azur, à deux lions passants, d'argent, armés et lampassés de gueules. — Cimier : un lion issant, d'or. — Supports : deux lions de même.

VERDIER (du), Éc., Sgrs de Rilly, élection de Chinon; de la Bastide, de la Chaise (xvi° et xvii° siècles).— Famille originaire du Limousin. Elle s'est établie en Touraine au xvi° siècle. Sa filiation remonte à Gauthier du Verdier, écuyer, vivant en 1480.

D'or, à un arbre de sinople; au chef d'azur chargé d'un croissant d'argent. — Cimier : un croissant de même, surmonté d'un foudre au naturel. — Devise : *Invito fulmine crescet.*

VERDIER DE LA SORINIÈRE (du), Éc., comtes de la Sorinière, Sgrs de la Sorinière, commune de Monts, en Touraine.

D'azur, à une fasce ondée, d'argent, accompagnée de trois émérillons d'or, becqués, chaperonnés et longés de gueules, 2, 1.

VERGER (du), Éc., Sgrs de Chastigny.

Gilles Duverger ou du Verger, juge de la baronnie de Châteauneuf, puis lieutenant-général et président aux bailliage et siége présidial de Tours, fut maire de cette ville en.1588.

De gueules, à trois quintefeuilles d'or, 2, 1.

VERGIER DE LA ROCHEJACQUELEIN (du), Chev., marquis de la Rochejacquelein, barons de Mortemer, Sgrs de Laurière, de la Vallée, de St-Pellerin, du Vergier, de Beaulieu, St-Aubin du Plain, Ridejeu, la Caduère, la Papinière, la Corrolière, du Grand-Ponçay, Bessé, la Bufferie, Buignonnet, la Fucardière, Guillaumer, Fourny-Guittaud, etc. — Famille originaire du Poitou où elle est connue dès 1096. N. du Vergier prit part à la croisade qui eut lieu à cette époque. Regnaud du Vergier et Aymery du Vergier figurèrent également parmi les chevaliers croisés, le premier en 1191, le second en 1248.

Pierre du Vergier, Chev., Sgr de Ridejeu, fut confirmé dans sa noblesse le 28 mai 1440.

Armand, François, Jean-Baptiste, Charles, Marie, Anne et Françoise du Vergier, enfants de René du Vergier, Sgr de la Rochejacquelein, furent également maintenus dans leur noblesse, par sentence du 9 septembre 1667.

Philippe-Armand du Vergier, Chev., marquis de la Roche-

Jacquelein, baron de Mortemer, obtint également une confirmation de noblesse, le 3 janvier 1716.

Henri-Louis-Auguste du Vergier, marquis de la Rochejacquelein, maréchal des camps et armées du roi, comparut, en 1789, à l'Assemblée électorale de la noblesse du Poitou.

Henri-Auguste Georges du Vergier fut créé pair de France, le 17 août 1815. Des lettres patentes du 18 février 1818 attachèrent à sa pairie le titre de marquis.

Cette maison a donné des chevaliers de Malte. On remarque parmi ses alliances les familles de Charbonneau de l'Echasserie, de la Coussaye, d'Olbeau, Carrion, de la Haye, de la Chaussée, de l'Espronnière, Gazeau, de Salignac, de Caumont, Taveau de Morthemer, de Granges de Surgères, de Durfort-Duras, de Beaucorps, de Rieux, de Donissan, Pays de la Riboissière, de Foucault, de Malet, de Pontacq, etc. Elle s'est divisée en trois branches, connues sous les noms du Vergier, du Vergier de la Rochejacquelein, du Vergier de la Fucardière, et qui ont pour auteurs commun Jean du Vergier, varlet, Sgr du Vergier, vivant au commencement du XIVe siècle.

A la première branche appartenait Renée du Vergier, veuve, avant 1590, de Marc Dubec, Sgr de Courcoué.

Christophe du Vergier, vivant en 1392, commence la filiation de la deuxième branche. Il était fils de Jean du Vergier (IIIe degré de la branche aînée), et de Jeanne Massoteau.

Philippe-Armand du Vergier, Chev., marquis de la Rochejacquelein, descendant de Christophe, et formant le IXe degré de cette branche, épousa en premières noces, le 23 février 1716, Marie-Esther Taveau de Morthemer, — et en secondes noces, le 29 septembre 1743, Hardouine-Henriette-Sidrac de Granges de Surgères. Du premier lit naquirent deux enfants, morts en bas âge. Du second mariage sont issus :

1° Alexis-Armand-François du Vergier de la Rochejacquelein, capitaine de cavalerie, lieutenant du roi en bas Poitou (1763) ;

2° Charles-Henri-Jacques-Armand du Vergier de la Rochejacquelein, mort sans s'être marié;

3° Henri-Louis-Auguste, qui suit;

4° Anne-Henriette, née en 1749;

5° Sophie-Marie-Agathe, religieuse.

Henri-Louis-Auguste du Vergier, marquis de la Rochejacquelein, né en 1749, maréchal-de-camp (1788), chevalier de St-Louis, épousa le 16 octobre 1759, Constance-Lucie-Bonne de Caumont Dade de Mitteau, dont il eut :

1° Henri du Vergier, comte de la Rochejacquelein, né le 30 août 1772, général en chef des armées catholiques et royales de la Vendée, mort le 9 février 1794;

2° Louis, qui suit;

3° Auguste du Vergier, comte de la Rochejacquelein, maréchal-de-camp commandeur de la Légion d'honneur, chevalier de St-Louis, etc..., marié le 14 septembre 1849 à Claire-Louise-Augustine-Félicie-Maclovie de Durfort-Duras, veuve de Léopold de la Trémoille, prince de Talmont.

4° Constance-Henriette-Louise, mariée, en 1790, à Jacques-Louis-Marie Guerry de Beauregard;

5° Anne-Louise, mariée, en 1804, à Henri-Charles-Marie, vicomte de Beaucorps;

6° Louise-Joséphine, décédée en 1847;

7° Lucie, mariée en 1822, au comte François-Charles-Cyprien de Rieux-Songy.

Louis du Vergier, II° du nom, marquis de la Rochejacquelein, maréchal des camps et armées du roi, commandant en chef de l'armée royale dans la dernière guerre de Vendée, chevalier de St-Louis, épousa, le 1er mars 1802, Marie-Louise-Victorine de Donnissan, veuve de Louis-Marie, marquis de Lescure, général en chef des armées catholiques et royales de la Vendée. De ce mariage sont issus huit enfants. L'aîné, Henri-Auguste-Georges du Vergier, marquis de la Rochejacquelein, né le 28 novembre 1805, pair de France (1815), sénateur (31 décembre 1852), mourut en 1866. Le

15 janvier 1830, il avait épousé Adelaïde Chartier de Coussay, dont il eut : 1° Julien, né en 1831 ; 2° Adelaïde-Marie; 3° Marie-Isabelle, née en 1838 ; 4° Marie-Anne-Laurence, mariée le 20 mai 1858 à Louis-Aimery-Victurnien, comte de Roche-chouart.

Henri-Louis-Lescure du Vergier, comte de la Rochejacquelein, né le 26 mai 1809 (frère de Henri-Auguste-Georges), sous-lieutenant au 18e chasseurs (1828), donna sa démission, en 1830.

Résidence de la famille en Touraine (xixe siècle) : le Vieux-Château, commune de Rivarennes, — et Ussé.

De sinople, à la croix d'argent chargée en cœur d'une coquille de gueules et cantonnée de quatre coquilles d'argent. — Supports : Les étendards de la compagnie des grenadiers à cheval de la garde royale, réunis par une banderolle sur laquelle on lit : *Vendée, Bordeaux, Vendée.*

**VERGNAULT**, Éc., Sgrs de Raincy, de Bournezeaux, élection de Richelieu; de la Giraudière, de la Morinière (xviie siècle).

Cette famille a été maintenue dans sa noblesse par sentence du 20 juillet 1667.

Louis Vergnault, Éc., Sgrs de Bournezeaux, et Pierre Vergnault, Éc., Sgr de Raincy, firent enregistrer leurs armes à l'*Armorial général*, vers 1698.

D'or, à un vergne de sinople, sur une terrasse de même.

**VERLHAC** (de), à Ste-Maure (xviiie siècle).

De gueules, à un chevron d'or accompagné de trois lis de jardin au naturel. — Supports : deux lions. — Couronne de marquis.

**VERNE** (de la), Chev., Sgrs de Rode et d'Athée.

D'azur, à la rose de gueules sur un vol et demi, d'or.

**VERNEUIL** (de), Éc., Sgrs de Fromentières (xive et xve siècles).

Jean de Verneuil, remplissait les fonctions de conseiller du roi, trésorier des turcies et levées, en 1696.

D'azur, à une fasce d'or surmontée de trois trèfles de même, rangés en chef et accompagnés d'une losange d'argent.

VERNON ou VERNOU (de), Éc., Sgrs de Grassay et de la Fouchalerie (xviie siècle).

De gueules, à la croix d'argent chargée de 5 tourteaux de sable.

VERNON, Chev., Sgrs du Châtellier, de la Bourrelière, du fief Bruneau et de Crassay, en Touraine, — de la Renaudière et de Montreuil-Bonnin, en Poitou. — Famille originaire d'Ecosse qui vint s'établir en France sous le règne de Charles VII. Elle commence sa filiation suivie par Louis Vernon, qui eut, de son mariage avec Jeanne de Harpedanne, Laurent Vernon, marié à Christine Goupille, dont il eut :

1° Jacques Vernon, Sgr de Crassay et de Montreuil-Bonnin, conseiller et chambellan du roi ;

2° Jeanne, femme de Jean, Sgr de Mareuil et de Pranzac ;

3° Marie, femme de Jean de Vivonne ;

4° Marguerite, mariée à Jean de St-Gelais ;

Jacques Vernon, ci-dessus nommé, épousa Péronnelle de Liniers, fille de Jean de Liniers, dit Maubruny, Sgr d'Airvault, et de Sibylle Taveau. De ce mariage sont issus :

1° Jean Vernon, Ec., Sgr de Crassay et de Montreuil-Bonnin ;

2° Michaut Vernon, décédé en 1484 ;

3° Raoul Vernon, Sgr de Châtellier et de Montreuil-Bonnin, grand fauconnier de France, capitaine des 50 archers de la garde du roi ;

4° Jacques Vernon, vivant en 1510 ;

5° Philippe Vernon, Sgr de Crassay, marié à Louise de Beauvau ;

6° Catherine Vernon, mariée, en 1483, à Jacques le Mastin, Ec., Sgr de la Rochejacquelein ;

7° Jeanne Vernon, femme de N. Mondot de la Marthonie, président au Parlement de Bordeaux.

Raoul Vernon (troisième enfant de Jacques Vernon ci-dessus nommé), mourut le 30 septembre 1516. Le 1er mai 1507, il avait épousé Anne Gouffier, fille de Guillaume Gouffier, Sgr de Boissy, et de Philippe de Montmorency. De ce mariage sont issus :

1° Adrien Vernon, Ec., Sgr de Montreuil-Bonnin, trésorier de St-Hilaire-le-Grand, à Poitiers, puis lieutenant d'une compagnie de 50 lances, décédé sans postérité ;

2° Anne Vernon, dame du Châtellier et du Fief-Bruneau, dame d'honneur de la Reine-mère, femme de Claude de Ville-blanche, Ec., Sgr de Blom ; elle comparut, en 1559, à la rédaction du procès-verbal de la Coutume de Touraine.

3° Arthuse Vernon, mariée à Charles de Téligny, Ec., Sgr de Lierville.

D'argent, à trois têtes d'ours, arrachées, de sable, emmuselées d'or. — Devise : *Vernon Viret.*

**VERNOU** (de) Chev., marquis de Bonneuil, Sgrs de la Vigerie de Vernou, relevant de Mougon et de Gascougnolles (XVI<sup>e</sup> siècle), de la Rivière, Chancelée, Arthenay, Melzéart, etc.. — Famille originaire du Poitou, où son existence est constatée dès 1026.

Barthélemy de Vernou fut anobli par lettres patentes de 1482.

Cette maison a été maintenue dans sa noblesse le 23 août 1667 et le 29 mai 1715.

Louis-Charles-Gabriel-Christophe de Vernou, colonel d'infanterie à la Guadeloupe, fit enregistrer ses preuves de noblesse, signées Chérin, au conseil supérieur de cette colonie. Il mourut en 1784.

La famille de Vernou s'est alliée à celles de la Trémoille, de Ste-Marthe, de Montalembert, de Marans, Chabot, de Fumée, de Crussol-d'Uzès, d'Arpajon, de Ste-Marie, d'Aubusson, de Livenne, de Lomeron, de Faudoas, de Bouillé, de Gaalon, etc...

D'azur, au croissant d'argent (d'après Borel d'Hauterive).

D'or, au chevron de gueules, à trois croissants d'azur, 2, 1 (D'après Thibaudeau, les Barentines et l'*Armorial du Poitou*, de M. A. Gouget).

**VERON**, — en Touraine et au Maine.

D'argent, à trois poissons (vérons) d'azur, posés en fasce les uns au-dessus des autres, celui du milieu contrepassant.

**VERON DU VERGER et DE LA GRACINIÈRE**, — en Touraine (XVIII<sup>e</sup> siècle).

Cette famille a fourni un secrétaire-général de la Société royale d'agriculture de la généralité de Tours (1775).

D'argent, à trois vérons d'azur, posés en fasce, celui du milieu contre-passant; au chef de gueules chargé de trois étoiles d'argent. — Supports : deux sirènes.

**VERONNEAU**, Sgrs de Falèche, paroisse de St-Germain-sur-Vienne. — Cette famille a fourni un gentilhomme servant du roi, François Veronneau (1686).

D'argent, à une rivière d'azur chargée de dix bars cantonnés, d'argent.

**VERRIER**, Sgrs de la Touche, — famille bourgeoise de Tours (XVIIe et XVIIIe siècles).

Etienne Verrier, chanoine de l'Eglise de Tours, et François Verrier, conseiller du roi, juge en la monnaie de Tours, vivaient en 1696.

Robert-René Verrier, marchand-bourgeois, fut échevin, puis juge et consul à Tours, avant 1730. Son fils, Robert-Charles Verrier, est qualifié dans son acte de décès, du 13 mai 1776, d'ancien grand-juge, ancien échevin de Tours, et de secrétaire perpétuel de la Société royale d'agriculture de la même ville.

Vairé d'or et de sinople.

**VERRIER**, (Robert-Charles), secrétaire perpétuel de la Société d'agriculture de Tours (1768), portait, d'après une empreinte de cachet :

· D'azur, au verre à pied, d'argent, accosté à dextre d'une étoile de..., et à sénestre d'une macle de..., surmontée d'une équerre d'or. — Couronne de comte.

**VERRINE** (de), Chev., Sgrs de la Gaudinière (XVIIe et XVIIIe siècles). — Cette famille a été maintenue dans sa noblesse au cours du XVIIe siècle.

D'azur, au chevron d'argent accompagné de deux perdrix d'or en chef et d'un mouton d'argent en pointe.

**VERSAILLES** (de), en Touraine (XVe siècle).

Cette famille a fourni un chanoine, chantre en dignité, puis chancelier de l'Eglise de Tours, Guy de Versailles (1456).

D'azur, à sept tourteaux d'argent, 3, 3, 1 ; au chef d'or chargé d'un lion rampant, de gueules, au canton sénestre.

**VERTHAMONT** (de), Chev., Sgrs de Chatenay, du Grand-Breuil, du Barret (xviiie siècle). — Famille originaire du Limousin. Elle a été maintenue dans sa noblesse au xviie siècle.

Isaac-Jacques de Verthamont, chevalier, comparut par fondé de pouvoir, en 1789, à l'Assemblée électorale de la noblesse de Touraine.

Ecartelé ; au 1 de gueules, au lion léopardé, d'or ; aux 2 et 3 à cinq points d'or, équipollés à 4 d'azur ; au 4 de gueules plein.

**VESIAN** (de)

D'azur, à la bande d'or accompagnée de deux croissants d'argent.

**Vezelay-sous-Mirebeau** (Le prieuré de la Madeleine de), élection de Richelieu (fin du xviie siècle).

D'azur, à une Sainte-Madeleine d'or, tenant une boîte couverte, de même.

**VIALLIÈRE** (de la), Ec., Sgrs de Rigny (paroisse de Razines), de la Glanchère (xviie et xviiie siècles).

D'argent, à une bande de sable chargée d'une autre d'argent, crénelée en la partie supérieure de trois créneaux de gueules.

Louis de la Viallière, Ec., Sgr de Rigny, portait, d'après l'*Armorial général :*

D'argent, à trois petites barres alaisées et chacune crénelée de trois pièces, de gueules, cotoyées de deux cotices de sable.

**VIALLIÈRE** (Etienne de), Éc., Sgr du Monteil (vers 1700), portait, d'après l'*Armorial général :*

D'argent, à trois créneaux de gueules, posés en bande entre des cotices de sable.

**VIART**, Chev., Sgrs de la Gatelinière, et d'Orennes, (xviiie siècle).

Cette famille fut anoblie en 1388. Joseph Viart, Sgr d'Orennes, conseiller du roi, était trésorier de France à Tours, en 1597-1602.

Henri-Louis Viart, chevalier, comparut, en 1789, par fondé de pouvoir, à l'Assemblée de la noblesse de Touraine convoquée pour l'élection des députés aux Etats-généraux.

D'or, au phénix posé sur un bûcher de gueules ; au chef d'azur chargé de 3 coquilles d'argent.

**VIAU**, Éc., Sgrs de Dissay, paroisse de St-Christophe (XVII<sup>e</sup> siècle).

De gueules, à six merlettes d'or, 3, 2, 1.

**VIAUD** ou **VIAU**, Éc., Sgrs de Champlivault, de Launay et des Moulins (XVI<sup>e</sup>, XVII<sup>e</sup> et XVIII<sup>e</sup> siècles). — Famille de Touraine, anoblie par lettres du 6 mars 1573, en la personne de Antoine Viaud.

Jeanne Viaud fut abbesse de Beaumont-les-Tours, de 1491 à 1501.

Jean Viaud était maire de Tours, en 1527

De gueules, à une bande d'or accompagnée de 6 merlettes de même mises en orle.

**VIAUD**, Ec., Sgrs de Rouziers (XVI<sup>e</sup> siècle).

D'azur, à la bande d'or chargée de trois arbres arrachés, de sinople, la bande accostée de deux colices d'argent.

**VIAULT**, Éc., Sgrs de Buygonnet et de la Touche (XVII<sup>e</sup> siècle).

Pierre Viault était commandeur d'Amboise, ordre de Malte, en 1626.

D'argent, au chevron de gueules accompagné de trois coquilles de sable.

**VIC DE MORAND** (de), Chev., comtes de Vic et de Fiennes, Sgrs de Morand, d'Autrèche, du Grand et du Petit-Breuil, en Touraine (XVII<sup>e</sup> et XVIII<sup>e</sup> siècles).

Cette famille est originaire de la Guienne. Elle a fourni un chancelier de France, Méry de Vic, décédé le 2 septembre 1622.

De gueules, à une foi d'argent surmontée d'un écusson d'azur et accompagnée d'une fleur de lis d'or; à la bordure de même.

**VICTON** (André), aumônier de St-Martin de Tours (fin du XVII<sup>e</sup> siècle).

D'azur, à un phénix d'or s'essorant sur un bûcher de même, enflammé de gueules.

**VIDARD**, Ec., Sgrs de Boutroux, de la Ferraudière, de Borgne-Savary et de St-Clair (XVII<sup>e</sup> et XVIII<sup>e</sup> siècles). — Famille originaire du Poitou. Elle a été maintenue dans sa noblesse le 1er août 1670, par Voisin de la Noiraye, intendant de Tours, et les 9 janvier 1715 et 11 janvier 1717.

René Vidard, Chev., Sgr de la Ferraudière, résidant à la Haye, comparut, en 1689, devant le lieutenant-général de Chinon, pour les déclarations relatives aux ban et arrière-ban de cette année.

De gueules, à trois dards d'or, 2, 1, surmontés de trois autres dards du même, un en pal et deux autres en sautoir. — Supports : deux griffons. — Cimier : trois dards croisés.

### VIEIL (le), Éc., Sgrs de Longuejoue (XVIIe siècle).

D'argent, à trois hermines d'azur. — *Alias* : d'azur, à trois hermines d'argent.

### VIELZ - CHASTEL ou VIEL-CHASTEL(de), Sgrs de Morand, d'Autrèche, du Grand et du Petit-Breuil (avant 1704).

D'azur, au lion d'or, lampassé de gueules. — Supports : deux lions.

### VIERZON (de), Chev., Sgrs de Vierzon, — et de Mézières-en-Brenne (XIIIe siècle). — Cette terre de Mézières passa dans la maison de Brenne par le mariage de Jeanne de Vierzon (fille unique d'Hervé III de Vierzon et de Jeanne de Mézières), avec Geoffroy de Brenne, vivant en 1230.

Ecartelé de sinople et de gueules.

### VIEUX, ou VIEULX (de), Éc., Sgrs du Genest (*alias* : fief du Maisonneau), relevant de la Celle-Draon (XVIIe siècle).

Louis de Vieulx, commandeur du Blison et de Villejésus, en Touraine, ordre de Malte, est cité dans un acte de 1597.

Cette famille a comparu, en 1789, à l'Assemblée électorale de la noblesse du Poitou.

Pallé d'argent et de gueules, à l'épée d'argent garnie d'or, posée en bande, la pointe en bas, brochant sur le tout.

### VIGARANY (de), Éc., Sgrs de St-Ouen.

De gueules, à un château d'or de trois tourelles, soutenues de trois monts de même.

### VIGIER, Éc., Sgrs de la Guérinière, relevant de Ste-Maure (1459).

D'azur, à la croix ancrée, d'argent, à trois bandes de même.

**VIGIER DES SUIRES**, en Touraine (XVIIIᵉ siècle). Famille originaire de Saintonge.

Le 27 février 1781, Pierre Vigier des Suires, Ec., directeur des Aides, fils de François Vigier, Éc., Sgr de la Pille, et de Marie Pigornet, épousa, à Tours, Marie-Anne Archambault de Beaune, fille d'Antoine Archambault de Beaune, receveur de l'entrepôt du tabac, et de Marie-Anne Lacordaise.

Pierre Vigier des Suires, écuyer, comparut, en 1789, à l'Assemblée électorale de la noblesse de Touraine.

D'argent, à trois fasces de gueules.

**VIGNEROT DU PLESSIS-RICHELIEU**, Chev., ducs de Richelieu, d'Agénois, d'Aiguillon, de Fronsac, barons de Véretz, Sgrs de Larçay, (XVIIᵉ et XVIIIᵉ siècles).

On sait que cette famille, originaire du Poitou, fut substituée, (au XVIIᵉ siècle), aux nom, titres et armes de la maison du Plessis-Richelieu. Elle est aujourd'hui éteinte. Sa filiation suivie commence par Jean Vignerot, écuyer, vivant, en 1461.

Jean-Baptiste-Amador Vignerot du Plessis, marquis de Richelieu, abbé de Marmoutier (15 décembre 1644), donna sa démission de ce bénéfice, en 1652; il devint lieutenant-général des armées du roi, et mourut le 11 avril 1662. Il était né le 8 novembre 1632.

Emmanuel-Joseph Vignerot, seigneur du Plessis, comte de Richelieu, frère du précédent, né le 8 mars 1639, abbé de Marmoutier (1652), mourut le 9 janvier 1665.

Louis-Sophie-Antoine du Plessis-Richelieu, duc de Richelieu et de Fronsac, pair de France,—et Armand-Désiré du Plessis-Richelieu, duc d'Aiguillon, comparurent par fondé de pouvoir, en 1789, à l'Assemblée électorale de la noblesse de Touraine.

Les enfants d'Antoine-Pierre-Joseph de Chapelle, marquis de Jumilhac, et d'Armande-Simplicie-Gabrielle Vignerot du Plessis de Richelieu, furent autorisés, par lettres patentes de Louis XVIII, du 29 septembre 1822, à se substituer aux nom et armes des Richelieu.

Avant la substitution des nom, titres et armes des anciens ducs de Richelieu, au profit d'Armand-Jean Vignerot du Plessis (1642) les Vignerot portaient :

D'or, à trois hures de sanglier, de sable.

Les deux abbés de Marmoutier du nom de Vignerot du Plessis, portaient :

Ecartelé ; au 1 de Vignerot (d'or, à 3 hures de sanglier de sable) ; au 2 de Richelieu (d'argent à 3 chevrons de gueules) ; au 3 d'azur, à la croix d'or cantonnée de quatre oiseaux d'argent ; au 4 d'or, au lion de gueules.

**VIGNIER**, Ec., Sgrs de la Motte de Negelle. — Benjamin Vignier était capitaine du duché de Richelieu en 1686.

D'or, au chef de gueules, à la bande componnée d'argent et de sable, à la bordure d'azur semée de fleurs de lis d'or.

**VIGNOLLES** (de), Ec., Sgrs de la Rochère (XVIIIᵉ siècle).

Cette famille paraît être originaire du Languedoc. Elle a été maintenue dans sa noblesse le 2 janvier 1669.

De sable, à un cep de vigne feuillé et fruité d'argent et soutenu par un échalas de même.

**VIGNOLLES** (de). — Éc., Sgrs de Mautour, relevant de Verneuil ; de Boueix, d'Argent, etc...

Le 5 octobre 1494, Julien-Aubin de Vignolles, Éc., Sgr de Mautour, fit foi et hommage de son fief à Adam du Bois, Sgr de Verneuil.

Cette famille s'est alliée aux de Noiron, de Manonge, de Gousseville, de Vetus, Nizier, etc...

Ecartelé, aux 1 et 4 d'azur, à 3 étriers d'or, chacun surmonté d'un besant d'argent ; aux 2 et 3 d'azur, au lion d'or surmonté d'une croix de même.

**VIGNY** (de), Chev., Sgrs d'Emerville, de Vilgenis, de Forest, d'Isly, — famille originaire de la Beauce.

Nous voyons par les preuves que fit Guy de Vigny, en 1716, pour l'ordre de Malte, que François de Vigny, receveur de la ville de Paris, fut anobli ainsi que sa postérité (sans finance) par lettres de Charles IX, du 7 février 1569.

Cette famille a été maintenue dans sa noblesse, le 4 avril 1667 et le 26 décembre 1708.

En juillet 1722, la terre de Châteaufort de Beaumont, dite

Courquetaine, fut érigée en marquisat et pairie, en faveur de Jacques-Olivier de Vigny, né le 30 août 1688.

En 1789, Hilaire-Auguste de Vigny, chevalier, comparut à l'Assemblée électorale de la noblesse de l'Orléanais.

Léon-Pierre de Vigny, né le 11 décembre 1737, se fixa à Loches, en Touraine, en 1790, époque de son mariage (23 août), avec Jeanne-Marie-Amélie de Baraudin. Il mourut le 28 juillet 1816. Son fils, Alfred-Victor, comte de Vigny, né à Loches, le 7 mars 1797, officier de la Légion d'honneur, membre de l'Académie française (1845), poëte, romancier et dramaturge distingué, est mort à Paris, le 18 septembre 1863. Il avait épousé, à Pau, Lydia-Jeanne Bunbury, dont il n'a pas eu d'enfants.

D'argent, cantonné de quatre lions de gueules; et en cœur, un écusson d'azur chargé d'une fasce d'or avec une merlette d'or en chef, et une autre aussi d'or en pointe accompagnée de deux coquilles d'argent (d'après les preuves, pour l'ordre de Malte, de Guy de Vigny, (1716).

**VILLAIN** DE LA **TABAISE**, Sgrs de la Tabaise. — Famille originaire de Paris.

Jean Villain de la Tabaise était conseiller du roi, trésorier de France au bureau des finances de la Généralité de Tours, vers 176....

De gueules, au croissant d'or.

**VILLAINES** (Hugues de) Chev., Sgr de Grillemont, du chef de sa femme, Jeanne Barbe, veuve de Barthélemy Ier, de Montbazon (1350).

De sable, fretté d'argent; au chef de même chargé d'un lion naissant, de gueules.

**VILLAINES** (de), Éc., Sgrs de Paray, de Briantes, de la Volpillière, de Bruillebault, du Cluzeau, etc... — Famille originaire du Bourbonnais. Dans les titres anciens, son nom se trouve écrit VILLAYNES et VILLENES. Elle a prouvé sa filiation depuis Jean de Villaines, Ier du nom, Éc., Sgr de la Vesvre, de Villaines et de Chantemerle, vivant en 1434.

D'azur, à un lion d'or, passant; écartelé de gueules à neuf losanges d'or, posées 3, 3, 3.

VILLANTROYS (de). — Famille originaire du Berry et de l'Orléanais, se rattachant par les femmes, à la descendance mâle d'Alain Chartier.

Jean-Etienne-Laurent de Villantroys fut trésorier de France, général des finances, en la Généralité d'Orléans, député à la suite du conseil de sa Majesté, conseiller secrétaire du Roi, maison, couronne de France et de ses finances (1753).

Gabrielle-Marie-Françoise de Vaucocour, veuve de Pierre-Laurent de Villantroys, colonel d'artillerie, chevalier de St-Louis et commandeur de la Légion d'honneur, propriétaire de la Métiverie, commune de St-Cyr-sur-Loire, mourut à Tours en 1846.

Marie-Louise-Antoinette Carbon, veuve de Jean-François de Villantroys, colonel de cavalerie, sous-inspecteur aux revues, chevalier de St-Louis, officier de la Légion d'honneur, est mort dans la même ville, en 1857.

Michel-Louis-Eusice de Villantroys, résidant actuellement à Charleville, a eu un fils, Henri-Alexandre-Charles de Villantroys, sous-lieutenant au 2e régiment de chasseurs d'Afrique.

D'argent, au chevron d'azur, accompagné de trois tours de même. — Couronne de comte.

VILLARS (de) Ec., Sgrs des Viaullières, paroisse de Chaumussay; de Couzières, paroisse de Veigné; d'Esves, relevant de la Haye (xve et xvie siècles).

Bandé d'or et de gueules.

VILLART de GRÉCOURT. Voyez WILLART.

VILLE (La), Ec., Sgrs du Portault (xviiie siècle).

D'argent, à la bande de gueules.

VILLEBLANCHE (de), Ec., Sgrs d'Orfeuille (dès 1389), du Plessis-Barbe, de la Rochère (xvie et xviie siècles).

Isabelle de Villeblanche fut abbesse de Beaumont-les-Tours de 1467 à 1469.

Madeleine de Villeblanche était prieure de Rives, en Touraine, en 1507.

Hélène de Villeblanche comparut, en 1508, à la rédaction du procès-verbal de la Coutume du Maine, pour les enfants du Sgr de Lavardin, de Lamenay et de la Chapelle-Gastineau.

Anne-Joseph-Geoffroy de Villeblanche, prieur de Marmoutier, mourut dans cette abbaye, le 29 janvier 1789.

De gueules, au chevron d'argent chargé d'un chevron d'azur et accompagné de trois quintefeuilles d'or, percées.

VILLEBOIS (Pierre de), chanoine et chantre en dignité de l'Église de Tours, mourut le 25 avril 1762.

D'azur, à un château d'argent pavillonné de trois pièces, sommé de deux cheminées de même, et surmonté d'un arbre aussi d'argent, adextré d'un chien courant, d'or, et sénestré d'une hure de sanglier de même.

VILLEBRESME ou VILLEBRESMIER, Éc., Sgrs de Fougères, relevant des Bordes-Guenand, paroisse du Petit-Pressigny (xv⁰ et xvi⁰ siècles).

Charles de Villebresmier, Sgr de Fougères, comparut, en 1559, à la rédaction du procès-verbal de la Coutume de Touraine.

D'or, au dragon ailé, de gueules.

VILLE DE FEROLLES DES DORIDES (de la), en Touraine (xvii⁰ siècle).

Le 15 septembre 1654, Marguerite de la Ville de Ferolles des Dorides fut mariée à René de la Bouchardière, chevalier, Sgr de Valençay, de la Barbotinière et de Balesmes, en Touraine. En secondes noces elle épousa N. de Berland, Chev., Sgr de la Louère.

D'argent, à la bande de gueules.

VILLEDON (de). — Famille noble et ancienne, originaire du Poitou. Elle a été maintenue dans sa noblesse le 2 septembre 1666 et le 24 juillet 1667.

Alexis-Henri-François de Villedon de Sanxay, chevalier de Malte (reçu en 1711), était commandeur de Fretay, en Touraine, en 1760.

Gabriel de Villedon, vicaire-général du diocèse du Mans, fut député pour la province de Tours à l'Assemblée générale du clergé de France, en 1775.

D'azur, à trois fasces ondées, de gueules.

**Villeloin** (L'abbaye de).

D'azur, à une Notre-Dame d'or. — *Alias* : De gueules, à une croix engrêlée d'or, accompagnée de quatre fleurs de lis d'argent.

VILLELUME (de). — Famille originaire du Limousin.

D'or, à dix besants d'argent, 4, 4, 2.

VILLEMARD (de), Chev., Sgrs de la Mothe et de l'Ile-Barbe (xvᵉ et xvıᵉ siècles).

Jean de Villemart fut bailli et gouverneur de Touraine en 1530-31.

François de Villemart était chanoine de l'Église de Tours en 1545.

Ecartelé; aux 1 et 4 d'azur, au bois de cerf d'or; aux 2 et 3 de... à la bande de... chargée d'un lion de...

VILLEMEREAU (de), Éc., Sgrs de Meursains, paroisse de Genillé (1279), de Champeaux (xvııᵉ siècle).

D'argent, à trois papegaults de sinople, 2, 1.

VILLEMOR DE POIX (de), en Touraine et en Anjou.

De sable, à la fasce d'argent, accompagnée de trois aiglons d'or, 2, 1.

VILLENEUVE (VALLET de). Voyez VALLET DE VILLE-NEUVE.

VILLENEUVE (de), Éc., en Touraine (du xvıᵉ au xvııᵉ siècle).

Nicolas de Villeneuve fut abbé de Noyers, de 1359 à 1363.

D'or, au chevron d'azur, accompagné en chef de deux roses de gueules, et en pointe d'un phénix de sable sur un bûcher de même, allumé de gueules.

VILLENEUVE (de), Éc., Sgrs du Vivier, — du Cazau, paroisse de Mazières (xvııᵉ siècle).

Louis-Auguste de Villeneuve du Cazau, Chev., Sgr, comte de la Poisotière, du Pontreau, etc..., fils de Gabriel-Louis de Villeneuve, Chev., Sgr, comte du Cazau, Pleinchesne, etc..., et d'Elizabeth des Herbiers de l'Etenduère, épousa, à Tours, le 17 février 1789, Marguerite-Madeleine Le Gardeur de Repentigny, fille de François Le Gardeur, Chev., Sgr de Repentigny, chevalier de St-Louis, capitaine des frégates du roi, et de Marguerite-Jeanne Mignon.

De gueules, à trois chevrons d'hermines.

**VILLENEUVE-TRANS** (de), Chev., marquis de Villeneuve-Trans, Sgrs de la Guérinière, en Touraine (xviiie siècle). — Famille originaire de Provence et issue de Raymond de Villeneuve, gentilhomme de la cour d'Alphonse Ier, comte de Provence. Les de Villeneuve, barons des Arcs, furent créés marquis de Trans, en 1505, et de Flayose, en 1678. Le chef du nom et des armes des marquis de Trans-Flayose est aujourd'hui Helion de Villeneuve, marquis de Trans-Flayose.

De gueules, fretté de six lances d'or, les interstices semés d'écussons de même ; sur le tout, un écusson d'azur chargé d'une fleur de lis d'or. — Supports : deux anges tenant des bannières aux armes d'Aragon.— Cri de guerre: A tout.— Devise : *Per hæc regnum et imperium.*

**VILLEPROUVÉE** (de), Sgrs de Neuville.

De gueules, à la bande d'or, accostée de deux cotices de même.

**VILLEQUIER** (de), Chev., vicomtes de la Guerche, Sgrs de Montrésor et d'Etableaux (xve, xvie et xviie siècles).

De gueules, à la croix florencée, d'or, cantonnée de 12 billettes de même , posées 2 et 1 en chaque canton.

**VILLETTE** (Geoffroy de), bailli de Touraine et capitaine de Tours (1264-65), et Gaultier ou Guitier de Villette, son frère, bailli de Touraine, 1266-73, portaient :

De..., à la bande vivrée de..., accompagnée de six merlettes mises en orle de...

Jean de Villette, Chev., résidant dans le Blésois en 1281, portait, d'après une empreinte de sceau :

De....., au chef chargé d'un lion passant à dextre.

**VILLEVAULT** (de), Sgrs de Coesmes et de Vanssay. — Cette famille a donné un conseiller au Parlement de Metz.

Écartelé , aux 1 et 4 de gueules, au lion d'or ayant la patte posée sur un serpent de même; aux 2 et 3 d'or à trois chabots de gueules; et sur le tout, de gueules, à trois croissants d'argent.

**VILLIERS** (de), Éc., Sgrs de la Felonnière, de Souches, paroisse de Civray-sur-Cher, de la Tour de Brou, la Fuye (xvie et xviie siècles), de la Guenouillière, paroisse de Jaulnay (xviiie siècle).

Eustache de Villiers, Sgr de la Falonnière, comparut, en 1559, à la rédaction du procès-verbal de la Coutume de Touraine.

D'argent, à deux lions adossés, de sable, armés, lampassés et couronnés de gueules.

VILLIERS (de), en Touraine et en Lorraine.

D'argent, à la bande de sable chargée de trois fleurs de lis d'or.

VILLIERS (de), Chev, Sgrs de Lauberdière, en Touraine (xviie siècle), de Linières, de Fournelle, de Cardouilloux, etc... — Cette famille a fourni un chevalier de Malte, Charles de Villiers (1686).

D'argent, à la bande de gueules, accompagnée en chef d'une rose de même.

La branche de Fournelle brisait ses armes en *chargeant la bande, en chef, d'un croissant d'argent.*

VILLIERS (de), Éc., Sgrs de Petit-Bois, de la Pinauderie, des Rosiers, de la Bellangerie, etc... — Famille originaire de Champagne : elle résidait à Provins au xvie siècle. Nicolas de Villiers était, en 1568, un des capitaines de ville, et chargé de la garde du quartier de Jouy. Un de ses descendants, François de Villiers, s'est établi à Paris, où il est mort le 10 janvier 1676.

Marc de Villiers, petit-fils de François, né à Paris le 20 mai 1671, premier secrétaire d'intendance sous M. Turgot de Sousmons, épousa, le 6 février 1708, Jeanne-Claire Barbotin, de Tours (morte à Paris le 10 juillet 1732). Il fut premier commis des finances au contrôle général, en 1726, secrétaire du roi, maison, couronne de France, et de ses finances, de 1732 à 1762, et co-propriétaire, par sa femme, des fiefs du Petit-Bois et de la Pinauderie, paroisse de Mettray ; des Rosiers et de la Bellangerie, paroisse de Savonnières. Il mourut à Versailles le 3 avril 1762, laissant deux fils :

1° Jacques-Étienne de Villiers, qui suit ;

2° Marc-Albert de Villiers, né à Paris le 17 mai 1719, prêtre, auteur de quelques ouvrages relatifs à la religion et à l'histoire, mort à Paris le 29 juin 1778.

Jacques-Étienne de Villiers, né à Moulins le 30 décembre 1711, reçu, en mars 1740, conseiller au Châtelet de Paris, remplit ces fonctions jusqu'en 1770. Le 3 octobre 1741, il épousa, à Valenciennes, Marie-Florence-Josèphe Mastaillier, (décédée à Versailles le 23 avril 1754). En août 1754, il fut nommé premier commis des finances au contrôle général, et en 1762, il succéda à son père dans la charge de secrétaire du roi du grand collège, qu'il conserva jusqu'en 1784. En 1789, il comparut à l'Assemblée de la noblesse de la vicomté de Paris pour la nomination des députés aux États généraux. Il mourut à Versailles le 30 janvier 1793, laissant deux fils :

1° Marc-Étienne de Villiers du Terrage, qui suit ;

2° Jacques-René de Villiers de la Bellangerie, né à Paris le 5 janvier 1778, gentilhomme ordinaire du comte d'Artois en janvier 1778, comparut, en 1789, à l'Assemblée électorale de la noblesse de la vicomté de Paris Il mourut à Rome le 25 décembre 1799.

Marc-Étienne de Villiers, né à Paris le 11 novembre 1772, premier commis des finances au contrôle général, chevalier de la Légion d'honneur, épousa, le 20 avril 1773, Suzanne-Rose de Villantroys (morte à Marly, le 9 juin 1788). Il mourut à Fontainebleau le 22 juillet 1819, laissant, entre autres enfants, Paul-Étienne et René-Édouard.

Paul-Étienne de Villiers du Terrage, né à Versailles le 25 janvier 1774, chevalier de l'Empire (24 décembre 1808), préfet, conseiller d'État, pair de France (1837), commandeur de la Légion d'honneur, chevalier de l'ordre de Charles III d'Espagne, reçut le titre de vicomte, avec institution de majorat, le 26 février 1825. Il mourut à Tours le 20 décembre 1838, laissant deux enfants de son mariage (8 juin 1802) avec Jeanne-Juliette-Olympe Jard (décédée à Tours le 15 mars 1837) :

1° Paul-Gabriel-Albert de Villiers du Terrage, né à Écully le 27 avril 1806, ancien juge auditeur, avoué, résidant actuellement à Tours ;

2° Pauline-Olympe-Clémentine de Villiers du Terrage, mariée, en mai 1834, à Anatole-Louis-Le Mans, baron Auvray.

René-Edouard de Villiers du Terrage (frère de Paul-Etienne), né à Versailles le 26 avril 1780, inspecteur général des ponts-et-chaussées, commandeur de la Légion d'honneur, mourut à Paris le 20 avril 1855, laissant, de son mariage avec Julie-Eglantine.Didier, un fils unique, Aimé-Edouard de Villiers du Terrage, né à Paris en 1827, ingénieur des ponts et chaussées, chevalier de la Légion d'honneur, marié, en mai 1859, à Louise-Marie Avril, dont il a eu quatre enfants : Blanche, René, Maurice et Marc-Paul-Aimé.

D'azur, à la bande cousue de gueules, accompagnée de trois serres de griffon, d'or, deux en chef et une en pointe. (D'après les lettres patentes de chevalier, de 1808).

D'azur, à trois serres de griffon d'or, posées 2, 1. (D'après les lettres patentes de 1825).

Avant 1789, la famille portait :

De gueules, à trois serres de griffon, d'argent.— Couronne de marquis et de comte.

Ces dernières armes ont été conservées par la branche cadette.

**Villiers** (Le prieuré de).

D'or, à une aigle à deux têtes, de sable.

**Villiers** (Les religieuses de Notre-Dame de), ordre de Grammont (fin du XVII° siècle).

D'azur, à une Vierge tenant son Enfant-Jésus sur son bras dextre et une branche de lis dans la main sénestre, le tout d'argent.

VIMEUR (de), Chev., marquis de Rochambeau.

Cette famille, originaire de Touraine, s'est établie dans le Vendômois dans le courant du XIV° siècle. Elle a donné un chevalier-croisé, François de Vimeur (1190).

Donatien-Marie-Joseph de Vimeur, vicomte de Rochambeau, colonel du régiment Royal-Auvergne, Sgr de Renay et de Chêne-Carré, comparut, en 1789, à l'Assemblée électorale de la noblesse de l'Orléanais.

D'azur, à un chevron d'or, accompagné de trois molettes d'éperon de même, 2, 1. — Couronne de comte. — Devise : *Vivre en paix et mourir.*

**VINCENT** (François), prêtre, curé de Savigny (fin du XVIIᵉ siècle.

D'azur, au chevron d'argent et une fasce de gueules brochant sur le tout, chargée d'un croissant d'argent et accompagnée en chef de deux étoiles d'or, et en pointe d'un lion de même.

**VIOLE**, Chev., Sgrs d'Andrezel et d'Aigremont.

Cette famille a fourni une abbesse de Beaumont-les-Tours, Agnès Viole (1343), — et un intendant de Touraine, Jacques Viole, nommé par lettres du 4 décembre 1565.

De sable, à trois chevrons brisés, d'or (D'après le catalogue des Conseillers au Parlement de Paris, de Blanchard). — Et d'or, à trois chevrons brisés, de sable (d'après Palliot).

**VIOT**, à Tours.

« Le nom de cette famille, dit M. Lambron de Lignim, page 77 de son *Armorial des maires de Tours*, est honorablement inscrit dans les fastes de la justice consulaire et sur les contrôles de la milice bourgeoise de la ville de Tours. Ses alliances sont des plus distinguées. Jean-François Viot, écuyer, président trésorier des finances, était père de Jeanne Viot, mariée à M. Jacques Sorbière, écuyer, seigneur de Bezay, contrôleur ordinaire des guerres. De cette union sont issus plusieurs enfants parmi lesquels nous citerons Jeanne Sorbière, mariée dans la chapelle du château de la Crousillière, le 29 août 1763, à messire Jean-Samuel, marquis d'Harembure, chevalier de l'ordre royal et militaire de St-Louis et gouverneur de la ville de Poitiers. »

Hyacinthe Viot, ancien négociant, chevalier de la Légion d'honneur, fut maire de Tours depuis le 14 novembre 1815 jusqu'au 14 novembre 1821.

D'argent, au chevron de sable accompagné en chef d'un soleil de gueules, rayonnant d'or, et en pointe d'une corbeille de sinople remplie de fleurs au naturel. — Couronne de baron.

Une empreinte de cachet attenant à une lettre de M. Viot, trésorier de France, du 16 octobre 1772 (archives de la Société d'agriculture de Tours) offre les armes suivantes :

D'or, au laurier terrassé de sinople, accosté de deux merlettes affrontées de... ; au chef de gueules chargé d'un croissant d'argent accosté de deux étoiles de même. — Casque taré de front et orné de ses lambrequins.

## VIRIEU (Marie-Agnès de), abbesse de Beaumont-les-Tours (1786-90).

Ecartelé ; aux 1 et 4 d'azur à trois vires d'or ; aux 2 et 3 contre-écartelé d'or et de gueules, qui est de Beauvoir.

## VISTE (le), Éc., Sgrs de l'Ile-Barbe (en partie).

Cette famille a fourni un chanoine de St-Martin de Tours, Claude le Viste (168.).

De gueules, à la bande d'azur chargée de trois croissants montants, d'argent.

## VITAL de SAINT-ÉTIENNE, marchands bourgeois, à Tours (fin du xviie siècle).

De gueules, à une fasce d'or accompagnée de trois cailloux de même.

## VITALIS, en Touraine (xviie siècle).

D'argent, à l'arbre de sinople, fruité d'or, au serpent de gueules tortillé à l'entour de l'arbre.

## VITRÉ (de), famille originaire de Bretagne.

Vers 1200, Robert de Vitré, chevalier, était seigneur de Langeais, en Touraine.

Gilles de Vitré était abbé de Turpenay, en 1240.

De gueules, au lion d'argent.

## VITTON (de). — Famille originaire de la Grande-Bretagne. Sa filiation remonte au milieu du xve siècle. Des branches se sont établies en Touraine, en Provence, en Bretagne, en Lorraine, etc...

D'azur, à un chevron d'or accompagné de cinq fusées de même, 3 en chef, 2 en pointe ; à la bordure componnée d'hermines, chargée de huit couronnes du second émail. — Devise : *Semper fuerent, semper.*

## VIVIER (du), Ec., Sgrs de la Rouauldière (xvie siècle).

En 1559, Christofle du Vivier, Sgr de la Rouauldière, comparut à la rédaction du procès-verbal de la coutume de Touraine.

De gueules plein.

## VIVONNE (de) Chev., Sgr de Faye-le-Vineuse, de Marigny,

de Chouzé, des Essarts (xive, xve et xvie siècles). — Famille dont l'origine remonte à Hugues de Vivonne, vivant en 1076.

Savary de Vivonne était chanoine de St-Martin de Tours, en 1377 ;

Jean de Vivonne était commandeur de l'Ile-Bouchard, en 1413.

D'hermines, au chef de gueules.

**VOISIN** ou **VOYSIN**, Chev., Sgrs de la Noiraye, de Ville-bourg, du Mesnil (xviiie siècle).

Cette famille s'est éteinte en la personne de Daniel Voisin, garde des sceaux de France, mort le 2 février 1717. Elle a fourni un conseiller du roi, intendant de Touraine (1666-72), Jean-Baptiste Voisin, mort à Tours, en 1672.

D'azur, au croissant d'argent, accompagné de trois étoiles d or, 2, 1.

**VOISIN**, Éc., Sgrs des Touches, — et de Cosson, paroisse de Vernou (xviie siècle). — Famille de Touraine, éteinte depuis longtemps.

Olivier Voisin, conseiller du roi, trésorier des turcies et levées, à Tours, fut maire de cette ville, en 1653-54.

Charles Voisin de Cosson était conseiller du roi, élu en l'élection de Tours, en 1654.

Joseph Voisin était chanoine de Saint-Martin de Tours, en 1698.

D'azur, à trois guivres tortillées, en pal, d'argent, 2, 1, les deux du chef affrontées.

**VOISIN** (Olivier), dit le Jeune, chanoine de St-Martin de Tours (fin du xviie siècle).

D'azur, à trois fusées d'argent, en fasce.

**VOISINE**, Sgrs de Lafresnaye, de Boisyvert, de la Richar-dière, des Coudreaux, des Michellières, de la Chevalerie, de la Chambaudière, du Poirier, des Loges, du Bois-Garnier (paroisse de Monts), de Boesmé, de la Caillauterie, de la Barre, etc... — Cette famille, originaire de Gastine, en Poitou, et établie sur les confins de cette province et de la Touraine vers la fin du xvie siècle, a donné des avocats au Parlement et des magistrats, entre autres, Gabriel Voisine,

Sgr de la Richardière et des Chambeaudries, lieutenant-séné-chal de Champigny, (Lettres du 18 décembre 1675, signées par S. A. R. Mademoiselle, Anne-Marie-Louise d'Orléans).

Gabriel Voisine, archiprêtre de Parthenay, doyen de la chapelle de St-Laurent, notaire apostolique, mourut en 1684 et fut inhumé à la Tour-St-Gélin dans la chapelle St-Jean, fondée le 19 décembre 1656, par Jean Voisine, son père, avec droit de sépulture pour ses descendants.

La famille Voisine s'est alliée à celles de Morin de Vildo-mière, Herbert, Touraine de Villefranche, Babinet de Santilly, Guilgaut de la Rivière, Bonnard de Rigné, de la Bourolière, de Lamothe du Bois, Droüin, de Thubert de la Vrillaye, Tourneporte de Vontes, Poirier des Bournais, etc...

Louis-Jean Voisine, Ec., Sgr de Lafresnaye, de la Richar-dière et de Bois-Garnier, officier des chasses du roi, épousa Marie-Madeleine Bel, fille de René Bel, conseiller du roi, élu en l'élection de Tours. De ce mariage sont issus trois enfants :

1° Louis-Benjamin, marié, le 16 janvier 1808, à Thérèse Contencin, dont il a eu : Benjamin-Eugène, marié, le 10 août 1840, à Elizabeth-Amélie Etignard de Lafaulotte. De ce mariage sont issus : Louise-Émilie et Jacques-Albert;

2° Gabriel-Jules, marié, le 9 avril 1817, à Anne-Alexis Poirier des Bournais, dont il a eu Anne-Thérèse et Charles-Eugène ;

3° Marie-Madeleine, mariée, en mai 1812, à Louis-Charles Droüin, chevalier de la Légion d'honneur. De ce mariage est issue, Julie-Madeleine, née le 10 mars 1816.

D'azur, à un chevron d'or, accompagné de deux étoiles de même en chef et d'un croissant d'argent, en pointe, et surmonté d'un lambel à trois pendants.

VONNES (de), Chev., vicomtes d'Azay-sur-Indre, Sgrs de Fontenay, de la Richardière (paroisse de Saint-Branchs), du Breuil et de la Tremaudière (XVIIe et XVIIIe siècles).

Cette famille a été maintenue dans sa noblesse le 2 juillet 1715, par de Chauvelin, intendant de Touraine.

D'azur, à une fasce d'or accompagnée de six billettes de même, 3 en chef et 3 en pointe.

D'or, à la fasce d'azur accompagnée de 6 billettes de même, 3, 3 (D'après Verlot).

D'azur, fascé d'argent, accompagné de 6 billettes d'or (d'après les *Mém. de Touraine*).

**VOULSY** (de), Ec., Sgrs de Malsay (xvi$^e$ et xvii$^e$ siècles).

Charles Voulsy, receveur des aides et tailles, à Loches, fut maire de Tours, en 1567-68.

D'azur, à un chevron d'or, accompagné de trois aigles d'argent.

**VOYER** (de), Chev., marquis de Paulmy et d'Argenson, comtes du Ban-de-la-Roche, de Vueil-Argenson et de Dorée, vicomtes de la Roche-de-Gennes, de Mouzay et de la Guerche; barons des Ormes-St-Martin, de Marmande, de Boizé et de Reveillon, Sgrs de la Touche et des Ferreaux (paroisse de Mouzay), de Draché, du Rivau, de la Barge, de la Roche-de-Gennes, Bois-Bourreau, Princé, Rippons, la Liborerie, Vontes, la Vassellière, Mouton de Cluys, de la Voierie-de-la-Haye, de la Cormerie, d'Argenson, Ruton, Balesmes, Puy-d'Atilly, la Racelinière, Plessis-Ciran, Larsay, Mousseaux, la Motte de Grouin, Morteveille, la Chevalerie, Villiers, Dorée, Ciran-la-Latte, Chaillonnay, du Pin et de l'Aubuge, relevant de Nouâtre; de Lasteigne, la Baillolière, la Thibaudière, Bois-le-Plessis, Chastres, Relay, la Garenne de Seligny, etc. — Famille originaire de Touraine.

On trouve, en 1202, Mathieu de Voyer, Chev., Sgr du Breuil, paroisse de St-Aubin-le-Dépeint.

Etienne de Voyer, Chev., Sgr de Paulmy, scella de son sceau, en 1244, une donation faite à l'abbaye de Beaugerais par Agathe, sa femme.

Vers 1295, Guillaume de Voyer, Sgr de Paulmy, fils de Pierre le Voyer, capitaine de Loches, épousa Philippe, dame de Princé, fille de Guy VII de Laval et de Jeanne de Brienne.

La filiation suivie de la famille commence par Philippe Voyer, Ec., cité dans des actes de 1374-98-1411, et qui épousa, en premières noces, Jeanne de Verneuil, et en secondes noces, Marguerite de Sigoygne. Du premier lit naquirent : 1º Jean Voyer, Éc., Sgr de Paulmy, des Ferreaux, de la Touche, etc..., décédé avant 1443, laissant plusieurs enfants de son mariage avec Alix de Cluys, fille de Mouton de Cluys, Sgr de Briantes et d'Issoudun-sur-Creuse, et de Marguerite de Malvoost ; 2º Jeanne Voyer ; 3º Guaye Voyer, mariée, le 8 février 1399, à Aventin, Sgr de Betz.

Par lettres patentes du mois de janvier 1569, les terres de la Roche-de-Gennes, de Paulmy et du Plessis-Ciran, furent érigées en vicomté en faveur de Jean de Voyer, Éc., Sgr de Paulmy, d'Argenson, de Ruton et de Balesmes, chevalier de l'ordre du roi et gentilhomme ordinaire de sa chambre. Jacques de Voyer obtint l'union des terres de May, de Ciran-la-Latte et de Relay au vicomté de la Roche-de-Gennes, par lettres du mois de juin 1645.

Par d'autres lettres, du 25 janvier 1654, la terre de Rouffiac, en Angoumois, fut érigée en comté en faveur de René de Voyer, Chev., Sgr d'Argenson, conseiller d'État et ambassadeur à Venise.

La seigneurie d'Argenson, en Touraine, fut érigée en marquisat, par lettres de janvier 1700, en faveur de Marc-René de Voyer d'Argenson, garde des sceaux de France.

Jean de Voyer, Éc., Sgr de Paulmy, comparut, en 1559, à la rédaction du procès-verbal de la Coutume de Touraine.

La famille de Voyer a fourni un chevalier-croisé, Renaud de Voyer (1248) ; elle a donné à la Touraine les fonctionnaires et les dignitaires ecclésiastiques dont les noms suivent :

Pierre de Voyer de Paulmy, capitaine-gouverneur de Loches (1330) ;

Philippe de Voyer, aussi capitaine-gouverneur de Loches (1374) ;

Christophe de Voyer, chambrier de l'abbaye de Preuilly (vers 1500) ;

François de Voyer, chevalier de Malte, commandeur d'Amboise (1539) ;

René de Voyer, vicomte de Paulmy et de la Roche-de-Gennes, bailli de Touraine (par lettres de Marie, reine d'Écosse, duchesse de Touraine, du 12 février 1571) ; gouverneur du château de Loches (1575);

Pierre de Voyer d'Argenson, chevalier de l'ordre du roi, bailli d'épée de Touraine (26 avril 1586), mort le 22 décembre 1616 ;

René de Voyer d'Argenson, conseiller au Parlement de Paris, bailli d'épée de Touraine (1616-27), ambassadeur du roi à Venise, intendant des provinces de Touraine et de Berry, mort le 14 juillet 1651 ;

René de Voyer d'Argenson de Chastres, intendant de Touraine (17 octobre 1630);

Claude de Voyer d'Argenson, trésorier de l'église collégiale de Ste-Marie-Madeleine de Mézières, en Brenne, prieur de St-Antoine de Nau-l'Abbé, près Bossay (1639);

Pierre de Voyer d'Argenson, vicomte d'Argenson, bailli des pays et duché de Touraine (14 juin 1643) ;

Louis de Voyer d'Argenson, prêtre, prévôt de St-Laurent de Parthenay, abbé commendataire de Beaulieu (1639-71), doyen de St-Germain-l'Auxerrois, décédé le 13 janvier 1694 ;

Gabriel de Voyer de Paulmy, prieur de Vou et de Saint-Jacques de la Lande (1641), évèque et comte de Rhodez (7 février 1666), mort le 11 octobre 1682 ;

Jacques de Voyer de Paulmy, chevalier de Malte, commandeur de Fretay (1688-1709) ;

Jacques de Voyer de Paulmy d'Argenson, né en 1634, prêtre, prieur de Nau-l'Abbé, nommé vicaire-général de l'évèque de Dol, son frère, pour son abbaye de Preuilly, par lettres du 26 juillet 1707, mort à Argenson le 14 juin 1715 ;

François-Elie de Voyer de Paulmy d'Argenson, archevêque de Bordeaux, abbé de St-Pierre de Preuilly, en Touraine (1er novembre 1706), mort le 25 octobre 1728) ;

Marc-Pierre de Voyer, comte de Weil-Argenson, capitaine-gouverneur de Loches, intendant de Touraine (1721-22), garde des sceaux et surintendant des finances, ministre de la guerre, grand-croix de St-Louis, membre de l'Académie royale des sciences, mort en 1764 ;

Marc-René de Voyer de Paulmy, marquis de Voyer, comte d'Argenson, né le 20 septembre 1722, grand-bailli de Touraine, puis lieutenant-général pour le roi au gouvernement de cette province, décédé le 18 septembre 1782 ;

Antoine-René de Voyer de Paulmy, marquis d'Argenson, grand-bailli de Touraine, gouverneur de Loches et de Beaulieu, trésorier de l'ordre du St-Esprit, membre de l'Académie française, mort le 13 août 1787 ;

Marc-René-Marie de Voyer d'Argenson, comte d'Argenson, grand bailli de Touraine (1782-89), décédé le 1er août 1842. Il comparut, en 1789, à l'Assemblée électorale de la noblesse de Touraine.

La maison de Voyer s'est divisée en trois branches, connues sous les noms de Voyer de Paulmy, Voyer d'Argenson et Voyer, comtes d'Argenson.

La première branche s'est alliée aux familles de Cluys, de Rougemont, d'Artannes, de Betz, de Lespinay, des Aubuys, de St-Jouin, de Gray, Ancelon de Fonthaudry, de Mons, de Gueffault, Frotier, Fumée, Robin de la Tremblaye, Turpin de Crissé, de Larsay, Barjot de Moussy, de Beauvau, de Wurtemberg, de Mauroy, etc... Elle s'est éteinte, le 12 juin 1732, en la personne de Marie-Françoise-Céleste de Voyer de Paulmy, femme de Charles-Yves-Jacques du Plessis, Chev., comte de la Rivière et de Plœuc.

La seconde branche compte parmi ses alliances les familles Hurault, de la Font, de Bernage, Houlier de la Poyade, de Valory d'Estilly, Le Fèvre de Caumartin, Legendre de Collandre, Méliand, des Marets, Dangé, etc... Elle s'est éteinte en la personne d'Adélaïde-Geneviève de Voyer d'Argenson, fille unique d'Antoine-René de Voyer, marquis d'Argenson, mariée, le 9 avril 1771, à Anne-Charles-Sigismond de Mont-morenci-Luxembourg, duc de Pincy-Luxembourg.

La troisième branche eut pour auteur Marc-Pierre de Voyer, comte de Vueil-Argenson (deuxième fils de Marc-René, et de Marguerite Le Fèvre de Caumartin), né le 16 août 1676, intendant de Tours, ministre de la guerre (de janvier 1743 à février 1757), mort à Paris, en 1764.

Marc-Pierre de Voyer avait épousé, le 24 mai 1749, Anne Larcher, fille de Pierre Larcher, Chev., Sgr de Pocancy, conseiller au Parlement de Paris, et d'Anne-Thérèse Lebert de Buc. De ce mariage sont issus :

1° Marc-René, qui suit ;

2° Louis-Auguste de Voyer, né le 13 février 1725, chevalier de minorité de l'ordre de Malte.

Marc-René de Voyer de Paulmy, marquis de Voyer, comte d'Argenson, vicomte de la Guerche, baron de Marmande et des Ormes-St-Martin, né le 20 septembre 1722, lieutenant-général au gouvernement d'Alsace, maréchal-de-camp, puis lieutenant-général des armées du roi et grand-bailli de Touraine, mourut au château des Ormes, le 18 septembre 1782. Le 10 janvier 1747, il avait épousé Jeanne-Marie-Constance de Mailly d'Haucourt, fille de Joseph-Auguste, comte de Mailly, maréchal de France, et de Constance Colbert de Torcy. De ce mariage sont issus :

1° Marie-Marc-Aline de Voyer, née le 14 juillet 1764, mariée à Paul, comte de Murat, résidant à la Tourballière, en Touraine, et décédée le 17 janvier 1812 ;

2° Pauline de Voyer, femme de Guy-Anne-Louis, comte de Laval-Montmorenci ;

3° Marie-Joséphine-Constance de Voyer, mariée au comte Frédéric de Chabannes-Curton ;

4° Marc-René-Marie de Voyer d'Argenson, comte d'Argenson, vicomte de la Guerche, grand-bailli de Touraine, baron de l'Empire, préfet des Deux-Nèthes (1809), député sous la Restauration et le gouvernement de Juillet, mort à Paris, le 1er août 1842.

66

En 1795, Marc-René-Marie de Voyer d'Argenson avait épousé Sophie de Rosen-Kleinroop, veuve du prince Victor de Broglie et fille d'Eugène-Octave-Augustin, marquis de Bollwiller, comte de Rosen, et de Marie-Antoinette d'Harville des Ursins de Tresnel. Cinq enfants sont issus de ce mariage :

1° Charles-Marc-René, qui suit ;

2° Pauline de Voyer d'Argenson, décédée le 2 avril 1806 ;

3° Sophie de Voyer d'Argenson, mariée à Fortuné Reynaud, baron de Lascours, général de division et pair de France ;

4° Victorine de Voyer d'Argenson, mariée, le 9 janvier 1825, à André-Raoul-Claude-François-Siméon, comte de Croy-Chanel de Hongrie ;

5° Elisabeth de Voyer d'Argenson, mariée, le 6 septembre 1827, à Pierre-René-Gustave Fournier de Boisayrault, marquis d'Oyron, décédée le 16 octobre 1847.

Charles-Marc-René de Voyer, marquis d'Argenson, membre du conseil général de la Vienne, membre de la Société archéologique de Touraine, né le 20 avril 1796, eut cinq enfants de son mariage avec Marie Faure, fille de Mathieu Faure, député de la Charente-Inférieure :

1° Laure de Voyer d'Argenson, mariée au vicomte Enguerrand Randon de Pully, et décédée le 23 septembre 1852 ;

2° Elisabeth-Aline de Voyer d'Argenson, mariée, le 16 juin 1845, à Rodolphe-Auguste-Louis-Maurice, comte d'Ornano, premier maître des cérémonies de l'Empereur, député au Corps législatif, commandeur de la Légion d'honneur, mort en 1864 ;

3° Amélie de Voyer d'Argenson, mariée, le 6 juillet 1852, à Auguste-Benjamin-Jules, comte de Clervaux ;

4° Marie de Voyer d'Argenson, mariée, en 1861, à N. Calmer ;

5° René de Voyer d'Argenson, marquis d'Argenson, né le 2 juin 1836, auditeur au Conseil d'État, membre de la Société archéologique de Touraine, résidant actuellement au château des Ormes (Vienne), et à Paris.

Écartelé, aux 1 et 4 d'argent, à une fasce de sable, qui est de Gueffault; au 2 et 3 d'azur, à deux lions léopardés, d'or, passants l'un sur l'autre, couronnés de même, armés et langués de gueules; sur le tout, l'écusson de Venise, qui est d'azur, à un lion ailé, assis, d'or, tenant l'épée nue et un livre ouvert d'argent sur lequel sont écrit ces mots : *Pax tibi Marce*; cet écusson surmonté d'une couronne ducale fermée. — Cimier : Le lion de Saint-Marc.

L'écusson de Venise fut concédé par le sénat de cette république à René de Voyer de Paulmy II, seigneur d'Argenson, comte de Roufiiac, pour marque de la considération qu'il faisait de sa personne, et en retour de ses bons offices durant son ambassade près de la république. (*Lettres patentes du 27 octobre 1655.*) Le roi de France, par brevet du 7 novembre 1656, lui permit, et aux siens, d'user de cette concession.

Les de Voyer de Paulmy d'Argenson avaient autrefois pour devise, entre deux palmes, ces mots : *Vis et prudentia vincunt.*

## VOYPIÈRE (de la).

D'azur, au lion morné, d'or.

## VOYRIE (de la).

— Famille originaire du Poitou et établie à Loches, en Touraine, à la fin du XVIIIe siècle. Elle a été maintenue dans sa noblesse par sentence du 9 août 1667.

De gueules, à trois coquilles d'argent, 2, 1.

## WALWEIN (Auguste-Eugène-Marie-Antoine),

né en Belgique, ancien notaire à Montreuil et à Tours, maire de cette dernière ville, du 20 juillet 1835 au 24 février 1847.

La famille Walwein, en Belgique, porte :

D'azur, à la croix d'or dont la partie inférieure de la branche du milieu se termine en chevron, accompagnée en chef de 2 colombes affrontées, d'argent, les ailes éployées, et la partie inférieure qui forme le chevron accompagnée de trois serpents tortillés, aussi d'argent, posés en pal, 2, 1, ceux du chef affrontés. — Devise: *Estote prudentes sicut serpentes, et simplices sicut columbæ.* (*Arm. des maires de Tours*, par M. Lambron).

WATERS (Ferdinand-Marie-Louis de), préfet d'Indre-et-Loire (19 février 1817).

De gueules, à la fasce ondée, d'argent, chargée d'une croisette de..., accompagnée de six têtes de lion d'or posées en fasce et rangées, trois en chef, trois en pointe. — Couronne de comte. — Supports : deux griffons. — Devise : *Pro deo et rege.*

### WILLART ou VUILLART, VILLART de GRÉCOURT, Ec., Sgrs de Grécourt.

Jean Vuillart, Sgr de Grécourt, fut pourvu de la charge de grenetier au grenier à sel de Tours, en août 1673.

Jean-Baptiste-Joseph Willart de Grécourt, chanoine prébendé de St-Martin de Tours, mourut le 2 avril 1743.

D'azur, au chevron d'or chargé de cinq chênes arrachés, de sinople ; au chef d'argent chargé d'une hure de sanglier de sable.

WISSEL (de), Chev,, barons de Wissel, Sgrs de Paray, de Villebernin, d'Arpheuille, etc... — Le nom de cette famille se trouve quelques fois écrit Vissel, Buissel et d'Uissel.

Originaire d'Allemagne, elle s'est établie depuis plusieurs siècles en Touraine et en Berry. Elle a donné un grand nombre d'officiers distingués, des chevaliers de Malte, de St-Louis et de St-Michel. Elle a été maintenue dans sa noblesse le 1er octobre 1668. Parmi ses alliances on remarque les familles d'Aubusson, de la Châtre, de Barbançois, de Lezay-Lusignan, de Fourneaux, de Tragin, de la Myre, de Goyon, de Giverville, de Marolles, de Châteaubodeau, du Puy, de Poix, de Mainville, de Trémault, de Rollin, de Beauxoncles, etc....

Charles-Jean-Baptiste, baron de Wissel, Chev., comparut, en 1789, à l'Assemblée électorale de la noblesse de Touraine.

A la même époque, Charles-Augustin, baron de Wissel, Chev., colonel de cavalerie, chevalier de St-Louis, comparut à l'Assemblée électorale de la noblesse de l'Orléanais.

Marie-Adelaïde de Wissel, fille de Charles-Augustin, épousa, le 15 septembre 1817, Adrien-Jean-Paul-François-Anne, comte de Sarrazin, né au château de Bezay, le 25 octobre 1775, et décédé à Vendôme le 26 septembre 1852.

De gueules, au vol d'argent. — Supports : deux aigles. — Couronne de marquis.

## WORMS DE BOMICOURT, en Touraine (xviiie siècle).

Maximilien-Joseph Worms de Bomicourt, né en Flandre, ancien officier du roi, fut nommé maire de Tours, le 12 décembre 1791.

De gueules, à une fasce d'or en devise, surmontée d'un chevron de même et accompagnée d'une fleur de lis aussi d'or, en chef, et d'un croissant de même en pointe.

## XAINTRAILLES ou SAINTRAILLES (de), Chev., Sgrs de la Chapelle-Gaugain et du Vau (xviie siècle).

D'argent, à la croix alaisée, de gueules. — *Alias* : Ecartelé, aux 1 et 4 d'argent, à la croix alaisée de gueules; aux 2 et 3 de gueules au lion d'argent. — Supports et cimier : trois lions.

## YSORÉ, voyez ISORÉ.

# SUPPLÉMENT

ET

## *ERRATA.*

ABREVOIS (des) ou DE SABREVOIS. — Cette famille résidait dans la paroisse de Huísmes au XVIII° siècle.

D'argent, à la fasce de gueules, accompagnée de six roses de même, 3 en chef, 3 en pointe.

ACQUET (Antoine), Éc., Sgr de la Vergne, élection de Richelieu (fin du XVIIᵉ siècle).

Le nom de ce personnage a été écrit HAGUET dans l'*Armorial général* de d'Hozier.

De sable, à une hache d'argent, emmanchée d'or.

ALDART. — Famille originaire de l'Ecosse.

Jean Aldart, Éc., archer de la Manche dans la compagnie de la garde écossaise du roi Henri IV, épousa, le 22 septembre 1599, Jeanne de Voyer, fille de Jean de Voyer, Ec., Sgr de Bénion, et d'Emée de Corquilleray.

D'argent, à une fasce cablée de gueules et de sinople, accompagnée en chef de deux étoiles de gueules, et en pointe d'un croissant de même; et sur le tout un écusson d'argent chargé d'une main sénestre, appaumée et posée en pal.

ALIGÉ DE SAINT-CYRAN (d'), (voyez page 56), Chev., Sgrs d'Aligier, de la Brousse, de la Faye, de la Sarrazinière, de Brossin, de Saint-Cyran, etc... — Le nom de cette famille s'est écrit primitivement d'ALIGIER. On le trouve aussi écrit d'ALLIGER.

Guillaume d'Aligier, Éc., Sgr d'Aligier et de la Brousse, résidait à Auriac, en Périgord, vers 1420. Son fils, François, épousa, en 1470, Jeanne d'Archambaud, dont il eut Méric d'Aligier, Éc., marié, en 1515, à Jeanne André de la Couserie, fille d'Armand André, Éc., Sgr de la Couserie ; de ce mariage sont issus : Pierre, qui suit ; Hélie et Pierre.

Pierre d'Alizier, eut, de son mariage (1564) avec Jacquette-Pasquet, Noël d'Aligé, Chev., Sgr de la Brousse, de la Faye et de la Sarrazinière, chevalier de l'ordre du roi, marié à Suzanne de Saulières, fille de Pierre, Éc., Sgr de Nanteuil, maître des requêtes de la reine de Navarre, et de Madeleine de Morel. De ce mariage sont issus :

1° Hélie, qui suit ; 2° Gabriel, chevalier de Saint-Lazare (1624) ; 3° Anne, femme du Sgr de Proulaud, Éc. ; 4° Pierre, Sgr de Roucholle ; 5° Isabeau, femme de François d'Angoulême.

Noël d'Aligé fut maintenu dans sa noblesse, à Périgueux, en 1635.

Hélie d'Aligé, Chev., Sgr de la Faye, de Saint-Cyran-sur-Indre, de Brossin, etc..., lieutenant-général de l'artillerie de France, en Champagne et en Brie, épousa, en 1644, Madeleine Hotman, fille de Timoléon Hotman, Chev., Sgr de Fontenay, trésorier général de France, à Paris. La terre de St-Cyran fut érigée en châtellenie en sa faveur, en récompense de ses services, par lettres de février 1650, enregistrées au Parlement de Paris le 28 février 1651.

Devenue veuve, Madeleine Hotman se remaria à Claude de Rochefort, Chev., comte de Luçay.

François d'Aligé, fils d'Hélie, Chev., Sgr de Saint-Cyran, de Brossin, etc..., gentilhomme ordinaire de la chambre du roi (1680), puis maître des Comptes (1684), épousa Marie-Anne Léger, fille de Jean Léger, Éc., contrôleur général de la marine de France, intendant des finances, et de Anne Guillot. Il eut de ce mariage Vincent d'Aligé, Chev., Sgr de St-Cyran, conseiller au Parlement de Paris (1706), marié :

1° à Charlotte le Gras du Luart, fille de Charles le Gras du Luart, Chev., Sgr de Romeny, et de Marie-Anne Dalmas; 2° à Angélique Touzard. Du premier mariage est né François-Vincent, qui suit; du second mariage est issu Léonard d'Aligé, mousquetaire du roi.

François-Vincent d'Aligé, Sgr de St-Cyran, de Brossin, etc..., conseiller du roi, maître des Comptes de Paris, épousa, en 1749, Jeanne-Denise Bastonneau, fille de François-Robert Bastonneau, Chev., vicomte d'Azay, et de Catherine Regnard. Il eut de ce mariage :

1° Edme-François, qui suit ;

2° Madeleine-Jeanne-Denise, mariée, en 1769, au comte de Forget; lieutenant-général des armées du roi. De ce mariage sont issus : le marquis de Forget, chevalier de St-Jean-de-Jérusalem, et Jeanne-Denise, femme du chevalier Artaud de Montor.

Edme-François d'Aligé, Chev., Sgr de St-Cyran, de Brossin, etc..., mousquetaire du roi, puis conseiller auditeur des comptes et garde-du-corps du roi, chevalier de St-Louis, mourut en 1814. En 1787, il avait épousé Thérèse-Catherine Gastebois, fille de Jean-Armand Gastebois, Ec., conseiller du roi, subdélégué de l'intendant, et de Jeanne Aubugeois. De ce mariage sont issus :

1° Jeanne-Françoise-Catherine, mariée à Pierre-François Gerbaud de Malgane, dont Jeanne-Thérèse, mariée à M. la Vaissière de Saint-Martin, officier de la Légion d'honneur, chevalier de St-Louis, etc.;

2° Elizabeth-Françoise-Thérèse, mariée, le 15 octobre 1810, à Bonaventure Chabiel, baron de Morière, chevalier de la Légion d'honneur et de St-Louis, capitaine d'état-major. Edme-Bonaventure Chabiel, baron de Morière, issu de ce mariage, a épousé, le 23 septembre 1840, Léonide de Saint-Pol de Masles.

De gueules, à trois fasces d'or. — Couronne de marquis. — Cimier : un griffon issant. — Supports : deux lions.

**AMAURY, en Touraine (1224).**
De..., à une bande de..., à l'orle de coquilles de...

**AMBOISE (Mathilde, comtesse d'), en 1256.**
De..., à quatre chevrons de...

**AMBOISE (d').** Voyez pages 58-59.

Pierre d'Amboise, vicomte de Thouars (1401), timbrait les armes d'Amboise d'*un heaume cimé d'une tête de loup.* — Supports : *deux lions.*

Pierre d'Amboise, vivant en 1439, posait *une bande* sur ses armes.

**ANJOU (Charles, comte d'), vivant en 1253, portait :**
Semé de France, à la bordure chargée de petits châteaux.

**ANJOU (Louis d'), bâtard du Maine (voyez page 66).** — Il timbrait ses armes d'*un heaume cimé d'un griffon.* — Supports : *deux aigles.*

**AUBANEAU, Éc., Sgrs de la Moujattière (XVIIᵉ siècle).**

François Aubaneau, Sgr de la Moujattière, résidant à Anché, fut maintenu dans sa noblesse le 10 décembre 1667.
D'argent, à trois têtes de loup, arrachées, de sable.

**AUDREN DE KERDREL (Maur), prieur de Marmoutier,** mourut dans ce monastère le 7 avril 1725, à l'âge de 73 ans. Il était né à Laudumez, diocèse de Léon, en Bretagne.
De gueules, à trois tours couvertes, d'or, maçonnées de sable, 2, 1. — Devise : *Tour à tour.*

**AUGER (Gilles), prêtre, curé de Chavagne (fin du XVIIᵉ siècle),**
D'argent, à trois geais, de sable, posés en bande.

**AUSSEURE (Jean d'), Chev., Sgr de la Mothe-de-Beauçay** (depuis Motte-Chandeniers), et de St-Marsole, du chef de sa femme, Marie de Beauçay, fille de Jean de Beauçay et de Marie-Anne Sudré (vers 1420).

La famille d'Ausseure a donné quatre maires à la ville de Poitiers : Denis (1449); Jacques (1510); René (1524-44); René (1557).
D'azur, au pélican d'or se becquetant la poitrine, couronné de gueules.

AUVILLIERS (d'), Sgrs d'Auvilliers et du Bouchoir. — Famille originaire de Normandie. La terre dont elle porte le nom est située dans le pays de Bray, arrondissement de Neufchâtel (Seine - Inférieure) ; elle est possédée aujourd'hui par M. Antonin-Martin d'Auvilliers.

M. d'Auvilliers, cousin germain de M. Antonin-Martin d'Auvilliers, réside actuellement à Vitray, commune de St-Hippolyte (Indre-et-Loire).

D'argent, à deux chevrons de gueules, accompagnés de trois têtes de loup, de sable.

BACOT DE ROMAND. Page 92, 7ᵉ ligne de cet article : au lieu de 1861, lisez 1846.

BALLON (de), Éc., Sgrs de Ballon (xviiᵉ siècle). — Famille originaire d'Écosse.

Robert de Ballon et Elisabeth de Chamborant, veuve de Pierre de Ballon, résidant dans la paroisse d'Availles, furent maintenus dans leur noblesse le 7 septembre 1667.

D'argent, à trois fusées d'azur, 2, 1.

BARBARIN (Jean), Ec., Sgr du Bord, fut nommé juge-sénéchal de St-Germain-sur-Vienne, le 17 avril 1597. Il épousa Catherine Derazes, dont il eut Isaac Barbarin, Sgr du Bord, conseiller au présidial de Poitiers, en 1620.

D'azur, à trois barbeaux d'argent en fasce, celui du milieu regardant à sénestre, et les deux autres à dextre.

BARBE. (Voyez page 99).

C'est par erreur que deux familles du nom de BARBE (Barbe de la Forterie et Barbe d'Avrilly) ont été confondues dans un même article. Elles sont parfaitement distinctes.

La famille Barbe, propriétaire d'Avrilly, portait, comme on l'a vu page 99 :

D'or, à une tête de bouc, coupée de sable.

La famille Barbe de la Forterie, ainsi qu'un de ses membres, Claude Barbe, trésorier de France à Tours, cité à la page 99 de l'*Armorial*, portaient :

D'azur, au porc-épic d'argent.

La filiation de la famille Barbe de la Forterie remonte à Jean Barbe, I<sup>er</sup> du nom, Sgr de la Crouzille, au Bas-Maine, vivant en 1450, et qui eut pour fils Jean Barbe II, père lui-même de Jean Barbe III, Sgr de la Forterie, échevin du Mans en 1566. Ce dernier eut, entre autres enfants, Françoise-Antoinette, mariée, le 2 avril 1601, à Jacques Richer de Monthéard, Ec., Sgr de Monthéard, des baronnies de Neuville-sur-Sarthe et du Breil, lieutenant particulier, assesseur civil et criminel du sénéchal du Maine, dont la descendance existe encore aujourd'hui, et est connue sous le nom de Beauchamp.

Claude Barbe de la Forterie II, trésorier de France en la généralité de Tours et grand prévôt provincial de Touraine, eut trois enfants de son mariage avec Elisabeth Belocier de Mauny. L'aîné, Claude-François, né en 1644, trésorier de France, général des finances et grand-voyer de France en la généralité de Tours, mourut sans alliance le 9 juin 1676.

En septembre 1647, Claude Barbe, fils de Jean Barbe III, reçut des lettres de noblesse qui furent enregistrées à la Cour des Aides, le 23 mai 1648.

**BARJOT** (René), Chev., marquis de Moussy-Roncée, et N. de Sommery, sa femme, portaient :

D'argent, à un griffon d'or, accompagné d'une étoile de même posée au canton dextre du chef; accolé de gueules à un lion d'or; écartelé d'azur à trois fasces d'argent, parti de sable à trois coquilles d'argent, posées en pal.

**BASTONNEAU** (voyez page 109), Chev., vicomtes d'Azay-le-Chadieu (ou Azay-sur-Indre), Sgrs de la Béraudière, de Belle-Isle, de Montjay, etc...

François Bastonneau, Sgr de la Beraudière, eut trois enfants de son mariage avec Marguerite de Larche : 1° Robert, qui suit; 2° Louise, femme de Guillaume Boucherat, avocat distingué et arrière-grand-père du chancelier Boucherat; 3° N. Bastonneau, qui eut plusieurs enfants, entre autres, Claude, Sgr de Belle-Isle, et Henry.

Robert Bastonneau, Éc., conseiller secrétaire du roi, eut de son mariage avec Geneviève Estienne, François Bastonneau, IIᵉ du nom, secrétaire du roi, marié à Martine Lhuilier, dont il eut : 1º François III, qui suit ; 2º Gabriel, Éc., maréchal-des-logis du roi, puis secrétaire du roi. Il eut, de Marguerite Boutet, Charles-Gabriel, maréchal-des-logis du roi, et Anne-Marguerite, femme d'Antoine de la Fons, Chev., Sgr d'Hardicourt.

François Bastonneau, IIIᵉ du nom, Sgr et vicomte d'Azay-le-Chadieu (terre qu'il acheta en 1689), fut auditeur (1674), puis maître des Comptes de Paris (1684). Il épousa, en 1676, Catherine Troisdames, fille de Jacques Troisdames, Éc., échevin de Paris, et d'Anne Béguin. Il eut de ce mariage :

1º Gabriel, Chev., Sgr et vicomte d'Azay, mousquetaire du roi, décédé sans laisser d'enfants de son mariage avec Jeanne-Marie du Quesnel de Coupigny;

2º Madeleine-Angélique, religieuse à la Visitation de St-Denis;

3º François-Robert Bastonneau, Chev., Sgr et vicomte d'Azay et de Montjay, conseiller du roi en ses conseils, maître en la Chambre des Comptes de Paris, maître d'hôtel du roi, marié, en 1713, à Catherine Regnard, fille de Jean-Baptiste Regnard, Chev., Sgr de Montjay, gentilhomme du duc de Berry, et de Catherine Gallois. De ce mariage sont issues : 1º Marie-Anne, qui épousa, en 1736, Maurice de Claris, Chev., président de la Cour des Comptes de Montpellier; 2º Elisabeth ; 3º Catherine-Nathalie ; 4º Jeanne-Denise, mariée, en 1749, à François-Vincent d'Aligé, Chev., Sgr de St-Cyran, maître des Comptes de Paris, dont la postérité est aujourd'hui représentée par les familles la Vaissière de St-Martin et Chabiel de Morière.

D'azur, au chevron d'or, accompagné en chef de deux quintefeuilles d'or, et en pointe d'un écot ou bâton, d'argent.— Couronne de comte. — Supports : deux lions.

BAUGÉ (voyez page 110). — Le nom de cette famille s'écrit aussi BAUGER. Vers 1698, René de Bauger, Ec., Sgr de la Chaussée, élection de Richelieu, fit enregistrer ses armes à l'*Armorial général*.

D'azur, à une croix engrêlée, d'argent.

**BEAUCAY** (Hugues de), vivant en 1209, portait, d'après le sceau d'une charte de cette époque :

De..., à une anille de..., accompagnée d'un écusson en chef, à dextre.

**Beaumont-la-Chartre** (Le prieuré de), en Vendômois, — dépendant de l'abbaye de St-Julien de Tours.

De sinople, à une montagne d'or.

**BEAUREGARD** (Françoise de), veuve d'Emmanuel de Mons, Éc., Sgr du Plessis, résidant dans l'élection de Richelieu vers 1698, portait :

De gueules, à trois fers de dard, d'argent, posés en pal, la pointe en haut, 2, 1.

**BEAUREGARD** (René de), Éc., Sgr de Mondon (fin du xviiᵉ siècle).

D'argent, à un chevron de gueules, accompagné de trois roses de même, deux en chef et une en pointe.

**BEAUVAU** (Gabriel-Henry de), Chev., marquis du Rivau, résidant dans l'élection de Richelieu vers 1698, portait :

D'argent, à quatre lions cantonnés, de gueules, couronnés, lampassés et armés d'or ; à un bâton raccourci, écoté et péri en bande, d'azur, posé en cœur.

**BEDEARD** (François), prêtre, curé de Braye (fin du xviiᵉ siècle).

Coupé d'argent et d'azur à trois besants de l'un en l'autre, posés deux en chef et un en pointe.

**BELLÈRE** (Louis de), Éc., Sgr de Chaligny, élection de Richelieu, portait, d'après l'*Armorial général* :

De sable, à un porc-épic d'or.

**BERAUDIN** (Marie de), dame de la Taunière, élection de Richelieu (1698), portait :

D'azur, à trois fasces d'argent, surmontées de trois besants de même rangés en chef.

**BERGERETS** (Philippe des), Éc., résidant en Touraine (1272), portait pour armes, d'après le sceau d'une charte :

De..., à un sautoir de..., cantonné de quatre aiglettes.

**BERNARD** (André de), abbé de Beaulieu (1412-26).

Ecartelé; aux 1 et 4 d'argent, au roc de sable; aux 2 et 3 de sable, au roc d'argent; sur le tout, d'azur à une fleur de lis de...

**BERTRAND**, abbé de Beaulieu (1097-1104).

Fascé d'argent et de gueules; au chef d'azur chargé de trois fleurs de lis rangées, de...

**BESNARD**, Éc., Sgrs des Més (voyez page 138). — Henry Besnard, Éc., Sgr de Fougeray, fit enregistrer ses armes à l'*Armorial général*, vers 1698.

D'azur, à une ancre d'argent; au chef d'or, chargé de trois étoiles de gueules.

**BILLON**, Sgrs de la Touche. — Dans l'Anjou et en Touraine.

D'azur, à trois billots noueux, d'or, les deux du chef en chevron et le troisième en bande.

Le Sgr de la Prugue, gouverneur de Monluel, et N. de Billon, demeurant en Provence, portaient *le fond de sable*.

**BLET** (Armand-Charles de), Chev., Sgr de Chargé, major du régiment de Thiérache, et Gabrielle-Alberte de Haudelet, sa femme, vivants en 1698, portaient :

D'azur, à trois feuilles de bettes, d'or, 2, 1; accolé d'argent, à un lion de gueules, grattant de ses pieds au bas d'un arbre de sable; écartelé d'azur à trois colonnes d'or, rangées en pal.

**BOILEAU** (Charles), abbé de Beaulieu (1693-1704).

D'azur, au chevron d'or, chargé de trois feuilles de..., 2, 1.

**BOIVIN** (N.), Ec., prêtre, curé de Marnay (vers 1698).

D'azur, à trois grappes de raisin, d'or, 2, 1.

**BONCHAMPS** (de). — Voyez page 157.

La filiation suivie de la famille de Bonchamps commence par Guillaume de Bonchamps, écuyer, Sgr de Pierrefitte, paroisse de Bretegon, près Richelieu, vivant en 1312.

Par jugement de MM. d'Estampes et de Bragelongue, commissaires généraux députés par le roi, pour le règlement des tailles en la généralité de Tours, du 24 mars 1635, Charles de Bonchamps, écuyer, Sgr du Breuil et de Desmets, et René, son fils aîné, sur la représentation des lettres de leur ancienne noblesse, furent maintenus, eux et leur postérité, dans la qualité d'écuyer et dans la jouissance des priviléges attribués aux nobles du royaume.

La famille fut encore maintenue dans sa noblesse le 6 août 1666, par Voisin de la Noiraye, intendant de Tours, et le 3 juillet 1690, par ordonnance de Hue de Miromesnil, intendant de la même généralité. Elle s'est alliée aux maisons de Chouppes, des Hommes, de Vaucelles, du Bouret, du Quesne, d'Arsac, de la Grezille, Chevrier, de Meule, du Clos, de Boislève, de Farcy du Rozier, de Hellaud de Vallière, Dubois de Macquillé, etc...

**BONIN** (Jean), fils de Pierre Bonin, seigneur de Corpoy, et de Jeanne Fumée, était grand-archidiacre de Tours vers 1500.

D'azur, à la fasce d'or, accompagnée de trois têtes et visages de femmes, d'argent, tressées d'or.

**BONNIN**, Chev., marquis de Chalucet-Messignac, comtes et vicomtes des Grand et Petit Montrevaux, Sgrs du Vau de Chavaignes, etc.

De sable, à la croix ancrée, d'argent.

**BONSON DE SAUGE**, homme d'armes de la garnison de Tours (1424).

De..., à l'orle de besants de..., chargé en cœur d'un écusson à une bande. — L'écu timbré d'un heaume cimé d'une tête de cerf.

**BORDEAUX** (de), Éc., Sgrs du Bois-de-Veude, paroisse d'Anché (XVIIe siècle).

De gueules, à trois merlettes d'argent, 2, 1.

**Bordière** (Le prieuré de la), élection de Richelieu (fin du XVIIe siècle).

De gueules, à une croix d'argent et une bordure d'or.

**BOUGUÈRE**, en Touraine.

Geoffroy Bouguère, Ec., et Isabeau de Verneuil, sa femme, vendirent au roi la châtellenie de Ceton, par acte de 1328.

De..., à une fasce de..., accompagnée de 6 fleurs de lis, 3 en chef et 2, 1, en pointe, à une bordure de...

BOUIN DE NOIRÉ (Voyez page 166-67). — Le nom de la femme de Jean-Louis-François Bouin de Noiré, doit être écrit MOISANT et non MOISAND.

Claude-Madeleine Moisant, dont il s'agit ici, était fille de Charles-Pierre Moisant, Ec., conseiller et avocat du roi au bureau des finances de Tours, et de Claude Banchereau. Elle épousa, le 24 avril 1758 (paroisse de St-Pierre-le-Puellier, à Tours), Jean-Louis-François Bouin de Noiré, dont nous avons parlé plus haut, fils de Louis Bouin de Noiré, Ec., Sgr du Gué de Marcé, de la Touche-Voisin, etc... et de Marie-Anne-Doucet, dame de Chezelles-Savary.

Madeleine Bouin de Noiré, fille de Jean-Louis-François, et de Claude-Madeleine Moisant, épousa, à Tours, le 20 mai 1779, Benoit-Jean-Gabriel-Armand de Ruzé d'Effiat, comte d'Effiat, Sgr de Chambon, de la Borderie, de Méré, colonel en second du régiment de marine-infanterie, fils de Benoit-Gabriel-Armand de Ruzé d'Effiat, Chev., marquis d'Effiat, Sgr du marquisat de Fontenailles, d'Ecommoy, de la Roche-Maupetit, et de Marie-Eléonore-Françoise de Pontoise.

Le prénom d'un des membres de cette famille, qualifié de chanoine de l'église collégiale de Chinon (page 167), est *Fortuné*.

Fortuné Bouin de Noiré était bachelier en Sorbonne et Sgr de la Roche-Clermault, de Sassay et de Ligré.

BOUTHET, Sgrs de Montfrault, du Rivault, de la Richardière, de Chassigny, — de la Grand-Maison, paroisse de Noyers, en Touraine (1713). — Famille ancienne et originaire du Poitou. Elle s'est divisée en quatre branches. Celle du Rivault a donné deux présidents du grenier à sel de Mirebeau, élection de Richelieu : 1° Isaac-Louis, Sgr de Chassigny, avocat au Parlement, marié à Geneviève Lambert, fille de François Lambert, conseiller du roi et président du grenier à sel de Loudun ; 2° Vincent, avocat au Parlement, marié à Louise David de la Richardière.

D'or, à un chevron de gueules, accompagné en chef de deux roquets, et en pointe d'une hure de sanglier de même.

**Braslou** (Le prieuré de), élection de Richelieu (fin du XVIIᵉ siècle).

D'azur, à un bras d'or ; au chef d'argent chargé d'une croix de gueules.

**BREUIL** (Claude du), Éc., Sgr de la Buissonnière, élection de Richelieu (fin du XVIIᵉ siècle).

D'argent, à quatre chevrons de gueules rangés entre deux fasces de même.

**BRIN** (Guillaume), marchand, à Mirebeau, élection de Richelieu (fin du XVIIᵉ siècle).

D'azur, à trois pals d'argent.

**BRION** (de), Chev., — Famille résidant en Touraine au XIIIᵉ siècle. Un de ses membres, Pierre de Brion, Chev., est cité dans une charte de novembre 1272.

De..., à une bande de...

**BRION** (de), en Touraine.

De gueules, à la bande d'argent chargée de cinq tourelles de sable.

**BROSSART**, Ec., Sgrs de Launay, de la Rossignolière, des Verrières, du Clos, etc... — Famille originaire de Touraine et établie en Bretagne dans le cours du XVIIᵉ siècle. Elle a été maintenue dans sa noblesse en 1669 et en 1700.

D'argent, au frêne arraché, de sinople, accompagné de trois croissants de sable, 2, 1.

**BROSSE** (Pierre de la), résidant en Touraine en 1269, portait dans ses armes, d'après un sceau de l'époque, *un chien poursuivant un lièvre*, et au-dessous *deux arbres*.

**BUGER** (Marguerite-Calixte de), femme de Louis Chabot, Ec., Sgr d'Ambers (vers 1698), portait :

D'or, semé de trèfles de sable ; au chevron de même, chargé de cinq molettes d'argent.

**BUIGNON**. (Voyez page 207). — Pierre Buignon était curé de Thurageau, élection de Richelieu, vers 1698.

**BULLION-FERVAQUES** (de). — Famille alliée aux de Beauvilliers, comtes de Montrésor, en Touraine.

Ecartelé; aux 1 et 4 d'azur, au lion d'or issant de trois fasces ondées d'argent, qui est de Bullion; aux 2 et 3 d'argent, à la bande de gueules, accompagnée de six coquilles de même, mises en orle, qui est de Vincent.

## BUSSIÈRE (de la). — (Voyez page 209).

Georges de la Bussière, Chev., Sgr de la Voussetière, et Louis de la Bussière du Chillou, possédant fiefs dans la paroisse de la Tour-St-Gelin, comparurent, en 1789, à l'Assemblée électorale de la noblesse du Poitou.

## Buzançais (Cour de), au xvᵉ siècle.

De..., à l'aigle éployée, à 2 têtes, portant suspendu au cou un écusson aux armes; au chef de vair.

## CABARET. — (Voyez page 212). — Charles Cabaret, Ec., Sgr de Mantilly, fit enregistrer ses armes à l'*Armorial général* vers 1698.

D'azur, à un chevron d'or, accompagné de trois roses de même, deux en chef et une en pointe.

## CANTINEAU (Jean), Ec., Sgr de la Cantinière, élection de Richelieu (fin du xviiᵉ siècle).

D'argent, à trois molettes de cinq pointes, de sable, posées, 2, 1; surmontées d'un lambel de même à trois pendants.

## CASTEREAU (Artus), prêtre, curé de Theneuil (fin du xviiᵉ siècle).

De sinople, à une croix d'argent.

## Celliers (Le prieuré de), élection de Richelieu (fin du xviiᵉ siècle).

D'azur, à une bande d'argent chargée de trois roses de gueules.

## CHAMPIGNON (Denis de), curé de Doussay, élection de Richelieu (vers 1698).

De sinople, à trois champignons d'argent, posés, 2, 1.

## Champigny (Le Chapitre de la Ste-Chapelle de). — Ajoutez aux armes décrites à la page 237.

*Alias* : D'azur, semé de fleurs de lis d'or, à un St-Louis, roi de France, vêtu à la royale, la couronne sur la tête; et tenant de sa dextre une main de justice, et de la sénestre le voile et la couronne d'épines de Notre-Seigneur, le tout d'argent.

CHANTEFIN (Jeanne), veuve de Henry Mathieu, Ec., Sgr de Champeraut, élection de Richelieu (fin du xviie siècle).

D'azur, à un livre de musique, ouvert, d'argent, rayé et noté de sable.

CHANTREAU (Daniel), Ec., Sgr de la Jouberderie, et Charlotte Chantreau, veuve de François Sarazin, Ec., Sgr de St-Fondz, vivants en 1698, portaient :

D'azur, à trois tourterelles d'argent, deux en chef et une en pointe.

CHARGÉ (Louis de), prêtre, curé de Courcoué (fin du xviie siècle).

D'azur, à un pal d'or chargé en cœur d'un écusson de sable.

CHARPENTIER (Louis), prêtre, curé de Chouppes, élection de Richelieu (fin du xviie siècle).

D'or, à trois fasces ondées, d'azur.

CHATEAU-CHALONS (de), (Voyez pages 250-54).

Jacques de Château-Châlons, chevalier de Malte, commandeur d'Artins, portait :

D'argent, à une bande d'azur, chargée de trois tours crénelées et donjonnées de trois donjons d'or ; un lambel de gueules sur le tout.

**Châteaurenault** (Sceau de la châtellenie de), au xive siècle.

De.... à trois pals de vair ; au chef de...

**Châtillon-sur-Indre** (La prévôté de), au xive siècle.

De..., à 6 fleurs de lis de...

CHAUDRIER, en Touraine.

D'argent, à trois chaudières à anse, de sable.

CHAUGIÉ (de), Ec., Sgrs de Villiers et de Villevert. — Famille résidant à St-Romain au xviie siècle.

René de Chaugié fut maintenu dans sa noblesse le 26 septembre 1667.

De gueules, à la croix d'argent cantonnée de seize croisettes, 4, 4, 4, 4.

CHAUVIRY (Armand de), Ec., Sgr des Vertus, élection de Richelieu (fin du xviie siècle).

D'azur, à une bande d'or, accompagnée de sept billettes de même, placées en bande, quatre en chef, posées 2, 2, et trois en pointe, posées, 2, 1.

CHERBON (de), Ec., Sgrs de Chérigny, paroisse de Chenu ; de la Morellerie, paroisse d'Avrillé.

Henri de Cherbon comparut, en 1789, à l'Assemblée électorale de la noblesse de l'Anjou.

De gueules, à trois coquilles d'or, 2, 1, et une molette d'argent en cœur.

**Chinon** (Le sceau du Chapitre de St-Mexme de), au xv⁰ siècle.

Un personnage debout, vu de face, vêtu d'une tunique et d'une chasuble, la tête nue, tenant une crosse à droite et un livre à gauche.

**Chinon** (La prévôté de), au xiv⁰ siècle.

De..., à 3 châteaux de 3 tours percées de 3 portes, posées 1 et 2, et accompagnées de 4 fleurs de lis posées, 2, 2.

CHOISNEU (Jean-Antoine), Ec., Sgr du Dognon, élection de Richelieu (fin du xvii⁰ siècle).

D'argent, à un chevron d'azur, accompagné de trois raisins de même, deux en chef et un en pointe.

CHOULY DE BÉCHADE (Pétronille de), chanoinesse du St-Sépulcre de Luynes, mourut le 22 avril 1789.

D'azur, à la fasce d'argent, accompagnée en chef de trois fleurs de pavot, du même, et en pointe d'une feuille de chataignier, de même.

**Clarté-Dieu** (Abbaye de la). — D'après un manuscrit de la Bibliothèque de Tours, Fonds Salmon (*Histoire de Touraine*, p. 57), les armes de ce monastère seraient :

Parti; au 1 d'azur, à une fleur de lis d'or; au 1 d'or, au lion de sinople, couronné et lampassé de gueules.

**Clion** (Sceau de la châtellenie de), en Touraine (xvi⁰ siècle).

(Clion fait aujourd'hui partie du département de l'Indre).

Ecartelé ; aux 1 et 4 d'un losangé, les losanges du milieu du chef chargées d'une étoile ; aux 2 et 3 de..., à trois lions passants l'un sur l'autre, ceux du 3 contournés.

COIRARD (Martin), prêtre, résidant dans l'élection de Richelieu, vers 1698.

D'azur, à une croix d'or.

COLLIN, Ec., Sgrs des Ormeaux.

Cette famille, dont nous avons déjà parlé à la page 283, s'est divisée en deux branches.

La branche des Collin de Barisien porta pour armes, à partir de l'année 1649 :

D'azur, à trois écussons d'argent entrelacés avec une rose, de même, pendante des écussons et soutenue par un lacs d'or.

Les armes que nous avons données à la page 284 ont été conservées par la branche Collin des Ormeaux.

COUHÉ DE LUSIGNAN (René de), Chev., Sgr de la Giraudière et de Beaucaire (fin du xviie siècle).

D'or, à une merlette d'azur; écartelé d'azur à une merlette d'or.

COURAUDIN (François), Ec., Sgr de Lodoine, élection de Richelieu (fin du xviie siècle).

D'azur, à un olivier d'or sur une terrasse de sinople, accosté de deux fleurs de lis d'or.

COURTIN (de), Chev., Sgrs de Pocé (Voyez pages 301-2).

La Chesnayed-es-Bois blasonne ainsi les armes de cette famille :

D'azur, à la fasce ondée, d'argent, accompagnée en chef d'un lion naissant, d'or, accosté à dextre d'une fleur de lis d'or, et en pointe de trois trèfles arrachés, aussi d'or.

COUSIN (Jean), prêtre, curé de St-Chartre, élection de Richelieu (vers 1698).

D'or, à un cousin de gueules.

CRESSAC (de), Ec., Sgrs de la Bachellerie, des Essarts, de Mezières, etc... — Famille originaire du Périgord. Elle a fourni un trésorier-général des turcies et levées de Touraine (vers 1738), Nicolas-Henri de Cressac, Sgr de la Bachellerie.

Nicolas-Henri de Cressac, fils de Joseph de Cressac de Bourdeilles, capitaine au régiment d'Agen, et de Françoise Nicole, épousa, par contrat du 19 mars 1731, Louise-Catherine du Vigean, dont il eut Mathieu-Gérard-Henri-Auguste-François-Jacques-Louis de Cressac, Sgr de St-Angel, lieutenant au régiment de Bourgogne-infanterie.

D'or, au monde de gueules, cintré et croisé d'or, la croix pattée, de gueules soutenue d'une fleur de lis de même.

**Cron** (Le prieuré de), élection de Richelieu (fin du XVIIᵉ siècle).

Fascé d'argent et de gueules de six pièces ; au chef d'azur chargé d'une croix d'or.

**Crouzilles** (Le prieuré de), élection de Richelieu (fin du XVIIᵉ siècle).

D'azur, à une croix d'argent chargée de cinq coquilles de sable.

**DAVID** (Jacques), prêtre, curé de Cherves, élection de Richelieu (fin du XVIIᵉ siècle).

D'argent, à trois lions de gueules, 2, 1.

**DELMAS DE GRAMMONT**. — Famille originaire du Limousin.

D'argent, à la croix ancrée, de gueules ; l'écu sommé d'une couronne murale. — Supports : deux lions de gueules.

**DENIS** (page 320). — Jean-Denis de Mondomaine, doyen du Chapitre noble de N.-D. et St-Florentin d'Amboise, mourut le 9 février 1775.

**DESMAREST** (Pierre-Alexandre), officier de la maison du roi, résidait dans l'élection de Richelieu, vers 1698.

De gueules, à sept fusées d'argent, 3, 3, 1.

**DICASTELLO** (de) ou DI CASTELLO, Chev., Sgrs de Mathefelon, en Touraine (fin du XVᵉ siècle). — Cette terre passa dans la maison de Laval par le mariage d'Aliénor de Dicastello avec Louise de Laval.

D'or, à trois aigles éployées et couronnées de gueules.

**DOÉ** (Emery de), Chev., résidant en Touraine en 1294.

De..., à un lion contourné, de...

**DOUCET** (Antoine), prêtre, chantre de l'église de Mirebeau, élection de Richelieu (vers 1698)

D'argent, à une croix de sable cantonnée au premier d'un A ; au 2ᵉ d'un D, et au 3ᵉ d'un P, le tout de sable.

**DOUÉ** (de), Chev., Sgrs de Gizeux. (Voyez page 327). — Le nom de cette famille s'est écrit aussi Doé. Jaudouin de Doué, Chev., résidant en Touraine, en 1245, portait :

De..., à un écussou en abîme de..., à un orle et à la bordure de 16 losanges de... (D'après le sceau d'une charte).

**DUFRESNEAU** (Antoine), Ec., Sgr de Châtillon, élection de Richelieu (vers 1698).

Ecartelé d'or et d'argent, à une croix de gueules brochant sur le tout, cantonnée au 1er et au 4e d'une aigle essorante, de sable; et au 2e et 3e d'un chevron de gueules accompagné de trois trèfles de sable, deux en chef et un en pointe.

**DYEL**, Chev. comtes de Sorel, Sgrs de Graville, d'Enneval, du Parquet, de Vaudrocques, etc... — Famille originaire de Normandie, où elle est connue dès 1150. Elle a été plusieurs fois maintenue dans sa noblesse, notamment les 13 juillet 1667 et 14 avril 1700. Parmi ses alliances on remarque les familles de Bréauté, de Breteuil, de Rocquigny, de Ricarville, de Tiercelin, de Voyer, de Trévillon, de Toustain, de l'Étendart, Gigou de Kervillot, de Villers-au-Tertre, d'Ingouville, Joinville de Francillon, le Vassor, de Bourk, Titon de St-Lamain, etc.

Au xviiie siècle, une branche de cette famille résidait à Tours.

D'argent, au chevron brisé, de sable, accompagné de trois trèfles d'azur.

**ESTOURNEAU** (Jean), Ec., Sgr de Luché, élection de Richelieu (fin du xviie siècle).

D'azur, à une fasce d'or, chargée de deux macles de gueules, accompagnée en pointe d'un emmanché d'argent de 4 pointes, mouvant de la pointe de l'écu; au chef d'or chargé de trois tourteaux d'azur.

**FAULCON DE MERCADIÉ**, homme d'armes de la garnison de Tours (1424).

De..., à un arbre de... supporté par deux lions et accompagné en pointe, à dextre, d'une tête de cerf. — L'écu timbré d'un heaume cimé d'un panache.

**FAVARY** (Marie), femme de Jacques Begault, Ec., Sgr de la Fromentelière, élection de Richelieu (fin du xviie siècle).

D'argent, à une croix de gueules et une bordure de sable chargée de neuf besants d'or.

**LOCIAU** (Guion), écuyer de la baillie de Touraine, portait pour armes, d'après un sceau attaché à une quittance qu'il donna à Arras, en 1302, le lendemain de la St-Michel :

De..., à une quintefeuille de... surmontée d'un lambel à cinq pendants, de...

**FOULON, Ec., Sgrs de Clènes.**

Louis-François Foulon, conseiller au bailliage et siége présidial de Tours, fut maire de cette ville en 1646-48.

Foulon de la Louvetière portait :

De gueules, à deux lions affrontés, d'or, tenant de leurs pattes de devant une croix de calvaire d'argent.

On ne peut assurer que les Foulon de Clènes et Foulon de la Louvetière soient une même famille.

**FRANÇOIS (Jacques-François), Sgrs du Port (ou Ports).** — Famille résidant aux Ormes-St-Martin , vers 1667, époque à laquelle elle fut maintenue dans sa noblesse.

D'azur, à la fasce d'or, à trois étoiles de même en chef, et un croissant montant, d'argent, en pointe.

**GARNIER (Pierre),** curé de Marne, élection de Richelieu (fin du xviiᵉ siècle).

D'azur, à une gerbe d'or et une bordure d'argent.

**GAUDRU (Antoine de) Ec.,** résidant, en 1698, dans l'élection de Richelieu, portait, d'après l'*Armorial général :*

D'azur, à cinq piques d'argent mouvantes du cœur de l'écu, quatre en sautoir et une en pal, la pointe en bas; et un tourteau de gueules en abime, brochant sur le tout.

**GAULDRÉ (Jacques),** curé de Bizay, élection de Richelieu (fin du xviiᵉ siècle).

D'argent, à trois fasces de sable et un lion de gueules brochant sur le tout.

**GENOUILLAC (de).**

Ecartelé; aux 1 et 4 d'azur, à 3 étoiles d'or mises en pal; aux 2 et 3 bandé d'or et de gueules de 6 pièces.

**GOHUAU DE SAINT-JEAN.** Voyez page 423.

Gatien-Pierre Gohuau de Saint-Jean fut nommé lieutenant de la Grande Louveterie de France, dans l'élection de Tours, le 4 juillet 1785.

GONNELLE (Marie de), femme de Pierre Vergnault, Ec.,
Sgr de Bainsy, élection de Richelieu (fin du xvııᵉ siècle).

D'or, à deux gonds de porte, de sable, posés l'un sur l'autre.

GOUSSÉ (François de), Ec., Sgr de la Loge, élection de
Richelieu (fin du xvııᵉ siècle).

De gueules, à neuf losanges d'argent, 3, 3, 3.

GOYET (Gervais), religieux de l'abbaye de Seuilly, en
Touraine (vers 1700), portait :

D'azur, à un chevron d'or accompagné de trois pélicans de même, deux en
chef et un en pointe ; écartelé d'argent à trois bandes de gueules.

**Grimaudière** (Le prieuré de la), élection de Richelieu
(xvııᵉ siècle).

D'argent, à une grille de sable.

GRIMAULT (Madeleine), femme de Charles-François Sei-
gneuriau, Ec., Sgr des Tonnelles, élection de Richelieu
(fin du xvııᵉ siècle).

D'argent, à une grive de sable perchée sur une branche de sinople.

GROSBOIS (de). Voyez page 441.

René de Grosbois, Ec., Sgr du Poirier, élection de Richelieu,
fit enregistrer ses armes à l'*Armorial général* en 1698.

Cette famille a des liens de parenté avec les maisons de
Bournonville, de Tillières, du Faure de Saint-Martial, de
Foucauld, de Jouffrey, de Carbonnières, de Piperay, le Bas-
du-Plessis, de Bérulle, de Geffrard, de Sesmaisons, de Mor-
coux, de Lévis-Mirepoix, de Préaux, de Morel-Vindé, de
Rohan-Chabot, de Belbeuf, de Mathan, Asselin de Villequier,
Pandin de Narcillac, des Montiers de Mérinville, de Cosnac,
Titaire de Glatigny, de Labriffe, du Metz de Rosnay, de
Bernon, Choppin d'Arnouville, etc...

Joseph Grosbois de Soulaine, né le 14 juillet 1808, a épousé
le 5 janvier 1831, Angélique Taupinart, fille d'Augustin Taupinart, comte de Tilière, née le 27 septembre 1811. De ce
mariage sont issus :

1º Henry Grosbois de Soulaine, né le 23 avril 1833, chef
du service télégraphique de S. Exc. le ministre de la marine,

marié, le 1ᵉʳ avril 1856, à Louise de Bournonville, née le 28 mai 1837, (de l'ancienne et illustre maison des Bournonville de Picardie) ;

2° Albertine Grosbois de Soulaine, née le 12 août 1834, mariée, le 4 février 1862, à Henri Baudesson de Vieux-Champs, né le 2 janvier 1812, résidant actuellement au château de Vieux-Champs, commune de Charbuy (Yonne).

Caroline Grosbois de Soulaine, sœur de Joseph Grosbois de Soulaine, est née le 25 juillet 1807.

**GUELLERIN** (Jean), prêtre, curé de Saires, élection de Richelieu (fin du xviiᵉ siècle).

D'argent, à une croix de gueules chargée en cœur d'un cœur d'or.

**GUÉRIN** (Alexis), prêtre, curé de Massongues, élection de Richelieu (fin du xviiᵉ siècle).

D'argent, à une croix de sable, cantonnée de quatre molettes de même.

**HÉLIAND** (d'). Voyez page 467. — Henri-René d'Héliand, gentilhomme du duc d'Orléans, commandeur de l'ordre de St-Lazare, chevalier de St-Louis, baron d'Ingrandes et châtelain du Vivier des Landes, vivait en 1786.

Le nom de cette famille se trouve aussi écrit d'Héliant.

**HEMARD DE PARON** (Valentin), abbé de la Clarté-Dieu (1694).

D'azur, à une croix de vair.

**HILAIRE DE JOVYAC** (d'). Voyez page 472. — Dans les registres de l'état-civil de Tours (paroisse St-Venant), on trouve les signatures de divers membres de cette famille qui écrivaient leur nom : Joviac.

**Ile-Bouchard** (La communauté des religieuses de l'), à la fin du xviiᵉ siècle.

D'argent, à un bœuf de gueules.

**Ile-Bouchard** (Le prieuré de St-Léonard de l'), à la fin du xviiᵉ siècle.

D'or, à un lion de sable; au chef de gueules chargé d'une croix d'argent.

JAHAN (Vincent), prêtre, résidant dans l'élection de Richelieu (fin du xviie siècle).

D'azur, à un paon rouant, d'or.

JAUNAY (Etienne de), chevalier-banneret de la baillie de Touraine, portait pour armes, d'après un sceau attaché à une quittance qu'il donna à Arras, en 1302 :

De. .., à trois fleurs de lis de..., posées 2, 1.

LA CHÉTARDIE (Jacques de), Éc., abbé de Balermes, résidant dans l'élection de Richelieu, vers 1698.

D'argent, à un chat de sable.

LA GARDE (Marc de), curé de Savigny, élection de Richelieu (fin du xviie siècle).

D'azur, à trois gardes d'épées, d'or, posées en fasce.

LAMBERT, Sgrs de la Chesnaye, de la Voûte, de Cursay, etc... — Famille originaire du Poitou.

Pierre Lambert de la Grange fut maire de Poitiers en 1616.

François Lambert, Sgr de la Voûte, avocat au Parlement, conseiller du roi et président au grenier à sel de la ville de Mirebeau, élection de Richelieu, fils de Jacques Lambert, Sgr de la Chesnaye, et de Catherine Doury, mourut en 1746. Par contrat passé le 7 février 1719, devant Arnault et Vergnault, notaires du duché-pairie de Richelieu, résidants à Mirebeau, il avait épousé Geneviève Condonneau, fille de Vincent Condonneau, Sgr de la Boutière, et de Catherine Herbault. De ce mariage sont issus :

1° Geneviève Lambert, mariée à Isaac-Louis Bouthet, Sgr de Chassigny, avocat au Parlement et président au grenier à sel de Mirebeau, fils d'Isaac Bouthet, Sgr du Rivault et du Palais, conseiller du roi, élu en l'élection de Poitiers, et de Marie-Anne Joussant. De ce mariage sont nés : Eulalie et Louis-François, morts célibataires ; Vincent, avocat au Parlement, président au grenier à sel de Mirebeau, marié à Louise David de la Richardière ; — et Alexandre-François, marié à N. Calmeil ;

2° Marie-Anne-Radégonde Lambert, mariée à Pierre-Alexandre Bonneau de la Touche, conseiller du roi, lieutenant-civil, assesseur au siége royal de Châtellerault. Elle était veuve, en 1770, et paraissait, le 1er mai de cette année, comme cousine germaine maternelle, au mariage de François-Joseph Chambellain, Éc., Sgr du Lizon, avec Charlotte-Elizabeth Marreau.

3° Urbain-François Lambert, Sgr de la Voûte, conseiller du roi en l'élection de Richelieu. Le 12 juillet 1773, il épousa Marie-Charlotte Droüin, fille de Charles Droüin, conseiller du roi et contrôleur des guerres à l'Ile-Bouchard, et d'Elisabeth Droüin.

De ce mariage est né, en 1781, François Lambert, Sgr de la Voûte, marié, en premières noces, à Marie Droüin, sa cousine, dont il n'eut pas d'enfants ; et en secondes noces (1813) à Renée-Virginie Bonnemère. Il eut deux enfants de ce second mariage :

1° Virginie Lambert, mariée à Adrien Gaudin de Villaine, général de brigade, commandeur de la Légion d'honneur, (décédée sans laisser d'enfants) ;

2° François Lambert de Cursay, mort en mars 1867. En 1856, il avait épousé Marie-Alix Couscher, fille d'Adam-Etienne Couscher, maire de St-Nicolas de Bourgueil.

De ce mariage sont issus :

1° François-Martial Lambert de Cursay ;

2° Renée-Radégonde-Marie Lambert de Cursay.

Résidence de la famille en Touraine : le château de Reveillon, commune de Razines.

D'argent, au pal d'azur, chargé d'une croix d'or, cantonnée de quatre... de... — *Alias* : De..., à un chevron de..., accompagné en chef de deux quintefeuilles, et en pointe d'un cœur, de gueules. — Couronne de comte.

Pierre Lambert de la Grange, maire de Poitiers, portait :

D'or, au cœur de gueules. — Devise : *Aureo de pectore surgit.*

LAMOIGNON (de), Chev., marquis de la Mothe de Chandenier (ou la Mothe-de-Beauçay), Sgr de Chaveignes.

Au mois d'octobre 1700 la terre de la Mothe fut érigée en marquisat en faveur de Nicolas de Lamoignon.

Losangé d'argent et de sable, au franc quartier d'hermines.

**Langeais** (La prévôté de), commencement du xive siècle.

De..., à une fleur de lis renfermée dans une rose de 6 lobes, celui du haut occupé par une couronne, les cinq autres par des fleurs de lis coupées (D'après un sceau de 1310. — Le contre-sceau représente un petit vaisseau voguant, accosté de deux fleurs de lis).

LAURENT (Claude), curé de St-Vincent de Mont, élection de Richelieu (fin du xviie siècle.

D'or, à un gril de sable.

LE BLANC (Madeleine), femme de René de Baugé, Éc., Sgr de la Chaussée, élection de Richelieu (fin du xviie siècle).

D'azur, à un cygne d'argent.

LE BOUTEILLER DE SENLIS, Chev., Sgrs d'Herbault (xviie siècle).

La terre d'Herbault vint en la possession de cette maison par le mariage d'Elisabeth de Prunelé (sœur et une des héritières de Nicolas de Prunelé) avec Jean Le Bouteiller de Senlis, comte et seigneur de Moucy-le-Vieil, Sgr de Moucy-le-Neuf et de Vineuil. Marie Le Bouteiller de Senlis, fille de ce dernier, porta cette terre d'Herbault dans la maison d'Orléans-Rothelin, par son mariage avec Henri-Auguste d'Orléans, marquis de Rothelin.

Écartelé d'or et de gueules, — *Alias* : De gueules, à trois coupes d'or.

Quelques branches de la famille ont mis dans leurs armes *cinq*, d'autres *six coupes d'or*.

LE BRET (Vincent), Éc.

D'or, à un sautoir de gueules, accompagné de 4 merlettes de même, une en chef, deux au flanc et une en pointe, le sautoir chargé de 4 coquilles d'argent, une à chaque extrémité; en cœur un écusson d'argent chargé d'un lion de sable.

LE CONTE (Madeleine), veuve de Roland de la Chesnaye

Éc., Sgr des Pins, résidait dans l'élection de Richelieu vers 1698.

D'argent, à trois chevrons brisés, de sable.

## LE GENDRE DE VILLEMORIEN, Chev., Sgrs de Bois-mortier, en Touraine (XVIIIᵉ siècle).

D'azur, au lévrier d'or, accompagné en chef de deux étoiles de même, et en pointe d'un lévrier d'argent colleté de gueules.

## LEMAITRE (N.), curé de St-Maurice, de Chinon (1776).

D'azur, à un chevron d'argent, accompagné de trois croissants montants, de même. — L'écu timbré d'un casque posé de trois quarts (d'après l'empreinte de cachet d'une lettre du 14 août 1776).

## LESTANG DE VILLAINES (Françoise de) et Louis de Lestang, Chev., Sgr de Lizon, élection de Richelieu (fin du XVIIᵉ siècle).

D'argent, à sept fusées de gueules posées 4, 3.

## L'HUISSIER (Robert), bailli de Tours (1272).

De..., à une fleur de lis fleuronnée, de...

## LIMAY (de). Voyez page 579. — Jean Cadet de Limay, inspecteur général des ponts et chaussées, est mentionné dans les registres de l'état-civil de Saint-Venant de Tours, en 1777.

## LISEURE (Olympe de), veuve d'Adrien de Trisac, Éc., Sgr de Chevrie, résidait dans l'élection de Richelieu vers 1698.

D'argent, au chef de sable chargé d'un croissant d'argent.

## Loches (Sceau de la prévôté de), vers la fin du XIIIᵉ siècle.

Semé de France, accolé de deux petits châteaux et de deux poissons (sceau d'une charte de 1276). — Le contre-sceau représente un poisson posé en pal, accosté de deux châteaux, chaque château accompagné de 2 fleurs de lis, l'une au-dessus, l'autre au-dessous.

## Loches (Le sceau de la cour de Mgr le duc de Touraine, à), 1372.

Ecu semé de France. — Le contre-sceau représente un poisson posé en pal entre 2 châteaux, accompagnés chacun de 2 fleurs de lis, une en haut, l'autre en bas.

**Loudun** (La prévôté de), xive siècle.

De..., à une tour ronde à toit en poivrière, percée d'une porte et de deux fenêtres ; au centre une enceinte crénelée, et accostée de 2 fleurs de lis de...

**Loudun** (Sceau aux contrats de), au commencement du xve siècle.

Un personnage debout entre deux écus indistincts.

**MAIGNART** de la **VAUPALIÈRE.** Voyez **VAUPALIÈRE** (MAIGNART de la).

**MANGE** (Etienne de), chevalier tourangeau, vivant en 1276.

De..., à une croix enhendée, brisée d'un bâton mis en barre.

**MATHEFELON** (Thibaut de), Chev., vivant en 1234.

Un écu vergeté.

**MATHEFELON** (Thibault de), Chev., vivant en 1273.

Un écu chevronné.

**MATHEFELON** (Gui de), Chev., vivant en 1380.

De..., à six écussons de, 3, 2, 1, brisés d'un bâton brochant sur le tout. — Timbre : un heaume cimé d'un lévrier. — Supports : à dextre un dragon ; à séoestre un oiseau.

**MATEFELON** (Jouhel de), chevalier-banneret, portait pour armes, d'après une quittance qu'il donna en 1302 :

De..., à six écussons de..., posés 3, 2, 1.

**MELLO** (Dreux de), Sgr de Loches, en 1239. (Voyez pages 650-51).

Il ajoutait aux armes dont nous avons donné la description *un lambel de cinq pendants.*

**MESTAYER,** Sgrs de la Rancheraye, paroisse de Liége (xviiie siècle). — Famille originaire de Chinon.

Michel Mestayer, Sgr de la Rancheraye, avocat au parlement, sénéchal de l'Ile-Bouchard, conseiller en l'élection de Chinon, gouverneur, juge ordinaire civil, criminel et de police des ville et baronnie de l'Ile-Bouchard, mourut à la Rancheraye le 24 juillet 1786, à l'âge de 74 ans, laissant entre autres enfants :

1° Augustin Mestayer de la Rancheraye, né le 30 octobre 1751, inspecteur principal des douanes à Paimbœuf (19 juin 1798), marié, le 10 février 1793, à Emilie-Renée-Sophie Mocet (née le 11 novembre 1770, fille de Henri Mocet, Ec., ancien capitaine d'infanterie, et de Louise-Prudence Brossier de la Charpagne ;

2° Gabriel-Urbain Mestayer, greffier au grenier à sel de Chinon ;

3° Céleste-Catherine Mestayer, mariée à François-Pierre Mestayer de la Pinalière, officier de l'élection de Chinon ;

4° Michel-René-Louis Mestayer ;

5° N..., mariée à Eustache Poirier, avocat au parlement, conseiller du roi au grenier à sel de Richelieu.

Résidence en Touraine : Le Perron, près Champigny-sur-Veude.

Etiennette Mestayer (vivante vers 1698), portait :
De gueules, coupé d'or, à un lion dérogeant.

**MESURIÈRE** (Jean de la), Chev., Sgr de Grillemont, figure avec sa femme dans une charte de 1371.
Parti; au 1 de...; au 2 écartelé d'une bande et d'un fretté (ou d'un plein).

**MONTJOYE** (Guillaume de), chanoine de St-Martin de Tours (1417).
De..., à une clef de... — L'écu timbré d'un ange. — Supports : un lion et une aigle.

**Montrichard** (Sceau aux contrats de), au xvᵉ siècle.
L'écu de France.

**NAILLAC** (de). Voyez page 700.

Guillaume de Naillac, vivant en 1386, timbrait ses armes *d'un heaume cimé d'un lion.* — Supports : *Une femme à dextre ; un sauvage à sénestre.*

**NOISET DE BARA.**
D'argent, à la croix de gueules chargée d'une épée d'argent, la poignée d'or posée en pal, la pointe vers le chef, cantonnée de 4 paquets de coquerelles (ou noisettes), liées, 1, 2 ; un chef d'azur chargé d'un soleil d'argent.

68

PALLUAU (Geoffroy de), Sgr de Montrésor (1205), et Geoffroy de Palluau, aussi Sgr de Montrésor (1276), portaient, d'après des sceaux de l'époque, *une fasce* dans leurs armes. — Le premier figure dans une charte donnée à Chinon en juillet 1205.

PANON DESBASSAYNS DE RICHEMONT.
Page 729, 30ᵉ ligne, au lieu de *Ragu* lisez ROGER.

PEROND D'ARTIGALOLLE, hommes d'armes de la garnison de Tours (1424).
De..., à deux loups passants l'un sur l'autre de..., accompagnés d'un croissant de... — L'écu timbré d'un heaume cimé d'une tête de loup.

PLESSIS (du).
D'argent, à la fasce de gueules, accompagnée de six merlettes, trois rangées en chef et trois rangées en pointe.— Couronne de comte.

PONTOISE (de). Page 784.
Marie-Eléonore-Françoise de Pontoise épousa Benoit-Gabriel-Armand de Ruzé d'Effiat, marquis d'Effiat, Sgr du marquisat de Fontenailles, d'Ecommoy et de la Roche-Maupetit (vivant en 1779).

RESTRU. (Voyez page 826). — Outre la charge de lieutenant particulier, assesseur criminel et premier conseiller aux bailliage et siége présidial de Tours, Nicolas Restru posséda celle de subdélégué de l'intendance à Tours. Il mourut avant 1780. Sa fille, Jeanne-Marguerite Restru, épousa, le 7 novembre de cette année, Jean-René Torterue, conseiller du roi, président au siége royal de l'élection de Richelieu, fils de Jean-François Torterue, avocat au siége de Richelieu, et de Jeanne-Renée Briant.

RIVIÈRE (de la), Chev., Sgrs du Bridoré (xivᵉ et xvᵉ siècles).— Avant 1420, Jean de la Rivière et Ermesinde de Boulton, sa femme, vendirent le Bridoré à Jean le Meingre II, maréchal de France.

N. de la Rivière, chevalier de Malte, portait :
D'azur, à la tour d'argent, crénelée de 4 créneaux, maçonnée et portinée de sable.

**ROCHE** DE LA **RIBELLERIE** (de la). Page 843.

Pierre de la Roche de la Ribellerie, avocat au Parlement et au présidial de Tours, mourut en 1727, âgé de 75 ans.

**ROQUE** (de la), Éc., Sgrs du Rogier, Montigny, Launay-sur-Fourche (paroisse de Bossay), (XVIᵉ siècle).

Guy de la Roque, reçu chevalier de Malte le 27 octobre 1526, portait :

D'azur, à deux chiens affrontés, d'argent; au chef d'or chargé de deux rocs d'échiquier, de sable.

**ROUSSEAU** DE **CHAMOY**, en Touraine, en Poitou, en Berry, en Bourgogne, en Blaisois, en l'Ile de France et en Champagne.

D'azur, à trois bandes d'or.

**SAINT-CHAMANS** (de), marquis de Saint-Chamans.

De sinople, à trois fasces d'argent, à l'engrêlure du même, mouvante du chef.

**VAUGIRAULT** (Gilles de), trésorier de St-Martin de Tours (1595).

D'argent, fretté d'azur.

# TABLE

## DES TERRES ET FIEFS

### MENTIONNÉS

## DANS L'ARMORIAL

Benion, 1047.
Bense, 1009.
Béon, 800.
Berangeraie (la), 686.
Berardière (la), 416 , 869 , 910.
Béraudière (la), 130, 131, 377, 814, 864, 1004, 1052.
Berault, 863.
Bercelleries (les Grandes et Petites), 548.
Bercy, 612.
Bergerac, 202.
Bergerais (la), 298.
Bergeresse, 251, 283, 579, 630, 844.
Bergerie (la), 505.
Bergette, 749.
Berlette, 536.
Bermicourt, 917.
Bernardière (la), 57, 622.
Bernardières (les), 89.
Bernay, 176.
Berne (la), 832.
Bernesault, 135.
Bernezay, 712.
Bernières, 1008.
Beroutte, 785.
Berrie, 119, 150, 285, 328, 837.
Berrye, 987.
Berselonnière (la), 430.
Bertaudière (la), 135, 145, 844, 847.
Bertholière (la), 690.
Bertonnière (la), 811.
Bescheron, 315.
Besnardière (la), 215.
Besnatonières (les), 246.
Bessac, 640.
Bessay, 328, 415, 534, 639, 964.
Bessé, 137, 315, 836, 955, 1043.
Bessonnière (la), 341.
Bethisy, 138.

Bethune, 139.
Betz, 139, 245, 298, 1038.
Beuffroy, 720.
Beugny, 443.
Beuvrière (la), 504.
Beuzeval, 49.
Bez, 215.
Bezai, 393.
Bezay, 96, 392, 898, 899, 922, 941, 1033, 1044.
Bians, 494.
Biardeau, 600.
Bidaudières (les), 432.
Biencourt, 141.
Bignon, 798.
Bigot de Gastines, 344.
Bigottière (la), 622, 761.
Bigottières (les), 930, 931.
Bilazay, 1007.
Billy, 196, 307, 337, 652, 657, 756, 952.
Billy-Clairet, 374.
Biron, 424.
Bissus, 652, 909.
Bissy, 218.
Bizay, 209, 350.
Bize (la), 659.
Blain, 658,
Blainville, 227.
Blanc (le), 385, 700, 786, 795.
Blanchardière (la), 652.
Blanchecoudre, 949.
Blanche-Fontaine, 180.
Blanchépine, 111, 630.
Blancs, 145.
Blandinière (la), 110.
Blansac, 992.
Blanville, 369.
Blanzay, 451.
Blémars, 470, 835.
Bléré, 58, 130, 246, 355, 449, 500, 588, 612, 628, 904, 910, 941.
Blet, 885, 886.
Blison (le), 234, 568, 579, 637, 915, 1022.

Bois-Millet, 421.
Boismillet, 743.
Bois-Millet, 55.
Boismorand, 57.
Bois-Moreau, 367.
Bois-Morin, 960.
Boisne, 726.
Boismortier, 254 , 844, 843, 1071.
Boisnerbert, 837.
Boisnière (la), 659.
Boisodé, 443.
Boisquenoy, 539.
Bois-Pateau, 288, 588, 871.
Bois-Preuilly, 195.
Bois-Préville, 652.
Bois-Rahier, 116.
Boisramé, 888.
Boisregnault, 786.
Boisrenard, 148, 313.
Boisrenault, 603, 992.
Boisrideau, 48, 540, 833, 987.
Bois-Robert, 904.
Bois-Roger, 822.
Bois-Rogue, 652, 892.
Bois-St-Martin (le), 944.
Bois-St-Père, 645.
Bois-Rougeolle, 587.
Bois-Rougeron, 874.
Boissard, 155.
Boissay, 501, 792.
Boisseau, 370.
Boissec, 879.
Boisselière (la), 443, 701.
Boissette (la), 915.
Boissière (la), 63, 410, 456, 460, 477, 521, 555, 776, 831, 884, 913.
Boissoudy, 109.
Boissy, 255, 425, 456, 1017.
Boisyvert, 1035.
Boistaillé, 478.
Boistifray, 298, 845.
Boistillé, 494.
Boistissandeau, 473.
Bois-Turbé, 856.

Boisvallée, 799.
Boisvilliers, 186.
Boitière (la), 279.
Boizay, 994.
Boizé, 329, 775, 1037.
Bonaventure, 698, 699.
Bonival, 367.
Bonnac, 444.
Bonnardière (la), 159.
Bonnaudière, 804.
Bonnefois, 951.
Bonneau, 707.
Bonnefont, 898-99.
Bonneuil, 299, 856, 1018.
Bonnelière (la), 534, 672.
Bonnes, 671.
Bonnetières (les grandes et petites), 924.
Bonninière (la), 622, 761.
Bonnivet, 425, 971.
Bonrepos, 232, 319.
Bonroy, 224, 786.
Bonval, 518.
Bord (le), 1051.
Borde (la), 88, 123, 134, 143, 178, 200, 329, 369, 393, 467, 548, 550, 632, 654, 662, 673, 748, 836, 907, 914.
Borde-Chatelain (la), 370.
Borde-Quenard, 479.
Bordevère, 292.
Borde-Vernou (la), 465.
Bordebure, 297, 707.
Bordelles (les), 310, 844.
Borderie (la), 232, 1057.
Bordes (les), 57, 59, 61, 149, 307, 402, 443, 517, 529, 592, 593, 755, 818, 866.
Bordes-Amaury, 641.
Bordes-Guenand (les), 51, 179, 443, 998.
Bordinière (la), 361.
Boré, 664.
Borgne-Savary, 130, 1021.
Bornais, 72, 844.

Courcillon, 749.
Courcoué, 117, 329, 426, 1014.
Courcueil, 645.
Cour-d'Angé (la), 546.
Cour-d'Argy (la), 72.
Cour-d'Avon (la), 108, 888, 908.
Cour-de-Chiré (la), 908.
Cour-de-Couziers (la), 562.
Cour-de-Germiny (la), 777.
Cour-de-Sarcé (la), 894-95.
Courgain, 652.
Cour-Isoré-en-Savigné (la), 431.
Courjon, 865.
Courléon, 569.
Cour-Neuve (la), 319, 325, 844.
Courqueil, 186.
Cour-Roland, 196.
Cours, 885.
Cour-St-Philbert (la), 67.
Courtaisière (la), 186.
Courtarvel, 300.
Courtay, 445, 648.
Courteilles, 185.
Courtemanche, 559.
Courtemblay, 822, 889.
Courtenvaux, 878, 928.
Courtilloles, 458.
Courtils (les), 117, 224, 577, 640, 750.
Courtinais (la), 298.
Courtinière (la), 920.
Courtis (les), 549, 697.
Courtoisie (la), 698.
Courtoux, 302.
Couserans, 882.
Couserie (la), 1048.
Coussaie (la), 99.
Coussaye (la), 194, 328.
Coussay-les-Bois, 138, 244, 746.
Cousse, 838.
Coussière (la), 752.
Cousseteau, 476.

Coustannière (la), 231.
Cousteau (le), 106.
Cousti, 425.
Coutances, 76.
Coutannay, 958.
Couteau (le), 143, 725-26, 837.
Cousteaux (les), 148, 346.
Couture (la grande), 613.
Couture (la), 72, 329, 455, 495-98, 556, 610, 725, 822.
Coutures (les), 880.
Couvent, 627.
Couvonge, 929.
Couzières, 77, 208, 410, 483, 653, 706, 854-55, 1026.
Cramail, 285.
Cramailles, 800.
Craon, 988.
Crassay, 53, 598, 1047.
Cravant, 49, 276, 365-66, 474-75, 605, 676, 774.
Crau (la), 365.
Cray, 56, 240, 549.
Craye (la), 750.
Créans, 512.
Crême, 582.
Crémeaux, 287, 675.
Crémille, 312, 664, 696.
Crémillères (les), 490.
Crenan, 749.
Crenon, 306.
Cressonnière (la), 60, 109.
Crevecé, 613.
Crillouère (la), 527.
Crissay, 494-95.
Crissé, 269, 270, 310, 350, 480, 994-95.
Crochardière (la), 308.
Crochet, 453, 575.
Crochinière (la), 367.
Cronnberg, 928.
Croisne, 448, 832.
Croisy, 907.
Croissy, 283, 479.
Croix (la), 123, 146, 183, 263, 329, 383, 570, 588-89, 807.

Garenne (la), 262, 388, 445, 822.
Garenne de Seligny (la), 1037.
Gareuil, 329.
Gargilesse, 700.
Ganneraye (la), 917.
Garnache (la), 694, 855.
Garochère (la), 698.
Garran, 344.
Gascherie (la), 708.
Gaschetière (la), 166, 536, 995.
Gasneraie (la), 860.
Gasnerie (la), 447.
Gasville, 425.
Gasserie (la), 54, 504, 969.
Gast, 93.
Gastelinière (la), 653.
Gastenellière (la), 949.
Gastevine, 593, 772.
Gastines, 123, 221, 258, 362, 386, 379, 418, 779.
Gastinière (la), 394.
Gastinières (les), 89, 344, 389.
Gatelinière (la), 622, 649, 1020.
Gatesouris, 645.
Gâtinais, 65.
Gats (les), 101.
Gats (les Grands et Petits), 150.
Gaudetterie (la), 125, 570.
Gaudière (la), 131, 575, 593, 609.
Gaudinière (la), 529, 531, 533, 555, 635, 637, 1049.
Gaudraye (la), 638.
Gaudreville, 800.
Gaudrie (la), 323.
Gaudru, 568, 929.
Gaufouilloux, 1030.
Gault (le), 147.
Gualdrie (la), 947.
Gauronnerie (la), 394.
Gauronnière (la), 174.

Gautinière (la), 370.
Gautret, 850.
Gautrye (la), 355.
Gauville, 742.
Gazelière (la), 830.
Gazellerie (la), 814.
Gedeaux (les), 239.
Gée, 430.
Gemasse, 500.
Genaudière (la), 56.
Genaut, 129.
Généreau, 271.
Genest, 934.
Genest (le), 754, 1022.
Geneteuil, 734, 884.
Genets (les), 448, 645, 746.
Genette (la), 126.
Genillé, 55, 386, 653.
Gennes, 155, 175.
Genneteuil, 742.
Gennetor, 364.
Gennetreuil, 399.
Genouillé, 879.
Gentils, 629.
Georgerie (la), 259.
Gérarderie (la), 362.
Geraudière (la), 486.
Gerbaudière (la), 916.
Germain, 394.
Germigny, 674.
Gibardière (la), 550.
Gibaudière (la), 71.
Gibeaudière (la), 99.
Gibonnière (la), 432, 930-31.
Gibottière (la), 476.
Gilbert, 130, 394.
Gilbertière (la), 653.
Gilleberdière (la), 534.
Gillier, 758.
Gillière (la), 154.
Girardet, 377.
Girardière (la), 306.
Girardières (les), 960.
Giraudière (la), 298, 301, 339, 408, 620, 865, 894-95-97, 1016, 1062.

Giraudières (les), 411.
Gireuil, 244.
Girouardière (la), 459, 839.
Gitonnière (la), 81, 813.
Giveigne, 90, 227.
Givray, 91.
Givré, 839.
Givry, 64, 151, 519, 786, 795, 888.
Gizeux, 64, 124, 182, 217, 286, 327, 384, 431, 478, 485, 866, 1063.
Glas (le), 394.
Glatigny, 856.
Glaude, 949-50.
Goberie (la), 832.
Goderie (la), 811.
Godinière (la), 630-31, 764.
Goguerie (la), 160, 337, 835.
Gomer-St-Brice, 784.
Gondonnière (la), 196, 830, 893.
Gondreville, 722.
Gondrin, 734.
Gonnor, 292.
Gonterie (la), 367.
Goron, 93.
Goronnière (la), 424, 435.
Gosselinière (la), 57.
Gouberie (la), 783, 832.
Goujonnière (la), 258.
Goulard, 450.
Goupillière (la), 131, 598.
Gourbillonnière (la), 1003.
Gournay, 528.
Goussainville, 706-7.
Goussaye, 961.
Graffardière (la), 732.
Graffeteau, 566.
Grais (le), 958.
Granchamp, 294.
Grand-Baugé (le), 742.
Grand-Bois, 49.
Grandbois, 361.
Grand-Cessigny, 119.
Grand'Cours (le), 135.

Granchamps (les), 651.
Grande-Barbée, 417.
Grande-Brosse (la), 768.
Grande-Garde (la), 73, 408, 811.
Grande-Guerche (la), 107.
Grande-Gitonnière (la), 345.
Grande-Maison (la), 208, 1057.
Grande-Noire (la), 362.
Grande-Roche (la), 1005.
Grandes-Brosses (les), 194.
Grandes-Granges, 317.
Grandes-Guilbaudières (les), 984.
Grandes-Maisons (les), 1005.
Grandes-Ortières (les), 143.
Grandes-Roches (les), 188.
Grand-Flemet, 250.
Grandfonds, 214.
Grandfons, 117, 306, 350, 893.
GrandHôtel de Mosnes, 333.
Grandière (la), 129, 402, 989.
Grandine, 299.
Grandlaunay, 441.
Grand-Lusigny, 852.
Grandmaison, 320, 367, 755
Grand-Maudoux, 510.
Grandmont, 104, 116, 469.
Grand-Breuil (le), 1020.
Grand-Fleuray (le), 864.
Grand-Poncay (le), 1013.
Grand-Pouillé, 57.
Grandpré, 496.
Grand-Pressigny (le), 67, 88, 117, 137, 200, 231, 328, 366, 415, 501, 550, 591, 639, 646, 798, 907, 910.
Grand-Thoriau (le), 345.
Grandval, 573.
Grandvaux, 712-14, 968.
Grand-Velours, 268.
Grand-Villiers, 785.
Grands-Barniers (les), 317.
Grands-Buissons (les), 85.
Grange (la), 371, 405, 505, 586, 597, 662, 748, 790, 904, 972.

Levaré, 415.
Levraudière (la), 955.
Lévrie (la), 100, 120, 251.
Lezai, 528.
Lézardière, 194.
Lezay, 600.
Lherbaudière, 950.
Lhommerarie, 742.
Liaigne, 440.
Liancourt, 844.
Liborerie (la), 1037.
Liborlière (la), 312.
Liége (le), 118, 627, 720, 918.
Lierville, 1018.
Liessard, 235.
Liget (le), 841.
Ligneries (les), 620.
Ligny, 988.
Ligré, 140, 758, 1057.
Ligners, 67.
Ligneris, 578.
Lignières, 188, 473, 755.
Ligueil, 49, 921.
Limbertière, 408.
Limeray, 59, 161, 369, 794, 838.
Limon, 569.
Limours, 784, 891.
Linaudière (la), 508.
Lindois, 246.
Linière, 564.
Linières, 396, 932, 941, 1030.
Linières-Bouton, 465.
Liniers, 579, 768.
Lionnière, 264, 482, 836.
Lions, 632.
Lirec, 962.
Lisle, 542.
Livenne, 580.
Livet, 804, 971.
Livonnière, 775.
Livré, 163.
Lizon, 831, 886, 1069-71.
Loché, 74, 430, 448, 456, 592, 746, 795.
Loches, 51, 64, 65, 72, 89, 95,
97, 98, 99, 102, 118, 119, 133, 182, 196, 197, 206, 245, 369, 650, 654, 1072.
Lodoine, 1062.
Lodouère, 869.
Loge (la), 126, 192, 222, 263, 405, 624-25, 1066.
Loges (les), 192, 251, 258, 354, 479, 847, 1035.
Loigné, 627.
Loigny, 246.
Loire, 482.
Loiré, 191, 388, 889.
Loizellière, 831.
Londe (la), 624.
Longay, 639.
Longhomme, 904-5.
Lonjumeau, 390, 870.
Longuy, 653.
Longué, 132, 186.
Longuée, 908.
Longuefuie, 154.
Longueil, 584.
Longuejoue, 1022.
Longueplaine, 510, 555, 826.
Longue-Touche, 150.
Longueville, 76, 445.
Lonlay, 587.
Lorchère, 276.
Lorgère, 777.
Lorges, 338.
Lorie, 286.
Lorillonière, 166, 294.
Lory-Jarzay, 505.
Louatière (la), 262, 445.
Loubaiche, 629.
Loubigny, 879.
Loubressay, 616-17.
Louchère (la), 244.
Loudun, 64, 88, 108, 112, 594, 854-55, 1072.
Loué, 528.
Loue (la), 837.
Louère (la), 132, 243, 1027.
Louestault, 416.
Loupendu, 450.

Maslives, 454.
Massardière (la), 983-84.
Massé, 359.
Massière (la), 129.
Massonnière (la), 783.
Massué, 307.
Mastray, 659.
Masures (les), 356.
Mathefelon, 236-46, 277, 324, 639, 735, 841, 814, 816, 865, 983, 1063.
Maudiné, 909.
Maudoux, 509.
Maudoux, 658.
Mauffrais, 323.
Mauffrière (la), 858.
Maugé, 275.
Maugerais, 532.
Maulay, 59, 307.
Maule, 354.
Mauléon, 987.
Maulet, 132, 243.
Maulévrier, 187, 742.
Maulière (la), 755.
Maulmont, 877.
Maumusson, 131.
Mauny, 207.
Maupuy, 411.
Maurepras, 768.
Maurevigne, 312.
Maurier (le), 78.
Maurivet, 292.
Maurousière (la), 882.
Mausenpuy, 525.
Mausselière (la), 579.
Mautour, 1024.
Mauvières 97, 414, 646, 918.
Mauvies, 91.
Mauvillière (la), 139, 151, 225.
Mauzay, 417.
Mayseaux, 560.
Mazeraye (la), 124.
Mazères, 871.
Mazic, 900.
Mazières, 48, 356, 750, 993.

Meanne, 349, 793.
Meaulne, 194, 862, 1002.
Mée, 949.
Mée (la), 430.
Mées (les), 82, 154, 163, 373, 580, 807, 994.
Mées (les), 653
Meigné, 87.
Meilly, 293.
Melaudière (la), 339.
Melinay 476.
Melleré, 684.
Melleville, 547.
Mello, 650.
Melun, 651, 694.
Melzéart, 385, 646, 1018.
Membrolle (la), 83, 804, 849.
Menardière (la), 59, 94, 298, 569, 654, 675, 792, 824, 840, 922, 1008.
Ménars, 254, 484.
Menaudière, (la), 63, 389, 540.
Mencieux, 710.
Menigaudière (la), 755.
Menil (le), 698.
Menil-au-Grain, 667.
Menil-St-Georges (le), 831.
Menou, 652-54.
Mépieds 116, 669-70-71.
Mérancelle, 764.
Méraudière (la), 532.
Meray, 547.
Merceries (les), 653.
Mercœur, 1012.
Méré, 89, 196, 197, 275, 287, 423, 491, 653, 846, 875, 1057.
Mereaux, 627.
Méré-le-Gaullier, 165, 675.
Mererye (la), 398.
Mérieau, 778.
Meriel, 717.
Merigny, 94.
Merle, 300.
Merlé, 384.
Méry-sur-Oise, 717.

Mangevins (les), 437-38.
Mangotière (la), 640.
Manne, 72.
Mans (le), 178.
Manzelière (la), 259.
Manson, 922.
Mantellerie (la), 811.
Manthelan, 317, 353, 434, 653.
Mantilly, 1059.
Marais (le), 73, 215, 478, 567, 604, 665, 666, 700, 811.
Marais-Bonnard, 159.
Marandé, 297.
Marans, 139, 616.
Maransais, 583.
Maranzay, 949.
Maraudière (la), 215. 853.
Marçay (la), 550.
Marçay, 69, 813, 963.
Marcé, 162, 781.
Marchais (les), 649.
Marchaudière (la), 922.
Marche (la), 147, 610.
Marchelay, 696.
Marchère (la), 206, 599, 633, 998.
Marcillac, 844.
Marcillière (la), 137.
Marcilly, 73, 77, 485, 620. 621, 811, 842, 1005.
Marçon, 206, 385, 609, 889.
Mardelle (la), 576, 742, 958.
Mare (la), 550.
Mareil, 277.
Marembert, 69.
Marennes, 414.
Marescreux, 780.
Mareuil, 96, 135, 136, 263, 577, 846, 1047.
Marfournier, 280.
Marges, 685.
Margou, 154.
Mariaux (les), 822.
Marientras, 665.

Marière (la), 798.
Maries (la), 798.
Marigny, 74, 119, 494, 247, 383, 410, 491, 610, 611, 651, 697, 852, 854, 875, 983, 997, 1034.
Marigny-Brizay, 712.
Marivaud, 503.
Marle, 284.
Marmaigne (la), 768.
Marmande, 206, 276, 361, 417, 528, 579, 627, 676, 858-59, 1037-41.
Marmoutier, 64, 99, 137, 171-72, 184.
Marnay, 622, 754, 877.
Marne (la), 269.
Marnes, 234.
Marnésia, 573.
Marnou, 55.
Marolles, 164, 300, 388-89, 627, 800, 804, 911, 958.
Marray, 52, 316, 653, 677, 708, 735, 832.
Marsan, 594.
Marsay, 50, 321, 630, 648, 764, 879.
Marsilly, 494.
Marsolle, 269.
Marteau, 136, 280.
Marthe (la), 892.
Marthemont, 935-37.
Martigny, 408, 435, 532, 658.
Martin-en-l'Ile-de-Verron, 983.
Martinet (le), 702.
Martinière (la), 72, 73, 108, 255, 259, 260, 355, 364, 370, 467, 609, 633, 669, 723, 746, 766, 868, 911, 1003.
Martinière-le-Bascle (la), 901.
Martonne, 132.
Martray (le), 355.
Marvillars, 482.
Masfame, 141.

Potcrie (la), 161, 339, 570.
Potineaux (les), 547
Pouet (le), 61, 393, 565, 648, 748, 949, 1007.
Pouhet, 1007.
Pouligny, 73.
Pouillé, 304, 430.
Poupardière (la), 243, 352, 469.
Poupelinière (la), 858-59.
Pouplinière (la), 618.
Pousieux, 550.
Poussardière (la), 105, 426, 550, 789.
Poussay, 636.
Pouvreau, 94, 443, 545, 993.
Pouzet (le), 430.
Pouzières, 782.
Pouzieux, 922.
Poyanne, 114.
Poysieux, 239, 444.
Pransac, 751.
Pranzac, 1017.
Praslin, 269.
Pray, 421, 559.
Pré (le), 570.
Préaux, 262, 139, 692, 712, 792.
Preaux-Noyant, 409.
Pré-Benoît, 98.
Preguay, 958.
Preigneux, 653.
Prépaudrie (la), 686.
Prépuisson, 521.
Prés (les), 268.
Presle (la), 297.
Pressigny, 305, 798, 875.
Pressoir (le), 103, 533.
Preugné, 469.
Preugny, 409.
Preuilly, 57, 59, 101, 102, 113, 182, 246, 247, 276, 307, 369, 385, 393, 400, 411, 425, 463, 600, 712, 720, 734, 740, 751, 753, 786, 795-96, 837, 844, 847, 949, 1011.

Preval, 133.
Prevalais, 1001.
Préville, 543.
Prévostière (la), 97.
Prcz (les), 953.
Prezault, 82, 712, 714, 919.
Prezeau, 919.
Primery, 773.
Prinçay, 761.
Princé, 369, 393, 441, 1037.
Princerie (la), 225.
Pringé, 277.
Prins, 126.
Prot-Niort, 630.
Proulaud, 1048.
Prouterie (la), 382.
Proutière (la), 97, 209.
Prouzay, 803, 871.
Provotière (la), 209, 305.
Prugny, 478.
Pruina, 314.
Pruneaux (les), 60, 263, 483, 922, 923.
Prunelé, 800.
Prunière (la), 559.
Puiraveau, 637.
Puisieux, 200.
Pulligny, 541.
Purnay, 741.
Purnon, 49, 74, 60.
Pussigny, 73, 408, 811.
Putanges, 684.
Puy (le), 56, 91, 100, 189, 212, 227, 256, 421, 431, 440, 462, 476, 510, 653, 672, 951.
Puy-aux-Bœufs, 71.
Puy-Barbe, 844.
Puy-Barbeau, 645-46.
Puy-Bascle, 108, 747.
Puycarré, 755.
Puy-Champion, 134, 319, 483.
Puy-d'Anché, 61, 408.
Puy-d'Arçay, 464, 664.
Puy-d'Arsay, 865.
Puy-d'Artigny, 442, 509.

71

St-Lubin, 904, 972.
St-Marc, 218, 616.
St-Marceau, 278.
St-Mars, 225, 254, 825, 883, 997.
St-Marsolle, 112, 119, 353, 1050.
St-Martin-de-Candé, 542.
St-Martin-de-Sargé, 626.
St-Martin-des-Lais, 199.
St-Martin-la-Rivière, 947.
St-Martin-le-Beau, 150, 289, 299, 468, 629, 904.
St-Maurice, 392.
St-Médard, 303.
St-Michel, 299, 495, 841.
St-Michel-de-Chédigny, 712.
St-Michel-des-Landes, 109, 206, 236, 244, 993.
St-Michel-du-Bois, 696, 910.
St-Michel-sur-Indre, 533.
St-Michel-sur-Loire, 53, 112, 206, 276, 346, 676, 891.
St-Mihiel, 200.
St-Ouen, 137, 259, 427, 603, 669, 1022.
St-Paterne, 56, 184, 897.
St-Patrice, 449, 998.
St-Paul, 443.
St-Pellerin, 1013.
St-Pereuse, 944.
St-Piat, 780.
St-Pierre, 324.
St-Pol, 749.
St-Quentin, 337, 653, 855, 885.
St-Règle, 871.
St-Réelle, 686.
St-Remi-sur-Creuse, 73.
St-Réverend, 858.
St-Romain, 875.
St-Saturnin, 254, 298, 394, 568.
St-Senoch, 456, 705, 807, 808.
St-Sernyn, 790.

St-Séverin, 877.
St-Sigismond, 884.
St-Thibaut, 712.
St-Tropez, 930.
St-Ustre, 985.
St-Val, 137.
Sainte-Catherine-de-Fierbois, 215, 650, 875.
Ste-Foy, 246.
Ste-Julitte, 206, 236, 245, 305, 344, 867, 882.
Ste-Lumine, 495.
Ste-Maure, 88, 305, 306, 349, 372, 621, 844, 854-55, 875, 930.
Ste-Osmanne, 1004.
Ste-Radégonde, 106, 448.
Ste-Solange, 351.
Ste-Tère, 638.
Saintré, 167, 300, 908.
Saissay, 774.
Salais, 550.
Salignac, 888.
Salinière (la), 348.
Salle (la), 344, 546, 961, 1004.
Salle-d'Avon (la), 108, 443.
Salle de Chavagne (la), 372.
Salles, 266.
Salles (les), 760.
Salle-St-Georges (la), 637.
Sallevert, 622.
Sallière, 1005.
Salvert, 73, 251, 811, 848.
Salverte, 563.
Sammarçolle, 712.
Sampigny, 891.
Sancé, 949, 833.
Sancère (la), 822.
Sancerre, 207.
Sansac, 100.
Sansonnière (la), 222, 262, 856.
Sanzay, 164, 893.
Saran, 242.
Saray, 576.
Sarcé, 702, 894-95-96.

Thenis, 90.
Thenon, 463.
Théon, 482.
Thery, 768.
Thibaudière (la), 781, 1037.
Thibaudières (les), 653.
Thibaudrie (la), 750.
Thiberdière (la), 116, 196, 220.
Thibergeau, 924.
Thiercé, 329.
Thieux, 346, 861.
Thillou (le), 273.
Thilouze, 179.
Thiors, 852.
Thivinière (la), 742.
Thoiré, 903.
Thomaisière (la), 139.
Thomasserie (la), 164, 234, 620, 549.
Thomassière (la), 164, 620.
Thoracte (la), 653.
Thoratte (la), 653.
Thoré, 149, 588.
Thorigni, 953.
Thorigné, 710.
Thorigny, 277, 425, 710, 967.
Thou, 88, 247, 485, 750, 771.
Thouarcé, 292.
Thouars, 50, 115, 704, 960, 987, 1006, 1050.
Thoumeaux, 806.
Thoysière (la), 548.
Thuillay, 497.
Thuisseau, 52, 94, 145, 404, 468, 830, 831, 854.
Thurageau, 831.
Thuré, 385.
Thury, 177.
Tiffauges, 495.
Tigerville, 990.
Tigné, 117.
Tigny, 117.
Tillemont, 564-62.
Tillou (le), 326, 359, 802.
Tilloux (le), 646.

Tilloy (le), 911.
Tilly, 293, 534, 556.
Tissard, 989.
Tissey, 343.
Toiré, 786, 795.
Tonneaulx, 333.
Tonnelles (les), 914, 1066.
Tonnerre, 479.
Torcy, 283, 964.
Torneau, 398.
Torsay, 964.
Torsy, 568.
Tortinière (la), 370, 815.
Touanne (la), 141, 822.
Touchaulard, 580.
Touche (la), 56, 80, 175, 180, 253, 283, 294, 348, 376, 386, 435, 548, 565, 653, 765-69, 850-51, 1004, 1019, 1021, 1037-38.
Touche-au-Blanc (la), 273.
Touchebarré, 208.
Touche-de-Lin (la), 1004.
Touche-en-St-Laurent de Lin, (la), 521.
Touche-Frécinet (la), 180.
Touchegelé (la), 804.
Touche-Hillerin (la), 473.
Touche-Mari, 317.
Touche-Monbrard (la), 1003.
Toucheprès, 651-59.
Touches (les), 410, 338, 371, 490, 603, 858, 954, 1035.
Touches-Gabillières, (les), 247.
Touche-St-Cyran (la), 443.
Touche-Villemessant (la), 770.
Touche-Voisin (la), 1057.
Toucy, 878.
Toulouse, 380.
Tour (la), 288, 417, 420, 475, 550, 582, 630, 637, 774, 964, 998.
Tour (le), 521.
Touraine, 64, 65, 87.
Tour-Baian (la), 199.
Tourballière (la), 442, 761, 994.

Vauguion, 209, 318.
Vauguyon, 453, 751.
Vauguyon (la), 752.
Vaujours, 231, 501, 909.
Vaulard, 882.
Vauléart, 375, 1004.
Vaulogé, 474, 759.
Vaumenaise, 618, 630.
Vaumore, 213.
Vaumorin, 114, 143, 173, 710, 835, 1000.
Vaupalière (la), 1008.
Vauperreux, 442.
Vauraoul, 99, 792.
Vauricher, 136, 810.
Vauroux, 99, 353, 947.
Vautibault, 415.
Vautourneux, 117, 123, 686, 922.
Vauthibault, 120.
Vauvert, 469, 569.
Vaux, 71, 143, 148, 199, 226, 317, 339, 413, 415, 492, 497, 588, 635, 653, 700, 723, 738, 771, 909, 1000.
Vauxyours, 206.
Vauzan, 338.
Vauzelle (la), 797.
Vauzelles, 879.
Vayalle, 239.
Veau (le), 360.
Veauvy, 748.
Veigné, 106.
Velangier, 215.
Vellèches, 669, 875.
Velors, 109, 816, 1011.
Velort, 238, 356.
Velours, 503, 669, 782.
Vendac, 752.
Vendeuvre, 789.
Vendœuvres, 1009.
Vendôme, 905 1012.
Venelles, 630.
Venerie (la), 531.
Veneux, 865.
Venevelles, 346.

Veniez, 712.
Venise, 168.
Ver (le), 478.
Verac, 879.
Verdelle, 879.
Verderonne, 77.
Verdrie (la), 261.
Verdun, 532.
Véretz, 89, 105, 138, 179, 232, 301, 349, 354, 370, 418, 480, 525, 785, 822, 991, 1005, 1023.
Verger (le), 70, 97, 215, 528, 683, 769, 855, 874.
Vergier (le), 642, 826, 1013.
Vergnay, 852.
Vergne (la), 50, 1047.
Vergnes (les), 637.
Vernantois, 573.
Vernay, 338, 758.
Vernay, 785, 840, 993, 1003.
Vernays, 813.
Vernel, 389.
Vernes, 286.
Verneuil, 54, 59, 69, 139, 142, 162, 166, 231, 265, 305, 321, 366, 417, 485, 593, 646, 716, 839, 860, 879, 1024.
Vernières (les), 500, 822.
Vernoil, 194, 702.
Vernoisière (la), 166, 443.
Vernon, 385.
Vernou, 299, 606.
Véron, 609.
Véronnière (la), 454.
Verrerie (la), 783.
Verrie, 835, 1003.
Verrières, 237, 379, 620, 712, 840, 947.
Verrières (les), 1058.
Verrue, 856.
Versigny, 626.
Vertagé, 696.
Verteillac, 199.
Vertus (les), 1060.

# TABLE

**Des fonctionnaires civils et militaires, des dignitaires ecclésiastiques, des chevaliers bannerets, des chevaliers croisés, des établissements religieux, (autres que les abbayes) et des corporations, appartenant à la Touraine, et mentionnés dans l'ARMORIAL.**

———※※※———

72

Guy, 432; Hurault, 479; Joyeuse (de), 496; Lemaire-
Simon, 559; Lemaye, 560; Lionne (de), 580; Lorraine (Jean et Charles de), 589 90; Marquet, 629; Mauléon (de), 641; Pierre, 730; Plessis (du), 773; Pot, 786;
Puy (Pierre et Gerard du), 803; Rochefoucauld (de la),
845; Roches (des), 849; Sales (de), 887; Sforce, 916; Turpin, 995; Vendême (de) 1012; Vignerot du Plessis (J.-B.
Amador et E.-Joseph de), 1023.

*Abbés de Noyers.* — L.-J.-F. d'Andigné, 62; des Aubiers, 80;
J. d'Aviau, 88; O. d'Azay, 91; Baudean de Parabère, 110;
Bègue de Magnanville (le), 123, Bellay (du), 124; Chauvi-
gny (de), 257; Chavigny (de), 258; Chesneau (du), 263;
Chevalier, 265; Cossé (de), 292; Fortia (de), 371; Fou
(Raoul et René du), 372; Hercé (de), 470; Le Riche, 565;
Martineau de Thuré (Charles et Emmanuel), 637; Mauny
(Gérard, Jacques, François et Mathieu de), 641-42; Milet,
662; Parthenay (de), 736; Villeneuve (de), 1028.

*Abbés de Saint-Julien de Tours.* — Binet, 143; Catinat
(Georges, Pierre, Clément et Louis), 225-26; Créqui
(de), 307; Croix (de la), 309; Fouquet, 377; Gamaches (de),
395; Gaudion, 401; Helias, 467; Léonard de la Croix, 564;
Lorraine (de), 590; Milon, 662; Montplacé (de), 681; O (d'),
712; Pellevé (de), 744; Pericard, 746; Pierre, 760; Quédillac (de), 805; Robert, 837; Robin, 839; Saugière, 902;
Tournon (de), 972; Ussé (d'), 997.

*Abbés de Preuilly.* — G. Ancelon, 61; Chasteigner (Louis et
Charles), 247; Chauveron (Georges I et Georges II), 256;
Crevant d'Humières (Jacques et Balthazar de), 308; Isoré
d'Hervault (Philippe et Antoine), 484; Menou (de), 655;
Mire de Mory (de la), 664; Morard de Galles (de), 682;
Morlon, 688; Mouret, 696; Olivier, 716; Rouxel de Médavy
(de), 866; Solier de Morette (Amédée et J.-A. du), 921;
Thomas (de), 959; Voyer de Paulmy d'Argenson (de), 1039.

*Abbés de Seuilly.* — Berruyer, 135; Bourbon (de), 170; Bourdeilles (de), 174; Busson, 209; Grange (François I et François II de la), 431; Hocquart, 474; Maillé (de), 606; Molen
(de), 669; Néel de Crestot, 704; Piètre, 763; Veilhan (de),
1011.

*Abbés de Turpenay.* — Beauvau (Gabriel et Pierre-Francois
de), 118; Boulenc du Vigneau (de), 167; Chauvigny (de),
257; Gadagne (Thomas et J.-B.), 388; Parthenay (de), 736;
Pineau de Lucé de Viennay, 766; Savonnières (de), 907;
Selve (de), 914; Vitré (de), 1034.

(Hugues et Arnould), 250 ; Chilleau (du), 268 ; Conzié (de), 287 ; Craon (de), 305 ; Croix de Castries (de la), 309 ; Dori-Galigaï, 326 ; Eschaux (d'), 344 ; Etampes (d'), 349 ; Farnèse, 353 ; Faye (Barthélemy et Jean de), 356 ; Fretaud, 384 ; Galtier, 394 ; Guesle (de la), 446 ; Guibert, 447 ; Haye (de la), 463 ; Isoré d'Hervault, 484 ; Juhel de Mayenne, 498 ; Koetquis (de), 501 ; Lamballe (de), 509 ; Lavardin (de), 529 ; Lenoncourt (de), 562-63 ; Maillé (Gilbert et Simon de), 605-6 ; Montblanc (de), 676 ; Montsoreau (de), 682 ; Morlot, 688 ; Pirmil (de), 769 ; Poncher, 782 ; Preuilly (de), et Vendôme de Preuilly (de), 796 ; Rosmadec (de), 864 ; Rosset de Fleury (de), 874 ; Roye (de), 867 ; St. Georges (de), 879 ; Savary, 904 ; Sully (de), 930 ; Tour-d'Auvergne (de la), 970-71.

*Archidiacres de l'Église de Tours.* — Amboise (André et Gilbert d') 59 ; Beaumont de Junies (de), 115, Bernard, 132 ; Berruyer, 135 ; Biencourt (de), 141 ; Bouin, 1056 ; Boutault, 177 ; Breuil (du), 186 ; Brezé (de), 187 ; Brilhac (de), 190 ; Chalus (de), 233 ; Clavières, 274 ; Craon (de), 305 ; Durfort (de), 338 ; Ferrand, 358, Fortia (de), 374 ; Isoré d'Hervault, 484 ; Jaucourt (de), 488 ; Lallemant, 508 ; Le Clerc de Boisrideau, 544 ; Le Riche, 565 ; Louet, 594 ; Pérusse (de), 753 ; R..., 844 ; Roche-de-Vernay, (de la), 840 ; Rorthays (de), 859 ; Rueil (de), 869, Touchebœuf-Beaumont (de), 969 ; Vailly (de), 998 ; Vaux (de), 1009.

*Archidiacres d'Outre-Vienne.* — Audebert, (L. P.) 83 ; Barré, 107 ; Beaumont de Junies (de), 115 ; Boutault, 147 ; Bouthillier (de), 179 ; Doyen (le), 328 ; Fontenay (de), 368 ; Guiche (de la), 447 ; Isoré, 484 ; le Peintre de Marigny, 564 ; Lombard de Bouvens, 582 ; Poncher, (François et Etienne), 782 ; Préseau (de), 793.

*Archidiacres d'Outre-Loire* — L. P. Audebert, 83 ; Beaumont de Junies (de), 115 ; Bourbon (de), 469 ; Bourgueil (de), 175 ; Boutault, 177 ; Constantin, 286 ; Ferrand, 358 ; Freslon, 383 ; Fumée, 387 ; Galland, 392 ; Haye (de la), 463 ; Houdry, 475 ; Lenoncourt (de), 563 ; Loisson, 582 ; Macicault, 602 ; Mahé, 603 ; Milon, 663 ; Nanton (de), 704 ; Orsin (d'), 722 ; Pelé, 742 ; Préseau (de), 793 ; Rigaud, 834.

*Archiprêtres de Loches.* — Bernard, 133 ; Candes (de), 214 ; Jouan, 490.

*Archiprêtre de Sainte-Maure.* — Fretaud, 384.

*Archiprêtres de l'Église de Tours.* C. Archambault, 69 ; C. Barentin, 404 ; Bellanger, 123 ; Chailly, 232 ; Chambellan, 234 ; Cottereau, 295 ; Croizet, 309 ; Faye (Gauthier et Henri de),

*Avocat au siége ducal d'Amboise.* — Haren, 462.

*Avocat à Chinon.* — Gilloire de Lépinaist, 418.

*Avocats du roi à Chinon.* — Dusoul, 340; Renault, 823.

*Avocat fiscal à l'Ile-Bouchard.* — Pallu, 724.

*Avocats du roi à Loches.* — Le Roux de la Pinardière, 566; Nau de Noizay, 703.

*Avocat au bailliage de Loches.* — Guesbin, 445.

*Avocat fiscal au duché-pairie de Richelieu.* — Ragonneau, 812.

*Avocats du roi à Tours.* — Brion (de), 192; Garnier, 397; Hamelin, 457.

*Avocats au bailliage et siége présidial de Tours.* — René et Jean Adriansin, 51; Bonigalle (de), 157; Gaultier, (Urbain-Adam et A. L F), 406; Goullard, 426; Goyet (Gervais et Alexis), 429; Guillery, 449; Lambron (Martin Chaslus, dit), 509; Le Clerc, 540; Le Mercier, 560; Lopin, 588; Lorin de LaCroix, 588-89; Menard de Rochecave, 652; Pallu, 724; Pellieu, 744; Roche de la Ribellerie (de la), 1075; Ruau, 869; Savare, 903; Taschereau (Michel et Jean), 942; Thévenin, 952; Turquentin, 995.

*Avocats au siége présidial de Tours (Communauté des),* 978.

*Avocats du roi au bureau des finances de Tours.* — Billault, 143; Bourassé, 168; Moisant, 1057; Sain de Bois-le-Comte, 874; Souchay, 924.

*Avocat et greffier des insinuations ecclésiastiques, à Tours.* — Bourgoin, 175.

*Baigneurs, à Tours (communauté des),* 980.

*Baillis d'Amboise.* — Amyot, 61; Cormier de la Picardière, 290; Orillard de Villemanzy, 718.

*Bailli d'Azay-sur-Cher.* — Rabache, 811.

*Baillis de Châteaux et du duché de Château-la-Vallière.* — Gaultier (Jean, Adam, Urbain et Urbain), 405-6; Godeau, 421.

*Bailli de Châteaurenault.* — Habert, 455.

*Bailli d'épée de Châtillon-sur-Indre.* — Marolles (de), 628.

*Bailli de Chenonceau.* — Cormier de la Picardière, 290.

*Bailli de Chinon.* — Quinart, 806.

*Baillis de Preuilly.* — Charcellay de Bors, 241; Dubet, 330; Mestivier, 660; Perion (Jean et Antoine), 748.

*Bailli de Villeloin.* — Johannet, 489.

*Baillis de Ligueil.* — Dupont, 337; Solis, 921.

*Bailli de Marmoutier.* — Taschereau, 942.

*Bailli de Montrichard.* — Gaillard, 390.

*Baillis des ressorts et exemptions de Touraine.* — P. d'Ailgen-
bourse, 52; T. d'Arminville, 73; G. d'Ars, 74; Bueil (de),
206; Thuille (de la), 962.

*Baillis de Touraine.* — Ars (d'), 74; P. d'Avoir, 89; G. d'Azay,
91; R. Barbou, 100; G. de Bardin, 100; Beaumanoir (de),
114; Beauvau (de), 118; Bernier (Geoffroy et Jean), 134;
Bigot, 141; Bonnes (de), 161; Bruère, 199; Bueil (de), 206;
Chesnel (du), 264; Crenon (de), 306; Crévecœur (de), 308;
Fontenay (de), 368; Fougères (de), 373; Gallardon (de), 393;
Gennes (de), 411; Magny (de), 603; Maillé (de), 605; Mau-
vinet (Guill. et Maurice), 646; Parroye (de), 735; Porte (de
la) 785; Récuchon (de), 818; Sancerre (de), 891; Trousseau,
991; Tucé (de), 992; Turpin de Crissé, 995; Varie (de), 1005;
Vaucelles (de), 1009; Villette (Geoffroi et Gaultier de), 1029;
Voyer (de), 1039.

*Bailli du sénéchal du Maine.* — Gonesse (de), 424.

*Bailli de Tours.* — L'huillier, 1071.

*Baillis-gouverneurs de Touraine.* — J. de Bar, 96; Beaune
(Jean, Jacques et Guillaume de), 116; Chesnel (du), 264; Craon
(de), 305; Daillon (de), 316; Laval, (de), 528; Mondot de la
Marthonie, 671; Montejean (Briant et Jean de), 677; Pot,
786; Prunelé (de), 801; Rohan (Louis IV et Charles de), 855;
Trémoille (de la), 988; Villemart (de), 1028.

*Barbiers, à Tours (communauté des),* 980.

*Basoche, à Tours* (la), 978.

*Bibliothécaires archivistes de la société archéologique de Touraine·*
—Adam, Marchand, Charlot, Viollet, Jehan (de St-Clavien),
970.

*Bouchers, à Tours (communauté des),* 980.

*Boulangers, à Chinon (communauté des),* 269.

*Boulangers, à Tours (communauté des),* 980.

*Bureau des Finances, à Tours (communauté du),* 978.

*Cabaretiers, à Tours (communauté des),* 981.

*Calvaire, à Chinon* (Les religieuses du), 268.

*Calvaire, à Tours* (Les religieuses du), 979.

*Capitaines de bourgeoisie de la ville de Tours.* — Grandmaison (de), 431 ; Hallé, 457 ; Lambron, 512.

*Capitaine de Montrichard.* — Garnier, 397.

*Capitaine des francs-archers de Touraine.* — Grasleul (de), 432.

*Capitaine du bataillon de milice de Touraine.* — Gaillard, 390.

*Capitaine des chasses de la baronnie d'Amboise.* — Mothe-Villebret (de la), 691.

*Capitaine-général des chasses de la généralité de Tours.* — Brodeau, 195.

*Capitaine du château de Berrie.* — Beauvollier (de), 119.

*Capitaine du château de Bonaventure.* — Le Roux de Rassay, 566.

*Capitaines du château de la Guerche.* — Mousseaux (Jean et René de), 697.

*Capitaine du château de la Haye.* — Guenand (de), 443.

*Capitaines du château de Langeais.* — Le Normand de Salverte, 563 ; Odart, 713.

*Capitaine du château d'Ussé.* — Gueffron (de), 443.

*Capitaines-gouverneurs d'Amboise.* — J. Babou, 92 ; J. de Bar, 96 ; Coué (de), 298 ; Escoubleau (d'), 346 ; Faverolles (de), 355 ; Ferrand, 359 ; Foucher de Thénies, 373 ; Fougeu, 373 ; Gouffier (Claude et Gilbert), 425 ; Guast (du), 442 ; Guenand (de), 443 ; Hurault de Cheverny, 479 ; La Baume-le Blanc (de), 502 ; Montpézat (de), 681 ; Ollivier (André et Claude), 716 ; Pardaillan de Gondrin (de), 734 ; Rochechouart (de); 842 ; Rochefort (de), 843 ; Rohan (de), 855 ; Tiercelin, 963, Velors (de), 1011.

*Capitaine-gouverneur de Beaulieu.* — Mayaud de Boislambert, 648.

*Capitaine-gouverneur de Bléré.* — J.-G. d'Ars, 74.

*Capitaine-gouverneur de la Bourdaisière.* — Lestenou (de), 570.

*Capitaine-gouverneur de Châteaurenault.* — Croix (de la), 308-9.

*Capitaines-gouverneurs de Châtillon-sur-Indre.* — Préaux (Etienne et René de), 792.

*Capitaines-gouverneurs de Chinon.* — Bascle (le), 108 ; Chesne (du), 262: Chesneau (Frédéric et François du), 263 ; Com-

*Capitaine-gouverneur de Rochecorbon.* — Maillé (de), 605.

*Capitaines-gouverneurs de Tours et du château de Tours.* — Charles l'Abbé, 47; A. d'Andigné, 62; P. d'Avoir, 89; L. Balbis Berton de Crillon, 95; J. de Bar, 96; Beauvais (de), 118; Beauvilliers (de), 119; Binet, 143; Bueil (de), 206; Champagne (de), 236; Collin de la Touche, 283; Coningham (de), 285; Courseulle (de), 300; Douglas, 327; Estrades (d'), 349; Forez (de) 369; Forget, 370; Harcourt (d'), 458; Hossard, 474; Meingre dit Boucicault (le), 650; Mouy (de), 698; Pelle (du), 742; Pellieu, 744; Perret, 749; Plessis (du), 773; Rochechouart (de), 842; Rohan (de), 855; Trousseau, 991; Villette (de), 1029.

*Capitaines-maîtres des eaux et forêts de Châteaurenault.* — Chasteigner, 247; Fenouillet, 357.

*Carmélites, à Tours* (Les religieuses), 979.

*Carmes, à Tours* (Les religieux), 979.

*Cellerier de Marmoutier.* — Bonnet, 160.

*Chanceliers de l'église de Tours.* — A. d'Averton, 88; Barrière, 107; Charton, 245; Colombel, 284; Cugnac (de), 313; Durand de Missy, 337; Eveillard, 350; Forget, 370; Givry de Saint-Cyr, 421; Guernalec de Keransquer (le), 444; Houdry, 475; Martin, 636; Mellay (de), 650: Michon (N. et Jacques), 661; Roy (Le), 867; Savary, 904; Tavernier, 946; Versailles (de), 1019.

*Chanceliers de Saint-Martin de Tours.* — Sainte-Maure (de), 876; Tessereau, 950.

*Chanoines de Notre-Dame et Saint-Florentin d'Amboise.* — Chambellan, 234; Cormier, 290; Langlois (Michel), 518; Langlois (Michel et Jean-Baptiste), 519; Le Royer de la Sauvagère, 566; Lhomme de la Pinsonnière, 574; Lugré (de), 598; Montfrebœuf (de), 678; Pellerin de Gauville (le), 742; Quirit de Coulaines, 810; Rocherot, 849; Royer, 868.

*Chanoines de Candes.* — L. Baret de Rouvray, 102; Picault de la Ferrandière, 758.

*Chanoines de la Sainte-Chapelle de Champigny.* — Droüin, 329; Phelippon du Plessis, 757.

*Chanoines de Chinon.* — G.-F. Arvers, 763; Bernard, 133; Bouin de Noiré, 167; Le Breton (Joseph-Philippe et J.-C.-F.), 534; Le Riche, 565; Mangot, 615; Renault, 823.

*Chanoines de Langeais.* — Pallu, 724; Préaux (de), 792.

*Chanoines de la Collégiale de Loches.* — Menou (de), 654; Quinemont (de), 807.

*Chanoines du Plessis-les-Tours.* — F. Bardon, 100 ; Houdan des Landes, 475.

*Chanoines de Saint-Côme-les-Tours.* — Marquet, 629 ; Orceau, 717 ; Seguin, 913.

*Chanoines de Saint-Venant, à Tours.* — Dusoul, 340 ; Robin, 839.

*Chanoines de l'Église de Tours.* —André, Gilbert, César et Guy d'Amboise, 59 ; Anguille, 64 ; C. Archambault, 69 ; N. d'Argouges, 71 ; L.-P. Audebert, 83 ; A. d'Averton, 88 ; H. d'Azay, 91 ; Barat de Villiers, 97 ; C. Barentin, 101 ; Barre (de la), 106 ; Barrière (Girard et Guillaume), 107 ; Baudoyn, 110 ; Beaufils, 113 ; Beaufort (de), 113 ; Beaumont de Junies (de), 115 ; Beauregard (de), 116 ; Bécasseau, 120 ; Bédacier, 122 ; Bellanger, 123 ; Bellegarde (de), 124 ; Bellegarde de St-Germain (Philippe et Ulysse de), 125 ; Benoît de la Grandière, 130 ; Bernard, 133 ; Betz (de), 140 ; Bienassis, 141 ; Binet (Guillaume et Jean), 143 ; Blanche, 144 ; Boisgautier, 153 ; Bonhalle (Jean et Jacques), 157 ; Bonault, 163 ; Bouet, 165 ; Boullay, 168 ; Bourbon (de), 169 ; Bourgueil (de), 175 ; Bouru, 177 ; Boutault (Jacques et Gilles), 177 ; Bouthillier (A.-Jean et Denis-François de), 179 ; Boynet de la Fremaudière (de), 181 ; Breuil (du), 186 ; Brulart, 200 ; Brunet, 202 ; Cador, 212 ; Camus (le), 214 ; Carvoisin (de), 221 ; Chaillon, Chailly, Chalopin, 232 ; Charton, 245 ; Clugny (de), 278 ; Colombel, 284 ; Constantin, 286 ; Cottereau (Claude, F.-Jacques et Michel), 295 ; Croix (de la), 309 ; Cugnac (de), 313 ; Daguindeau, 316 ; Descartes, 322 ; Desprez, 324 ; Donnet, 325 ; Douineau, 327 ; Doyen (le), 328 ; Dubois, Dubois de Montmoreau, 330 ; Dudoit, 334 ; Durand de Missy, 337 ; Duvau, 341 ; Eveillard, 350 ; Ferrand, 358 ; Fontaine, 366 ; Fontenay (de), 368 ; Forget (deux membres de la famille), 370 ; Fortin (de), 371 ; Freslon, 383 ; Fumée (Lucas, Christophe et René), 387 ; Fuzelier (le), 387 ; Galland, 392 ; Gans (de), 395 ; Garnier de Vineuil, Garnier, 397 ; Gaudin, 401 ; Geffrion, 410 ; Girolet, 419 ; Givry de St-Cyr, 421 ; Graslin, 433 ; Guernalec de Keransquer (le), 444 ; Guiche (de la), 447 ; Harouard, 463 ; Hébert, 465 ; Hémon (de), 468 ; Houdry, 475 ; Vergne (de la), 480 ; Jaucourt (de), 488 ; Joret de la Sagerie, Jouan, 490 ; Laistre (de), 507 ; Lallemant, 508 ; Launay (de), 526 ; La Vergne (de), 530 ; Lefebvre, 547 ; Leforestier, 549 ; Le Houx, 556 ; Le Juge de Brassac, 557 ; Le Large d'Ervau, 558 ; Lenoncourt (de), 563 ; Le Peintre de Marigny, 564 ; Loisson, 582 ; Lombard de Bouvens, 582 ; Lopin, 588 ; Maan, 601 ; Macicault, 602 ; Mahé, 603 ; Maillé (de), 606 ; Martin, 636 ;

Mauny (de), 641; Mellay (de), 650; Menou (de), 654,
Michon, 661; Milon (Charles, Mathurin et N.), 662-63;
Mocet, 668, Moisant, 669; Montoire-Vendôme (de), 680-81;
Morlure, 688; Moulin (du), 692; Neddes (de), 704; Nemours
(de), 705; Noyers (de), 710; Orsin (d'), 722; Panais, 727; Pasquier, 736; Peguineau de Charentais, 741; Pelé, 742; Perrenay
(de), 749; Perthuis (de), 751; Petit, 754; Picault, 758; Poncher (Etienne), 781; Poncher (François et Etienne), 782;
Pont (du), 784; Préseau (Jean et Jean de), 793; Pressigny
(de), 876; Quinault, 806; Quinquet, 810; Regnault de Mazan, 819; Rieux (de), 834; Rigaud, 834; Robin, 839; Rocherot, 849; Roulleau de Mauléon, 864; Roullin (Maurice et
Christophe), 865; Roy (Le), 867; Royer, 867; Saché (de), 871;
Sain, 872; Salvert (de), 891; Savary, 904; Sigougné (de), 919;
Sorbière, 922; Soulas (J.-P.-A. et N.-O), 926; Sturbes (de),
929; Tavernier, 948; Travers, 987; Trevant (Daniel et
Claude de), 989; Turpin, 995; Verrier, 1019; Versailles
(de), 1019; Villebois (de), 1027; Villemart (de), 1028.

*Chanoines de Saint-Martin de Tours.*— d'Albis de Gissac, 54;
O.-M. Allaire, 56; Antoine, 68; Asselin-Royne, 77; J.
Aubin, 80; P. d'Azay, 91; Pierre et Jean-Charles Barat, 97;
N. Barguin, 103; Barrin de la Galissonnière, 107; Bassier,
109; Beaulieu (de), 114; Beaumont de Junies (de), 115;
Beaune (de), 116; Bègue de Magnanville (Le), 123; Belot,
127; Bernin de Valentinay, Berrie (de), 134; Berthelot, 136;
Bigot, 142; Bonault, 163; Bouchet (du), 164; Bragelogne
(Amaury, Aymery et Martin de), 182; Breslay, 184; Bri-
çonnet, 187; Brion (de), 191; Brussy (de), 205; Chalopin
(Pierre et François), 233; Chappes (de), Chapt de Rastignac,
240; Charpentier, 244; Cherouvrier, 261; Chesneau (du),
263: Chotard, 271; Clavier, 274; Clugny (de), 278; Collin,
284; Coste de Grandmaison, 294; Cottereau, 295; Coudreau,
297; Courtin, 301; Cremière, 306; Dagier des Mares, 315;
Dallonneau, 316; Dauphin (L. et N.), 319; Dodon, 325;
Drouin, 330; Champ (Martin, Jacques, Mathieu-Simon,
Jacques et François du), 332; Duperche, 335; Dusoul, 340;
Erbrée (d'), 344; Fallon, 353; Faultray (de), 354; Fave-
reau, 355; Feudrix de Baltancourt, 361; Forget, 370; Fortin
(de), 371; Galliczon (de), 393; Gastinel (de), 398; Gaudin,
401; Gaultier, 405; Gébert de Noyant (de), 409; Gervaise,
413; Gigault, 414; Gitton de la Ribellerie, 420; Godu, 422;
Goth (de), 424; Goullard (S. François et L. Joseph), 426;
Gréaulme (de), 436; Grippon, 440; Guédier (Robert, Louis
et Pierre), 442; Guénivault, 444; Guérineau, 444; Hébert,
465; Hubert, 476; Hubert (N.), 477; Jousseaume (de), 495;

*Chef du service télégraphique d'Indre-et-Loire.* — Lafollye (de), 504.

*Chevaliers-bannerets.* — Amboise (d'), 58 ; Anthenaise (d'), 67; Aspremont (d'), 77; Azay (d'), 91 ; Beauçay (de), 112; Bernezay (Pierre-Henri), 133; Blot (de), 146; Brenne (de) 184 ; Brizay (de), 193; Brosse (de), 196 ; Champagne (de), 206; Champchevrier (de), 237; Chasteigner, 247; Château-Meillant (de), 250 ; Chauvigny (de), 257; Chaourses (de), 272; Cluys (de), 278; Couhé (de), 298; Courtarvel (de), 300; Crouzilles (de), 310; Donjon (de), 325 ; Ferté (de la), 360; Fontenailles (de), 368; Freteval (de), 384; Godeschal, 422; Haimery, 456; Haye (de la), 463 ; Ile-Bouchard (de l'), 480; Jaille (de la), 485; Jaunay (de), 1068; Le Sage, 567 ; Lusignan (Geoffroy et Hugues de), 599; Marmande (de), 627; Mathefelon (Thibaud et Jouhel de), 639-1072; Mauléon (de), 644 ; Montsoreau (de), 682; Odart (Jean et Guillaume), 713; Palluau (de), 725; Payen (B. et G. de), 738 ; Perrenay (de), 749; Preuilly (Geoffroy IV et Eschivard V de), 794; Prunelé (de), 800; Quatrebarbes (de), 804; Ramefort (de), 813; Rideau, 833; Pressigny-Sainte-Maure, 876; Savary (Pierre et Geoffroy), 904; Sennebaud, 914; Surgères (de), 930 ; Turpin (Herbert et Guill.), 994-95.

*Chevaliers-croisés.* — Alluye (Hugues V, Jean et Hugues VI d'), 56; Aloigny (d'), 57; Amboise (d'), 58; Anjou (Foulques V et Richard d'), 65; Anthenaise (d'), 67 ; Argy (quatre membres de la maison d'), 72; Aspremont (Gaubert et Geoffroy d'), 77; Averton (Adrien, Louis et Geoffroy d'), 88 ; Beauçay (Guy et Hugues de), 112; Beaumont (Richard et Guillaume de), 115; Béraudière (de la), 130; Blois (Etienne et Thibaud de), 146; Bois-Béranger (du), 152; Boussay (de), 177; Bruc (de), 199 ; Bueil (de), 206; Cassaignes (de), 222; Chamaillart (Guillaume, Rolland et Raoul), 233; Champagne (de), 236; Champchevrier (de), 237; Chasteignier (Hugues, Gilbert et Thibault), 247; Chauvigny (André et Guill. de), 257; Chaourses (Patry, Payen et G. de), 272; Clément, 274; Courtarvel (Eudes et Geoffroy de), 300; Crevant (de), 307; Escotais (des), 345; Fontenailles (Rodolphe et Hugues de), 368; France (de), 380 ; Gans (de), 395; Goubert, 424 ; Grillemont (de), 440; Haye (de la), 463; Ile-Bouchard (Bouchard et Regnault de l'), 480; Jean I, Jean II et Aubert de la), 485; Maillé (cinq membres de la maison de), 605; Malmouche (de), 609; Marmande (de), 627; Mathefelon (de), 639 ; Mauléon (Savary et Raoul de), 644 ; Meingre (le), 650 ; Mello (de), 650; Mello (de), 651; Montfort (de), 678; Odart, 712; Palluau (Geoffroy I et Geoffroy II de), 725; Preuilly (de), 796; Prie (de), 798 ; Quatrebarbes (de), 804 ; Rat, 814 ; Rillé (Hubert et Ridel de), 835 ; Roches (des), 849 ; Saint-Mars (de), 883 ; Savary, 904 ; Sully (de), 930 ; Trousseau, 994 ; Turpin, 994 ; Ussé (d'), 997 ; Vimeur (de), 1032 ; Voyer (de), 1038.

*Chevaliers d'honneur aux bailliage et siége présidial de Tours.* — Le Gras de Sécheval (René I, Philibert, René II, René III et René IV), 553-54.

*Chevalier d'honneur au bureau des finances de Tours.* — Chauvereau, 256.

*Chirurgiens étuvistes de Loches* (les), 584.

*Chirurgiens, à Tours* (communauté des), 980.

*Ciergers, à Tours* (communauté des), 980.

*Collégiale de Saint-Mexme de Chinon,* 884.

*Collégiale du château de Loches* (la), 584.

*Collégiale de Montrésor* (la), 681.

*Colonels de la garde nationale de Tours.* — Quinemont (de), 809 ; Sain de Boislecomte, 873.

*Commandant de la garde nationale de Bléré.* — Haren, 462.

*Commandant de l'arrière-ban de Touraine.* — Coningham (de), 286.

*Commandant du ban et arrière-ban de Touraine.* — Malherbe de Poillé, 609.

*Commandant du ban de la noblesse.* — Harembure (d'), 460.

*Commandeurs d'Amboise.* — C.-F. d'Arsac, 74 ; Bessay (de), 138 ; Bremond de Vernou (de), 183 ; Chenu-Bas-Plessis, 259 ; Chilleau (du), 268 ; Gitons de Baronnières, 420 ; Machault (de), 602 ; Maillé de la Tour-Landry (de), 606 ; Nuchèze (de), 714 ; Saint-Gelais-Lusignan (de), 879 ; Viault, 1024 ; Voyer (de), 1039.

*Commandeurs de Ballan.* — Barre (de la), 106 ; Brissac (de), 190 ; Chambes (de), 234 ; Chesnel de Meux, 264 ; Duchesne de Saint-Léger, 333 ; Escotais de Chantilly (des), 345 ; Isoré, 484 ; Lepetit, 564 ; Nuchèze (de), 710 ; Pelloquin, 745 ; Raity de Vitré (de), 843 ; Saint-Simon (de), 886 ; Teillé (de), 948.

*Commandeurs de la Chastre-aux-Grolles.* — Lingier de Saint-Sulpice, 579 ; Sallo de Sémagne (de), 889.

*Commandeurs de la Feuillée.* — Freslon de la Freslonnière, 383 ; Neddes (de), 704.

*Commandeurs de Frelay.* — Boussay (de), 177; Brossin de Messars, 198; Cluys (de), 278; Isoré, 484; Lesmerie de Lucé, 568; Lingier de Saint-Sulpice, 579; Martel (de), 635; Naillac (de), 700; Pelloquin, 745; Rochefoucauld (de la), 844; Sallo de Sémagne (de), 889; Séjourné (François et Mathurin), 914; Villedon de Sanxay (de), 1027; Voyer de Paulmy (de), 1039.

*Commandeurs de Gast.* — J. Baillehache, 93.

*Commandeurs de l'Ile-Bouchard.* — J. Arnaud, 74; Brilhac (de), 190; Chambes (de), 234; Chesne (du), 262; Darrot de la Poupelinière, 318; Jacob de Tigné, 484; Martel (de), 635; Marvilleau, 637; Meaussé (de), 649; Montecler (de), 676; Petit de la Guerche, 754; Rochefoucauld (de la), 845; Saint-Gelais-Lusignan (de), 879; Terves (de), 950; Tranchelion (de), 986; Vivonne (de), 1035.

*Commandeurs de la Rivière.* — Brisson, 192; Neddes (de), 704.

*Commandeurs de Villejésus.* — Chambes (de), 234; Chouppes (de), 271; Lesmerie de Lucé, 568; Lingier de Saint-Sulpice, 579; Marvilleau, 637; Sesmaisons (de), 915; Vieulx (de), 1022.

*Commissaire aux revues, à Bléré.* — Lacordaise (de), 503.

*Commissaire aux revues et logements des gens de guerre, à Loches.* — Buisson, 207.

*Commis de l'audience de la chancellerie présidiale de Tours.* — Graslin, 433.

*Commissaire départi dans la généralité de Tours.* — Le Clerc de Lesseville, 543.

*Commissaire du roi en Touraine.* — Moucy (de), 692.

*Commissaire du roi pour la réformation des forêts de France, en Touraine, Anjou et Maine.* — Le Féron, 357.

*Commissaire du roi, prévôt provincial de Touraine.* — Picault de la Ferrandière, 758.

*Commissaire du roi, à Tours, pour le paiement des Aides.* — Marle (de), 626.

*Commis ès-exemptions de Touraine.* — Négron (de), 705.

*Commissaire examinateur au bailliage de Chinon.* — Perrault d'Epaisses, 748.

*Commissaire examinateur au bailliage de Tours.* — Nau, 702.

*Commissaires généraux aux saisies réelles du bailliage de Tours.* — Bourassé (Toussaint et Gilles), 468.

*Commissaire général député pour le règlement des tailles. —* Bragelogne (de), 182.

*Commissaire ordonnateur à Tours. —* Mallevaud (de), 644.

*Commissaire vérificateur du grenier à sel de Chinon. —* Bonnette, 161.

*Commissaires des guerres à Tours. —* Boireau (de), 151; Fay de Peyraud (de), 355; Riencourt (de), 833; Routy du Bois, 866; Salis de Chesnais, 888.

*Confiseurs à Tours (communauté des),* 984

*Conseillers au bailliage et siège présidial de Tours. —* Aubry (Gilles, Léonor, Joseph et J.-O.), 81; M. Augéard, 83; J. Baret, 102; Barre (de la), 106; Benoît de la Grandière, 129; Besnard, 138; Billault, 143; Bourassé, 168; Bourru (Hélie et René), 176; Boutet (Jacques, Etienne et Claude), 178; Bruley, 200; Brussy (de), 205; Bruges, 209; Carré (Bernard et René-Robert), 218; Chalinet, 232; Chauvereau, 256; Chavanne, 258; Chesnaye, 261; Compain, 285; Cop (de), 288; Daguindeau, 315; Desloges (François et Thomas), 323; Dubois (330); Fredureau, 383; Galland, 392; Gardette, 396; Gasnay (Claude et Charles), 397-98; Gatien, 400; Gaudin, 401; Goyet des Hayes, 429; Hubert, 476; Jouan, 490; Lambron (Martin Chaslus, dit), 509; Laurencin, 527; Marteau de Moncontour, 631; Morin, 686; Pallu, 724; Paris (Henri et Charles), 735; Rabache, 811; Restru, 826; Robichon, 837; Roche de la Ribellerie (de la), 844; Royer, 868; Sain de Boislecomte, 872; Seguin de la Boissière, 913.

*Conseiller au bailliage d'Amboise. —* Tournyer, 975.

*Conseiller au bailliage de Loches. —* Le Roux de la Pinardière, 566.

*Conseiller au grenier à sel de Richelieu. —* Poirier, 1073.

*Conseillers du roi à Chinon. —* Cougny (A.-P. et Antoine de), 297; Daguindeau, 315; Drouin, 329; Perrault d'Epaisse, 748; Renault (Philippe, François et Jean-Louis), 823; Torterue (Joseph et Pierre-J.), 965.

*Conseiller du roi à Tours. —* Hacqueville (de), 456.

*Conseiller du roi en l'hôtel de ville de Tours. —* Moisant, 669; Tardif, 941.

*Conseiller du roi en la prévôté de Tours. —* Souchay, 924.

*Conseillers du roi en l'élection de Richelieu. —* Torterue, 965; Lambert, 1069.

*Conseillers-généraux d'Indre-et-Loire. —* C.-E. Baret de Rouvray, 103; Bridieu (de), 189; Bruley, 200; Contades-Gizeux (de), 287; Croy-Chanel de Hongrie (de), 311; Fla-

*Contrôleur et receveur des consignations, à Tours.* — La Fond (de), 504.

*Contrôleurs généraux des domaines et finances.* — Gatian de Clérambault (François et Fr.-Jean), 399.

*Contrôleurs généraux des finances de la généralité de Tours.* — H. Aubriot, 81; Bourdin, 174; Boutault, 177; Chalopin, 232; Cormier, 290; Girardin, 419; Luez (de), 597.

*Contrôleur général des forêts de France, en Touraine, Anjou et Maine.* — Haincque de Boissy, 456.

*Contrôleur général des tailles de la généralité de Tours.* — Lhuillier, 575.

*Cordonniers et savetiers de Loudun,* 594.

*Corroyeurs, à Tours* (communauté des), 980.

*Cour du roi, à Tours,* 977.

*Cour temporelle du chapitre de Tours,* 979.

*Couvreurs, à Tours* (communauté des), 980.

*Députés de la noblesse aux Etats généraux.*— R. d'Argy, 72; d'Haremburc, 464; Menou (de), 654; Savary de Lancosme, 905-6.

*Députés de la noblesse aux Etats de Blois.* — Brossin (de), 197; Château-Chalons (de), 249.

*Député du tiers-état* (1789). — Gaultier, 406.

*Députés à l'Assemblée du clergé de France.* — De Villedon, 1027.

*Députés d'Indre-et-Loire.* — C.-R. Bacot, 92; Bruley, 200; Flavigny (de), 364; Goüin, 425; Ornano (d'), 724; Richemont (de), 731; Quinemont (de), 810; St-Martin (de), 883; Taschereau, 943.

*Directeurs des Aides.* — Laisné, 505; Quinquet, 810; Vigier des Suires, 1023.

*Directeur des droits réunis, à Tours.* — Vauzelles (de), 1009.

*Directeur de l'enregistrement et des domaines, à Tours.* — Febvotte, 356.

*Doyens de l'Église de Tours.* — G.-J. d'Abzac, 48; J. d'Argouges, 71; P. Artaud, 75; P.-O. d'Aydie de Ribérac. 89; C. de Balsac, 95; Beaune (Jacques et Martin), 116; Belin, 123; Berruyer, 135; Besnard de Rezay, 138; Bohier (Thomas et François), 150; Bonneval (de), 161; Château-Chalons (de), 251; Châteaudun (de), 252; Signoret, 272; Convers, 287; Daillon (de), 346; Du Cluzel, 333; Faye (de), 356;

*Lieutenant du roi à Beaulieu.* — Guesbin de Rassay, 445.

*Lieutenants du roi à Amboise.* — La Baume le Blanc (François, Laurent et M. H. de), 502, Maillé (de), 606.

*Lieutenants de roi des ville et château de Loches.* — Boutillon (de), 179 ; Guesbin de Rassay (C. et L. M. R.), 445.

*Lieutenants des chasses d'Amboise et de Montrichard.* — Lerette (de), 565 ; Ligot (de), 579.

*Lieutenant des eaux et forêts d'Amboise.* — Tournyer, 974.

*Lieutenants des eaux et forêts à Chinon.* — Dusoul (A. et L.), 340.

*Lieutenants des maréchaux de France.* — Cantineau de Commacre, 216 ; — Caux de Chassé (M. A. et A. H. de), 226 ; Cocherel (de), 279 ; Gigault et Gigault de Bellefonds, 414 ; Le Comte, 545 ; Le Gras de Sécheval, 554 ; Le Pellerin de Beauvais, 564 ; Mallevaud (de), 611 ; Marcé (L. H. F. et L. H. F. de), 649 ; Mondion (de), 670 ; Nogerée (de), 708 ; Passac (de), 736 ; Sain des Arpentis (de), 872 ; Martel de Magesse, 633 ; Vivier (Becquet du) 121.

*Lieutenants du bailli de Touraine.* — P. Balaguet, 95 ; Bernard, 132 ; Berthelot, 136 ; Bonhalle (de), 157 ; Dreux (de), 328 ; Epine (de l'), 344 ; Fermant, 357 ; Hamelin, 457 ; Pellieu, 744 ; Sohier, 921 ; Tousche (de la), 986 ;

*Lieutenant du château de Marmande.* — Gréaulme (de), 436.

*Lieutenant du duché-pairie de Choiseul-Amboise.* — A. Amyot, 61.

*Lieutenant du maire de Bléré.* — Lacordaise (de), 503.

*Lieutenant du roi à Chinon.* — Pallu, 724.

*Lieutenants du roi au bailliage de Loches.* — L. de Barberin, 99 ; J. Baret, 102 ; Boucher de Flogny, 164 ; Braque (de), 182 ; Dangé d'Orsay, 317.

*Lieutenants du roi en Touraine.* — Le Meingre, dit Boucicault, 650 ; Ponts (des), 784 ; Préaux (de), 792 ; Sancerre (de), 892.

*Lieutenant du roi, à Tours.* — Lalive, 508.

*Lieutenant en la capitainerie du Plessis-les-Tours.* — Le Blanc, 501.

*Lieutenants en l'élection d'Amboise.* — Chesnon, 264 ; Tournyer (Claude et Claude), 973-74.

*Lieutenant en l'élection et grenier à sel de Chinon* — Jouslin, 496.

*Lieutenants-généraux au gouvernement de Touraine.* — G. l'Archevêque, 70 ; F. de l'Aubespine, 78 ; Beaumont (de), 115 ; Bellay (du), 124 ; Bohier, 150 ; Bois (du), 153 ; Bretagne (de), 185 ; Brichanteau (de), 187 ; Bueil (Jean III, Jean IV et Jean V de), 206 ; Bueil (de), 207 ; Catinat, 225, Champagne (de), 236-37 ; Chatre (de la), 253 ; Clermont de Nesle (de), 277 ; Coeffier, 280 ; Craon (Guill. et Amaury de), 305 ; Forez (de), 369 ; Gassion (de), 398 ; Guenand (de), 443 ; Harcourt (d'), 458, Isoré d'Hervault (Georges et René), 484 ; Laval (de), 528 ; Meingre, dit Boucicault (le), 650 ; Montberon (de), 676 ; Orléans (François I et François d'), 719 ; Prie (Edme et René de), 799 ; Voyer de Paulmy (de), 1040 ; Razilly (G. M. G. et Isaac de), 816.

*Lieutenants-généraux aux bailliage et siège présidial de Tours.* — J. O. Aubry, 81 ; Bernard, 132 ; Bigot, 142 ; Bouin de Noiré, 166 ; Catinat, 225 ; Cormier de la Picardière, 290 ; Falaiseau, 352 ; Gardette, 396 ; Gatien de Taillé, 399 ; Jousselin, 495 ; Le Clerc, 541 ; Le Coustelier, 546 ; Mathé, 639 ; Nau, 702 ; Nau, 703 ; Patas, 737 ; Sireau, 920 ; Valleteau de Chabrefy, 1,000 ; Verger (du), 1013.

*Lieutenant-particulier des eaux et forêts d'Amboise et de Montrichard.* — Cormier, 290.

*Lieutenant-particulier au siége de Chinon.* — Barre (de la), 106 ; Bridonneau, 190 ; Le Breton, 534 ; Pichereau de Geffrut, 758.

*Lieutenants-particuliers au bailliage de Loches.* — Coudray (du), 296.

*Lieutenant-particulier du duché-pairie de Richelieu.* — Torterüe, 965.

*Lieutenant-particulier de Touraine.* — Joubert, 490.

*Lieutenant-particulier en l'élection de Tours.* — Bécasseau, 120.

*Lieutenants particuliers au bailliage et siége présidial de Tours.* — Gaulepied, 402 ; Le Clerc, 541 ; Papillon, 732 ; Patas, 737 ; Pecquineau, 741 ; Petiteau, 755 ; Ragueneau, 812 ; Restru, 826, Rogier (Calais et Jean), 853 ; Taschereau (Jean et Antoine), 942 ; Travers, 987.

*Lieutenant-sénéchal de Champigny.* — Voisine, 1035-36.

*Maçons, à Tours* (Communauté des), 981.

*Magistrat enquêteur au bailliage de Touraine.* — Trevant (de), 989.

*Maires d'Amboise.* — Boyneau (de), 180 ; Cormier de la Picardière, 290 ; Deodau, 321 ; Duruau (deux membres de la

famille), 339; Ferrand, 359; Gaillard (François, Denis et
Henri), 389-90; Hémery (d'), 468; Le Beau, 531; Rochais
(Pierre et Louis), 840; Rocherot, 848; Rouer. 862; Saint-
Martin (Cl.-F. et L.-Cl. de), 883; Tournyer, 974.

*Maire d'Auzouer.* — Pierre de Frémeur (de la), 761.

*Maire de Bourgueil.* — Dusoul, 341.

*Maire de la Celle-St-Avant.* — Reverend, 829.

*Maire de Chambray.* — Tassin de Nonneville, 944.

*Maire de Champigny-sur-Veude.* — Lomeron (de), 584.

*Maire de Chançay.* — Valleteau de Chabrefy, 1001.

*Maire de Chavaignes.* — Torterüe de la Cour, 965.

*Maire de Chemillé-sur-Indrois.* — Perillault de Chambeaudrie, 747.

*Maire de Chinon.* — Perrault de l'Epaisse, 748.

*Maire de Chisseaux.* — Reverdy, 827.

*Maire de Civray-sur-Cher.* — Lhomme de la Pinsonnière,
675.

*Maire de Joué-les-Tours.* — Colas de la Noue, 282.

*Maires de la Haye.* — Brissac (de), 192; Charcellay, 192.

*Maire de Lerné.* — Gatian de Clérembault, 399.

*Maires de Loches.* — Loulet, 594; Quantin, 804.

*Maire de Louestault.* — Martel (de), 634.

*Maire de Nazelles.* — Langlois (de), 520.

*Maire de Neuillé-Pont-Pierre.* — Chicoyneau de Lavalette,
265.

*Maire de Preuilly.* — Bardouille de la Lande, 101.

*Maires de Richelieu.* — Torterüe (J.-R. et Louis), 965.

*Maire de Sazilly.* — Torterüe de Sazilly, 966.

*Maire de St-Avertin.* — Richemont (de), 734.

*Maire de St-Martin-le-Beau.* — Scourion de Beaufort, 912.

*Maire de St-Paterne.* — Sarcé (de), 897.

*Maire de St-Symphorien.* — Palustre, 727.

*Maire du Serrain.* — Gaultier de la Loge, 406.

*Maires de Tours.* — Martin et Nicolas d'Argouges, 71; Joseph-
Jean Aubry, 81; J.-J. Aubry, 82; L.-R. Auvray, 86; P.
Aveline, 87; P. Babou, 92; M. Banchereau, 96; Barre (de
la), 106; Barré, 106; Beaune (Jean, Guillaume et Jacques

*Membres du Conseil d'arrondissement de Loches.* — Perillault de Chambeaudrie, 747 ; Villain de l'Etang, 743.

*Menuisiers, à Tours* (communauté des), 982.

*Merciers, à Tours* (communauté des), 981-82.

*Minimes de Plessis-les-Tours* (les), 775.

*Minimes de Tours* (les), 979.

*Monnayers de la Monnaie de Tours.* — Dugué, 334 ; Perret, 749 ; Petiot de Laluisant, 753.

*Notaire à Rochecorbon.* — Cormier, 291.

*Notaires de Chinon* (les), 269.

*Notaires royaux, à Tours* (les), 978.

*Officiers de la Monnaie de Tours.* — Carré, 218 ; Dugué, 334 ;

*Officier-ajusteur à la Monnaie de Tours.* — Petiot de Laluisant, 743.

*Officiers de la baronnie de Preuilly* (les), 796.

*Officier de l'élection de Chinon.* — Mestayer de la Pinalière, 1073.

*Officiers du grenier à sel de Preuilly* (les), 796.

*Officiers municipaux de Richelieu* (les), 832.

*Oratoire, à Tours* (communauté des Pères de l'), 979.

*Orfèvres, à Tours* (communauté des), 982.

*Ouvriers en bois, à Loches* (communauté des), 581.

*Ouvriers en soie, à Tours* (communauté des), 981-82.

*Passementiers, à Tours* (les), 982.

*Pâtissiers, à Tours* (les), 982.

*Perruquiers, à Tours* (les), 980.

*Potiers d'étain, à Tours* (les), 982.

*Préfets d'Indre-et-Loire.* — C. R. Bacot, 92 ; Godeau d'Entraigues, 422 ; Graham, 430 ; Hersant-Destouches, 472 ; Kergariou (de), 500 ; Lambert, 509 ; Juigné (de), 542 ; Miramon (de), 664 ; Pommereul (de), 780 ; Pougeard du Limbert, 787 ; Sivry (de), 928 ; Tassin de Nonneville, 945 ; Waters (de), 1044.

*Présidents au bailliage et siége présidial de Tours.* — Bernin, 134 ; Bouin de Noiré, 166-67 ; Cottereau (César, Gilles et G. Bertrand), 295 ; Gardette, 396 ; Gaultier, 405 ; Souart du Boulay, 923-24 ; Touchelée, 969.

*Présidents au bureau des finances de Tours.* — Joseph, Joseph-Jean et Joseph-Robert Aubry, 81; Aubry, 82; Rocher (Pierre et François), 848.

*Président au grenier à sel d'Amboise.* — Marchant de Verrières, 620.

*Présidents au grenier à sel de Chinon.* — Daguindeau, 315; Le Breton de la Bonnelière, 534.

*Président au grenier à sel de la Haye.* — Dupont, 337.

*Président au grenier à sel de Montrichard.* — Haren, 462.

*Président au grenier à sel de Neuvy-Roi.* — Marchesné, 624.

*Président au grenier à sel de Preuilly.* — Piozet, 767.

*Président au grenier à sel de Richelieu.* — Poirier, 778.

*Présidents au grenier à sel de Ste-Maure.* — Tourneporte (René et René-Pierre), 971.

*Présidents au siége royal d'Amboise.* — Cormier, 290; Ferrand, 359.

*Présidents au siége royal de Chinon.* — Boisard, 152; Chesnon, 264.

*Président de la prévôté de Tours.* — Souart du Boulay, 924.

*Présidents en l'élection d'Amboise.* — Tournyer (quatre membres de la famille), 974-75.

*Président en l'élection de Chinon.* — Bridonneau, 190; Le Nain, 562.

*Présidents en l'élection de Loches.* — Nau de Noizay (Pierre-Louis et J. P. F.), 703.

*Présidents en l'élection de Richelieu.* — Poirier (quatre membres de la famille), 778; Torterüe (trois membres de la famille), 965.

*Président de la chambre des Comptes, à Tours.* — Court, 302.

*Président de l'élection de Tours.* — Chesnon, 264; Foulques des Vallées, 376.

*Président du collége électoral d'Indre-et-Loire.* — Dejean, 320, Orillard, 718.

*Président du tribunal de Chinon.* — Renault de Bellevue, 966.

*Président du tribunal civil de Loches.* — Gaultier de la Ferrière, 407.

*Présidents du tribunal civil de Tours.* — Colas des Francs, 282; Gaullier de la Celle, 403; Gaultier, 406.

*Prieurs de Chinon.* — Chamborant (de), 235 ; Martellière (dela), 635.

*Prieur de Chissay.* — Isoré, 484.

*Prieur de Cigogné.* — Dumousset, 335.

*Prieur de Cinq-Mars.* — Troyes (de), 992.

*Prieur de la Clarté-Dieu.* — Espéron, 346.

*Prieurs de Cormery* — L.-J. Auffret, 83 ; Buisson, 207 ; Deodeau, 321 ; Guast (du), 442 ; Le Gouz, 553 ; Lelièvre, 559 ; Navières, 704 ; Périon, 748 ; Perret, 749 ; Quinquet, 810 ; Raynier, 815 ; Saulnier, 902.

*Prieur de Fontaines-les-Blanches.* — Giry, 420.

*Prieurs de Grandmont-les-Chinon.* — Guiot de Montsérand, 452 ; Mauléon (de), 641.

*Prieurs de Grandmont-les-Tours.* — Beaune (de), 116 ; Choart de Buzenval, 269.

*Prieur de la Guerche.* — G. Ancelon, 61.

*Prieurs de Marmoutier.* — Villeblanche (de), 1027 ; Audren de Kerdrel, 1050.

*Prieur de Nanteuil.* — Rochefoucault (de la), 845.

*Prieur de Pommiers-Aigres.* — Beauvau (de), 118.

*Prieurs de l'abbaye de Preuilly.* — Guiton, 452 ; Lossendière (de), 593 ; Menou (René et Édmond de), 654.

*Prieurs de St-Antoine-de-Nau-l'Abbé.* — Voyer (Claude et Jacques de), 1039.

*Prieurs de St-Côme.* — Roches (des), 854 ; Boulard (Charles et Pierre), 856-57.

*Prieur de St-Florentin d'Amboise.* — Amboise (d'), 58.

*Prieur de St-Gilles de l'Ile-Bouchard.* — Torterüe, 965.

*Prieurs de St-Jacques-de-la-Lande.* — Voyer (Claude et Jacques de), 1039.

*Prieurs de St-Jean-des-Grez.* — Chambellan, 234 ; Coningham (de), 286 ; Roullin, 865-82.

*Prieur de St-Louans.* — Le Riche, 565.

*Prieur de St-Michel-sur-Loire.* — Roches-Jarret (des), 851.

*Prieurs de St-Martin de Tours.* — Chotard, 270 ; Faultray (du), 354.

*Prieur de St-Paul d'Arçay.* — Grimaudet de Motheux (de) 440.

*Prieurs de St-Thomas d'Amboise.* — Chesneau (du), 263; Florette(de), 365.

*Prieurs de Tauxigny.* — Billy (de), 143 ; Ronsard, 857.

*Prieur de Vontes.* — Montholon (de), 670.

*Prieurs de Vou.* — Voyer (Claude et Jacques de), 1039.

*Prieure de Beaumont-les-Tours.* — Royrand (de), 868.

*Prieures de la Bourdillière.* — Menou (Catherine, Catherine de), 655.

*Prieures des Dames de Viantais, à Loches.* — Menou (Marie-Louise et Fr.-Marguerite de), 655.

*Prieure des Carmélites, à Tours.* — M.-R. d'Augustin, 84.

*Prieures de Moncé.* — C. d'Aspremont, 77; Commiers (de), 284; Craon (de), 306; Gay (le), 408; Grosbois (de), 441; Guenand (de), 444; Lavardin (de), 529 ; Pont-Levoy (de), 784.

*Prieures de Rives.* — Baudoyn, 110; Beauçay (de), 112; Beaumont (de), 115; Bourgoin, 175; Brodeau, 195; Broglie (de), 195; Brossin (de), 197; Burgensis, 209; Chambon (de), 235; Fresne (de), 383; Guenand (de), 443; Mons (de), 672; Ribault, 830; Roy (le), 867; Sancerre (de), 892; Villeblanche (de), 1026;

*Prieuré de la Bordière* (le), 1056.

*Prieuré de Crouzilles* (le), 1063;

*Prieuré de la Grimaudière* (le), 1066.

*Prieuré de Parçay* (le), 734.

*Prieuré de St-Vincent de Tours* (le), 887.

*Procureurs, à Amboise* (les), 59.

*Procureurs, à Loches* (communauté des), 581.

*Procureur à l'Ile-Bouchard.* — J. Arvers, 76.

*Procureur au bailliage d'Amboise.* — Gaillard, 390.

*Procureurs au bailliage de Loches.* — Charcellay de Bors, 241-42; Lasneau, 526.

*Procureurs au bailliage et siége présidial de Tours.* — Boutin, 180; Burdelot, 208; Souchay, 924, 418; Gaullier de la Celle, 402-3; Reverdy, 826; St-Martin (de), 883-84.

*Procureurs au bureau des finances de Tours.* — J.-M. Augéard, 83; Dauphin, 319; Rogier, 331; Casse (du), 331; Mignon, 664; Milon, 663; Rogier, 853.

*Procureur au grenier à sel d'Amboise.* — Tournyer, 975.

*Sénéchal du duché-pairie de Richelieu.* — Citoys, 273.

*Sénéchal de la prévôté d'Anjou* (Église de St-Martin de Tours).
— Dupin, 336.

*Sénéchaux du duché-pairie de Château-la-Vallière.* — Gaultier,
406 ; Godeau de la Douve, 424 ; Roulleau, 864.

*Sénéchaux de l'Ile-Bouchard.* — Gilbert de Vautibault, 415 ;
Mestayer, 1072

*Sénéchaux de Touraine.* — Amboise (d'), 58 ; P. d'Avoir, 89 ;
Beauveau (Marie, Jean, Guillaume, Pierre, Louis, Jean et
Bertrand de), 118 ; Blo (de), 146 ; Brion (de), 492 ; Clisson
(de), 278 ; Craon (six membres de la maison de), 305 ; Gallardon (de), 393 ; Harcourt (d'), 458 ; Loges (des), 581 ; Lorraine
(de), 589 ; Marçay (de), 630 ; Mondot de la Marthonie, 671 ;
Rochefort (de), 845 ; Roches (des), 849.

*Serruriers, à Tours* (communauté des), 982.

*Sous-bailli de Tours.* — Chevreuse (de), 265.

*Sous-doyen du Chapitre d'Amboise.* — Langlois (de), 519.

*Sous-doyen de St-Martin de Tours.* — Hallé, 457.

*Sous-Préfet de Loches.* — Beaupoil de St-Aulaire, 116.

*Subdélégués de l'intendant de la généralité de Tours.* — Char-
cellay de Bors, 241 ; Cossin, 293 : Cullère, 314 ; Jahan, 485 ;
Mocet du Buisson, 665 ; Nau de Noizay, 703 ; Restru 1074 ;
Tournyer (Nicolas, François, Nicolas et Nicolas), 975.

*Subdélégué des maréchaux de France, à Tours.* — Chauveron,
257.

*Substituts du procureur du roi au bailliage de Tours.* — Souchay, 924 ; Tuillier, 993

*Supérieures de l'Union chrétienne, à Tours.* — Bellère (de),
125 ; Massougne (de), 639.

*Suppléant du juge de paix d'Amboise.* — Tournyer, 976.

*Syndic du clergé et de la noblesse de la généralité de Tours.*
— Béraudière (de la), 131.

*Tailleurs, à Tours* (communauté des), 983.

*Tanneurs, à Chinon* (les), 269.

*Tanneurs, à Tours* (les), 984.

*Tapissiers, à Tours* (les), 983.

*Teinturiers en grand et petit teint, à Tours* (les), 983.

*Teinturiers en soie, à Tours* (les), 983.

*Trésoriers de la collégiale de Mézières-en-Brenne.* — Maraffin (de), 615; Voyer (de), 1039.

*Trésoriers de France, à Tours.* — Bernard, François et Charles Abraham, 48; G. Anguille, 64; R. Aveline, 87; Claude et Claude-François Barbe. 99, 1052; Barre (de La), 105; Bellanger, 124; Bellocier, 126; Bérard, 130; Chartier de Montléger, 139; Bigot, 142; Borderel de Caumont, 161; Bouet, 165; Brochet des Jouvances, 194; Bruley, 200; Bugarel, 207; Butin, 211; Cantineau, 216; Cassin (René-Alexis, René-Pierre et Etienne-Marie), 222; Cazet, 227; Chabert de Praille, 231; Chapelot, 239; Charpentier, 244; Charron, 244; Chartier de Montléger (Louis et Louis-François-Claude). 244-45, Chaspoux, 245; Chat (le), 250; Chauveau, 255; Chauvereau, 256; Chauvin, 257; Cherreau de la Bouilloire, 261; Chesneau (du), 263; Chouet, 271; 'Cop (René-Pierre et Jean de), 288; Coste de Grandmaison, 294; Cottereau, 295; Coudreau, 296; Déserts (des). 322; Desloges, 323; Douineau (Gilles et P.-O.-M.), 327; Duvau, 342; Egrot (Léon-Abraham et A.-J.), 343; Faultray, 354; Fleury, 365; Forget, 370; Fortia (de), 371; Fouquet (Charles et Mathurin), 376; Gatian de Gennetreuil, 399; Gauffereau, Gaulepied, 402; Gaultier, 405; Gigault, 414; Gilles, Jean I, Jean II et Charles), 416; Girault (François et Simon), 419; Girolet, 420; Godard d'Assé, 421; Gohuau de St-Jean, 423; Gueston, 446; Guillon (René, François et Jean), 449; Hubert (François, et François-Gabriel et Louis), 476; Hue, 477; Jannart de Bellemare, 488; Le Blanc (Jean I, Jean II), 501-2; La Salle (de), 526; Launay (de), 526; Lavau (de) 530; Le Boultz, 532; La Peyre (de), 543; Lefebvre de la Falluère (Alexandre, Claude, St-Michel et N.-Hector), 548; Le Gaigneur (Jacques et Gabriel), 552; Le Gras de Sécheval (René II et René III), 554; Le Gris, 556; Le Mercier (Louis et P.-Phillippe), 560; Le Roux, 565; Le Roux, 566; Lhuillier (J.-B.-A. et A.-J.-B.), 575; Luez (de), 597; Mathé, 639; Megessier, 649; Mesnager, 658; Milon, 663; Morin, 686; Mothe-Hoyau (de la), 690; Mothereau, 690; Mousseron, 697; Nadot 699; Nau des Arpentis, 702; Nouveau (de), 709; Orceau, 717; Pallu, 724; Pasquier, 736; Patry de Laubinière, 738; Pelluys, 745; Perrochel, 749; Petiteau, 755; Piherry de Sivré, 764; Poitevin, 779; Portail, 785; Poulain de Vaujoie, 788; Prevot, 798; Quentin (A.-F. et F.-H.-Félix). 805; Rat (Le), 814; Robin, 838; Rocher, 848; Roulleau, 861; Roullet de la Grange de la Bouillerie, 864; Royer, 868; Sain (René et Claude), 872; Saintot (Pierre et Nicolas), 874; St-Père (de), 885; Segoin, 913; Sestier, 916; Souchay, 924; Soulas, 926; Taschereau (M.-

# TABLE

## DES ARMOIRIES

———

Dans cette table on ne s'est pas occupé du chef des armes, ni des meubles dont il peut être chargé , ni des pièces chargeant d'autres pièces. On remarquera que dans les pages auxquelles elle renvoie, on rencontre souvent des meubles de même nature. En ce cas, la table n'indique qu'un de ces meubles.

———

demie), 613. — Aigle à tête de femme (une), 545. — Aigle de profil (une), 423. — Aigle double (une), 109. — Aigle naissante (une). 136, 160, 464, 485, 524, 603. — Aigle volante (une), 229. — Aigles volantes (trois), 992.

Aiglettes (une), 734. — Aiglettes (deux), 208, 869.— Aiglettes (trois), 239, 345, 413, 432, 664, 669, 988. — Aiglettes (quatre), 542, 869, 1054.—Aiglettes (cinq), 456.—Aiglettes (six), 797, 857. —Aiglettes (sept), 738. — Aiglettes (seize), 680.

Aiglons (trois), 174, 557. — Aiglons (quatre), 869.

Aigrettes (trois), 346.

Aile d'aigle, 852.

Ailes (trois), 1009.

Ains (deux), 110.

Alérion (un), 287. — Alérions (trois), 914. — Alérions (quatre), 795. — Alérions (six), 245.

Ancolies (six), 383.

Ancre (une), 48, 138, 344, 422, 457, 509, 623, 746, 750, 819, 838, 842, 1000, 1055. — Ancres (trois), 516.

Ane (un), 234.

Anguille (une), 64. — Anguilles (deux), 505.

Anille (une), 1054. — Anilles (trois), 335, 692, 694. — Anille (demi), 379.

Anneau (un), 920. — Anneaux (trois), 355, 394.

Annelet (un), 504. — Annelets (deux), 526, 674. — Annelets (trois), 57, 93, 164, 212, 326, 368, 447, 456, 496, 532, 559, 566, 624, 682, 723, 799. — Annelets (quatre), 814. — Annelets (cinq), 238. — Annelets (six), 136, 209, 479, 481, 569, 801, 802, 830. — Annelets (huit), 648. —Annelets (dix), 784.

Arbre (un), 104-5, 110, 175, 191-92, 247, 224, 229, 238, 255, 336, 357, 367, 398, 464, 472, 500, 504, 517, 526, 593, 606, 661, 662, 696, 740, 767, 788, 826, 827, 839, 865, 972, 990, 1013, 1027, 1034, 1064. — Arbres (deux), 344. — Arbres (trois), 56, 126, 229, 259, 331, 383, 550, 564, 708. — Arbres (cinq), 453.

Arc (un), 959.

Argent (plein), 260, 324, 356, 369, 395, 517, 568, 620, 684, 742, 782, 814, 906, 1008, 1044, 1074.

Assomption, 982.

Aubépin, 569.

Aubisoings (trois), 725.

Aune (une), 981-82.

Annonciation, 916.

Autruche (une), 122.

Avirons (deux), 88.

Azur (plein), 270, 287, 395, 708, 916.

B (lettre), 142.

Balance (une), 631, 952, 959, 984-82..

Balancier (un), 95.

Bande (une), 49, 51, 58, 63, 64, 70, 71, 72, 77, 85, 87, 91, 92, 103, 106, 113, 117, 124, 125, 131, 134, 136, 138, 146, 152, 156, 159, 160, 162, 167, 169, 178, 188, 196, 200, 209, 217, 220, 221, 222, 231, 232, 234, 236, 238, 252, 254, 261, 268, 270, 274, 275, 303, 318, 325, 337, 338, 345, 348, 352, 355; 356, 357, 367, 368, 371, 396, 399, 401, 413, 422, 439, 446, 457, 474, 475, 481, 498, 499, 508, 515, 518, 560, 565, 569, 571, 573, 584, 587, 589, 590, 591, 592-93-94, 597, 603. 604, 614, 616, 623, 626, 630, 631, 636, 639, 642, 657, 664, 665, 671, 676, 683, 684, 688, 691, 706, 720, 734, 736, 744, 745, 750, 754, 756, 760, 775, 791, 792, 793, 797, 803, 805, 816, 832, 833, 834, 835, 837, 856. 864, 866-67, 875, 876, 885, 886. 893, 904, 907, 911, 919, 921, 922, 948, 964, 971, 990, 991, 1008, 1012, 1020, 1021, 1026, 1027-28-29-30, 1032, 1034, 1050, 1058, 1059, 1060, 1073. —Bandes (deux), 73, 98, 108, 367, 582, 952. — Bandes (trois), 105, 107, 130, 151, 146, 199, 203, 207, 217, 224, 226, 259, 271, 293, 313, 326, 354, 371, 392, 415, 429, 533, 541, 580, 643, 700, 704, 746, 776, 798, 830, 865, 866, 888, 913, 920, 989, 1022, 1066, 1075. — Bandé, 53, 68, 286, 361, 380, 412, 499, 505, 664, 738, 767, 1026, 1065. — Bande bretessée, 131, 909. — Bande componnée, 187-88, 428, 676, 961, 1002, 1024. — Bande denchée, 379, 960. — Bande échiquetée, 533. — Bande engrêlée, 194, 295, 314. — Bande frettée, 464, 505. — Bande fuselée, 194, 264, 300, 406, 407, 464, 467, 485, 500, 508, 594, 649, 683, 850, 854, 857, 898, 928. — Bande ondée, 278, 412 — Bande vairée, 178.

Barbeaux (deux), 66, 400, 590. — Barbeaux (trois), 103, 114, 1051.

Barbet (un), 915.

Baril (un), 421, 983.

Barillets (trois), 103.

Barre (une), 66, 96, 106, 171, 243, 319, 382, 457, 771, 832, 916. — Barres (trois), 106, 415, 1020.

Bars (deux), 277, 840, 866.

— Cotices (deux), 313, 457, 805, 885, 1020, 1021, 1029. — Cotices (cinq), 481, 928. — Cotices (six), 526.

Couleuvre (une), 283, 952. — Couleuvres (trois), 821.

Coupe (une), 686. — Coupes (trois), 135, 1070.

Couronne (une), 327, 929, 979, 980. 1070. — Couronnes (trois), 821. — Couronne d'épines (une), 268, 600. — Couronnes ducales (trois), 643.

Cousin (un), 1062.

Couteaux (trois), 395.

Coutelas (deux), 133.

Crémaillères (trois), 392.

Créneaux (trois), 1020.

Créquier (un), 112, 307.

Croisette (une), 64, 546, 979. — Croisettes (trois), 73, 103, 131, 271, 308, 552, 787. — Croisettes (quatre), 146, 179, 380, 969, 994. — Croisettes (six), 914. — Croisettes (sept), 71. — Croisettes (neuf), 166. — Croisettes (douze), 701. — Croisettes (vingt), 238. — Croisettes (semé de), 71, 164, 532, 671, 701.

Croissant (un), 47, 50, 51, 53, 54, 58, 68, 74, 79, 80, 81, 83, 85, 95, 101, 110, 114, 123, 134, 140, 143, 144, 147, 156, 163, 167, 187, 193, 195, 199, 202, 203, 207, 211, 212, 213, 214, 215, 238, 245, 246, 258, 261, 264, 265, 284, 296, 312, 315, 321, 322, 323, 325, 330, 331, 333, 335, 337, 354, 367, 375, 388, 391, 394, 396, 397, 400, 405, 427, 428, 441, 442, 444, 448, 453, 464, 468, 486, 494, 503, 509, 516, 517, 526, 527, 530, 531, 532, 534, 536, 541, 545, 557, 571, 579, 601, 603, 615, 626 642, 648, 652, 661, 662, 663, 674, 693, 701, 705, 719, 733, 735, 746, 751, 758, 769, 776, 785, 789, 794, 796, 802, 804, 810, 814, 854, 851, 863, 864, 871, 874, 875, 887, 893, 902, 917, 922, 927, 932, 933, 946, 948, 949, 952, 961, 964, 972, 994, 996, 997, 1009, 1010, 1011, 1018, 1020, 1025, 1030, 1035, 1036, 1045, 1047, 1058, 1065, 1074. — Croissants (deux), 106, 123, 124, 180, 255, 332, 422, 463, 487, 490, 614, 630, 647, 651, 689, 736, 745, 749, 750, 755, 793, 802, 911. — Croissants (trois), 51, 99, 214, 271, 228, 280, 289, 300, 301, 306, 348, 404, 452, 462, 500, 543, 560, 575, 626, 683, 746, 765, 831, 903, 913, 919, 1018, 1029, 1071. — Croissants (quatre), 381, 567, 688, 806, 919. — Croissants (six), 106, 369, 845. — Croissants (sept), 106. — Croissant renversé (un), 69, 333, 571, 576, 608. — Croissants renversés (trois), 604.

Croix (une), 69, 72, 74, 91, 103, 109, 117, 133, 141, 145, 161, 209, 217, 225-26-27, 233, 238, 239, 259, 270, 273, 285, 288,

289, 299, 309, 310, 354, 366, 367, 387, 389, 391, 402, 452, 465, 467, 479, 481, 485, 488, 490, 517, 549, 556, 567, 569, 624, 637, 640, 680, 681, 683, 692, 704, 709, 715, 716, 738, 754, 769, 774, 803, 843, 845, 821, 832, 835, 837, 856, 866, 879, 880, 882, 885, 886, 888, 907, 943, 919, 929, 950, 961, 979, 980, 994, 996, 1004, 1010, 1016, 1017, 1024, 1043, 1045, 1056, 1059, 1060-61-63-64-65, 1067. — Croix (trois), 350. — Croix alaisée (une), 143, 228, 249. — Croix ancrée (une), 78, 82, 89, 95, 142, 166, 175, 186, 207, 217, 244, 252, 254, 264, 274, 284, 288, 306, 335, 372, 408, 412, 418, 480, 482, 495, 529, 566, 572, 574, 601, 623, 647, 698, 727, 805, 820, 894, 929, 1022, 1056, 1063. — Croix ancrées (deux), 863. — Croix ancrées (trois), 517, 623, 706, 830-31. — Croix ancrées (sept), 97 — Croix cramponnée (une), 503, 835. — Croix de Calvaire (une), 447, 791. — Croix de Calvaire (deux), 120. — Croix de Lorraine (une), 204, 365. — Croix dentelée (une), 229, 298, 505, 884. — Croix de Jérusalem (deux), 232. — Croix échiquetée (une), 255, 292. — Croix engrêlée (une), 110, 316, 388, 416, 542, 563, 688, 746, 774, 775, 802, 814, 1028, 1054. — Croix enhendée, 1011, 1072. — Croix fichée, 430. — Croix fleurdelisée (une), 240, 1011. — Croix fleuronnée (une), 271, 526, 716, 959, 1029. — Croix fourchée (une), 131. — Croix nillée (une), 113, 356, 552, 742. — Croix nillées (trois), 623, 694. — Croix patriarcale (une), 203. — Croix pattée (une), 105, 157, 175, 176, 212, 278, 288, 595, 639, 682, 763, 814, 862, 907, 963, 978, 1062. — Croix pattées (deux), 527, 738, 811. — Croix pattées (trois), 77, 314, 495, 856. — Croix pattées (quatre), 261. — Croix potencée (une), 68, 179, 317, 380, 381, 590, 591, 969. — Croix pommetée (une), 678, 887. — Croix pommetées (trois), 392. — Croix recroisettée (une), 144, 195, 334, 422, 530. — Croix recroisettées (trois), 310. — Croix recroisettées (six), 207. — Croix recroisettées (semé de), 66, 590, 591, 744. — Croix tréflée (une), 309, 425, 564. — Croix vuidée (une), 440, 420, 854, 998.

Crosse (une), 286. — Crosses (deux), 441, 849, 887. — Crosses (trois), 440.

Crucifix (un), 576.

Cygne (un), 54, 310, 320, 341, 409, 421, 422, 473, 478, 727, 810, 843, 920, 1070. — Cygnes (deux), 319. — Cygnes (trois), 95, 150, 507, 664, 682, 948, 920.

Cyprès (deux), 821.

D (la lettre), 1063.

Daim (un), 423. — Daims (trois), 992.

Dard (un), 323. — Dards (six), 1022.

Dauphin (un), 60, 276, 369, 381, 394, 658, 779, 814, 929. — Dauphins (deux), 132, 830.

Dextrochère (un), 192, 323, 472, 478, 795, 820, 914, 986, 1003.

Demi-vol (un), 144. — Demi-vols (deux), 245.

Diamants (trois), 89.

Divise (une), 276.

Doloires (deux), 269.

Dragon (un), 144, 289, 303, 342, 791, 1027.

Duc (un), 324, 330, 331.

Echelle (une), 980.

Echiqueté, 89, 96, 113, 142, 157, 224, 222, 300, 328, 344, 355, 364, 370, 376, 487, 490, 561, 562, 596, 597, 624, 704, 736, 759, 775, 802, 836, 866, 886, 893, 997, 998. 1042.

Ecot (un), 1053. — Ecots (trois), 527.

Ecrevisses (trois), 101, 164, 620.

Ecureuil (un), 377, 839. — Ecureuils (deux), 262. — Ecureuils (trois), 376, 377.

Ecusson (un), 244, 515, 533, 594, 604, 689, 774, 780, 799, 964, 979, 1024, 1025, 1047, 1054, 1056, 1070. — Ecussons (trois), 239, 241, 366, 562, 1062. — Ecussons (six), 498, 640, 910, 1072. — Ecussons (sept), 734. — Ecussons (huit), 824. — Ecussons (semé d'), 1029.

Eglise, 342.

Elan, 335.

Emerillon (un), 325. — Emerillons (trois), 1013.

Emmanché, 77, 153, 440, 475, 498, 780, 825, 1064.

Enclume (une), 370.

Entonnoirs (deux), 983.

Epée (une). 110, 147, 240, 272, 289, 299, 395, 444, 500, 628, 682, 718, 722 750. 765-66, 855, 871, 885, 986, 1022, 1073. — Epées (deux), 164, 480, 217, 234, 304, 331, 358, 383, 542, 602, 609, 740, 758, 800, 816, 871. — Epées (trois), 243, 1005.

Epervier (un), 365, 405, 606, 651, 699. — Eperviers (deux), 372. — Eperviers (trois), 615.

Ecritoires (trois), 978.

Epi (un), 249, 320, 543. — Epis (deux), 796. — Epis (trois), 168, 299, 333, 334, 346, 413, 747, 921.

Equerre (une), 980, 1019.

Escarboucle, 65, 180.

Étoile (une), 49, 56, 62, 74, 81, 82, 95, 124, 133, 147, 187, 193, 195, 214, 221, 228, 240, 258, 261, 272, 275, 285, 317, 318, 330, 350, 371, 401, 405, 506, 412, 440, 441, 448, 463, 486, 503, 531, 533, 549, 557, 561, 565, 571, 596, 629, 631, 642, 660, 688, 749, 758, 765, 810, 812, 819, 855, 871, 874, 893, 903, 911, 924, 943, 953, 994, 1001, 1019, 1052. — Étoiles (deux), 51, 53, 54, 74, 85, 95, 101, 114, 126, 128, 130, 140, 144, 160, 203, 207, 220, 221, 229, 232, 254, 261, 264, 265, 274, 280, 284, 285, 286, 288, 312, 319, 320, 321, 322, 330, 333, 335, 375, 397, 404, 405, 407, 419, 421, 422, 434, 446, 448, 452, 457, 465 489, 505, 508, 513, 520, 533, 534, 536, 595, 603, 608, 614, 636, 640, 642, 660, 661, 673, 696, 701, 707, 708, 737, 746, 779, 787, 791, 802, 810, 812, 815, 821, 831, 838, 851, 852, 864, 866, 874, 883, 902, 921, 927, 946, 960, 969, 972, 986, 989, 992, 1000, 1033, 1034, 1036, 1047, 1071. — Étoiles (trois), 48, 56, 60, 68, 80, 81, 93, 94, 98, 101, 105, 110, 113, 114. 123, 128, 134, 137, 163, 167, 185, 191, 203, 208, 211, 214, 226, 234, 239, 244, 249, 272, 307, 315, 330, 331. 343, 346, 353, 357, 412-13, 420, 423, 431, 439, 442, 445, 447, 480, 482, 490, 499, 503, 505, 513, 527, 540, 564, 598, 604, 615, 623, 637, 638, 640, 669, 699, 705, 733, 738, 750, 776, 782, 787, 789, 804, 812, 820, 831, 837 851, 868, 875, 891, 916, 918-19, 932, 952, 961-62, 968, 977-79, 989, 1009, 1035, 1065. — Étoiles (quatre), 132, 180, 240, 420, 463, 482, 545, 661, 688, 743. — Étoiles (cinq), 69, 329, 498, 979. — Étoiles (six), 318, 367, 464, 616, 837, 869, 921, 746, 815. — Étoiles (onze), 271. — Étoiles (semé d'), 472, 648, 820, 844, 930.

Étriers (trois), 1024.

Faisceaux de flèches (trois), 155.

Faisceaux de poignards, 999.

Fallot (un), 337. — Fallots (trois), 759.

Fasce (une), 51, 54, 61, 64, 69, 81, 85, 86, 87, 95, 97, 105, 107, 109, 113, 117, 126, 130, 133, 138, 139, 143-44, 155-56, 160-61, 164-67, 168, 179, 182, 184, 193, 201, 205, 206, 208, 214, 217, 218, 226-27, 240, 258, 261, 272, 284, 287, 291, 296, 308, 310, 318, 326, 328, 333, 334, 337, 342, 344, 349, 354, 358, 361, 362, 377, 383, 399, 401, 404, 405, 406, 413, 448, 420-21, 429 30-31, 443, 448, 451, 459, 465, 472, 474, 476, 477, 481, 485, 489, 494, 509, 513, 515, 516, 527, 531, 532, 544, 549, 552, 559-60, 564, 575, 580-81, 588, 593-94-95-96, 602, 604, 612, 620, 626-27, 636-37, 640-42, 660, 663-64, 682, 689, 701, 705, 708, 710, 717, 725, 732, 734, 741, 755, 759, 776, 779, 785-86-87-89-90-91-93, 804, 805, 810, 812, 816, 818-19-20-21-22, 826, 830, 831-32-35-36-37-

Laurier (un), 526-27, 1003, 1034. — Lauriers (trois), 202.

Léopard (un), 182, 214, 376, 528-20 563, 776, 794, 799. — Léopards (deux), 65 480, 488, 557, 637, 658, 674, 701, 749, 843, 861-62. 908, 910. — Léopards (trois), 163.

Levrette (une), 93, 168, 205, 234, 756. 881. — Levrettes (deux), 239 — Levrettes (trois), 355, 505..

Levrier (un), 114, 202, 473, 690, 696, 707, 749, 952, 968, 998, 1074.

Lézards (deux), 490. — Lézards (trois), 215, 295, 408, 756, 944, 949.

Licorne (une), 122-23-28, 215, 222, 265, 291, 339, 701, 717, 755, 814 — Licornes (trois), 540.

Lièvre (un), 559, 815.

Limaçons (deux), 798. — Limaçons (trois), 602. — Limaçons (quatre), 55.

Limier (un), 104.

Lion (un), 47, 49, 51, 52, 54, 60, 62, 63, 66, 73, 74, 77, 80, 82, 89, 90, 93, 95, 97, 100, 103, 111, 112-13-14-17, 123, 126, 131, 140-41, 147, 151, 161, 162-63-64-65, 176-77-78-79-80-81, 184, 187, 190-91-92, 196, 199, 205, 208-9, 213, 221, 226, 228, 230, 232, 235, 238, 240, 245, 249, 250, 253, 263-64, 266, 271-72-73, 278, 280, 287, 289, 291, 294, 297, 302, 305, 309, 315, 317, 318, 319, 323, 325, 329, 334, 336, 338, 343, 346, 347, 349, 356, 362, 369, 372, 375, 377, 379, 390, 393, 395, 396-97-98, 404, 406-7, 410, 413, 415, 418, 421, 426, 432, 435, 440-41-42, 445, 447-48, 463-64, 471, 473-74-75-76, 478, 481, 486, 489, 496-97-98, 505. 508, 515, 520, 527-28, 530, 532, 541, 543-44-45, 552-53, 556, 559, 569 70, 576, 580, 582, 590, 594, 596, 599, 600-1-3-8 9, 614, 618, 621, 624, 626, 631, 638, 640 41, 643, 648, 651-52, 664, 669, 671, 673, 676-77-78, 680, 685, 688-89, 694, 697, 701, 706-8-10, 722, 732, 741, 745, 746, 748-49, 754-55-58-59-60-61, 767, 776-77, 783-85-87-90, 793-95-96-99 802-6, 812-19-20-22-27, 833-34, 841-42-44, 851-52, 861-62-63-64, 868, 871, 874, 879, 882, 883-84-86-87-89-93-94. 902, 906, 910-11-13-14-20-22-27-29. 933, 941, 946-49, 953-55, 960, 968-69-72-81-86, 990-92-98-99, 1006-8-9-11, 1022-24-25, 1029, 1033-34, 1045, 1052, 1055, 1059, 1061, 1063-65-67-70. — Lions (deux), 52, 77, 116, 133, 144, 156, 173, 201, 213, 324, 336, 356, 464, 480, 481, 527, 576, 599, 623, 674, 705, 750, 783, 795, 826, 831, 856, 993, 1002, 1011, 1012, 1030, 1064-65. — Lions (trois), 106, 124, 209, 211, 226. 258. 264, 353, 357, 440, 444, 735, 604, 769, 888, 934-35, 1061-63. — Lions (quatre), 115, 118, 1025, 1054 — Lion ailé (un), 468, 1043. Lion à tête d'aigle, 232. — Lion dérogeant, 1073. — Lion de St-Marc, 542. — Lion dragonné, 660. — Lion léopardé (un), 217, 281, 296, 307, 439, 446, 459, 489, 503, 659, 489, 503, 559, 563. 918, 951, 1020. — Lions léopardés (deux), 161, 369, 700, 1043. — Lions léopardés (trois), 496. — Lion morné 271, 1043. — Lion naissant, 309, 624, 1461, 1062. — Lion passant, 213, 248, 360.

Lionceau (un), 774, 317. — Lionceaux (deux), 318, 609. — Lionceaux (trois), 138, 280, 620, 457, 740, 870. —Lionceaux (six), 691.

Lis (un), 59, 337, 365, 835, 916. 946. — Lis (deux), 362. — Lis (trois), 178, 233-34, 244, 268, 322, 575, 639, 681, 723, 769, 958, 980, 1016.

Livre (un), 330.

Loches (cinq), 581. — Loches (six), 581. — Loches (sept), 581.

Losange (une), 379, 748, 1016. — Losanges (deux), 818, 993. Losanges (trois), 126, 218, 321, 415, 489, 555, 595, 640, 759, 769. — Losanges (cinq), 87, 146, 444, 834. — Losanges (sept), 708. — Losanges (neuf), 123, 1025, 1066 . — Losanges (dix), 203, 386. — Losanges (quatorze), 742. — Losanges (seize), 301. — Losanges (demi) (trois), 833. — Losanges (semé de) 327. — Losangé, 64, 80, 111, 120, 137, 252, 306, 338, 368, 375, 393, 489, 567, 594, 683, 815, 825, 877, 983, 995, 1061, 1070.

Loup (un), 435, 472, 588, 594, 636, 680, 1074. — Loup-cervier (un), 131.

Loutre (une), 548. — Loutres (trois), 723.

Louves (deux), 600.

Lunette d'approche (une), 955.

Macle (une), 189, 1019. — Macles (trois), 108, 321, 418, 613, 616, 639, 659, 716. — Macles (sept), 547. — Macles (neuf), 54, 103, 674, 855. — Macles (dix), 674.

Mai (un), 648.

Marc (un), 982.

Maillets (deux), 296, 970. — Maillets (trois), 337, 607, 638. — Maillets (quatre), 663.

Main (une), 52, 198, 212, 274, 334, 365, 435, 669, 732, 1047. — Mains (trois), 418, 738, 746, 787.

Manche maltaillée, 474. — Manches maltaillées (deux), 470. — Manches maltaillées (trois), 787.

Mappemonde (une), 334.

Marguerite (une), 603. — Marguerites (trois), 624, 745, 837, 960.

Maronnier (un), 852.

Marteau (un), 983. — Marteaux (trois), 93, 517, 631-34-35. — Marteaux (cinq), 547.

Martinets (trois), 636.

Massacre de cerf (un), 190, 285, 291, 489, 556, 574. — Massacres de cerf (deux), 382. — Massacres de cerf (trois), 135, 681.

Masses (deux), 424.

Massue (une), 49, 556. — Massues (deux), 334, 964. — Massues (trois), 472.

Mât (un), 394.— Mâts (deux), 569.

Matrats (trois), 837.

Melons (trois), 517, 812.

Mer, 658.

Merle (un), 561. — Merles (six), 384.

Merlette (une), 123, 241, 335, 420, 478, 627, 740, 757, 864, 1062. — Merlettes (deux), 92, 191, 235, 405, 406, 532, 813, 820, 1034. — Merlettes (trois) 51, 55, 80, 136, 154, 155, 196, 198, 217, 269, 325, 350, 383, 388, 408, 427, 485, 500, 504, 536, 560, 565, 578, 643, 650, 658-59, 664, 682, 690-91, 722, 760, 770, 839, 856, 887, 920, 952-53, 968, 993, 1056 — Merlettes (quatre), 93, 545, 698, 745, 825, 837, 963, 1070. — Merlettes (cinq), 448, 1008. — Merlettes (six), 68, 86, 138, 161, 278, 464, 560, 626, 646, 660, 689, 797, 803, 822, 1021, 1074.— Merlettes (sept), 84, 202, 258, 540, 960. — Merlettes (huit), 73, 383, 464, 477, 961.—Merlettes (neuf), 140, 238, 422, 481, 814.

Milan (un), 819.

Miroir (un), 665. — Miroirs (deux), 676.

Mitre (une), 948.

Moine (un), 669.

Molette (une), 100, 110, 154-56, 254, 294, 358, 422, 486, 640, 754, 798, 852, 856, 865, 866, 918, 1061. — Molettes (deux), 73, 79, 142-43, 209, 379, 394, 518, 845. — Molettes (trois), 82, 100, 101, 105, 110, 137, 159, 166, 168, 182, 216, 266, 270, 299, 318, 344-46, 362, 388, 408, 420, 449, 500, 557, 626, 637, 669, 746, 766, 780, 800, 833, 835, 884, 919, 1033, 1059. — Molettes (quatre), 1067. — Molettes (cinq), 894, 1008. — Molettes (six), 388. — Molettes (neuf), 712. — Molettes (semé de), 475, 680, 840, 886, 930.

Monde (un), 394, 669, 681, 1062.

Montagne (une), 162, 597, 788, 815, 831, 919, 1054. — Montagnes (deux), 430. — Montagnes (trois), 354, 963, 1001.

Saint (un), 214, 268, 531, 536, 874-75, 884, 887, 978-79-80, 81-82, 1059, 1061. — Saints (deux), 980-82. — Sainte-Trinité, 979, 983, 999. — Sainte (une), 399, 431, 581, 876-1020, 1032.

Salamandre (une), 660.

Sanglier (un), 283, 317, 344, 354, 356, 527, 547, 769, 893, 923, 934. — Sangliers (trois), 424, 789, 1812.

Sapin (un), 893.

Saule (un), 185, 888. — Saules (trois), 192, 902.

Saumon (un), 155.

Sauterelles (trois), 256, 745, 787.

Sautoir (un), 52, 55, 62, 83, 93, 95, 127, 144, 145, 146, 177, 186, 192, 193, 195, 199, 211, 238, 257, 261, 265, 284, 294, 301, 322, 327. 358, 38 i, 447, 449, 463, 500-1, 559, 563, 588, 630, 651, 659, 664, 698, 701, 706-7, 735, 745, 748, 764, 766, 784, 798, 806, 812, 814, 891, 915, 919, 930, 950-51, 954, 989, 1054, 1070. — Sautoirs (trois), 154, 255, 669. — Sautoir alaisé, 78. — Sautoir ancré, 195. — Sautoir dentelé, 176, 386, 444, 521, 560, 793, 797, 825. — Sautoir échiqueté, 568.

Sauvage (un), 903.

Sceptre (un), 825.

Scie (une), 581.

Scorpion (un), 487.

Seaux (trois), 50.

Sépulcre (un), 114.

Serpent (un), 105, 256, 614, 699, 838, 914, 1007, 1034. — Serpents (deux). 472. — Serpents (trois), 337, 528, 1043. — Serpents volants, 430.

Serres de griffon (trois), 1032.

Sinople (plein), 418, 1022.

Soc (un), 825.

Soleil (un), 60, 151, 155, 174, 229, 264, 273. 328, 333, 352, 413, 420, 435, 530, 545, 557, 609. 658, 757, 822, 843, 868, 921, 924, 926. 987, 952, 991, 1033. — Soleils (deux), 246. — Soleils (trois), 56, 167, 233, 317. — Soleil naissant, 849.

Sorbier (un), 922.

Souche (une), 175.

Soucis (deux), 435. — Soucis (trois), 329, 807, 838, 921.

Souliers (deux), 594.

Sphère (une), 400.

Sphinx (un), 903.

**FIN.**

TOURS. — IMPRIMERIE LADEVÈZE.

Tours, imp. LADEVÈZE.

www.ingramcontent.com/pod-product-compliance
Lightning Source LLC
Chambersburg PA
CBHW071138270326
41929CB00012B/1791